Übersichtskarte
Europa-Radweg
Eiserner Vorhang 2
Blattschnitte
der Detailkarten 1:75.000
• Ort mit Stadtplan

Michael Cramer

Europa-Radweg
Eiserner Vorhang 2
Am „Grünen Band" von Usedom über den Deutsch-Deutschen Radweg zur tschechischen Grenze

Ein original *bikeline*-Radtourenbuch

Esterbauer

bikeline®-Radtourenbuch
Europa-Radweg Eiserner Vorhang 2
© 2009, **Verlag Esterbauer GmbH**
A-3751 Rodingersdorf, Hauptstr. 31
Tel.: +43/2983/28982-0, Fax: -500
E-Mail: bikeline@esterbauer.com
www.esterbauer.com
1. Auflage, Sommer 2009
ISBN: 978-3-85000-276-9

Bitte geben Sie bei jeder Korrespondenz die Auflage und die ISBN an!

Erstellt in Kooperation mit der Greens/EFA-Fraktion im Europäischen Parlament und der Stiftung Aufarbeitung der SED-Diktatur

Dank an alle, die uns bei der Erstellung dieses Buches tatkräftig unterstützt haben. Im Besonderen an: A. Brodt-Zabka, J. Zabka, S. Kempfle, F. Messow, A. Bojunga, U. Homfeld, S.␣␣ D. u. W. May

Das *bikeline*-Team: Heidi Authried, Beatrix Bauer, Markus Belz, Michael Bernhard, Michael Binder, Veronika Bock, Karin Brunner, Sandra Eisner, Roland Esterbauer, Angela Frischauf, Gabi Glasstetter, Melanie Grubmüller, Dagmar Güldenpfennig, Carmen Hager, Heidi Huber, Martina Kreindl, Eveline Müllauer, Gregor Münch, Karin Neichsner, Niki Nowak, Julia Pelikan, Petra Riss, Christian Schlechte, Erik Schmidt, Matthias Thal, Martin Wischin, Wolfgang Zangerl

Umschlagbilder: Michael Cramer (klein), Jürgen Ritter
Bildnachweis: Atelier Blume, 37284 Waldkappel, 200; Birgit Albrecht: 38, 46, 49, 50, 51, 52, 54, 68, 70, 72, 78; Iris Baader: 29; Marco Bertram: 83, 84, 86, 88, 91, 106, 107, 108, 110, 113, 114, 117, 120, 122, 126, 129, 146, 156, 162, 164, 169, 170, 172, 173, 174, 175, 176, 178, 180, 181, 182, 186, 196, 206, 207, 208, 210, 212, 219, 220, 222, 224, 226, 228, 230, 232, 249, 256, 258; Michael Cramer: 8, 11, 24, 90, 96, 98, 100, 124, 130, 132, 154, 159, 256, 257; Stephan v. Dassel: 22; Nadine Dittmann: 30, 31, 32, 36; Eigenbetrieb Insel Usedom: 32; Dirk Eisermann: 21; Oliver Gerhard: 56; Hansestadt Rostock: 58, 60; Karolina Jankowska: 30; Jürgen Ritter: 17, 84, 108, 116, 151, 158, 166, 190, 236, 252, 254; Ostseebäderverband: 82, 83; Tobias Sauer: 52, 54, 66, 75; Irma Schmidt: 66; Stadtbauamt Greifswald/Peter Binder: 40; Stiftung Aufarbeitung: 94, 172, 206, 234; Stiftung Aufarbeitung/Uwe Gerig: 117, 118, 174, 180, 191, 234, 244; Tourismuszentrale Stralsund: 45, 47; Tourist-Information Tann (Rhön): 211; Touristinformation Fladungen: 217; Verband Mecklenburgische Ostseebäder e.V., René Légrand: 68; H.-L. Vogt: 211; Birgit Zepf: 34;

bikeline® und *cycline*® sind eingetragene Warenzeichen; Einband patentrechtlich geschützt. Alle Daten wurden gründlich recherchiert und überprüft. Erfahrungsgemäß kann es jedoch nach Drucklegung noch zu inhaltlichen und sachlichen Fehlern und Änderungen kommen. Alle Angaben ohne Gewähr. Alle Rechte vorbehalten. Kein Teil dieses Buches darf in irgendeiner Form ohne schriftliche Genehmigung des Verlages reproduziert oder unter Verwendung elektronischer Systeme verarbeitet, vervielfältigt oder verbreitet werden.
Kartografie erstellt mit *axpand*
(www.axes-systems.com)

bikeline

Was ist bikeline?

Wir sind ein Team von Redakteuren, Kartografen, Geografen und anderen Mitarbeitern, die allesamt begeisterte Radfahrerinnen und Radfahrer sind. Ins „Rollen" gebracht hat das Projekt 1987 eine Wiener Radinitiative, die begonnen hat, Radkarten zu produzieren. Heute tun wir dies als Verlag mit großem Erfolg. Mittlerweile gibt's bikeline®- und cycline®- Bücher in fünf Sprachen und in vielen Ländern Europas.

Um unsere Bücher immer auf dem letzten Stand zu halten, brauchen wir auch Ihre Hilfe. Schreiben Sie uns, wenn Sie Unstimmigkeiten oder Änderungen in einem unserer Bücher entdeckt haben.

Wir freuen uns auf Ihre Rückmeldung (redaktion@esterbauer.com),

Ihre bikeline-Redaktion

Vorwort

Geschichte im wahrsten Sinne des Wortes erfahrbar zu machen – das ist das Ziel vom Europa-Radweg Eiserner Vorhang. Von der Barentssee bis zum Schwarzen Meer führt er auf den Spuren des Kalten Krieges quer durch Europa. Dabei verbindet die Route nicht nur europäische Kultur, Geschichte und nachhaltigen Tourismus, sondern leitet den geschichtsinteressierten Radler auch durch abwechslungsreiche Landschaften und die einzigartigen Biotope des Europäischen Grünen Bandes, die im Grenzstreifen entstehen konnten.

Dieser zweite Band dokumentiert den fast 2.000 Kilometer langen Teil der Route, die von Swinemünde (Swinoujście) an der deutsch-polnischen Grenze bis zum sächsisch-bayerisch-tschechischen Dreiländereck bei Prex führt.

Karten, Streckenbeschreibungen, umfangreiche historische Hintergrundinformationen, Hinweise auf das kulturelle und touristische Angebot jeder Region sowie praktische Reise- und Übernachtungstipps machen diesen Radführer zu einem wertvollen Begleiter auf der Entdeckungsreise entlang des ehemaligen Eisernen Vorhangs.

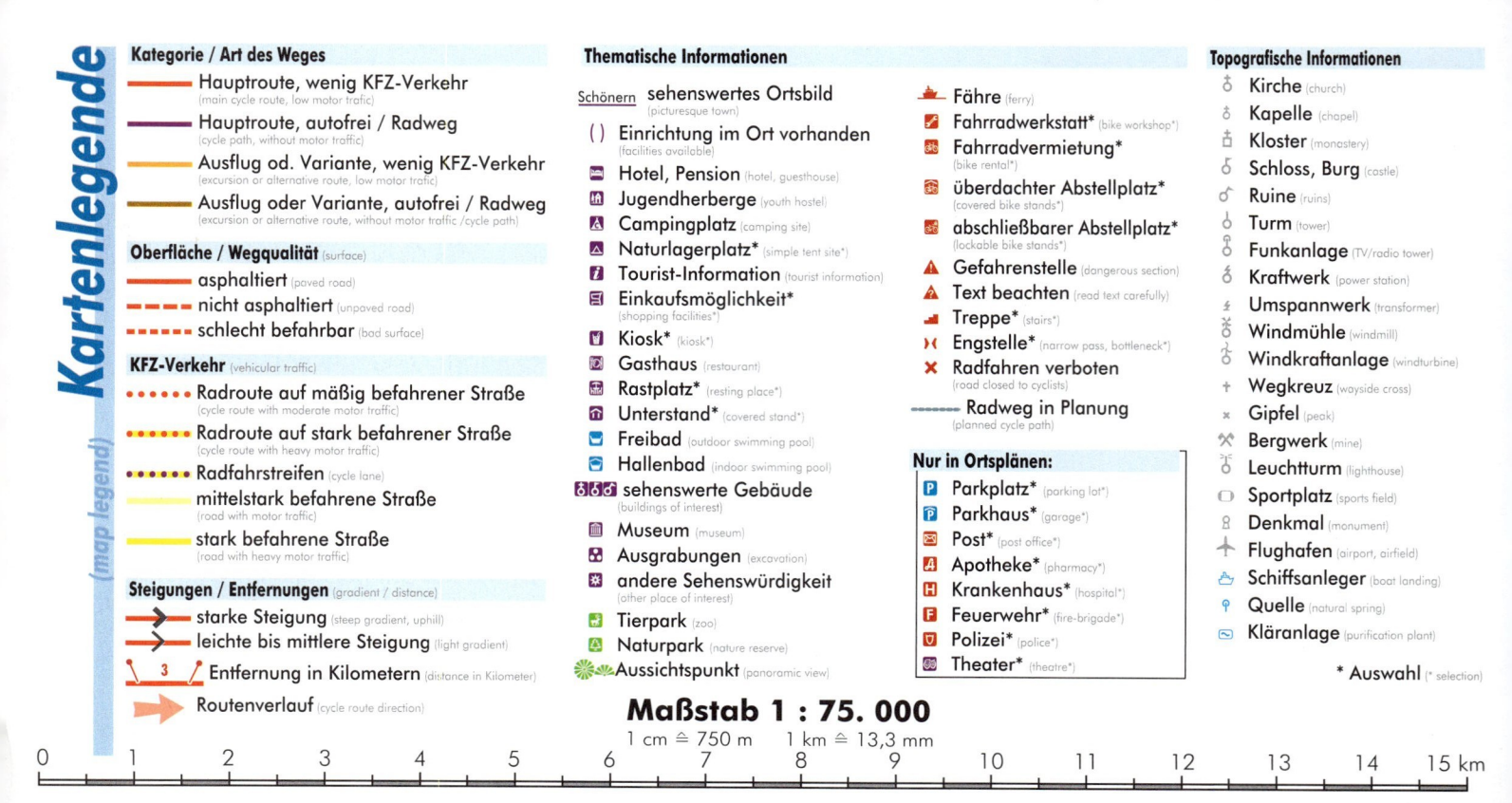

Kartenlegende (map legend)

Kategorie / Art des Weges

- **Hauptroute, wenig KFZ-Verkehr** (main cycle route, low motor traffic)
- **Hauptroute, autofrei / Radweg** (cycle path, without motor traffic)
- **Ausflug od. Variante, wenig KFZ-Verkehr** (excursion or alternative route, low motor traffic)
- **Ausflug oder Variante, autofrei / Radweg** (excursion or alternative route, without motor traffic / cycle path)

Oberfläche / Wegqualität (surface)

- **asphaltiert** (paved road)
- **nicht asphaltiert** (unpaved road)
- **schlecht befahrbar** (bad surface)

KFZ-Verkehr (vehicular traffic)

- **Radroute auf mäßig befahrener Straße** (cycle route with moderate motor traffic)
- **Radroute auf stark befahrener Straße** (cycle route with heavy motor traffic)
- **Radfahrstreifen** (cycle lane)
- **mittelstark befahrene Straße** (road with motor traffic)
- **stark befahrene Straße** (road with heavy motor traffic)

Steigungen / Entfernungen (gradient / distance)

- **starke Steigung** (steep gradient, uphill)
- **leichte bis mittlere Steigung** (light gradient)
- **3 Entfernung in Kilometern** (distance in kilometer)
- **Routenverlauf** (cycle route direction)

Thematische Informationen

- **Schönern sehenswertes Ortsbild** (picturesque town)
- **( ) Einrichtung im Ort vorhanden** (facilities available)
- **Hotel, Pension** (hotel, guesthouse)
- **Jugendherberge** (youth hostel)
- **Campingplatz** (camping site)
- **Naturlagerplatz*** (simple tent site*)
- **Tourist-Information** (tourist information)
- **Einkaufsmöglichkeit*** (shopping facilities*)
- **Kiosk*** (kiosk*)
- **Gasthaus** (restaurant)
- **Rastplatz*** (resting place*)
- **Unterstand*** (covered stand*)
- **Freibad** (outdoor swimming pool)
- **Hallenbad** (indoor swimming pool)
- **sehenswerte Gebäude** (buildings of interest)
- **Museum** (museum)
- **Ausgrabungen** (excavation)
- **andere Sehenswürdigkeit** (other place of interest)
- **Tierpark** (zoo)
- **Naturpark** (nature reserve)
- **Aussichtspunkt** (panoramic view)

- **Fähre** (ferry)
- **Fahrradwerkstatt*** (bike workshop*)
- **Fahrradvermietung*** (bike rental*)
- **überdachter Abstellplatz*** (covered bike stands*)
- **abschließbarer Abstellplatz*** (lockable bike stands*)
- **Gefahrenstelle** (dangerous section)
- **Text beachten** (read text carefully)
- **Treppe*** (stairs*)
- **Engstelle*** (narrow pass, bottleneck*)
- **Radfahren verboten** (road closed to cyclists)
- **Radweg in Planung** (planned cycle path)

Nur in Ortsplänen:

- **Parkplatz*** (parking lot*)
- **Parkhaus*** (garage*)
- **Post*** (post office*)
- **Apotheke*** (pharmacy*)
- **Krankenhaus*** (hospital*)
- **Feuerwehr*** (fire-brigade*)
- **Polizei*** (police*)
- **Theater*** (theatre*)

Topografische Informationen

- **Kirche** (church)
- **Kapelle** (chapel)
- **Kloster** (monastery)
- **Schloss, Burg** (castle)
- **Ruine** (ruins)
- **Turm** (tower)
- **Funkanlage** (TV/radio tower)
- **Kraftwerk** (power station)
- **Umspannwerk** (transformer)
- **Windmühle** (windmill)
- **Windkraftanlage** (windturbine)
- **Wegkreuz** (wayside cross)
- **Gipfel** (peak)
- **Bergwerk** (mine)
- **Leuchtturm** (lighthouse)
- **Sportplatz** (sports field)
- **Denkmal** (monument)
- **Flughafen** (airport, airfield)
- **Schiffsanleger** (boat landing)
- **Quelle** (natural spring)
- **Kläranlage** (purification plant)

*** Auswahl** (* selection)

Maßstab 1 : 75. 000

1 cm ≙ 750 m   1 km ≙ 13,3 mm

0 1 2 3 4 5 6 7 8 9 10 11 12 13 14 15 km

Inhalt

5	Vorwort
6	Kartenlegende
8	Der Autor
11	Zum Geleit
12	Deutsche Geschichte nach 1945
21	Ostseeküsten- und Deutsch-Deutscher Radweg
27	Zu diesem Buch
28	**Von Swinemünde nach Stralsund** 130 km
48	Von Stralsund nach Warnemünde 118 km
64	Von Warnemünde nach Lübeck 145 km
92	Von Lübeck nach Schnackenburg 248 km
125	Ausflug nach Wittenberge (21 km)
128	Von Wittenberge/Schnackenburg nach Bad Harzburg/Ilsenburg 279 km
146	Ausflug nach Wolfsburg (19 km)
168	Von Bad Harzburg/Ilsenburg nach Fladungen/Fulda 312 km
171	Von Elend zum Brocken (40 km)
218	Von Fladungen/Fulda bis zur tschechischen Grenze 273 km
261	Übernachtungsverzeichnis
279	Ortsindex

Europa-Radweg Eiserner Vorhang 1
Am "Grünen Band" von der Barentssee zur deutsch-polnischen Grenze
228 S., 1 : 75.000, 1 : 100.000, 1 : 400.000,
Lieferbar, ISBN: 978-3-85000-267-7, € 15,90

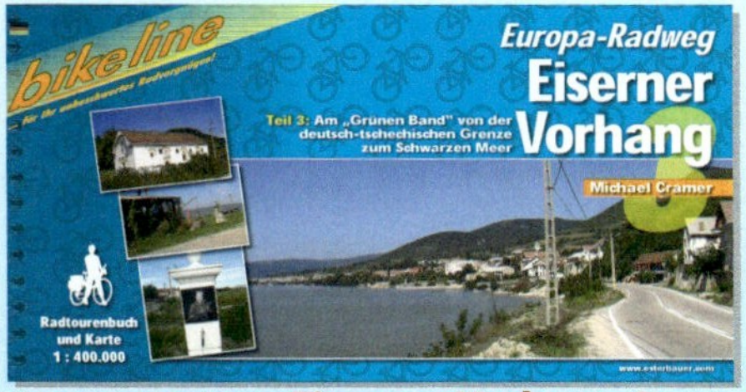

Europa-Radweg Eiserner Vorhang 3
Am "Grünen Band" von der deutsch-tschechischen Grenze zum Schwarzen Meer
ca. 240 Seiten, 1 : 400.000,
August 2009, ISBN: 978-3-85000-274-5, € 16,90

Staatsgrenze (international border)
Grenzübergang (border checkpoint)
Landesgrenze (country border)
Wald (forest)
Felsen (rock, cliff)
Vernässung (marshy ground)
Weingarten (vineyard)
Friedhof (cemetery)
Watt (shallows)
Dünen (dunes)
Wiesen*, Weiden* (meadows)
Damm, Deich (embankment), dyke)
Staumauer, Buhne (dam, groyne, breakwater)
Schnellverkehrsstraße (motorway)
Hauptstraße (main road)
untergeordnete Hauptstraße (secondary main road)
Nebenstraße (minor road)
Fahrweg (carriageway)
Fußweg (footpath)
Straße in Bau (road under construction)
Eisenbahn m. Bahnhof (railway with station)
Schmalspurbahn (narrow gage railway)
Tunnel, Brücke (tunnel, bridge)

Der Autor

Michael Cramer wurde am 16. Juni 1949 in Gevelsberg/Westfalen geboren und besuchte in Ennepetal das Reichenbach-Gymnasium. In Mainz studierte er von 1969–74 Musik, Sport und Pädagogik. Von 1975–95 unterrichtete er am Ernst-Abbé-Gymnasium und am Albrecht-Dürer-Gymnasium in Berlin-Neukölln.

Von 1989–2004 war Michael Cramer als verkehrspolitischer Sprecher von Bündnis 90/Die Grünen Mitglied im Abgeordnetenhaus von Berlin. Gleichzeitig nahm er neben seiner Tätigkeit als Abgeordneter mehrere Lehraufträge zum Thema Verkehrs- und Stadtpolitik am Otto-Suhr-Institut der Freien Universität Berlin wahr. Darüber hinaus ist er durch Veröffentlichungen in Zeitschriften und Büchern publizistisch tätig.

Seit 2004 ist Michael Cramer für Bündnis 90/Die Grünen Mitglied im Europäischen Parlament. Ausschlaggebend für die intensive Beschäftigung mit der deutsch-deutschen Geschichte sind nach seinen Angaben drei Ereignisse in seiner Jugend.

Als 1961 die Mauer in Berlin gebaut wurde, machte er seine erste Urlaubsreise ohne seine Eltern in das Nordseebad St. Peter Ording. Dort bestaunte er nicht nur die Strandsegler, sondern konnte auch noch dem legendären Graf Luckner lauschen, dem man nachsagte, dass er mit eigener Kraft Telefonbücher zerreißen und Fünf-Mark-Stücke platt drücken konnte.

Als in diesen Urlaubstagen eine Zeitung titelte: „Mauerbau in Berlin – droht der Dritte Weltkrieg?", erinnerte er sich an die Geschichten seiner Eltern und Lehrer über die Kriegszeit – und bekam fürchterliche Angst, dass auch er solche Zeiten erleben könnte.

Zwei Jahre später fuhr er mit seinem heimatlichen Fußballverein TuS Ennepetal zum ersten Mal nach West-Berlin und spielte gegen den BFC-Südring. Er aß seine erste Curry-Wurst – die gab es damals noch nicht in West-Deutschland –, spielte zum ersten Mal Mini-Golf in der Hasenheide – das kannte man damals in Ennepetal noch nicht – und trank die erste Fassbrause – die gibt es heute noch nicht in West-Deutschland. Für die Reise nach Berlin schenkte ihm seine Tante eine Kamera, und die ersten Fotos machte er von der Mauer an der Bernauer Straße.

Und jedes Mal, wenn er später nach Berlin kam, ging er zur Bernauer Straße und beobachtete, wie sich die Mauer veränderte. Anfangs waren nur im Parterre und im ersten Stock die Fenster zugemauert, später auch die anderen Stockwerke. Dann wurden die Häuser bis zum ersten Stockwerk abgerissen und schließlich durch die „moderne" Mauer ersetzt.

Wenig später las er sein erstes politisches Buch: „Die Revolution entlässt ihre Kinder" von Wolfgang Leonhard (*1921), der als Kind kommunistischer Eltern mit seiner Mutter, Susanne Leonhard, 1935 aus Nazi-Deutschland in die Sowjetunion geflohen war. Schon nach kurzer Zeit wurde die Mutter verhaftet und in ein Arbeitslager nach Sibirien

www.michael-cramer.eu

Von Juli 1945 bis September 1947 war Wolfgang Leonhard in der Abteilung Agitation und Propaganda" des Zentralkomitees (ZK) der KPD (ab 1946 SED) tätig und lehrte von 1947–49 Geschichte an der „SED-Parteischule Karl Marx" in Kleinmachnow. 1948 half ihm der spätere DDR-Staatspräsident Wilhelm Pieck, seine Mutter aus Sibirien nach Deutschland zurückzuholen. Susanne Leonhard (1895–1984) lebte zunächst in Ost-Berlin und zog im Frühjahr 1949 nach West-Deutschland. Hier wurde sie vom US-Geheimdienst CIC (Counter Intelligence Corps) festgenommen und bis April 1950 inhaftiert. Als überzeugte – antistalinistische – Sozialistin lehrte sie eine Arbeit für die US-Spionage ab. 1956 erschien ihr Buch „Gestohlenes Leben. Schicksal einer politischen Emigrantin in der Sowjetunion".

Ihr Sohn Wolfgang brach 1949 mit dem Stalinismus, floh über Prag in das „blockfreie" Jugoslawien und zog 1950 in die Bundesrepublik Deutschland. Michael Cramer zog nach dem Studium in Mainz 1974 als gefestigter „Deutschlandpolitiker" nach Berlin (West) und bestätigte die damals weitverbreitete Erfahrung: „Entweder du haust spätestens

nach einem halben Jahr wieder ab oder bleibst für immer in Berlin."

Im Sommer 1989 radelte er zum ersten Mal den 160 Kilometer langen „Zollweg" rund um West-Berlin ab. Man konnte sich nicht verfahren, denn es ging auf West-Berliner Seite immer an der Wand lang. Dann fiel die Mauer und er konnte diese Umrundung im Frühjahr 1990 auf dem Ost-Berliner „Kolonnenweg" zwischen Vorder- und Hinterlandmauer wiederholen. Bei diesen Radeltouren wurde die Idee vom Berliner Mauerweg geboren.

Allerdings dauerte es noch zehn Jahre, bis sie Gestalt annahm. Denn nach dem Fall der Mauer lautete die Parole in Berlin: „Die Mauer muss weg" – was die Grenztruppen der DDR, die bis zum 2. Oktober 1990 die Verantwortung trugen, mit preußisch-sozialistischer Gründlichkeit realisierten. Nur wo Bezirke, Organisationen oder Einzelpersonen sie daran hinderten, blieben Mauerreste bestehen.

Anlässlich des 40. Jahrestages des Mauerbaus nahm Michael Cramer die Idee wieder auf, organisierte im Sommer 2001 die öffentlichen „Mauerstreifzüge" und konnte erreichen, dass Senat und Abgeordnetenhaus von Berlin beschlossen, die verbliebenen Mauerreste unter Denkmalschutz zu stellen, für den letzten erschossenen Flüchtling, Chris Gueffroy, eine Gedenkstele zu errichten, den Berliner Mauerweg auszuschildern und ihn

fahrradfreundlich auszubauen, was 2007 auch vollendet wurde.

2001 erschien von Michael Cramer das Buch „Berliner Mauer-Radweg", eine 160 Kilometer lange Route entlang der ehemaligen Mauer um West-Berlin, das seitdem mehrfach überarbeitet und 2003 auch in englischer Sprache gedruckt wurde. 2004 erschien von ihm der „San Francisco Bay Trail", ein 750 Kilometer langer Radweg um die Bay von San Francisco.

Das Buch „Deutsch-Deutscher Radweg" erschien zum ersten Mal im Sommer 2007 – in englischer Sprache 2008 – und wurde als deutscher Teil vom europäischen „Iron Curtain Trail" (Europa-Radweg Eiserner Vorhang) im Europäischen Haus in Berlin von Wolfgang Thierse, dem Vizepräsidenten des Deutschen Bundestags, vorgestellt. Dabei zitierte Thierse den früheren Kommissionspräsidenten Jacques Delors mit seinem Ausspruch: „Die Europäische Union ist wie ein Fahrrad, hält man es an, fällt es um."

Seit 1979 ist Michael Cramer in Berlin auch ohne eigenes Auto mobil, weil er im Alltag Fahrrad, Bus, Bahn und Taxi benutzt und im Urlaub den sanften Tourismus bevorzugt. Deshalb ist ihm nicht nur die Situation in und um Berlin vertraut, er hat auch viele Velo-Routen in den USA, der Schweiz, in Österreich, Frankreich und Deutschland im wahrsten Sinne des Wortes erfahren.

Anzeige

1393 km

„Weben Sie mit am Grünen Band."
Michail Gorbatschow

Viele bedrohte Pflanzen- und Tierarten leben entlang der ehemaligen innerdeutschen Grenze im Grünen Band – einem für Mitteleuropa einmaligen Refugium: Das Grüne Band ist eine wahre Schatzkammer der Natur. Von der Ostsee bis zum Vogtland sind hier auf 1.393 km Länge viele wertvolle Lebensräume miteinander verbunden. Helfen Sie uns, das Grüne Band zu erhalten. Unterstützen Sie auch unsere Arbeit für das Grüne Band Europa, das entlang des ehemaligen „Eisernen Vorhangs" vom Eismeer bis zum Schwarzen Meer verläuft. Zusammen mit Partnern schützen und bewahren wir hier einmalige Naturräume.

Machen Sie sich oder lieben FreundInnen und der Natur eine Freude.
Erwerben Sie ein Stück Grünes Band. Dort leben über 600 bedrohte Tiere und Pflanzen. Mit ihrer Spende kaufen wir Flächen entlang des Grünen Bandes und retten kostbare Natur vor der Zerstörung. Für 65 € erhalten Sie einen persönlichen Anteilschein, mit dem Sie sich oder anderen lieben Menschen ein Geschenk von bleibendem Wert machen und einen einzigartigen Biotopverbund erhalten. **Für Spenden/Anteilscheine:** Franziska Gruler, Tel.: 030/2 75 86-424 franziska.gruler@bund.net, Spendenkonto: Sparkasse Bonn, Konto 232, BLZ 370 501 98, Stichwort: „Grünes Band"

BUND FREUNDE DER ERDE

Bund für Umwelt und
Naturschutz Deuschland e.V.

Am Köllnischen Park 1
10179 Berlin

Fax (030) 2 75 86-440
info@bund.net

www.bund.net
www.gruenesband.info

Zum Geleit

Geschichte erfahren – auf einen kürzeren und besseren Nenner kann das vorliegende Buch nicht gebracht werden. Es beschreibt einen Radwanderweg, der noch vor zwei Jahrzehnten unvorstellbar war. Er beginnt an der Barentssee an der finnisch-russischen Grenze und zieht sich längs des einstigen Eisernen Vorhangs durch Mitteleuropa bis zur bulgarisch-türkischen Grenze am Schwarzen Meer. Welch ein Kontrastprogramm! Wo früher zwei Weltsysteme bis an die Zähne bewaffnet sich feindlich gegenüberstanden, können und sollen heute Radtouristen aus der ganzen Welt das gemeinsame europäische Haus erfahren, von dem die Menschen bis 1989 nur träumen konnten und das durch die friedlichen Revolutionen in Ostmitteleuropa vor zwanzig Jahren Wirklichkeit wurde. Wer dem Radweg – in aller Regel wohl in Etappen – folgt, wird beständig mit der europäischen Geschichte des 20. Jahrhunderts konfrontiert. Längst sind die Spuren des Eisernen Vorhangs vielerorts nur noch für den Kundigen sichtbar. Dafür finden sich immer wieder große und kleine Denkmale, die alle eine – oft tragische – Geschichte aus der Zeit der europäischen Teilung erzählen. Wohl kaum eine Radwanderin oder ein Radwanderer wird von diesen zeitgeschichtlichen Wegmarken unberührt bleiben.

Rechtzeitig zum 20. Jahrestag der friedlichen Revolutionen ist der nun wohl dokumentierte Iron Curtain Trail ein Symbol der Freiheit, die sich die Menschen in Ostmitteleuropa 1989 friedlich erkämpften.

Das vorliegende Radtourenbuch ist die Papier gewordene Vision eines Enthusiasten, der mit freundlicher und unermüdlicher Beharrlichkeit eine Idee Realität werden ließ: Michael Cramer hat sich als Mitglied der Grünen im Abgeordnetenhaus von Berlin schon für die Markierung und den Ausbau eines Radwanderweges längs der einstigen Mauer um West-Berlin eingesetzt, als die dortige Politik und Verwaltung noch jede Spur dieser Grenze zu beseitigen trachtete. Als er in Berlin mit dem „Berliner Mauer-Radweg" sein Ziel erreichte, engagierte er sich für die Errichtung eines innerdeutschen Radwanderweges, den er mit seinem zweiten Radtourenbuch „Deutsch-Deutscher Radweg" dokumentierte. Kaum war der Weg zu diesem Ziel geebnet, richtete Cramer als Europaabgeordneter sein Engagement auf die europäische Ebene. Dabei kam es ihm nicht nur darauf an, den „Europa-Radweg Eiserner Vorhang" in dem nunmehr vorliegenden Radtourenbuch zu dokumentieren. Er setzte sich auch mit Erfolg dafür ein, dass die EU-Fördermittel zum Ausbau des Radtourismus in Ostmitteleuropa bereitstellte.

Und könnte es eine schönere Form der Auseinandersetzung mit der Vergangenheit geben, als die, die fast beiläufig in der schönsten Zeit des Jahres, im Urlaub, geschieht?

Die Bundesstiftung zur Aufarbeitung der SED-Diktatur freut sich, dass sie einen kleinen Beitrag dazu hat leisten können, dass dieses Tourenbuch nunmehr vorliegt. Und in deren Namen sei den Radfreundinnen und Radfreunden, die sich mit diesem Buch auf ihre Tour durch Europa vorbereiten, an dieser Stelle stets geeignetes Wetter, problemlose Fahrt und viele anregende Eindrücke gewünscht.

Rainer Eppelmann

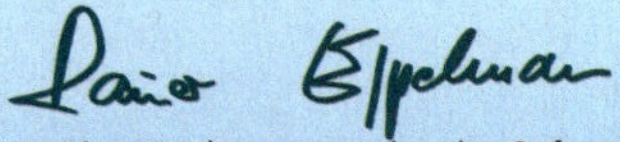

Rainer Eppelmann
Vorstandsvorsitzender der Stiftung zur Aufarbeitung der SED-Diktatur

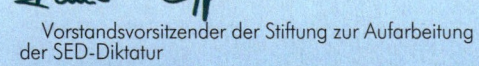

Deutsche Geschichte nach 1945

Die Geschichte der innerdeutschen Grenze beginnt nicht mit dem Bau der Berliner Mauer am 13. August 1961, sondern mit Hitlers Machtergreifung am 30. Januar 1933 und dem Beginn des Zweiten Weltkriegs am 1. September 1939, als deutsche Soldaten in Polen einmarschierte. Ohne den von Nazi-Deutschland entfesselten Zweiten Weltkrieg wäre Deutschland weder besetzt noch gespalten worden.

Schon während des Krieges legten die Alliierten fest, dass Deutschland nach der Niederlage in Besatzungszonen aufgeteilt und von den drei Siegermächten USA, Großbritannien und UdSSR verwaltet werden sollte. Die vierte Besatzungsmacht Frankreich kam erst nach der Konferenz von Jalta im Februar 1945 hinzu.

Trotz der unterschiedlichen ideologischen Ausrichtung war sich die Anti-Hitler-Koalition einig im Kampf gegen das nationalsozialistische Deutschland. Das änderte sich aber schon bald nach der bedingungslosen Kapitulation der deutschen Wehrmacht.

Auf der Konferenz von Potsdam am 2. August 1945 hatten sich die Siegermächte darauf verständigt, die wirtschaftliche Einheit Deutschlands zu wahren und das Land zonen- und sektorenübergreifend zu regieren.

Deutschland – und auch die alte Reichshauptstadt Berlin – wurde in eine amerikanische, eine britische, eine französische und eine sowjetische Zone eingeteilt. Die Grenzen wurden als Verwaltungsgrenzen betrachtet und Demarkationslinien genannt. Mit der zunehmenden Auseinanderentwicklung der ehemaligen Alliierten veränderte sich aber der Charakter der Demarkationslinie zwischen den drei Westzonen einerseits und der Ostzone andererseits.

Bereits am 5. März 1946 hatte der nach Kriegsende abgewählte britische Premierminister Winston Churchill in seiner berühmten Rede in Fulton/Missouri festgestellt, dass ein Teil Europas hinter einem „Eisernen Vorhang" verschwunden und damit eine Spaltung Europas eingetreten sei. Der Kalte Krieg hatte begonnen.

Ab 1947 verstärkten die Sowjets den Ausbau der Zonengrenze durch die Errichtung von Straßensperren und Stacheldrahthindernissen an unübersichtlichen Stellen. Gleichzeitig verschärfte sich das Wirtschaftsgefälle.

In der sowjetischen Besatzungszone wurden Bodenreform, Verstaatlichungen, Reparationsmaßnahmen und die Zwangsvereinigung von KPD und SPD zur „Sozialistischen Einheitspartei Deutschland" (SED) durchgesetzt, während die westlichen Zonen seit 1947 vom Marshall-Plan profitierten und die Demarkationslinien zwischen den West-Zonen an Bedeutung verloren.

Zum offenen Bruch kam es durch die Währungsreform am 21. Juni 1948, die für die Sowjets der Anlass war, eine Blockade über West-Berlin zu verhängen.

Bis zu deren Ende am 11. Mai 1949 wurden die drei westlichen Sektoren Berlins nur über die „Luftbrücke" durch Flugzeuge versorgt, die der Berliner Volksmund „Rosinenbomber" taufte. Einen davon kann man heute in luftiger Höhe vor der Fassade des Deutschen Technikmuseums in Berlin (Möckernbrücke) bewundern.

Mit der Verabschiedung des Grundgesetzes am 23. Mai 1949 wurde die „Bundesrepublik Deutschland" mit der provisorischen Hauptstadt Bonn gegründet. Die „Deutsche Demokratische Republik" mit dem Regierungssitz im sowjetischen Sektor von Berlin entstand am 7. Oktober 1949. Aus der Demarkationslinie wurde nicht nur eine Staatsgrenze, sondern auch eine Systemgrenze zwischen den Machtblöcken des „Kalten Krieges". Doch obwohl die Grenze zunehmend von sowjetischer Seite reglementiert und überwacht wurde, war sie zunächst noch passierbar.

Stalin-Note 1952

Am 10. März 1952 übergab der stellvertretende sowjetische Außenminister Andrei Gro-

myko den Vertretern der drei anderen Besatzungsmächte die erste sogenannte Stalin-Note mit Vorschlägen für die Lösung des „deutschen Problems". Auf einer Viermächtekonferenz sollten u. a. ein Friedensvertrag für ganz Deutschland abgeschlossen, die Oder-Neiße-Grenze anerkannt und der Abzug der Streitkräfte der Besatzungsmächte vereinbart werden.

Bundeskanzler Konrad Adenauer bewertete die Märznote als bloßes Störfeuer gegen die Westintegration der Bundesrepublik. „Ich bin seit Jahr und Tag bei meiner ganzen Politik davon ausgegangen, dass das Ziel Sowjetrusslands ist, im Wege der Neutralisierung Deutschlands die Integration Europas zunichte zu machen (...) und damit die USA aus Europa wegzubekommen und im Wege des Kalten Krieges Deutschland, die Bundesrepublik, und damit Europa in seine Machtsphäre zu bringen." Er wollte deshalb alle Verhandlungen mit den Westmächten so fortsetzen, „als ob es die Note nicht gäbe".

Diese Politik war in seinem Kabinett nicht unumstritten. Insbesondere der Bundesminister für Gesamtdeutsche Fragen, Jakob Kaiser (CDU), unterstützte ein neutrales Deutschland als Brücke zwischen Ost und West. Er forderte öffentlich, die Vorschläge der Sowjetunion genau auszuloten, um keine Gelegenheit zur Wiedervereinigung zu verpassen. Unter den Publizisten war es Paul Se-

the, Anfang der 1950er-Jahre Mitherausgeber der Frankfurter Allgemeinen Zeitung, der sich am schärfsten gegen Adenauers Nichteingehen auf das Angebot Stalins wandte. 1955 schied er wegen seiner Kritik an Adenauers Westkurs aus dem Herausgeberkreis der FAZ aus. In einer leidenschaftlichen, fast 17-stündigen Bundestagsdebatte am 23./24. Januar 1958 wurde dem seit 1957 mit absoluter Mehrheit regierenden Bundeskanzler Konrad Adenauer

„Europa-Radweg Eiserner Vorhang"

der Vorwurf gemacht, er habe eine einmalige Gelegenheit vertan. Thomas Dehler (FDP), bis 1953 unter Adenauer Justizminister, sagte: „Der Letzte in unserem Volk weiß, dass man hier zwar von deutscher Einheit und Wiedervereinigung spricht, aber sie nicht ernstlich erstrebt." Es habe 1952 ein sowjetisches „Angebot" vorgelegen, und der Kanzler habe alles getan, „um die Wiedervereinigung zu verhindern." Der SPD-Abgeordnete und frühere CDU-Innenminister Gustav Heinemann, der Ende 1950 wegen „Eigenmächtigkeiten" des Kanzlers in der Wehrfrage zurückgetreten war, kritisierte Adenauers Einschätzung der Stalin-Note und zählte die verpassten Chancen auf, „über die Sicherheitsfragen zu einer Wiedervereinigung" zu kommen: „Ich erachte es für die historische Schuld der CDU, dass sie bis zum Jahre 1954 in dieser leichtsinnigen Weise die damaligen Möglichkeiten ausgeschlagen hat, denen wir heute nachtrauern müssen." Sein Angriff gegen Adenauer gipfelte in der Frage, „ob Sie nicht gerade zurücktreten wollen", um den Weg freizugeben für „andere Kräfte", die „glaubwürdig das entwickeln, was geboten ist."

SPD und FDP haben die Bundesregierung und die CDU wie nie zuvor verunsichert. In einer Rundfunkansprache vom 29. Januar begründete Adenauer, warum er 1952 nicht sofort geantwortet hatte, und warnte vor einer „Legendenbildung, die die Geister verwirrt und ein ganzes Volk ins Unglück stürzen kann".

Bis heute streiten die Vertreter der „Angebotsthese" und der „Propagandathese" darüber, welche Ziele Stalin mit den Noten verfolgte und ob damals eine große Chance auf die deutsche Wiedervereinigung verpasst wurde. Einig sind sich jedoch fast alle Historiker darin, dass die insgesamt vier Stalin-Noten eine direkte Reaktion auf die unmittelbar bevorstehende Unterzeichnung des Vertrages über die „Europäische Verteidigungsgemeinschaft" (EVG) waren, die letzten Endes auch eine Wiederbewaffnung der Bundesrepublik zur Folge gehabt hätte. Eines der Ziele Stalins war es, die Mitgliedschaft Deutschlands in der EVG zu verhindern.

Die EVG kam letztlich nicht zustande. Nach der Niederlage im Indochina-Krieg lehnte die französische Nationalversammlung am 30. August 1954 eine Europäische Verteidigungsgemeinschaft mit großer Mehrheit ab.

Deutschland, einig Vaterland

Von der Forderung nach einer Wiedervereinigung Deutschlands hat sich die DDR offiziell erst zu Beginn der 1970er-Jahre verabschiedet, als Erich Honecker nach seinem Amtsantritt 1971 die Zweistaatlichkeit propagierte. In der Nationalhymne vom 5. November 1949 klang es noch anders. Das von Johannes R. Becher verfasste und von Hanns Eisler vertonte Lied beginnt mit den folgenden Verszeilen:

„Auferstanden aus Ruinen
Und der Zukunft zugewandt,
Lass uns dir zum Guten dienen,
Deutschland, einig Vaterland."

Die Hymne wurde nicht verändert, aber der Text wurde seit Anfang der 1970er-Jahre bis zum Ende der DDR offiziell nicht mehr gesungen. Lediglich die Melodie von Eisler kam noch zur Aufführung. Beim „Arbeitsbesuch" des SED-Generalsekretärs Erich Honecker am 7. September 1987 bei Bundeskanzler Helmut Kohl in Bonn erklangen beide Nationalhymnen ohne Text. Während der Berliner „tageszeitung" titelte: „Ausreiseerlaubnis für Honecker", fragte die FAZ wegen des Ausbleibens der Zeilen „Einigkeit und Recht und Freiheit für das deutsche Vaterland" und „Deutschland, einig Vaterland": „Ist das Protokoll nicht gnädig, dass es die Deutschen, die hier versammelt sind, der Verpflichtung enthebt, bei dieser Demonstration ihrer Teilung auch noch ein Lippenbekenntnis zur Einheit abzulegen und die Bitternis der Selbstverhöhnung zu ertragen?"

Der entscheidende Satz der DDR-Hymne wurde erst am 1. Februar 1990 in der Volkskammer vom amtierenden Ministerpräsidenten Hans Modrow wieder aufgegriffen, als er sein Konzept „Für Deutschland, einig Vaterland" vorlegte, mit dem sich auch die letzte SED-Regierung für die Einheit Deutschlands aussprach.

Die DDR der ersten Nachkriegsjahre

Den Deutschlandvertrag der Bundesrepublik mit den drei Westmächten 1952 nahm die SED-Führung zum Anlass, die Zonengrenze zu sperren und ein Grenzregime zu etablieren. Mit der Verordnung vom 26. Mai 1952 legte sie die Grundlage für den Ausbau einer befestigten und gesicherten Staatsgrenze. Das Grenzgebiet bestand aus einem zehn Meter breiten Kontrollstreifen unmittelbar an der Grenze, den niemand betreten durfte, einem 500 Meter breiten Schutzstreifen und einer fünf Kilometer breiten Sperrzone. Die Straßen vom Landesinneren der DDR in die Sperrzone wurden mit Schlagbäumen versperrt und von Posten überwacht, ihre Bewohner erhielten ein spezielles Wohnrecht in ihren Personalausweis eingetragen. Freunde und Bekannte, die zu Besuch kamen, benötigten einen Passierschein. Weil bereits in den ersten drei Jahren nach ihrer Gründung 675.000 Personen die DDR verließen, wurde die „Staatsgrenze" immer undurchlässiger gemacht, um die „Abstimmung mit den Füßen" zu verhindern.

„Aktion Ungeziefer"

Die erste große Zwangsaussiedlung aus dem Grenzgebiet, die im Jahr 1952 durchgeführt wurde, trug den Namen „Aktion Ungeziefer". Das dafür von den SED-Ideologen gewählte Wort zeigt, wie wenig sie aus der Barbarei des Nationalsozialismus gelernt hatten. Denn die Zeit, in der Menschen als „Ungeziefer" nicht nur diffamiert, sondern auch ermordet wurden, lag erst wenige Jahre zurück. Von Ende Mai bis Anfang Juni 1952 wurden über 8.000 DDR-Bürger aus der fünf Kilometer breiten Sperrzone als „unzuverlässige Elemente" zwangsumgesiedelt. Im Verlauf der Jahre wurden die deutsch-deutschen Grenzanlagen immer weiter perfektioniert, bis es faktisch unmöglich war, von Ost- nach West-Deutschland zu fliehen.

Die Unzufriedenheit in der DDR hatte insbesondere nach der 2. SED-Parteikonferenz vom Juli 1952 zugenommen, auf der der „Aufbau des Sozialismus" beschlossen wurde. Das bedeutete zum einen die Konzentration der finanziellen und ökonomischen Ressourcen auf die Schwerindustrie zulasten der alltäglichen Versorgung der Bevölkerung und zum anderen die aus ideologischen Gründen forcierte Übertragung des sowjetischen Systems auf die DDR.

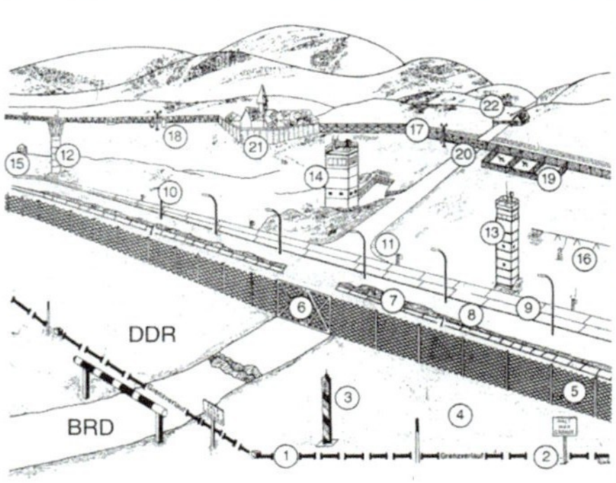

DDR-Grenzsicherungsanlagen (Schema, ab etwa 1984)

1 Grenzverlauf mit Grenzsteinen
2 Grenzpfahl, teilweise mit Hinweisschild „Landesgrenze"
3 DDR-Grenzsäule schwarz-rot-gold mit Hoheitszeichen
4 „Vorgelagertes Hoheitsgebiet" der DDR
5 Grenzzaun-I
6 Gassentor
7 Kfz-Sperrgraben
8 Kontrollstreifen K-6
9 Kolonnenweg
10 Lichttrasse
11 Ruf- und Sprechsäule
12 Beobachtungsturm BT-11 (runde Bauweise, Durchmesser 1 m)
13 Beobachtungsturm BT-11 (quadratische Bauweise 2x2 m)
14 Führungsstelle
15 Beobachtungsbunker
16 Hundelaufanlage
17 Grenzsignal- und Sperrzaun-II
18 Stromversorgungs- und Schalteinrichtung für den GSSZ-II
19 Hunde-Freilaufanlage
20 Signalzauntor

DDR-Grenzsicherungsanlagen

Die Kollektivierung der Landwirtschaft, der Kirchenkampf und die Aktionen gegen selbstständige Unternehmer, Handwerker und Gewerbetreibende führten nicht nur zu einer starken Versorgungskrise, sondern auch zu einer wachsenden Zahl politischer Häftlinge (70.000) und einer vehement ansteigenden Fluchtbewegung (300.000 Flüchtlinge im ersten Halbjahr 1953).

Der Aufstand vom 17. Juni 1953

Entzündet hatte sich der Aufstand an der Absicht der DDR-Führung, von den Arbeitern mehr Leistung ohne höheren Lohn zu fordern („Normerhöhung"). Die SED-Losung „Erst mehr arbeiten, dann besser leben" löste bei den Bauarbeitern Tumulte aus. Nach heutigen Erkenntnissen beteiligten sich am Aufstand der „5 Tage im Juni" (Stefan Heym) über eine Million Menschen in etwa 700 Städten und Gemeinden. Dabei kam es zu Streiks, Demonstrationen und Kundgebungen, zur Erstürmung staatlicher und öffentlicher Gebäude. Die zentralen Forderungen der Demonstranten waren hochpolitisch und für die Verhältnisse in der DDR revolutionär:

- *Freie und geheime Wahlen in ganz Deutschland*
- *Freiheit für alle politischen Gefangenen*
- *Aufhebung der Zonengrenzen und Friedensvertrag für ganz Deutschland*

Der Aufstand in Berlin wurde am 17. Juni 1953 von sowjetischen Panzern niedergeschlagen. Die SED-Führung, die schon Evakuierungspläne ausgearbeitet hatte, „falls die Konterrevolution siegt" (Erich Honecker), hätte sich alleine nicht halten können. In den Tagen und Wochen danach wurden 13.000 bis 15.000 Personen verhaftet, mindestens 2.300 davon sind verurteilt worden. Sowjetische Standgerichte erschossen 18 Menschen. Vier wurden von DDR-Gerichten zum Tode verurteilt, die gegen Erna Dorn und Ernst Jennerich wurden auch vollstreckt. Zwischen 60 und 80 Menschen kamen auf den Straßen und Plätzen bei Demonstrationen oder der Erstürmung öffentlicher Gebäude ums Leben. Zehn bis fünfzehn SED-Funktionäre und Mitarbeiter von Polizei und Sicherheitsorganen der DDR fanden ebenfalls den Tod.

Der 17. Juni 1953 war ein spontaner Aufstand, der die Geheimdienste nicht nur im Osten, sondern auch im Westen überraschte. In der DDR galt er offiziell als „faschistischer Putsch", der von westlichen Geheimdiensten langfristig organisiert und durchgeführt worden sei. Bis zum Ende der DDR war er für die Machthaber Inbegriff der Bedrohung durch das eigene Volk und damit Grund und Anlass, ein ausgedehntes Spitzelsystem zu etablieren, die Bevölkerung einzuschüchtern und einzumauern.

Im Westen wurde der 17. Juni seit 1954 als Tag der deutschen Einheit begangen. Während in den ersten Jahren noch Hunderttausende des durch sowjetische Panzer niedergeschlagenen Aufstands gedachten, wurde er später vom konservativen Teil der Gesellschaft als „ihr" Tag vereinnahmt, dem die Linke nichts entgegenzusetzen wusste. In den letzten Jahren vor dem Mauerfall wurde er von der Bevölkerung mehr als willkommener Urlaubstag denn als Gedenktag genutzt.

Flüchtlinge und Notaufnahmelager

Viele auch nach dem 17. Juni 1953 mit den politischen und wirtschaftlichen Verhältnissen unzufriedene DDR-Bürger nutzten den Weg über West-Berlin zur Flucht. Zwar mussten sie auch zum Besuch von Ost-Berlin eine besondere Genehmigung haben, eine perfekte Kontrolle im Alltag war aber kaum durchführbar. Vor dem Mauerbau war es noch möglich, sich in der Vier-Sektoren-Stadt relativ frei zu bewegen. Mit einem S- oder U-Bahn-Ticket konnte man leicht von Ost- nach West-Berlin gelangen und von dort mit dem Flugzeug in die Bundesrepublik.

Es war nicht ungewöhnlich, im einen Teil Berlins zu wohnen und im anderen zu arbeiten. Der Berliner Senator Kurt Neubauer, auch Mitglied der SPD-Fraktion im Deutschen Bundestag, hatte z. B.

seinen Wohnsitz bis zum Mauerbau im sowjetisch besetzten Friedrichshain.

Im Bundestag vertrat er das im Rathaus Schöneberg tagende Abgeordnetenhaus von Berlin, das im amerikanischen Sektor lag.

Um Fluchtmöglichkeiten zu unterbinden, versuchte die Sowjetunion 1958 mit dem „Chruschtschow-Ultimatum" erneut, den Status von Berlin zu ihren Gunsten zu verändern. Sie forderte die West-Alliierten ultimativ auf, aus Berlin abzuziehen. Der Vorstoß scheiterte, die Fluchtbewegung, d. h. die „Abstimmung mit den Füßen", ging weiter. Bis zum Mauerbau flüchteten etwa vier Millionen Menschen aus der DDR.

Mauerbau und „Aktion Kornblume"

Nicht gewillt, politische Freiheitsrechte zu gewähren und unfähig, die wirtschaftlichen Probleme zu lösen, kamen die Führungen in der DDR und in der UdSSR auf eine groteske Idee: Am 13. August 1961 begannen sie, um die West-Sektoren Berlins eine Mauer zu errichten, damit niemand mehr nach West-Berlin fliehen konnte. Gleichzeitig forcierten sie durch die „Aktion Festigung", die auch „Aktion Kornblume" genannt wurde, den Ausbau

Grenze bei Görsdorf (Thüringen), 1984/2006

der Grenze zwischen der Bundesrepublik und der DDR. Dabei wurden über 12.000 Personen umgesiedelt und viele Ortschaften, die im Schutzstreifen lagen, abgerissen. Der grenzüberschreitende Verkehr wurde bis auf sechs Eisenbahn- und fünf Straßenübergänge unterbunden.

Die Schikanen an den Grenzübergangsstellen nahmen zu, sodass die West-Berliner oftmals stundenlange Wartezeiten bei Wochenendausflügen nach West–Deutschland in Kauf nehmen mussten. Diese Situation endete erst mit der neuen „Ost-Politik" von Willy Brandt, die 1972 zum „Grundlagenvertrag" zwischen den beiden deutschen Staaten führte.

Nicht nur viele junge Menschen verließen die Stadt, auch die noch verbliebenen Großunternehmen wanderten nach West-Deutschland ab. West-Berlin hing „am Tropf des Bundes", der den Senatshaushalt der Stadt mit 52 Prozent subventionierte. Um das weitere Ausbluten der Stadt zu verhindern, wurde der Öffentliche Dienst aufgebläht und den Unternehmen Steuererleichterung gewährt. Die

Arbeitnehmer bekamen die „Berlin-Zulage" für ihren Dienst in der eingemauerten Stadt – ein 8-prozentiger Zuschuss zum Lohn, der vom Berliner Volksmund „Zitterprämie" genannt wurde.

Nach dem Bau der Mauer in Berlin wurde auch die innerdeutsche Grenze durch das Verlegen von Erdminen, den Bau von Kfz-Sperrgräben (ab 1966), Selbstschussanlagen (ab 1970) und einen zweiten Hinterlandzaun mit optischen und akustischen Signalanlagen (ab 1973) nahezu unüberwindbar.

Als die Bundesregierung unter Helmut Kohl 1983 der DDR die von Franz Josef Strauß (1915–1988) eingefädelten Milliardenkredite gewährte, machte sie zur Bedingung, dass die 60.000 Splitterminen (SM-70) und die über eine Million Bodenminen beseitigt werden. Dadurch wurde die Überwindung der Grenze allerdings nicht leichter, weil die Sicherungsmaßnahmen weiter zurück ins Hinterland verlegt wurden und Fluchtversuche nicht mehr unter den Augen der westdeutschen Grenzbeamten geschahen.

„Wandel durch Annäherung"

In der Bundesrepublik hatte sich nach der Großen Koalition (1966–1969) eine neue Deutschlandpolitik durchgesetzt. Ziel der Entspannungspolitik von Bundeskanzler Willy Brandt war es, die Beziehungen zum Osten wesentlich zu verbessern und mit Verträgen dauerhaft abzusichern. In einer deutsch-deutschen Annäherung sah er Chancen für eine Entspannung des Ost-West-Konflikts. Ein Gewaltverzichtsvertrag mit der UdSSR, ein weiterer, der die Anerkennung der polnischen Grenzen beinhaltete, und der „Grundlagenvertrag" von 1972 mit der DDR schufen zusammen mit anderen Verträgen geordnete Beziehungen zwischen den kommunistischen Staaten und der Bundesrepublik Deutschland. Außerdem ermöglichten sie die gleichzeitige Aufnahme beider deutscher Staaten in die UNO. Die menschlichen Kontakte wurden erleichtert. Die Sowjetunion garantierte den Zugang nach West-Berlin und akzeptierte dessen enge politische Bindung mit der Bundesrepublik.

Aufstände im sowjetischen Machtbereich

Der 17. Juni 1953 in der DDR war der erste Volksaufstand im sowjetischen Machtbereich nach dem Zweiten Weltkrieg. Ihm folgten die Posener Demonstrationen im Juni 1956, die Revolution in Ungarn im Oktober 1956, der Prager Frühling 1968 und die Charta 77 in der Tschechoslowakei und die Entstehung der Solidarnosc-Bewegung in Polen 1980. Die Aktivitäten der Gewerkschaft Solidarnosc in Polen, die erfolgreiche Orientierung der Ungarn nach Westen, die Unabhängigkeitsbewegungen in den baltischen Staaten, die immer stärker werdende Oppositionsbewegung in der DDR und der Abbau des Stacheldrahts an der ungarisch-österreichischen Grenze durch die beiden Außenminister Guyla Horn und Alois Mock am 27. Juni 1989 bereiteten den Fall der Berliner Mauer vor.

Der Einigungsvertrag

Der Fall der Berliner Mauer beendete die Spaltung Deutschlands. Nach den ersten freien Wahlen in der DDR am 18. März 1990 wurde unter Lothar de Maizière (CDU) eine große Koalition aus CDU und SPD gebildet. Am 30. April 1990 fand die erste gemeinsame Sitzung von Bundestag und frei gewählter Volkskammer statt. Am 20. September 1990 stimmten beide Parlamente dem Einigungsvertrag und damit dem Beitritt der DDR zum Geltungsbereich des Grundgesetzes zu.

Am 4. Oktober 1990, einen Tag nach dem Beitritt der DDR zur Bundesrepublik, tagte im Reichstagsgebäude in Berlin der erste gesamtdeutsche Bundestag, in den die Volkskammer 144 Abgeordnete entsandte. Die ersten gesamtdeutschen Wahlen fanden am 2. Dezember 1990 statt, in denen sich Bundeskanzler Helmut Kohl mit seiner CDU/FDP-Mehrheit behaupten konnte.

Der Zwei-plus-Vier-Vertrag

Mit dem „Zwei-plus-Vier-Vertrag" zwischen den beiden deutschen Regierungen und den vier alliierten Mächten und dem Abzug der alliierten Truppen aus Deutschland im Sommer 1994 wurde die Nachkriegszeit endgültig beendet. Der letzte Satz in der Präambel des Grundgesetzes – „Das gesamte deutsche Volk bleibt aufgefordert, in freier Selbstbestimmung die Einheit und Freiheit Deutschlands zu vollenden" – konnte nun gestrichen werden.

Prozesse gegen die Täter

Wegen der getöteten Flüchtlinge wurden Prozesse gegen die Mauerschützen und auch gegen die politisch Verantwortlichen geführt. Gegen den kurz vor der Wende 1989 entmachteten Staats- und Parteichef der DDR, Erich Honecker, hatte die Berliner Justiz am 1. Dezember 1990 Haftbefehl erlassen. Bevor er festgenommen werden konnte, flogen ihn die Sowjets aus einem Beelitzer Militärkrankenhaus im März 1991 heimlich nach Moskau aus. Nach monatelangem diplomatischen Tauziehen entschied die russische Regierung, ihn auszuweisen. Honecker flüchtete sich in die chilenische Botschaft. Nachdem die Berliner Justiz eine

Mauersegmente im UNO-Garten New York, 2003

Anklageschrift wegen 49-fachen Totschlags vorgelegt hatte, musste Honecker am 29. Juli 1992 auf Druck Moskaus Chiles Botschaft verlassen und wurde nach Deutschland ausgeliefert.

Am 12. November 1992 begann das Verfahren gegen Mitglieder des Nationalen Verteidigungsrates der DDR. Honecker räumte die politische Verantwortung für die Maueropfer ein. Er bestritt aber jede „juristische oder moralische Schuld" an deren Tod. Als bei ihm ein Krebsleiden festgestellt wurde, entschied das Verfassungsgericht des Lan-

des Berlin am 12. Januar 1993, dass der Prozess eingestellt werden müsste, da man sonst gegen die Menschenrechte verstieße. Danach reiste Honecker nach Chile, wo er am 29. Mai 1994 starb.

Am 13. November 1995 begann der Prozess gegen Mitglieder des Politbüros wegen Totschlags von 66 DDR-Flüchtlingen. Gegen Egon Krenz, Günter Schabowski und Günther Kleiber wurde wegen der tödlichen Schüsse auf die Flüchtlinge Michael-Horst Schmidt (20), Michael Bittner (25), Lutz Schmidt (24) und Chris Gueffroy (20) verhandelt. Die drei Angeklagten bestritten die Schuldvorwürfe.

Als einziger gestand Schabowski eine „moralische Schuld" ein und bat die Angehörigen der Maueropfer um Verzeihung. Er verwahrte sich aber gegen die „juristische Konstruktion", sich wegen Totschlags strafbar gemacht zu haben. Alle drei erklärten, sie hätten nicht die Macht besessen, das Grenzregime human zu gestalten. Allein die sowjetische Führung hätte darüber entscheiden können. Dabei ignorierten sie den Vermerk vom 10. Juni 1988, in dem die Haltung Gorbatschows dem Politbüro übermittelt wurde: „Nur die DDR als souveräner Staat habe zu entscheiden, wie sie ihre Grenze sichert."

Mit Bestätigung des Bundesgerichtshofs (BGH) in Leipzig vom 8. November 1999 wurde Egon Krenz wegen vierfachen Totschlags zu sechseinhalb Jahren, Kleiber und Schabowski zu je drei Jahren Freiheitsstrafe verurteilt. In der Urteilsbegründung hieß es, die drei seien als „mittelbare Täter" für die Erschießung von Flüchtlingen strafrechtlich und politisch verantwortlich. Die angeklagten Grenzsoldaten waren bereits vorher zu Bewährungsstrafen verurteilt worden.

Der Streit um die Mauergrundstücke

Als die DDR-Regierung 1961 die Mauer errichten ließ, hatte sie die Bewohner des Grenzgebietes aus ihren Häusern vertrieben. Manche wurden entschädigt, andere nicht. Nach DDR-Recht hätten die enteigneten Eigentümer ihre Grundstücke zurückbekommen, denn in Paragraf 9 der Grenzordnung vom 25. März 1982 heißt es: „Grundstücke, die nicht mehr für Maßnahmen zum Schutz der Staatsgrenze benötigt werden, sind an die Rechtsträger, Eigentümer oder sonstige Nutzer zu übergeben."

Zwar wurde im „Einigungsvertrag DDR/BRD" vom 6. September 1990 der Grundsatz „Rückgabe vor Entschädigung" festgeschrieben. Er sollte aber nicht auf die Flächen angewendet werden, die den Besitzern für den Bau der Berliner Mauer oder die Sicherung der innerdeutschen Grenze weggenommen worden waren. Angeblich wurde die Rückgabe an die ehemaligen Eigentümer „vergessen".

Die Debatte um die Mauergrundstücke zog sich lange hin. Die Rückübertragung „ohne Wenn und Aber" scheiterte schließlich im Deutschen Bundestag allein am Widerstand der CDU/CSU-Fraktion. Die früheren Eigentümer konnten für 25 Prozent des Verkehrswertes ihre Grundstücke zurückkaufen, „sofern der Bund sie nicht für dringende eigene öffentliche Zwecke verwenden oder im öffentlichen Interesse an Dritte veräußern will". War das der Fall, hatten die Alt-Eigentümer einen Entschädigungsanspruch auf Zahlung von 75 Prozent des Verkehrswertes.

Die Mauergrundstücke in Berlin und die Flächen entlang der innerdeutschen Grenze sollen an die Bundesländer übergeben werden. Das ist bisher erst an Thüringen erfolgt. Die Grundstücke der übrigen Bundesländer sollen spätestens zum 20. Jahrestag des Mauerfalls übertragen werden.

Die Hauptstadtfrage

Im Einigungsvertrag wurde in Artikel 2 zwar festgelegt, dass die Hauptstadt Deutschlands Berlin ist, aber auch, dass über die Frage des Sitzes von Parlament und Regierung erst nach der Herstellung der Einheit Deutschlands entschieden wird. Am 20. Juni 1991 nahm der Deutsche Bundestag mit äußerst knapper Mehrheit (338:320) den „Antrag zur Vollendung der Einheit Deutschlands" an und entschied sich damit für die Verlegung des Parlaments- und Regierungssitzes von Bonn nach Berlin.

Am 7. September 1999, dem 50. Jahrestag seiner ersten Sitzung, nahm der Bundestag im von Sir Norman Foster umgebauten Reichtagsgebäude mit der neuen Glaskuppel seine Arbeit auf. Am selben Tag zog auch die Bundesregierung nach Berlin. Bundeskanzler Gerhard Schröder residierte zunächst im ehemaligen Staatsratsgebäude der DDR, bis er am 2. Mai 2001 das von Axel Schultes und Charlotte Frank neu erbaute Bundeskanzleramt im Spreebogen bezog.

Ostseeküsten- und Deutsch-Deutscher Radweg

Der Eiserne Vorhang verlief auf einer Länge von fast 7.000 Kilometern von der Barentssee quer durch Europa bis zum Schwarzen Meer und trennte den Kontinent in Ost und West. Bis zu den Friedlichen Revolutionen in Ostmitteleuropa war er die physische und ideologische Grenze zweier sich feindlich gegenüberstehender Blöcke. Dadurch wurden nicht nur viele Nachbarstaaten voneinander getrennt, sondern auch Deutschland in Ost und West gespalten. Heute ist von dem ehemaligen Todesstreifen kaum noch etwas zu sehen, seine Relikte erinnern uns – aber trennen nicht mehr.

Vom Todesstreifen zum Lebensraum

In Deutschland verlief der Eiserne Vorhang an der ehemaligen Ostseeküste der DDR auf einer Länge von 650 Kilometern, wenn man Rügen mit einbezieht. Der 1.400 Kilometern lange frühere innerdeutsche Todesstreifen mit seinen 3.000 Kilometern Zäunen, den Kfz-Sperrgräben auf 730 Kilometer Länge, den 830 Wachtürmen, den Lichttrassen, Mauern und Bunkeranlagen ist nahezu vollständig abgebaut worden. Lediglich die Kolonnenwege mit den Lochplatten und einige Wachtürme erinnern heute noch an diese Zeit. Nur noch wenige Jahre wird man den ehemaligen

Grenzstreifen an dem niedrigeren Baumwuchs erkennen können. Heute, zwei Jahrzehnte nach dem Fall der Berliner Mauer und des Eisernen Vorhangs in Europa, ist von der ehemaligen deutsch-deutschen Grenze nicht mehr viel zu sehen.

Die Frage, wie man mit den Grenzanlagen umgehen sollte, bewegte nach der Wende die Gemüter. Die meisten wollten sie damals aus politischen und ethischen Gründen so schnell wie möglich beseitigen. Eine kleine Minderheit dachte aber „über den Tag hinaus" und setzte sich für deren Erhalt ein. Es waren private Einzelpersonen, Vertreter der Denkmalschutzbehörden, Bürgerinitiativen, die verhinderten, dass überall Gras über die Geschichte wächst.

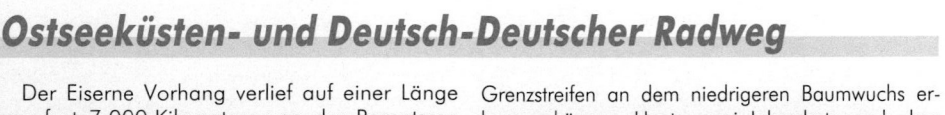

Zu diesen Personen gehörte auch Willy Brandt, Berlins Regierender Bürgermeister zur Zeit des Mauerbaus. Der für seine Entspannungs- und Ostpolitik mit dem Friedensnobelpreis geehrte frühere Bundeskanzler regte be-

reits einen Tag nach dem Fall der Mauer, am 10. November 1989, vor dem Schöneberger Rathaus an, „ein Stück von jenem scheußlichen Bauwerk (...) als Erinnerung an ein historisches Monstrum stehen (zu) lassen. So wie wir seinerzeit nach heftigen Diskussionen in unserer Stadt uns bewusst dafür entschieden haben, die Ruinen der Gedächtniskirche stehen zu lassen".

Auch Michaele Schreyer, grüne Senatorin für Stadtentwicklung und Umweltschutz und spätere

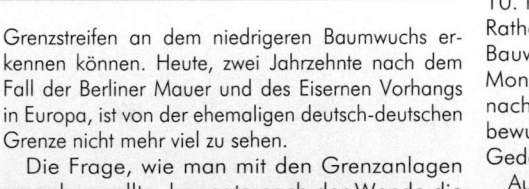

Grenzöffnung Potsdamer Platz (12.11.1989) mit dem West-Berliner Regierenden Bürgermeister Walter Momper (SPD) und dem Ost-Berliner Oberbürgermeister Erhard Krack (SED) – und dem Autor im Hintergrund

EU-Kommissarin, setzte sich über den damaligen Zeitgeist, die Opposition und auch den Koalitionspartner SPD hinweg und stellte als dafür zuständige Senatorin die Mauer in der Berliner Niederkirchnerstraße unter Denkmalschutz. Damals wurde sie heftig angefeindet, heute sind alle dankbar für die authentischen Mauerreste gerade an dieser Stelle.

„Berliner Mauer-Radweg"

Man muss Erinnerung sichtbar machen! Wir wissen, dass es zwischen West und Ost noch keine gemeinsame Erinnerung gibt, dass sich die Europäer im Osten und im Westen ihrer Grenze auf unterschiedliche Art und Weise erinnern, auch weil sie von der offiziellen Politik in beiden Teilen Europas völlig konträr interpretiert worden war. Die Warschauer Pakt-Staaten hatten sie zum »Schutz vor dem Klassenfeind« verklärt, für den Westen war sie das Symbol der Unfreiheit im real existierenden Sozialismus.

Sichtbare Erinnerung gibt es bereits mit dem Berliner Mauerweg. Anlässlich des 40. Jahrestags des Mauerbaus initiierte der Autor als Mitglied des Berliner Abgeordnetenhauses einen Antrag, in dem der Senat aufgefordert wurde, einen Rad- und Wanderweg entlang der früheren Grenze auszuweisen, die verbliebenen Mauerreste unter Denkmalschutz zu stellen, ihn fahrradfreundlich zu gestalten und auszuschildern. Von der Fraktion Bündnis 90/Die Grünen wurde die Öffentlichkeit zu den „Mauerstreifzügen" eingeladen, die seit dem Jahr 2001 jeden Sommer vom Autor durchgeführt werden. Gleichzeitig erschien im Verlag Esterbauer in der Reihe „bikeline" das Buch „Berliner Mauer-Radweg", in dem die 160 Kilometer rund um West-Berlin – 40 Kilometer zwischen den beiden Stadthälften, 120 Kilometer zwischen West-Berlin und dem Umland – beschrieben werden.

Nachdem der Antrag im Abgeordnetenhaus von Berlin angenommen worden war, setzte sich der Senat für die Realisierung des Mauerwegs ein. Seitdem wurde der Weg ausgeschildert sowie rad- und wanderfreundlich ausgebaut.

Mauerstreifzüge in Berlin

Für den letzten erschossenen Flüchtling, Chris Gueffroy, wurde eine Gedenkstele errichtet. Nahezu alle verbliebenen authentischen Relikte sind inzwischen unter Denkmalschutz gestellt.

Als Ergänzung zur Markierung des ehemaligen Mauerverlaufs und zur künstlerischen Gestaltung der Grenzübergänge wurde die „Geschichtsmeile Berliner Mauer" ins Leben gerufen, eine viersprachige Dauerausstellung (deutsch, englisch, französisch, russisch), die mit etwa 30 Tafeln über die Geschichte von Teilung, Mauerbau und Maueröffnung informiert. Mit Fotografien und kurzen Texten werden Ereignisse geschildert, die sich am jeweiligen Standort zugetragen haben. Der „Berliner Mauer-Radweg" wurde Bestandteil des Tourismus-Programms von Berlin und ist das erste Projekt, das den sanften mit dem Stadttourismus verbindet. In Berlin kann man in der Tat Geschichte, Politik und Kultur im wahrsten Sinne des Wortes „erfahren".

„Deutsch-Deutscher Radweg"

Aber nicht nur Berlin, auch Deutschland war jahrzehntelang gespalten. Auch die Erinnerung an den 1.400 Kilometer langen innerdeutschen Grenzstreifen gilt es zu bewahren. Deshalb brachten die Koalitionsfraktionen von SPD und Bündnis 90/Die Grünen am 30. Juni

2004 im Deutschen Bundestag einen Antrag ein (DS 15/3454), den ehemaligen Todesstreifen in einen Lebensraum umzuwandeln. Er sollte für den sanften Tourismus erschlossen und für die Gestaltung eines europäischen „Grünen Bandes" („Grünes Band Europa) entlang des früheren „Eisernen Vorhangs" entwickelt werden. Dafür hat der Deutsche Bundestag im Dezember 2004 einstimmig votiert.

Aber auch der Küstenstreifen der DDR war eine streng bewachte Grenze. Weite Abschnitte waren für die Öffentlichkeit versperrt, viele Küstenstreifen wurden militärisch genutzt. Relikte davon kann man auch heute noch dort finden. Das vorliegende Radwanderbuch beschreibt neben dem Ostseeküsten-Radweg auch den deutsch-deutschen Radweg am „Grünen Band", der an 150 Naturschutzgebieten entlangführt, zahlreiche Flora-Fauna-Habitat-Gebiete (FFH), die drei Biosphärenreservate Schaalsee, Elbaue und Rhön sowie den Nationalpark Harz integriert. Er führt von der Ostsee bis zur tschechischen Grenze an unzähligen Flüssen und Seen entlang und überwindet die Höhen des Harzes ebenso wie die des Thüringer Waldes. Er passiert viele Denkmäler und Grenzlandmuseen ebenso wie manche der noch verbliebenen Wachtürme.

„Europa-Radweg Eiserner Vorhang"

Jahrzehntelang gespalten war auch Europa. Von der Barentssee an der norwegisch-russischen Grenze bis zum Schwarzen Meer verlief der Eiserne Vorhang. Heute trennt er nicht mehr. Er ist Symbol einer gemeinsamen und gesamteuropäischen Erfahrung im wiedervereinigten Europa. Auch deshalb hat das Europäische Parlament im Herbst 2005 dem Antrag des Autors mit großer Mehrheit zugestimmt, den „Iron Curtain Trail" (Europa-Radweg Eiserner Vorhang") in seinen Bericht über „Neue Perspektiven und Herausforderungen für einen nachhaltigen europäischen Fremdenverkehr" aufzunehmen. Er ist Bestandteil des kollektiven Gedächtnisses, mit dem die viel beschworene europäische Identität gefördert werden kann.

Nach dem Vorbild von „Berliner Mauer-Radweg" und „Deutsch-Deutscher Radweg" soll nun entlang des ehemaligen Eisernen Vorhangs auf dem früheren Todesstreifen ein Rad- und Wanderweg entstehen, der Reisen auf den Spuren der gemeinsamen Geschichte unseres Kontinents ermöglicht. Das 8.500 Kilometer lange „Grüne Band" von der Barentssee zum Schwarzen Meer steht seit 2002 unter der Schirmherrschaft von Michail Gorbatschow, dem früheren Präsidenten der Sowjetunion und heutigen Präsidenten von

der Donau, um schließlich über Bulgarien, die ehemalige Jugoslawische Republik Mazedonien, Serbien und Kroatien. Zwischen Rumänien und der Donau folgt die Strecke weitgehend dem Lauf wenien und Kroatien. Zwischen Rumänien und der Südgrenze Ungarns führt der Weg über Slovenien um bei Wien die Donau zu überqueren. Entlang und der slowakischen Hauptstadt Bratislava, die Höhen des Böhmerwalds, vorbei an Mähren nerdeutschen Grenzstreifen. Dann führt er über ländereck folgt die Route dem ehemaligen Dreibis zum sächsisch-bayerisch-tschechischen DreiDDR. Von der Halbinsel Priwall bei Travemünde siert dort der Küstenstreifen von Estland, Lettland, Litauen, Kaliningrad, Polen und der ehemaligen weg entlang der norwegisch-russischen und finnisch-russischen Grenze bis zur Ostsee und passiert dort den Küstenstreifen von Estland, Lettland, der Barentssee, verläuft der Rad- und Wanderruntet 14 Mitgliedstaaten der EU. Beginnend an An diesem Projekt sind 20 Länder beteiligt, darunter 14 Mitgliedstaaten der EU. erfahren können.
auch europäische Geschichte, Politik und Kultur EU-Kommission das Projekt realisieren, wird man arbeit mit dem Europäischen Parlament und der erkannt. Wenn die Mitgliedstaaten in Zusammenzwischen Ost und West auch international anschutz und der Wert als Symbol der Vereinigung Bedeutung des Grünen Bandes für den NaturGreen Cross International (GCI). Damit wird die

und Griechenland am nördlichsten Punkt der Türkei an der bulgarischen Schwarzmeerküste zu enden.

Die Strecke verläuft durch mehrere Nationalparks mit einer interessanten Flora und Fauna und verbindet eine Vielzahl einzigartiger Landschaften, die wegen ihrer Grenzlage und vormaligen Sperrzonen nahezu unberührt geblieben sind. Er verbindet aber auch unzählige Mahnmale, Museen und Freiluft-Einrichtungen, die an die Geschichte der Spaltung Europas und seiner Überwindung durch die friedlichen Revolutionen in Ostmitteleuropa erinnern.

Wie beim Projekt „Berliner Mauer-Radweg" und „Deutsch-Deutscher Radweg" können auch beim „Europa-Radweg Eiserner Vorhang" die teilweise noch bestehenden asphaltierten Patrouillenwege der Grenzanlagen genutzt werden. In vielen Ländern und Regionen Europas wird an dem Projekt gearbeitet, zahlreiche Abschnitte sind schon ausgeschildert und ausgebaut.

Der Routen-Vorschlag

Natürlich gibt es viele Alternativen, wie man sich im „Grünen Band" mit dem Fahrrad bewegen kann. Ob auf der westlichen oder der östlichen Seite, ob näher an der Grenze oder weiter entfernt, ob auf Kolonnenwegen mit Lochplatten oder auf Asphalt. Die vorgeschlagene

Mauersegment am Europäischen Parlament in Brüssel, 2006

Route wurde nach den folgenden fünf Kriterien ausgewählt:
- möglichst nahe an der ehemaligen Grenze
- auf komfortabel zu befahrenden Wegen
- stark befahrene Straßen vermeidend
- die ehemalige Grenze häufig querend
- viele Zeugnisse der Geschichte integrierend

Der Routenvorschlag versteht sich als „work in progress". Selbstverständlich wissen die Menschen vor Ort besser über ihre Gegend Bescheid, auch gibt es immer wieder Änderungen durch Baumaßnahmen u. Ä. Deshalb freuen sich Autor und Verlag über Anregungen und Verbesserungsvorschläge, die sich nach den oben erwähnten Kriterien richten.

Danksagung

Die drei Bände vom „Europa-Radweg Eiserner Vorhang" wären nicht möglich geworden ohne die Unterstützung anderer Personen und Institutionen. Deshalb möchte ich mich für die großzügige Unterstützung bei der „Stiftung Aufarbeitung der SED-Diktatur" recht herzlich bedanken, die ihr Archiv geöffnet und viele historische Fotos zur Verfügung gestellt hat.

Bedanken möchte ich mich auch Bei Roland Esterbauer und seinen Mitarbeiterinnen und Mitarbeitern, die von Anfang an das Projekt unterstützt und professionell umgesetzt haben.

Da ich – anders als bei den Büchern „Berliner Mauer-Radweg" und „Deutsch-Deutscher Radweg" – die Strecken nicht selber abradeln und beschreiben konnte, möchte ich auch besonders jenen europäischen Freunden danken, die die Streckenerfassung und -beschreibung übernommen haben:

Für **Band 1** vom „Europa-Radweg Eiserner Vorhang" war auf dem norwegisch-russischen und dem finnisch-russischen Abschnitt Timo Setälä auf dem Rad unterwegs, gefolgt von Frank Wurft, der den estnisch-lettischen Teil bis Tallinn dokumentiert hat. Für die Strecke von Tallinn über Litauen, Kaliningrad und Polen bis zur deutsch-polnischen Grenze gilt mein Dank Stephan Felsberg.

Für **Band 2** konnte für den Abschnitt von der deutsch-polnischen Grenze bis zur Halbinsel Priwall bei Travemünde auf das Buch „Ostseeküsten-Radweg 2" vom Verlag Esterbauer zurückgegriffen werden. Der Abschnitt von der Ostsee bis zur deutsch-tschechischen Grenze ist eine Überarbeitung des bereits 2007 erschienenen Buches „Deutsch-Deutscher Radweg."

Für **Band 3** war entlang der tschechisch-deutschen Grenze Pavel Svoboda unterwegs, abgelöst von Dr. Pavel Stroubek, der ins Leben gerufen hat, mittlerweile eines der erfolgreichsten und zugleich symbolträchtigsten Projekte.

Damit die seltenen Lebensräume entlang der ehemaligen innerdeutschen Grenze mit mehr als 1.000 bedrohten Tier- und Pflanzenarten nicht zerstört und miteinander verbunden bleiben, hat er eine Spendenaktion ins Leben gerufen. In den vier Pilotregionen Salzwedel, Eichsfeld, Sonneberg und im Großen Bruch hat der BUND schon mehr als 200 Hektar erworben, die über 8.000 Anteilseignerinnen und Anteilseigner mit ihren Spenden ermöglicht haben. Weitere Informationen zu diesem Projekt findet man unter www.dasgrueneband.info.

Dank sagen möchte ich auch Klaus Buchin, der als einer der ersten den kostbaren Naturschatz des ehemaligen Grenzstreifens entdeckt und sich

Bei der Koordination des Projektes und der Redaktion der drei Bücher wurde ich von Korbinian Frenzel, Christoph Gelbhaar, Uwe Giese, Antje Kopek, Jens Müller, Erdmute Safranski und Liesa Siedentopp tatkräftig unterstützt, denen ebenfalls mein besonderer Dank gilt.

Bedanken möchte ich mich vor allem beim Bund für Umwelt und Naturschutz Deutschland (BUND), der im November 1989 gemeinsam mit Naturschützern aus der DDR das „Grüne Band" ins Leben gerufen hat. „Grüne Band" ins Leben gerufen hat, mittlerweile eines der erfolgreichsten Projekte.

Für das Engagement wurden Hildegard und Klaus Buchin mit dem Umweltpreis „Goldene Natur" ausgezeichnet, den ihnen Bundesumweltminister Jürgen Trittin am 26. August 2001 überreicht hat. Am 3. Oktober 2007 erhielt Klaus Buchin von Bundespräsident Horst Köhler das Bundesverdienstkreuz. Viele seiner Routentipps konnten in diesem Buch verwendet werden.

Hilfreich war auch das Buch von Maren Ullrich „Geteilte Ansichten", in dem fast 300 Denkmäler und Erinnerungsorte entlang der 1.400 Kilometer langen deutsch-deutschen Grenze untersucht werden. Die Autorin setzt die Denkmäler, die immer auch Spiegelbild der Verhältnisse, insbesondere der Machtverhältnisse sind, in Beziehung zum politischen Mainstream der jeweiligen Entstehungszeit.

für dessen Schutz eingesetzt hat. Zusammen mit dem BUND konnte er erreichen, dass das „Grüne Band" als Biotop entdeckt, von den Bundesländern gesichert und im Dezember 2004 vom Bundestag einstimmig beschlossen wurde. In seinem — zum Teil leider vergriffenen — zweibändigen „Radwanderweg" hat er als erster die Strecke beschrieben und die verbliebenen Reste des Eisernen Vorhangs in Deutschland kenntlich gemacht. Für das Engagement wurden Hildegard und Klaus Buchin mit dem Umweltpreis

Dabei wurden sie von Marco Bertram unterstützt, der nicht nur den ehemaligen Eisernen Vorhang an der Westgrenze von Tschechien, der Slowakei und Ungarn abgeradelt hat, sondern auch die östlichen Grenzen von Deutschland, Österreich, Slowenien, Kroatien und Serbien.

Marco Bertram hat auch die letzten Etappen durch Rumänien und Bulgarien, mit Abstechern nach Serbien, Makedonien, Griechenland und in die Türkei, bis zum Endpunkt des Radweges am Schwarzen Meer beschrieben. Auch ihm ein herzliches Dankeschön.

25

Bedanken möchte ich mich auch bei Jürgen Ritter, der auf seiner Wanderung entlang der innerdeutschen Grenze im Jahr 1984 unzählige Fotos gemacht und 22 Jahre später die Veränderungen des Todesstreifens zum Lebensraum aus derselben Perspektive dokumentiert hat. Die von ihm zur Verfügung gestellten Fotos sind ein wertvoller Beitrag zu diesem Buch.

Und bedanken möchte ich mich nicht zuletzt auch bei Michail Gorbatschow, der seit 1993 der Präsident von Green Cross International ist, die dieses Projekt mit Nachdruck unterstützt. Seit 2002 ist der ehemalige Staats- und Parteichef der Sowjetunion auch Schirmherr des Projektes „Green Belt".

Lebendige Geschichtswerkstatt

Seit dem Fall des Eisernen Vorhangs in Europa sind 20 Jahre vergangen. Wir wissen: Nur wer seine Vergangenheit kennt, wird die Zukunft meistern. Wir alle wollen die Zukunft positiv gestalten, wir alle wollen uns mit Wehmut an die jahrzehntelange Spaltung unseres Kontinents erinnern und mit Dankbarkeit an deren Überwindung durch die Friedlichen Revolutionen in Ostmitteleuropa denken.

Dieser Radweg ist eine reizvolle Kombination von Geschichtswerkstatt und Fahrradtourismus, von Freizeit und Kultur. Er verdeutlicht, dass der frühere unmenschliche Grenzstreifen zwischen Ost- und West-Deutschland, der sogenannte Todesstreifen, heute als großer Biotopverbund ein lebendiges ökologisches Denkmal ist, das in einzigartiger Form an die Spaltung Deutschlands und deren Überwindung erinnert.

Am 18. April 2008 haben sich die Verkehrsminister des Bundes und der Länder in der sogenannten „Brockenerklärung" dafür ausgesprochen, dass an verkehrswichtigen Straßen, die die ehemalige innerdeutsche Grenze queren, Erinnerungstafeln aufgestellt werden. Sie sollen an die Öffnung der Grenze und den Fall des „Eisernen Vorhangs" erinnern.

Der knapp 2.000 Kilometer lange Radwanderweg ist in über 50 Etappen gegliedert, deren Anfang und Ende nach Möglichkeit immer an einem Bahnhof liegen. Die Fahrradmitnahme ist in Deutschland in allen Regionalzügen und einigen Fernzügen möglich.

Ich wünsche Ihnen eine anregende Lektüre und viel Freude beim Erfahren von europäischer Geschichte, Politik und Kultur.

Michael Cramer

Zu diesem Buch

Dieser Radreiseführer enthält alle Informationen, die Sie für den Radurlaub am Grünen Band benötigen: Exakte Karten, eine detaillierte Streckenbeschreibung, ein ausführliches Übernachtungsverzeichnis, Stadt- und Ortspläne und die wichtigsten Informationen zu touristischen Attraktionen und Sehenswürdigkeiten.

Un das alles mit der **bikeline-Garantie**: Die erstellten Routen in unseren Büchern sind vor Ort auf ihre Fahrradtauglichkeit geprüft worden. Um höchste Aktualität zu gewährleisten, nehmen wir nach der Befahrung Korrekturen von Lesern bzw. offiziellen Stellen bis Redaktionsschluss entgegen, die dann jedoch teilweise nicht mehr an Ort und Stelle verifiziert werden können.

Die Karten

Eine Übersicht über die geografische Lage des in diesem Buch behandelten Gebietes gibt Ihnen die Übersichtskarte auf der vorderen inneren Umschlagseite. Hier sind auch die Blattschnitte der einzelnen Detailkarten eingetragen.

Diese Detailkarten sind im Maßstab 1 : 75.000 erstellt. Dies bedeutet, dass ein Zentimeter auf der Karte einer Strecke von 750 Metern in der Natur entspricht. Zusätzlich zum genauen Routenverlauf informieren die Karten auch über die

Unterbrochen wird dieser Text gegebenenfalls durch orangefarbige Absätze, die Varianten und Ausflüge behandeln.

Der Text

Der Textteil besteht im Wesentlichen aus der genauen Streckenbeschreibung, welche die empfohlene Hauptroute enthält. Stichwortartige Streckeninformationen werden, zum leichteren Auffinden, von dem Zeichen ▬ begleitet.

Textabschnitte in Violett heben Stellen hervor, an denen Sie Entscheidungen über Ihre weitere Fahrstrecke treffen müssen, z. B. wenn die Streckenführung von der Wegweisung abweicht oder mehrere Varianten zur Auswahl stehen u. A.

Sie weisen auch auf Ausflugstipps, Sehenswürdigkeiten oder Freizeitaktivitäten etwas abseits der Route hin.

Übernachtungsverzeichnis

Auf den letzten Seiten dieses Radtourenbuches finden Sie zu fast allen Orten entlang der Strecke eine Vielzahl von Übernachtungsmöglichkeiten vom einfachen Zeltplatz bis zum 5-Sterne-Hotel.

Beschaffenheit des Bodenbelages (befestigt oder unbefestigt), Steigungen (leicht oder stark), Entfernungen sowie über kulturelle und gastronomische Einrichtungen entlang der Strecke. Durch Rundung der Kilometerangaben auf halbe Kilometer, können Differenzen zu den tatsächlich gefahrenen Kilometern entstehen.

Allerdings können Sie selbst genaue Karten den Blick auf die Wegbeschreibung nicht ersetzen. Komplizierte Stellen werden in der Karte mit diesem Symbol ⚠ gekennzeichnet, im Text finden Sie das gleiche Zeichen zur Kennzeichnung der betreffenden Stelle wieder. Beachten Sie, dass die empfohlene Hauptroute immer in Rot und Violett, Varianten und Ausflüge hingegen in Orange dargestellt sind. Die genaue Bedeutung der einzelnen Symbole wird in der Legende auf den Seiten 4 und 5 erläutert.

Die Beschreibung der einzelnen Orte sowie historisch, kulturell oder naturkundlich interessanter Gegebenheiten entlang der Route tragen zu einem abgerundeten Reiseerlebnis bei. Diese Textblöcke sind kursiv gesetzt und unterscheiden sich dadurch auch optisch von der Streckenbeschreibung.

Ferner sind alle wichtigen **Orte** zur besseren Orientierung aus dem Text hervorgehoben. Gibt es interessante Sehenswürdigkeiten in einem Ort, so finden Sie unter dem Ortsbalken die jeweiligen Adressen, Telefonnummern und Öffnungszeiten.

27

Von Swinemünde nach Stralsund

130 km

Die Landschaft entlang des Strelasund und des Greifswalder Bodden zeigt sich beschaulich, vereinzelte Wälder und weite Wiesen- und Ackerflächen prägen diesen Landstrich. Die alte Hansestadt Greifswald und die Hafenstadt Wolgast sind nach der Insel Usedom die kulturellen Höhepunkte. Usedom, die sogenannte „Badewanne Berlins", verfügt nicht nur über mondäne, nostalgische Seebäder mit mehr als 40 Kilometern traumhaften Sandstrandes, sondern auch über vielfältige Natur- und Landschaftsformen.

Auf Usedom fahren Sie fast ausschließlich auf herrlichen Radwegen entlang der Küste, darunter befindet sich allerdings auch ein kurzes Stück mit beträchtlichen Steigungen. Zwischen Wolgast und Stralsund verläuft die Route überwiegend auf verkehrsarmen Nebenstraßen, es sind aber auch mehrere Kilometer Kopfsteinpflasterstraße zurückzulegen.

Von Swinemünde nach Zinnowitz

Swinemünde (Świnoujście)
PLZ: 72-600, Vorwahl: 091

🛈	**Touristik-Information**, Wybrzeże Władysława IV, ✆ 3224999
🚢	**Fähre über die Swine**, 0Z: tägl., alle 20 Minuten.
🚢	**Fähre nach Międzyzdroje**, einmal tägl., außer montags. ✆ 3224288
🚢	**Fähre nach Ystad**, einmal täglich, ✆ 3595600
🚢	**Hafenrundfahren** ab Zentrum: MS Chateaubriand, ✆ 602654288, Segelbootfahrten Baltic Lady, ✆ 693682737
🏛	**Muzeum Rybołówstwa Morskiego** (Museum für Hochseefischerei), pl. Rybaka 1, ✆ 3212426, 0Z: Di-Fr 9-16 Uhr, Sa-So 11-16 Uhr. Im ehem. Rathaus befinden sich nicht nur Exponate zum Thema Fischerei, sondern auch eine umfangreiche Sammlung an histor. Fotos und Dokumenten, die die Bädergeschichte der Stadt illustrieren.
♀	**Kośc Chrystusa Króla**, in der König-Christus-Kirche finden Mitte Mai bis Mitte Sept. regelmäßig Orgelmusikabende statt.
🚲	**Radverleih**, ul. Żeromskiego 48, ✆ 609144367
🚲	**Złoty Kłos**, ul. Słowackiego 13/15, ✆ 6022230688
🚲	**Rowery Kowalewski**, ul. Sąsiedzka 24b, ✆ 3221750
🚲	**Rowerek**, ul. Grunwaldzka 65, ✆ 3217981

Die Geschichte Swinemündes begann mit einer kleinen Ansiedlung im 12. Jahrhundert. Der Landstrich war im Laufe der Jahrhunderte Eigentum der Schweden, Preußen, Deutschen und dann der Polen. Die Funktion als Seehafen wurde in der Zeit der Preußischen Herrschaft ab 1720 immer weiter ausgebaut. Nachdem der Kanał Piastowski (Piastenkanal) 1880 fertiggestellt wurde und eine direkte schiffbare Verbindung ins Stettiner Haff und somit nach Stettin herstellte, ging die Bedeutung des Seehafens zurück. Die Verteidigungsfunktion der Stadt für die Mündung führte aber zum Bau

⚑	**Stawa Młyny**, die weiße Mühlenbake (Anfang des 19. Jhs.), am Hafeneingang ist eines der Wahrzeichen Swinemündes.
⚑	**Fort Anioła** (Engelsburg, 1855-58), ✆ 3213571. Wie alle Befestigungsanlagen der Stadt ein Zeugnis der Anwesenheit preußischer, deutscher und schließlich russischer Truppen. Es erinnert an das Mausoleum des röm. Kaisers Hadrian und trägt auch denselben Namen. Engelsburg. Zu sehen sind der Kaminsaal mit Kunstausstellung, der Wikingersaal mit Exponaten und einer frühmittelalterlichen Siedlung.
⚑	**Das Fort Zachodni** (Westfort, 1856-61) war Teil der Küstenverteidigungslinie.
⚑	**Der Park Zdrojowy** (Kurpark) wurde von P. J. Lenné 1827 angelegt.

mehrerer Forts, die bis in den Zweiten Weltkrieg hinein genutzt wurden. Świnoujście entwickelte sich im 19. Jahrhundert mehr und mehr zu einem Ostseebadeort. Die fast komplette Zerstörung der Stadt bei einem der letzten Angriffe im Zweiten Weltkrieg im März 1945 wurde leider nur teilweise durch einen originalgetreuen Wiederaufbau ausgeglichen. Ein Teil des Kurviertels und einige Gebäude um das Rathaus erstrahlen im alten Glanz, der Rest wurde durch moderne Bauten ersetzt. Dennoch entwickelte sich die Stadt nach dem Krieg zu einem der beliebtesten polnischen Ostseebäder. Die Fischereiindustrie mit dem Kombinat Odra und ein weiterer Ausbau des Hafens bildeten das zweite wirtschaftliche Standbein. Heute garantiert die Nähe zu den deutschen Ostseebädern die touristische Zukunft des Ortes.

Vom Bahnhof Swinemünde-Zentrum kommend, folgen Sie dem linksseitigen Radweg der **ul. Wojska Polskiego** Richtung Grenzübergang ~ Sie passieren die Grenze und biegen danach rechts ab ~ am Strand halten Sie sich links und radeln am Strand entlang nach Ahlbeck.

Tipp: Der deutsche Teil vom „Europa-Radweg Eiserner Vorhang" beginnt an der deutsch-polnischen Grenze. Den Startpunkt am Bahnhof Świnoujście Centrum erreicht man am besten mit der Usedomer Bäderbahn (UBB).

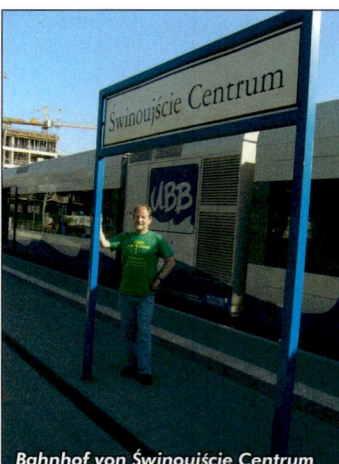

Gedenkstätte Golm

Etwa vier Kilometer südwestlich des Bahnhofs Swinemünde-Zentrum (Świnoujście Centrum) befindet sich am Nordende des Dorfes Kaminke die Kriegsgräber- und Gedenkstätte Golm, wo viele der bis zu 20.000 Opfer des Luftangriffes vom 12. März 1945 auf die mit Flüchtlingen überfüllte Stadt Swinemünde in Massengräbern beigesetzt wurden.

In der DDR wurde das Gedenken an die Opfer über Jahrzehnte hinweg behindert und instrumentalisiert. Von der Anhöhe bietet sich ein weiter Blick über die Stadt Swinemünde und es lässt sich der Verlauf der früher undurchdringlichen Grenze zwischen den „sozialistischen Bruderstaaten" DDR und VR Polen erkennen.

Auf dem Weg von **Swinemünde-Zentrum** zum **Golm** kann man ein wenig südwestlich der Ecke ul. 11 Listopada/ul. Grunwaldzka noch das aus Backstein erbaute Bahnhofsgebäude der bis 1945 bestehenden Bahnlinie erkennen, die über die Karniner Brücke von Berlin über Ducherow nach Swinemünde führte.

Seebad Ahlbeck

PLZ: 17419; Vorwahl: 038378
🛈 Tourist-Information, Dünenstr. 45, ☏ 24497

✳ Die wunderschöne **Seebrücke** war Schauplatz in einem Loriot-Film und feierte 1998 ihr 100-jähriges Jubiläum. Davor befindet sich eine Normalzeituhr, die ein Kurgast stiftete.

✉ Ahlbeck besitzt einen 70 m breiten **Strand**.

✳ **Ostseetherme Usedom**, Lindenstr. 60, ☏ 273. ÖZ: Mo-Sa 10-22 Uhr, So 10-20 Uhr. Subtropisches Badeparadies

🚲 🔧 **Willert**, Lindenstr. 88, ☏ 30092
🚲 **Oberländer**, Am Bahnhof, ☏ 31684 (Hol- und Bringservice)

Die Geschichte des alten Fischerdorfes Ahlbeck geht bis ins 12. Jahrhundert zurück. Bis hinein ins 17. Jahrhundert war die Ortschaft kaum bevölkert. Erst 1745 siedelten sich nach einem Edikt des Preußenkönigs Friedrich II. einige Kolonisten um den Ahlbecker See an. Weil man weitere gewinnen wollte, ließ man das Wasser des Ahlbecker Sees ab. Doch auch dadurch ließ sich kein Erfolg erzielen, weil das Land an dieser Stelle nicht zum Besiedeln geeignet war. Heute nennt man die Stelle, wo sich einst der See befand, das Fenn, es ist ein einzigartiges Gebiet unberührter Natur in Europa. Die Ahlbecker Orchideenwiese ist ein morastiger Schilfgürtel, in dem viele Pflanzen gedeihen und seltene Vögel leben.

Seebrücke, Ahlbeck

Usedomer Bäderbahn

Auf der Insel fährt die Usedomer Bäder-bahn (UBB) von Züssow bis Świnoujście Centrum ∼ Geradeaus in den Ort ∼ die Bahnhofstraße kreu-zen ∼ weiter auf der befahrenen **Lindenstraße**, die erst rechts, dann links verläuft ∼ hier rechts abbiegen in die **Wilhelmstraße** ∼ links in die **Kirchenstraße** und bergauf fahren ∼ links abbiegen in die **Dünen-straße** ∼ geradeaus an der Seebrücke von Ahlbeck vorbei ∼ auf der Promenade nach **Heringsdorf** ra-deln ∼ in Heringsdorf bis zum **Fußballplatz**, dann rechts um diesen herum zur **Seebrücke** fahren.

Ostseebad Heringsdorf

PLZ: 17424; Vorwahl: 038378

ℹ Tourist-Information, Kulmstr. 33, **✆** 2451

⚓ Insel- und Halligreederei Adler-Schiffe, Laden 4, Heringsdorf,
✆ 038378/47790

- 🏛 Museum „**Villa Irmgard**", Maxim-Gorki-Str. 13, ☎ 22361, ÖZ: Mai-Sept., Di-So 12-18 Uhr, Okt.-April, Di-Fr 12-16 Uhr. Ausstellung zu Maxim Gorki und anderen Persönlichkeiten
- 🏛 **Muschelmuseum**, Promenade/Seebrücke, ÖZ: tägl., Juni-Aug., 9-20 Uhr, Sept.-Mai, 9-18 Uhr.
- ✴ Die **Seebrücke** in Heringsdorf ist mit 508 m die längste Deutschlands. Sie wurde 1995 gebaut, nachdem die ursprüngliche Kaiser-Wilhelm-Brücke in den 1950er-Jahren abgebrannt war.
- ✴ **Kunstpavillon**, Strandpromenade, ☎ 22877, ÖZ: s. Aushänge vor Ort. Wechselnde Ausstellungen.
- ✴ **Sternwarte**, Promenade, ☎ 0171/2756948, Führungen: bei klarem Himmel nach vorheriger Absprache, und s. Aushänge
- 🔺 **Naturschutzgebiet Gothensee**, zu dem auch der Thurbruch — ein großes Torfmoor — gehört.
- 🚲 **Pilgrim**, Brunnerstr. 7, ☎ 22324
- 🚲 **Oberländer**, gegenüber der Seebrücke, ☎ 31684

Seebad Bansin
PLZ: 17429; Vorwahl: 038378
- ℹ **Tourist-Information**, An der Seebrücke, ☎ 4705
- 🏛 **Gedenkatelier Rolf Werner**, Seestr. 60, ☎ 2540
- 🏛 **Hans-Werner-Richter-Haus**, Waldstr. 1, ☎ 47801
- ✴ **Tropenhaus**, Goethestr. 10, ☎ 2540, ÖZ: im Sommer tägl. 10-18 Uhr. In dem Haus können neben exotischen Pflanzen auch Tiere in Aquarien und Terrarien besichtigt werden.
- 🔺 **Reizvolle Seenlandschaft**, in der sich Großer und Kleiner Krebssee und Schmollensee befinden

Die Seebäder Bansin, Heringsdorf und Ahlbeck bezeichnen sich als die drei Kaiserbäder, wohl auf die Zeit verweisend, als Kaiser Wilhelm II., der Adel und das wohlhabende Bürgertum ihre Sommerfrische in den mondänen Bädern verbrachten. Spielcasinos, Pferderennbahnen und Strandpromenaden waren neben der Sonne, dem Wind und dem Meer andere Formen des angenehmen Zeitvertreibs.

Das älteste Seebad ist Heringsdorf, wo 1824 der Badebetrieb begann. Bereits ein Jahr später wurden die ersten Logierhäuser und ein Gesellschaftshaus gebaut. Mit der Eröffnung der Dampfschiffverbindung Swinemünde–Heringsdorf entwickelte sich der Ort zu einem der beliebtesten Ostseebäder in den 1840er-Jahren.

Etwa zehn Jahre später begann der Badebetrieb in Ahlbeck. Das benachbarte Seebad wuchs schnell und machte dem angestammten Heringsdorf beachtliche Konkurrenz. In beiden Bäderorten setzte in den 1870er-Jahren eine rege Bautätigkeit ein, die von eigens dafür gegründeten Gesellschaften finanziert wurde.

Bansin ist das jüngste Seebad in dem Dreiergespann. Im Gegensatz zu den beiden anderen wurde Bansin als reiner Bade-, Kur- und Erholungsort 1896/97 erbaut.

Der Name wurde dem wenige Kilometer landeinwärts am Gothensee gelegenen Bauerndorf entliehen. 1923 wurde Bansin als erstem Seebad das Freibaden erlaubt.

Strandpromenade, Ahlbeck

Die Kaiserbäder aus der Vogelperspektive

A3

Seebad Ückeritz

Stagnieß

Neu Pudagla

B 111

Achter-

Naturpark

wasser

7,5

4,5

2

5

Langer Berg

55 Langenberg

3,5

6

A2

P o m m e r s c h e   B u c h t

Schmollensee

Pudagla Ausbau

Pudagla

Schmollensee

Schäferberg

Adlerdienst

Gedenkatelier Rolf Werner

Sellin

Neu Sallenthin

Richtberg
40

Sallenthin

Usedom

Stoben

Benz

NSG

Balmer See

15

Balm

NSG

40

Neppermin

Rückelsberg
60

Reetzow

Gothen
30

Gothensee

Natur-schutz-gebiet

Bansin
Dorf

55

Präsidenten-berg
.45

i   Seebad Bansin

Tropenhaus

Villa Irmgard

5,5

Ostseebad Heringsdorf

i

Muschelmuseum

Sternwarte

Seebad Ahlbeck

i

Radfernweg Berlin–Usedom

Ostseeküsten-Radweg Polen

33

Allmählich wuchsen die Seebäder zusammen, sodass man von Bansin über Heringsdorf bis nach Ahlbeck entlang der Strandpromenade flanieren kann. Gemeinsam bilden die drei heute das Urlaubszentrum der Insel Usedom.

In Bansin an der Seebrücke vorbei, dann von der Strandpromenade nach links abbiegen und stark bergauf fahren ↝ rechts in den **Fischerweg** einbiegen ↝ der hügeligen Straße folgen ↝ nach der Straße, die rechts zum Forsthaus Langenberg führt, erneut bergauf fahren ↝ auf dem hügeligen Waldweg weiterradeln ↝ durch das Drängelgitter und dann rechts auf die asphaltierte Straße ↝ rechts in den **Campingplatz** einfahren und diesen auf dem Sträßchen überqueren ↝ nach 2 Kilometern weiter auf der Straße fahren ↝ auf der Promenade (Strandstraße) geradeaus.

Seebad Ückeritz
PLZ: 17459; Vorwahl: 038375
- Usedom Tourismus GmbH, Bäderstr. 5, ✆ 23410

Nach der Kurmuschel links ↝ leicht bergab fahren ↝ rechts durch das Drängelgitter in den Radweg ↝ auf die Straße und am **Reha-Zentrum** vorbeifahren ↝ dem sehr hügeligen Waldweg mit seinen teilweise starken Neigungen folgen ↝ am Campingplatz vorbei und stark bergauf ↝ geradeaus auf den Waldweg, Straße und wieder Waldweg ↝ zwischen Kölpinsee und Deich radeln ↝ links in die **Strandstraße**.

Am Kölpinsee

Kölpinsee
PLZ: 17459; Vorwahl: 038375
- Kurverwaltung, Strandstr. 23, ✆ 20612

Rechts abbiegen in die **Kurze Straße** und bergauf fahren ↝ rechts abbiegen auf die **Jägerstraße** ↝ am Ende der Straße links in den hügeligen, breiten Waldweg ↝ parallel zum Strand einfahren ↝ dem Waldweg bis **Koserow** folgen.

Seebad Koserow
PLZ: 17459; Vorwahl: 038375
- Fremdenverkehrsamt, Hauptstr. 5, ✆ 20415
- Otto-Niemeyer-Gedenkatelier, Lüttenort, ✆ 20213; Führungen: April-Okt., um 10, 11, 14 und 15 Uhr, zusätzlich Mi-So 13 u. 16 Uhr
- Salzhütten, Museum "Uns Fischers Arbeitshütt", ÖZ: Mai-Sept.
- Einzige mittelalterliche **Kirche** an der Usedomer Ostseeküste, erbaut Ende des 13. Jhs. als kleine Feldsteinkirche.

- **Streckelsberg** (60 m). Von der Aussichtsplattform herrlicher Blick zum Peenemünder Haken, den Inseln Ruden und Greifswalder Oie, aufs Rügener Mönchsgut und die Insel Wollin.
- Ortmann, Bahnhofstr. 4, ✆ 21360
- Oberländer, ✆ 038378/31684

Der Künstler Otto Niemeyer-Holstein ließ sich 1932 auf der Insel Usedom nieder. Er erstand für 60 Reichsmark einen ausrangierten Gepäckwagen der Berliner S-Bahn, den er an der schmalsten Stelle der Insel nahe Koserows auf einer sumpfigen Wiese aufstellte. Seinen neuen Wohnort und Refugium vor den Nazis benannte er nach seinem alten Segelboot „Lütten" Lüttenort. In den folgenden Jahren baute er den „Wohnwagen" aus und erweiterte ihn um neue Anbauten. Er legte verschiedene Gärten um sein Domizil an, die vom Namen bis zur Gestaltung durchkomponiert sind. Überall finden sich Skulpturen und andere kleine Kunstwerke. Der angesehene Künstler der DDR verfügte, nach seinem Tod sein „Atelier-Wohnanwesen" unter der Bedingung dem Staat zu überlassen, dass das Anwesen unverändert zu erhalten und der Öffentlichkeit zugänglich zu machen sei. Sein Wunsch wurde erfüllt. Seither ist ein Gärtner für die Pflege der Gärten zuständig, ein weiterer Mitarbeiter führt kleine Besuchergruppen durch Atelier und Gartenanlagen.

Am Restaurant direkt am Strand vorbei ↝ an der Weggabelung rechts halten ↝ auf den gepflasterten Deich fahren ↝ an der **Otto-Niemeyer-**

Gedenkstätte vorbei ↝ parallel zum Strand weiter ↝ an der Weggabelung rechts ↝ links in den **Möwenweg**.

Seebad Zempin
PLZ: 17459; Vorwahl: 038377

- ℹ Fremdenverkehrsamt, Fischerstr. 1, ✆ 42162
- ❋ In den **Salzhütten**, die sich noch in den Dünen finden, wurde früher der Hering gesalzen.
- ❋ Der **alte Ortskern** mit den rohrgedeckten Häusern liegt am Achterwasser.

Die Pension umfahren und weiter geradeaus ↝ in den Radweg **Ober-försterweg** fahren ↝ dem Waldweg bis **Zinnowitz** folgen ↝ dann rechts hinunter Richtung Strand ↝ links auf die **Strandpromenade** fahren.

Ostseebad Zinnowitz
PLZ: 17454; Vorwahl: 038377

- ℹ Kurverwaltung, Neue Strandstr. 30, ✆ 4920
- ❋ Strandpromenade mit Seebrücke
- ⬛ Landzunge **Gnitz** mit dem Weißen Berg
- ⬛ Meerwasser-Hallenbad
- ⬛ Kruggel, Dr.-Wachsmann-Str. 5, ✆ 42869

1751 gründete Friedrich II. die Domäne Zinnowitz. 100 Jahre später erhielt Zinnowitz unter Einhaltung einiger Bedingungen vom zuständigen Landrat in Swinemünde die Genehmigung, ein Seebad zu eröffnen. Durch die niedrigen Preise entwickelte sich Zinnowitz zu einem beliebten Badeort, in dem sich nicht nur der Adel erholen sollte.

Von Zinnowitz nach Wolgast   12 km
Die Strandpromenade entlangfahren ↝ geradeaus weiter auf dem Waldweg parallel zum Strand auf der Promenade ↝ weiter bis zum Freibad, hier links bergab fahren zur **Strandstraße** ↝ auf dem Radweg geradeaus.

Seebad Trassenheide

- ⬛ Schmetterlingsfarm, Wiesenweg 5, ✆ 03837/128218, ÖZ: 10-19 Uhr. In der tropischen Freiflughalle auf dem 5.000 m² großen Gelände kann man mehr über die Welt der Insekten und Schmetterlinge erfahren.

Rechts auf die **Kampstraße** ↝ gleich wieder links auf den Radweg ↝ 20 Meter nach rechts fahren ↝ an der Ampelkreuzung die Straße überqueren ↝ in den **Mölschower Weg** fahren ↝ auf dem straßenbegleitenden Radweg an der K 27 radeln ↝ geradeaus in die **Trassenheider Straße** fahren.

Mölschow

🏛 **Kulturhof** und landwirtschaftlicher Erlebnisbereich, Trassenheider Str. 7, ☏ 038377/3990, ÖZ: Mai-Okt., Mo-Fr 10-18 Uhr, Sa, So 11-18 Uhr, Nov.-April, Mo-Fr 10-16 Uhr. Verschiedene Werkstätten und Galeriecafé

Links in die Hauptstraße abbiegen ➔ rechts in den **Zecheriner Weg** abbiegen ➔ gleich wieder links in den **Stadtweg** geradeaus in den Feldweg ➔ ein Stück an den Bahngleisen entlangradeln ➔ links in die **Dorfstraße** einbiegen ➔ die B 111 überqueren, dann nach rechts auf den Radweg ➔ an der Gabelung der **Straße der Freundschaft** links und auf die Straße ➔ kurz auf dem Radweg weiter geradeaus ➔ die Schienen überqueren ➔ auf dem Radweg über die Brücke ➔ die Kronwiekstraße kreuzen ➔ an der Ampel die B 111 überqueren ➔ 20 Meter nach rechts ➔ **Am Fischmarkt** entlangfahren.

Wolgast

PLZ: 17438; Vorwahl: 03836

ℹ **Wolgast-Information**, Rathauspl. 10, ☏ 600118

🏛 Stadtgeschichtliches Museum **„Kaffeemühle"**, Am Rathauspl. 6, ☏ 251213 od. 251214, ÖZ: Juni-Aug., Di-Fr 10-18 Uhr, Sa, So 10-16 Uhr, Sept.-Mai, Di-Fr 10-17 Uhr, Sa 10-14 Uhr. Das Museum ist in einem Fachwerkhaus aus dem Jahr 1676 untergebracht, das die Wolgaster „Kaffeemühle" nennen, wohl der Form des Daches wegen. Das Haus beherbergt eine Ausstellung zur Stadtgeschichte sowie wechselnde Sonderausstellungen.

Seebrücke Koserow

⛪ Die dreischiffige Backsteinbasilika **St. Petri** war die Hof- und Begräbniskirche der Herzöge von Pommern. Erbaut wurde sie auf dem Hügel, auf dem einst ein slawischer Tempel stand.

⛪ Entworfen wurde die **Gertrudenkapelle** in der Chausseestraße nach dem Vorbild der Jerusalemer Erlöserkirche.

✱ Das **Rathaus** am Marktplatz ist ein Barockbau aus dem Jahr 1724. Vor dem Rathaus steht ein Brunnen mit zehn Bildtafeln, die die Geschichte der Stadt erzählen.

✱ **Runge-Geburtshaus**, Kronwiekstr. 45, ☏ 202000. Hier wurde 1777 der Begründer der romantischen Kunst in Deutschland Philipp Otto Runge geboren. Das Haus dient heute als Museum und widmet sich Leben und Werk des Malers.

✱ **Museumshafen** mit dem alten Eisenbahndampffährschiff „Stralsund", ÖZ: Juni-Aug., Di-Fr 10-18 Uhr, Sa, So 10-16 Uhr. Das Dampfschiff konnte bis zu drei Eisenbahnwagen und 300 Passagiere transportieren und kann besichtigt werden.

🐾 **Tierpark** Wolgast Tannenkamp, ☏ 203713. ÖZ: tägl., Mai-Sept., 9-18 Uhr, Okt.-April, 9-16 Uhr. Auf einer Fläche von zehn Hektar sind mehr als 50 Tierarten untergebracht.

🏛 **Mühlsteinpark**, Dr.-Theodor-Neubauer-Straße. Steinzeitliche Mühlen, Reibplatten und alte Mühlsteine aus der Neuzeit. Zu den Besonderheiten gehört neben Kultsteinen und magmatischen Eruptivgestein auch eine kleine Bockwindmühle.

Wolgast geht auf eine slawische Siedlung aus dem 8. Jahrhundert zurück. Nach Verleihung des Stadtrechtes 1257 siedelten sich hier die Herzöge zu Pommern-Wolgast an, vom ehemaligen Schloss zeugt leider nur noch der Name eines Stadtteils. Zwischen 1648 und 1815 befand sich Wolgast wie gesamt Vorpommern unter schwedischer Herrschaft. Trotz der Mitgliedschaft in der Hanse erlangte die Stadt keine herausragende wirtschaftliche Bedeutung in der Region.

Die Entstehung der Peene-Werft nach dem Zweiten Weltkrieg bescherte ihr allerdings bis zur Wende 1989 einen erfolgreichen Wirtschaftszweig. Heute ist Wolgast eine lebhafte Kleinstadt.

Von Wolgast nach Lubmin 23 km

Geradeaus und **An den Bleichen** entlang der Bucht fahren ➔ weiter geradeaus auf dem geschotterten Radweg **Dreilindengrund** radeln ➔ am Ende des Hafens auf den asphaltierten Radweg ➔ an der Weggabelung links ➔ bergauf auf dem Radweg durch die Siedlung fahren.

Kröslin
A5
L 262
3,5
15
Karrin
Hollendorf
Mittelhof
Groß Ernst Hof
Weidehof
Groß Ernsthof
Tierpark
L 262
Tannenkamp
25
6
Mahlzow
Museumshafen
Kaffeemühle
St. Petri
hlsteinpark
Gertrudenkapelle
B 111
Wolgast
Neustadt
Runge-Geburtshaus
Holzhäuser
40

Seebad Karlshagen
i

N a t u r p a r k

15

U s e d o m e r

Radfernweg
Berlin–Usedom
Trassenmoor

Seebad Trassenheide
i
7

Kulturhof
Mölschow
Zecherin
Ausbau Bannemin

Schmetterlingsfarm

Pommersche Bucht

A4
N

Ostseebad Zinnowitz
i

6·5
15
Salzhütten

5
5

B 111
Bannemin

d o m

Seebad Zempin
i
Otto-Niemeyer-Gedenkatelier
Lüttenort

A3

U s e d o m

E i c h h o l z

37

Krummin

Neeberg
Krumminer Wiek
25
Gnitz
Achternwasser

Tannenkamp

Durch das Drängelgitter ~ rechts abbiegen ~ auf dem straßenbegleitenden Radweg an der Straße **Tannenkamp** weiter ~ am Friedhof links ~ auf dem Radweg durch den Wald am Tierpark vorbei ~ dem Radweg weiter folgen ~ die **L 262** überqueren und rechts abbiegen ~ auf dem straßenbegleitenden Radweg links von der L 262/Krösliner Chaussee in **Groß Ernsthof** rechts abbiegen und nach **Kröslin** radeln.

Kröslin

Kröslin auf der **Bahnhofstraße** und der **Freester Straße** durchfahren ~ auf dem Radweg rechts der Freester Straße nach **Freest**.

Freest

⚓ **Apollo-Fährbetrieb** zwischen Freest, Kröslin und Peenemünde, ✆ 038371/20829, Fährzeiten: stündlich, Mai-Juni, Sept.-Okt., 10-16 Uhr, Juli-Aug., 10-18 Uhr

Auf dem Radweg rechts entlang der L 262 ~ weiter nach **Spandowerhagen** ~ der L 262 durch Spandowerhagen folgen ~ rechts auf den straßenbegleitenden Radweg und am ehemaligen Kernkraftwerksgelände vorbeiradeln.

Seebad Lubmin
PLZ: 17509; Vorwahl: 038354
ℹ **Kurverwaltung**, Freester Str. 8, ✆ 22011
ℹ **Infozentrum** im stillgelegten Kernkraftwerk, ✆ 48029, ÖZ: 9-17.30 Uhr, Gruppenführungen bitte 3 Tage vorher anmelden

Von Lubmin nach Greifswald   23 km

Am Spandowerhagener Weg vorbeifahren ~ kurz danach rechts in den Radweg abbiegen ~ hinter dem Friedhof links in die **Freester Straße** ~ über den Platz mit der Touristinformation ~ weiter auf der Freester Straße ~ rechts in die Straße **Altes Dorf** ~ gleich wieder links ~ nach einem Rechtsbogen weiter auf der Straße Altes Dorf ~ nach links auf die Straße **Am Teufelstein** abbiegen ~ rechts abbiegen und auf der L 262 in Richtung **Greifswald** weiterfahren ~ bei **Vierow** gleich rechts auf den Feldweg abbiegen ~ auf Betonplatten weiter in den **Fliederweg** ~ nach rechts auf die **Hafenstraße** ~ nach links in den **Gahlkower Weg** abbiegen ~ geradeaus nach **Gahlkow** radeln.

Gahlkow

Rechts in die **Mittelstraße** fahren ~ hinter dem Dorfteich links auf den **Boddenweg** ~ an der Linkskurve des Boddenwegs geradeaus auf den sandigen Radweg in Richtung Küste ~ links halten und am **Campingplatz** entlangradeln ~ links auf den Boddenweg, dann rechts auf die Straße **Am Fischerhaus** ~ am Ende der Straße rechts abbiegen, dann rechts auf das asphaltierte Sträßchen an der **Bungalowsiedlung** vorbeiradeln ~ links in den Waldweg parallel zum Strand ~ geradeaus auf den Strandweg und diesem nach **Ludwigsburg** folgen.

Ludwigsburg

🏰 **Schloss** und Gutshofanlage, ✆ 038352/60324. Ein Förderverein bietet im Renaissance-Schloss regelmäßig Führungen sowie Kräuter- und Räuchermärkte an.

Der Hauptstraße durch den Ort, an der Burg vorbei ~ weiter geradeaus auf der **Neuendorfer Straße**.

Neuendorf

Die Vorfahrtsstraße überqueren und auf dem Radweg bis zur nächsten Kreuzung ~ links abbiegen ~ rechts in die **Dorfstraße** ~ am Ende der Straße wieder rechts ~ die L 262 überqueren ~ nach rechts auf den Radweg ~ der Dorfstraße folgend, im Rechtsbogen durch **Kemnitz** fahren ~ am Teich vorbei und dann links in die **Obere Dorfstraße** abbiegen ~ geradeaus auf dem Radweg links von der **Wolgaster Straße** bis zum Greifswalder Stadtteil **Eldena**.

38

A5

Greifswalder Bodden

Spandowerhagener Wiek

NSG

Spandowerhagen

Peenemünde

Infozentrum im stillgelegten Kernkraftwerk

Seebad Lubmin

7,5

Freest *Dänholm*

Lubminer Heide

5,5

kow

Vierow

L 262

4

Nonnendorf

Kröslin

A6 L 262

20

Hoher Berg
50

Wusterhusen

Latzow

Kröslin

Kräpelin

Stevelin

Nieder Voddow

Hollendorf

Brünzow

L 262

Klein Ernsthof

Pritzwald

Rubenow

Vodow

3,5

Karrin

25
Mühlenberg

Gustebin

Konerow
25

Groß
Ernst Hof

A4

Stilow

Z i e s e l b r u c h

Ziesel

Groß Ernsthof

Mittelhof

Weidehof

39

Eldena

Klosterruine Eldena

Der Zisterzienserorden gründete 1199 das Kloster in Eldena. Unterstützt von Schenkungen seitens des Fürsten Jaromar I. wuchs das Vermögen schnell an, und das Kloster wurde prunkvoll ausgebaut. Die Reformation beendete das nicht nur vom Leitspruch „ora et labora" – „bete und arbeite" – bestimmte, sondern auch das etwas anrüchige und zügellose Treiben der Mönche. Nach Zerstörung des Klosters durch Wallensteins Truppen 1633 fanden Steine und Ziegel der Gebäude für Bauten in Greifswald Verwendung, z. B. für die Universität. Im 18. Jahrhundert wurde um die Klosterruine ein Park nach Entwürfen des Hofgärtners des Fürsten zu Putbus, C. F. Halliger, angelegt, der im Laufe der Zeit stark überformt wurde. Bekannt ist die Klosterruine auch durch Gemälde C. D. Friedrichs.

In **Greifswald-Eldena** gleich die Wolgaster Straße überqueren ⮕ geradeaus auf dem Radweg zum Strand ⮕ am Strandzugang links ⮕ geradeaus bis zum Kassenhäuschen des Strandbads ⮕ links um dieses herum ⮕ vor der historischen Klappbrücke nach links auf die Straße **An der Mühle** abbiegen ⮕ auf dem Radweg am Fluss entlang ⮕ auf der **Hafenstraße** am historischen **Fangenturm** und am **Museumshafen** vorbeiradeln ⮕ zu Ihrer Linken liegt **Greifswald**.

Greifswald

PLZ: 17489; Vorwahl: 03834

- **Greifswald Information**, Rathaus, ✆ 521380
- **Pommersches Landesmuseum**, Th.-Pyl-Str. 1, ✆ 83120, ÖZ: Di-So 10-18 Uhr, Nov.-April, 10-17 Uhr. Gemäldegalerie u. a. mit Werken des in Greifswald geborenen romantischen Malers C. D. Friedrich.
- Der **Dom St. Nicolai** („langer Nikolaus") mit seinem 100 m hohen Turm gehört zu den Wahrzeichen Greifswalds und stammt in seiner heutigen Form aus dem 14. Jh., der Turmhelm ist von 1653.
- **St. Jacobi** wurde zwischen dem 13. und dem 15. Jh. erbaut. Der Turm wurde nach einem Brand 1960 erneuert.
- **St. Marien** (1250)
- **Historische Altstadt**. Dem Stadtkommandanten Oberst Petershagen ist die Unversehrtheit der mittelalterlichen Stadt zu verdanken. Gegen Ende des Zweiten Weltkriegs verhandelte er mit den heranrückenden russischen Truppen um die kampflose Übergabe der Stadt. Auf diese Weise konnte Greifswald den Krieg unbeschadet überstehen und zählt heute zu den herausragendsten Vertretern der Europäischen Backsteingotik.
- **Rathaus** (15. Jh.) mit zweischiffigem Ratskeller
- **Fangenturm** (1329). Das Überbleibsel der städtischen Befestigungsanlage diente von 1774 bis 1825 als Sternwarte und ist nun Teil des Museumshafens.
- Denkmalgeschütztes **Fischerdorf Greifswald-Wieck**. Hier ist eine Klappbrücke aus Holz nach holländischem Vorbild zu bestaunen. Radfahrer können die Brücke nach Eldena passieren.
- **St.-Spiritus-Hospital**, Lange Str. 49, ✆ 3463. Hier finden heute Ausstellungen und Lesungen statt.
- **Tierpark**, Credener-Anlagen, ÖZ: tägl. 9-18 Uhr

Die Gründung der Stadt geht auf die Errichtung eines Zisterzienserklosters am südlichen Ufer des Ryck zurück. Der Platz ist wohlüberlegt gewählt. Die nahe gelegene Saline sollte die Einkünfte des Klosters sichern. Ausgestattet mit dem Marktrecht und dem Recht, Siedler ins Land zu holen, wuchs der Ort schnell, Handwerker und Kaufleute ließen sich nieder. 1250 wurde dem Ort das lübsche Stadtrecht verliehen. Etwa 1270 schloss sich die Stadt der Hanse an, der sie bis ins 17. Jahrhundert angehörte. In diese Zeit der wirtschaftlichen Blüte fiel die Gründung der zweitältesten Universität im Ostseeraum. Neben ihrer Stellung in der Hanse errang Greifswald die Position, geistiges und kulturelles Zentrum von Pommern zu sein.

Rechts auf die **Steinbecker Brücke** über den Ryck.

A6
Seebad Lubmin
Gahlkower Haken
Gahlkow
Gahlkow-Siedlung
Bungalowsiedlung
8,5
Vierow
Kräpelin
A5
Loissin
Brünzow
Ludwigsburg
Burg
NSG
Dänische Wiek
Wampener Riff
Wampen
Leist 2
Neuenkirchen
Klein Ernsthof
Mühlenberg
Stilow Siedlung
Stilow
Gustebin
Neuendorf Ausbau
Neuendorf
Ziese
Kemnitz
Rappenhagen
Neu Boltenhagen
41
Kemnitzerhagen
(kein Personenverkehr)
Friedrichshagen
Hof 1
Hof 2
Naturschutzgebiet
Ebertberg
Groß Schönwalde
Klein Schönwalde
B 109
Koitenhagen
Schönwalde I
Schönwalde II
Greifswald
Eldena
Klosterruine
Klappbrücke
Wieck
Ladebow
Ostseeviertel
Ryck
Rathaus
Fangenturm
3
7
10

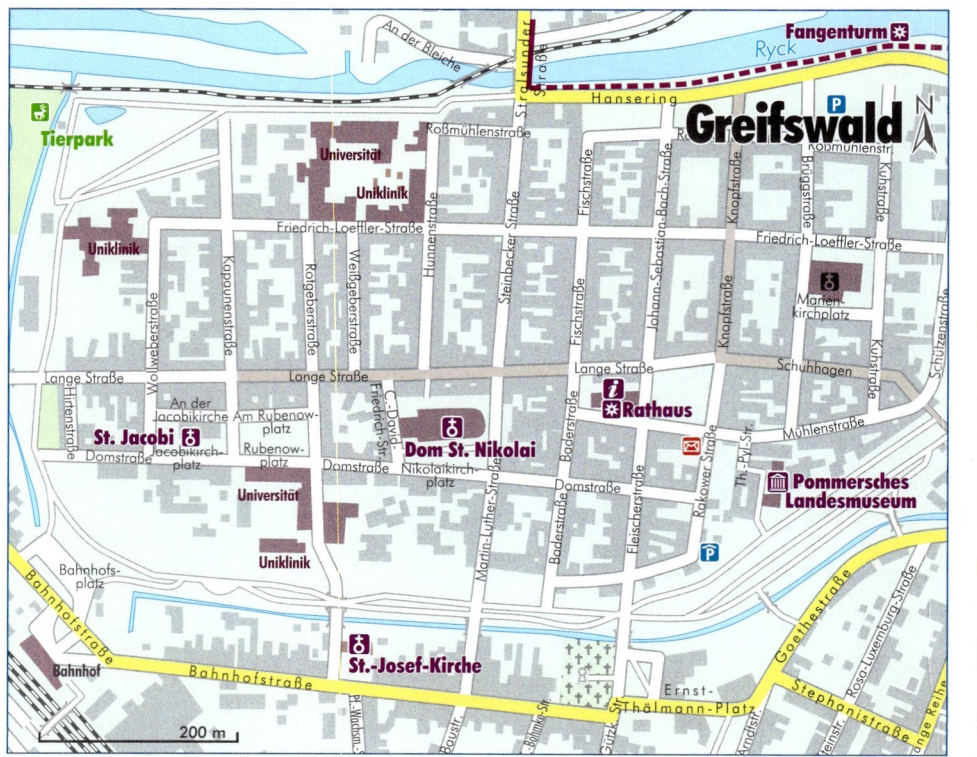

Von Greifswald nach Reinberg 24 km

Geradeaus auf dem rechtsseitigen Radweg nach **Neuenkirchen** fahren ~ rechts in die **Theodor-Körner-Straße** ~ auf der Vorfahrtsstraße geradeaus durch den Ort ~ rechts in die Hauptstraße ~ auf dieser ruhigen Straße geradeaus durch **Leist** und **Groß Karrendorf** radeln ~ in **Mesekenhagen** nach rechts in die **Greifswalder Straße** abbiegen ~ auf Kopfsteinpflaster durch den Ort ~ weiter auf Asphalt.

Kowall

- Naturerlebnispark, ÖZ: Mai-Sept., tägl. 9-18 Uhr, Okt.-April, 10-16 Uhr

Ab dem Abzweig zur Insel Riems geht es über Kopfsteinpflaster weiter ~ auf dem Radweg geradeaus nach **Reinberg** hineinfahren ~ der **Lindenallee** durch den Ort folgen.

Reinberg

- Kirche (1220). Die dreischiffige Hallenkirche wurde einst als verkleinerter Nachbau der Greifswalder Marienkirche erbaut.
- 1.000-jährige **Linde** direkt an der Kirche

Tipp: Wer die Insel Rügen erkunden möchte, biegt in Reinberg rechts ab in die Stahlbroder Straße und fährt nach Stahlbrode hinein. Am Hafen rechts zur Anlegestelle der Fähre Stahlbrode–Glewitz (Weiße Flotte, ✆ 0172/7526836, Betriebszeiten: Mai-3. Okt., 6–21.40 Uhr, April-Nov., tägl. alle 20 Minuten, 6–20.10 Uhr).

L 30
10
A8
Reinberg
Kirche
Falkenhagen
Mittelgrund
Tremt
8,5
(Kopfsteinpflaster)
Dömitzow
Kirchdorf Siedlung
B 105
Riemserort
Riems
15
Kirchdorf
Gristow
Gristower Wiek
Waldlager Waldschlosschen
20
10
Kowall
Naturerlebnispark
Frätow
Groß Karrendorf
Jager
Mesekenhagen
Klein Karrendorf
Kooser See
Hof III
Hof I
Leist 1
10
Kieshof Ausbau
Leist 3
5
Leist 2
Oldenhagen
Klein Kieshof
Neuen-kirchen
Klein Petersahagen
Groß Kieshof
5
Immenhorst
Groß Petershagen
5
Steffenshagen
Wackerow Ausbau
B 105
Jarmshagen
Hof II
A6
Ryck
Wackerow
Hof I
Steinbecker Vorstadt
Dom
Greifswald
Rathaus
43
Levenhagen
Boltenhagen
Heilgeisthof
Levenhagen Dorf
Levenhagen
A7

Tipp: Für Vogelinteressierte empfiehlt sich die unkommentierte Alternative über Stahlbrode nach Niederhof mit seiner Kormoran-Kolonie. Auf für Anhänger leider nicht geeigneten Feldwegen kommen Sie von dort küstennah mit herrlichem Blick auf den Strelasund nach Brandshagen.

Von Reinberg nach Stralsund — 15 km

Sie verlassen Reinberg auf der parallel zur B 105 verlaufenden, kopfsteingepflasterten Straße Richtung **Brandshagen**.

Brandshagen

Die **Kirche** im gotischen Stil geht in Teilen auf das Jahr 1249 zurück. Reste von Wandmalereien (14. Jh.) im Chor zeigen interessante Schiffsdarstellungen.

Weiter auf Kopfsteinpflaster Richtung **Andershof** ~ die Straße nach Devin überqueren ~ geradeaus weiter auf dem rechtsseitigen Radweg der **Greifswalder Chaussee** nach **Stralsund**.

Stralsund

PLZ: 18439; Vorwahl: 03831

- **Tourismuszentrale der Hansestadt Stralsund**, Alter Markt 9, ☏ 01805/246900
- **Weiße Flotte**, Fährstr. 16, ☏ 268138. Regelmäßige Fahrten nach Altefähr.
- Informationen zu **Fähren und Schiffsrundfahrten** sind auch bei der Tourismuszentrale Stralsund erhältlich.

Stralsund

- **Ozeaneum**, Hafenstr. 11, ☎ 2650610, ÖZ: tägl. 9.30-19 Uhr, Juli-Sept., 9.30-21 Uhr. Der neue Teil des Meeresmuseum verbindet Tradition mit modernster Architektur und lädt mit interaktiven Ausstellungen und verschiedenen Aquarien zu einer faszinierenden Reise durch die Meere des Nordens ein.

- **Kulturhistorisches Museum**, Mönchstr. 25/27, ☎ 28790, ÖZ: Di-So 10-17 Uhr, Führungen n. V. Das Museum beschäftigt sich hauptsächlich mit der regionalen Geschichte. Kern der Ausstellung sind die Dokumentationen zur Vor- und Frühgeschichte, zur Volkskunde, zur Bildenden Kunst und zum Hiddenseer Goldschmuck. Daneben werden wechselnde Sonderausstellungen gezeigt.

- **Speicher**, Böttcherstr. 23. Im denkmalgeschützten Getreidespeicher befindet sich auf zwei Etagen die volkskundliche Sammlung des kulturhistorischen Museums.

- **Das Museumshaus**, Mönchstr. 38, ist eines der ältesten Stralsunder Bürgelhäuser.

- **Marinemuseum Dänholm**, Sternschanze, ☎ 297327, ÖZ: Di-So 10-17 Uhr. In der Außenstelle des kulturhistorischen Museums werden Ausstellungen zur Schiffahrtsgeschichte der Stadt, zur Festung Stralsund und zur Preußischen Marine gezeigt.

- **Schiffer-Compagnie** Stralsund, Frankenstr. 9, ☎ 290449, ÖZ: Mo-Fr 9.30-11.30 Uhr und 13-15.30 Uhr. In den Räumen der Bruderschaft der Schiffer, die seit 1488 besteht, ist eine Sammlung von Kapitänsbildern, Schiffsmodellen und Seemanns-Andenken zu besichtigen.

- **Johanniskloster**, Schillstr. 26, ☎ 294265, ÖZ: Mai-Okt., Di-So 10-18 Uhr. Das Kloster wurde vom Franziskanerorden gegründet. Während der Reformation und Säkularisation aufgelöst, fiel das Ge-

- **Deutsches Meeresmuseum**, Mönchstr. 25-27, ☎ 2650210, ÖZ: Juni-Sept., tägl. 10-18 Uhr, Okt.-Mai, tägl. 10-17 Uhr. Themen: Meereskunde und -biologie, Mensch und Meer. Im deutschlandweit

Stralsund – Rathaus

bäude in den Besitz der Stadt, die hier ein Alten- und Armenhaus einrichtete. Heute beherbergt es das **Stadtarchiv**, ✆ 666466, ÖZ: Mo-Do 9-17 Uhr, zu sehen ist u. a. die Stadtgründungsurkunde. Hier befindet sich auch die Barockbibliothek des schwedischen Generalgouverneurs Axel von Löwen.

- Die **St.-Nikolai-Kirche** wurde im 13. Jh. als dreischiffige Basilika mit einem Chorumgang erbaut. Sie ist die älteste der drei mittelalterlichen Pfarrkirchen Stralsunds und dem Hl. Nikolaus geweiht, dem Schutzheiligen der Seefahrer. Die Kirche beherbergt eine eindrucksvolle mittelalterliche Innenausstattung aus mehreren Jahrhunderten.

- Die mittelalterliche **St.-Marien-Kirche** (14. Jh.) besitzt einen 104 m hohen Turm, von dem man eine herrliche Aussicht über die Stadt und die Insel Rügen hat. Die Kirche ist das Hauptwerk niederdeutscher Backsteingotik.
- Die **St.-Jacobi-Kirche** (14. Jh.) wird zurzeit als Kulturkirche genutzt.
- Das **Kloster St. Katharinen** wurde im Mittelalter von Dominikanermönchen gegründet. Heute sind hier das Kulturhistorische Museum und das Meeresmuseum untergebracht.
- Das **Heilgeist-Kloster** war eigentlich ein von der Stadt gegründetes sogenanntes Siechenhaus.
- Das **Rathaus** (13. Jh.) ist eines der Wahrzeichen der Stadt. Das Gebäude wurde im Stil der norddeutschen Backsteingotik errichtet. An die Hansezeit der Stadt erinnern die Wappen der Städte des Wendischen Quartiers der Hanse, die die östliche und nördliche Giebelwand zieren: Bremen, Lüneburg, Hamburg, Lübeck, Wismar, Rostock, Stralsund und Greifswald.
- Das **Scheelehaus** in der Fährstraße erinnert an den Chemiker Carl-Wilhelm Scheele, der mit fünfzehn Jahren als Apothekerlehrling von Stralsund nach Göteborg ging, sich autodidaktisch weiterbildete und 1771 den Sauerstoff und acht weitere chemische Elemente entdeckte.
- Sehenswerte **Bürgerhäuser** befinden sich in der Frankenstraße.
- Das **Kniepertor** und das **Kütertor** sind die beiden letzten erhaltenen Stadttore.
- **Dielenhaus** in der Mühlenstraße. Das mittelalterliche Kaufmannshaus bietet einen Einblick in die Wohnsituation einer hanseatischen Kaufmannsfamilie.
- **Hafen** mit der **Speicherstadt** und **Sundpromenade**.

- Segelschulschiff **Gorch Fock 1**, Hafen, ✆ 666520, ÖZ: April-Okt., 10-18 Uhr, Okt.-März, 10-16 Uhr. Das 1933 bei Blohm und Voss gebaute und jetzige Segelschulschiff ist Vorgänger der in Kiel beheimateten legendären Gorch Fock.
- **Nautineum Dänholm** (Außenstelle des Meeresmuseums), Kleiner Dänholm, ✆ 288010, ÖZ: Mai, Okt., 10-17 Uhr, Juni-Sept., 10-18 Uhr, Nov.-April geschlossen. Gezeigt werden Großexponate der Meeresforschung wie ein Unterwasserlabor und Deutschlands erstes bemanntes Tauchboot „GEO".
- **Tierpark**, Barther Straße, ✆ 293033, ÖZ: 9-19 Uhr, im Winter bis 16 Uhr.

Die Geschichte der Stadt Stralsund begann mit der Verleihung des Stadtrechts 1234 durch Witzlaw I., womit weitreichende Privilegien verbunden waren. Die Lage der Stadt am Strelasund und der durch die Insel Rügen geschützte Hafen förderten den rasanten Aufstieg Stralsunds zu einer einflussreichen Handelsstadt.

1293 trat Stralsund der Hanse bei, in der die Stadt während ihrer Blütezeit im 14. und 15. Jahrhundert nach Lübeck den bedeutendsten Rang unter den Hansestädten einnahm. Gegen Ende des 16. Jahrhunderts teilte Stralsund das Schicksal anderer Hansestädte. Die veränderten sozialen Verhältnisse, die Machtansprüche der Fürsten und die Reformation trugen zum Niedergang bei.

Der einstige Reichtum und die Machtstellung sind heute noch an den prächtigen Bürgerhäusern,

Stadtansicht Stralsund

Stralsund

Verwaltungsgebäuden, Kirchen und Klosteranlagen abzulesen. Zur Bewahrung dieses Kulturerbes wurde die gesamte mittelalterliche Altstadt unter Denkmalschutz gestellt und, gemeinsam mit der Altstadt Wismars, in die Weltkulturerbeliste der UNESCO eingetragen.

Tipp: Die Hauptroute im Stadtzentrum ist stark befahren. Sie können alternativ von der Greifswalder Straße rechts in die Werftstraße abbiegen und Richtung Rügendamm fahren. Auf dem ruhigeren Sund-Radweg fahren Sie wassernah Richtung Parow.

Sie unterqueren die Bundesstraße 🚲 dem Verlauf der **Karl-Marx-Straße** über **Frankenwall** und **Tribseer Damm** bis zum Bahnhof folgen.

Von Stralsund nach Warnemünde

118 km

Die nächste Etappe des Europa-Radwegs Eiserner Vorhang führt Sie durch die landschaftlich besonders reizvolle Vorpommersche Boddenlandschaft in das weitläufige Waldgebiet der Rostocker Heide: Zingst, Darß und Fischland. Zingst, diese einzigartige Landzunge mit ihren langgezogenen Sandstränden, verschilften Ufern und seichten Bodden beherbergt eine überaus große Zahl an seltenen Pflanzen und Tieren und wurde deshalb zum Naturpark erklärt. Aber auch die gemütlichen Seebäder laden zum Entdecken und Verweilen ein.

Die Route verläuft meist auf küstennahen Radwegen, Waldwegen, und ruhigen, asphaltierten Nebenstraßen. Auf diesem sanfthügeligen Streckenabschnitt sind keine größeren Steigungen zu bewältigen.

Von Stralsund nach Hohendorf
21 km

Vom Bahnhof kommend, links in den **Jungfernstieg** abbiegen ∿ rechts in die **Friedrich-Engels-Straße** ∿ über die Brücke ∿ links auf den **Knieper Damm** ∿ geradeaus weiter auf dem Radweg entlang der **Prohner Straße** nach rechts bis zum Kreisverkehr ∿ hier nach rechts abbiegen auf den linksseitigen Radweg der **Parower Chaussee**.

Parow
✳ Auf dem **Gutshof in Parow** mit seinem stattlichen Herrenhaus lebte der Olympiasieger der Dressurreitprüfung von 1928, Freiherr Friedrich von Langen.

Der Straße in den Ort hineinfolgen ∿ links in die **Pappel-**

allee ∿ an der T-Kreuzung nach links und auf dem rechtsseitigen, straßenbegleitenden Radweg weiter ∿ dem Rechtsbogen der Straße folgen ∿ im folgenden Linksbogen der Straße rechts abbiegen, um weiter geradeaus zu fahren ∿ durch **Groß Damitz** und **Klein Damitz** auf dem Plattenweg, der jedoch in der Mitte einen gut zu befahrenden Asphaltstreifen aufweist ∿ weiter auf dem geschotterten Radweg geradeaus der Hauptstraße nach **Klausdorf** folgen.

Klausdorf
Im Ort links in die Prohner Straße abbiegen, die in den **Klausdorfer Weg** übergeht.

Hohendorf
🄳 **Schloss Hohendorf**, im 18. Jh. im klassizistischen Stil errichtet.

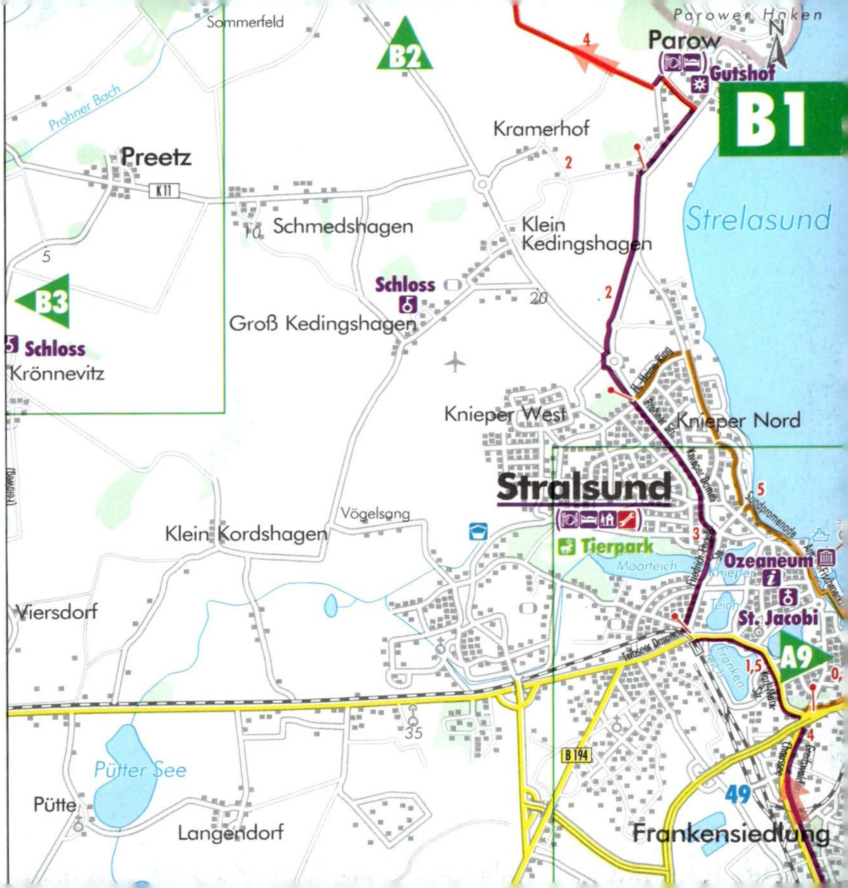

Stralsund

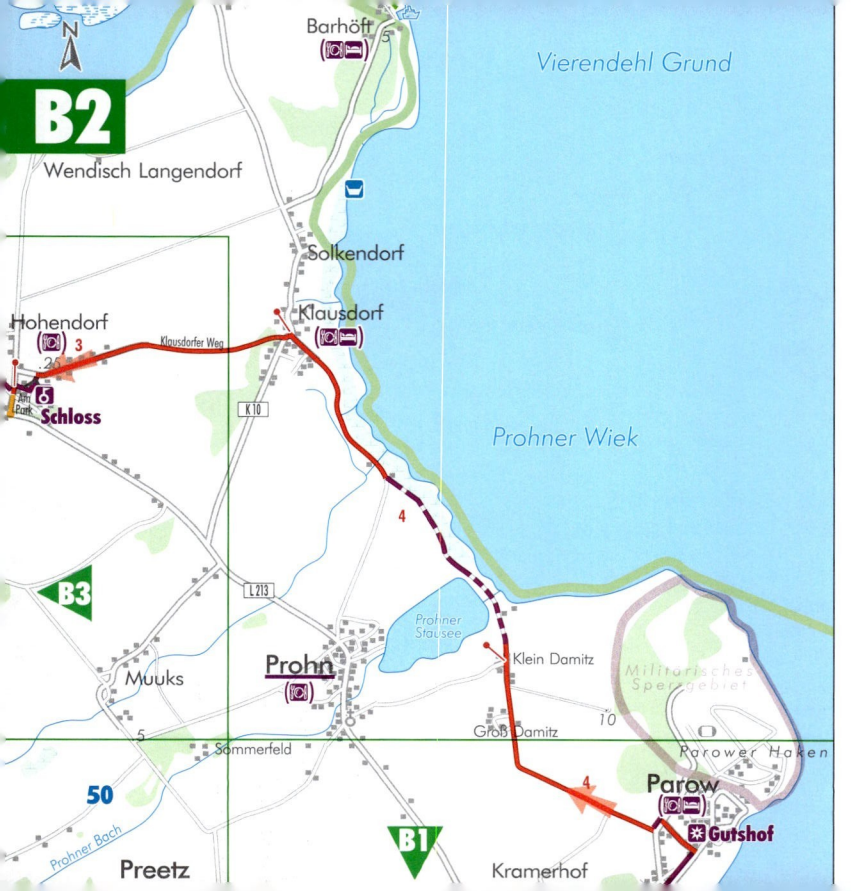

Geradeaus auf dem Plattenweg in den Ort ~ bei der ersten Gelegenheit nach links abbiegen auf den **Teichweg** ~ rechts in die Straße **Am Park** ~ am Ende der Straße nach links und ein kurzes Stück über Kopfsteinpflaster.

Tipp: Wenn Sie hier geradeaus weiterfahren, gelangen Sie zum Kranich-Informationszentrum in Groß Mohrdorf.

Groß Mohrdorf

NABU   Kranich-Informationszentrum, 038323/80540, ÖZ: März-Juni 10-16 Uhr, Juli-Aug./Nov., 10-16.30 Uhr, Sept.-Okt., 9.30-17.30 Uhr.

Von Hohendorf nach Barth   25 km

Entlang der Hauptstraße nach rechts auf den Radweg an der Straße nach **Bisdorf** ~ ab Ortsausgang auf der Straße weiter ~ in Bisdorf geradeaus bis zur Straßengabelung ~ hier rechts und gleich wieder rechts am **Dorfteich** vorbei ~ nun links halten und über das kurze Stück Kopfsteinpflaster aus dem Ort ~ an der Kreuzung in **Kinnbackenhagen** nach links ~ auf der Straße bis zum Ortsende ~ weiter auf dem asphaltierten Radweg an der Küste entlang nach **Nisdorf**.

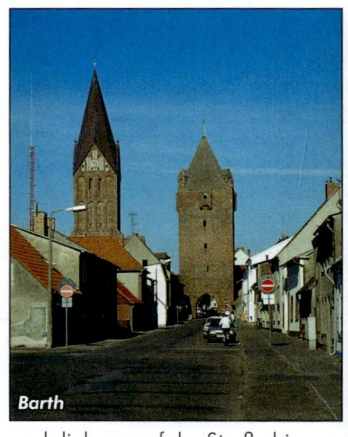

Nisdorf

Das historische **Gutshaus** Nisdorf ist heute ein Familienhotel.

Dem Weg erst links, dann rechts nach Nisdorf hinein folgen ~ auf der **Grabower Straße** durch den Ort fahren ~ rechts auf den asphaltierten Radweg abbiegen ~ an der

Schloss Hohendorf

nächsten Weggabelung auf dem asphaltierten Weg bleiben, der nach rechts zur Küste führt ⮐ auf dem Deich an der Küste entlang durch **Dabitz** fahren ⮐ der asphaltierte Weg führt schließlich nach links weg von der Küste bergauf über **Uetzberg** ⮐ nun immer rechts halten dem Weg nach zwei Linksbögen wieder entlang der Küste folgen ⮐ an der Straße vorbei geradeaus ⮐ links abbiegen und bergauf ⮐ am Ende des Weges rechts abbiegen.

Glöwitz

In **Glöwitz** links abbiegen ⮐ auf den Radweg links des Spurplattenwegs in Richtung **Barth** abbiegen ⮐ der Radweg wechselt auf die rechte Seite.

Barth

PLZ: 18356; Vorwahl: 038231

- **Barth-Information**, Lange Str. 13, ☏ 2464
- **Fahrgastschiffahrt** nach Zingst, Hiddensee, Richtung Fischland – in der Saison mehrmals tägl.
- **Vineta-Museum**, wechselnde Ausstellungen zur Vergangenheit von Barth.
- Die **St.-Marien-Kirche** wurde im gotischen Stil 1325 erbaut. Der 87 m hohe Turm bietet eine eindrucksvolle Aussicht über die Boddenlandschaft.
- Das ehem. **Adlige-Fräulein-Stift** ist 1733 vom schwedischen König Friedrich I. errichtet

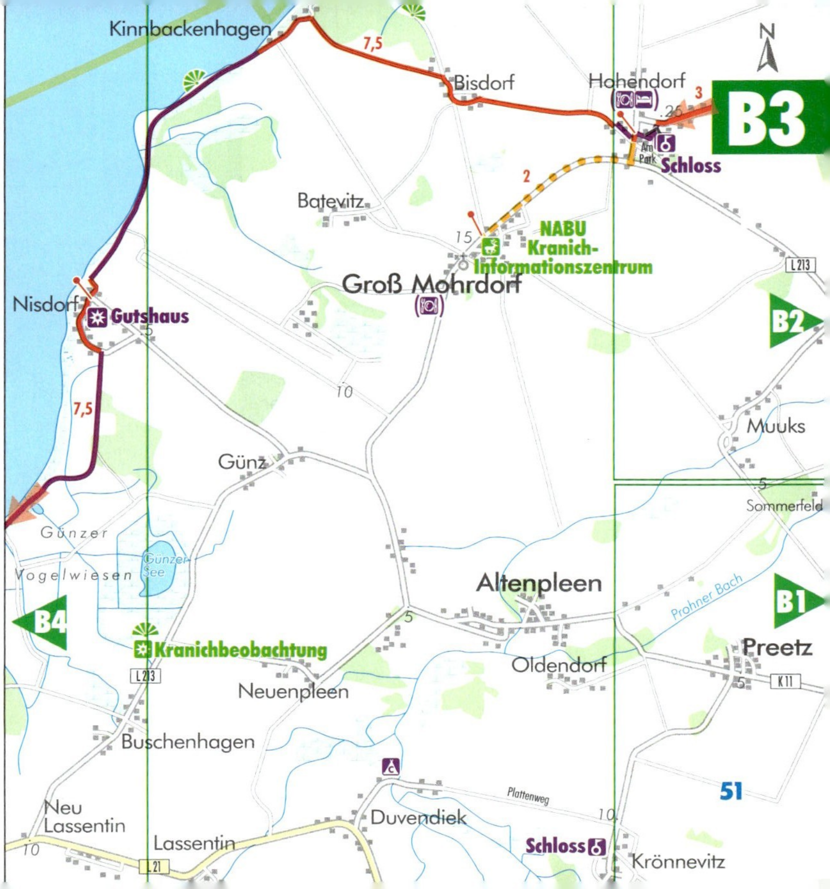

worden. Hier verbrachten die unverheirateten Gutshoftöchter ihren Lebensabend.

✺ Niederdeutsches **Bibelzentrum St. Jürgen**, Sundische Str. 52. Hier wird u. a. eines der letzten Exemplare der niederdeutschen Bibel aufbewahrt, die 1588 in der Fürstlichen Hofdruckerei zu Barth hergestellt wurde. Die Vorlage zu dieser Ausgabe hatte Martin Luther selbst korrigiert.

✺ Das **Dammtor** (14. Jh.) nach Westen hat als einziges der einst vier Stadttore die Zeiten überdauert.

✺ Von der **alten Stadtmauer** ist der mit Zinnen gekrönte Fangelturm aus dem 16. Jh. erhalten.

✺ **FMD Flugdienst Barth**, Ostseeflughafen Stralsund-Barth, ☎ 89551. Erleben Sie die Umgebung von Barth aus der Vogelperspektive.

Von Barth nach Prerow — 20 km

Auf der **Hafenstraße** durch die Stadt ↝ rechts in die **Werftstraße** ↝ nächste links, dann rechts und auf dem Radweg an der **Barthestraße** (L 21) ↝ weiter ↝ der Radweg wechselt bei Barth-Tannenheim auf die linke Seite ↝ über die stillgelegten **Zuggleise** ↝ dann die Straße überqueren und rechts in den asphaltierten Radweg einbiegen.

Bresewitz

✺ **Kunst auf Schienen** (Ausstellung in stillgelegten Waggons), Alter Bahnhof, ☎ 038231/80629, ÖZ: Juni-Okt., Mi-Sa 10-12 Uhr und 16-18 Uhr

Am Örtchen Bresewitz vorbeiradeln 10 Meter nach rechts und an der **Fußgängerampel** über die Straße, dann nach links ↝ auf dem rechtsseitigen Radweg über die Brücke radeln, danach wieder die Straße überqueren ↝ dem Radweg geradeaus folgen ↝ an der Weggabelung links.

Tipp: Wenn Sie hier rechts zur Straße abbiegen und auf dieser nach links fahren, gelangen Sie in die Ortschaft Zingst.

Ostseeheilbad Zingst

PLZ: 18374; Vorwahl: 038232

ℹ **Touristinformation Kurhaus**, Seestr. 56/57, ☎ 81580. Mit Galerie und Restaurant

🚢 **Schiffsfahrten**, Boddenseerundfahrten (Buchungen nur vor Ort), Ganztagesausflüge zur Insel Hiddensee: Reederei Hiddensee ☎ 03831-268116, Reederei Oswald ☎ 15627

🏛 **Museumshof/Pommernstube** mit Bernsteinzimmer und Museumsbäckerei, Strandstr. 1, ☎ 15561, ÖZ: saisonabhängig. Kreativangebote und Schaumanufaktur.

🏛 **Heimatmuseum**, im Museumshof. Geschichte des traditionellen Bäderwesens; Lebenskultur der Seefahrer; Geschichte der Seefahrt; Leben und Werk der Heimatdichterin Martha Müller-Grählert.

♿ Die evangelische **Peter-Pauls-Kirche** wurde 1862 eingeweiht. Sie ist ein Werk des Schinkelschülers Friedrich August Stüler.

✺ Im **Experimentarium** können Kinder die Welt vielfältig selbst entdecken.

🌿 **Boddenlandschaft** mit den Vogelinseln **Kirr und Oie**, ☎ 0381/4584589, vor allem interessant während der Kranichrast im Herbst.

🌿 **Pramort** und die an der Außenküste gelegene **Hohe Düne**, das mit 13 m höchste waldfreie Weißdünengebiet Mecklenburg-Vorpommerns, liegen östlich von Zingst und sind nur zu Fuß oder per Fahrrad zu erreichen. Kutschfahrten zum Pramort können unter ☎ 15628 gebucht werden.

Auf der Hauptroute links am **Campingplatz** vorbeiradeln ↝ die Straße überqueren ↝ die kurze Treppe mit der Schiebeschiene nutzen ↝ nach links auf

B4
Bülten
Kunst auf Schienen
Bresewitz
Bodstedter Bodden
B5
L21
(stillgelegt)
Barther Strom
Hinterste Berge
Mittelste Berge
Pruchten
Gut Glück
Barther Heerd
Kavelnhaken
Barther Bodden
Fahrenkamp
Grabow
Nisdorf
Gutshaus
Barth
St.-Marienkirche
Vineta-Museum
Bibelzentrum St. Jürgen
Barth-Tannenheim
Planitz
Glöwitz
Glöwitzer Berg
Uetzberg
Bartelshagen Steinriff
B3
Dabitz
Küstrow
Zipke
Rauher Berg
Barther Stadtholz
Barthe
Divitz
Frauendorf
Kenz
Rubitz
Flemendorf
Arbshagen
Uhlenbäk
(Plattenweg)
Groß Kordshagen
Zühlendorf
Neu Bartelshagen
Buschenhag
Neu Lassentin
53

den Radweg ⟿ dem Deichradweg nach **Prerow** hinein folgen, den Prerower Strom queren, dann nach links auf den Sandweg zur **Strandstraße**.

Ostseebad Prerow
PLZ: 18375; Vorwahl: 038233
- **Kurverwaltung**, Gemeindepl. 1, ✆ 610
- **Darß-Museum**, Waldstr. 48, ✆ 69750, ÖZ: Mai-Okt., Di-So 10-18 Uhr, Nov.-April, Fr, Sa, So 13-17 Uhr. Dokumentation der Geschichte, Geologie, Fauna und Flora des Darß.
- **Die Seemannskirche**, die von einem Holzturm geziert wird, wurde 1726 als Backsteinbau errichtet.
- **Kulturkaten**, Waldstr. 42, ✆ 751. In dem ehemaligen Kapitänshaus finden Musik-, Theater- und Kabarettveranstaltungen sowie Vorträge statt.

Von Prerow nach Wustrow   25 km

Links abbiegen in die **Hafenstraße** ⟿ nach rechts auf dem Radweg zur Kreuzung ⟿ die L 21 überqueren ⟿ kurz geradeaus, dann gleich rechts und geradeaus dem Radweg folgen ⟿ geradeaus auf der Straße **Jagdhaus** ⟿ weiter auf der Straße **Südkaten** ⟿ am Hafen vorbei ⟿ links und der Straße **Müggenberg/Bauernreihe** bis **Wieck** folgen.

Prerow

Wieck
PLZ: 18375; Vorwahl: 038233
- **Kur- und Tourist GmbH Darß** mit **Darßer Arche**, Bliesenrader Weg 2, ✆ 70380, ÖZ: Mai-Okt., tägl. 10-18 Uhr, Nov.-April, Mi-So 10-16 Uhr. Unter einem Dach finden sich Tourismus, Naturschutz und Ausstellungen. Mit vielfältigem Medieneinsatz wird der Nationalpark präsentiert.
- **Neumis Fahrradbude**, Müggenberg 31, ✆ 70536

Am Platz links in den **Bliesenrader Weg** ⟿ rechts und dem Radweg folgen ⟿ am Ende des geschotterten Radwegs nach rechts auf den Plattenweg ⟿ an der Biegung des Wegs links ⟿ weiter auf dem geschotterten Radweg, dann dem **Bliesenrader Weg**, einem Plattenweg, nach **Born** folgen.

Born
PLZ: 18375; Vorwahl: 038234
- **Kurverwaltung Born**, Chausseestr. 75, ✆ 5040
- **Boddenfahrten** können bei der Reederei Rasche, ✆ 210 od. beim Fahrgastbetrieb Kruse und Voß GmbH, ✆ 038220/588 gebucht werden.
- **Fischerkirche** (1935), Holzkirche mit Rohrdach
- **Nationalpark Vorpommersche Boddenlandschaft**, Infos bei der Nationalparkverwaltung, Am Wald 13, ✆ 5020
- **Neumanns Fahrradshop**, Im Moor 2, ✆ 272

Der Nationalpark Vorpommersche Boddenlandschaft erstreckt sich auf einer Fläche von 805 Quadratkilometern. Bodden und Ostsee bilden 85 Prozent seiner Gesamtfläche. Der Landflächenanteil verteilt sich auf Wälder, naturnahe und landwirtschaftlich genutzte Flächen. Die Charakteristik des Nationalparks ist gekennzeichnet durch die unterschiedlichsten Landschaften und Lebensräume der Küste, wie Heiden, Brüche und Röhrichte, Wälder, Überflutungs- und Dünenbereiche, Salzgrasland und Flachwasserregionen. Rund 700 Pflanzen- und 224 Vogelarten, unter ihnen der Seeadler, sind hier beheimatet, weiterhin 50 Fisch- sowie einige Amphibien- und Reptilienarten. Besonders beeindruckend ist der Kranichzug von August bis November. Auf dem größten Kranichrastplatz

B5
Ostseeheilbad
Zingst
Seebrücke
Experimentarium
Museumshof
Strandstr.
K 25
1,5
4
Große Kirr
Kranich-Rastplatz
Schmidtbülten
Prerower Strom
6
6,5
Hohe Dünen
Seemannskirche
Darß-Museum
Kulturkaten
Ostseebad
Prerow
1
Esper Ort
Nationalpark Vorpommersche Boddenlandschaft
L 21
Darß
10
Rehberge
5
Wieck
Darßer Arche
Müggenberg
Südkaten
Fastbültenhaken
Drehbrücke
Bülten
Kunst auf Schienen
Bresewitz
Bodstedter Bodden
4
Bliesenrade
Bliesenrader Weg
Nadelhaken
Koppelstrom
Born
Chausseestr.
Fischerkirche
Nordstr.
Auf dem Branden
3,5
B6
Rhedeort
Jägerbülten
(stillgelegt)
Barther Strom
B4
55
Pruchten

Nordwesteuropas halten sich im Herbst bis zu 45.000 der großen und geräuschvoll trompetenden Vögel auf.

Links entlang der **Chausseestraße**, dem Straßenverlauf folgen ⇝ links in die **Schulstraße** ⇝ links in die **Südstraße** ⇝ geradeaus weiter in die Straße **Auf dem Branden** ⇝ kurz rechts, dann links in die **Nordstraße** ⇝ nach links und auf dem asphaltierten Sträßchen weiterradeln ⇝ rechts in den **Paetowweg** abbiegen.

Ahrenshoop
PLZ: 18347; Vorwahl: 038220

🛈 **Kurverwaltung**, Kirchnersgang 2, ✆ 66660

⛪ Die **Schifferkirche** wurde 1951 in Form eines kieloben liegenden Fischerbootes errichtet. Man verwendete Holz aus dem Darßer Urwald und Schilf vom Bodden, wie es auch für den Bau eines Bootes verwendet wird. Die alte Pappel, die ursprünglich an diesem Ort stand, wurde gefällt. Aus dem Stamm schuf die Ahrenshooper Künstlerin Doris Oberländer-Seeberg die Kanzel, den Taufstein und die Altarrückwand.

🏛 Im **Kunstkaten**, Strandweg 1, und zahlreichen anderen Galerien laden Austellungen und Veranstaltungen zum Besuch ein.

🏞 Das **Steilufer** zwischen Wustrow und Ahrenshoop ist bis zu 14 m hoch.

⚠ **Ahrenshooper Holz** mit Europas größtem Vorkommen von Ilex aquifolium (Stechpalme)

Im Spätsommer des Jahres 1889 stieß der Maler Paul Müller-Kaempff während einer Wanderung im Fischland eher zufällig auf den beschaulichen Ort Ahrenshoop. Die Atmosphäre des kleinen Fischerdorfes faszinierte ihn so sehr, dass er in den folgenden Jahren häufig zum Malen nach Ahrenshoop fuhr. 1892 beschloss er, sich endgültig dort niederzulassen und eine Malschule zu gründen. Viele Künstler folgten seinem Beispiel, sodass schon um 1900 unter den 30 alteingesessenen Familien 16 Künstler wohnten. Auf Betreiben von Müller-Kaempff wurde 1909 der Kunstkaten eröffnet. In den Räumen des Hauses wurden Ausstellungs- und Schauräume für die Ahrenshooper Künstler eingerichtet. 13 Jahre später folgte die Eröffnung der Bunten Stube. Obwohl die Künstlerkolonie Ahrenshoop zur gleichen Zeit wie Worpswede entstand, konnte sie sich ihren dörflichen Charakter erhalten. Ahrenshoop ist auch heute noch ein Ort, der Künstler und vor allen Dingen Kunsthandwerker anzieht.

An der Dorfstraße links ⇝ auf dem Weg rechts entlang der Straße durch den Ort ⇝ in Althagen links in den **Hafenweg** abbiegen ⇝ vor dem Hafen nach rechts ⇝ weiter auf dem Deichweg über Schotter, dann über Spurplatten ⇝ dem gepflasterten Weg nach rechts folgen.

Niehagen

Auf Höhe des Boddenwegs nach rechts und 20 Meter auf dem Pfad durch den kleinen **Park** zur Straße ⇝ Achtung beim Überqueren der Nie-

Haus in Ahrenshoop

häger Straße, sie ist stark befahren! ⇝ die Straße kreuzen und über den Parkplatz geradeaus auf den Plattenweg fahren ⇝ folgen Sie dem Weg, der zuerst nach links, dann nach rechts und dann wieder nach links führt ⇝ parallel zum Deich nach **Wustrow** radeln.

Wustrow
PLZ: 18347; Vorwahl: 038220

🛈 **Kurverwaltung**, Strandstr. 10, ✆ 251

⛴ **Schiffsfahrten** in den Nationalpark Vorpommersche Boddenlandschaft und eine Fährverbindung mit Fahrradmitnahme 2-3 mal täglich nach Ribnitz-Damgarten bietet der Fahrgastbetrieb Kruse an, ✆ 588.

🏛 **Fischlandhaus**, Neue Str. 38, ✆ 80465, ÖZ: April-Sept., Mo, Di, Do 9-12 Uhr und 14-17 Uhr, Fr 9-12 Uhr, Okt.-März, Mo, Di, Do 13-17 Uhr. Die Heimatstube ist in einer alten Büdnerkate aus dem 18. Jh. untergebracht.

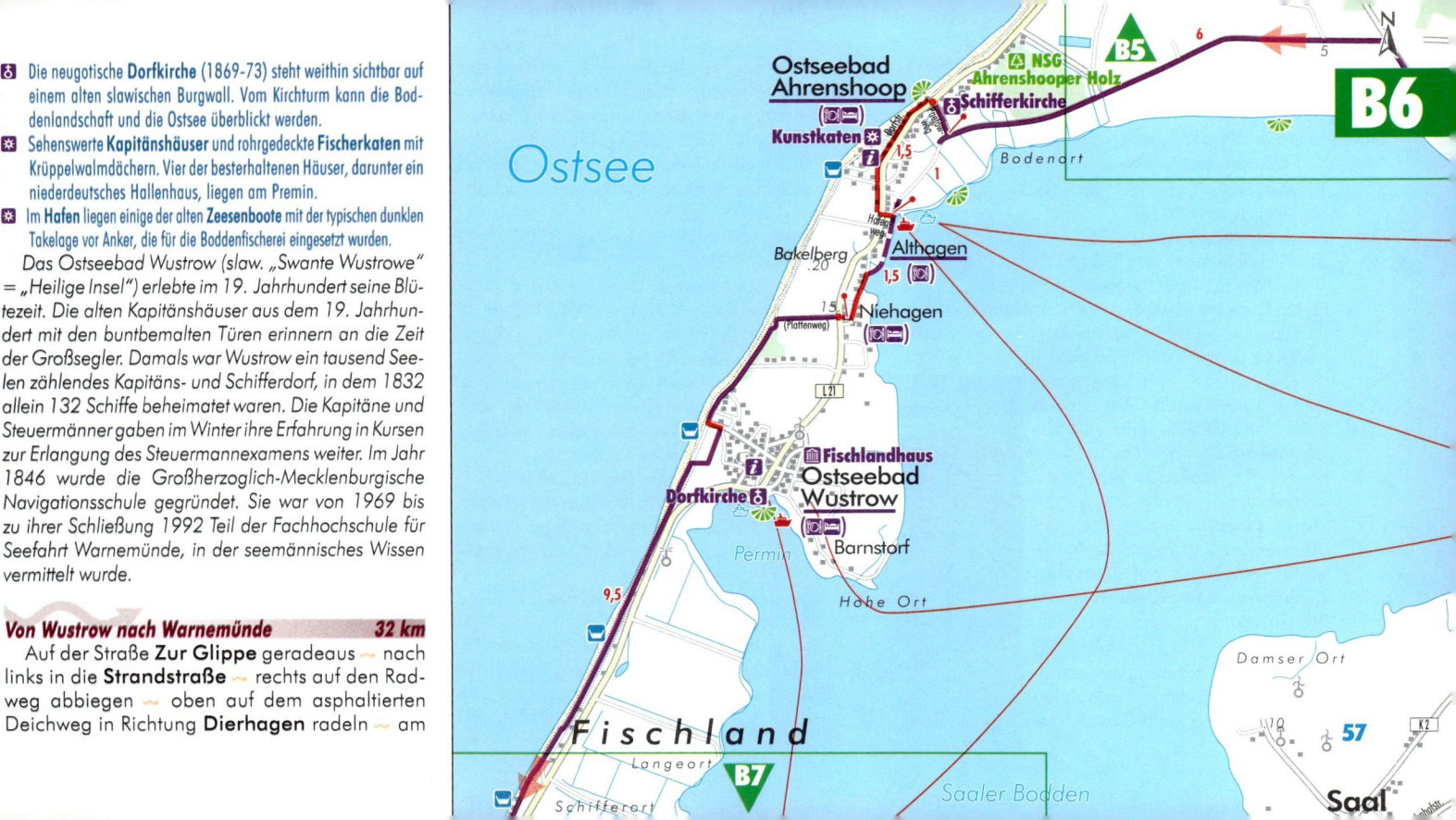

- Die neugotische **Dorfkirche** (1869-73) steht weithin sichtbar auf einem alten slawischen Burgwall. Vom Kirchturm kann die Boddenlandschaft und die Ostsee überblickt werden.

- Sehenswerte **Kapitänshäuser** und rohrgedeckte **Fischerkaten** mit Krüppelwalmdächern. Vier der besterhaltenen Häuser, darunter ein niederdeutsches Hallenhaus, liegen am Premin.

- Im **Hafen** liegen einige der alten **Zeesenboote** mit den typischen dunklen Takelage vor Anker, die für die Boddenfischerei eingesetzt wurden.

Das Ostseebad Wustrow (slaw. „Swante Wustrowe" = „Heilige Insel") erlebte im 19. Jahrhundert seine Blütezeit. Die alten Kapitänshäuser aus dem 19. Jahrhundert mit den buntbemalten Türen erinnern an die Zeit der Großsegler. Damals war Wustrow ein tausend Seelen zählendes Kapitäns- und Schifferdorf, in dem 1832 allein 132 Schiffe beheimatet waren. Die Kapitäne und Steuermänner gaben im Winter ihre Erfahrung in Kursen zur Erlangung des Steuermannexamens weiter. Im Jahr 1846 wurde die Großherzoglich-Mecklenburgische Navigationsschule gegründet. Sie war von 1969 bis zu ihrer Schließung 1992 Teil der Fachhochschule für Seefahrt Warnemünde, in der seemännisches Wissen vermittelt wurde.

Von Wustrow nach Warnemünde   32 km

Auf der Straße **Zur Glippe** geradeaus ∼ nach links in die **Strandstraße** ∼ rechts auf den Radweg abbiegen ∼ oben auf dem asphaltierten Deichweg in Richtung **Dierhagen** radeln ∼ am

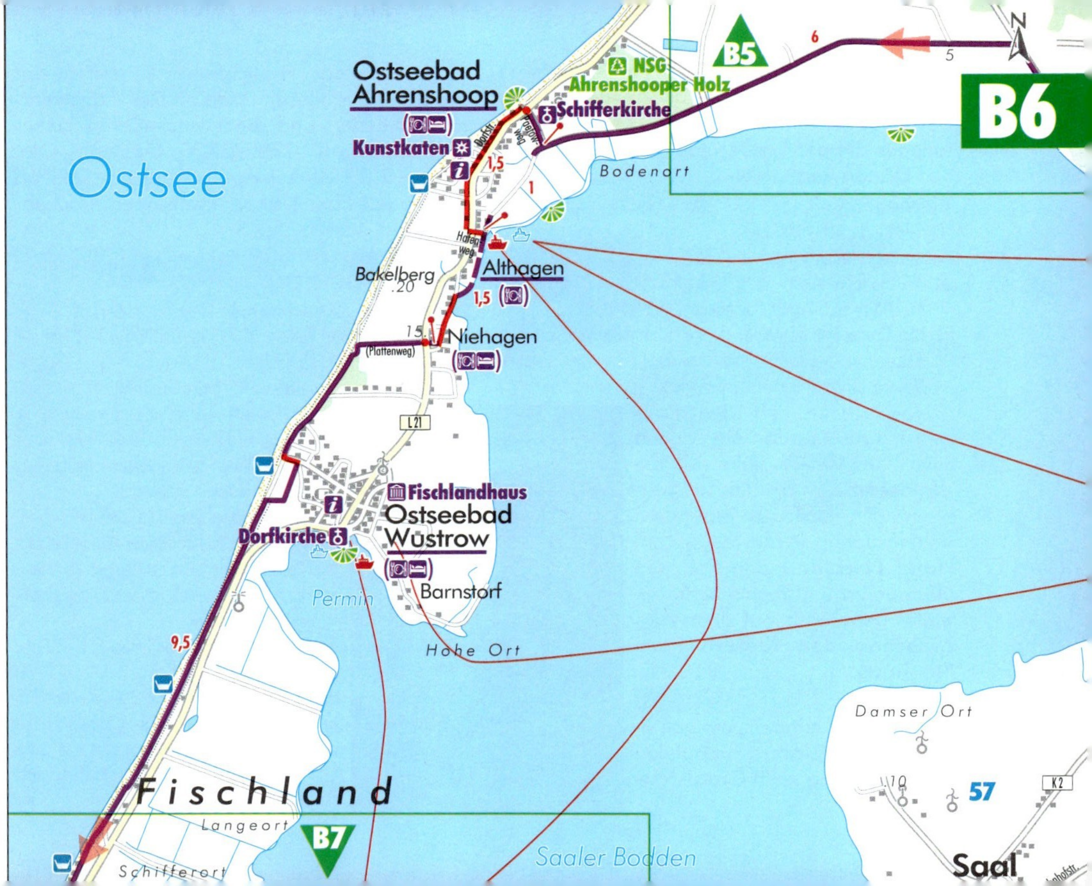

Campingplatz vorbeifahren ↝ den Wiesenweg überqueren, dann noch ein Stück weiter auf dem Deichweg bis zur Rechtsbiege ↝ hier weiter geradeaus auf der Straße radeln ↝ nach links in den **Dünenweg** fahren.

Dierhagen
PLZ: 18347; Vorwahl: 038226

🛈 Kurverwaltung, Waldstr. 4, ✆ 201

🚢 **MS Boddenkieker**, Mitte Juni–Mitte Sept. 12.15 Uhr und 16.10 Uhr nach Ribnitz-Damgarten, ✆ 038220/588

🌲 NSG **Großes Ribnitzer Moor**. In der 275 ha großen Moorlandschaft sind seltene Insekten, Pflanzen und Vögel beheimatet. Geführte Moorwanderungen sind bei der Kurverwaltung zu erfragen.

Nach rechts auf den Radweg **Am Badesteig** nach etwa 100 Metern links auf die **Waldstraße** ↝ an der Straßenbiegung geradeaus auf dem unbefestigten Waldweg am **Hotel Fischland** den Fahrweg überqueren und rechts halten ↝ weiter geradeaus auf dem Weg **Zwischen den Kiefern** nach **Neuhaus**.

Neuhaus

Dem Weg geradeaus folgen ↝ am **Campingplatz** rechts auf den **Dünenradweg** nach **Graal-Müritz** fahren.

Seebad Warnemünde

Tipp: Wer das Freilichtmuseum mit seiner großen Ausstellung traditioneller Fachwerk-Hallenhäuser und Bockwindmühlen besuchen möchte (✆ 0382/2775, ÖZ: April–Okt. täglich 9–17 Uhr), biegt in Neuhaus links ab und radelt über Hof Körkwitz nach Klockenhagen.

Graal-Müritz
PLZ: 18181; Vorwahl: 038206

🛈 **Tourismus- und Kur GmbH**, Rostocker Str. 3, ✆ 7030

🏛 **Heimatmuseum**, Parkstr., ✆ 74556, ÖZ: Di, Do 9-12 Uhr und 15-18 Uhr, Mi, Fr 15-19 Uhr

⛪ Der Turm der **evangelischen Kirche zu Graal-Müritz** steht nicht auf der Westseite, sondern unüblicherweise auf der Ostseite der Kirche. Am 18. Oktober 1908 wurde die nach den Plänen des Architekten Gotthilf Ludwig Möckel erbaute Kirche eingeweiht.

🌊 Die 350 m lange **Seebrücke** wurde 1993 erbaut.

🌀 Die 1863 erbaute **Holländer-Windmühle** hat zwei Geschosse und einen achtseitigen Backsteinunterbau. Sie kann als Ferienwohnung gemietet werden, ✆ 77302.

🌲 Das **Müritz-Ribnitzer Hochmoor** ist ein 275 ha großes Naturschutzgebiet.

🌲 Die **Rostocker Heide** umfasst ein hauptsächlich von Eichen, Birken, Kiefern, Eiben, Rot- und Hainbuchen bewaldetes, 13.000 ha großes Areal. Auskünfte erteilt das Stadtforstamt Rostock unter ✆ 038202/40420.

🌸 Im **Rhododendronpark** blühen über 60 verschiedene Rhododendron- und Azaleenarten. Der Park entstand 1960 nach den Plänen des Gartenbauarchitekten F. K. Evert.

Das Mecklenburger Ostseeheilbad Graal-Müritz, einst kleines Fischerdorf, bietet durch die jod- und salzhaltige Luft günstige Voraussetzungen für eine erfolgreiche Therapie von Atemwegserkrankungen. Dies erkannte 1887 der mecklenburgische Medizinalrat Carl Mettenheimer, Initiator des drei Jahre später eröffneten Friedrich-Franz-Seehospizes für Kinder mit Skrofulose, einem heute seltenen Symptomkomplex.

In den 1920er-Jahren weilte der Schriftsteller Franz Kafka in der Hoffnung auf Heilung in Graal-Müritz. Hier lernte er Dora Diamant kennen, die ihm in seinem letzten Lebensjahr zur Seite stand.

An der **Seebrücke** kurz nach links.

Tipp: Bitte beachten Sie, dass auf der Strandpromenade das Radfahren verboten ist.

Am **Hotel Ostseewoge** vorbei, dann gleich rechts ↝ auf dem Weg parallel zum Strand ↝ der Rad- und Fußweg führt schließlich weg vom Strand in den **Zarnesweg** ↝ dem Weg am kleinen Kreisverkehr nach rechts folgen ↝ über die kleine Brücke und weiter auf dem schmalen Weg ↝ nach links auf den breiten asphaltierten Weg abbiegen und am **Campingplatz** entlangradeln ↝ links auf die Straße und an

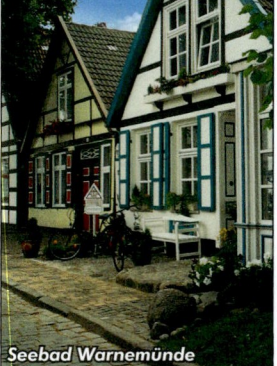

B7
B6
B8
Saaler Bodden
N
Langeort
Schifferort
Ostsee
9,5
Dierhagen Ost
L21
Dierhagen Dorf
Dierhagen Strand
Dünenweg
2,5
Ostseebad
Dierhagen
Neuhaus
Birkenallee
10
NSG
Kleines
Moor
Dändorf
K1
5,5
NSG Großes Moor
5,5
Hof
Körkwitz
Müritz
5
Graal-
L22
Klein-Müritz
Ribnitzer See
Ribnitz-
Damgarten
Körkwitz
Ev. Kirche
Heimatmuseum
Holländer-Windmühle
Rhododendronpark
5
6
Torfbrücke
Neuheide
Pilzmuseum
Körkwitzer Bach
Wasserski-
anlage
Bernstein-
see
Schaumanufaktur
59
Klockenhagen
Hirschburg
Freilichtmuseum
Kloster St. Klaren
Bernsteinmuseum

der Schranke gleich wieder rechts auf einen unbefestigten Radweg ⇨ immer diesem breiten Waldweg folgen ⇨ der Weg führt nach rechts in die **Müggenburger Schneise** ⇨ der Radweg biegt ab nach links ⇨ die Hauptverkehrsstraße (K 43) vorsichtig überqueren ⇨ geradeaus durch ein Drängelgitter ⇨ nach rechts auf den Radweg parallel zur Straße ⇨ 30 Meter nach rechts und in Markgrafenheide über die Brücke.

Markgrafenheide

Tipp: Wer sich in der historischen Teerschwelerei vom Köhlerhof hautnah die Erstellung von Kohle erklären lassen möchte, biegt an der K 43 links ab und radelt über Wiethagen zum Museum.

Dem Verlauf des Radweges durch **Markgrafenheide** und weiter in die Straße **Hohe Düne** folgen ⇨ die K 43 führt zur Anlegestelle der Fähre nach **Warnemünde**.

Warnemünde

PLZ: 18119; Vorwahl: 0381

- **Tourist-Information**, Am Strom 59/Ecke Kirchenstraße, ✆ 548000
- Infos zu **Schifffahrten** zwischen Neuem Strom und Rostock-Stadthafen bzw. Hafenrundfahrten ab Alter Strom und durch das NSG Rostocker Heide erfragen Sie bitte an den Fährenlegern oder bei der Tourist-Information.
- **Fähre** über den Neuen Strom: alle 5 Minuten nachts halbstdl.

60

- **Heimatmuseum**, Alexandrinenstr. 30/31, ✆ 52667, ÖZ: April-Okt., Di-So 10-18 Uhr und Nov.-März, Mi-So 10-18 Uhr. Geschichte des Seebades, Lebens- und Kulturraum der Fischer und Seeleute, Geschichte der Seenotrettung und des Lotsenwesens.
- **Am Strom** stehen entlang der einstigen Schifffahrtsstraße **alte Fischerhäuser**.
- **Leuchtturm** (37 m), ÖZ: Aussichtsplattform Ostern-Anfang Okt., tägl. 10-19 Uhr.
- Am Fuß des Leuchtturms steht der **Teepott** (1967-68). Das auch an eine Muschel erinnernde Gebäude mit dem geschwungenen Betondach wurde Ende der 1960er-Jahre von Ulrich Müther als Restaurant konzipiert. Heute beherbergt er die Sammlung eines Seefahrers mit Exponaten aus aller Welt sowie Restaurants.
- **NSG Stolteraa**. In dem Naturschutzgebiet liegt der mit 18 m höchste Punkt der hiesigen Steilküste. Geprägt wurde der Höhenzug während der letzten Eiszeit. Längs verläuft zwischen dem Leuchtturm an der Westmole und Diedrichshagen der **Astronomische Lehrpfad**.

Schiffbau- und Schifffahrtsmuseum

Im Jahr 1882 bat eine ältere, an Rheuma erkrankte Dame den Hof-Korbmeister Wilhelm Bartelmann aus Warnemünde, eine Sitzgelegenheit für den Strand zu entwerfen, die sie gegen Sonne und Wind schützen sollte. Anfangs wurde der „stehende Wäschekorb" noch belächelt, aber bereits zwei Jahre später war die Nachfrage nach den Strandkörben so groß, dass die Tochter des Korbmachers in Warnemünde die erste Strandkorbvermietung eröffnen konnte. Mit dem Einzug des Strandkorbes kamen die seit Beginn des 19. Jahrhunderts gebräuchlichen Badekarren endgültig aus der Mode.

Tipp: Von hier aus können Sie einen Ausflug in die sehenswerte Hansestadt Rostock unternehmen. Wenn Sie die etwa 15 Kilometer lange Fahrt durch Vorstädte und entlang befahrener Straßen vermeiden wollen, können Sie von Warnemünde auch viertelstündlich mit der S-Bahn oder zwischen 10.30 Uhr und 15.30 Uhr halbstündlich mit dem Schiff ins Rostocker Stadtzentrum fahren.

DDR-Seegrenze

Nicht nur die Festlandgrenze, auch die Seegrenze wurde scharf überwacht und viele Menschen starben beim Fluchtversuch über die Ostsee. Ähnlich wie der Grenzstreifen war auch der Küstenstreifen durch ein gestaffeltes System der

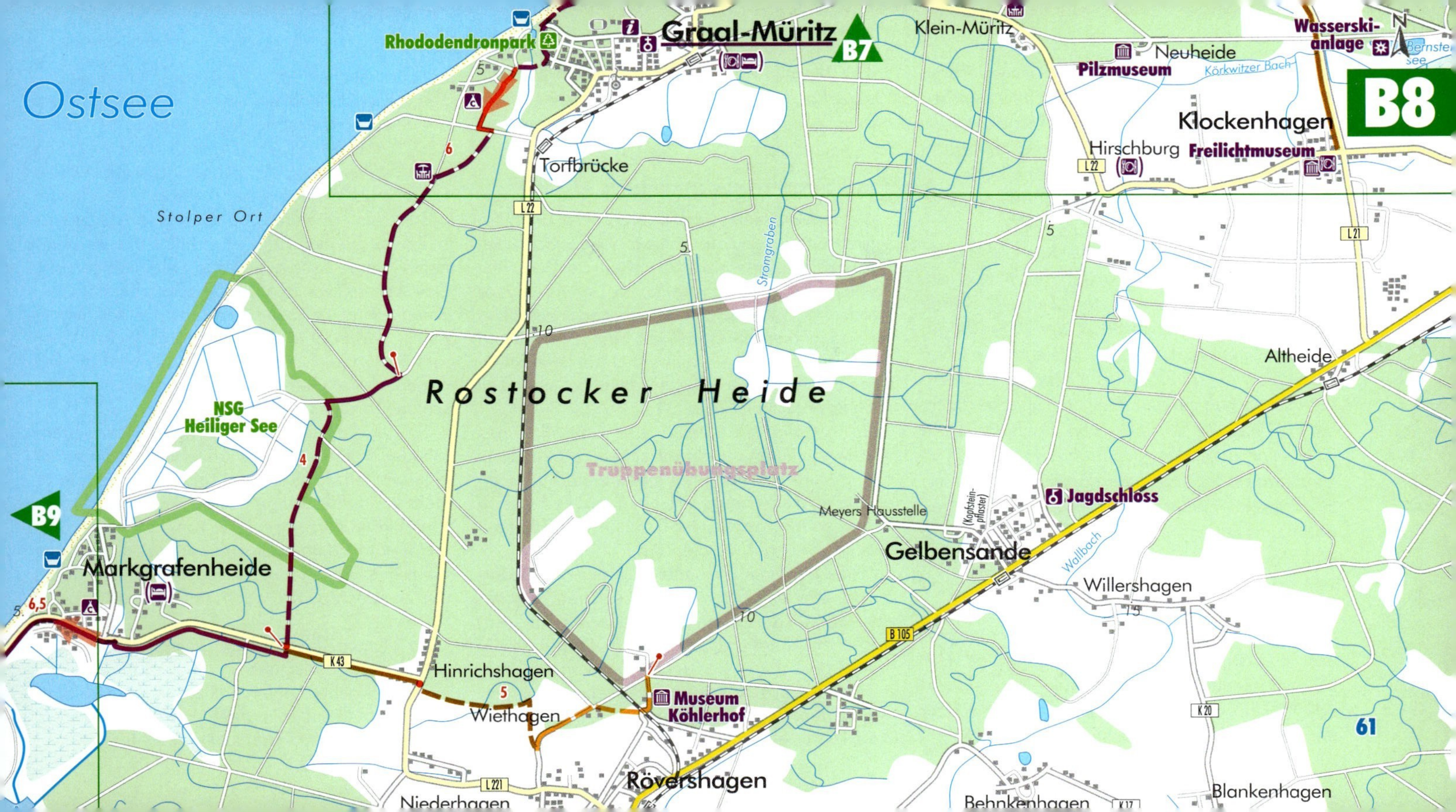

Ostsee
Graal-Müritz
B7
Rhododendronpark
Klein-Müritz
Wasserski-anlage
Bernstein-see
Neuheide
Pilzmuseum
Körkwitzer Bach
B8
Klockenhagen
Hirschburg
Freilichtmuseum
Torfbrücke
L 22
L 21
Stolper Ort
Stromgraben
Rostocker Heide
Truppenübungsplatz
NSG Heiliger See
Altheide
Meyers Hausstelle
(Kopfstein-pflaster)
Jagdschloss
Gelbensande
Wallbach
Willershagen
B9
Markgrafenheide
6,5
K 43
Hinrichshagen
Wiethagen
Museum Köhlerhof
B 105
K 20
Rövershagen
Blankenhagen
Behnkenhagen
Niederhagen
L 221

Überwachung abgeschirmt. Nur der westlichste, etwa 15 Kilometer lange Küstenabschnitt zwischen der Halbinsel Priwall und dem Dorf Brook war mit einer Mauer abgeriegelt und für die Öffentlichkeit versperrt. Für Urlauber und Einheimische war Boltenhagen das am weitesten westlich gelegene, öffentlich zugängliche Seebad der DDR.

An Land standen entlang der Küste 38 Wachtürme, an besonderen Küstenabschnitten patrouillierten bewaffnete Posten. Seeseitig wurde der Grenzbereich durch Boote der „Grenzbrigade Küste" gesichert. Mehrere tausend Menschen versuchten von der DDR-Küste mit zum Teil abenteuerlichen Fahrzeugen über die Lübecker Bucht nach Schleswig-Holstein, von Fischland/Darß zum internationalen Schifffahrtsweg und von Hiddensee oder Rügen zur dänischen Insel Møn zu flüchten. Mindestens 174 Menschen kamen dabei ums Leben, tausende wurden gefasst und eingesperrt. Durch eine parallele Gedenksteinsetzung wird in Dahme (Schleswig-Holstein) und in Boltenhagen (Mecklenburg-Vorpommern) an den Fluchtweg über die Lübecker Bucht und an das Schicksal der Küstenbewohner erinnert. Der Dahmer Gedenkstein am Steilufer trägt die Inschrift: „Über der Ostsee leuchtete für uns das Licht der Freiheit. Den DDR-Flüchtlingen 1949–1989".

Das Beispiel einer geglückten Flucht über die Ostsee hat der Schriftsteller F. C. Delius beschrieben in seinem Buch: „Der Spaziergang von Rostock nach Syrakus".

Paul Gompitz alias Klaus Müller

„In der Mitte seines Lebens, im Sommer 1981, beschließt der Kellner Paul Gompitz aus Rostock, nach Syrakus auf der Insel Sizilien zu reisen. Der Weg nach Italien ist versperrt durch die höchste und ärgerlichste Grenze der Welt, und Gompitz ahnt noch keine List, sie zu durchbrechen. Er weiß nur, dass er die Mauern und Drähte zweimal zu überwinden hat, denn er will, wenn das Abenteuer gelingen sollte, auf jeden Fall nach Rostock zurückkehren."

So beginnt F. C. Delius die Chronik eines ungewöhnlichen, schwejkschen Abenteuers aus unserer Zeit, das, so märchenhaft es auch erscheint, keineswegs erfunden ist. Es hat sich genau so abgespielt, wie Delius es erzählt. Paul Gompitz lebt gut, verdient gut.

„Alles kannst du aushalten, die leeren Geschäfte, die kaputten Dächer, die dreckigen Bahnen, den Gestank des Sozialismus, aber was du nicht aushalten kannst, dass sie dich einsperren für immer, dass du nie was sehen wirst von der Welt, unter dieser Last kannst du nicht leben."

Das denkt sich Paul Gompitz und beschließt, die DDR für eine Weile zu verlassen; legal, wenn es sich machen lässt, und sonst eben illegal. Seit seiner Jugendzeit, seit er Johann Gottfried Seumes „Spaziergang nach Syrakus im Jahre 1802" gelesen hat, möchte er einmal im Leben nach Sizilien. Doch der „abgestürzte Intellektuelle", der als Wehrdienstverweigerer vom Studium ausgeschlossen wurde und seitdem von der Staatssicherheit beobachtet wird, erhält keine Reisegenehmigung. Alle seine Anträge werden abgelehnt. Delius erzählt von der Mühsal der Vorbereitungen, von der Hartnäckigkeit, wie Gompitz das Segeln lernte, sein Boot tarnte, auf tragikomische Weise versuchte, Geld in den Westen zu schaffen, wie er gegen jede Gefahr eine List fand, immer etwas schlauer als die Staatssicherheit.

So unwahrscheinlich es klingt: Nach siebenjähriger Vorbereitung – ohne irgendjemanden einzuweihen, nicht einmal seine Ehefrau, die er nicht in Konflikt bringen will – gelingt es ihm im Juni 1988, mit einer Jolle von Hiddensee aus die Seegrenze der DDR zu überqueren und nach Gedser in Dänemark zu segeln. Er reist durch die Bundesrepublik nach Italien und erreicht Syrakus.

Im Oktober kommt Paul Gompitz in die DDR zurück. Er wird festgenommen, verhört und nach einigen Wochen Aufenthalt im Aufnahmelager Röntgental bei Berlin nach Rostock entlassen. Ein Strafverfahren wird nicht eingeleitet.

Ostsee
Markgrafenheide
6,5
K 43
B8
Leuchtturm
Teepott
Stolteraa
7
Parkstr.
3
C1
Heimatmuseum
Warnemünde
0,5
Hohe Düne
Neuer Strom
Groß-Kleiner-Weg
Werftallee
Diedrichshagen
L 12
Breitling
Elmenhorst-
Lichtenhagen
Seehafen
Peez
K 10
Lichtenhagen
5,5
Groß Klein
Lichtenhagen
Zu den Tannen
Admannshäger
Traditionsschiff
IGA Park
Lütten Klein
B 103
Schmarler Damm
Krummendorf
Schmarl
Unterwarnow
Bertolt-Brecht-Str.
Evershagen
Sievershagen
25
6
Toitenwinkel
B 105
Lambrechtshagen
Rostock
3,5
Reutershagen
Werftstr.
Radweg
Berlin-Kopenhagen
(Kopfsteinpflaster)
2,5
Allershagen
Botanischer Garten
Marien-
kirche
Kulturhistorisches
Museum
L 10
Groß Schwaß
63
Zoologischer Garten
Klein Schwaß
Südstadt
K 41
B9
N

Von Warnemünde nach Lübeck

145 km

Sie radeln entlang von urwüchsigen Naturstränden und imposanten Steilküsten, an traditionsreichen Seebädern und geschichtsträchtigen Hansestädten vorbei, durch ein beschauliches und sanft hügeliges Bauernland. Neben dem Badevergnügen in traumhaften, kleinen Buchten oder an kilometerlangen Sandstränden locken auch zahlreiche touristische Sehenswürdigkeiten, wie ein Ausflug in die Hansestadt Rostock.

Die Route verläuft meist auf küstennahen Radwegen und ruhigen, asphaltierten Nebenstraßen, nur auf kurzen Streckenabschnitten müssen Sie im stärkeren Autoverkehr ausharren. Größere Steigungen sind keine zu bewältigen, doch mehrere kleine Anstiege summieren sich zu einer nennenswerten Tagesleistung.

Sie fahren, von der Fähre kommend, kurz am **Neuen Strom** entlang nach rechts ⤳ gleich links abbiegen ⤳ durch die Unterführung, dabei die Schieberinne an der Treppenseite nutzen ⤳ aus dem Bahnhof heraus und geradeaus über die Brücke am **Alten Strom** weiter in die **Kirchenstraße**, eine Fußgängerzone, die Fahrradfahrer durchfahren dürfen ⤳ am **Kirchplatz** rechts um die Kirche herumfahren, dann weiter entlang der **Mühlenstraße**, später **Parkstraße** ⤳ hier auf den Radweg rechts entlang der Straße wechseln.

Von Warnemünde nach Rerik   38 km

An der Gabelung des Radwegs nach rechts ⤳ dem Radweg entlang der Küste bis zum Ostseebad **Nienhagen** folgen.

Nienhagen
PLZ: 18211; Vorwahl: 038203
- 🛈 **Kurverwaltung**, Strandstr. 16, ✆ 81163
- 🄰 An der Steilküste befindet sich das **NSG Nienhagener Holz**. Wegen der bizarren, vom Wind geformten Bäume, die wie Fabelwesen aussehen, wird der Wald auch „Gespensterwald" genannt.

Der Maler und Graphiker Lovis Corinth hielt sich 1913/14 mehrere Male in dem Ostseebad Nienhagen mit der schönen Kliffküste auf, wo er seine impressionistischen Bilder malte.

In Nienhagen links in die **Strandstraße** fahren ⤳ rechts auf den Radweg entlang der **Doberaner Straße** ⤳ an der Kreuzung in Rethwisch rechts abbiegen in die **Börgerender Straße**.

Tipp: Hier gibt es geradeaus auch eine Alternativroute an der Küste entlang. Dieser landschaftlich sehr schöne Weg ist allerdings unbefestigt und wird aufgrund von Abbruchstellen an der Küste in kurzen Bereichen als „gefährliche Wegstrecke" beschildert.

Börgerende-Rethwisch
PLZ: 18211; Vorwahl: 038203
- 🛈 **Touristinformation**, Seestr. 14, ✆ 74973
- 🏛 **Heimatstube**, ÖZ: Di, Do 15-17 Uhr. Typische Gegenstände aus der Arbeits- und Lebenswelt der Fischer.
- 🄯 Die gotische **Backsteinkirche** aus dem 14. Jh. besitzt Chorfenster mit sehenswerten Glasmalereien.
- ❊ In der Umgebung von Heiligendamm und Bad Doberan stehen rohrgedeckte **niederdeutsche Hallenhäuser**. In Börgerende-Rethwisch sind einige zu besichtigen, z. B. das aus dem Jahr 1787 stammende Hallenhaus. Sehenswert hier ist auch die um 1820 erbaute Büdnerei.
- 🄰 Das **NSG Conventer Niederung** mit dem gleichnamigen See ist seit 1932 Vogelschutzgebiet.

Auf der **Seestraße** durch den Ort ⤳ links auf die Straße hinter dem Deich ⤳ parallel zum Strand nach **Heiligendamm** radeln.

Heiligendamm
PLZ: 18209; Vorwahl: 038203
- 🛈 **Tourist-Information** Bad Doberan, Severinstr. 6, ✆ 62154
- ❊ Das in den Jahren 1814-16 erbaute **Kurhaus** ist der Mittelpunkt der **klassizistischen Bäderarchitektur** Heiligendamms.

1793 gründete der Mecklenburger Großherzog Friedrich Franz I. auf Anraten seines Leibarztes das erste Seebad Deutschlands am „Heiligen Damm" nahe Doberans. Vorgesehen war zunächst, Doberan zum gesellschaftlichen Zentrum, Heiligendamm zur Stätte des Badens zu machen. So wurde Johann Christoph Heinrich von Seydewitz mit dem Bau eines Logierhauses in Doberan und eines Badehauses in Heiligendamm beauftragt.

Ab 1796 setzte Carl Theodor Severin dessen Werk fort. Die Erstfinanzierung erfolgte aus Mitteln, die der Verkauf von 1.000 mecklenburgischen Soldaten einbrachte. Danach ließen vor allem die in Doberan eingerichteten Spielbanken die jährlich bis zu 30.000 Gulden Pacht in die herzogliche Badekasse fließen.

Die klassizistische Bäderarchitektur trug Heiligendamm den schönen Beinamen „Weiße Stadt am Meer" ein. Zentrum des Bäderensembles ist das 1816 als „Gesellschafts-, Tanz- und Speisehaus" erbaute Kurhaus mit seiner von dorischen Säulen getragenen Vorhalle.

Warnemünder Promenade

Ein 220 Tonnen schwerer Findling wurde 1843 zum 50-jährigen Jubiläum der Seebadgründung aufgestellt. Über dem Eingang des säulengeschmückten Hauses ist der Leitspruch des Seebades in goldenen Lettern zu lesen: „Hic te laetitia invitat post balenea sanum" – „Freude erwartet Dich hier, entsteigst Du gesundet dem Bade".

Mitte des 19. Jahrhunderts verlagerte sich das gesellschaftliche Leben allmählich nach Heiligendamm, denn die Badegäste zogen wassernah gelegene Logierhäuser den entfernten Unterkünften in Doberan vor. So entstand direkt an der See zwischen 1814 und 1877 das geschlossene architektonische Ensemble, das an Komfort und Gediegenheit nichts zu wünschen übrig ließ. Nachdem 1867 per Gesetz alle öffentlichen Spielbanken zu schließen waren, zwangen finanzielle Probleme den Großherzog 1873 zum Verkauf von Heiligendamm. In den folgenden Jahren wechselte das Seebad häufig den Besitzer.

Heute wird das Bad revitalisiert, und mit der Eröffnung des Kempinski Grand Hotels wurde der erste Bauabschnitt abgeschlossen.

Im Sommer 2008 fand in Heiligendamm unter dem Motto „Wachstum und Verantwortung" der G8-Gipfel statt, der den Ort für viele Monate in eine Art Ausnahmezustand versetzte.

In Heiligendamm an der Linkskurve der Seedeichstraße geradeaus in die **Prof.-Dr.-Vogel-Straße** ~ rechts in die **Kühlungsborner Straße** ~ vor den Bahnschienen rechts in die asphaltierte Straße **Kinderstrand** ~ diese geht über in einen geschotterten Radweg ~ auf der Strandpromenade nach **Kühlungsborn** hinein.

Kühlungsborn
PLZ: 18225; Vorwahl: 038293

- **Touristik-Info**, Ostseeallee 19, ✆ 8490
- Evangelische **Dorfkirche**, Führungen: n. V. Aus dem 13. Jh. stammt diese frühgotische Kirche im ehem. Brunshaupten. Sehenswert sind eine kostbare Madonnenfigur (um 1350), Chorfenster mit Darstellungen von 42 Wappen aus dem 17. Jh. sowie der 1597 gestiftete Messingkronleuchter und die moderne Altartafel „Baum des Lebens", die von der Künstlerin Brigitta Großmann-Lauterbach stammt.

✹ Als erste, nach der Wende neu gebaute Seebrücke an der mecklenburg-vorpommerschen Ostseeküste wurde die **Seebrücke** in Kühlungsborn 1991 der Öffentlichkeit übergeben.

✹ **Heimatstube** und Leseraum im „Haus Rolle", Ostseeallee 18, ✆ 410085, ÖZ: Di-Sa 10-12 Uhr und 13-16 Uhr.

✹ **Schmalspurbahn „Molli"**, Infos unter ✆ 038203/4150, Fahrzeiten: tägl., im Sommer stündl., im Winter alle 2 Stunden, Fahrradmitnahme möglich. „Molli" verkehrt zwischen Kühlungsborn, Heiligendamm und Bad Doberan. Die Fahrzeit ins 15 km entfernte Bad Doberan beträgt 45 Minuten. Eine Ausbildung zum Ehren-Lokomotivführer kann jeder innerhalb von zehn Tagen absolvieren.

✹ **Kunsthalle Kühlungsborn**, Ostseeallee 48, ✆ 7540. 1913 im Jugendstil erbaut. Heute finden hier Ausstellungen und Veranstaltungen statt.

✹ **Meerwasserschwimmhalle**, Ostseeallee 44, ✆ 7401, ÖZ: Mo-Mi 14-18 Uhr, Do und Fr 14-20 Uhr, Sa, So/Fei 10-18 Uhr; in den Schulferien Sa-Mi 10-18 Uhr und Do, Fr 10-20 Uhr.

- ⚹ **Muschel- und Afrika-Ausstellung**, Hermannstr. 11, ☎ 8340, ÖZ: Saison tägl. 10-12.30 Uhr und 14.30-18 Uhr, ansonsten tägl. 10-12.30 Uhr.
- ⚹ **Großsteingräber** um Rerik
- ⚹ **Brunshöver Möhl**, An der Mühle 3, ☎ 937. In der Holländer-windmühle gibt es eine Heuherberge und ein Restaurant.
- 🟩 **LSG Kühlung**. Ihren Namen erhielt diese einzigartige, auf dem Höhenzug südlich des Seebades gelegene Waldlandschaft wegen der starken Zerklüftung des Geländes und der Kuhlen. Um die Kühlung ranken sich viele Sagen und Legenden.

Kühlungsborn, wegen seines großen Stadt-waldes auch Grüne Stadt am Meer genannt, entstand durch die Vereinigung der drei Ostsee-bäder Arendsee, Brunshaupten und Fulgen. 1937 verloren diese ihre Selbständigkeit und wurden zunächst als Ostseebad Brunshaupten-Arendsee vereinigt. 1938 wurden dem Ort die Stadtrechte verliehen. Bei der Namensfindung für die neue Stadt besann man sich auf den nahegelegenen Wald Kühlung und den Bach Cubanze, slawisch „Born". Die drei fliegenden Silbermöwen im Stadtwappen symbolisieren die ehemals selbst-ständigen Bäderorte.

Einer regen Bautätigkeit in den drei Orten am Ende des 19. Jahrhunderts folgten in den ersten Jahren des 20. Jahrhunderts aufwändige

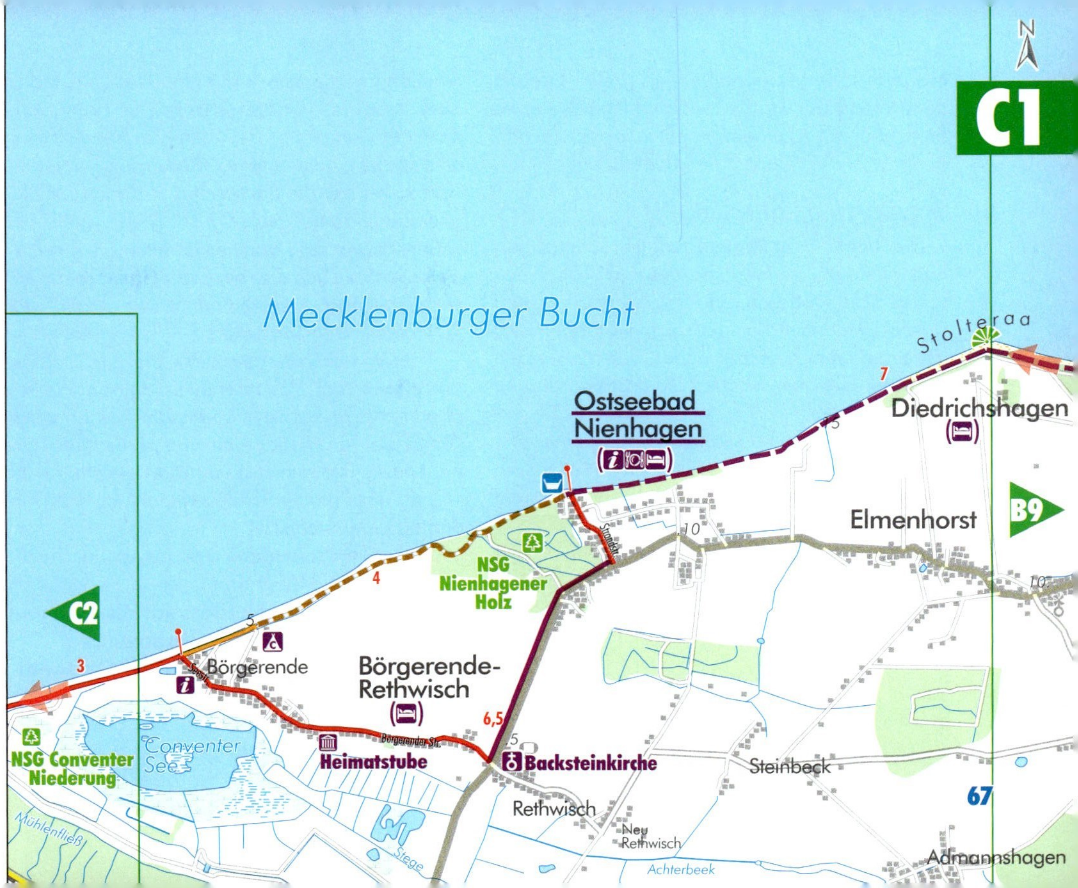

Modernisierungsmaßnahmen. 1904 begann der Ausbau der Straße zwischen Arendsee und Brunshaupten zu einem prachtvollen Boulevard, gedacht als Mittelpunkt des Badbetriebes.

Schmalspurbahn „Molli"

Die heute 15 Kilometer lange Schmalspurbahn „Molli", verkehrt bereits seit 1886 zwischen Bad Doberan und Heiligendamm und wurde 1910 nach Kühlungsborn verlängert. Mit der Inbetriebnahme der neuen Strecke wurden auch der Güterverkehr und die Postbeförderung aufgenommen.

Vor mehr als 100 Jahren wollte eine alte Dame mit ihrem dicken Hund, einem Mops, in den Zug einsteigen. Der aber riss sich los und Frauchen rief lautstark auf Plattdeutsch: „Molli, bliev stahn!" Es stoppte nicht etwa der Hund, sondern der Dampfzug. Der Lokführer hatte sich so erschrocken, dass er eine Vollbremsung hinlegte. Von da an soll die Bäderbahn nur noch „Molli" geheißen haben.

Sehenswert sind die teils im alten Stil erhaltenen Bahnhöfe und die Lok- und Wagenschuppen. Als technisches Denkmal steht der „Molli" seit 1976 unter Denkmalschutz.

Probleme ergaben sich, als die alte Dampflokomotive von 1932 ihren Geist aufgab. Weil es aber den Ingenieuren in Meiningen gelang, nach fast 50 Jahren wieder eine Dampflokomotive zu bauen, die der alten Konstruktion gleicht, bleibt „Molli" uns erhalten. Sie wurde im März 2009 in Betrieb genommen.

In Kühlungsborn radelt man geradeaus bis zur **Seebrücke** und biegt dort links ab.

Tipp: Bitte beachten Sie, dass das Weiterfahren auf der Strandpromenade verboten ist.

Am Kreisverkehr rechts auf die **Ostseeallee** ～ am nächsten Kreisverkehr die zweite nach links und weiter auf der Ostseeallee ～ ein kleines Stück geradeaus auf der **Strandpromenade** ～ geradeaus in die **Tannenstraße** ～ links in die **Waldstraße** ～ rechts auf den Radweg entlang der **Poststraße** ～ rechts in die **Reriker Straße** ～ rechts abbiegen auf den **Kägsdorfer Landweg** ～ an der Weggabelung rechts halten ～ dem Verlauf des Weges bis zum Ende folgen, dann links abbiegen.

Kägsdorf

❊ Das **Gutshaus Kägsdorf** wurde Mitte des 19. Jhs. im Stil der Neogotik erbaut.

Auf der Hauptstraße durch **Kägsdorf** ～ an der nächsten Straßenkreuzung geradeaus ～ weiter bis zur L 12 ～ hier nach rechts auf den asphaltierten Radweg.

Mechelsdorf

❊ Großsteingräber

Mecklenburger Bucht
C2
Trollegrund
Ostseebad
Kühlungsborn
Kunsthalle
Heimatstube
Dorfkirche
Ostseeallee
Strandpromenade
Waldstr.
Kühlungsborn
West
Stadtwald
Kühlungsborn Ost
Bukspitze
Riedensee
Mühlenbach
Kägsdorfer Landweg
8,5
7,5
Ostseebad
Heiligendamm
C1
3
5
Haltepunkt
Heiligendamm-Steilküste
Conventer See
NSG Conventer
Niederung
Mühlenfließ
Schmalspurbahn „Molli"
Brunshöver
Möhl
Gutshaus
Kägsdorf
Meschendorf
Bastorfer
Signalberg
80.
L 12
.30
25
Klein
Bollhagen
Hinter
Bollhagen
70
Buk
Bastorf
85
L 11
Pferde-
Rennbahn
Wittenbeck
2,5
Großstein-
gräber
45
Mechelsdorf
75.
Vorder
Bollhagen
Bollhagener Fließ
LSG Kühlung
Wichmannsdorf
115
Nieder
Steffenshagen
C3
Rerik Ost
Wendelstorf
60
Hohen Niendorf
105
Diedrichshagener
Berg 130
Brodhagen
69
Steffenshagen
L 122
Garvsmühlen
Westhof
.50
Großsteingräber
Diedrichshagen
Bollenberg
Ober
Steffenshagen
Horst

Der Weg trifft im Ort auf eine Straße, hier nach rechts ~ an der T-Kreuzung links ~ auf dem Radweg entlang der Straße nach **Rerik** radeln.

Rerik
PLZ: 18230; Vorwahl: 038296

- Kurverwaltung, Dünenstr. 7, ✆ 78429
- Vom Hafen aus können Sie **Ausflugsfahrten** mit dem Fahrgastschiff „Ostseebad Rerik" unternehmen.
- **Heimatmuseum**, Am Haff, ÖZ: Mai-Sept., Di, Mi, Fr 10-12 Uhr und 14-17 Uhr, Do, Sa, So 14-17 Uhr. Dokumentation der frühgeschichtlichen Besiedlung und der steinzeitlichen Gräber der Umgebung.
- **St. Johannes-Kirche** (1250), ÖZ: Besichtigung nach tel. Absprache mit dem Heimatmuseum, Führungen finden zwischen Mai und Sept., Mo, Do 10-12 Uhr und So 13-15 Uhr statt. Der Turm ist von einem achteckigen Helm, der sogenannten Bischofsmütze, gekrönt. Unbedingt sehenswert ist die Kirche wegen ihrer frühbarocken Malereien aus dem Jahr 1668, die vom Wismarer Künstler Hinrich Greve stammen.
- Idyllischer **Fischereihafen**
- Stein- und bronzezeitliche **Großsteingräber** befinden sich in Gaarzer Hof, Neu Gaarz und Mechelsdorf, von denen das Großsteingrab bei Neu Gaarz mit seinem acht Tonnen schweren Deckstein das sehenswerteste ist. Sachkundige Führungen bietet die Kurverwaltung an.
- **Ausgrabung eines Burgwalls** auf dem Schmiedeberg

Strand bei Kühlungsborn

Mit der Verleihung der Stadtrechte im Jahr 1938 wurde der Ort Alt Gaarz in Rerik umbenannt, um die unbeliebte slawische Vergangenheit gegen jene der Wikinger auszutauschen. Bei Ausgrabungen auf dem Schmiedeberg waren Reste eines Burgwalls freigelegt worden, von dem die Nationalsozialisten irrtümlich annahmen, er könnte zu dem wohlhabenden „Reric", dem legendären Handelsplatz der Obotriten, gehören. Die Siedlung des Wikingerstammes befand sich aber, wie man erst 1990 herausfand, vor der Insel Poel.

Von Rerik nach Wismar 31 km

Geradeaus in den Ort ~ folgen Sie der **Leuchtturmstraße**, die in die **Dünenstraße** übergeht ~ nach **St.-Johannes-Kirche** und **Heimatmuseum** nach links in die **Wustrower Straße** ~ die zunächst in die **John-Brinckman-** und später in die **Neubukower Straße** übergeht ~ folgen Sie dem Straßenverlauf Richtung **Roggow**.

Roggow
- Das **Gutshaus Roggow** im Stil der Tudor-Neogotik wurde Ende des 19. Jhs. errichtet.

Roggow auf der Hauptstraße durchfahren ~ an der Straßengabelung rechts und auf den Radweg ~ auf der Straße über die **Brücke** ~ weiter auf dem Radweg ~ auf der Straße durch **Tessmannsdorf** weiter entlang der Straße auf dem rechtsseitigen Radweg ~ der Radweg wechselt kurz vor **Rakow** auf die linke Straßenseite.

Rakow
- Das **Gutshaus** (1856) ist im Stil der Tudor-Neogotik erbaut.

Ab Ortseingang auf der **Dorfstraße** weiterfahren ~ rechts in die **Haffstraße** abbiegen und auf dem linksseitigen Radweg weiterfahren.

Pepelow
- In Pepelow stehen einige aus dem 18. Jh. stammende **Handwerkerkaten** in Hallenhausform.

Mehr als 600 Jahre lang dominierte die Bauweise des niederdeutschen Hallenhauses die ländliche Architektur.

Ostsee
Ostseebad Rerik
Heimatmuseum
St.-Johannes-Kirche
Rerik Ost
Neu Gaarz
Großstein-gräber
Garvsmühlen
L 122
Großsteingräber
Dünenstr.
Leuchtturmstr.
Friedensstr.
Wustrower Straße
John-Brinckman-Str.
Neubukower Straße
Gaarzer Hof
2,5
1
2
Rerik West
Blengow
Wustrow
Salzhaff
7,5
Gutshaus
Roggow
Kroy
NSG
Kap Kirchmesse
Klingberg
Russow
Tessmannsdorf
Steinbrink
Spriehusen
Rakow
Hellbach
Hallenhäuser
Pepelow
Gutshaus
Buschmühlen
NSG Boiensdorfer Werder
Klein Strömkendorf
5
Werder
Scharberg
Boiensdorf
Güstow
Questin
Bantow
Flederbarg
Stove
Windmühle
Blocksberg
4
Niendorf
Alt Bukow
B 105
Neu Teschow
Dreveskirchen
Teschow
Blowatz
C4
Friedrichsdorf
C3
C2
Nantrow
Vogelsang
N

In den sogenannten Einheitshäusern befanden sich sowohl Wohnbereich als auch Stall und Scheune. Das äußere Erscheinungsbild der Hallenhäuser kennzeichnet sich durch die charakteristisch niedrigen Seitenwände, das Walmdach in vier verschiedenen Grundtypen und das große Tor im Giebel. Die Konstruktion bestand aus einem von zwei Ständerreihen getragenen Innengerüst, auf dem die Last des Daches lag. Seit dem 16. Jahrhundert sind zwei Grundformen der Raumaufteilung üblich, das Durchgangshaus mit der Diele von Giebel zu Giebel und das Fleethaus, bei dem die Diele im sogenannten Fleet endet. Der Fleet war ein Querraum, in dem sich ein Rauchherd und die Lucht, in der die Familie den Sommer über wohnte, befand. Hinter dem Fleet lagen ein bis zwei beheizbare Räume, die im Winter bewohnt wurden.

Die ältesten erhaltenen Hallenhäuser in Mecklenburg-Vorpommern stammen aus dem frühen 17. Jahrhundert.

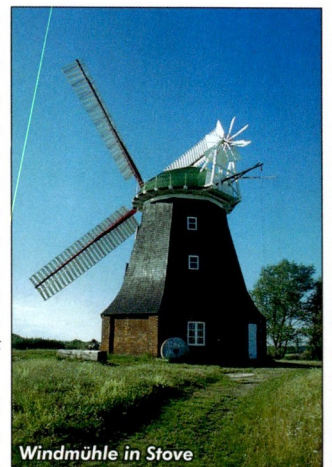

Windmühle in Stove

Auf dem Radweg nach **Pepelow** hinein ~ auf der Hauptstraße weiter durch den Ort ~ die Straße führt durch **Klein-Strömkendorf** ~ an der Kreuzung in der Ortsmitte von **Boiensdorf** links halten und weiter auf der Hauptstraße ~ hinter dem Ortsende gleich auf den linksseitigen Radweg entlang der Straße.

Stove
PLZ: 23974; Vorwahl: 038427
🛈 **Fremdenverkehrsverein Salzhaff**, Mühlenstr. 34, ✆ 247
🏛 **Windmühle Stove (1889)**, Dorfstr. 24, ✆ 2801 od. 247, ÖZ: April-Okt., Di-Sa 10-16 Uhr, So 14-16 Uhr, erweiterte ÖZ in den Monaten Juli, Aug. In der Saison jeden Mittwoch Schaumahlen. In der Sockelgeschosswindmühle wird heute ökologisch angebautes Getreide gemahlen. Vom Hügel, auf dem die Windmühle steht, genießt man einen herrlichen Blick über das Salzhaff.
🏛 **Dorfmuseum Stove**, gegenüber der Windmühle, ÖZ: s. Windmühle Stove, Backtage jeweils Mi und So. Im historischen Lehmbackofen wird aus dem „Windmoehlmehl" Brot gebacken. An Donnerstagen wird von 16-18 Uhr Baumwolle gesponnen.
✳ Wer Interesse an Töpfer-, Spinn- oder sonstigen Kursen hat, kann sich an den Fremdenverkehrsverein wenden, der gerne den Kontakt zu entsprechenden Werkstätten herstellt.

Auf der Straße geradeaus durch **Stove** ~ weiter auf dem linksseitigen Radweg.

Dreveskirchen
🏛 **Backsteinkirche** mit Barockorgel.

Auf der leicht hügeligen Straße durch **Dreveskirchen** und nach **Blowatz** hinein ~ an der Straßengabelung dem Rechtsbogen der Hauptstraße folgen ~ weiter auf dem Radweg links entlang der Straße.

Groß Strömkendorf
Tipp: Lohnenswert ist ein Ausflug auf die Insel Poel. Von Groß Strömkendorf fahren Sie über den Damm auf die Insel.

St.-Johannes-Kirche, Rerik

72

Insel Poel
Kaltenhof
Gollwitz
Kirchdorf
Heimatmuseum
Niendorf
Vorwerk
Malchow
Zaufe
Kirchsee
Breitling
Pier-
warder
Fährdorf
Baum-
werder
Groß Strömkendorf
Wismarbucht
Boiensdorf
Güstow
Flederbarg
Dorfmuseum
Windmühle
Stove
Blocksberg
Dreveskirchen
Backsteinkirche
Damekow
Blowatz
Friedrichsdorf
Wodorf
Neu Wodorf
Heidekaten
Robertsdorf
Fauler Bach
Plastbach
Alt Farpen
Talsperre Farpen
Redentiner Tannen
Mühlenberg
Redentiner Mühle
Neu Farpen
Hof Redentin
Krusenhagen
Fischkaten
Redentin
Gagzow
Kartlow
Fauler See
Rohlstorf
Haffeld Nord
Müggenburg
Eiserne Hand
Hornstorf
Haffeld-Süd
Kagenmark
Wismar
Am Tonnen
Lübsche Str.
Ulmenstr.
St.-Nikolaikirche
Markt
Fürstenhof
Mühlenteich
Dargetzow
Kritzowburg
Rüggow
Schmakentin
Kritzow
Groß Flöte
B 105
B 192
C3
C4
C5
73
5,5
4,5
3,5
5
4

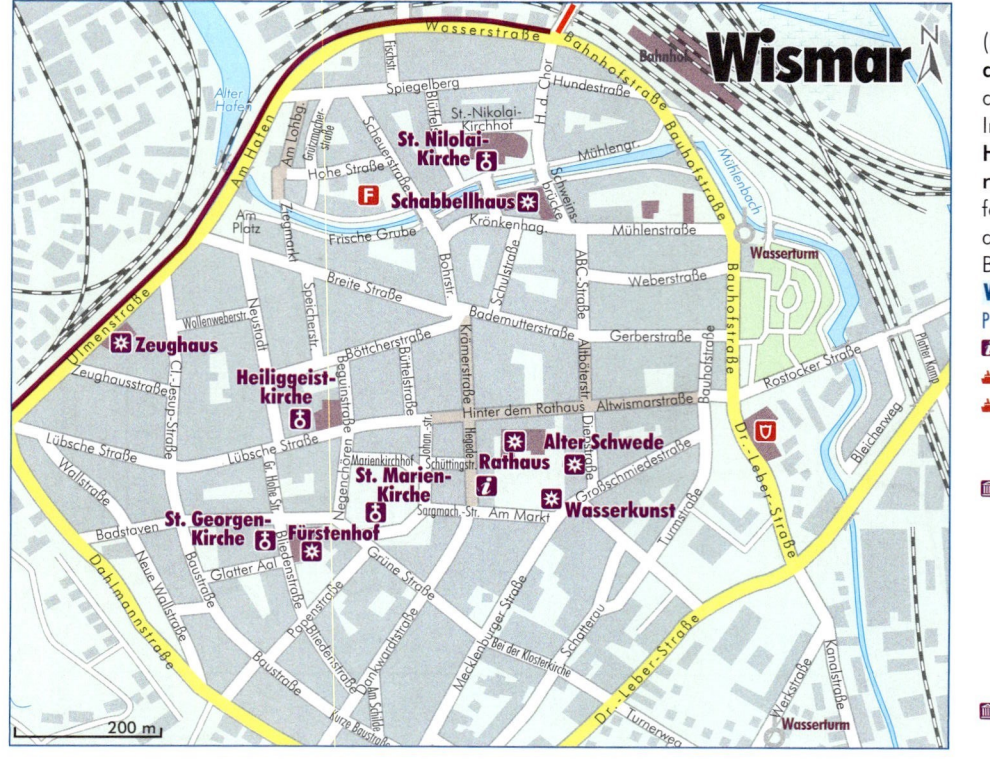

Von Groß Strömkendorf der Hauptstraße (L 12) auf dem linksseitigen Radweg nach **Redentin** folgen ➔ nach rechts in die **Seestraße** abbiegen ➔ vorbei am **Faulen See** ➔ durch das Industriegebiet ➔ nach links in die Straße **Am Haffeld** ➔ erneut links in die Straße **Am Torney** ➔ auf dem Radweg den Bögen der Straße folgen ➔ nach rechts in die **Poeler Straße**. Man quert zweimal die Bahngleise und gelangt zum Bahnhof in **Wismar**, der links zu sehen ist.

Wismar

PLZ: 23966; Vorwahl : 03841

- **Tourist-Information**, Am Markt 11, ✆ 19433
- **Fähren und Hafenrundfahrten** ab Alter Hafen
- **Segelcharter**. Der Verein Alter Hafen Wismar e. V. veranstaltet Segeltörns auf Traditionsseglern, Information und Buchung über die Tourist-Information.
- **Schabbellhaus**, Schweinsbrücke 8, ✆ 282350, ÖZ: Mai-Okt., Di-So 10-20 Uhr, Nov.-April, Di-So 10-17 Uhr. Führung Sa 15 Uhr u. n. V. Im ehemaligen Haus des Bürgermeisters Schabbell ist das stadtgeschichtliche Museum mit u. a. der ständigen Ausstellung „Wismar schwedisch" untergebracht. Zudem werden die Kunstsammlung sowie Briesemann- und Canow-Sammlung gezeigt. Darüber hinaus befinden sich hier Ausstellungen zum Wismarer Kulturleben und zum Thema „Alte Medizintechnik".
- **Rathaus**, im Ratskeller ständige Ausstellung zur Geschichte Wismars, ✆ 2513096, ÖZ: tägl. 10-18 Uhr

- Das Kirchenschiff der **St. Marien-Kirche** wurde im Zweiten Weltkrieg schwer beschädigt. Von der ehemaligen Ratskirche blieb einzig der 81 m hohe Turm erhalten, der seit Jahrhunderten das Wahrzeichen der Stadt ist. Die Turmuhr wurde 1647 vom schwedischen Generalmajor Wrangel gestiftet.
- Die dreischiffige **St.-Georgen-Kirche** wurde als Pfarrkirche für die Neustadt erbaut. Sie war das Gotteshaus der Handwerker und Gewerbetreibenden, gegen Ende des Zweiten Weltkrieges wurde sie schwer beschädigt. Die Ruine blieb sich selbst überlassen und überragte jahrzehntelang das Stadtpanorama. Als eines der über 300 Baudenkmäler der Stadt wird sie nun wieder aufgebaut.
- Die **St.-Nikolai-Kirche** (1370-1508) ist im Stil der Backsteingotik erbaut. Ihr Mittelschiff zählt mit 37 m zu den höchsten deutschen Kirchenräumen. 1703 wurde bis auf den Schifferaltar aus dem 16. Jh. und den Freskenzyklus von 1450 die mittelalterliche Ausstattung zerstört. Große Teile der heutigen Ausstattung entstammen den zerstörten Kirchen Wismars, so der Krämeraltar (1430, St.-Marien-Kirche) und der vierflügelige spätgotische Schnitzaltar (St.-Georgen-Kirche).
- Ausstellung „Wege zur Backsteingotik" in der St.-Marien-Kirche und der St.-Georgen-Kirche, ÖZ: Ostern-Juni, Sept.-Okt., tägl. 10-18 Uhr, Juli-Aug., tägl. 10-20 Uhr, sonst 11-16 Uhr (bzw. bis Sonnenuntergang)
- **Historische Altstadt** mit dem von prachtvollen Häusern umsäumten **Marktplatz**
- Im klassizistischen **Rathaus** (1819), einem Wiederaufbau nach dem Einsturz des spätgotischen Hauses, finden Sie die alte

Wismar, Am Markt

Gerichtslaube. Im teils noch gotischen Keller ist die Ausstellung „Wismar – Bilder einer Stadt" zu sehen, ÖZ: tägl. 10-18 Uhr.
- **Wasserkunst**. Von 1602 bis 1897 diente der zwölfeckige Pavillon der Trinkwasserversorgung Wismars. Architekt war der Niederländer Philipp Brandin. Der Pavillon speicherte das Wasser, das der Quelle in Metelsdorf entnommen und durch Holzrohre in die Stadt geleitet wurde. Unter Aufsicht des Kunstmeisters wurde das Wasser an die „mehrsten" Häuser (insgesamt 220) und 16 öffentliche Stellen verteilt. Bemerkenswert sind die zahlreichen Spruchbänder in deutscher und lateinischer Sprache, die die Trinkwasserversorgung auf verschiedenste Weise aufgreifen.
- Der **„Alte Schwede"** (1380) ist das älteste Bürgerhaus Wismars. Seit 1878 befindet sich in den Räumen eine Gastwirtschaft.
- Das **„Alte Haus"** des **Fürstenhofs** wurde 1512/13 im spätgotischen Stil als Festsaalgebäude erbaut. Anlass war die Vermählung Herzog Heinrichs. Im Jahr 1554 erfolgte die Erweiterung um das „Neue

Haus", das im Stil der italienischen Renaissance errichtet wurde. Die einzelnen Stockwerke sind durch Kalksteinbildnisse voneinander abgesetzt, die z. B. Szenen aus Homers „Trojanischen Kriegen" darstellen. Den Sockel des Torbogens zieren Bibelszenen, so die Opferung Isaaks. Weitere Darstellungen befinden sich im Durchgang und an der Rückfront des Gebäudes.
- Im **Archidiakonat** (15. Jh.) wohnte einst der Archidiakon, der Vertreter des Bischofs. Das Gebäude ist eines der repräsentativsten Beispiele norddeutscher Backsteingotik.
- **Zeughaus**. Die architektonische Besonderheit des ehem. schwedischen Waffenarsenals ist die Konstruktionsart des Dachstuhls, die einen stützenfreien Raum von besonderem Ausmaß (15 x 60 m) schafft.
- Das **Wassertor** am Lohberg ist das letzte der ehemals fünf Stadttore. Durch dieses Tor gelangt man zum **Alten Hafen** mit den historischen Speichern. Hier steht auch das **Baumhaus**. Benannt ist der ehemalige Sitz des „Bohmschlüters", dem Wächter des Hafens, nach dem Balken, der die Hafeneinfahrt des Nachts absperrte. Zwei Poller stehen an der Eingangspforte, die mit Nachbildungen der Gesichtsplastiken, den sogenannten „Schwedenköpfen", an die Zeit der schwedischen Herrscher in Wismar erinnern. Das einzig erhaltene Original ist im Schabbellhaus zu sehen.
- **Hanse-Sektkellerei**, Turner Weg 4c, ☎ 4848, ÖZ: Mai-Sept., Di, Sa 14-17 Uhr, Do 10-13 Uhr, Okt.-April, Di, Sa 14-17 Uhr; Führungen, Sektfrühstück und „Liekedeler Gelage".
- **Tierpark Wismar**, Am Tierpark 5, ☎ 32730. Hier werden einst heimische sowie noch in der Region lebende Tiere wie Wolf, Wisent und Luchs in ihrer natürlichen Umgebung gehalten.

75

◢ **Fahrrad Wulf**, ABC-Str. 13, ✆ 282787
◢ **Fahrrad Center Wismar**, Dankwartstr. 57, ✆ 201245

Die erste urkundliche Erwähnung stammt aus dem Gründungsjahr 1229. Planmäßig wurde Wismar als Handelsstadt am nahegelegenen Handelsweg und dem namensgebenden Fluss aqua wissemara angelegt. Schon bald florierte der Handel und die Stadt wuchs so rasch, dass sie bereits 1250 um die Neustadt mit Zentrum um die St.-Nikolai-Kirche erweitert werden musste.

Bis Mitte des 13. Jahrhunderts residierten die mecklenburgischen Fürsten im etwas südlich gelegenen Mecklenburg. Dort stand dereinst die Miklinborg, Stammburg der Obotriten, ihrerseits Namensgeberin für Mecklenburg. Zwischen 995 und 1167 war sie Bischofssitz und bis 1257 Sitz der mecklenburgischen Fürsten. Fürst Johann von Mecklenburg verlegte später seinen Herrschaftssitz ins blühende Wismar, die bis 1358 Residenzstadt der Mecklenburger blieb.

Der florierende Handel zog nicht nur Siedler, Kaufleute und Handwerker an, sondern auch Räuber und Wegelagerer. Zur Sicherung ihrer Handelswege schlossen sich 1259 Lübeck, Rostock und Wismar zu einem Schutzbund zusammen. In den darauffolgenden Jahrzehnten entwickelte sich daraus die über mehr als drei Jahrhunderte mächtige Hanse. Aufstieg und Niedergang der Stadt sind eng mit deren Entwicklung verbunden. Zwischen dem 14. und 15. Jahrhundert erlebte Wismar eine wirtschaftliche Blütezeit und stieg zu den bedeutendsten Städten der Hanse auf.

Reichtum und Machtentfaltung dieser Zeit spiegeln sich noch heute in den aufwändig verzierten, repräsentativen Bürgerhäusern, Speichern und Kontoren wider, in denen mit den bedeutendsten Waren des Ostseehandels Geschäfte gemacht wurden. Wichtigste einheimische Produkte waren Hering und Bier, das in 180 Brauereien in Wismar gebraut und in die angrenzenden Ostseeländer exportiert wurde. Anfang des 17. Jahrhunderts schwächten mehrere Faktoren die einstige Machtstellung der Hanse und führten 1669 nach dem letzten Hansetag in Lübeck zu ihrer endgültigen Auflösung. Diese Entwicklung, schwere Zerstörungen und die Pest während des Dreißigjährigen Krieges (1618–1648) besiegelten den Niedergang der einst blühenden Hansestadt.

Im Westfälischen Frieden von 1648 fiel die Stadt zusammen mit der Insel Poel an Schweden. Stadt und Insel wurden zur größten Festungsanlage Europas und zum Verwaltungszentrum der von den Schweden in Mecklenburg und Pommern eroberten Ländereien ausgebaut. 1803 verpfändeten die Schweden die Stadt für den stolzen Preis von 1.250.000 Talern auf 100 Jahre an den Herzog von Mecklenburg-Schwerin. Nach Ablauf des Vertrages 1903 verzichtete Schweden auf die Rückgabe und überließ die Stadt, die seitdem wieder zu Deutschland gehört, den Mecklenburgern.

Wismar hat sich bis heute seinen mittelalterlichen Charakter bewahrt und zählt zum UNESCO-Welterbe. Diese Authentizität bewog Regisseur Werner Herzog, die Altstadt als Kulisse für seinen Film „Nosferatu" mit Klaus Kinski in der Hauptrolle zu wählen.

Von Wismar nach Boltenhagen   29 km

An der Bahnhofstraße biegt man rechts ab in die **Wasserstraße**, radelt am Busbahnhof vorbei ⌇ auf dem Radweg **Am Hafen** entlang ⌇ geradeaus auf dem rechtsseitigen Radweg entlang der **Ulmenstraße** ⌇ man biegt am Kreisverkehr rechts in die **Lübsche Straße** ein, radelt auf dem Radweg ⌇ die Philipp-Müller-Straße überqueren ⌇ rechts abbiegen in die **Rudolf-Breitscheid-Straße** ⌇ dem Verlauf der Straße immer geradeaus folgen ⌇ links abbiegen in die **Ernst-Scheel-Straße**.

C5
C6
C4
Wohlenberger Wiek
Wismarbucht
Eggers Wiek
Hohen Wieschendorf Huk
Walfisch
Fliemstorf Huk
Eulenkrug
Tarnewitzer Camp
Oberhof
Wohlenberg
Hohen Wieschendorf
Beckerwitz
Zierow
Fliemstorf
Fliemstorfer Str.
Gutshaus
Dorfmuseum
Eggerstorf
Landstorf
Hoben
Wendorf
Hinter wendorf
Wismar
Tierpark
77
Dammhusen
Klein Woltersdorf
Stofferstorf
Wolde
Gägelow
Proseken
Wisch
Neu Weitendorf
Neu Jassewitz
Weitendorf
Manderow
Alt Jassewitz
Fierdsberg
Hoikendorf
Groß Walmstorf
Wahrstorf
Hohenkirchen
Remelberg
Gramkow
Niendorf
Gösselberg
Hellberg
Wohlen-hagen
Bössow
Thorstorf
Blocksberg
Everstorf
Warnow
B 105
B 106
L1
1,5
4
8,5
4,5
3

Wendorf

In **Wendorf** in den zweiten Weg rechts abbiegen und links halten ↝ parallel zum Strand auf dem asphaltierten Fuß- und Radweg geradeaus radeln ↝ In **Hoben** biegt man links ab und radelt auf der sandigen Ortsdurchfahrtsstraße durch das hübsche Dorf mit den reetgedeckten Häusern weiter nach **Fliemstorf** und **Zierow**.

Zierow
PLZ: 23968; Vorwahl: 038428
- Tourist-Information, Im Dorfe, ✆ 63790
- Dorfmuseum (am Gutshaus), ✆ 60970, ÖZ: Juni-Sept., Di, Do, Sa, So 14-16 Uhr. Ausstellung zur Geschichte des Gutsdorfes.
- Das **Gutshaus** (1824) im klassizistischen Stil wird heute als Berufsschule genutzt. Im 18. Jh. wurden hier Pferde gezüchtet und der Reitverein veranstaltete die ersten Rennen zwischen Bad Doberan und Heiligendamm.

Auf der **Fliemstorfer Straße** geradeaus bis zur Kreuzung ↝ hier schräg rechts in die **Lindenstraße** ↝ immer der Straße, die bei **Eggersdorf** nach links und in **Landsdorf** nach rechts biegt, folgen; an der Weggabelung mit Wartehäuschen und **Rastplatz** nach rechts.

Beckerwitz

In **Beckerwitz** stoßen Sie an eine Vorfahrtsstraße ↝ hier nach links auf den linksseitigen, straßenbegleitenden Radweg ↝ fahren Sie in den ersten größeren Abzweig nach rechts ↝ an der T-Kreuzung links ↝ am **Campingplatz** nach links ↝ bis zur L 1, in die man rechts einbiegt weiter bis nach **Wohlenberg**.

Wohlenberg
✿ Alte Burganlage

Am Ortsausgang von Wohlenberg auf den linksseitigen, straßenbegleitenden Radweg fahren ↝ am Wegende wieder auf die Straße ↝ zunächst geradeaus, dann rechts in den abzweigenden Sandweg ↝ nach der Linksbiege rechts auf den etwas besseren sandigen Weg an der **Schranke** vorbei bergab ↝ rechts auf den Radweg an der Dorfstraße durch **Tarnewitz** ↝ dem Linksbogen der Straße, jetzt **Tarnewitzer Chaussee**, folgen ↝ in die Ostseeallee einbiegen und links auf den Rad- und Fußweg radeln.

Gelungene Flucht – Mario Wächtler

Mit seiner Flucht am 2. September 1989 war Mario Wächtler wohl der letzte Flüchtling, der den Eisernen Vorhang auf dem Meer durchbrach. Von der Wohlenberger Wiek will er nach Dahme in Schleswig Holstein schwimmen.

Mit einem Neopren-Anzug gegen die Unterkühlung steigt er um 23 Uhr ins Wasser. Mit Tagesanbruch wächst allerdings die Gefahr, von DDR-Grenzschützern entdeckt zu werden. Zwei DDR-Patrouillenboote, die ihn passieren, bemerken ihn jedoch nicht.

Gesehen hat ihn aber der Kapitän einer westdeutschen Fähre, die von Trelleborg in Schweden nach Travemünde unterwegs ist. Als ein Rettungsboot zu Wasser gelassen wird, bemerken ihn auch die DDR-Grenzer. Doch das Rettungsboot erreicht den Flüchtling zuerst. Nach 19 Stunden und 38 Kilometern klettert er an Bord der „Peter Pan". Er hört noch, wie die Leute klatschen, dann verliert er vor Erschöpfung das Bewusstsein.

Wohlenberger Wiek

Ostseebad Boltenhagen

PLZ: 23946; Vorwahl: 038825

ℹ Kurverwaltung, Ostseeallee 4, ✆ 3600

⚓ Von der 1991 wiedererrichteten 290 m langen **Seebrücke** legen regelmäßig Schiffe nach Grömitz, Travemünde und Poel ab.

♿ **Kapelle auf der Paulshöhe** (1872/73), neogotischer, rechteckiger Backsteinbau. Hierhin retteten sich die Boltenhagener vor der Sturmflut, die in der Nacht vom 12. zum 13. November 1872 viele Dörfer an der Ostseeküste zerstörte. Der Wasserstand ist heute noch an einem Granitblock auf dem Kirchweg abzulesen.

✳ **Rohrgedeckte niederdeutsche Hallenhäuser** (s. Pepelow). Im Ort befinden sich insgesamt sechs Hallenhäuser. In einer dieser typischen Bauernkaten verbrachte der Schriftsteller Fritz Reuter ab 1855 wiederholt seine Ferien.

✳ **Kurpark** mit einer Kurpromenade von 3 km Länge

✳ **Steilküste**

🛏 Ein 4 km langer **Strand** lädt zum Baden ein.

♨ Die **Ostsee-Therme** ist eine Meerwasserschwimmhalle mit Sauna, Solarium und Cafeteria.

Boltenhagen ist nach Heiligendamm das älteste Ostseebad. Bereits zehn Jahre nach Eröffnung des Ostseebades in Heiligendamm begann der Bäderbetrieb in Boltenhagen, als die Familie Bothmer aus Klütz einen Badekarren am Strand aufstellen ließ. Zunächst mussten die Gäste noch in den schornsteinlosen Bauernkaten, den sogenannten Rauchhäusern

(Rookhus), in Alt-Boltenhagen übernachten. Erst 1838 wurde das erste zweigeschossige und mit 17 Zimmern ausgestattete Logierhaus Hotel Baltique in Neu-Boltenhagen erbaut, das wegen seiner Größe das „Schloss" genannt wurde. Bauherr war der Tischlermeister Reese. In den folgenden Jahren wurden längs der Strand- und Mittelpromenade weitere Pensionen und Logierhäuser gebaut.

Das Treiben der Sommerfrischler wurde im Jahre 1872 durch die Sturmflut jäh unterbrochen. Der Wiederaufbau erfolgte jedoch innerhalb kürzester Zeit, so dass bereits ein Jahr später rund 1.000 Badegäste begrüßt werden konnten. Bis zur Jahrhundertwende waren die Badekarren in Betrieb. Sie kamen aus der Mode, als das Baden freier wurde und die Strandkörbe aufgestellt wurden.

Flucht mit Schwimmflossen

Die wohl abenteuerlichste Flucht ist in der Nacht vom 18. auf den 19. August 1969 Axel Mitbauer geglückt. Der DDR-Meister über 400 und 1500 Meter Freistil schwamm von Boltenhagen, wo man bei schönem Wetter das westdeutsche Ufer sehen kann, 25 Kilometer durch das kalte Wasser der Ostsee.

Zu Mauerzeiten wurde der Badestrand rund um die Uhr von Grenzposten bewacht und nachts durch riesige Scheinwerfer beleuchtet, die aber jede Stunde zur Kühlung für eine Minute abgestellt werden mussten. Sechzig Sekunden benötigte er für die ersten zwei Sandbänke, danach tauchte er ab und schwamm fünfzig Meter unter Wasser, bis er außerhalb des Lichtkegels war.

Das Problem für ihn war weniger die Distanz als die Kälte. Da es damals in der DDR noch keine Neopren-Anzüge gab, hatte er sich mit Vaseline eingeschmiert. Gegen Mitternacht wärmte er sich an dem Luftabzug einer mit Gas betriebenen Leuchtboje auf. Bevor er bei Sonnenaufgang weiterschwimmen wollte, wurde er von einem Kapitän entdeckt, an Bord geholt und in Lübeck an Land gebracht.

Ein Jahr zuvor wurde Axel Mitbauer, kurz vor Beginn der Olympischen Spiele, lebenslang für alle Wettkämpfe gesperrt, als die Stasi erfuhr, dass er in Budapest bei einem Länderturnier einen westdeutschen Schwimmer gefragt hatte, wie man in die Bundesrepublik gelangen könnte. Zudem musste er eine sieben Monate lange Gefängnisstrafe absitzen.

Nach der Flucht sollte seine Mutter unterschreiben, dass sie nie einen Sohn hatte. Weil sie sich weigerte, verlor sie ihre Stelle im wissenschaftlichen Dienst, auch sein Vater wurde arbeitslos.

Axel Mitbauer hat seine Langstrecken- und Freiwasser-Qualitäten als Trainer auch an seinen Sohn Axel-Carlo weitergegeben, der 2008 mit 16 Jahren Deutscher Jahrgangsmeister über fünf Kilometer im Freiwasser wurde. Dabei blieb er als einziger unter der magischen Stunden-Grenze.

Von Boltenhagen nach Travemünde/Priwall 26 km

Am Kreisverkehr rechts in den **Dünenweg** geradeaus aus dem Ort heraus der Weg führt ein Stück an der Küste entlang und dann links in eine **Siedlung**.

Redewisch
PLZ: 23946; Vorwahl: 038825

- Kurverwaltung Boltenhagen, Ostseeallee 4, ✆ 3600
- Das **Gutshaus** wurde Anfang des 18. Jhs. von den Bothmer Grafen erbaut und wird heute als Hotel genutzt.
- Die Steilküste erreicht am **Großklützhöved** eine Höhe von 30 m und gestattet weite Blicke über Lübecker und Wismarer Bucht.

Hier gleich rechts in die **Dorfstraße** abbiegen dem asphaltierten Radweg bis zur T-Kreuzung geradeaus folgen hier nach links am **Parkplatz** links an der nächsten Weggabelung rechts Sie gelangen in den Ortsteil **Redewisch Ausbau** hier rechts abbiegen.

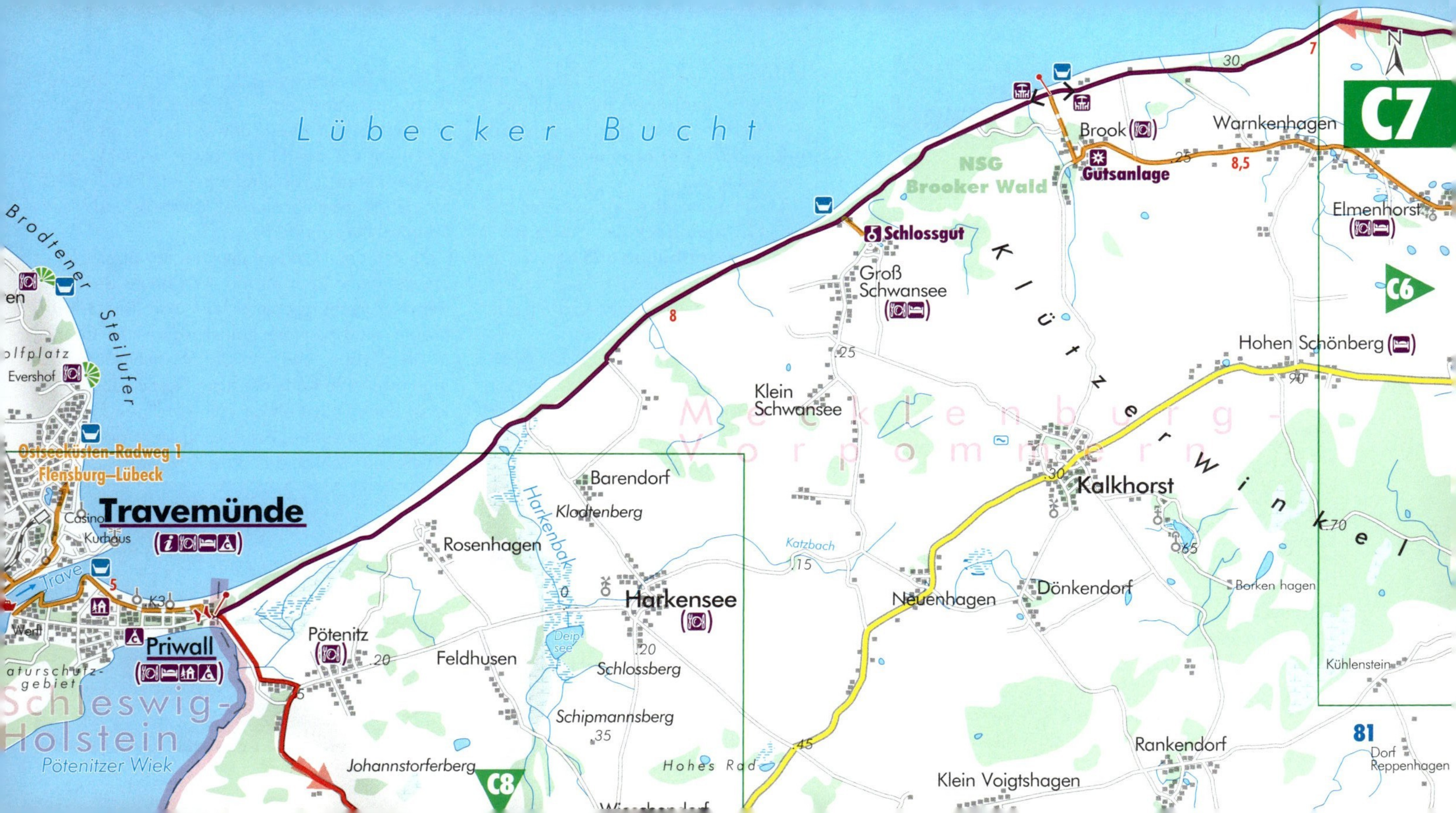

C7
Lübecker Bucht
Brook
Warnkenhagen
NSG
Brooker Wald
Gutsanlage
8,5
Elmenhorst
Schlossgut
Klützer Winkel
Groß
Schwansee
C6
Hohen Schönberg
Klein
Schwansee
Mecklenburg-
Vorpommern
Brodtener
Steilufer
Evershof
Ostseeküsten-Radweg 1
Flensburg–Lübeck
Travemünde
Casino
Kurhaus
Trave
Barendorf
Kladtenberg
Harkenbak
Rosenhagen
Kalkhorst
Katzbach
Neuenhagen
Dönkendorf
Borken hagen
Harkensee
Pötenitz
Feldhusen
Deipsee
Schlossberg
Priwall
Werft
Schleswig-
Holstein
Pötenitzer Wiek
Schipmannsberg
Kühlenstein
81
Rankendorf
Dorf
Reppenhagen
Johannstorferberg
C8
Hohes Rad
Klein Voigtshagen

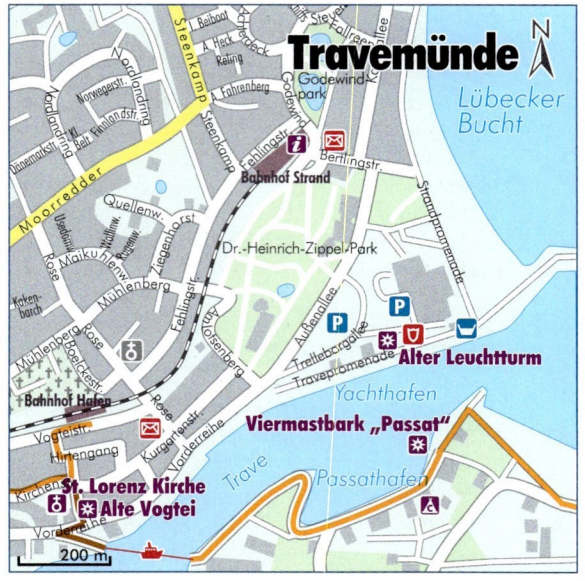

Küste können Sie über Elmenhorst und Warnkenhagen fahren. Folgen Sie hierfür weiter der Hauptstraße und sodann der orange eingezeichneten Route.

Die Hauptroute führt Sie in den kleinen Ort **Steinbeck**, wo Sie rechts in den Weg **Hafthagen** abbiegen ➝ am Ende des Weges links auf den Radweg entlang der Küste ➝ am Abzweig nach Brook weiter geradeaus.

Brook

✱ Die **Gutsanlage** wurde Anfang des 18. Jhs. von den Bothmer Grafen erbaut, die auch das Schloss in Klütz errichteten. Sie wird heute ökologisch bewirtschaftet.

Auf Verbundsteinen durch das **Naturschutzgebiet** ➝ dann auf Asphalt dem hügeligen Weg weiter folgen.

Tipp: In Groß Schwansee bietet sich ein Abstecher zum gleichnamigen Schlossgut an.

Nach Travemünde geht es in Strandnähe weiter auf dem Radweg ➝ an der K 3 nach rechts. Man bleibt auf dem Radweg der rechten Seite und sieht vor den Dünen etwas versteckt einen **Gedenkstein**: „Nie wieder geteilt, 03.02.1990" mit den Wappen Schleswig-Holsteins und Mecklenburg-Vorpommerns.

Hinter dem Gedenkstein rechts abbiegen ➝ Sie gelangen zum Strand. Wo heute der Zaun des Naturschutzgebietes ist, war die Grenze. Früher stieß hier die deutsch-deutsche Grenze in die Ostsee, und von der Westseite aus war eine rot-weiße Kette die erste Absperrung. Heute ist kaum noch etwas vom einstigen Eisernen Vorhang zu sehen. Am Strand steht noch nicht einmal ein Schild, das darauf hinweist.

Bei Travemünde

Steinbeck

PLZ: 23948; Vorwahl: 038825

🛈 Stadtinformation Klütz im Literaturhaus Uwe Johnson, 23948 Klütz, Im Thurow 14, ✆ 22295

Tipp: Als Alternative zum sehr schönen, aber auch sehr windigen Weg direkt entlang der

Groß Schwansee

PLZ: 23948; Vorwahl: 038825

🛈 Stadtinformation Klütz im Literaturhaus Uwe Johnson, 23948 Klütz, Im Thurow 14, ✆ 22295

🛏 Das renovierte und als Hotel genutzte **Schlossgut** wurde 1745 im Stil des Barock errichtet.

Travemünde, Viermastbark „Passat"

Man hält sich links und hat einen schönen Blick auf das Meer und die Dünen mit den Sanddornsträuchern ⌐ von der **Ferienhauskolonie** radelt man auf der Halbinsel **Priwall** etwa 5 Kilometer auf der nur teilweise asphaltierten Küstenstraße am Wasser entlang bis zur Fähre, die in kurzen Abständen nach Travemünde fährt und Fahrräder mitnimmt.

Von der Fähre biegt man rechts ab in die **Vorderreihe** ⌐ an der nächsten Möglichkeit links ⌐ am Ende dieser Straße befindet sich auf der rechten Seite der Bahnhof **Travemünde-Hafen.**

Travemünde
PLZ: 23570; Vorwahl: 04502

- **Welcome-Center** (Touristbüro), Bertlingstr. 21/Im Strandbahnhof, ☎ 0451/8899700
- **Fährverbindungen** nach Schweden ☎ 80181 und 8050
- **Priwall-Fähre** (Autofähre), An der Vorderreihe, Fährzeiten: ganzjährig für Personen und Fahrzeuge 5-23 Uhr alle 10 Min., nachts alle 15 Min.
- **Seebadmuseum**, Torstr. 1, ☎ 9998094, ÖZ: Juni-Aug., tägl. 11-18 Uhr. Geschichte der Stadt als Seebad
- Die **St.-Lorenz-Kirche** wurde Mitte des 16. Jhs. erbaut und ist mit einem Barockaltar des Lübecker Meisters Hieronymus Jakob Hassenberg ausgestattet.
- **Alte Vogtei** (um 1600). Sehenswert ist das barocke Sandsteinwappen über der Rokokotür des Backstein-Giebelhauses.
- Straßenzüge der **Vorderreihe** und der **Kaiserallee**
- **Viermastbark „Passat"**, Priwall Hafen, ÖZ: Mitte Mai-Mitte Sept., 10-17 Uhr. Der Großsegler der Flying-P-Linie wurde 1911 fertiggestellt. Von insgesamt 17 Großseglern der Reederei Laeisz, sind vier erhalten geblieben, darunter die „Padua" als russisches Segelschulschiff, die „Pommern" auf den Ålandinseln und die „Peking" in New York.
- **Hochseilgarten** im Dr.-H.-Zippel-Park, ☎ 9313910, ÖZ: 5. Mai-15. Okt., 10-19 Uhr, Nov.-Feb., Do-So 12-16 Uhr
- **Brodtener Ufer**. Von der Steilküste und von der Hermannshöhe hat man einen herrlichen Ausblick auf die Ostsee.

Ein Wahrzeichen der ganz besonderen Art ist die Viermastbark Passat, einer von 17 in der Reederei Laiesz erbauten Großseglern, die auch als Flying-P-Liner bezeichnet wurden. Seit Mitte des 19. bis ins 20. Jahrhundert liefen dort insgesamt 65 Schiffe vom Stapel. Ausnahmslos alle Schiffe wurden auf mit dem Buchstaben „P" beginnende Namen getauft. Diese Tradition geht auf das erste fertiggestellte Schiff zurück, das Laiesz 1856 auf den Namen „Pudel" taufte, eine Hommage an seine Angetraute, die diesen als Kosenamen trug. Mit dieser Geste lag der Reeder ganz im damaligen Trend, technische Errungenschaften nach geliebten Damen der Familie zu benennen. Man rufe sich nur die namhafte Automobilfirma ins Gedächtnis.

Die Passat nahm 1911 ihren Dienst als Frachtsegler auf. Ihre erste Ladung bestand aus Salpeter, der nach Chile verfrachtet werden musste. Der Konkurrenzkampf unter den Reedereien war hart

Schloss Lütgenhof, Dassow

und Schnelligkeit wurde auch damals schon groß geschrieben, kurze Transportzeiten erzielten ansehnliche Prämien. Für Weizen, der auf dem Weg um Kap Hoorn von Australien nach Europa gelangte, erzielte der Reeder den besten Preis, der ihn zuerst auf den Auktionen anbieten konnte. So kam es zu regelrechten Wettfahrten, den sogenannten Weizen-Regatten. Bei der letzten trat 1949 die „Passat" gegen die „Pamir" an. Beide Schiffe starteten in Australien. Nach 109 Tagen erreichte die „Passat" Europa, während die „Pamir" 19 Tage länger benötigte.

Von Travemünde/Priwall nach Lübeck 47 km

Man verlässt den Bahnhof Travemünde-Hafen nach rechts und biegt nach 50 Metern links in den Weg ein, der zur **Autofähre** führt. Sie fährt in kurzen Abständen nach Priwall und nimmt Fahrräder mit.

Auf der Halbinsel Priwall radelt man etwa 5 Kilometer auf der nur teilweise asphaltierten Küstenstraße am Wasser entlang durch eine Ferienhauskolonie bis zu ihrem Ende. Links geht es in den Sandweg

Ostsee (1984/2006)

zum Strand, rechts führt der befestigte Feldweg nach Süden. Von der einstigen deutsch-deutschen Grenze, die hier in die Ostsee stieß, ist heute nichts mehr zu erkennen.

Hinter den Dünen an der Straße von Priwall nach Pötenitz biegt man links ab und passiert einen Gedenkstein, der mit den Wappen Schleswig-Holsteins und Mecklenburg-Vorpommerns versehen ist und an die einstige Teilung Deutschlands erinnert. Das wird auf den nächsten 150 Kilometern der einzige Hinweis bleiben.

Man bleibt auf der linken Seite, radelt am links abbiegenden Ostseeküsten-Radweg vorbei. Am Ende des befestigten Feldwegs fährt man auf der Straße bis zum Ortseingang von **Pötenitz**. Dort biegt man rechts ab in Richtung **Dassow** und folgt der Asphaltstraße rund 5 Kilometer. Man hat einen schönen Blick auf den Dassower See, an dessen östlichem Ufer die innerdeutsche Grenze verlief.

Hinter Benckendorf radelt man auf der linken Seite der Straße auf dem asphaltierten Radweg „Ehemalige

Deutsch-Deutsche Grenze" (EDDG) nach Dassow. Etwa einen Kilometer vor Dassow biegt der Radweg links von der Straße ab, macht einen leichten Bogen und unterquert die Straße, die auf dem ehemaligen Kolonnenweg zum Dassower See führt.

Am Ufer des Sees erreicht man die Ortschaft Dassow. Auf der linken Seite befindet sich ein Lebensmittelgeschäft, auf der rechten Seite führt die Bundesstraße 105 über eine Brücke in Richtung **Selmsdorf** und **Lübeck**.

Tipp: Es ist nicht leider möglich, dem Ufer des Dassower Sees oder der B 105 zu folgen. Der Kolonnenweg ist teilweise nicht mehr existent und die Bundesstraße zu befahren, wäre viel zu gefährlich. Mittelfristig ist ein parallel verlaufender Radweg in Planung, doch bis dahin wird der Europa-Radweg Eiserner Vorhang über die Stadt Schönberg führen.

Ebenfalls in Planung ist ein Radweg von Dassow zum Priwall. An der Stelle, an der man in Dassow gleich am Ortsrand auf die B 105 trifft, gibt es eine Informationstafel und einen Stein mit der Aufschrift „Promenadenstieg". Man überquert die B 105 und fährt geradezu nach Dassow hinein.

Auf dem Priwall

Dassow

- s. **Stadt Schönberg**, www.stadt-dassow.de
- **Schloss Lütgenhof.** Das Herrenhaus Lütgenhof wurde 1839 gebaut, 1890 erfolgte eine Renovierung zum klassizistischen Schloss. Nach dem Kriegsende wurde die Familie Paepcke 1945 enteignet, das Schlossinventar geplündert. Von 1945 bis 1949 war das Schloss ein Kinder- und Flüchtlingsheim. Bis 1961 diente es anschließend als Landwirtschaftliche Fachschule. Da sich das Schloss direkt im Bereich der deutsch-deutschen Grenze befand, nutzten es ab 1961 die DDR-Grenztruppen als Kaserne. 1992 wurde das Schloss von der Firma Mast-Jägermeister erworben, restauriert und saniert und ein neuer Südflügel angebaut. Bei der behutsamen Sanierung wurde die historische Substanz erhalten. Seit 1999 gibt es ein Café mit Terrasse. Im November 2000 erwarb die Stinnes Gruppe Schloss Lütgenhof, um es als Individualhotel weiterzuführen.

Im Ortskern von Dassow fährt man nach Süden an der Kirche vorbei und radelt zum Schloss Lütgenhof in Richtung Prieschendorf. Das weiß-gelb getünchte Gebäude liegt auf der rechten Seite der Straße. Man erreicht es, wenn man in den Kopfsteinpflasterweg einbiegt.

Sobald man das Gelände von Schloss Lütgenhof verlassen hat, biegt man rechts ab in die asphaltierte, kaum befahrene, von Kastanien gesäumte Straße in Richtung Prieschendorf. Exakt vor dem Ortseingangsschild von **Prieschendorf** biegt man rechts ab in den Radweg nach **Schönberg**. Dieser befestigte Feldweg ist landschaftlich sehr reizvoll und verläuft am Flüsschen entlang auf einem alten Bahndamm. Baumreihen, Wiesen und Felder wechseln sich stetig ab.

Nach knapp einem Kilometer überquert man eine Brücke mit einem Stahlgeländer, danach den Bach Stepenitz auf einer Holzbrücke.

Tipp: Die Brücke ist mit fahrradfeindlichen Barrieren an beiden Enden versehen, die auch für Familien mit Kinderwagen oder Rollstuhlfahrern ein Hindernis sind.

Nach 4,5 Kilometern erreicht man **Groß Bünsdorf**. Dort radelt man auf der verkehrsarmen Straße über **Klein Bünsdorf** etwa 3 Kilometer nach Schönberg, in das man nach Überquerung der B 104 und der Eisenbahnstrecke gelangt. Hinter den Brücken biegt man rechts ab und erreicht das Stadtzentrum.

Schönberg

PLZ: 23923; Vorwahl: 038828

- **Stadt Schönberg**, Am Markt 15, ✆ 3300, www.stadt-schoenberg.de
- **Volkskundemuseum**, An der Kirche 8/9, ✆ 21539. Im Museum wird die Geschichte des Schönberger Landes und des Fürstentums Ratzeburg anhand verschiedener Sammlungen dargestellt, wie z. B. Mobiliar oder wertvoll bestickte Trachten.
- **Backsteinhaus des Bildhauers Ernst Barlach**, August-Bebel-Str. 3. Der Künstler lebte von 1872-76 in diesem Haus.

Tipp: Von Schönberg kann man mit der Eisenbahn nach Lübeck und Bad Kleinen fahren.

Am **Marktplatz** fährt man links ab in Richtung Ratzeburg und rechts an der großen Kirche vor-

Radweg auf dem Priwall

bei. Man durchquert den Ort, radelt am Friedhof vorbei und biegt rechts in den **Petersberger Weg** ein, der wenig später auf die Straße nach Petersberg und Lüdersdorf stößt. Der asphaltierte Radweg befindet sich auf der linken Seite. Man durchquert **Petersberg**, das 1994 sein 800-jähriges Jubiläum feierte.

Über **Westerbeck** und **Wahrsow** erreicht man – von Schönberg aus gemessen – nach 9 Kilometer **Lüdersdorf**.

Lüdersdorf

www.gemeinde-luedersdorf.de

Tipp: In Lüdersdorf gibt es mehrere Restaurants, auch von dort kann man mit der Eisenbahn nach Lübeck und Bad Kleinen fahren.

Da die B 105 die einzige Verbindung zwischen Dassow und Selmsdorf und ein Radweg erst noch in Planung ist, wird dieser Bogen über Schönberg und Lüdersdorf empfohlen.

In **Lüdersdorf** biegt man rechts ab in Richtung **Selmsdorf**.

Tipp: Wer weder das Zollhaus-Museum noch Lübeck besichtigen möchte, radelt weiter geradeaus nach Herrnburg.

Nach etwa 4 Kilometern stößt man am rechten Straßenrand auf einen weißen Stein mit der Aufschrift „Bardowiek". 700 Meter weiter steht ein aus Ziegelsteinen erbauter Trafoturm, auf dem mit großen weißen Buchstaben das Schicksal des in den späten 1970er-Jahren geschleiften Dorfes **Bardowiek** beklagt wird.

Bardowiek

Kurz hinter der geschleiften Ortschaft Bardowiek biegt man links in die Straße nach **Lauen** ein. Hinter Lauen stößt man auf die B 104/105. Diese kreuzt man, durchquert anschließend linker Hand das dortige Gewerbegebiet und erreicht bald am Ortseingang das Zollhaus-Museum in **Lübeck-Schlutup**.

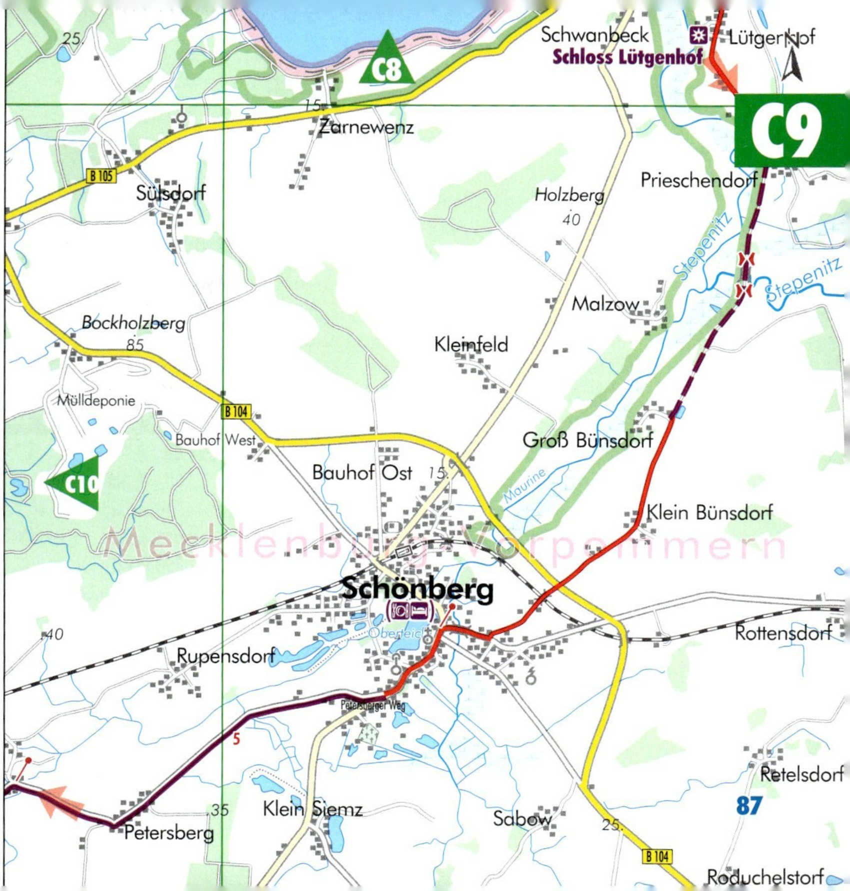

Lübeck-Schlutup
PLZ: 23568; Vorwahl: 0451

- **Zollhaus-Museum Lübeck-Schlutup** im ehemaligen Zollgebäude, Mecklenburger Str. 2, ✆ 6933990, ÖZ: Fr 14-17 Uhr, Sa, So 11-17 Uhr. Es möchte das geschichtliche Bewusstsein fördern und über die Grenze zwischen der Bundesrepublik und der DDR informieren. Besonders im Blickpunkt steht der Raum Lübeck.

Vom Zollhaus-Museum radelt man weiter geradeaus, sieht linker Hand den grünen Schornstein der durch Essig, Senf und Gurken bekannten Firma Kühne und biegt vor dem kleinen See links ab in den **Palinger Weg**. Man radelt links an einem weiteren kleinen See vorbei und kommt in die **Speckmoorstraße**, wo man das Restaurant „Schlutuper Tannen" passiert. Nach Querung einer alten Bahnlinie erreicht man die **Wesloer Straße**. Hier biegt man links ab in den nach Lübeck ausgeschilderten Radweg, fährt über die **Schlutuper Straße** und **Walderseestraße** – hier sieht man bereits die Türme der Kirchen von Lübeck –, radelt über den **Moltkeplatz** und überquert die Wakenitz auf der Moltkebrücke.

Nach Lübeck radelt man durch die **Moltkestraße**, fährt auf der für Fahrrad und Taxi freien **Rehderbrücke** über die Trave bis zum Holstentor und befindet sich im Zentrum von **Lübeck**.

Gedenkstein in Bardowiek

Lübeck
PLZ: 23552; Vorwahl: 0451

- **Touristen-Info**, Breite Str. 62, ✆ 01805/882233
- Informationen zu **Schiffsfahrten** sind unter ✆ 77799, ✆ 793885, ✆ 7063859, ✆ 2801635 und ✆ 35455 erhältlich. Die Reedereien bieten vom Anleger Drehbrücke und Obertrave Schiffsfahrten nach Travemünde und Stadt- und Hafenrundfahrten an.
- **Holstentor**. ✆ 1224129, ÖZ: April-Sept., Di-So 10-17 Uhr, Okt.-März, Di-So 10-16 Uhr. Stadtgeschichtliches Museum.
- **Geschichtswerkstatt Herrenwyk**, 23569 Herrenwyk, Kokerstr. 1-3, ✆ 301152. ÖZ: Fr 14-17 Uhr, Sa, So 10-17 Uhr. Schwerpunkt der Ausstellung ist die Dokumentation der Lübecker Industriekultur, Alltag und Arbeitswelt der 1920er- und 1930er-Jahre.
- **Behnhaus/Drägerhaus**, Königstr. 9-11, ✆ 1224148. ÖZ: April-Sept., Di-So 10-17 Uhr, Okt.-März, Di-So 10-16 Uhr. Bedeutende Ausstellungen von Kunst des 19. und 20. Jhs. werden hier in zwei liebevoll restaurierten Kaufmannshäusern aus dem 18. Jh. gezeigt.
- **Buddenbrookhaus**, Mengstr. 4, ✆ 1224190, ÖZ: April-Okt., Mo-So 10-18 Uhr, Nov.-März, 10-17 Uhr. Das Buddenbrookhaus ist den Gebrüdern Thomas und Heinrich Mann gewidmet und wurde durch den nobelpreisgekrönten Roman „Die Buddenbrooks" von Thomas Mann zu einem literarischen Denkmal.
- **Museumshafen**
- Die **Überseeausstellung** befindet sich auf einem Schiff unweit des Holstentores. Sie umfasst eine Sammlung exotischer Tiere und interessanter Kunstschätze.
- Die **Marienkirche** wurde zwischen 1250 und 1350 erbaut. Um diese Kirche ranken sich drei Anekdoten, die sich auf zwei steinerne Figuren und den Stein vor dem Hauptportal der Kirche beziehen. Im Innern der Kirche kann die Astronomische Uhr bewundert werden. 376 Jahre zeigte sie Datum und Uhrzeit an, bis zu jenem Tag im Jahr 1942 als die Kirche von Bomben getroffen wurde. Bei diesem Angriff wurden auch die zentnerschweren Glocken der Kirche zerstört, deren Reste heute besichtigt werden können. Der Lübecker Uhrmacher Paul Behrend rekonstruierte die Uhr nur durch Unterstützung von Spendengeldern.
- Die **Jakobikirche** ist die Kirche der Seefahrer. Aus diesem Grund finden sich eine Gedenktafel zur Erinnerung an alle gesunkenen Lübecker Schiffe sowie eines der Rettungsboote der Pamir. Das Segelschulschiff war 1957 vor den Azoren gesunken. Nur sechs Seeleute

C10
C9
D1
89
LÜBECK
St. Gertrud
St. Lorenz
St. Jürgen
Marli
Wesloe
Brandenbaum
Eichholz
Herrnburg
Lüdersdorf
Wahrsow
Petersberg
Westerbeck
Hof
Rupensdorf
Lockwisch
Palingen
Palingener Heide
Hof Selmsdorf
geschleiftes Dorf Bardowiek
Mülldeponie
Bockholzberg
Selmsdorf
Sülsdorf
Lauen
Schlutup
Zollhaus-Museum
Herrenwyk
Israelsdorf
Sdlg. Karlshof
Vorwerk
Lauerholz
Breitling
Herreninsel
Schlutuper Wiek
Große Holzwiek
Schleswig-Holstein
Mecklenburg-Vorpommern
Holstentor
Buddenbrookhaus
Rathaus
Puppenbrücke
Salzspeicher
Dom
Travekanal
Wakenitz
Rothebeck
Schiereichenkoppel
Gut Mönkhof
Wulfseck
Dritte Fischerbuden
Müggenbusch
Gut Falkenhusen
A1
B 75
B 104
B 105
B 206
B 207
L 92
L 182
L2
Schlutuper Straße
Wesloer Landstraße
Walderseestraße
Moltkestraße
Palinger Weg
6,5
3,5
4,5
N

überlebten das Unglück. Im Gegensatz zur Marienkirche blieb die Jakobikirche von Zerstörungen im Zweiten Weltkrieg verschont. So können Altar und Orgel im Originalzustand bewundert werden.

⛪ **Die Katharinenkirche** stammt wie die beiden zuvor genannten aus dem 13. Jh. Figuren von dem berühmten Künstler Ernst Barlach schmücken die Westfassade der ehemaligen Kirche, in der heute Ausstellungen gezeigt werden.

⛪ **Petrikirche**. Die Restaurierungsarbeiten der im Zweiten Weltkrieg stark zerstörten Kirche wurden 1987 beendet. Von der Plattform des Kirchturms genießt man einen herrlichen Blick auf die Altstadt.

⛪ **Die Aegidienkirche** wurde ein Jahrhundert später, im 14. Jh. erbaut.

⛪ **Dom**. Heinrich der Löwe beauftragte im Jahr 1173 den Bau des Domes zu Lübeck. Über 70 Jahre später konnte die rote Backsteinkirche, die zwei 115 m hohe Türme besitzt, eingeweiht werden. Wie auch die Marienkirche und die Petrikirche wurde der Dom im Zweiten Weltkrieg stark in Mitleidenschaft gezogen. Mit dem Wiederaufbau begann die Stadt 1960. Sehenswert sind die zahlreichen Kunstschätze.

✳ **Heiligen-Geist-Hospital**. ÖZ: Di-So 10-17 Uhr (Sommer) bzw. 10-16 Uhr (Winter). Das Hospital, das zwischen 1276 und 1286 errichtet wurde, ist das älteste erhaltene Hospital Deutschlands. Bis 1970 lebten in dem seit dem Jahr 1517 zu einem Altenheim umfunktionierten Haus alte Menschen in Zimmern, die gerade 4 m² maßen und nicht mehr Platz boten als für Schrank, Tisch, Stuhl und Bett.

Gedenkstein auf dem Priwall

✳ **Historische Altstadt.** 1987 wurde die Altstadt Lübecks in ihrer Gesamtheit von der UNESCO zum Weltkulturerbe erklärt und in die Liste des „Kultur- und Naturerbes der Welt" aufgenommen.

✳ Die Außenfassade des **Rathauses** mit den vergoldeten Turmspitzen und den detaillierten Wappendarstellungen ist unverändert. Der überwiegende Teil des im 13. Jh. entstandenen Gebäudes erfuhr jedoch in den letzten Jahrhunderten erhebliche Veränderungen.

✳ Das **Holstentor** ist das Wahrzeichen der Stadt. Dereinst Gefechtsstützpunkt, auf dem über 30 Geschütze ihren Platz hatten, begrüßt das Tor ganz dem Sinne der Inschrift „Concordia Domi Foris Pax" („Drinnen Eintracht, draußen Frieden") entsprechend die heutigen Besucher der Stadt.

✳ Der **Salzspeicher** befindet sich in unmittelbarer Nähe zum Holstentor. Hier wurde das Salz aus der Lüneburger Heide gelagert und später auf dem Seeweg, vor allem nach Skandinavien geliefert.

✳ Sieben verschiedene Sandsteinfiguren zieren die **Puppenbrücke** aus dem Jahr 1778. Unter ihnen Merkur, passend zur Geschichte der Stadt, der Gott des Handels und Gewerbes. Pikanterweise bietet er seinen splitternackten „Achtersteven" den zu Wasser fahrenden Kaufleuten dar.

✳ **Café Niederegger mit Marzipan-Salon**. Das Café hat das Lübecker Marzipan in aller Munde gebracht.

🛁 **Zentralbad**, Schmiedestr. 1-3, ✆ 702580
🚲 **Leihcycle**, Schwartauer Allee 39, ✆ 42660

Lübeck wurde 1143 als Kaufmannssiedlung für den Nordosthandel gegründet. Unter Heinrich dem Löwen erhielt Lübeck das Stadtrecht und damit zahlreiche Privilegien.

In der Hanse, die 1266 gegründet wurde, hatte die Stadt die Führungsrolle inne. Ziele dieses Städtebundes, in dem sich in den Glanzzeiten ca. 200 Hafen- und Binnenstädte zusammenschlossen, waren u. a. die Sicherung des Handels und Hilfeleistungen im Kriegsfall. Die Hanse verfügte über eine Flotte, die größer als die englische und die holländische war. Die Flotte bestand aus den sogenannten „Hansekoggen", die 100 Tonnen fassten.

Ab 1370 wurde die Dominanz Lübecks im Ostseeraum durch den „Frieden von Stralsund" zementiert. Nach den Entdeckungsfahrten und der Besiedlung Amerikas verlor die Hanse ab dem 16. Jahrhundert ihre Bedeutung, die Handelszentren verlagerten sich nach England und Holland.

Der Dreißigjährige Krieg ging an der Stadt vorbei. Unter Napoleon wurde sie dem Kaiserreich zugeschlagen, obwohl sich die Stadt neutral verhalten hatte. Den unabhängigen Status erhielt Lübeck mit dem Wiener Kongress 1815 zurück. Als eigenständiger Bundesstaat wurde die Stadt

Zollhaus-Museum in Lübeck-Schlutup

1871 Mitglied des Deutschen Reiches. Die Nationalsozialisten gliederten die sozialdemokratisch geprägte Stadt in die preußische Provinz Schleswig-Holstein ein.

Im Zweiten Weltkrieg wurde 1942 die Altstadt durch einen Bombenangriff zu einem Drittel zerstört. Nach dem Krieg blieb Lübeck eine Stadt in Schleswig-Holstein.

Mit dem mittelalterlichen Stadtkern von Lübeck wurde 1987 erstmals in Nordeuropa eine ganze Altstadt von der UNESCO als Weltkulturerbe anerkannt, was die Stadt zu einem umfangreichen Denkmalschutz verpflichtet. Auch

aus diesem Grund wurde 1995 beschlossen, die Altstadt für den Autoverkehr fast gänzlich zu sperren.

Als ehemalige Grenzstadt an der deutsch-deutschen Grenze litt Lübecks wirtschaftliche Entwicklung während des Kalten Krieges. Seit der Wende profitiert sie vom verstärkten Aufkommen des Handels im Ostseeraum und verfügt über den größten Fährhafen Europas. Sie hat heute 215.000 Einwohner.

Mahnmal „Einheit der Nation"

Am Kanzleigebäude neben der Marienkirche befindet sich eine zweigeteilte Tafel mit dem entsprechenden Grundgesetz-Artikel zur Wiedervereinigung, die 1975 aufgestellt wurde. Nach dem Mauerfall wurde das Mahnmal um das Datum „3. Oktober 1990" und die Worte „Das Ziel ist erreicht" ergänzt. Auf der linken Seite steht seit 1994: „Die Berliner Mauer vom 13. August 1961 trennt die Nation, aber das Grundgesetz verpflichtet, 3. Oktober 1990." Auf der rechten Seite ist zu lesen: „Das gesamte deutsche Volk bleibt aufgefordert, in freier Selbstbestimmung die Einheit und Freiheit Deutschlands zu vollenden. Das Ziel ist erreicht."

Von Lübeck nach Schnackenburg/Wittenberge 248 km

Von Lübeck nach Ratzeburg   28 km

Vom **Holstentor** in der Altstadt von Lübeck radelt man zum Travekanal, überquert ihn, fährt weiter geradeaus und biegt vor der Wakenitz rechts ab. An der nächsten Brücke fährt man auf die andere Seite des Flusses und radelt am östlichen Ufer gen Süden. Nach Querung einer Landstraße kommt man am Ufer der Wakenitz nach **Eichholz**. Dort biegt man links ab, biegt hinter den Eisenbahnschienen rechts ab in Landstraße. Man überquert die Eisenbahnlinie am **Bahnhof Herrnburg** – dort fahren Züge nach Lübeck und Bad Kleinen – und biegt rechts ab in die Straße nach **Schattin**.

Tipp: Auf der linken Seite passiert man nach 400 Metern die „Fischerhütte" mit Café und Biergarten, in der es zu moderaten Preisen warme Speisen, Getränke sowie Kaffee und Kuchen gibt.

Die wenig befahrene Asphaltstraße überquert die A 20 und führt über **Duvennest** und **Schattin** bis **Utecht**.

Schattin
Tipp: In Schattin – dort hält man sich rechts und bleibt auf der Straße – gibt es Übernachtungsmöglichkeiten.

Utecht
Tipp: In Utecht radelt man wegen des Kopfsteinpflasters besser auf dem Bürgersteig.

Am Ende des Dorfes fährt man in Richtung Campow. In **Campow** fährt man geradeaus in Richtung **Römnitz**.

Tipp: Südlich von Campow ist der Radweg nur noch ein befestigter Feldweg, er ist aber gut befahrbar und bietet den Blick auf den Ratzeburger See.

Nach dem Abzweig nach **Hoheleuchte** ist der Weg wieder asphaltiert. Man hält sich rechts und fährt auf dem „RRW 9" in Richtung **Mölln** weiter. An der ehemaligen deutsch-deutschen Grenze gibt es keinen Hinweis auf die einstige Spaltung.

An der nächsten Weggabelung, nach einem etwas steileren Anstieg, erreicht man **Kalkhütte**.

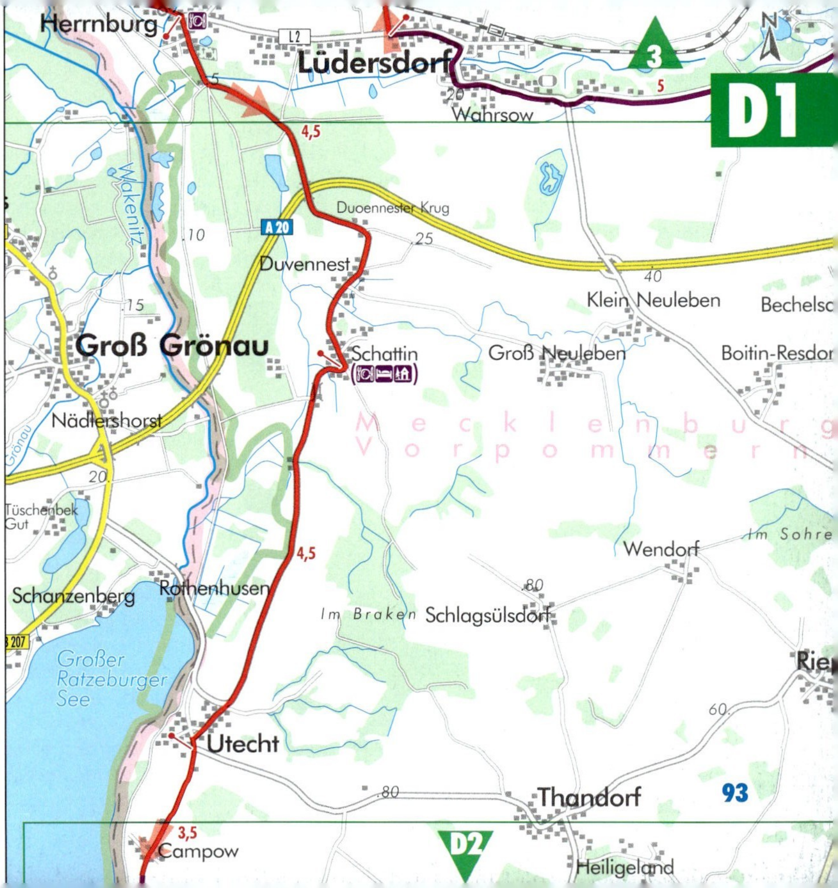

Tipp: Wer nach Ratzeburg radeln möchte – zum Marktplatz sind es 7 Kilometer –, folgt der Beschilderung nach Römnitz, wo es direkt am Wasser das Restaurant und Seehotel „Ratzeburg" gibt, die ehemalige Römnitzer Mühle (✆ 04541/7032). Von Römnitz gibt es einen Weg am Wasser entlang zur B 208, in die man rechts einbiegt und dann auf einem separaten Radweg zum Marktplatz von Ratzeburg radeln kann.

Ratzeburg
PLZ: 23909; Vorwahl: 04541

- **Ratzeburg-Information**, Schloßwiese 7, ✆ 858565, www.ratzeburg.de
- **Kreismuseum**, Domhof 12, ✆ 86070, ÖZ: Di-So 10-13 Uhr und 14-17 Uhr. Ehemaliges Herrenhaus der Herzöge von Mecklenburg aus dem Jahre 1764. Ausgestellt werden Exponate zum Thema Stadtgeschichte und Heimat- und Naturkunde. Außerdem sehenswert sind wertvolle Stuckarbeiten im Rokokosaal.
- **Haus Mecklenburg**, Domhof 41, ✆ 83668, ÖZ: Di-Fr 8-14 Uhr u. n. V. In dem Fachwerkhaus aus dem Jahre 1690 ist das Kulturzentrum der Stiftung Mecklenburg untergebracht. Zu sehen gibt es ständige Ausstellungen mecklenburgischer Künstler, Ausstellungen zu Fischrei und Seefahrt, sowie mecklenburgische Trachten.
- **Barlach-Haus**, Barlachpl. 3, ✆ 3789, ÖZ: Di-So 10-13 Uhr und 14-17 Uhr. Hier befinden sich die Werke des berühmten Malers und Bildhauers Ernst Barlach (1870-1938), der in Ratzeburg seine Jugend verbrachte.
- **A. Paul Weber-Museum**, Domhof 5, ✆ 860720, ÖZ: Di-So 10-13 Uhr und 14-17 Uhr. Ausgestellt sind die Werke des 1980 verstorbenen A. P. Weber, der durch seine zeitkritischen Grafiken berühmt wurde.
- **Dom**. In den Jahren 1154-1220 ließ Heinrich d. Löwe den Dom von Ratzeburg erbauen. Es handelt sich dabei um einen romanischen Backsteinbau mit einer sehenswerten geschnitzten Renaissancekanzel, einem Passionsrelief im Flügelaltar und einem prächtigen Kreuzgang mit Kreuzrippengewölbe. Im Klosterinnenhof befindet sich das Werk „Bettler auf Krücken" von Ernst Barlach.
- **Aqua Siwa**, Fischerstraße, ✆ 4822
- **Ratzeburg**, Schloßwiese, ✆ 4466
- **Fahrrad Koech**, Langenbrücker Straße, ✆ 3838

Der Luftkurort Ratzeburg mit 13.000 Einwohnern liegt auf einer Insel, umgeben von vier verschiedenen Seen: dem Küchensee, Stadtsee, Domsee und dem lang gestreckten Ratzeburger See. Erstmals erwähnt wurde „Racesburg" in einer Urkunde, die 1062 in Worms ausgestellt wurde.

Der Name geht wahrscheinlich auf den slawischen Fürsten Ratibor zurück, der „Ratse" genannt wurde und in einer Ringburg residierte. Im 11. Jahrhundert war Ratzeburg Schauplatz von Auseinandersetzungen zwischen Christen und Slawen. Heinrich der Löwe belehnte Graf Heinrich von Bodewide mit der Festung im Jahre 12. Jahrhundert.

Nach dem Sturz Heinrichs des Löwen ging Ratzeburg mit Lauenburg in askanische Herrschaft über, wobei die beiden Städte das Herzogtum Lauenburg bildeten. Nach dem Aussterben des askanischen Hauses wurde eine größere Festung durch das nun zuständige Haus Lüneburg-Celle errichtet. Weil der dänische König Christian V. darin eine Verletzung des „Westfälischen Friedens" sah, machte er 1693 die Stadt dem Erdboden gleich. Im Stil einer barocken geometrischen Anlage wurde die Stadt danach wieder aufgebaut.

Anfang des 19. Jahrhunderts verarmte Ratzeburg und stand unter wechselnden Herrschaften, bis die Stadt im Wiener Kongress 1815 den Dänen zugeschlagen wurde. Die Festung wurde abgerissen und 1865 wurde Ratzeburg Teil von Preußen.

Im Zweiten Weltkrieg wurde die Stadt nicht zerstört. Durch den Zustrom von Flüchtlingen stieg ihre Einwohnerzahl nach dem Krieg sprunghaft auf 12.000.

In Ratzeburg gibt es diverse Restaurants und Übernachtungsmöglichkeiten. Vom Bahnhof fahren Züge nach Lüneburg und Lübeck.

Gesperrte Brandenburger Straße in Lübeck, 1985/86

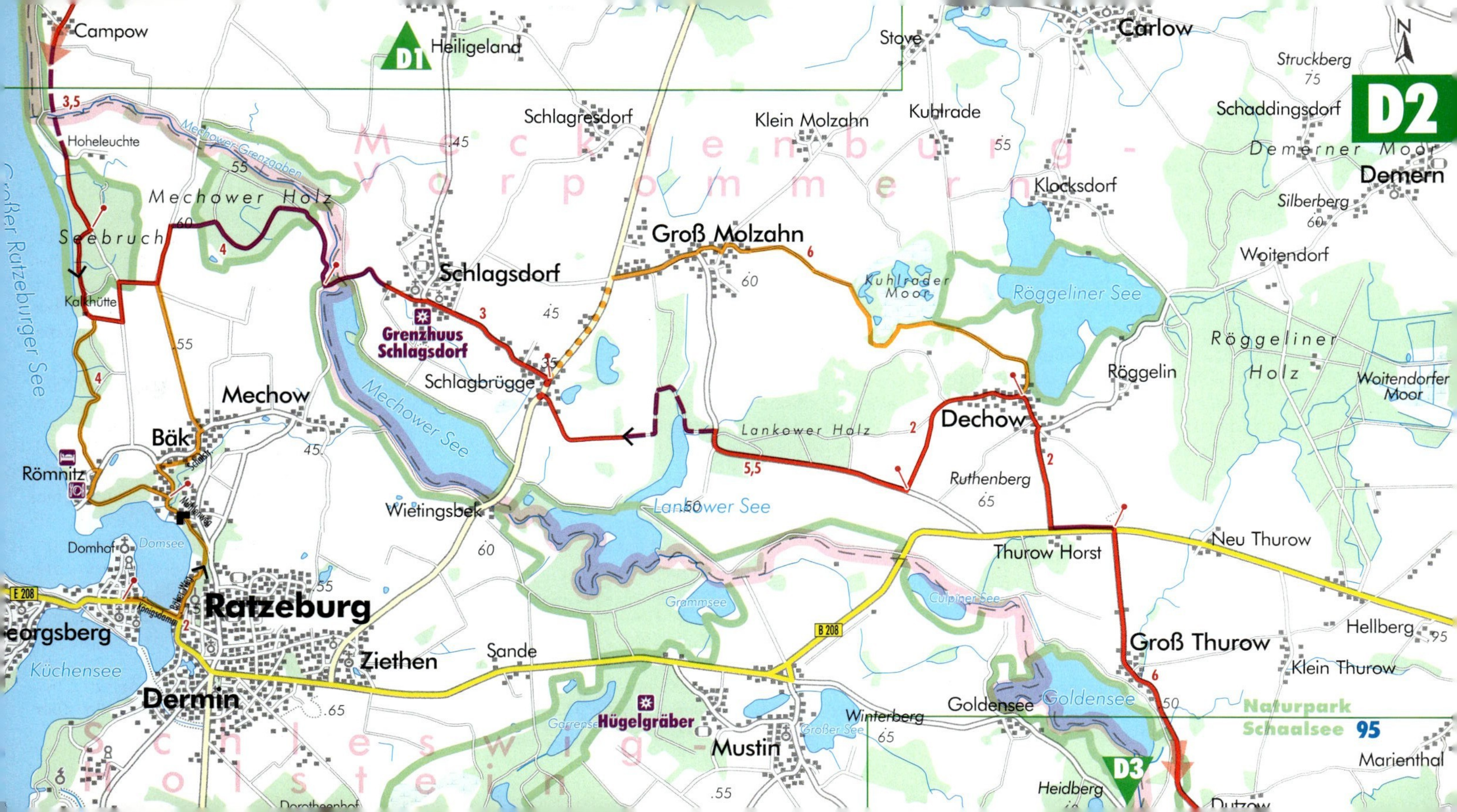

D2
Campow
Heiligeland
D1
Stove
Carlow
Struckberg
Schaddingsdorf
Schlagresdorf
Klein Molzahn
Kuhlrade
Demerner Moor
Demern
Hoheleuchte
Mechower Grenzgaben
Mecklenburg-Vorpommern
Klocksdorf
Silberberg
Mechower Holz
Seebruch
Groß Molzahn
Woitendorf
Schlagsdorf
Kuhlrader Moor
Röggeliner See
Kalkhütte
Grenzhuus Schlagsdorf
Röggeliner Holz
Großer Ratzeburger See
Schlagbrügge
Röggelin
Woitendorfer Moor
Mechow
Mechower See
Dechow
Lankower Holz
Bäk
Römnitz
Ruthenberg
Wietingsbek
Lankower See
Neu Thurow
Domhof
Domsee
Thurow Horst
E 208
Ratzeburg
Grammsee
Culpiner See
B 208
Hellberg
eorgsberg
Groß Thurow
Ziethen
Sande
Klein Thurow
Küchensee
Dermin
Goldensee
Naturpark Schaalsee
95
Hügelgräber
Garrensee
Winterberg
Großer See
Mustin
Schleswig-Holstein
Marienthal
D3
Heidberg
Dorotheenhof
Dutzow

Von Ratzeburg nach Zarrentin　　　　　42 km

Vom **Marktplatz** in Ratzeburg radelt man zur B 208 und biegt direkt hinter der Brücke am „Eiscafé Bruhn" links ab in den **Bäker Weg**. Die Sackgasse geht in einen als Radweg ausgeschilderten Waldweg über. Bei der nächsten Gabelung nimmt man den mittleren Weg und radelt durch bergiges Gelände. Am Ende des Waldes biegt man links ab in den sehr steilen **Mühlenweg**, dem man bis zur **Schulstraße** folgt, in die man rechts einbiegt. Dort fährt man links ab in den **Neuhofer Weg** und radelt auf dem asphaltierten Weg bis zum **Mechower Wald**. Dort kann man den wunderbaren Blick auf die Türme von Lübeck genießen.

Man biegt rechts ab in den asphaltierten Feldweg, der für Autos verboten ist. Im Wald hält man sich rechts bis zum Ufer vom **Mechower See**, wo man links nach **Schlagsdorf** abbiegt.

Schlagsdorf
PLZ: 19217; Vorwahl: 038875

🏛 **Grenzhuus Schlagsdorf**, Neubauernweg 1, ÖZ: Di-Fr 10-16.30 Uhr, Sa, So 10-18 Uhr. Das Grenzhuus befindet sich in der Grenzgemeinde Schlagsdorf im nördlichen Bereich des Biosphärenreservats Schaalsee. Das Museum und das Informationszentrum zeigen auf drei Etagen Verschiedenes zum Thema deutsch-deutsche Grenze. Die oberste Etage ist der Flora und Fauna gewidmet. In der Gaststube gibt es regionale Köstlichkeiten. In einem Freigelände wurde ein Abschnitt der DDR-Grenzanlagen rekonstruiert.

Aus dem Museum kommend, biegt man zweimal rechts ab und gelangt auf die Straße nach **Schlagbrügge**. Dort geht die Straße nach rechts in Richtung Ratzeburg und nach links in Richtung Schönberg, Gadebusch und Groß Molzahn ab.

Tipp: Wer lieber auf der Straße fahren möchte, biegt in Schlagbrügge links ab in Richtung Schönberg und folgt der Straße rund 1,5 Kilometer bis zur rechts abgehenden Straße nach Groß Molzahn und in Richtung Gadebusch. Der Hauptstraße folgt man zuerst durch Groß Molzahn und radelt anschließend rund 4 Kilometer zwischen Feldern und durch einen Wald nach Dechow.

Auf der Hauptroute quert man die Landstraße rechts versetzt – zu den Hügelgräbern gibt es eine Grenzlandtour in den Waldweg hinein – und folgt dem **Schild „Lankower See"** auf einer asphaltierten Straße, die für den Durchgangsverkehr gesperrt ist. Nach etwa 500 Metern wird aus dem asphaltierten ein Plattenweg, offensichtlich noch der originale Kolonnenweg der DDR-Grenztruppen. Nach 250 Metern biegt man nicht links ab, sondern bleibt auf dem Plattenweg. Es geht sehr steil bergab zum Lankower Seeufer, an dem man links abbiegt. Man radelt über eine kleine Holzbrücke rund um den See und folgt an der nächsten Weggabelung dem **Schild „Grenzlandtour"** nach links – ab vom See – in den befestigten Feldweg, der auf eine Straße stößt, in die man rechts einbiegt. Hier ist der Weg wieder als ehemaliger deutsch-deutscher Grenzweg ausgeschildert. Etwa einen Kilometer vor der B 208 biegt man links ab nach **Dechow**.

Tipp: An diesem Punkt treffen Alternativ- und Hauptroute wieder zusammen.

In Dechow fährt man auf der Hauptstraße durch das ganze Dorf bis zur Bushaltestelle. Links ab geht es nach Klocksdorf und Demern, man radelt aber weiter geradeaus auf der asphaltierten **Dorfstraße** bis zur B 208.

Dort angekommen, folgt man nach links einem Radweg, der parallel zur B 208 verläuft, quert nach 500 Metern die Straße und biegt rechts in die ausgeschilderte Straße zum 22 Kilometer entfernten Zarrentin ein.

Die Straße ist ruhig und landschaftlich sehr reizvoll.

Wachturm im Grenzmuseum Schlagsdorf

Es geht durch die Dörfer **Groß Thurow, Dutzow, Sandfeld, Kneese, Dorf, Bernstorf, Stichstockenberg, Lassahn.**

Es geht mit einem kleinen Abstand am Goldensee, dem Dützower See, dem Niendorfer See, dem Bernstorfer See, dem Lassahner See und dem Techiner See entlang.

All diese Seen befanden sich unmittelbar im deutsch-deutschen Grenzgebiet und liegen heute nun im Biosphärenreservat Schaalsee. In den Dörfern laden diverse Pensionen und Fischgaststätten zum Verweilen ein.

Lassahn

Die sehenswerte **Dorfkirche** aus dem 13. Jh. befindet sich am Ostufer des Schaalsees und ist dem Hl. Abundius gewidmet.

In Lassahn gibt es nicht nur ein schönes Restaurant, sondern direkt davor auch eine wunderbare alte Kirche. Ab Lassahn verläuft für einige Kilometer links parallel zur Straße ein befestigter Radweg an Techin vorbei. In Zarrentin, das direkt am Schaalsee liegt, fährt man bis ins Zentrum zum Markt. Das „Landhaus am Schaalsee" liegt am Anfang der Stadt. Das

„Hotel am Schaalsee" befindet sich am Ende der **Uferstraße** kurz vor der Kirche.

Zarrentin

PLZ: 19246; Vorwahl: 038851

🛈 **Amt Zarrentin**, Amtsstr. 4-5, ✆ 83800, www.zarrentin.de

🚢 **Personenschifffahrt**, Schaalseetour, Hegenring 14, ✆ 25311

🏛 **Kloster mit Heimatmuseum in der Klosterscheune**, Kloster-Geschichts- und Museumsverein, Wittenburger Chausee 8, ✆ 80255, Heimatstube ✆ 33604. Das Kloster wurde 1246 von Gräfin Audacia und ihrem Sohn gegründet. Ein Zisterzienser-Nonnenkloster für die Töchter der mecklenburgischen Fürsten und Lübecker Patrizierfamilien. 1552 wurde es aufgelöst und danach vielfach genutzt, z. B. als Brauerei, als Sitz der Verwaltung oder als Jugendherberge. Zur Zeit wird es zu einem Kulturzentrum ausgebaut.

sehenswerte kleine **Kirche**

❀ vor dem Gebäudeensemble ein wunderbarer, sehr alter **Baum**

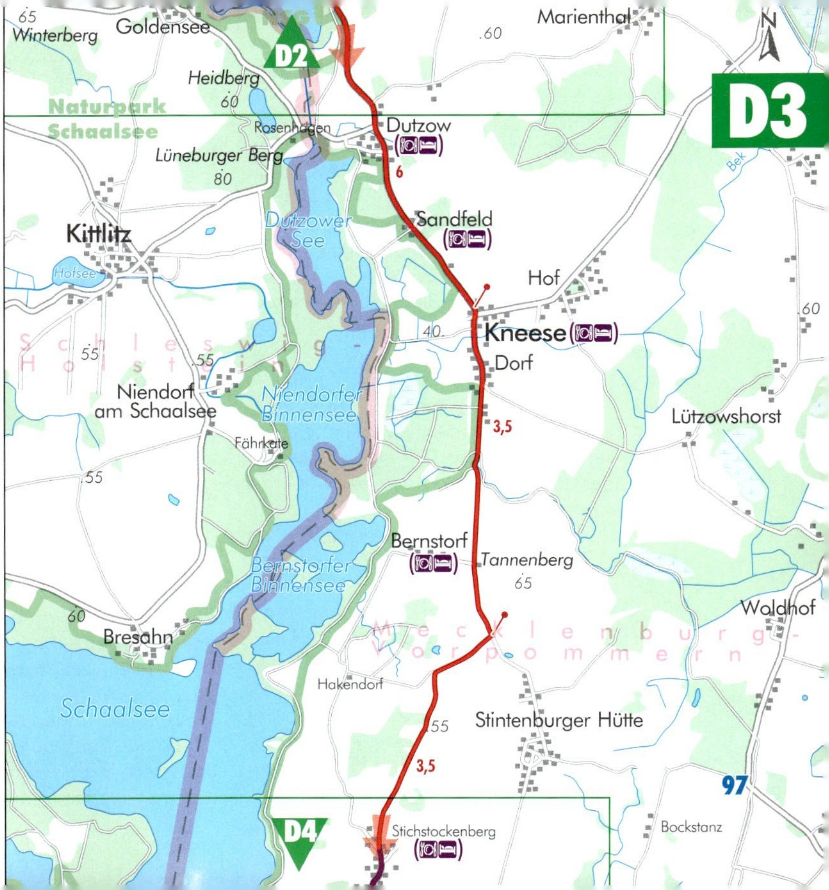

🅰 **Informationszentrum Biosphärenreservat Schaalsee**, PAHLHUUS, Wittenburger Chausee 13, ✆ 3020, www.schaalsee.de, ÖZ: März-Okt., Di-Fr 9-17, Sa, So/Fei 10-18 Uhr. Das Thema ist der 162 km² große Naturpark mit unberührter Fauna und Flora. Zahlreiche seltene Pflanzen wie Sonnentau oder Wollgras gedeihen hier und es gibt einige bedrohte Tierarten wie Seeadler oder Fischotter zu beobachten.

✉ **Strandbad Schaalsee**
🚲 **Zweiradservice Dietz**, Hauptstr. 28, ☏ 25461

Zarrentin ist eine Kleinstadt mit ca. 4.600 Einwohnern im Landkreis Ludwigslust in Mecklenburg-Vorpommern. Die Stadt beheimatet das sogenannte „Pahlhuus" – das Informationszentrum des Biosphärenreservates Schaalsee.

Die Ortschaft Zarrentin wurde 1194 erstmals urkundlich erwähnt, erste Besiedlungen in der Region sind sogar bis 7500 v. Chr. nachweisbar. Der Name „Zarnethin" verweist auf einen slawischen Hintergrund: So könnte er mit der Gottheit „Czernebog", die die Slawen verehrten, in Zusammenhang gebracht werden. Die Gegend könnte also vielleicht als Kult- oder Opferstätte gedient haben.

1246 wurde das Kloster am Schaalsee durch Gräfin Audicia von Schwerin gestiftet. Fortan befand sich in unmittelbarer Nähe Zarrentins ein Zisterzienser-Nonnenkloster, das bis 1552 existierte: Herzog Johann Albrecht I. säkularisierte die Kirche im Zuge der Reformation, das Kloster ging in den herzoglichen Besitz über.

Unter dem Dreißigjährigen Krieg hatte die Ortschaft stark zu leiden. 1775 wurde es von einem Feuer fast vollständig ausgelöscht, da kein vernünftiges Feuerwehrwesen vorhanden war. Auch in den napoleonischen Kriegen war Zarrentin Kriegsschauplatz.

Blick auf den Schaalsee

Im 19. Jahrhundert verdoppelte sich nahezu die Einwohnerzahl Zarrentins. 1896 fand der Ort Anbindung an die Eisenbahnstrecke Hagenow Land–Neumünster, weshalb sich einige Unternehmen ansiedelten. 1911 wurde der sogenannte Strangendamm erbaut, der Zarrentin mit der Halbinsel Strangen direkt verband. 1938 erhielt Zarrentin das Stadtrecht, da es mehr als 2.000 Einwohner hatte.

Am 1. Juli 1945 wurde die Stadt der sowjetischen Besatzungszone zugeschlagen. Zu Zeiten der DDR war Zarrentin Teil der Sperrzone an der innerdeutschen Grenze. Die Einwohner litten unter den strengen Auflagen. So wurde auch die Mitte des 19. Jahrhunderts erbaute Windmühle abgerissen. Im November 1982 wurde die Transitautobahn Hamburg–Berlin fertiggestellt, dabei wurde vor den Toren Zarrentins ein weitläufiger Grenzübergang errichtet. Dieser wurde nach der Wiedervereinigung wieder zurückgebaut zu einer Autobahnraststätte und einem Gewerbegebiet.

Von Zarrentin nach Lauenburg — 41 km

Vom **Marktplatz** in Zarrentin fährt man nach Westen ins rund 4 Kilometer entfernte **Testorf**, wo man links abbiegt Richtung **Schadeland**. Die Straße ist gut asphaltiert und sehr ruhig.

Schadeland

In Schadeland fährt man bis kurz vor den Ortsausgang und biegt rechts ab in die **Testorfer Straße** in Richtung Valluhn. Das Sackgassen-Schild ist nur für Autofahrer von Interesse, mit dem Fahrrad kann man bequem auf der mit zwei Betonstreifen befestigten Straße bis Valluhn fahren. Am Ende der Straße biegt man rechts ab und radelt auf dem ehemaligen deutsch-deutschen Grenzweg nach **Valluhn**.

Valluhn

Dort angekommen, hält man sich rechts und fährt durch den gesamten Ort. Hinter dem Ort beginnt eine Kopfsteinpflasterstraße, die zur Autobahnüberführung an der Raststätte „Gudow" führt und als Radweg „Ehemalige Deutsch-Deutsche Grenze" ausgeschildert ist.

Von Valluhn aus führt der Weg über Wiesen und Felder. Bei heftigem Regen kann dieser Weg durchaus etwas schlammig werden, doch nach rund 3 Kilometern stößt man auf eine kleine asphaltierte Straße. Man biegt links ab, überquert zuerst die Grenze nach Schleswig-Holstein und dann die A 24. Die Raststätte „Gudow" ist rechter Hand zu sehen.

Durch einen hohen Nadelwald geht es etwa 3 Kilometer immer geradeaus. Nur wenige Meter entfernt verlief die deutsch-deutsche Grenze. Das Fahren ist dort sehr angenehm. Kein Verkehr, keine Steigungen und ein reizvoller Kiefernwald.

Nach den besagten 3 Kilometern fährt man nicht geradeaus, sondern biegt links ab in den schmalen Asphaltweg, dem man für 1,5 Kilometer folgt. Der Kiefernwald lichtet sich, und auf der Wiese biegt man rechts ab zur Ortschaft **Langenlehsten**. Nach einem 2-Kilometer-Stück über die Wiese erreicht man in Langenlehsten eine Straße, in die man links in Richtung Fortkrug und Leisterförde abbiegt.

In **Fortkrug** biegt man rechts ab und fährt auf dem „Radweg Alte Salzstraße" über **Bröthen** in Richtung **Büchen**. Nach einigen hundert Metern sieht man an der linken Seite ein Richtungskreuz und einen Gedenkstein, von dem ein Waldweg zur Gedenkstätte für Michael Gartenschläger „Am Großen Grenzknick" führt.

Michael Gartenschläger

In der Nacht zum 1. Mai 1976 wurde Michael Gartenschläger am Grenzknick Bröthen von einem

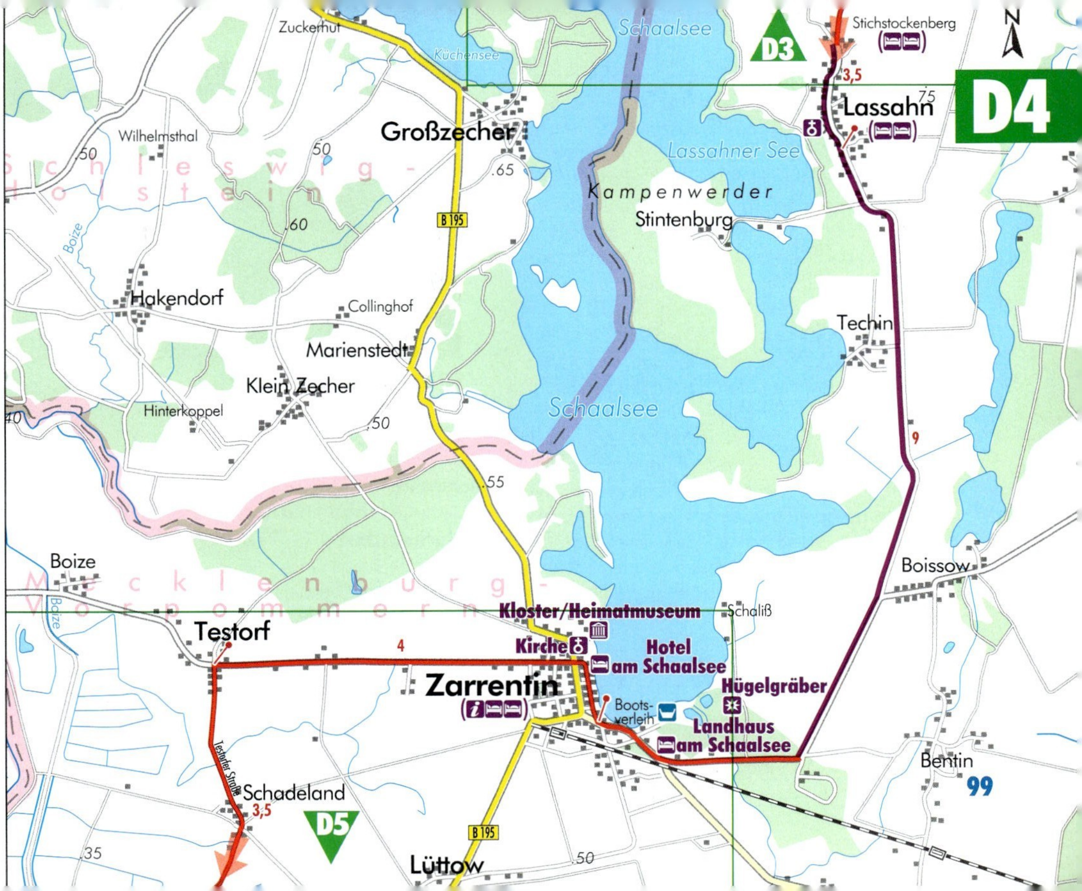

Sondereinsatzkommando des Ministeriums für Staatssicherheit erschossen, als er versuchte, eine Selbstschussanlage SM-70 auszulösen. Daran erinnern ein Gedenkkreuz und ein Schaukasten.

Michael Gartenschläger wurde 1961 in der DDR als Siebzehnjähriger wegen Widerstands gegen die Staatsgewalt zu lebenslanger Haft verurteilt. 1971 kaufte ihn die Bundesrepublik frei. Zwei Wochen vor seinem Tode berichtete „Der Spiegel", dass es ihm gelungen war, eine Selbstschussmine SM-70 zu demontieren. Dadurch war es möglich, die Konstruktion und Wirkung im Westen darzustellen und zu erklären.

Diese „Todesautomaten" lösten bei der geringsten Bewegung des Grenzzauns eine Treibladung aus, die scharfkantige Splitter verschoss. Entgegen der Erwartung Michael Gartenschlägers löste die Veröffentlichung der Tatsachen im Nachrichten-Magazin keinerlei große Empörung in West-Deutschland aus.

Daraufhin versuchte er, eine zweite SM-70 zu demontieren, was ihm auch gelang. Allerdings landete diese erst Jahre später in Berlin, wo er sie mithilfe des Vorsitzenden der „Arbeitsgemeinschaft 13. August", Rainer Hildebrandt, im Museum „Checkpoint Charlie" in Berlin einer großen Öffentlichkeit präsentieren wollte.

Beim Versuch, eine dritte Selbstschussmine zu demontieren, um sie vor der Ständigen Vertretung der DDR in Bonn zu installieren, wurde Gartenschläger von dem Sondereinsatzkommando des Ministeriums

für Staatssicherheit erschossen. Am 10. Mai 1976 wurde sein Leichnam als eine „unbekannte Wasserleiche" auf dem Schweriner Waldfriedhof beerdigt.

Nachdem man auf der Straße durch Bröthen gefahren ist, kommt man nach **Büchen-Dorf**, wo sich die Priesterkate befindet.

Büchen-Dorf
PLZ: 21514; Vorwahl: 04155

✸ **Priesterkate Büchen-Dorf**, Gudower Str. 1, ☏ 6114, ÖZ: Di, Do, Fr 14-17 Uhr, 1. u. 3. So im Monat 14-17 Uhr. Das Alte Pastorat, Priesterkate genannt, wurde 1649 errichtet und gilt als ältestes Gebäude im Herzogtum Lauenburg. In dem denkmalgeschützten Gebäude ist eine Dauerausstellung zum Thema deutsch-deutsche Grenze zu besichtigen.

Von Büchen-Dorf biegt man auf der **L 205** über den Elbe-Lübeck-Kanal links ab in den Wiesenweg, der nach einer Rechtskurve auf die **Bahnhofstraße** stößt, in die man rechts einbiegt und zum Bahnhof gelangt.

Büchen
Tipp: An diesem Bahnhof hielten damals alle Interzonenzüge, weil es der erste Halt im Westen war. Heute halten hier nur noch Regionalzüge nach Lüneburg und Hamburg.

Das von mehreren Seen umgebene Büchen wurde erstmals 1231 im Ratzeburger Zehntregister als „Boken" („Buche" oder „Zu den Buchen") erwähnt. Um 1200 entstand die Marienkirche, mit dem Marienbild ein bedeutender Wallfahrtsort. Im Dreißigjährigen Krieg ging das Bild verloren.

Der Ort lag zweimal im Grenzgebiet: Zum einen am Limes Saxoniae zur Zeit Karls des Großen um 800, zum anderen an der innerdeutschen Grenze zwischen 1945 und 1990.

Bedeutung erlangte die Gegend durch den Bau des Delvenau-Stecknitz-Kanals zwischen 1391 und 1398: Weil von der Salinenstadt Lauenburg das Abbauprodukt nach Lüneburg über den Wasserweg transportiert wurde, hieß der Weg „nasse Salzstraße". Es war der älteste Kanal im nördlichen Europa und der erste Wasserscheiden überschreitende seiner Art. Der Kanal wurde 1900 zum Elbe-Lübeck-Kanal ausgebaut.

Büchen spielte auch beim Eisenbahnbau eine wichtige Rolle als Verbindungs- und Umsteigepunkt, da hier die Linie Hamburg–Berlin auf die Strecke Lübeck–Büchen stieß, die einzige Verbindung von Hamburg nach Lübeck. Im 19. Jahrhundert konnte

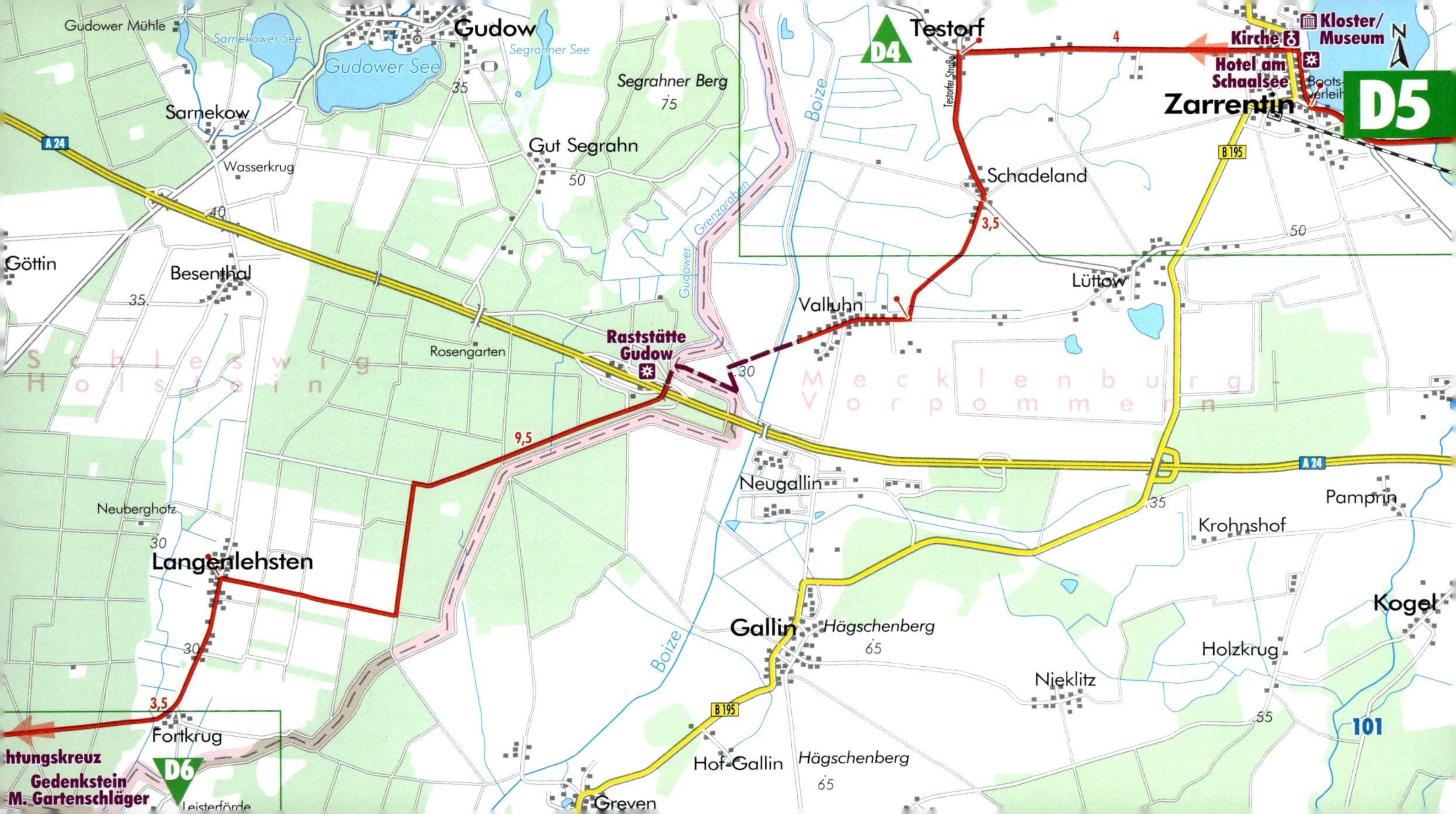
D5
D4
D6
Gudow
Gudower See
Gudower Mühle
Sarnekower See
Segrahner See
Segrahner Berg
Sarnekow
Wasserkrug
Gut Segrahn
Göttin
Besenthal
Rosengarten
Raststätte Gudow
Schleswig-Holstein
Mecklenburg-Vorpommern
Testorf
Testorfer Straße
Kloster/Museum
Kirche
Hotel am Schaalsee
Bootsverleih
Zarrentin
Schadeland
Lüttow
Valluhn
Neugallin
Pamprin
Krohnshof
Kogel
Holzkrug
Nieklitz
Gallin
Hägschenberg
Hof-Gallin
Greven
Neuberghof
Langenlehsten
Fortkrug
Leisterförde
Gedenkstein M. Gartenschläger
Boize
Gudower Grenzgraben
A 24
B 195
101
9,5
3,5
4

keine andere Verbindung hergestellt werden, da das dazwischen liegende Holstein durch Dänemark besetzt war.

Zum Ende des Zweiten Weltkriegs wurde die Gemeinde Ziel eines Bombenangriffs, bei dem die Kirche zerstört wurde, in der sich eine Munitionsfabrik befand. Die Grenzlage während der Zeit der deutschen Teilung machte der Gemeinde zu schaffen, allerdings profitierte sie von ihrer Lage im äußersten Speckgürtel Hamburgs. Heute werden die Hoffnungen auf den Tourismus gesetzt.

Vom Bahnhof in Büchen fährt man auf die nördliche Seite, biegt rechts ab in die **Bahnhofstraße** und sofort nach links in den **Wiesenweg** hinein, der geradeaus bis zum Elbe-Lübeck-Kanal führt. Am Ende des befestigten Feldwegs biegt man rechts ab und stößt auf den Kanal, in dessen westlichen Uferweg man rechts einbiegt. Anfangs ist der Weg auf dem Deich ein befestigter Feldweg, danach ist er bis zur Witzeezer Schleuse asphaltiert.

Nach der Schleuse radelt man auf einem befestigten Feldweg bis **Dalldorf**. Über eine Brücke gelangt man zur östlichen Kanaluferseite, wo der Weg asphaltiert ist. Man fährt an der Stecknitz, dem ehemaligen Grenzfluss, entlang, auf dessen östlicher Seite sich ein Wald anschließt. Dahinter ist ein breites Feld, das vom früheren Grenzstreifen übrig geblieben ist.

Nach der Umfahrung des Lanzer Sees ist die asphaltierte Strecke zu Ende, nach dem Abzweig nach Basedow ist der Radel-Komfort aber wiederhergestellt. Man fährt weiter geradeaus durch das Dorf **Lanze**, überquert die Stecknitz und gelangt zur B 5, die man links versetzt quert. Auf der kleinen Straße passiert man die älteste Schleuse Europas, radelt weiter geradeaus und gelangt zum **Bahnhof Lauenburg**.

Lauenburg
PLZ: 21481; Vorwahl: 04153

Touristinformation, Amtspl. 4, ✆ 51251

Raddampfer Kaiser Wilhelm, ✆ 520267, Fahrten an Wochenenden.

Elbschifffahrtsmuseum, Elbstr. 59, ✆ 599935, ÖZ: März-Okt., Mo-Fr 10-13 Uhr und 14-17 Uhr, Sa/So 10-17 Uhr, Nov.-Feb., Mi, Fr-So 10-13 Uhr und 14-16.30 Uhr.

Mühlenmuseum, Lauenburger Mühle, Bergstr. 17, ✆ 5890, ÖZ: tägl. 10-18 Uhr. Ein ehemaliger Müller führt sachkundig durch die Mühle und berichtet vom Leben und Arbeiten seines Standes.

Findorffmuseum, Hohler Weg 3, ÖZ: Mo-Sa 10-18 Uhr, So 12-18 Uhr. Das im Jahr 1607 erbaute Haus zeigt Exponate über die Brüder Findorff. Der eine war Kunstmaler, der andere hat als Moorkommissar in 20 Jahren 90.000 ha Moorland erschlossen und erwarb sich so den Namen „Vater der Moorbauern".

Schlossturm und Schloss. Der Schlossturm ist das älteste Bauwerk der 1182 errichteten Askanierburg. Vom ehemals großzügigen Schloss, in dem einst so bekannten Persönlichkeiten wie Wallenstein oder König Wilhelm I. und Bismarck weilten, ist nur noch ein Seitenflügel erhalten geblieben.

Die Palmschleuse ist die älteste erhaltene Kammerschleuse Nordeuropas.

Fürstengarten und Grotte

Freibad Am Kuhgrund, ✆ 5950 od. 4115

Zweirad Sandmann, Hamburger Str. 39, ✆ 582000

Die 12.000 Einwohner zählende Stadt an der Elbe liegt im Drei-Länder-Dreieck von Schleswig-Holstein, Niedersachsen und Mecklenburg-Vorpommern. Die historische Altstadt umfasst etwa 600 Fachwerkhäuser, die zum größten Teil aus dem 17. und 18. Jahrhundert stammen.

Lauenburg wurde 1182 als Feste durch Bernhard von Askanien erbaut, dem Nachfolger von Heinrich dem Löwen, der durch Friedrich Barbarossa ein Jahr zuvor besiegt worden war. 1417 erhielt die Stadt durch Herzog Erich V. als einzige das Privileg, die aus Lübeck über den Kanal gebrachten Waren nach Hamburg über die Elbe weiter zu befördern.

Durch Lauenburg führt die sogenannte „Alte Salzstraße", ein Heer- und Handelsweg, auf dem das kostbare Lüneburger Salz zum Ostseehafen Lübeck transportiert wurde. Heute kann man auf dieser Straße mit Auto, Eisenbahn oder Fahrrad die Elbe überqueren. Lauenburg liegt am nördlichen Elbe-Radweg.

In Lauenburg/Boizenburg war eine Grenzübergangsstelle, die einzige, die nicht an der Autobahn lag. Da man mit dem Fahrrad nicht in die DDR einreisen durfte, wurden zu Mauerzeiten organisierte Radtouren durch die DDR von West-Berlin nach Lauenburg angeboten. Die Touren starteten morgens um 5.00 Uhr, weil man vor Mitternacht den Grenzübergang Lauenburg/Boizenburg erreicht haben musste.

Von Lauenburg nach Neu Bleckede   24 km

Vom Bahnhof in Lauenburg quert man links die Landstraße, fährt nicht über die Brücke, sondern biegt in die Einbahnstraße ein, die unter der Brücke zum Elbe-Ufer führt. Nach einem kurzen Stück Plattenweg biegt man links ab in den asphaltierten Weg auf den Deich. Auf der anderen Seite des Deiches radelt man etwa 5 Kilometer auf dem wunderschönen Weg entlang der Elbe.

Man erkennt den Grenzübertritt nur daran, dass man auf neuen, gut befahrbaren Verbundsteinen fährt. Am Ende biegt man links ab, kommt auf die B 5, in deren separaten Radweg man rechts einbiegt. Auf dem Weg nach **Boizenburg** sind zwei kleine Hügel zu bewältigen. Ein Schild weist darauf hin, dass man sich im UNESCO geschützten Naturpark „Mecklenburgisches Elbetal" befindet.

Wenn in **Vier** die B 5 links abknickt, fährt man geradeaus und sieht am Ortsausgang das Elbbergmuseum.

Elbbergmuseum

Direkt an der Reichsstraße 5 befand sich 1944 und 1945 das Außenlager Boizenburg des

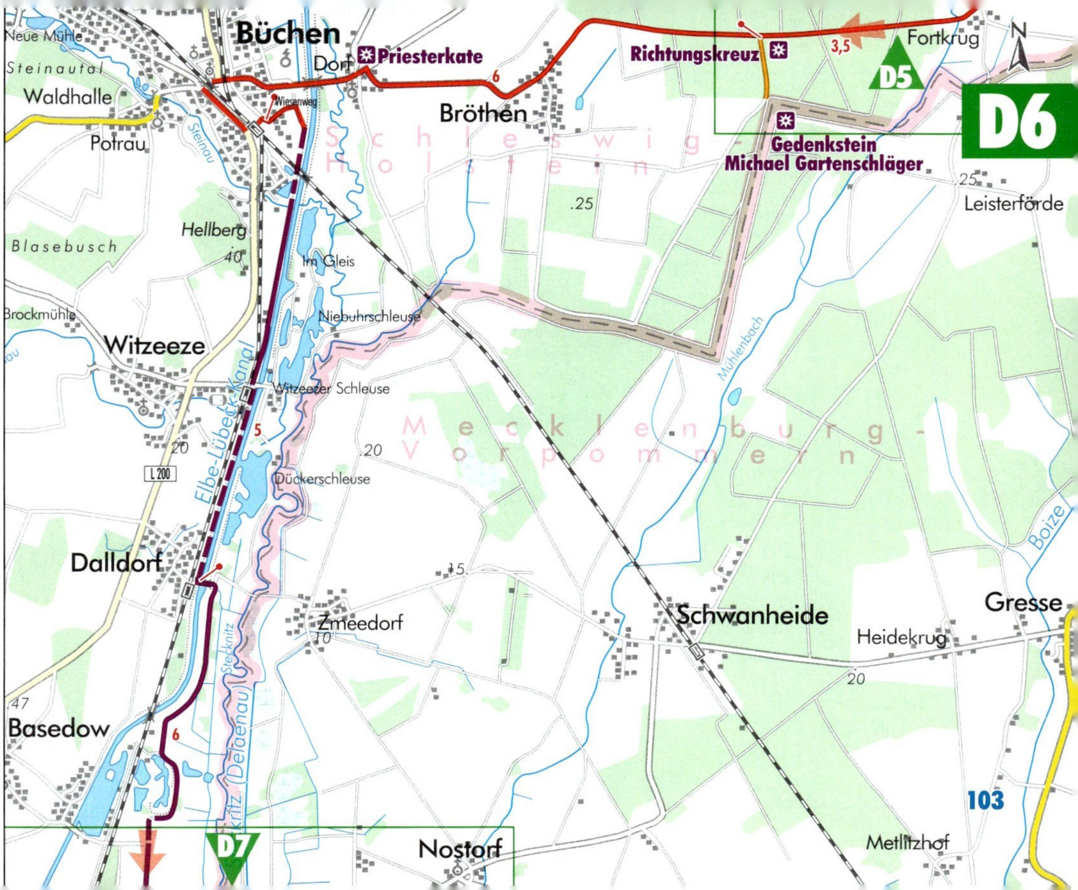

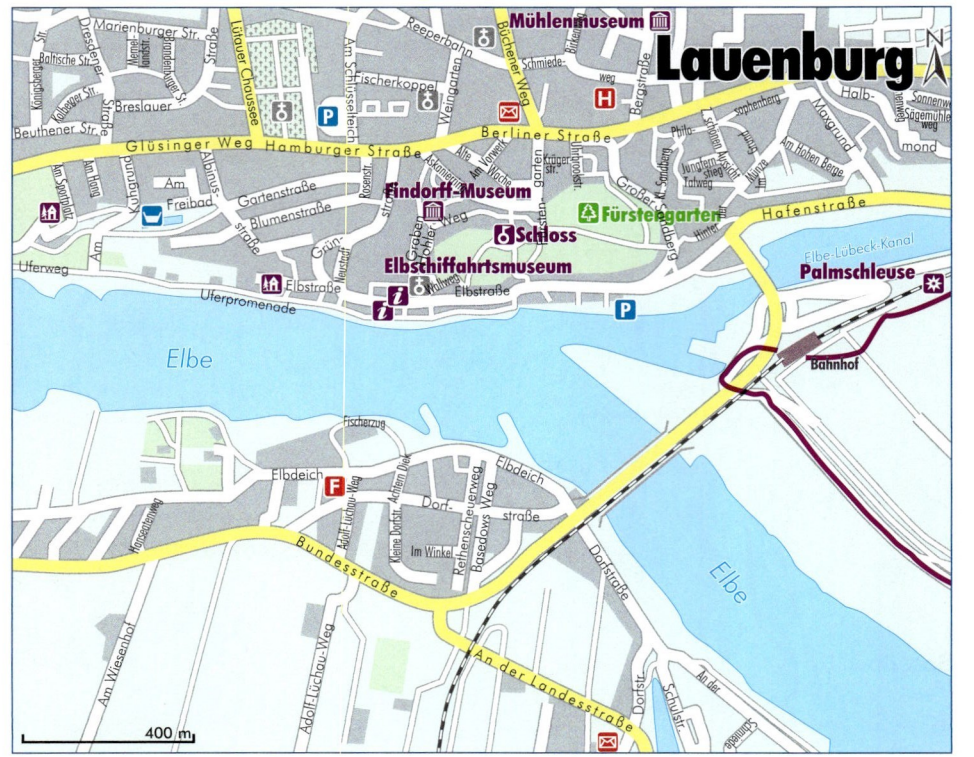

KZ Neuengamme. Die Häftlinge, 400 ungarische Jüdinnen, mussten in der benachbarten Rüstungsfabrik Zwangsarbeit leisten. Das einzige noch vorhandene Gebäude ist eine teiweise unterirdische Baracke, in der Lebensmittel für die Lagerküche deponiert wurden. In diesem „Küchenkeller" – von den DDR-Grenztruppen als Farbenlager genutzt – befindet sich seit 2002 eine Ausstellung, die der „Geschichte des Ortes unter Deutschlands Diktaturen" gewidmet ist. Das Außenlager Boizenburg kann man als Modell im Maßstab 1: 100 betrachten.

Ein anderer Raum wird genutzt für eine Ausstellung über die deutsch-deutsche Grenze im Raum Boizenburg. Hier war der Kontrollpunkt für den Grenzübergang Lauenburg/Boizenburg. Authentisch ist nur noch der 1972/73 errichtete Kontrollturm für das 5 Kilometer große Sperrgebiet vor der Grenze, das nur von DDR-Bürgern mit besonderem Ausweis betreten werden durfte. Hier war aber auch die erste Kontrollinstanz für die Transit-Reisenden. Auf dem Turm wird – geschmackloser geht es kaum – für die gleichnamige Gaststätte „Check Point Harry" geworben. Zum Museum gehört auch ein Außenbereich. Räumlich komprimiert werden dort verschiedene Elemente der DDR-Grenzanlagen und Fahrzeuge der DDR-Grenztruppen ausgestellt.

Mahnmal KZ-Außenlager Neuengamme

Direkt hinter dem Ortseingang von Boizenburg befindet sich auf der rechten Seite ein Mahnmal „Zum Gedenken an die 400 jüdischen Frauen und Mädchen des KZ-Außenlagers Neuengamme, das sich von August 1944 bis April 1945 auf dem Elbberg befand". Diese Anlage wurde von der SED errichtet und am 3. Oktober 1969 „Zum Gedenken an die Häftlinge des KZ-Teillagers Neuengamme" eingeweiht. Die jährlichen Gedenkveranstaltungen für die „Opfer des Faschismus" wurden wegen der Grenznähe aber ab Mitte der 1970er-Jahre eingestellt. Die aktuelle Tafel verweist im Unterschied zur DDR-Inschrift auf die jüdische und weibliche Identität der Häftlinge.

Vom Elbbergmuseum fährt man stets geradeaus und recht steil bergab bis in die alte und sehr reizvolle Innenstadt von **Boizenburg**.

Boizenburg
PLZ: 19258; Vorwahl: 038847

- ℹ️ **Stadtinformation Boizenburg**, Markt 1, ☎ 55519
- ⚓ **Fahrgastschifffahrt**, Reederei Helle, ☎ 04136/403; Reederei Wilcke, ☎ 04139/6285; Raddampfer Kaiser Wilhelm, Informationen bei der Tourist Info De-OpenDoor ☎ 520267
- 🏛 **Heimatmuseum**, Markt 1, ☎ 52074, ÖZ: Mi, Fr 10-12 Uhr u. 14-16 Uhr, Sa (Mai-Sept.) 14-17 Uhr, So 14-17 Uhr
- 🏛 **Fliesenmuseum**, Reichenstr. 4, ☎ 53881. ÖZ: Di-Fr 10-12 Uhr und 14-16 Uhr, Sa, So 14-16 Uhr. Im ersten deutschen Fliesenmuseum werden künstlerisch gestaltete Fliesen vom Anfang des 19. Jhs bis in die Gegenwart gesammelt und präsentiert.

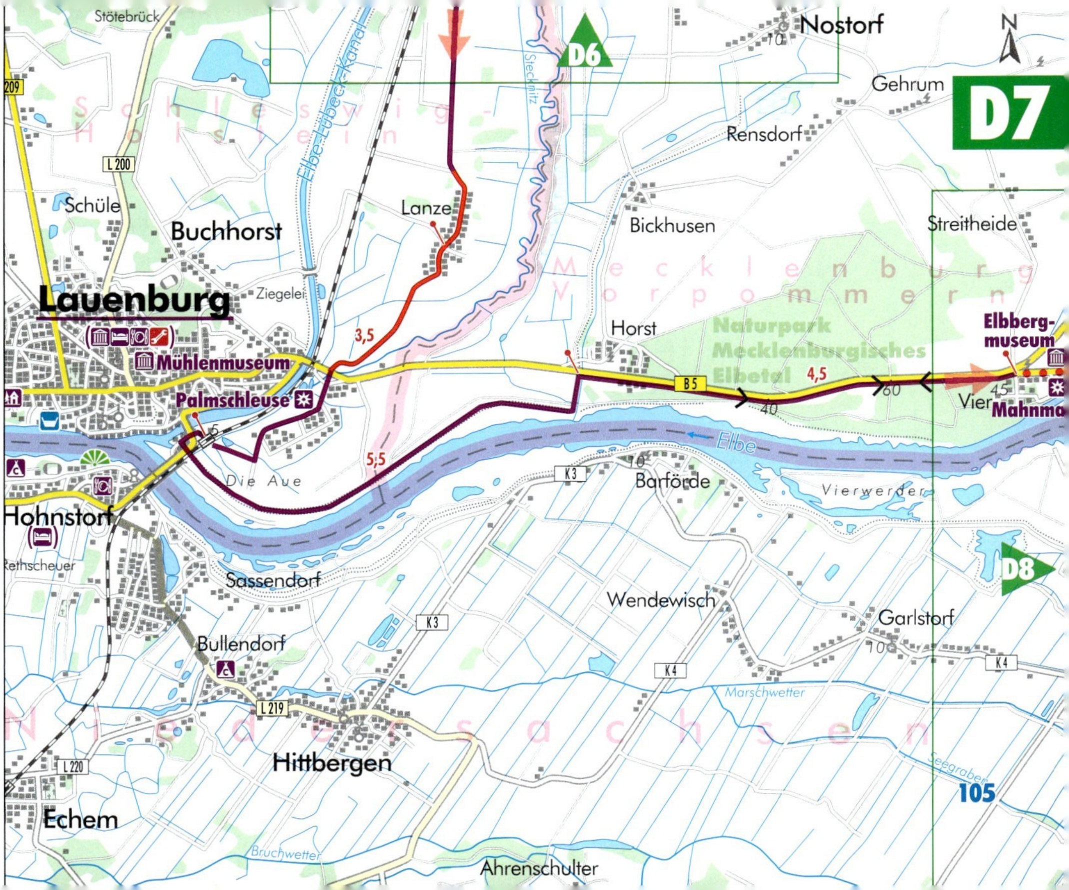

🏛 **Elbbergmuseum**, am westlichen Stadtrand über die B 5 erreichbar, ✆ 52074. ÖZ: Mai-Sept., Sa, So 14-17 Uhr. An diesem zweifach historischen Ort gab es zur Zeit des Nationalsozialismus ein Außenlager des ehemaligen KZ Neuengamme und später zu DDR-Zeiten den Transitvorkontrollposten der ehemaligen innerdeutschen Grenze. Die Ausstellungen zu diesen Themen werden im ehemaligen Küchenkeller des KZ-Außenlagers gezeigt.

Elbbergmuseum bei Boizenburg

✴ historische Wallanlage
✉ **Naturerlebnisbad**, Boizestr. 5, ✆ 33245
🍴 **M. Strauß**, Am Mühlenteich, ✆ 53016

Boizenburg präsentiert sich als „Fliesenstadt": Auf einem Stadtrundgang können Werke aktueller Künstler an verschiedenen Hausfassaden mit Fliesen betrachtet werden.

Es gibt eine hübsche Altstadt mit schönen Fachwerkhäusern, Restaurants und Cafés.

Boizenburg wurde 1158 das erste Mal urkundlich erwähnt, 1267 erhielt es das Stadtrecht.

Über die Jahrhunderte entwickelten sich Handwerk, Fischfang und der Handel mit Getreide, Holz und Salz. Durch einen großen Brand wurden 1709 das Rathaus und 150 Häuser zerstört.

Nach dem Zweiten Weltkrieg lag es als deutsch-deutsche Grenzstadt in der sowjetischen Besatzungszone. Geprägt war Boizenburg zur Zeit des Kalten Krieges von Fliesenproduktion und dem Schiffbau auf der Elbewerft, die 1997 den Betrieb einstellte. Heute zählt die Stadt 11.000 Einwohner. Die an der Elbe gelegene Stadt bietet zudem die Möglichkeit, bei einer Schifffahrt den Naturpark „Mecklenburgisches Elbetal" zu erkunden.

Man fährt über die Hauptstraße am **Marktplatz** mit Kirche und Rathaus vorbei und biegt hinter den Wallanlagen rechts ab zum gut ausgeschilderten **Elbe-Radweg**, in den man links einbiegt. Nach dem historischen Kopfsteinpflaster am Ortsausgang ist der Weg Richtung Gothmann asphaltiert.

In **Gothmann** passiert man den Wachturm.

Tipp: Da der Weg über die B 195 wenig attraktiv und der ausgeschilderte Weg als schlechte Wegstrecke markiert und teilweise sogar sandig ist, bleibt man am Elbufer. Man quert die Sude über die alte Grenztruppen-Brücke und radelt über einen Lochplattenweg nach Bleckede auf dem Deich.

Nach Überquerung der Grenze – man befindet sich seit 1993 in Niedersachsen (s. Amt Neuhaus) – entpuppt sich der Weg als wunderbarer „Hosenträgerweg" mit gut befahrbaren glatten Platten.

In **Neu Bleckede** kommt man auf die Landstraße, hält sich rechts, passiert einen Wachturm und kommt zur Fähre nach Bleckede.

Neu Bleckede

🚲 Weber's Fahrradshop, Breitestr. 6, ☎ 05852/1272

Der Bahnhof und die Eisenbahnverbindung wurden 1977 stillgelegt.

DDR-Grenzpolizei auf der Elbe in den 1950er-Jahren

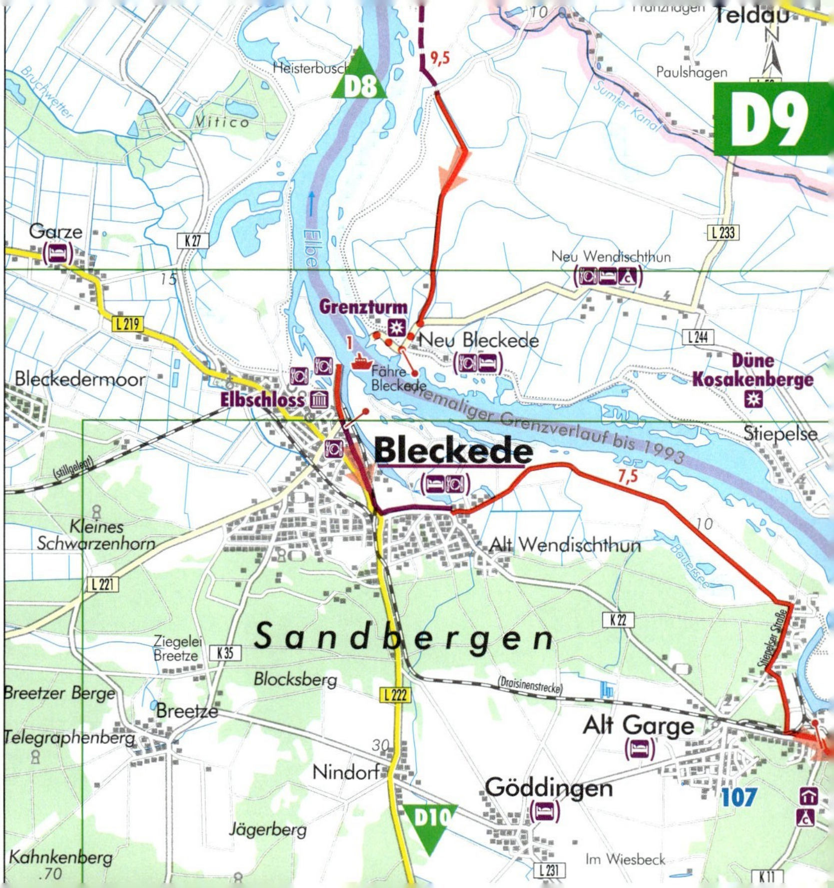

Bleckede (1984/2006)

Von Neu Bleckede nach Hitzacker 30 km
Bleckede
PLZ: 21354; Vorwahl: 05852
- **Tourismusleitstelle Nord Elberadweg**, Im Elbschloss Bleckede, Schlossstr. 10, ✆ 951495
- **Fähre Bleckede**, ✆ 2255, Fährzeiten: Mo-Sa 5.30-23 Uhr, So/Fei 9-20 Uhr
- **Elbschloss Bleckede**, Schlossstr. 10, ✆ 95140, ÖZ: April-Okt., Do-So 10-18 Uhr, Nov.-März, Mi-So 10-17 Uhr, Führungen n. V. Zentrales Informations- und Besucherzentrum der Elbtalaue mit großer Ausstellungsfläche für die Präsentation der Flusslandschaft Elbe. Vom Schlossturm haben Sie eine wunderbare Aussicht über die Elbe, im Aquarium können Sie die Unterwasserwelt des Flusses erleben und die Storchen-Live-Kamera lässt Sie das Leben der Störche mitverfolgen. Zahlreiche kulturelle Veranstaltungen finden im Schlosshof statt. Die Umweltwerkstatt bietet sehr kreative Aktivitäten für die Kleinen zu verschiedenen Themen.
- **Waldlehrpfad**, Auskünfte: Hof Bleckeder Moor, Lüneburger Straße, ✆ 9770
- **Naturkundliche Führungen**, Elbschloss Bleckede, ✆ 95140

Von der Fähre radelt man bis zur Hauptstraße, biegt dort links ab und folgt nach einer Weile der Beschilderung nach links in die **Elbuferstraße** nach Hitzacker. In **Alt Garge** folgt man der Hauptstraße und fährt am Kreisverkehr versetzt geradeaus links von den Gleisen auf dem Radweg.

Alt Garge
- **Draisinentour**, ✆ 05852/9519942, Radfahren einmal anders: Fahren Sie 14 Kilometer auf einer ehemaligen Werksbahnstrecke durch die Elbtalaue. Abfahrt täglich um 10 und 14 Uhr vom Draisinenbahnhof Alt Garge, Anmeldung erbeten.
- **Freibad Bleckede**, Am Waldbad 5, ✆ 05854/334. ÖZ: Mo 13.30-19.30 Uhr, Di-Fr 9.30-19.30 Uhr, Sa, So 8.30-19.30 Uhr

Am Ortsausgang fährt man entlang der Schiene. Wenn man von der Straße nach links abzweigt, befindet sich auf der linken Seite eine ausgeschilderte Gedenkstätte, die an das Außenlager des KZ Neuengamme erinnert.

Man quert die Eisenbahnschienen, erreicht die Elbe und radelt auf der für Kfz gesperrten Straße nach **Walmsburg** und dann weiter nach Katemin.

Am Ortseingang von **Katemin** trauert die Gemeinde um die gefallenen Söhne des Ersten und Zweiten Weltkrieges. Die Schilder des Elbe-Radwegs gehen nach Hitzacker in beide Richtungen. Am Landhaus Katemin biegt man links ab und fährt auf dem Radstreifen der Straße, die zur Fähre führt.

Neu Darchau
- **Fähre Darchau**, ✆ 05853/1322, Fährzeiten: Mo-Sa 5.30-21 Uhr, So/Fei 9-21 Uhr.

Tipp: Von Neu Darchau aus setzt man für € 1,50 mit der Elbfähre hinüber nach Darchau.

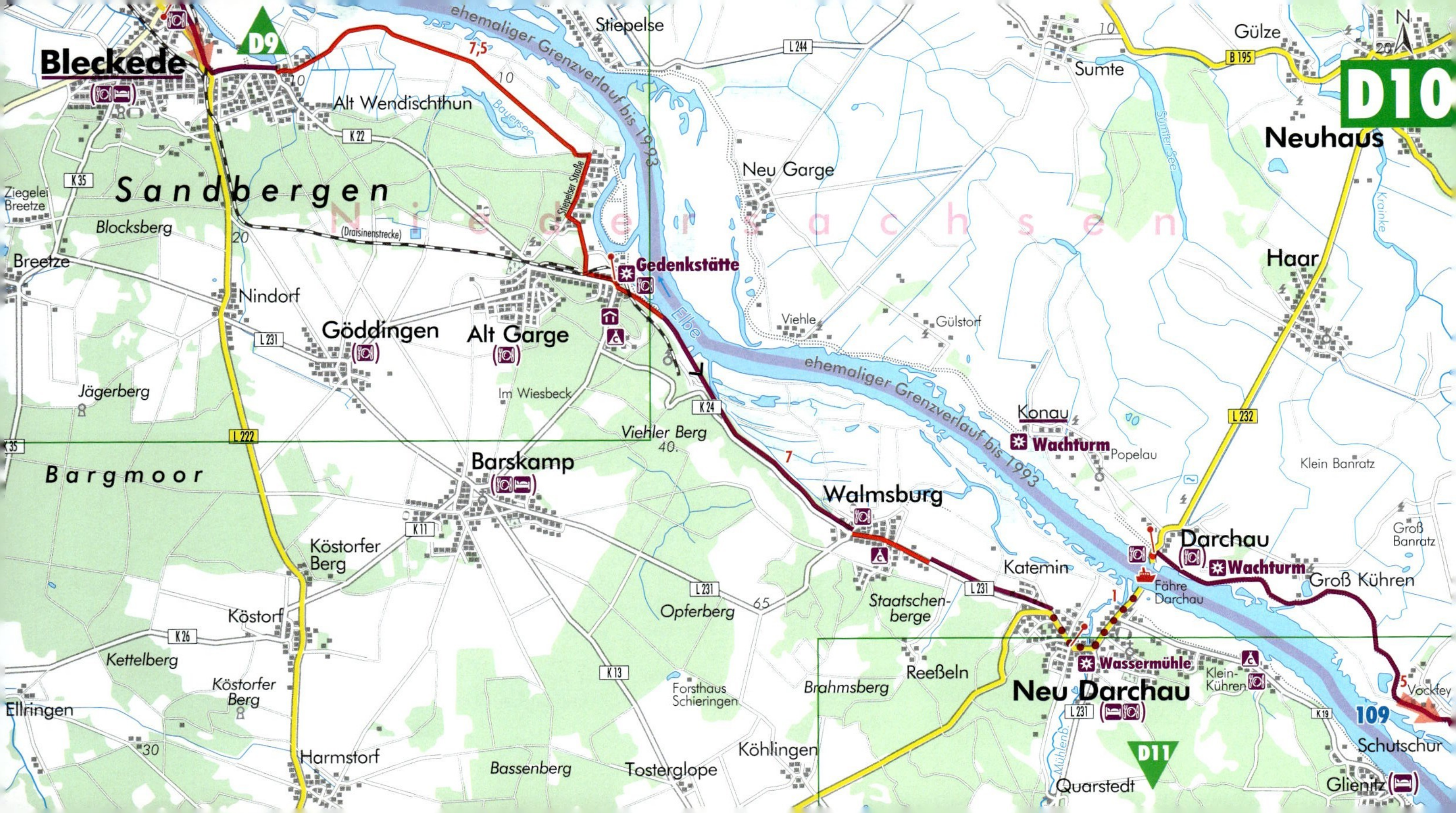

D10

Bleckede

D9

Stiepelse

L 244

Gülze

Sumte

B 195

Neuhaus

Alt Wendischthun

7,5

10

Neu Garge

K 22

Haar

S a n d b e r g e n

N i e d e r s a c h s e n

K 35

Ziegelei
Breetze

Blocksberg

20

(Draisinenstrecke)

Breetze

Gedenkstätte

Viehle

Gülstorf

Nindorf

L 231

Göddingen

Alt Garge

Jägerberg

Im Wiesbeck

Elbe

ehemaliger Grenzverlauf bis 1993

Konau

L 232

Popelau

Wachturm

Klein Banratz

L 222

B a r g m o o r

Viehler Berg
40.

K 24

7

Walmsburg

Darchau

Wachturm

Groß
Banratz

K 35

Barskamp

Groß Kühren

Köstorfer
Berg

K 11

Opferberg

65

L 231

Katemin

Staatschen-
berge

Fähre
Darchau

Klein-
Kühren

Köstorf

K 26

Kettelberg

Köstorfer
Berg

K 13

Forsthaus
Schieringen

Brahmsberg

Reeßeln

Wassermühle

Neu Darchau

5

Vockfey

109

Schutzschür

Ellringen

30

Harmstorf

Bassenberg

Tosterglope

Köhlingen

Quarstedt

Glienitz

D11

L 231

K 19

Grenzturm und Mauer bei Darchau

Auf der anderen Seite der Elbe, in **Darchau**, biegt man sofort rechts ab auf den Deich. Der Weg ist mal auf, meist aber neben dem Deich, sodass man von der Elbe nichts sieht. Auch in Darchau steht noch ein Wachturm. Immer wieder sieht man Steine, die an den Deichneubau nach der großen Flut erinnern.

Elbeflut 2002

Im August 2002 lösten sintflutartige Regenfälle im Erzgebirge und im Riesengebirge ein Jahrhunderthochwasser entlang der Elbe und deren Nebenflüssen aus. Auch Österreich war durch Regenfälle in den Alpen stark betroffen, ebenso gab es eine ausgeprägte Flut in Tschechien und Polen.

Ausgelöst wurde das Ereignis durch eine extreme und sehr seltene Wetterlage, die auch schon 1997 zur Oderflut geführt hatte. Dabei weichen die Luftmassen bei ihrer West-Ost-Bewegung in Richtung Süden zum Mittelmeer ab. Dort nehmen sie Luftfeuchtigkeit auf, nachdem sie sich erwärmt haben. Nach Überquerung der Alpen stoßen sie dort auf Kaltluft, kühlen sich ab und es kommt zu starken Niederschlägen in relativ kurzer Zeit.

Diese besondere Konstellation wird 5b-Wetterlage genannt. Weite Landstriche wurden von der Elbe dabei unter Wasser gesetzt, beginnend in Tschechien und Sachsen (Bad Schandau, Pirna, Dresden, Meißen), über Sachsen-Anhalt (Landkreis Wittenberg) und Niedersachsen. Der Gesamtschaden betrug in Deutschland ca. 15 Milliarden Euro.

Im Jahr 2000 gab es an Elbe und Oder große Überschwemmungen, weshalb in den Jahren danach die Deiche erhöht und verstärkt wurden.

Man radelt durch **Vockfey**, **Pommau**, **Privelack** und **Bitter** oben auf dem asphaltierten Deichweg und hat einen Blick auf die Elbe und die Elbberge auf der anderen Seite. Das ist angenehmer, als sie dort mit dem Rad zu erklimmen. Nach 30 Kilometern erreicht man **Herrenhof**, wo ein Stein an den Deichneubau 2001 erinnert.

Tipp: Mit der Fähre setzt man über nach Hitzacker, das diverse Übernachtungs- und Einkehrmöglichkeiten bietet.

Hitzacker

PLZ: 29456; Vorwahl: 05862

- **Tourist-Information Hitzacker**, Am Markt 7, ✆ 96970
- **Fähre Hitzacker** für Personen und Fahrräder, Herr Jahnke, ✆ 0160/5960668 oder 05852/97550, Fährzeiten: 1. April - 15. Okt. Mo-So 9-18 Uhr u. n. V. Tipp: Bei morgendlichem Tourstart anfragen, denn Hitzacker ist empfindlich für Niedrigwasser!
- **Elbrundfahrten**, Frau Paulin, Bahnhofstr. 6, ✆ 0171/3626000 od. ✆ 7791.
- **Rundfahrten** und Charterfahrten auf dem ehemaligen Zollboot Hitzacker, Info: Tourist-Information.
- **Archäologisches Zentrum Hitzacker**, Am Hitzacker See, ✆ 6794. ÖZ: April und Okt., Di-Fr 10-16 Uhr, Sa, So/Fei 10-18 Uhr, Mai-Sept., Di-So 10-18 Uhr.
- **Das Alte Zollhaus Hitzacker (Elbe) Museum**, Zollstr. 2, ✆ 8838. ÖZ: Di-Fr 10-12.30 Uhr und 14.30-17.00 Uhr, Sa,So/Fei 10-17 Uhr und n.V.

Elbe bei Neu Darchau

Reeßeln
Wassermühle
Neu Darchau
Klein Kühren
D10
Vockfey
Zeetze
B 195
Laaver
Moor
Laave
D11

Schutschur
K 19
ehemaliger Grenzverlauf bis 1993
Pommau
Stixer Wanderdüne

L 231
Quarstedt
110
Glienitz
Stixer Hof
Stixe

75 Darzauer Mühle
60
95
Die
Elbe
Privelack
15

Darzau
Drethem
Kaarßen
Ventschau
Sammatz
30
K 36
85

Moislingen
K 19
Tiesmesland
Rassau
ehemaliger Grenzverlauf bis 1993

35
40
Bahrendorf
9

Kovahl
Wietzetze
65
Tießau
10
B 195

Neestahl
Klötzie
Junkerwerder
Pinau

Tangsehl
65

90
L 231
Bitter

Pommoissel
Leitstade
K 36
Herrenhof
D12

Breese
Gut Meudelfitz
Aussichtsturm
Klötzie
Fähre Hitzacker-Herrenhof
4

Nieperfitz
100
Hechtberg
Forsthaus Posade
Siedlung Meudelfitz
85
Elbe
111 Laake

Lüben
Govelin
Harlingen
Pussade
Sarchem
Eichengrund
Hitzacker
L 255
Herrenmühle

Niedersachsen

✱ Die **Historische Altstadt** liegt auf der von dem Flüsschen Jeetzel umflossenen Stadtinsel.
✱ **Hochseilgarten**, Infos unter ☏ 9770 und ☏ 959100, Klettern in luftige Höhen.
✱ **Aussichtsturm** Klötzie
✱ Auf dem **Weinberg** wurde seit 1528 Wein angebaut bis im Jahr 1713 ein Hagelsturm alle Weinstöcke vernichtete. Seit 1983 wird diese alte Tradition am nördlichsten Weinberg Deutschlands fortgeführt.
✱ **Freibad Hitzacker**, Hiddo-Bad, Am Markt 7, ☏ 96043. ÖZ: Mai-Sept., Mo-Fr 10-20 Uhr, Sa, So 9.30-19 Uhr.
✱ **Bike Saloon**, Am Landgraben, ☏ 8528
✱ **R. Reibe**, Lüneburger Str. 2, ☏ 1602

In den zwölf verschiedenen Stadtteilen von Hitzacker, wo die Jeetzel in die Elbe mündet, leben etwas mehr als 5.000 Einwohner. Die Altstadt liegt auf einer Insel inmitten der Jeetzel und am südöstlichen Fuße der sogenannten Elbhöhen. Diese zählen schon zur Lüneburger Heide, während die Niederungsgebiete der Altstadt zur Elbtalaue gehören. In Hitzacker gibt es eine Personenfähre über die Elbe.

Die Gegend um Hitzacker weist Besiedlungsspuren bis in die Bronzezeit auf, die im Archäologischen Zentrum am Hitzackersee dokumentiert sind. Die Jeetzel diente als Nahrungsquelle durch ihren Fischreichtum und als Transportweg.

1203 wurde Hitzacker erstmals urkundlich erwähnt und erhielt 1258 das Stadtrecht. 1260 wurde ein einträglicher Elbzoll eingeführt, der der Stadt eine gute wirtschaftliche Entwicklung sicherte. Diese war vor allem durch Schifffahrt, Bierbrauerei und Kornhandel mit Hamburg geprägt. Allerdings wurde der wirtschaftliche Aufschwung durch Pestepidemien und die Folgen des Dreißigjährigen und des Siebenjährigen Krieges ausgebremst. Ab den 1870er-Jahren hatte die Stadt mit den Folgen der Aufhebung des Elbzolls und der zunehmenden Bedeutungslosigkeit der Jeetzel als Verkehrsweg zu kämpfen.

Nach 1945 war die Versorgung Berlins mit Gütern über die Elbe enorm wichtig, nachdem die Schifffahrt durch Fahrrinnenoptimierung und bessere Kanalanbindung wieder an Bedeutung gewonnen hatte. Da Hitzacker nicht durch Deiche geschützt ist, kam es im Frühjahr 2006 zur totalen Überschwemmung des historischen Stadtkerns. Selbst die Rekordmarke von 2002 wurde übertroffen.

Wendlandbahn

Die eingleisige Wendlandbahn führt von Lüneburg durch das Wendland nach Dannenberg (Elbe). Bis 1945 verlief die Strecke weiter über Dömitz nach Wittenberge und war Teil einer Verbindung von Berlin nach Bremerhaven, die aber nie durchgehend im Personenverkehr befahren wurde. Die Strecke wurde 1873 eröffnet, die Eisenbahnbrücke über die Elbe bei Dömitz wurde bei einem Luftangriff am 20. April 1945 zerstört, ihre Reste sind noch zu sehen. Die Wendlandbahn verkehrt als Regionalbahnlinie nur alle drei Stunden zwischen den Bahnhöfen Lüneburg und Dannenberg. Sie wäre schon längst stillgelegt, wenn sie nicht genutzt würde für den Transport von radioaktiven Abfällen mit Castor-Behältern, die für das Atommülllager in Gorleben bestimmt sind. Da die Strecke aus diesem Anlass oft von Atomkraftgegnern blockiert wird, ruht der ohnehin spärliche Personenverkehr auf der Wendlandbahn zur Zeit der Castortransporte.

Amt Neuhaus

Die heute zu Niedersachsen gehörende rechtselbische Gemeinde „Amt Neuhaus" ist durch Staatsvertrag zwischen den Ländern Mecklenburg-Vorpommern und Niedersachen am 30. Juni 1993 aus der Taufe gehoben worden. Das Gebiet umfasst eine Fläche von ca. 240 Quadratkilometer und hat ca. 6.000 Einwohner.

Nach der Wende hatten in dem heutigen Gemeindegebiet zunächst acht selbständige Gemeinden existiert (Sückau, Dellien, Neuhaus, Sumte, Kaarßen, Haar, Stapel, Tripkau). Im Mai 1990 fanden erstmals in der DDR demokratische Wahlen zu den Gemeindevertretungen statt. Die acht Gemeinderäte mit ihren damals insgesamt 92 Ratsmitgliedern beschlossen jeweils einstimmig die Umgliederung der Gemeinden aus dem Land Mecklenburg-Vorpommern in das Land

Niedersachsen. Diese Beschlüsse entstanden vor dem Hintergrund der Zugehörigkeit zur Provinz Hannover bis zum Ende des Zweiten Weltkrieges und der aus damaliger Zeit noch bestehenden, elbübergreifenden Bindungen familiärer, kirchlicher und wirtschaftlicher Art.

Von Hitzacker nach Dömitz/Kaltenhof   19 km

Von Hitzacker fährt man mit der Fähre nach Herrenhof und biegt dort rechts ab auf den Deich, wo man die Wahl hat zwischen dem asphaltierten Weg entlang des Deiches, ohne die Elbe zu sehen, und auf dem Deich mit gut befahrbarer, wassergebundener Decke. Nicht zuletzt wird die Windrichtung die Entscheidung beeinflussen.

Man fährt durch **Laake**. In **Strachau** geht es wenige Meter links ab vom Deich, dann gleich

Verlassenes Haus in Rüterberg

wieder rechts durchs Dorf. Man kommt wieder auf den Deich, bleibt an der Elbe und erreicht **Raffatz**, wo – wie auch in **Wilkenstorf** – an den Deichneubau 1999 erinnert wird. Nach **Bohnenburg** fährt man auf einem gut befahrbaren Hosenträgerweg.

Vor Wehningen vollzieht der Radweg einen Bogen um den Elbarm „Alter Haken". Man radelt zwischen Ort und Elbe und braucht hinter Wehningen, etwa 2 Kilometer vor Rüterberg, nicht auf die B 195 auszuweichen. Man folgt dem festen Sandweg in Richtung **Rüterberg** und **Dömitz** und kann dann auf einem wunderschönen asphaltierten Weg auf der Deichkrone fahren. Nach einem kurzen Stück befindet man sich wieder in Mecklenburg-Vorpommern, und die ersten Häuser tauchen hinter den Bäumen auf.

Rüterberg

🏛 Im Hotel-Restaurant „Elbklause" befindet sich eine **Heimatstube**, die das **Grenzmuseum der Dorfrepublik Rüterberg** ist. ÖZ: Mo-So ab 12 Uhr.

Dorfrepublik Rüterberg

Seit 1340 existiert am Ostufer der Elbe das heute benannte Rüterberg. 1898 wurde am Ortsende eine Klinkerfabrik errichtet, und sieben Jahre später entstand eine zweite Ziegelei im Ortsteil Broda. Ab dem 1. Juli 1945 verlief entlang der Elbe auf 95 Kilometer Länge die Grenze zwischen den westlichen und der sowjetischen Besatzungszone. Rüterberg wurde über

Ehemaliges Eingangstor der Dorfrepublik Rüterberg

Nacht zu einem Grenzdorf. Am frühen Morgen des 6. Juni 1952 rollte im Rahmen der sogenannten Aktion „Ungeziefer" ein Konvoi mit Lastkraftwagen und Autos in Rüterberg-Broda ein. Polizisten und Angehörige des Ministeriums für Staatssicherheit (MfS) stürmten und besetzten zahlreiche Gebäude. Mehrere Familien mussten in aller Eile die nötigsten Dinge zusammenpacken und ihre Häuser verlassen. Sie wurden in das Hinterland zwangsumgesiedelt.

Im Zuge der Aktion „Festigung" wurden am 3. Oktober 1961 26 Grundstücke eingeebnet, manche Wohnhäuser wurden von der LPG als Kälberställe weiter genutzt. Die Grenzanlagen entlang des Elbufers wurden befestigt. 1967 erfolgte am Ostufer der Elbe ein weiterer Ausbau der Grenzanlagen, wobei die Sicherung der Grenze zunehmend vom Wasser auf den Uferstreifen entlang der Elbe verlegt wurde. Niemand sollte bis ans Ufer der Elbe treten können. Im Zuge dieser Baumaßnahmen wurde rings um Rüterberg ein zweiter Grenzzaun errichtet, der nun das Dorf auch vom restlichen Territorium der DDR isolierte.

„Ihre Dokumente zur Einreise, bitte!" So lautete von nun an die Forderung der Wachposten am einzigen Zugangstor zum Dorf. Dieses Tor blieb von 23 Uhr bis zum Morgengrauen verschlossen. Die Einwohner von Rüterberg mussten für den Zugang ihren Personalausweis vorlegen und fremde Besucher benötigten eine besondere Erlaubnis. Die 150 Einwohner waren komplett eingesperrt und mussten sich mit diesen Bedingungen wohl oder übel arrangieren.

1988 wurde der innere Grenzzaun durch ein stabileres Modell ausgetauscht. Bei den Bewohnern von Rüterberg machte sich Wut breit. Am 24. Oktober 1989 beantragte Hans Rasenberger, der die Jahre zuvor den Dorfklub leitete, eine Einwohnerversammlung. Nach staatssicherheitlichen Vorschriften gelangte der Antrag zu den Behörden nach Ost-Berlin. Für Mittwoch, den 8. November 1989, wurde die Einwohnerversammlung genehmigt. 90 Einwohner Rüterbergs versammelten sich um 19.30 Uhr im Gemeindehaus. Die Atmosphäre war angespannt. Es lag in der Luft, dass an diesem Abend etwas passieren würde. Hans Rasenberger hatte sich bereits die Jahre zuvor mit der Geschichte der Schweiz und den dortigen Dorfgemeinschaften beschäftigt. Sorgfältig arbeitete er ein Schriftstück aus, das er den Anwesenden vorlegte. In diesem Schreiben schlug er vor, in der Urform der schweizerischen Demokratie der Landsgemeinde abzustimmen, um sich somit eigene Gesetze für das Dorf schaffen zu können. „Wer für die Dorfrepublik Rüterberg ist, der hebe die Hand", rief er den Bewohnern von Rüterberg zu. Alle 90 anwesenden Bewohner hoben die Hand. Einstimmig sprachen sie sich für die Dorfrepublik aus. Man beschloss, sich von nun an nicht mehr bevormunden zu lassen, das Schicksal fortan in die eigene Hand zu nehmen.

Der Zufall der Geschichte wollte es, dass bereits am nächsten Abend die Berliner Mauer geöffnet wurde. Staatliche Anerkennung wurde Rüterberg am 14. Juli 1991 zuteil. Das Land Mecklenburg-Vorpommern verlieh der Gemeinde Rüterberg das Recht, die Bezeichnung „Rüterberg Dorfrepublik 1967–1989" zu führen.

Denkmal Rüterberg

Ein Denkmal erinnert an diese Geschichte. Man sieht den Stacheldraht mit einem Tor, einen Findling mit der Inschrift „Für die Opfer der Unmenschlichkeit" und darüber ein Schild mit einem knieenden Soldaten, der schießt. Ob der Schlagbaum, der Schutzstreifen oder der Zaun auch an dieser Stelle standen, ist nicht bekannt. In Rüterberg gibt es auch einen Wachturm, der zum Wohnhaus umfunktioniert wurde.

Die Elbgrenze

Probleme bereitete der genaue Verlauf der 95 Kilometer langen Demarkationslinie auf der Elbe. Laut Londoner Protokoll gehörte die gesamte Breite der Elbe zum Gebiet der westlichen Besatzungszonen und somit zur Bundesrepublik Deutschland. Das Territorium der DDR begann demzufolge direkt am östlichen Ufer der Elbe.

In der Praxis verlief die Demarkationslinie in der Mitte des Flusses, und die Gewässerhälften konnten von den jeweiligen Seiten benutzt werden. Ein Problem jedoch war die unterschiedlich verlaufende Fahrrinne, die sich je nach Pegelständen und Sandablagerungen in den Flusskurven ständig

Blick auf die Elbe bei Dömitz

D12
D11
D13
115
Wehningen
Heidhof
Pinau
Bitter
Herrenhof
Fähre Hitzacker-Herrenhof
Hitzacker
Archäologisches Zentrum
Hitzacker-See
Bohnenburg
Wilkenstorf
Raffatz
Laake
Strachau
ehemaliger Grenzverlauf bis 1993
Elbe
Neue Löcknitz
Mecklenburg-Vorpommern
Niedersachsen
Rüterberg
Elbklause
Wachturm
Barnitz
Landsatz
Jasebeck
Uhlenhorst
Strachauer Rad
Friedrichsruh
Damnatz
Wulfsahl
Festung Dömitz
Dömitz
(stillgelegt)
Düker
Müritz-Elde-Wasserstraße
zerstörte Eisenbahnbrücke
Kaltenhof
Brandleben
Kacherien
Quickborn
Langendorf
Baar
Wussegel
Nienwedel
Penkefitz
Taube Elbe
Seerau
Grabau
Kamerun
Seedorf
Predöhlsau
Dambeck
Gümser See
Sipnitz
Kähmen
Pisselberg
Jeetzel
Breese in der Marsch
Gümse
Dannenberg
Riskau
Streetz
Tripkau
Seybruch
Nebenstedt
B 191
B 195
B 216
K 13
K 14
K 27
K 29
K 36
L 231
(sehr sandig)
1,5
2
3
3,5
4
5,5
8
10
15
35

verschob. Weiterhin gab es die Regelung, dass auf internationalen Wasserstraßen die Schifffahrt auf der ganzen Breite der Fahrrinne stattfindet. Die Elbe war eine Bundeswasserstraße der 1. Ordnung und somit auch für Sportboote befahrbar. Da diese Regelungen von der BRD und der DDR unterschiedlich ausgelegt und interpretiert wurden, kam es immer wieder zu Problemen und Konflikten über den Grenzverlauf der Elbe.

Vom Anlaufpunkt „Elbklause" aus durchfährt man den Ort und folgt dem Weg in Richtung Dömitz. Am See zeigt die Beschilderung nach links zur B 195. Geradeaus geht aber auch ein einigermaßen befahrbarer Plattenweg nach Dömitz und er bietet einen wunderbaren Blick auf die Dömitzer Brücke. An der B 191 angekommen, biegt man zunächst rechts ab auf den separaten Radweg, dann vor der Brücke links ab und radelt am Elbufer entlang nach **Dömitz**.

Dömitz
PLZ: 19303; Vorwahl: 038758
- **Tourist-Information**, Rathauspl. 1, ✆ 22112
- **Tourismusverband Mecklenburg-Schwerin e. V.**, Alexandrinenpl. 7, 19288 Ludwigslust, ✆ 03874/666392
- **Museum Dömitz**, Festung Dömitz, ✆ 22401. ÖZ: Mai-Okt., Di-Fr 9-17 Uhr, Sa, So/Fei 10-18 Uhr, Nov.-April, Di-Fr 10-16.30 Uhr, Sa, So/Fei 10-16.30 Uhr. Im Museum werden verschiedene Ausstellungen, u. a. zur Geschichte der Festung und der Stadt gezeigt. Es gibt auch eine Gedenkhalle für den niederdeutschen Schriftsteller Fritz Reuter.

Dömitz (1984/2006)

- **Festung Dömitz** mit Festungsgraben. Eines der über 39 Schlösser und Herrenhäuser Mecklenburg-Vorpommerns.
- **Wander-Binnendüne** in Klein Schmölen, Informationen bei der Naturparkverwaltung, ✆ 038847624840.
- **Fahrrad Behncke**, Friedrich-Franz-Str. 21, ✆ 22543

Tipp: In Dömitz gibt es auch zwei Restaurants in der Schweriner Straße: „Zur Festung" und etwas dahinter mit einer Terrasse zur Müritz-Elde-Wasserstraße die „Alte Zunft" (✆ 35876).

Die Kleinstadt Dömitz mit ca. 3.300 Einwohnern im Landkreis Ludwigslust ist der südlichste Ort Mecklenburg-Vorpommerns. Sie liegt im Naturpark „Mecklenburgisches Elbetal" und stellt den Endpunkt der Müritz-Elde-Wasserstraße dar. Seit April 2004 gehören zu Dömitz die bis dahin selbstständigen Gemeinden Heidhof, Polz und Rüterberg.

1230 wurde erstmals ein Priester Heinrich von Dömitz erwähnt, für 1235 gibt es Nachweise für eine westlich des Ortes auf einer Elbinsel errichteten Burg. Sie ist kreisrund angelegt, was auf einen slawischen Ursprung schließen lässt. Als Stadt wurde Dömitz erstmals 1259 erwähnt, wobei ein Beleg des Stadtrechts nur aus dem Jahre 1505 vorhanden ist. Die Festung bestimmte über die Jahrhunderte immer wieder das Schicksal der Stadt, sowohl im Dreißigjährigen Krieg als auch während der napoleonischen Kriege zu Beginn des 19. Jahrhunderts.

Ab 1870 wurde Dömitz zum wichtigen Verkehrsknotenpunkt. Im Rahmen der Errichtung der Bahnstrecken Wittenberge–Lüneburg und Lübtheen–Ludwigslust entstand eine Eisenbahnbrücke über die Elbe, deren Ruine noch heute zu betrachten ist.

Mit der Eröffnung der Müritz-Elde-Wasserstraße und der Etablierung des Dömitzer Hafens als wichtigster Umschlagplatz auf der Elbe zwischen Magdeburg und Hamburg kam es in der Stadt zu Beginn des 20. Jahrhunderts zu größeren Industrieansiedlungen. Auch wurde von 1934–36 eine Straßenbrücke nach Niedersachsen gebaut.

Beide großen Brücken wurden Ende des Zweiten Weltkriegs zerstört. Dömitz litt während der deutschen Teilung unter der Grenznähe und den damit verbundenen Restriktionen der Sperrzone.

Nach der Wende wurde 1992 die Straßenbrücke wiederaufgebaut, an die Eisenbahnverbindung erinnert nur die Ruine.

Von Dömitz/Kaltenhof nach Gorleben   20 km

Vom Zentrum fährt man zur Festung, die am Elbe-Radweg liegt. In ihn biegt man rechts ein und radelt zur 2 Kilometer entfernten Elbe-Brücke. Auf der Dömitz zugewandten Seite befindet sich ein breiter separater Radweg. Hinter der Brücke geht es links ab und man kann auf dem Deichkamm radeln oder unten auf dem betonierten Weg.

Man unterquert die Ruine der Eisenbahn-Brücke, das „Sinnbild der Region", die Walter Moßmann in

Brückenkopf der Ruine bei Dömitz

seinem „Lied vom Lebensvogel" so eindrucksvoll besungen hat. Die Brücke wurde in den letzten Kriegstagen von deutschen Soldaten zerstört und bis heute nicht wieder aufgebaut. Sie war und ist ein Symbol der deutschen Teilung im Raum der Elbe.

Eisenbahnbrücke bei Dömitz

Diese Eisenbahnbrücke wurde von 1870 bis 1873 erbaut und war in jener Zeit die längste Brücke Deutschlands. Am 20. April 1945 wurde sie von alliierten Bomben getroffen und fast vollständig zerstört. Ein Segment fiel in die Elbe und konnte erst 1948 geborgen werden. Ab den 1960er-Jahren wurde der nordöstliche Brückenkopf von den DDR-Grenztruppen genutzt. 1987 wurde er jedoch gesprengt. Die alte Bundesstraße, die einst die beiden Regionen miteinander verband, wurde durch die im Jahre 1992 fertiggestellte Brücke wieder komplettiert.

Walter Moßmann

Als in West-Deutschland die Menschen gegen den „Atomstaat" (Robert Jungk) auf die Straße gingen und das atomare Endlager in Gorleben verhindern wollten, schrieb der westdeutsche Liedermacher Walter Moßmann 1978 das „Lied vom Lebensvogel". Er traute sich, das Undenkbare laut zu denken. Die letzte Strophe vom „Lebensvogel" lautet:

Da, wo die Elbe rauskommt aus dem Zaun,
der unter Strom steht und schießt;
Da, wo die Elbe n'Zaun lang
durch die grüne Stille fließt;
Steht dreiunddreißig Jahre, viel zu lange schon,
Eine zerbrochne Brücke als Sinnbild der Region,
Wo rechts und links vom Wasser
verwandte Menschen wohn',
Für die der Fluß so breit wie n'Weltmeer ist.

Demontierte Elbe-Eisenbahnbrücke am DDR-Ufer, Juni 1984

West-Zollboot vor der demontierten Elbe-Brücke, linkes Elbe-Ufer DDR-Gebiet, Juni 1984

> Da denk ich an den Oberrhein,
> die Grenze zwischen Wyhl und Marckolsheim.
> Warum soll so'n Zusammenschluss
> hier ausgeschlossen sein?
> Die Herrn in Ost und West
> spielen mit uns ein schlimmes Spiel,
> Schau, unter unsern Füßen
> brennt derselbe heiße Müll,
> Und doch sind uns die Nachbarn drüben fremd.
> Das Land ist still.
> Noch ist es still, …
> So sing doch, Vogel, sing,
> dass Gorleben lebt,
> Dass dort der Totengräber
> seine eigne Grube gräbt.

Moßmann zitiert die letzte Strophe aus dem Lied „Noch", das sein Freund und ostdeutscher Sangesbruder Wolf Biermann nach der Niederschlagung des Prager Frühlings geschrieben hatte. Bei Biermann heißt es:

> Dann hing ich im D-Zug am Fenster, und
> Der Fahrtwind preßte mir Wind in' Mund
> Die Augen gesteinigt vom Kohlestaub
> Ohren von kreischenden Rädern taub
> Hörte ich schwingen im Schienenschlag
> Lieder vom Frühling im roten Prag
> Und die Gitarre im Kasten lag
> Das Land ist still
> Die Menschen noch immer wie tot
> Still. Das Land ist still. Noch.

Elf Jahre später wurden beider Träume Wirklichkeit. Die Friedliche Revolution in der DDR und in den mittelosteuropäischen Ländern beendete die sich Sozialismus nennende „Diktatur über das Proletariat" (Biermann), und eine breite Bevölkerungsmehrheit stoppte den Bau weiterer Atomkraftwerke in Deutschland. Die in der DDR bestehenden Kernkraftwerke wurden nach der Wende stillgelegt, in der Bundesrepublik vereinbarte die rot-grüne Bundesregierung (1998–2005) im Jahr 2000 den Atomausstieg, den zurückzunehmen sich auch die große Koalition aus CDU und SPD nicht getraut hat.

In **Brandleben** geht es am Deich weiter, die Straße ist für Autos gesperrt. Man kann auf dem Damm oder auf dem asphaltierten Weg neben dem Damm radeln. Bei **Langendorf** erinnert ein Findling an den Deichneubau 1981. Und wenn rechts das Schild zum Landgasthaus Elbe erscheint, führt die asphaltierte Straße auf den Deich. Vor **Grippel** steht ein Aussichtsturm – mit Blick auf die einstigen Grenzanlagen und den Wachturm auf dem anderen Elbufer. Heute gibt es nur noch Hinweise auf das Biosphärenreservat „Niedersächsische Elbtalaue".

Biosphärenreservat Elbtalaue

Auf Initiative aller fünf angrenzenden Bundesländer wurde die mittlere Elbe 1997 als länderübergreifendes Biosphärenreservat „Flusslandschaft Elbe" von der UNESCO anerkannt. Es ist eines von 14 Biosphärenreservaten in Deutschland und dehnt sich 400 Kilometer entlang der Elbe aus. Der dauerhafte Schutz und die weitere Entwicklung des niedersächsischen Teils werden seit 2002 durch das „Gesetz über das Biosphärenreservat ,Niedersächsische Elbtalaue'" sichergestellt.

Die mittlere Elbe gehört zu den wenigen weitgehend noch unverbauten Flüssen Mitteleuropas. Der sich in weiten Schleifen windende Fluss mit seinen Ufern, Auen und Marschen prägt von alters her die von Menschen besiedelte Landschaft. Ausgedehnte Wiesen, Weiden, Auengewässer und Auwaldreste sind Lebensraum für unzählige, oft gefährdete Pflanzen und Tiere. Waldstörche nisten in

D13
D12
D14
Brandleben
Kacherien
Langendorf
Mühlenberg
Wentorfer Berg
Gusborn
Grippel
Pretzetze
Landwehr
Laase
Siemen
Gorleben
Meetschow
Aussichtsturm
Besandten
Unbesandten
Stall
Baarz
Polz
Löcknitz
Breetz
Seedorf
Eldenburg
Baekern
Mödlich
Kietz
Wootz
Pölitz
Elbe
Vietze
Heimat-museum
Aussichtsturm „Schwedenschanze"
Höhbeck
Pevestorf
Brünkendorf
Restorf
Laasche
Laascher See
Seege
Meetschower Hauptgraben
Gleinkendamm
Dannenberger Landgraben
Gedelitzer Kanal
Brandenburg
B 195
L 256
K 27
K 28
L 258
119
5,5
4,5
9

Radweg auf dem Elbdeich

fast jedem Ort, Kraniche brüten in abgelegenen Feuchtwiesen. Der Biber, vor Jahrzehnten fast ausgestorben, hat sich den gesamten Stromlauf zurückerobert. Tausende von nordischen Gänsen und Schwänen nutzen die Elbaue und angrenzenden Marsche im Winterhalbjahr als Rast- und Nahrungsgebiete.

Die Landstraße ist wenig befahren. In **Grippel** kann man auf einem separaten Radweg auf der rechten Straßenseite radeln. In **Laase** kreuzt man die Landstraße und fährt auf dem Damm. Zwischen Straße und Radweg ist ein Wald, sodass man mit einem wunderschönen Blick auf die Elbe radeln kann. Kurz vor Gorleben wechselt man wieder die Seite.

Gorleben

- **Kirche mit Gedenkstein** an die Jahre 1813-1913
- **Kriegerdenkmal** für die Gefallenen des Zweiten Weltkriegs

Gorleben (abgeleitet aus „Goor" = Schlick oder slawisch für Berg und „leben" = Erbe) wurde erstmals 1360 urkundlich als Teil des Herrschaftsgebietes von Dannenberg erwähnt. Am Ort der jetzigen Gemeinde stand eine Festung.

Bekannt wurde der Ort aber als Zwischen- und geplantes Endlager für radioaktive Abfälle. Seit Ende der 1970er-Jahre versammeln sich hier die Atomkraftgegner unter dem Motto „Gorleben ist überall". Die Atmosphäre solcher Protestversammlungen fing der kurz zuvor (1976) aus der DDR ausgebürgerte Liedermacher Wolf Biermann in seinem „Gorleben-Lied" ein. Die erste Strophe lautet:

Auf! Chauvies und Emanzen
Kommt mit uns paar Bäume pflanzen!
Und dann einen trinken! tanzen!
Das wolln wir.
Du, komm! Wir pflanzen grade
Eine grüne Barrikade
Gegen diesen atomaren
Wahnsinn hier.

Einen „NACHSATZ FÜR DIE HERREN DA OBEN" fügt er auch noch an

Glaubt nun ja nicht, dass wir zittern
Kindlich vor Naturgewalten!
Glaubt ihr wirklich, dass wir zittern
So vor dem Atomkraft-Spalten?
Nein! Vor E u c h und Euresgleichen,
Vor den Mächtigen und Reichen,
Vor den Bossen, die nur messen
Alles nach Profit-Interessen,
Nein, vor euch müssen wir zittern!
Ihr! Ihr seid uns nicht geheuer!
Ihr! Euch können wir nicht traun!
Ihr könnt mit dem Sonnenfeuer
Nichts als Scheiße baun

Das Lied beendet er mit einem Refrain, der für jede der fünf Strophen leicht abgeändert wird:

Gorleben soll leben!
Ja, ja, es soll leben
der Rest der Welt solls auch.
Ja, du pflanzt die Birke
Und ich den Strauch.

Am 3. Mai 1980 wurde in Gorleben die „Freie Republik Wendland" ausgerufen, um das geplante Endlager zu verhindern. Das dafür errichtete Hüttendorf wurde von der Polizei am 4. Juni desselben Jahres geräumt. Die Sicherheit der angestrebten Anlagen ist bis zum heutigen Tag höchst umstritten, unter anderem aus geologischen Gründen.

Wenn alljährlich im Herbst die Castor-Transporte aus Frankreich nach Gorleben einrollen, machen die Atomkraftgegner u. a. durch eigenes Anketten an die Gleise auf der Strecke nach Dannenberg mobil gegen die Nutzung der Atomenergie und die Lagerung von radioaktiven Abfällen im „Atomklo" Gorleben.

Das Gorleben-Lied schrieb Wolf Biermann übrigens „für Heinz B.", womit Heinz Brandt gemeint ist, der auch eine bewegte deutsch-deutsche Biografie aufweist.

Heinz Brandt

Heinz Brandt, 1909 in einer jüdischen Familie geboren, trat 1931 der KPD bei, gab 1933 illegal eine kommunistische Betriebszeitschrift heraus, wurde bereits ein Jahr später verhaftet und zu sechs Jahren Zuchthaus verurteilt. 1940 wurde er in das KZ Sachsenhausen, 1942 weiter nach Auschwitz und 1945 in das KZ Buchenwald deportiert, wo er von der US-Armee befreit wurde. Nach dem Krieg war er SED-Sekretär der Ost-Berliner Bezirksleitung und unterstützte im Juni 1953 die streikenden Arbeiter von Bergmann-Borsig. Im August 1953 wurde er deshalb aller Parteiämter enthoben.

Nach dem XX. Parteitag der KPdSU 1956, auf dem Chruschtschow in einer Geheimrede zum ersten Mal den Terror Stalins vor den Delegierten offengelegt hatte, fuhr Brandt nach Moskau, um sich nach dem Schicksal seiner Geschwister zu erkundigen, die vor 1933 in die Sowjetunion ausgewandert waren. Er fand heraus, dass sein Bruder der Kommunistenverfolgung Stalins zum Opfer gefallen und seine Schwester nach Sibirien verbannt worden war. Durch die Berichte, die er in Moskau zusammentragen konnte, wurde ihm klar, „dass Stalinismus ein Millio-

nen-Mord-Regime gewesen ist, und nicht das, was ich vorher angenommen hatte". Heinz Brandt floh deshalb 1958 aus der DDR in die Bundesrepublik.

Dort begann er als Journalist zu arbeiten. Die SED sah in ihm eine große Bedrohung und ließ ihn am 16. Juni 1961 vom DDR-Geheimdienst entführen. In den anschließenden Verhören bot man ihm die sofortige Freiheit an, falls er öffentlich erklären würde, er wäre aus Enttäuschung über die Bundesrepublik freiwillig in die DDR zurückgekehrt. Brandt lehnte dies ab und wurde 1962 zu 13 Jahren Zuchthaus verurteilt. Man warf ihm seine Beziehungen zum „Ost-Büro" der SPD vor, dessen Leiter Franz Neumann (1904–1974) er bereits aus der Weimarer Republik kannte.

Als Reaktion auf eine internationale Kampagne von Amnesty International wurde er 1964 entlassen und durfte in die Bundesrepublik zurückkehren. Er war der erste politische Häftling der DDR, den die Menschenrechtsorganisation aus der Haft befreien konnte. Danach schrieb er das Buch: „Ein Traum, der nicht entführbar ist".

Auch in der Bundesrepublik zeigte er Zivilcourage und Engagement für Demokratie und Menschenrechte. Er nutzte seine internationalen Kontakte, um das nach dem britischen Nobelpreisträger benannte „Russell-Tribunal" gegen den „Radikalenerlass" zu organisieren, der 1972 von der sozial-liberalen Koalition und allen Ministerpräsidenten auf den Weg gebracht wurde. Nicht nur Heinz Brandt, auch gro-

ße Teile der 1968er-Generation hatten sich damals unter „mehr Demokratie wagen" (Willy Brandt) etwas anderes als „Berufsverbote" vorgestellt. In dieser Praxis sah 1978 nicht nur das Russel-Tribunal, sondern 1995 auch der Europäische Gerichtshof in Straßburg eine Verletzung der Menschenrechte.

Weil Heinz Brandt aber nie einäugig auf die beiden deutschen Staaten schaute, setzte er sich mit demselben Engagement auch für ein Russel-Tribunal zur Situation der Menschenrechte in der DDR ein. Leider hatte er damit keinen Erfolg. Im Herbst 1980 entstand auf seine Initiative die Bewegung „Solidarität mit Solidarnosc", die in vielen Städten der Bundesrepublik Deutschland Geld für die oppositionelle polnische Gewerkschaft Solidarnosc sammelte. Heinz Brandt starb 1986.

Wolf Biermann

Der Schriftsteller und Liedermacher Wolf Biermann wurde 1936 als Sohn eines 1942 in Auschwitz ermordeten jüdischen Kommunisten geboren. Biermann zog 1953 von Hamburg nach Ost-Berlin, studierte Philosophie und Mathematik an der Humboldt-Universität, arbeitete als Theaterregisseur und hatte von 1962–65 öffentliche Auftritte mit Balladen, Gedichten und Liedern, sowohl in der DDR als auch in West-Deutschland. Nachdem 1965 „Die Drahtharfe" erschien, wurde er auf dem 11. Plenum des ZK der SED als „Kettenhund der Reaktion" diffamiert, der sich „mit den Mördern seines Vaters verbündet".

Er erhielt absolutes Publikations- und Auftrittsverbot in der DDR. Seine Bücher, Lieder und Gedichte erschienen aber im Westen und – als Untergrundliteratur – auch im Osten Europas. Das dem Schriftsteller Peter Huchel gewidmete Lied „Ermutigung" war sein wohl bekanntestes Lied in der DDR. Die erste Strophe lautet:

> Du, lass dich nicht verhärten
> In dieser harten Zeit
> Die allzu hart sind, brechen
> Die allzu spitz sind, stechen
> Und brechen ab sogleich

Zusammen mit seinem Freund, dem Kommunisten und Chemiker Robert Havemann, wurde Biermann zur Integrationsfigur einer sozialistischen Opposition gegen den Feudalsozialismus in der DDR. Am 16. November 1976 wurde ihm nach einem Konzert, das er vor 7.000 Menschen auf Einladung der IG Metall in Köln gab, die Wiedereinreise verweigert – obwohl ihm vorher das Rückkehrrecht zugesichert worden war. Wolf Biermann wurde die Staatsbürgerschaft der DDR aberkannt und aus der DDR ausgebürgert. Darauf folgte eine nie dagewesene Protestbewegung von Schriftstellern, Künstlern und Bürgern in der DDR.

Die „Ballade vom Preußischen Ikarus" – das Platten-Cover zeigt das Geländer der Berliner Weidendammer Brücke mit dem Preußischen Adler – war das letzte von Biermann in der DDR geschriebene Lied. In der dritten Strophe heißt es:

> Und wenn du wegwillst, musst du gehn
> Ich hab schon viele abhaun sehn
> Aus unserm halben Land
> Ich halt mich fest hier, bis mich kalt
> Dieser verhasste Vogel krallt
> Und zerrt mich übern Rand

Sein erstes Lied nach der Ausbürgerung, „Deutsches Miserere", widmete Biermann dem Philosophen Ernst Bloch (1885–1977). Die erste Strophe lautet:

> Und als ich von Deutschland
> nach Deutschland
> Gekommen bin in das Exil
> Da hat sich für mich geändert
> So wenig und ach so viel
> Ich hab ihn am eigenen Leibe
> Gemacht den brutalen Test
> Freiwillig von Westen nach Osten
> Gezwungen von Ost nach West

Von Gorleben nach Schnackenburg   22 km

Auf einem asphaltierten Weg, der für den Kfz-Verkehr gesperrt ist, geht es nach **Meetschow**, wo es ausgeschildert um einige Ecken zur Elbe geht. Man fährt auf die Straße über den Deich, sieht links schon die Brücke über die Seege und erreicht **Vietze**.

Grenzturm an der Schwedenschanze

Vietze

PLZ: 29478; Vorwahl: 05846

🏛 **Heimatmuseum Höhbeck**, Eckard Hingst, Hauptstr. 1, ☏ 1439, ÖZ: April-Okt., Mi, Sa, So/Fei ab 16 Uhr (Führungen), Nov.-März Führungen n. V.

Wenn die Straße einen Knick nach Gartow macht, radelt man geradeaus nach **Lenzen**. Die nächste Möglichkeit biegt man links ab Richtung **Gartow** und „Schwedenschanze" auf die Funktürme zu.

Am Ende dieser Straße geht es ausgeschildert halb links ab nach Lenzen (5 Kilometer). Man fährt den wunderschönen Weg durch den Wald immer geradeaus bis zu den Sendemasten. An der Straße biegt man links ab zur Schwedenschanze, wo es ein Café und einen Aussichtsturm gibt.

„Schwedenschanze"

Vor 1.200 Jahren war Brünkendorf am Höhbeck eine slawische Festungsanlage, die landläufig „Schwedenschanze" genannt wird. Diese Bezeichnung ist verwirrend, weil die Anlage nichts mit den Schweden zu tun hat. Es handelt sich nämlich um eine slawische Burg aus dem frühen Mittelalter. Ihr Wall verlief in einem weiten Bogen halbkreisförmig nach Südwesten. Im Norden und Osten war der Platz durch die Elbe und eines ihrer Seitentäler geschützt. Im Süden ist der Wall noch bis zu einer Höhe von 3,50 Meter erhalten, im Westen war ein etwa zwei Meter tiefer Spitzgraben vorgelagert. Der Zugang zur Burg lag vermutlich im Norden. Bei Grabungen hat man Keramikscherben gefunden, die sich aufgrund ihrer Verzierungen als slawisch einordnen und in das 9. Jahrhundert datieren lassen.

Wahrscheinlich handelt es sich bei der Schwedenschanze um einen slawischen Brückenkopf, der den Elbübergang bei Lenzen sicherte. Hierfür spricht ihre hervorragende strategische Lage. Denn bis zur Errichtung der Deiche im 13. Jahrhundert war die Elbniederung durch zahlreiche Flussarme in einzelne Inseln unterteilt. Eine Überquerung war hier nur an wenigen Stellen möglich. Wer den Flussübergang kontrollierte, sicherte sich gleichzeitig die Herrschaft im Umland. Da man nur wenige Funde gemacht hat, wurde die Anlage wahrscheinlich nur kurzzeitig genutzt.

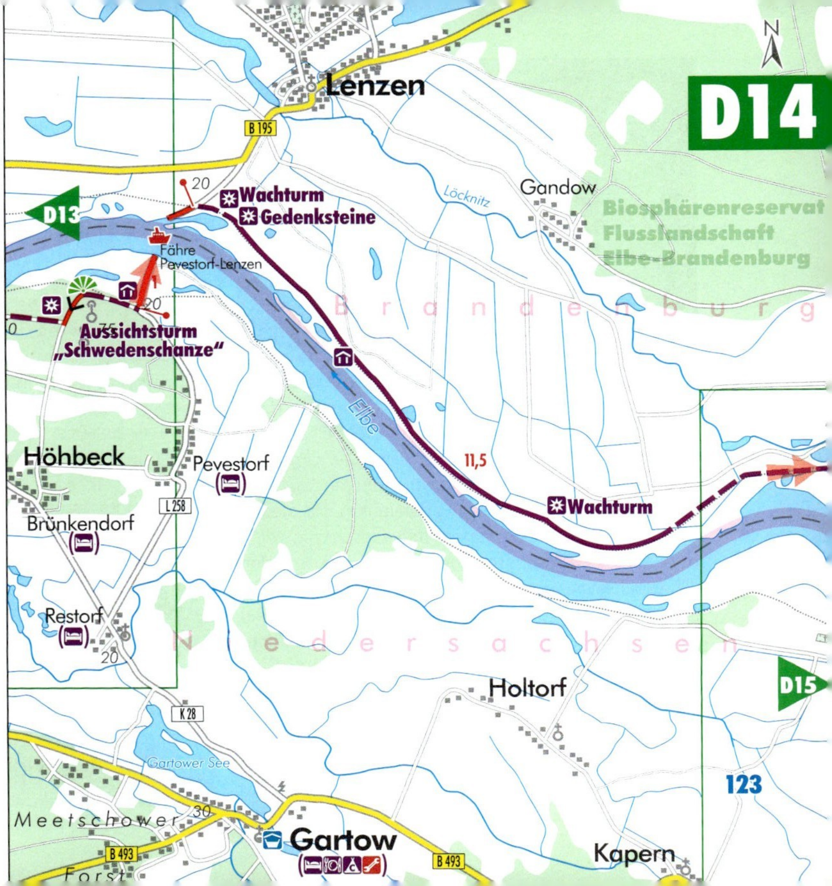

Heute liegt oben auf dem Höhbeck das beliebte Ausflugsrestaurant „Schwedenschanze". Dort bewirtet die Familie Völkel ihre Gäste mit hausgebackenem Brot und eigener Wurst. Die Urgroßeltern Völkel sind gemeinsam mit einigen anderen Aussteigerfamilien in den 1920er-Jahren als Siedler auf den Höhbeck gekommen. Ihre Geschichte zeigt, dass die Landkommunenbewegung, die in den 1970er-Jahren – auch im Zusammenhang mit Gorleben – eine große Rolle spielte, ihre Vorgänger hatte. Ökologischer Landbau, Selbstversorgung und regionale Vermarktung standen schon früher hoch im Kurs.

Am Turm vorbei geht es geradeaus in den Wald, ausgeschildert nach Lenzen. Der Waldweg hat starkes Gefälle hinab zur Elbe. Man stößt unten auf die Straße, die links ab zur Fähre nach Pevestorf–Lenzen führt.

Lenzen
PLZ: 19309; Vorwahl: 038792

- **Lenzen-Information**, Berliner Straße 7, ✆ 7302
- **Fähre Pevestorf–Lenzen**, Erich Butchereit, Fährhaus Lenzen, ✆ 7665. Fährbetrieb: Mai-Aug., Mo-Fr, 6-21 Uhr, Sa, So 8-21 Uhr, Sept.-April, Mo-Fr 6-19.30 Uhr, Sa, So 8-19.30 Uhr.
- **Burgmuseum**, Burgstr. 3, ✆ 1221, ÖZ: siehe Burg. Im Museum werden die Ausstellungen „Stadtgeschichte" (Heimatmuseum) und „Mensch und Strom" gezeigt. Diese Ausstellung behandelt die Natur- und Kulturgeschichte der Elbtalaue. In einer Videoanimation kann der Besucher die Perspektive eines über die Elbtalaue fliegenden Reihers erleben oder an einer Multivisionsshow teilnehmen. Die Nebengebäude werden derzeit zum Europäischen Zentrum für Auenökologie, Umweltbildung und Besucherinformation ausgebaut.
- **St.-Katharinenkirche**
- **Burg**, Burgstr. 3, ✆ 1221, ÖZ: April-Okt., tägl. 10-18 Uhr, Nov.-März, Mi-So 10-17 Uhr u. n. V. Von der frühdeutschen Burg aus der Zeit um 1200 ist heute nur noch der 28 m hohe Burgturm übrig. Von oben hat man einen herrlichen Ausblick auf die Elblandschaft.
- **Filz-Schauwerkstatt**, ✆ 80592, ÖZ: Mai-Sept., Mo-Fr 10-17 Uhr, Sa, So 14-17 Uhr, Okt.-April, Mo-Fr 10-16 Uhr u. n. V. Größte handwerkliche Filzschauwerkstatt Europas, Entstehung und Geschichte des Handfilzes.
- **Lenzener Wische**. Landschaft zwischen Lenzen und Dömitz mit Niedersachsenhäusern und Auenwald.

Nach Überquerung der Elbe, direkt hinter der Fähren-Anlegestelle, steht ein Gedenkstein. In die Marmorplatte ist eingraviert: „Wir sind ein Volk. Die Elbe trennte von Cumlosen bis Boizenburg 40 Jahre das deutsche Volk." Hinter diesem Gedenkstein steht eine Eiche und davor ein dreimal so großer Gedenkstein, der an die 40 verdienstvollen Jahre des Deichhauptmanns Adolf Freiherr von Wangenheim-Wate erinnert. In Lenzen steht noch ein alter Wachturm am Elbufer, direkt hinter der Eiche, zudem auf der linken Seite ein Findling „Zur Erinnerung an das Hochwasser 1888".

Man fährt von der Straße rechts ab auf die Deichkrone, anfangs mit guten Platten, später asphaltiert. Nach etwa 5 Kilometern passiert man einen Wachturm, der gut erhalten ist.

Nach einem kurzen Stück nicht asphaltierten, aber gut befahrbaren Weges hat man wieder die Wahl, entweder oben auf dem Deich mit einer erneuerten wassergebundenen Decke zu fahren oder aber östlich vom Deich auf einem asphaltierten Weg ohne Blick auf die Elbe. Wenn man in **Lütkenwisch** vom

Deich auf die Straße kommt, geht eine Spitzkehre rechts ab zur Fähre nach Schnackenburg (ein Kilometer).

Lütkenwisch

- Fähre Schnackenburg–Lütkenwisch für PKW, Radfahrer und Fußgänger, Ingo Scholz, ✆ 0173/8847145 od. 03872/564362. Fährbetrieb: 1. Mai–14. Sept., Mo–Fr 5.45–21 Uhr, Sa, So/Fei 8–21 Uhr, 15. Sept.–30. April, Mo–Fr 5.45–19.30 Uhr, Sa, So/Fei 8–19.30 Uhr.

Etwas weiter geradeaus auf der rechten Seite steht auf dem kleinen Platz ein Gedenkstein „den Opfern der Grenze".

Ausflug nach Wittenberge

Tipp: Will man den Deutsch-Deutschen Radweg hier beginnen oder beenden, kann man entlang der Elbe 21 Kilometer zum Bahnhof nach Wittenberge radeln – entweder oben auf dem Deichkamm auf einer gut befahrbaren, wassergebundenen Decke oder auf einem asphaltierten Weg östlich oder westlich des Damms. Am Sportboot-Hafen von Cumlosen steht ein als Wohnhaus genutzter Turm.

Cumlosen

PLZ: 19322; Vorwahl: 038794

- 🏛 **Heimatstube Willi Westermann**
- ✳ **Galerie Rolandswurt** in der alten Küsterei, Dorfpl. 1, ✆ 30228. Wechselnde Ausstellungen regionaler Künstler.

Dahinter kommt man zur B 195, bleibt aber oben auf dem Deich und fährt parallel zur Straße auf befestigtem Weg. Man passiert den Kirchturm von **Cumlosen**, quert ein Stellwerk für den Hochwasserschutz, radelt durch **Müggendorf**, unterquert die Brücke der B 119 und erreicht **Wittenberge**. Dort bleibt man am Elbufer, fährt an den Cafés vorbei in Richtung City durch die **Elbstraße** in die **Bahnhofstraße** und immer geradeaus bis zu den Gleisen. Dort biegt man links ab zum Bahnhof von Wittenberge. Die Züge fahren direkt nach Hamburg und Berlin.

Wittenberge

PLZ: 19322; Vorwahl: 03877

- ℹ **Touristinformation Wittenberge**, Paul-Lincke-Platz, im Kultur- und Festspielhaus, ✆ 402721
- ⚓ **Elbschifffahrt** mit dem Fahrgastschiff „Delphin", Anlegestelle direkt hinter der Gaststätte Kranhaus, ✆ 402440 od. 0172/4474947

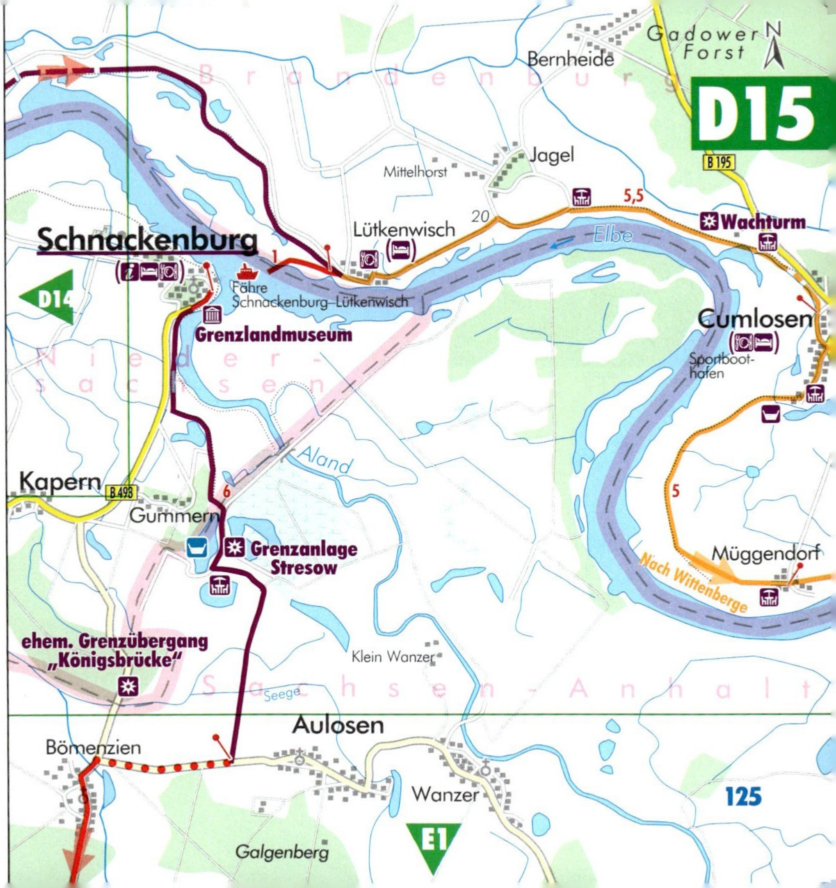

- **Fahrgastschiff „Gysels van Lier"**, Anlegestelle Sporthafen, ✆ 79195
- **Stadtmuseum Alte Burg**, ÖZ: Di-So 11-17 Uhr. Restauriertes Fachwerk-Herrenhaus aus dem 17. Jh., einstiger Wohnsitz der Edlen Herren Gans zu Putlitz. Die Ausstellungen thematisieren die Expansion Wittenberges vom Ackerbürgerstädtchen zum bedeutenden Verkehrs- und Gewerbestandort, die Geschichte der Nähmaschine mit Exponaten von 1850 bis 1991 und deren Produktion sowie die Stadtgeschichte. Neben den Ausstellungsbereichen erwarten den Besucher die „Werkstatt Nähmaschine", individuelle Führungen, Sonderausstellungen u. v. a. m.
- **Ev. Stadtkirche**, Kirchplatz. 1870-72 im neugotischen Stil erbaut. Nach Absprache mit dem Pfarrer kann der Kirchturm besichtigt werden, von dem ein Rundblick über die Stadt und die Elbauen für die Strapazen des Aufstieges entschädigt.
- **Rathaus** (1912-14), August-Bebel-Str. 10. Die Fassade dieses Neobarockgebäudes ist mit Tuff- und Sandstein verblendet. Zur Innenausstattung gehören reich verzierte Repräsentationsräume mit üppigen Glasmalereien und kostbaren Schnitzarbeiten. Der Rathausturm (51 m) beherbergt ein mechanisches Uhrwerk und lässt den Besucher auf einer Aussichtsplattform in Höhe von 37,5 m einen herrlichen Blick über Wittenberge genießen. Turmbesteigungen von April-Okt., Führungen unter ✆ 402721.
- **Steintor** (um 1300). Das Steintor ist das älteste und wichtigste Bauwerk der Wittenberger Altstadt. Das ehemals nördliche Stadttor diente auch als Polizeigefängnis, seit den 1920er-Jahren befindet sich hier das Stadtmuseum, wo die Ausstellung „Achtung alter Turm! Das Steintor und seine Geschichten" gezeigt wird. Die Ausstellung kann zu den Öffnungszeiten des Stadtmuseums besichtigt werden.
- **Haus „Zu den vier Jahreszeiten"**, Johannes-Runge-Str. 16. Dieses viergeschossige Mietshaus wurde um die Jahrhundertwende des 20. Jhs. zusammen mit dem Stadtviertel um die Johannes-Runge-Straße erbaut. Die Charakteristik dieses Hauses wird durch Gestaltungselemente des Jugendstils geprägt.
- **Siedlung „Eigene Scholle"**, im Norden Wittenberges zwischen Ahornweg und Lindenweg. Der Bauhaus-Architekt Walter Gropius (1883-1969) errichtete hier 1914 im Auftrag der Landesgesellschaft Eigene Scholle GmbH eine Siedlung mit den von ihm entwickelten Ideen zu rationell zu errichtenden Bauten. Die Siedlung ist die größte der von ihm konzipierten Wohnanlagen.
- **Altstadt**. Die Altstadt wurde in Form eines Schiffes auf Schwemmsand erbaut. Die Touristinformation bietet auf Anfrage sachkundige Stadtführungen durch die Altstadt an.
- **Elbhafen**. Wurde in den Jahren 1832-35 ausgebaut.
- **Uhrenturm** des einstigen Singer-Nähmaschinenwerks, Wahrzeichen der Stadt und größte Turmuhr auf dem europäischen Festland. Führungen finden von Mai-Okt., jeden 1. Sa im Monat um 14 Uhr ohne Voranmeldung statt. Treffpunkt am Uhrenturm.
- **Kultur- und Festspielhaus**, moderne multifunktionale Theater-, Konzert- und Kongressstätte, der aktuelle Spielplan ist bei der Tourist-Information erhältlich.
- **Friedensteich**, Camping- und Übernachtungsmöglichkeiten in Blockhütten, Beachvolleyballanlagen.
- **Prignitzer Badewelt**, an der Schwimmhalle 5b, ✆ 403515

Der Sage nach soll sich in Wittenberge eine Burg an der Mündung von Stepenitz und Karthane befunden haben, die aus Rache von einem betrogenen Liebhaber niedergebrannt wurde.

Der Hafen von Wittenberge, die größte Stadt der Prignitz, zählt zu den wichtigsten Häfen an der Elbe. Hier wurden früher vor allem Petroleum, Steinkohle, Heringe und Getreide aus Hamburg umgeschlagen. Mit der Industrialisierung im 19. Jahrhundert gelangte Wittenberge zu wirtschaftlicher Blüte. Den Grundstein hierzu

DDR-Grenzboot in Schnackenburg

legte der Berliner Kaufmann Salomon Herz, der mit der Ölmühle die erste Fabrik Wittenberges errichtete.

Zwischen 1832 und 1835 wurde der Wittenberger Hafen ausgebaut. Er bestimmt noch heute mit seinen großen Speichern das Panorama der Stadt. Zwischen 1903 und 1990 wurden hier die weltberühmten Singer-, später Veritas-Nähmaschinen, hergestellt.

Tipp: Für die Weiterfahrt auf dem Deutsch-Deutschen Radweg nimmt man in Lütkenwisch die Fähre nach Schnackenburg. Hinter der Fähre biegt man links ab und befindet sich vor dem Grenzlandmuseum.

Schnackenburg
PLZ: 29493; Vorwahl: 05840

- **Kurverwaltung Gartow**, Nienwalder Weg 1, 29471 Gartow, ✆ 05846/333.
- **Fähre Schnackenburg** für PKW, Radfahrer und Fußgänger, Klaus Reineke, Gartenstr. 7, ✆ 447. Fährbetrieb: 15. April-14. Sept. Mo-Fr 5.45-21 Uhr, Sa,So/Fei 8-21 Uhr, ab 15. Sept. Mo-Fr 5.45-21 Uhr, Sa, So/Fei 8-19.30 Uhr
- **Grenzlehrpfad**, Info: Karl-Kaus-Stiftung, Projektbüro Aulosen, Ernst-Thälmann-Str. 22, ✆ 81904.

Grenz- und Naturerlehrpfad mit Informationstafeln, Beobachtungsturm und Sichtwand.

- **Grenzlandmuseum Schnackenburg**, Am Markt 4, ✆ 210, ÖZ: Mai-Sept. Mo-Fr 9-17 Uhr, Sa 13-17 Uhr, So 10-17 Uhr, Okt.-April, Di-Fr 10-16 Uhr, Sa 13-17 Uhr, So 13-17 Uhr. Im Mai 1995 wurde im historischen Fischerhaus ein Grenzlandmuseum eröffnet, das einen Einblick in die Geschichte der deutschen Teilung gewährt. Am Eingang stehen die Kopie eines Grenzpostens und das Schild: „Halt, hier Grenze!" Es erinnert an die 45 Jahre andauernde Teilung und vermittelt eine ausführliche Darstellung der ehem. innerdeutschen Grenze. Die ständige Ausstellung im Fischerhaus beschränkt sich aber nicht nur auf die Dokumentation der Grenzanlagen der DDR, sondern versucht auch deren Auswirkungen auf die Menschen darzustellen. Diese Grenze trennte nicht nur Familien und Freunde, sie beeinflusste auch die wirtschaftliche Entwicklung in allen Bereichen der Grenzregion. Nicht nur Uniformen und Ausrüstung der DDR-Grenztruppen werden gezeigt, sondern auch die der bis 1990 im westdeutschen Grenzgebiet eingesetzten Zöllner und Beamten des Bundesgrenzschutzes. An der Bewaffnung der damaligen Kräfte lässt sich leicht ablesen, dass die DDR-Grenztruppen in erster Linie gegen die eigene Bevölkerung eingesetzt waren.

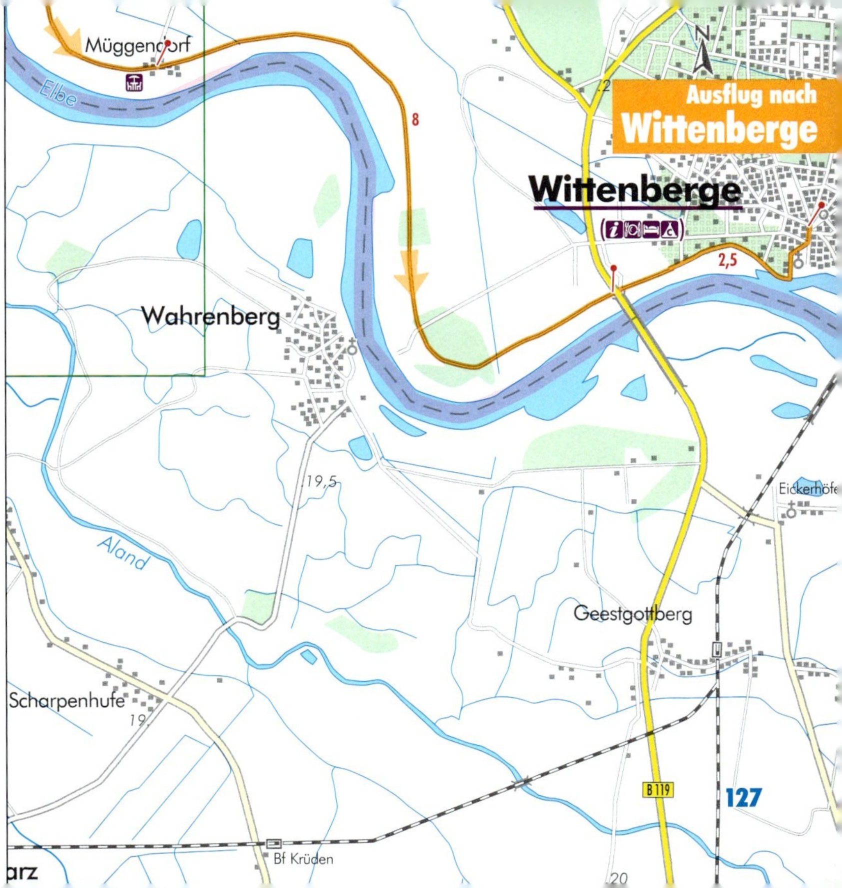

Von Wittenberge/Schnackenburg nach Bad Harzburg/Ilsenburg

279 km

Von Schnackenburg nach Salzwedel   **50 km**

Vom Grenzlandmuseum aus geht die **Hauptstraße** bis zum Ende immer geradeaus. Am Ende des Dorfes vor der Rechtskurve biegt man nach dem letzten Fachwerkhaus links ab auf den Deich. Der Weg ist als **„Elbe-Radweg"** nach **Aulosen**, **Gummern** und **Stresow** ausgeschildert.

Tipp: Hölzerne Infotafeln geben Auskunft über das Naturerlebnis Grenzland.

An der nächsten Biegung zeigen die Schilder für den Elbe-Radweg

Grenzstein in Stresow

nach links und den Grenzlehrpfad Gartow–Schnackenburg geradeaus. Man biegt links ab und sieht nach der Kurve in Richtung **Gartow** schon die Grenzanlagen, die an das geschleifte Dorf Stresow erinnern.

Stresow

Das Dorf Stresow wurde im Jahre 1310 das erste Mal urkundlich erwähnt. Nach einer großen Brandkatastrophe 1922 wurde im selben Jahr mit dem Wiederaufbau begonnen.

Von 1952 bis 1974 erfolgte die Zwangsaussiedlung der Bewohner des Dorfes, die Häuser wurden anschließend komplett abgerissen. Heute befinden sich an dieser Stelle ein Mahnmal mit Gedenksteinen, Grenzsteinen und Übersichtstafeln zur Erklärung der Grenzsicherungsanlage und Grenzsperrelemente. Am 16. April 2005 wurde von Marianne Birthler, Bundesbeauftragte für die Unterlagen des Staats-

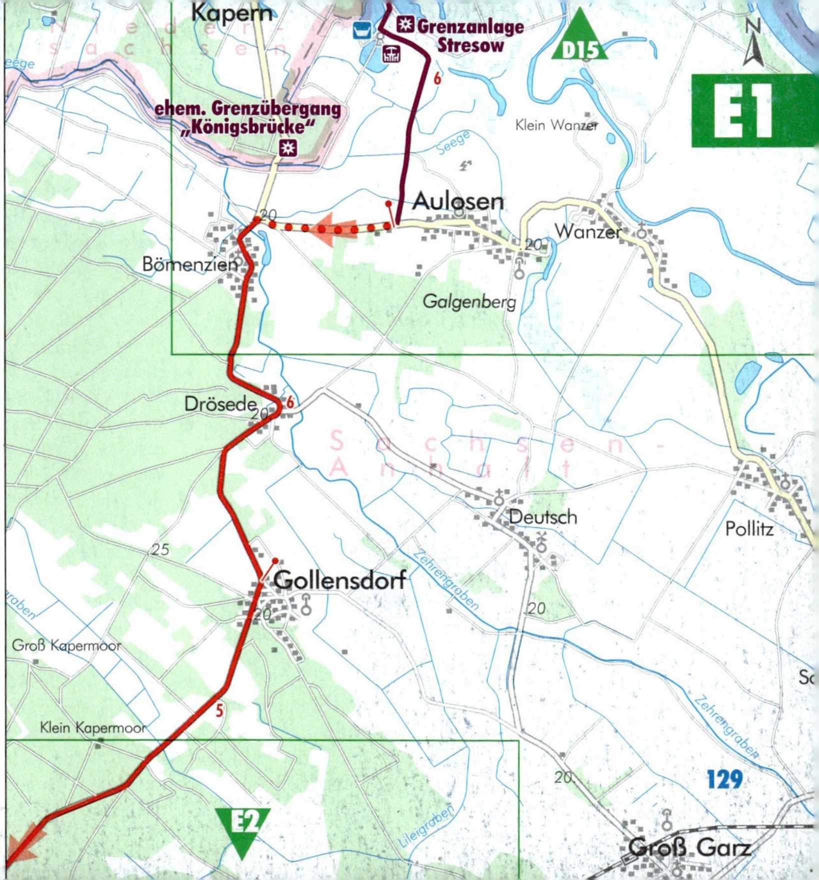

sicherheitsdienstes der ehemaligen DDR, ein Baum gepflanzt, der an das Schicksal der zwangsausgesiedelten Bewohner von Stresow erinnern soll.

Weiter geht es auf dem Radweg in Richtung **Gartow** und **Bömenzien**. Kurze Zeit später stößt man auf eine ruhige, gut asphaltierte Straße, die links nach Aulosen und rechts nach Bömenzien führt. Leider fehlen hier die Ortsschilder. Man biegt rechts ab nach **Bömenzien**, durchfährt die Ortschaft auf einer Kopfsteinpflasterstraße und hält sich in Richtung **Drösede** und **Gollensdorf**. Die nach rechts abgehenden Straßen nach Kapern/Gummern und Nienwalde/Gartow – dort befand sich der der ehemalige Grenzübergang „Königsbrücke" – werden ignoriert.

Hinter dem Ortsausgangsschild ist der Straßenbelag wieder asphaltiert. In **Drösede** geht es linker Hand zur Ortschaft mit dem kuriosen Namen „Deutsch", doch man fährt weiter geradeaus in Richtung **Arendsee**, **Gollensdorf** und **Ziemendorf**. Zwischen Drösede und Gollensdorf – auch in diesem und dem nächsten Dorf radelt man auf dem ungeliebten Kopfsteinpflaster – liegt auf der linken Seite ein verlassenes Gelände der ehemaligen DDR-Grenztruppen.

Die Straße zwischen Gollensdorf und Ziemendorf ist als „Altmark-Radweg" ausgeschildert und kreuzt die Grenze zum Landkreis Salzwedel. Sie führt 6 Kilometer quer durch den Wald und ist sehr ruhig.

Ziemendorf

Tipp: In Ziemendorf lädt auf der linken Seite das Gasthaus „Zum Vierländer-Eck" zu einer Rast ein. Ein passender Name, denn hier stoßen die Bundesländer Sachsen-Anhalt, Mecklenburg-Vorpommern, Brandenburg und Niedersachsen zusammen.

Weiter geht es geradeaus in Richtung **Arendsee**.

Arendsee
PLZ: 39619; Vorwahl: 039384

- **Tourismusverein Arendsee und Umgebung e. V.**, Töbelmannstr. 1, ✆ 98657, www.arendsee.de
- **Klosterkirche und Klosterruine**, 1184 gegründet als Benediktiner-Nonnenkloster
- **Heimatmuseum im ehem. Kloster**, wechselnde Ausstellungen in der Galerie des Kreuzganges. Es erzählt die Ortsgeschichte und erklärt die Bedeutung des Arendsees als Landschaftsschutzgebiet.

Auf der rechten Seite der Straße verläuft parallel ein Radweg. Nach 2 Kilometern biegt man rechts ab in die Straße nach **Zießau** und **Schrampe**. Nach 300 Metern biegt man links ab in den befestigten Feldweg mit dem Geländer, der direkt zum See führt. Man radelt auf dem autofreien, nicht asphaltierten, aber fahrradfreundlichen Uferweg.

Zießau

Das historische Fischerdorf befindet sich in einem der ältesten Landschaftsschutzgebiete Deutschlands am Nordufer vom Arendsee. Am Eingang von Zießau steht ein Stein, der an die Gefallenen und Opfer der beiden Weltkriege erinnert, die Opfer der deutsch-deutschen Grenze werden nicht erwähnt.

Man bleibt auf dem als „TK 9" ausgeschilderten Seeuferweg.

Tipp: Von diesem Weg gibt es Zugänge zum See mit Bade- und Picknickstellen. Auch Fischverkauf gibt es dort und ein Restaurant mit Terrasse.

Wenn aus dem unbefestigten Feldweg ein asphaltierter Weg wird, geht es kurz danach rechts ab in den etwas sandigen Weg nach **Schrampe**.

Tipp: Wenn man auf dem Weg nach Schmarsau die ehemalige deutsch-deutsche Grenze passiert, erinnert ein runder Gedenkstein mit den Worten „Deutschland einig Vaterland" an die dortige Grenzöffnung am 18.11.1989.

Der Landkreis Lüchow-Dannenberg ist erreicht, und die kommenden Kilometer fährt man quer durch das landschaftlich sehr reizvolle Wendland. An der

Gedenkstein an die Opfer beider Weltkriege in Zießau

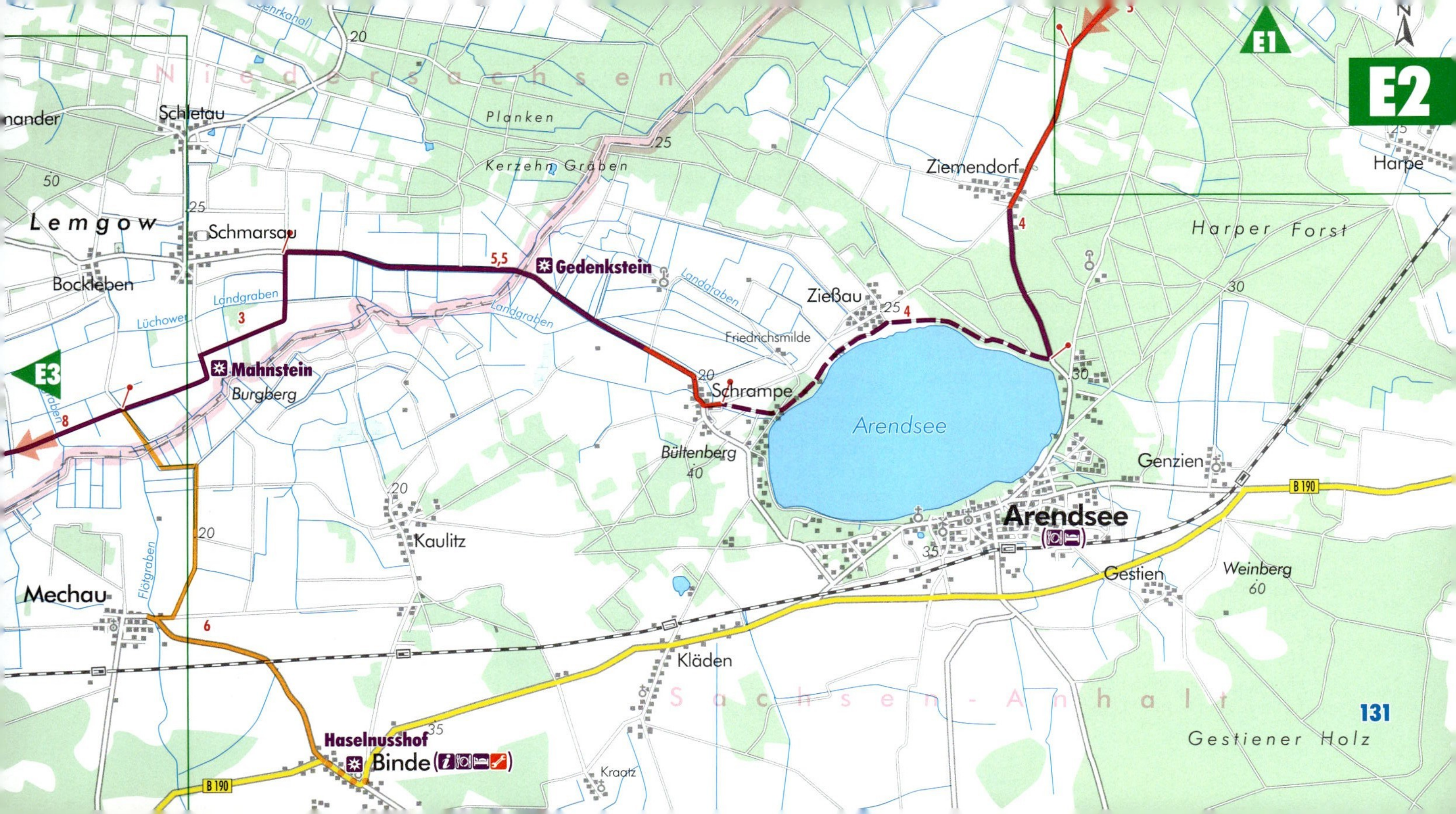

E1
E2
E3
Niedersachsen
Sachsen-Anhalt
Schletau
Planken
Kerzehn Gräben
Ziemendorf
Harpe
Harper Forst
Lemgow
Schmarsau
Gedenkstein
Bockleben
Landgraben
Lüchower
Zießau
Friedrichsmilde
Mahnstein
Burgberg
Schrampe
Arendsee
Bültenberg
Genzien
B 190
Kaulitz
Gestien
Weinberg
Mechau
Flötgraben
Kläden
Haselnusshof
Binde
Kraatz
Gestiener Holz
131

wenig befahrenen Landstraße biegt man in den ausgeschilderten Weg Richtung **Gartow** nach links ab, quert den **Lüchower Landgraben** und biegt dann rechts ab. Wenn es am Ende des Weges rechts abgeht nach Gartow und Schletau, biegt man links ab in den befestigten doppelspurigen Weg („Hosenträgerweg"). An der nächsten Rechtskurve weist ein Schild „Zum Mahnstein" links in einen Feldweg, den man nach 200 Metern erreicht.

Mahnstein

Insgesamt gibt es hier im Grenzgebiet sieben Gedenksteine, und kein einziger erinnert an den Todesstreifen und die ehemalige deutsch-deutsche Grenze. Auf dem größten Stein der „Landgraben Genossenschaft 1915 bis 1922" steht:

*„Hannover und Sachsen Hand in Hand
schufen aus Sumpf hier Bauernland.
Und was sie geschaffen in Zeiten schwer,
nie geh nie wieder zu Grunde!
Die Hände und die Herzen her,
zum Treueschwur im Wiesengrunde!"*

Hier befinden sich noch Gedenksteine von verschiedenen Banken: von der Welfenbank, der Preußenbank und der Deutschlandbank, jeweils mit der Zeitangabe 1922 bis 1989. Ein weiterer Stein wurde 1997 aufgestellt: „Dieser Gedenkstein soll an die Flurneuordnung in der Lüchower Landgrabenniederung erinnern." Und weiter heißt es:

„Durch Maßnahmen zur Verbesserung der Agrarstruktur, der Wasserwirtschaft, der Dorferneuerung, des Naturschutzes und der Landschaftspflege wurden von 1970–90 die Grundlagen zur Sicherung bäuerlicher Existenzen und Verbesserung der Lebensverhältnisse in diesem Raum geschaffen." Und auf einem runden Gedenkstein steht in einem Dreieck: „Alte Grenze bis 1945" und „Alte Landesgrenze von 1549 bis 1691" sowie „Fürstentum Lüneburg, Kurfürstentum Brandenburg" und im Fürstenholze: „Provinzgrenze von 1866 bis 1945, Grenzstein wiederaufgestellt 1989."

Der Haselnusshof am Grünen Band

Der einstige Bauernhof zwischen Arendsee und Salzwedel wird von Traudi, Jürgen und Christian Starck bewirtschaftet, die sich seit Jahren für das „Grüne Band" einsetzen. Im schwedenroten Holzhaus „Lille Ville" kann man übernachten, die Fahrradwerkstatt „Radkultur" bietet den notwendigen Service rund ums Rad.

Seit der Wende hat der BUND in der Altmark 170 Hektar gekauft und für das Grüne Band gesichert. In den weiten Feuchtwiesen und Mooren fühlen sich die Fledermäuse zu Hause, kann man die schlafenden Wildgänse auf dem Arendsee beobachten, den quakenden Laubfröschen lauschen und dem Kranich begegnen, der in den Erlenbruchwäldern brütet und trompetet. Außerdem findet man hier noch uralte Weiden, die Kuckucks-Lichtnelke und das Knotige Mastkraut.

Mahnstein südlich von Schmarsau

Tipp: Wer Informationen über das „Grüne Band" bekommen möchte, sollte an der nächsten Kreuzung links abbiegen und etwa 2 Kilometer über Mechau nach Binde zum „Haselnusshof" in der Dorfstr. 14 radeln (☏ 039036/964 32).

Der Deutsch-Deutsche Radweg geht an dieser und an der übernächsten Kreuzung weiter geradeaus in Richtung **Lübbow** und **Prezier**. Am Ende des Weges geht es ausgeschildert links ab nach Prezier und Lübbow, und gleich wieder nach rechts.

Tipp: Eine wunderschöne, idyllische Landschaft, absolute Ruhe, Vogelgezwitscher; die Äcker sind im Frühjahr grün. Kaum vorstellbar, dass hier einmal der Todesstreifen mit Wachtürmen war.

Obwohl an der nächsten Kreuzung die Schilder nach Lübbow und Prezier rechts abweisen, radelt man geradeaus. Dort befindet sich auch die geschleifte Siedlung Jahrsau. Am Naturschutzgebiet geht der Weg rechts ab – später macht er eine Linkskurve – und man fährt immer geradeaus bis kurz vor **Volzendorf**. An der Kreuzung mit dem Bach biegt man links ab, fährt bis zum Ende des Weges, biegt rechts ab und kommt an die wenig befahrene Landstraße.

Tipp: Will man von hier die 9 Kilometer bis zum Bahnhof Salzwedel radeln, biegt man links ab. Man quert den ehemaligen Grenzstreifen und fährt über Klein-Chüden und Ritze nach Salzwedel. Wenn hinter der Eisenbahnbrücke das Kopfsteinpflaster aufhört, biegt man rechts ab in die Straße Am Güterbahnhof und folgt dieser Straße bis zum Bahnhof.

Salzwedel

PLZ: 29410; Vorwahl: 03901

🛈 **Touristinformation,** Neuperverstr. 29, ✆ 422438, www.salzwedel.de

🏛 **Johann-Friedrich-Danneil-Museum,** Kreis-Heimatmuseum, An der Marienkirche 3, ✆ 423380, ÖZ: Feb.-Dez., Di-Fr 13-16.30 Uhr, Sa, So/Fei 13-17 Uhr. Das Museum trägt den Namen zu Ehren des Prähistorikers Danneil (1783-1868). Er lebte in Salzwedel und war der Begründer des sog. Dreiperiodensystems, die Aufteilung der Urgeschichte in Stein-, Bronze- und Eisenzeit. Seine Sammlungen sind im Museum ausgestellt, zahlreiche Exponate aus den verschiedenen geschicht-

lichen Epochen der Region. Berühmt sind vor allem der „Weinbergaltar" aus der ehemaligen Franziskaner-Klosterkirche von Lucas Cranach d. J. und die Salzwedeler Madonna, eine romanische Holzfigur aus dem 13. Jh.

⛪ **Mönchskirche,** ✆ 2501166, ÖZ: März-Okt., Di-So 13.30-16.30 Uhr; Nov.-Dez., Sa, So 13.30-16.30 Uhr. Das ehemalige Gotteshaus wurde im 13. Jh. als Franziskanerkloster errichtet. Nach der Reformation wurde das Kloster als Schule, Gymnasium und schließlich im 19. Jh. als Rathaus genutzt. Sehenswert ist das wertvolle Chorgestühl. Der Cranach-Altar ist im Danneil- Museum zu bewundern.

⛪ **St.-Marien-Kirche,** ÖZ: Nov.-März, Di-Fr 14-15.30 Uhr, Sa, So 13.30-15.30 Uhr, April-Okt., Di-Fr 10.30-12 und 14-15.30 Uhr, Sa 13.30-16 Uhr, So 13.30-17 Uhr. Backsteingotik aus dem 12. Jh. und damit das älteste Bauwerk der Stadt. Auffällig ist der 86 m hohe achteckige Turm und sehenswert der 8 m breite und 6 m hohe Schnitzaltar aus der Zeit um 1500.

🏰 **Burg mit Burggarten.** Burgruine aus dem 9. Jh., die 1112 erstmals urkundlich als „Saltwidele" erwähnt wurde. Zu sehen sind noch Reste der Burgmauer, des Burggrabens, der Kapelle und noch erhalten ist der Burgturm.

✳ **Stadtmauer** mit **Neupervertor** und **Steintor.** Die Mauer entstand im 14. Jh. mit 5 m Höhe und rund 3 km Länge. Von den einstmals 10 Toren sind nur noch die beiden Tore erhalten.

✳ **Neustädter Rathaus,** Sitz der Touristinformation. Weithin sichtbar ist der achteckige Renaissanceturm (1585) des ehemaligen Rathauses .

✳ **Erste Salzwedeler Baumkuchenfabrik** – älteste Baumkuchenbäckerei, St.-Georg-Str. 87, ✆ 32306, ÖZ: Besichtigung Mo-Fr 9-12 Uhr, Sa n. V.

🚲 **Touristinformation**

🚲 **Fahrrad- und Mopedwerkstatt Lemme,** Neutorstr. 31, ✆ 475590

🚲 **Bike-Service Schulz-Ziegenfuß GmbH,** Alte Jeetze 12-14, ✆ 422532

🚲 **Fahrrad-Schulz GbR,** Burgstr. 12, ✆ 42239

Die Kreisstadt Salzwedel hat eine Einwohnerzahl von etwas mehr als 21.000 und besitzt eine mittelalterlich geprägte Altstadt, deren Substanz zum großen Teil den Zweiten Weltkrieg unbeschadet überstanden hat. Eine bekannte Tochter der Stadt ist Jenny von Westphalen, die Frau von Karl Marx.

Die Stadt hat ihren Ursprung in einer Ansiedlung bei einer Burg, die schon im 9. Jahrhundert erbaut wurde. Als Heinrich V. sie belagerte, wurde sie 1112 erstmals offiziell erwähnt. Teile dieser Burg sind auch heute noch zu besichtigen, vor allem der Burgturm, der sogenannte Bergfried. Die Gründung der Siedlung geht auf Albrecht den Bären (1100–1170) aus dem Hause der Askanier zurück, der einige Zeit auf der Burg lebte.

Als Stadt im Rechtssinne, als „civitas", wurde Salzwedel erstmals 1233 erwähnt. Sehr interessant an der Entwicklung der Stadt ist ihre jahrhundertealte Aufteilung in eine Alt- und eine Neustadt; letztere wurde schon im Jahre 1247 im Nordosten der Altstadt gegründet. Beide waren nebeneinander existierende eigenständige Gemeinden mit jeweils eigener Verwaltung; selbst zwei verschiedene Pfarrkirchen existierten, die noch heute erhaltenen St. Marien (Altstadt) und St. Katharinen (Neustadt).

133

Ab 1263 wurde die Stadt Mitglied in der Hanse. Strategisch günstig gelegen zwischen Hamburg und Lübeck und auf der Strecke zwischen Magdeburg und der Salinenstadt Lüneburg, entwickelte sich Salzwedel bald zu einer prächtigen Hansestadt. Der allgemeine Wohlstand der Stadt im Mittelalter wurde jedoch ab dem 15. Jahrhundert geschmälert: Durch die Niederschlagung des sogenannten Bierzieseaufstands, der sich gegen die Einführung einer Biersteuer von landesherrschaftlicher Seite richtete, verlor die Stadt wesentliche Rechte wie die Gerichtsbarkeit, das Recht der freien Ratswahl, das Statutenrecht und das Bündnisrecht.

Der Dreißigjährige Krieg ging zwar ohne baulichen Schaden vorbei, die Stadt erlitt aber durch den Durchzug der verschiedenen Heere herbe finanzielle und wirtschaftliche Verluste. Um die Verwaltung angesichts einer schwierigen wirtschaftlichen Lage effektiv zu gestalten, wurde 1713 die Vereinigung der Alt- und der Neustadt realisiert. Von 1807 bis 1813 gehörte Salzwedel dem Königreich Westphalen an und erhielt den Status einer Distrikthauptstadt des Elbedepartements.

Es folgten wirtschaftliche Veränderungen im 19. Jahrhundert und der Bau der ersten Eisenbahnlinie 1870 nach Stendal.

Im Februar 1945 forderte ein Bombenangriff 300 Tote, die Altstadt blieb aber verschont. Durch den Zuzug von Flüchtlingen vergrößerte sich die Stadt, die ab 1949 im innerdeutschen Grenzgebiet lag. Die zunehmende wirtschaftliche Bedeutungslosigkeit wurde nur durch Erdgasbohrungen, die ab dem Jahre 1968 einsetzten, etwas relativiert.

An der Hauswand der ehemaligen Stasi-Kreisdienststelle befindet sich seit dem 09.11.1998 eine Gedenktafel mit der Inschrift von Perikles: *„Das Geheimnis des Glücks ist die Freiheit. Das Geheimnis der Freiheit ist der Mut."*

Seit der Wiedervereinigung 1990 versucht die Stadt, durch die Ansiedlung mittelständischer Betriebe die Förderung der touristischen Infrastruktur und auch durch bessere Verkehrsanbindungen wieder an wirtschaftlicher Stärke zuzulegen.

Von Salzwedel nach Wustrow   20 km

Wenn man aus dem Bahnhof Salzwedel kommt, hält man sich links, radelt immer geradeaus bis zum Ende der Straße **Am Güterbahnhof**. Hier biegt man links ab auf den Abschnitt mit Kopfsteinpflaster. Kurz vor der Brücke befindet sich im Park eine Gedenkstätte.

Gedenkstätte Ritzer Brücke

An dieser Stelle wurden 244 Menschen begraben, die Anfang 1945 den Eisenbahntransport vom KZ Neuengamme nach Salzwedel nicht überlebten.

Die Häftlinge starben an Unterernährung, mangelnder Versorgung und Krankheiten. Zu ihrem Gedenken wurde – wie man an der Inschrift erkennen kann – noch zu DDR-Zeiten unter dem Titel „Die Opfer mahnen die Lebenden" diese Gedenkstätte errichtet. Die Angaben auf der Gedenktafel zu den Nationalitäten und der Herkunft des Zuges aus Neuengamme sind nach neueren Untersuchungen fraglich und nicht belegt.

Nach Überquerung der Eisenbahnbrücke radelt man auf asphaltierter Straße geradeaus bis **Ritze**.

Ritze

Auf dem Dorfplatz befindet sich ein Gedenkstein mit folgender Inschrift: „Teilung Deutschlands 1949–1990 Vereinigung 3.10.1990."

Über **Klein-Chüden** geht es zur ehemaligen Grenze, wo es nicht nur Schilder gibt von Lübbow und vom Altmark-Kreis Salzwedel, sondern auch einen Gedenkstein: „POHLDAMM/Hofstelle/Wilhelm Vogler 1805–1945." Eine Erklärungstafel zur ehemaligen deutsch-deutschen Grenze gibt es nicht.

An der nächsten Kreuzung biegt man links ab in Richtung **Lübbow** (13,6 Kilometer) und folgt dem Weg. Nach etwa 2 Kilometern biegt man links ab und fährt immer geradeaus. Die Möglichkeiten, rechts abzubiegen, werden ignoriert. Man kreuzt die B 248 und fährt geradeaus am Bach entlang. Am Ende des Weges biegt man links ab und fährt über die **Jeetzel-Brücke**.

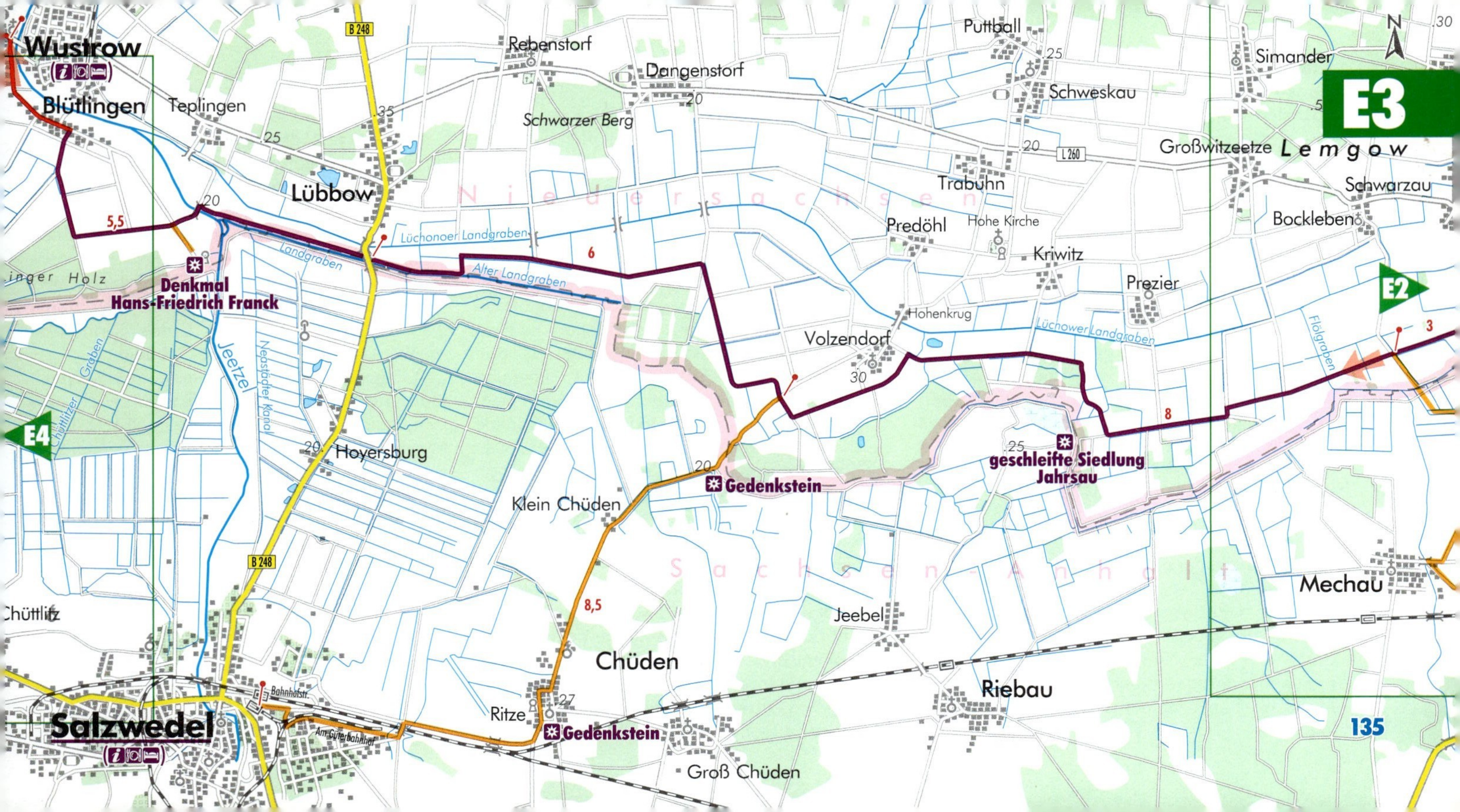

E3

Lemgow

Wustrow
Blütlingen
Teplingen
Lübbow
Rebenstorf
Dangenstorf
Schwarzer Berg
Puttball
Simander
Schweskau
Großwitzeetze
Schwarzau
Bockleben
Trabuhn
Predöhl
Hohe Kirche
Prezier
Kriwitz

E2

B 248

Niedersachsen

Lüchonoer Landgraben
Landgraben
Alter Landgraben
Denkmal
Hans-Friedrich Franck
Jeetze
Neststädter Kanal

5,5
6

Volzendorf
Hohenkrug
Lüchower Landgraben
Flötgraben

3

geschleifte Siedlung
Jahrsau

8

E4

inger Holz
Schöhler Graben

Hoyersburg

Klein Chüden
Gedenkstein

20
30
25

Chüttlitz

B 248

Salzwedel
Bahnhstr.
Am Guterbahnhof

Ritze
Chüden
Gedenkstein
Groß Chüden

Jeebel

Riebau

Mechau

8,5
27

135

Tipp: Will man zum Gedenkkreuz von Hans-Friedrich Franck, biegt man an der nächsten Weggabelung links ab.

Hans-Friedrich Franck

Der 27-jährige Konstrukteur aus Meißen konnte am 16. Januar 1973 gegen 23 Uhr bei Blütlingen den Metallgitterzaun zwar übersteigen, löste dabei aber eine Selbstschussanlage (SM-70) aus, die ihn mit den verschossenen 80 Stahlsplittern schwer verletzte. Obwohl er auf bundesdeutscher Seite schnell in ärztliche Behandlung kam, verstarb er am nächsten Tag nach einer längeren und komplizierten Operation. Die unregelmäßig geformten, scharfkantigen und gezackten Metallsplitter des Sprengkörpers kommen – so der ärztliche Bericht aus dem westlichen Wustrow bei Hannover – in ihrer Wirkung einem DUM-DUM-Geschoss gleich, weshalb zweieinhalb Stunden nach Abschluss der Operation der Kreislauf von Hans-Friedrich Franck irreversibel zusammenbrach, der den Tod zur Folge hatte.

Auf dem Radweg fährt man weiter geradeaus, bis es nicht mehr weitergeht und biegt dann rechts ab. Auch an der Spitzkehre fährt man weiter geradeaus und biegt an der nächsten Möglichkeit links ab in Richtung **Blütlingen** und **Wustrow**.

Von Wustrow nach Schnega   28 km

Von der Kirche in **Wustrow**, wo es diverse Einkaufsmöglichkeiten gibt, radelt man durch die **Lange Straße** in Richtung **Blütlingen**, passiert das Museum, biegt rechts ab in die **Rudolphstraße** und folgt dem ausgeschilderten Radweg nach **Clenze**. Die asphaltierte Straße ist recht schmal und sehr ruhig und führt durch schöne Landschaften in Richtung Schreyahn und Nauden. Nach 2 Kilometern gabelt sich die Straße und man folgt dem ausgeschilderten Radweg links in Richtung Clenze nach **Nauden**, radelt dort an einem prachtvollen Fachwerkhaus vorbei und biegt an der nächsten Kreuzung links ab in Richtung **Seebenau**. Nach Überquerung der Dumme weicht die asphaltierte einer gut befestigten, nicht asphaltierten Straße. Wenig später radelt man ein kurzes Stück auf dem DDR-typischen Lochplatten-Hosenträgerweg, dessen Komfort sich aber bald stark verbessert. Man passiert auf dem früheren Kolonnenweg einen Wachturm.

Hinter der Kirche von **Seebenau** biegt man auf der Kopfsteinpflasterstraße zweimal rechts ab und kommt auf die asphaltierte Straße nach **Darsekau**, die nicht ausgeschildert ist. Dort findet man noch eine Grenzsäule Nr. 416, an der man links abbiegt. Am Ortsende steht auf der linken Seite ein Gedenkstein, der an die Toten der beiden Weltkriege erinnert. Nach Querung der B 71 radelt man auf der asphaltierten und wenig befahrenen Straße weiter geradeaus.

Kurz vor **Hestedt** biegt man in die Vorfahrtsstraße rechts ab, überquert die Alte Dumme und radelt in Richtung **Grabenstedt**. Man quert ebenerdig die eingleisig elektrifizierte Bahnstrecke, sieht den verlassenen Bahnhof Bergen (Dumme) und fährt weiter geradeaus. Etwa 1 Kilometer hinter dem Ortsschild geht rechts ab eine Kopfsteinpflasterstraße nach **Großgrabenstedt**, das durch Zwangsaussiedlung zerstört wurde. Dort sieht man verlassene und zerstörte Gebäude.

Auf der Straße geht es weiter geradeaus nach **Henningen**, wo vor dem Gasthof noch eine Grenzsäule steht. In Henningen gibt es auch einen Gedenkstein an die Weltkriege mit der seltsamen Inschrift: „Unseren gefallenen Soldaten in Dankbarkeit." Man biegt rechts ab in Richtung **Dahrendorf** und fährt in **Barnebeck** wegen des Kopfsteinpflasters auf dem Bürgersteig.

Tipp: Hinter Barnebeck kann man rechts abbiegen nach Schnega Bahnhof – dort fahren die Züge nach Salzwedel und Uelzen – und nach Schnega, wo man übernachten und einkehren kann

Zum Grenzlandmuseum Swinmark biegt man gleich hinter dem Ortsausgang von Schnega links ab und fährt zum Ortsteil Göhr.

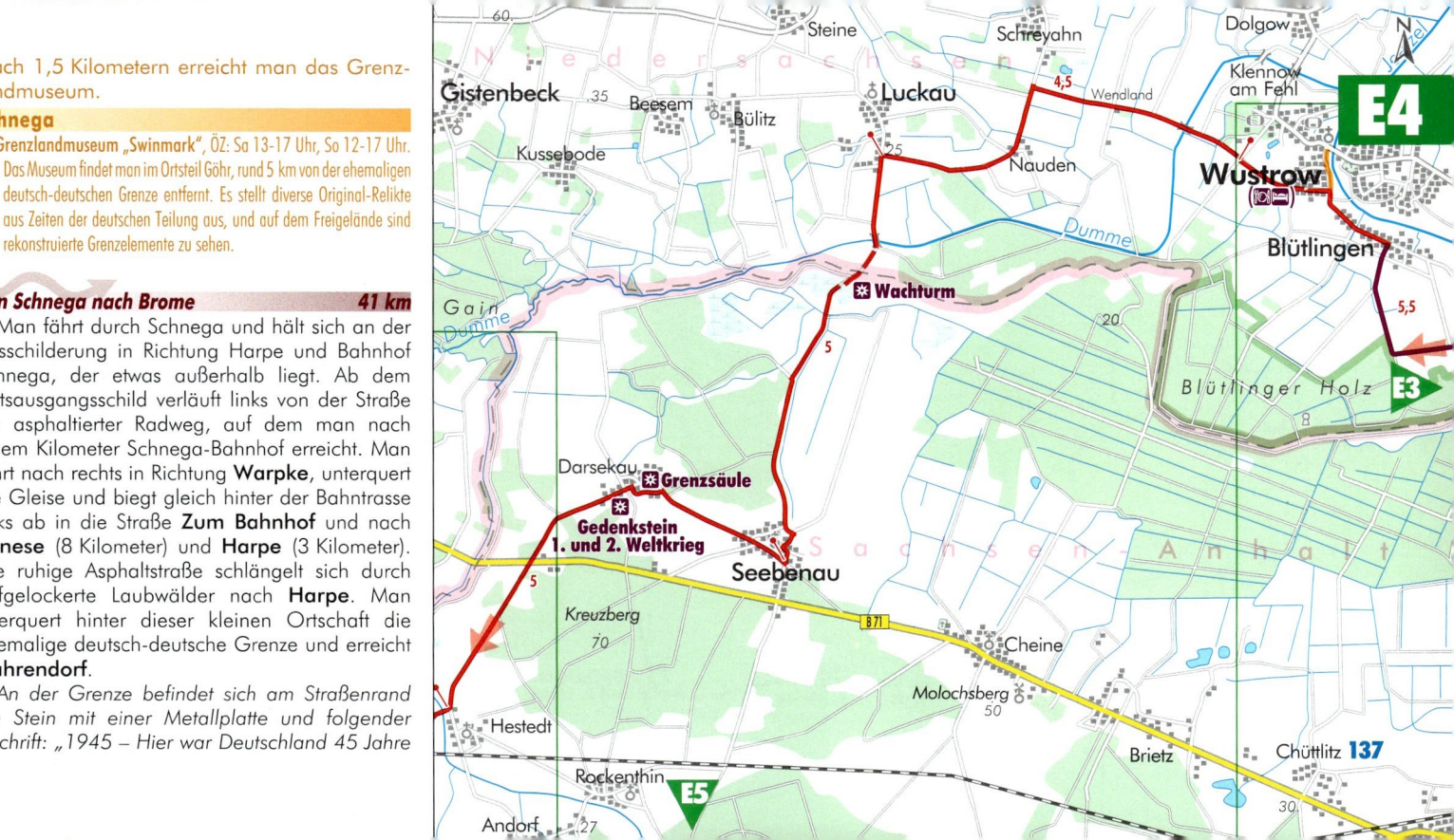

Nach 1,5 Kilometern erreicht man das Grenz-landmuseum.

Schnega

Grenzlandmuseum „Swinmark", ÖZ: Sa 13-17 Uhr, So 12-17 Uhr.
Das Museum findet man im Ortsteil Göhr, rund 5 km von der ehemaligen deutsch-deutschen Grenze entfernt. Es stellt diverse Original-Relikte aus Zeiten der deutschen Teilung aus, und auf dem Freigelände sind rekonstruierte Grenzelemente zu sehen.

Von Schnega nach Brome   41 km

Man fährt durch Schnega und hält sich an der Ausschilderung in Richtung Harpe und Bahnhof Schnega, der etwas außerhalb liegt. Ab dem Ortsausgangsschild verläuft links von der Straße ein asphaltierter Radweg, auf dem man nach einem Kilometer Schnega-Bahnhof erreicht. Man fährt nach rechts in Richtung **Warpke**, unterquert die Gleise und biegt gleich hinter der Bahntrasse links ab in die Straße **Zum Bahnhof** und nach **Bonese** (8 Kilometer) und **Harpe** (3 Kilometer). Die ruhige Asphaltstraße schlängelt sich durch aufgelockerte Laubwälder nach **Harpe**. Man überquert hinter dieser kleinen Ortschaft die ehemalige deutsch-deutsche Grenze und erreicht **Dahrendorf**.

An der Grenze befindet sich am Straßenrand ein Stein mit einer Metallplatte und folgender Inschrift: „1945 – Hier war Deutschland 45 Jahre

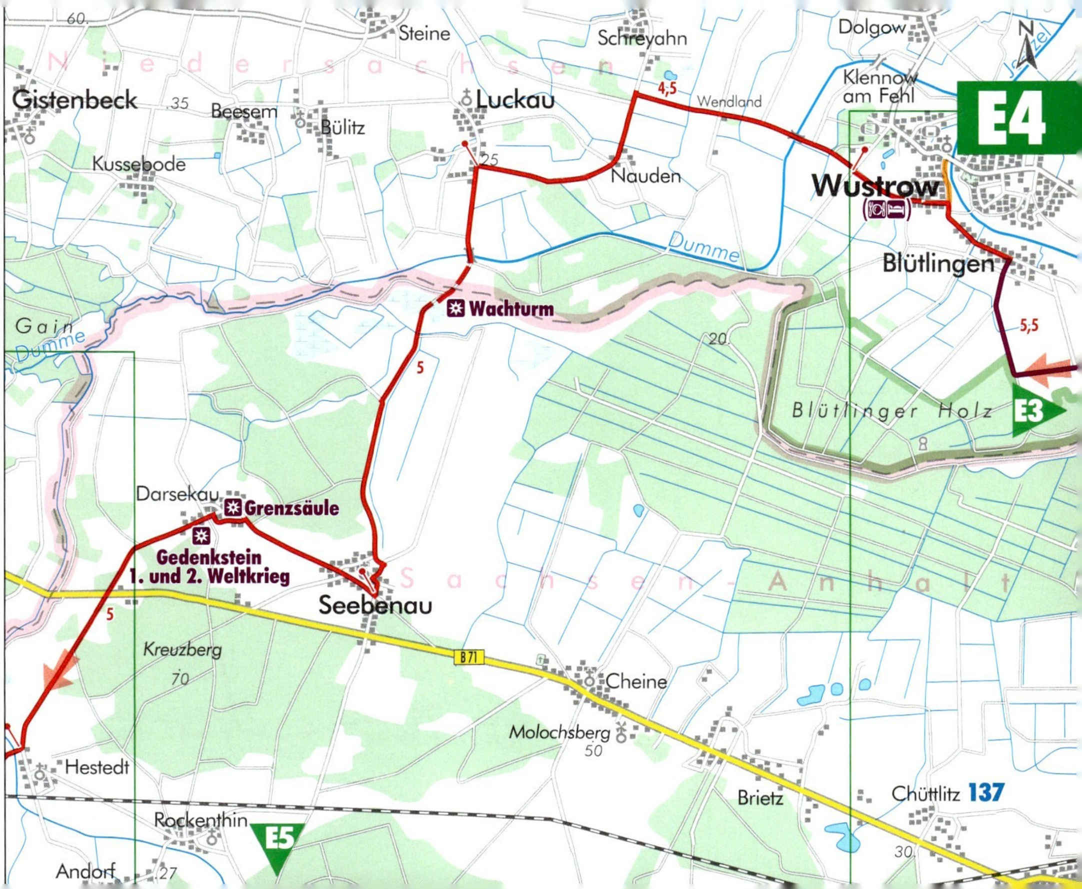

geteilt – Niemals wieder – 1990." Wenige Meter weiter wurde am rechten Straßenrand ein Holzpodest für die Wildbeobachtung aufgebaut. In der Ferne steht auf einem freien Feld noch ein Wachturm und schon bald taucht auf der linken Seite wieder einmal ein verlassenes Gelände der Grenztruppen auf.

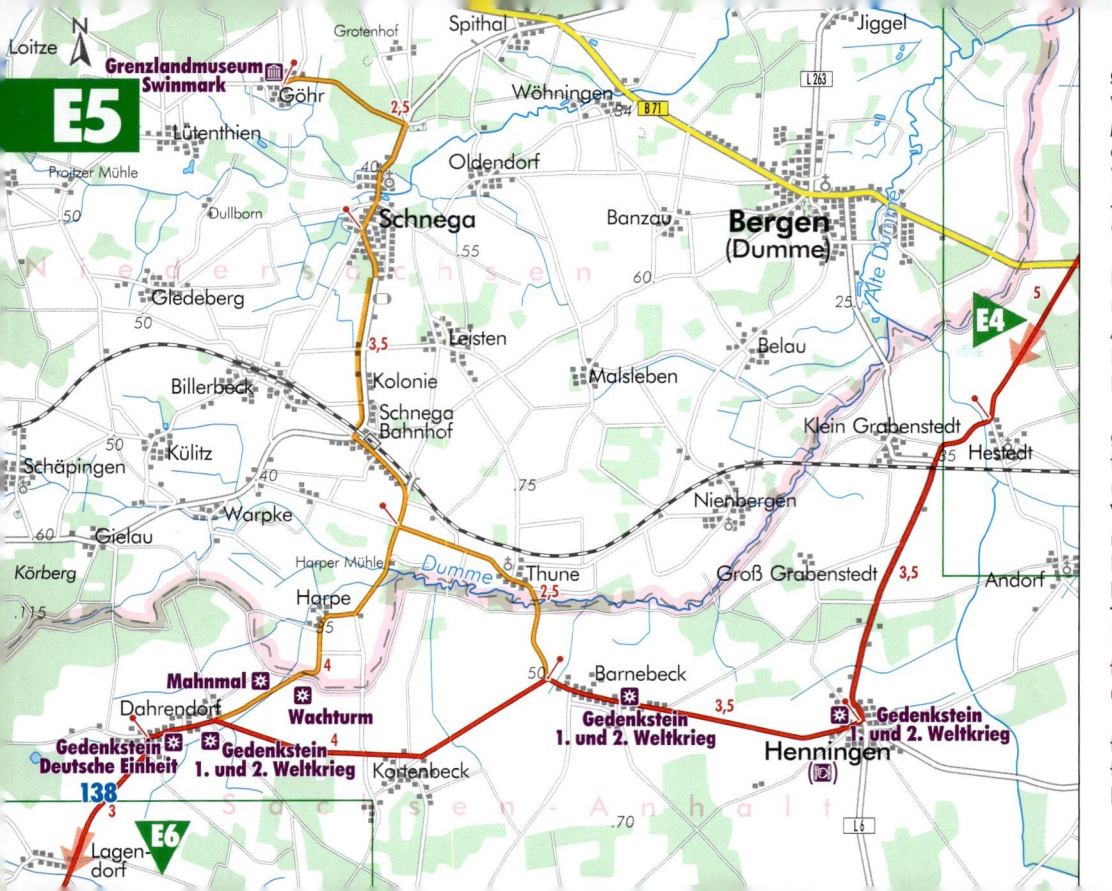

Wer auf dem Deutsch-Deutschen Radweg bleiben möchte, hält sich hinter Barnebeck links und radelt über **Kortenbeck** nach **Dahrendorf**. Auf diesem Weg sind die Dörfer mit ihren aus Findlingen gebauten Kirchen bereits aus der Ferne sichtbar.

Man durchquert Dahrendorf, wo am Ortseingang vor der Kirche ein Gedenkstein für die Gefallenen beider Weltkriege steht und wenig später unter einem Baum einer, der an die Teilung und Vereinigung erinnert. Man passiert die Kirche mit dem separaten Holzturm und ein schmuckes Häuschen, und fährt weiter nach **Lagendorf** und **Bonese**.

Tipp: Von Bonese sind es über Schmölau 12,5 Kilometer bis zum Bahnhof Bad Bodenteich, von dem Direktzüge nach Braunschweig und Uelzen fahren.

In Bonese geht es nicht direkt geradeaus. Man fährt nach rechts in Richtung **Schafwedel** und folgt nach wenigen Metern dem Abzweig nach links in Richtung **Rustenbeck** und **Diesdorf**.

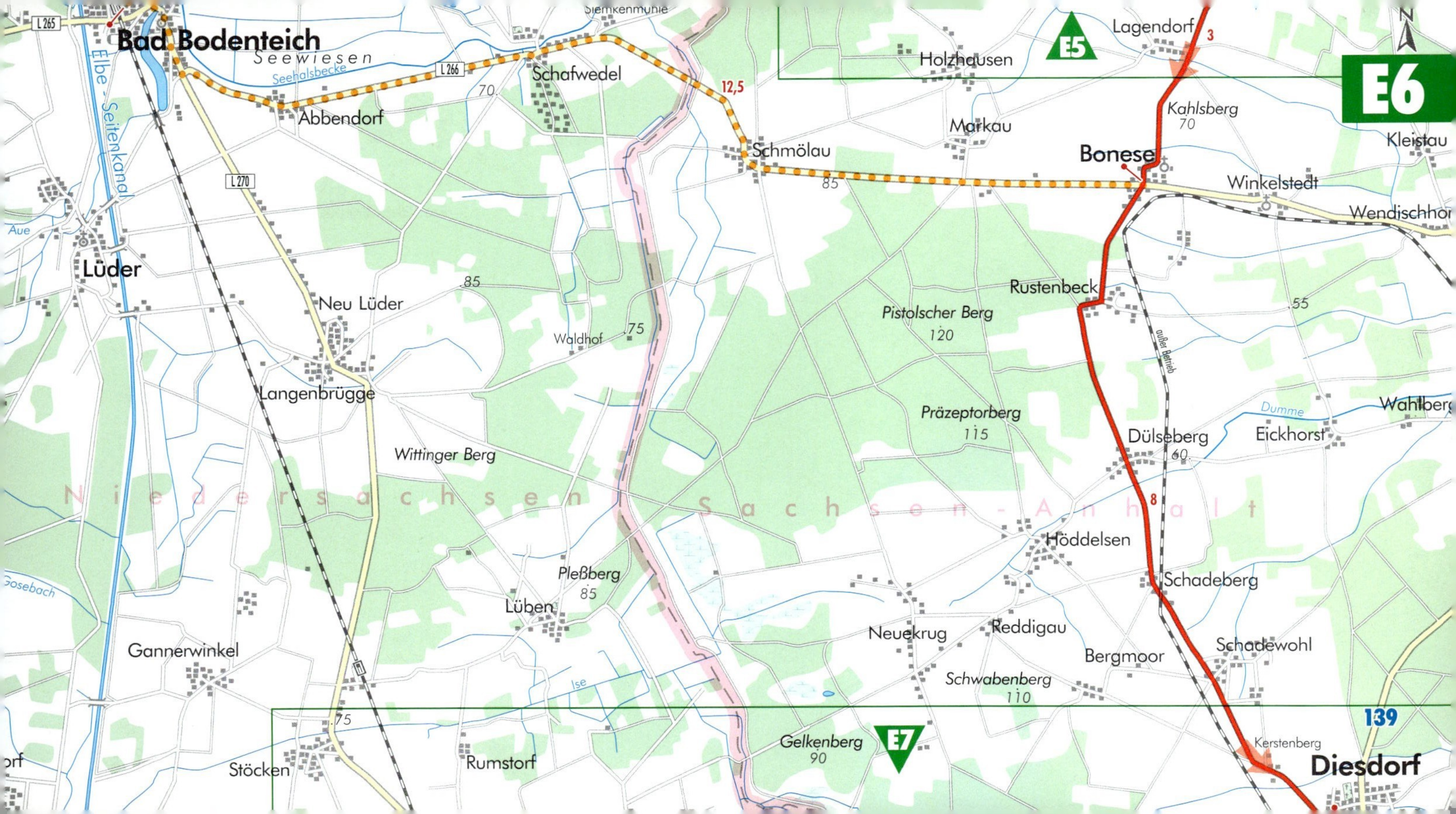

E5

E6

139

E7

Bad Bodenteich

Lüder

L 265

L 270

L 266

Seewiesen

Seehalsbecke

Abbendorf

Siemkenmühle

Schafwedel

70

12,5

Schmölau

85

Holzhausen

Markau

Lagendorf

3

Kahlsberg
70

Bonese

Winkelstedt

Kleistau

Wendischhor

Rustenbeck

55

Neu Lüder

85

Waldhof

75

Langenbrügge

Wittinger Berg

Pistolscher Berg
120

Präzeptorberg
115

Dülseberg
60

Eickhorst

Wahlberg

Dumme

8

Niedersachsen

Sachsen-Anhalt

Pleßberg
85

Lüben

Höddelsen

Schadeberg

Gannerwinkel

Ise

Neuekrug

Reddigau

Schwabenberg
110

Bergmoor

Schadewohl

Gosebach

orf

Stöcken

Rumstorf

75

Gelkenberg
90

Kerstenberg

Diesdorf

Elbe Seitenkanal

Aue

N

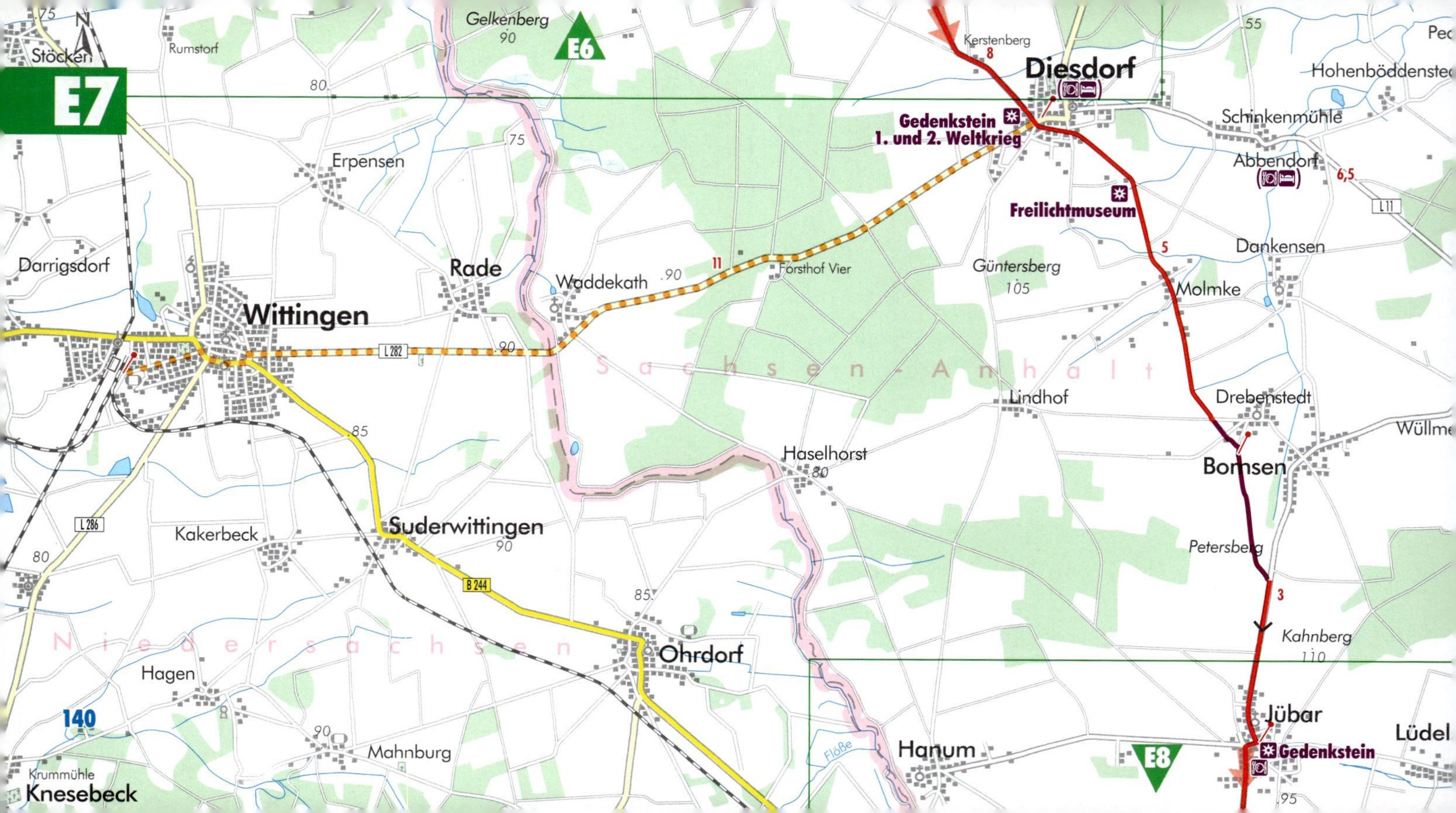
E7
E6
E8
Stöcken
Rumstorf
Gelkenberg
90
Kerstenberg
8
Diesdorf
Hohenböddenstedt
Schinkenmühle
Gedenkstein 1. und 2. Weltkrieg
Abbendorf
6,5
L11
Freilichtmuseum
Erpensen
80
75
55
Darrigsdorf
Rade
Waddekath
90
11
Forsthof Vier
Güntersberg
105
5
Dankensen
Molmke
Wittingen
L 282
Sachsen-Anhalt
Lindhof
Drebenstedt
Wüllmersen
Haselhorst
80
Bomsen
85
L 286
Kakerbeck
Suderwittingen
Petersberg
3
B 244
Kahnberg
110
Niedersachsen
Ohrdorf
Hagen
Jübar
Lüdelsen
Gedenkstein
Mahnburg
Hanum
Flöße
Krummühle
Knesebeck
95

Auf einer glatten und ruhigen Straße erreicht man **Rustenbeck**, wo man der Hauptstraße folgt. Weiter geht es durch **Dülseberg** und **Schadeberg**, wo man auf der rechten Seite die alten Gebäude der Ölmühle Dreyer sehen kann.

Tipp: In den Ortschaften findet man oft teilweise leer stehenden Backstein- und Fachwerkhäuser.

Vorbei an **Schadewohl** geht es weiter zum etwas größeren Ort **Diesdorf**, wo man einkaufen und – wie auch im benachbarten **Abbendorf** – übernachten kann. Sehr zu empfehlen ist das Freilichtmuseum, in dem jahrhundertealte Fachwerkhäuser umgesetzt werden und das Dorfleben sichtbar gemacht wird. Dort gibt es mit dem „Museumskrug" (✆ 03902/939857) auch ein Restaurant, das sich auf Pfannkuchen, altmärkische Speisen und hausgebackene Kuchen spezialisiert hat.

Diesdorf

PLZ: 29413; Vorwahl: 03902

🏛 **Freilichtmuseum Diesdorf**, Molmker Str. 23, ✆ 450, April-Okt., Di-So 10-17 Uhr, Nov.-März,

Führungen für Gruppen n. V. Das Museum wude 1911 von Landarzt Dr. Georg Schulze gegründet und ist ein Volkskundemuseum. Man kann verschiedene Bauernhöfe mit Wirtschaftsgebäuden, angelegten Gärten und Feldern besichtigen wie z. B. Niederdeutsche Hallenhäuser, einen Speicher, eine Schmiede oder ein Backhaus.

🔟 **Klosterkirche**, Führungen beim Evangelischen Pfarramt anmelden ✆ 327 od. 939640. Historisch bedeutende romanische Backsteinkirche von 1182.

✉ **Erlebnisbad**, ÖZ: 1. Mai-Anfang Sept. Nebensaison 11-20 Uhr, Hauptsaison: 9-21 Uhr

Tipp: Hier gibt es wieder Einkaufs- und Übernachtungsmöglichkeiten.

Bis zum Bahnhof Wittingen, von dem Direktzüge nach Braunschweig und Uelzen fahren, sind es rund 11 Kilometer.

Man radelt in Diesdorf die ruhige und gut befahrbare Landstraße über **Molmke**, fährt vor Drebenstedt auf dem Altmark-Radweg geradeaus und erreicht, nachdem man mit dem 105 Meter hohen Wolfsberg und 96 Meter hohen Petersberg zwei kleine Anstiege bewältigt hat, **Jübar**.

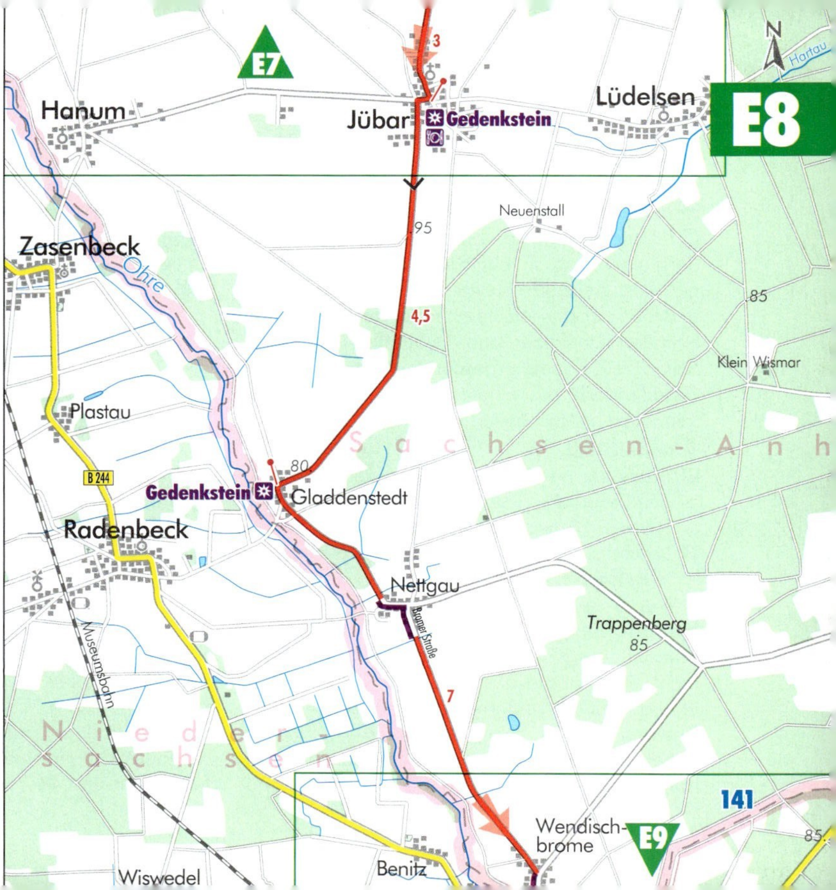

Jübar

✹ **Gedenkstein** auf dem Dorfplatz. Er wurde im Jahr 2000 im Rahmen der 760-Jahrfeier mit der Inschrift: „3. Oktober 1990 Tag der Deutschen Einheit" enthüllt.

Im Ortskern von Jübar biegt man in die Kopfsteinpflasterstraße in Richtung **Gladdenstedt** (5 Kilometer) ein. Ab dem Ortsausgangsschild – dort gibt es auch ein Restaurant „Zur Kastanie" – ist diese sehr ruhige Straße gut asphaltiert und führt auf eine leichte Anhöhe. Links und rechts befinden sich Felder, und die Straße ist zu beiden Seiten mit Bäumen gesäumt. Man durchfährt Gladdenstedt auf einer gut asphaltierten und freundlich hergerichteten Dorfstraße.

Gladdenstedt

✹ **Gedenkstein**, vor dem Gebäude der Freiwilligen Feuerwehr (FFW-Gladdenstedt) – angeschlossen ist das Dorfgemeinschaftshaus. Er erinnert an die Grenzöffnung am 2. Februar 1990.

✹ **Denkmal** an die Gefallenen des Zweiten Weltkriegs und Gedenkstein für die Straßenerneuerung 2002.

Wenig später erreicht man die Ortschaft **Nettgau** mit gemeinsamen Fuß- und Radweg parallel zum Kopfsteinpflaster. Dort fährt man nicht die Hauptstraße nach Brome (12 Kilometer) weiter, sondern biegt rechts ab in die **Bromer Straße** nach Wendischbrome (2 Kilometer). Diese einsame Straße – im Frühling hört man den Kuckuck rufen – von Nettgau über **Wendischbrome**, das einst in der DDR lag, über die ehemalige Grenze hinweg nach Brome wird äußerst selten von Autofahrern benutzt. Auf einem Radweg, der parallel zur Kopfsteinpflasterstraße führt, rollt man die letzten Meter nach **Brome**.

Brome
PLZ: 38465; Vorwahl: 05833

🏛 **Burg mit Heimatmuseum**, Junkerende, ☎ 1820, ÖZ: März-Dez., Mi-Sa 15-17 Uhr, So/Fei 12-18 Uhr. Die Burg stammt aus dem 11./12. Jh. und wurde 1203 erstmals urkundlich erwähnt. Im Laufe der Jahrhunderte wurde sie oftmals zerstört und wiederaufgebaut. Der noch erhaltene Nordflügel und der Treppenturm stammen aus dem 16. Jh. Im Hauptgebäude ist das Heimatmuseum untergebracht, Thema: Das alte Handwerk im Flecken Brome.

Brome – im Westteil Deutschlands gelegen – war auf einer Länge von 35 Kilometern von der deutsch-deutschen Grenze betroffen und auf drei Seiten von den Grenzanlagen der DDR umgeben. Sehenswürdigkeit der über 800 Jahre alten Stadt ist die Burg mit dem integrierten Heimatmuseum, das nach dem Fall des Eisernen Vorhangs die Aufgabe der Dokumentation dieser besonderen Situation übernahm.

Tipp: Hinter dem Ortseingang auf der linken Seite befindet sich das empfehlenswerte Café „Rehfeldtsche Mühle", das leider zwischen 12.30 Uhr und 14.30 Uhr geschlossen ist.

Von Brome nach Wolfsburg/Oebisfelde   29 km

Im Zentrum von Brome biegt man erst rechts und dann ein Stück weiter nach links in Richtung **Steimke** ab.

Tipp: Wenn man die frühere Grenze wieder überquert, findet man ein Schild: „Altmark-Kreis Salzwedel" und einen alten Grenzstein mit den Initialen des Königreichs Hannover (KH) in Richtung Sachsen-Anhalt. Auf der anderen Seite des Steins stehen die Initialen des Königreichs Preußen (K.P.). Schilder weisen auch auf den „Landkreis Gifhorn" und den „Kreis Salzwedel" hin. Was „5.553" bedeutet, wird nicht erläutert. Auf der hinteren Seite des Grenzsteins steht auch noch „Kreis Isenhagen". Ein Hinweis auf die ehemalige Grenze fehlt.

Auf einer ruhigen Allee gelangt man ins 2 Kilometer entfernte **Steimke**, wo man kurz nach dem Ortseingang in Richtung **Böckwitz** rechts abbiegt. Man radelt auf einer glatten, ruhigen Asphaltstraße, die parallel zur einstigen Grenze verläuft. Heute befinden sich im einstigen Todesstreifen im Frühjahr golden blühende Rapsfelder. Im Hintergrund sieht man vier Windräder. In Böckwitz biegt man rechts ab und findet am Ortseingang von **Zicherie** einen Gedenkstein.

Zicherie

- 🏛 Museum für Landwirtschaft, ÖZ: Sa, So 13–17 Uhr u. n. V. ☎ 039008573, Hr. Alwin Bock (Führungen). Es werden Relikte der deutsch-deutschen Grenze ausgestellt.
- ❋ Grenzlehrpfad Zicherie-Böckwitz, der die Entwicklung der Grenzanlagen dokumentiert.
- ❋ Gedenkstein mit der Inschrift „Deutschland ist unteilbar. Zicherie, 17.06.58."

Zicherie-Böckwitz

Über viele Generationen verbanden diese Nachbardörfer verwandtschaftliche Beziehungen. Zwar gehörte Zicherie zum Königreich Hannover und Böckwitz zum Königreich Preußen, doch selbst der Krieg 1866 zwischen Hannover und Preußen riss die Bewohner nicht auseinander.

Das änderte sich 1945, als Böckwitz zur Ostzone und Zicherie zur Westzone kam. Die Dörfer Böckwitz in der Altmark und Zicherie in Niedersachsen wurden 1952 durch einen Bretterverschlag gespalten. Später trennten Stacheldraht und Zäune diese beiden Ortschaften, seit 1979 riegelte zudem eine Betonsperrmauer Böckwitz und Zicherie voneinander ab. Heute zeugen noch Originalbestandteile dieser Grenzanlagen am 3,4 Kilometer langen Grenzlehrpfad von der Teilung. Heinrich Thies hat die Geschichte des „Klein-Berlin" genannten Doppel-Dorfes in „Weit ist der Weg nach Zicherie" sehr anschaulich beschrieben.

In Zicherie biegt man links ab. Die Straße ist mit „Kaiserwinkel" und „Grenzlehrpfad" ausgeschildert. Man folgt dem Schild Kaiserwinkel und nach etwa 2 Kilometern, am Parkschild, geht links der befestigte Feldweg in den Wald hinein, der als „Grenzlehrpfad" ausgeschildert ist.

Tipp: Bevor man zum Grenzlehrpfad einbiegt, sollte man noch 450 Meter weiterfahren – leider fehlt hier ein Hinweis – zum Mahnmal für den Dortmunder Journalisten Kurt Lichtenstein, der hier kurz nach dem Mauerbau erschossen wurde. Auf einer verwitterten Tafel am Kreuz steht: „Ein Deutscher von Deutschen erschossen. Kurt Lichtenstein +12.10.1961."

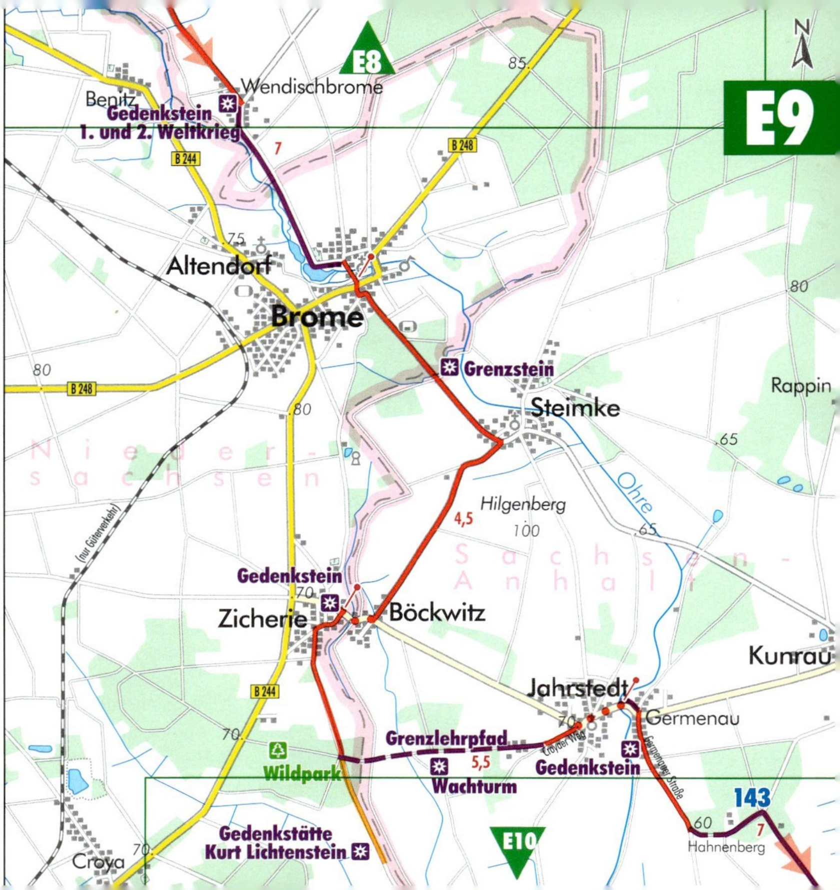

Kurt Lichtenstein

Der 59-jährige Journalist war der Sohn eines jüdischen Schusters aus Berlin und hatte sich schon in den 1920er-Jahren der KPD angeschlossen. 1933 war er in den Untergrund gegangen, kämpfte auf der Seite der Internationalen Brigaden im Spanischen Bürgerkrieg gegen Franco, wurde interniert, flüchtete und schloss sich der französischen Widerstandsbewegung an. Nach dem Krieg unterstützte er den Wiederaufbau von KPD und Gewerkschaften im Ruhrgebiet und gehörte als KPD-Mitglied von 1947–1950 dem Landtag von NRW an.

Der Weggefährte von Herbert Wehner wurde Chefredakteur der „Freiheit" und anderer kommunistischer Zeitungen. Wegen seiner kritischen Positionen zur DDR wurde er aus der KPD ausgeschlossen und trat später in die SPD ein. Für die „Westfälische Rundschau" wollte er zwei Monate nach dem Mauerbau über das Leben an der innerdeutschen Grenze berichten. Als er die Straße in Zicherie verließ, um mit den (ost)deutschen Erntearbeitern zu sprechen, wurde er bemerkt, unter Beschuss genommen und tödlich getroffen. Die beiden Grenzpolizisten wurden für ihre „vorbildliche Erfüllung des Fahneneids und des gegebenen Kampfbefehls" ausgezeichnet und umgehend befördert. In der „Armee-Rundschau" erschien unter dem Titel „Gut gemacht, Peter" ein lobender Bericht.

Vom Mahnmal für Kurt Lichtenstein radelt man zurück und biegt dann rechts ab in den ausgeschilderten Grenzlehrpfad.

Grenzlehrpfad Zicherie-Böckwitz

Der Grenzlehrpfad dokumentiert die Entwicklung der Grenzanlagen: zuerst der Bretterzaun als Grenzsicherung zwischen Böckwitz und Zicherie ab Mai 1952, dann der doppelte Stacheldrahtzaun ab August 1961, der Streckmetallzaun ab 1968 und die Mauer ab 1979. Auch die Minen SM-70 sind zu besichtigen. Sie wurden ab Juli 1979 ein- und ab Oktober 1984 abgebaut.

Zu sehen sind auch der Kfz-Sperrgraben, der hier ab 1968 die Grenze sicherte, und der Kolonnenweg mit Spurensicherungsstreifen. Im Original erhalten ist auch ein Beobachtungsturm.

Und auch die vom früheren Außenminister Hans-Dietrich Genscher am 26. August 1998 gepflanzte Linde ist Teil des Grenzlehrpfads.

Am Wachturm vorbei geht es weiter geradeaus. Leider findet man kein Schild mit der Ortsbezeichnung nach Jahrstedt.

Man passiert einen Signalzaun, der hier als Grenzsicherung nach 1968 angelegt wurde und im Original erhalten ist. Hinter dem Streckmetallzaun befand sich auch die Kaserne der Grenztruppen, die heute anderweitig genutzt ist. Die Wohnhäuser daneben stehen schon seit Längerem leer.

Am Ende des nicht ausgeschilderten Weges gelangt man in den **Crojaer Weg**, der in die Hauptverkehrsstraße von **Jahrstedt** mündet, in die man rechts abbiegt. Man gelangt an ein rotes Backsteinhaus, in dem sich heute die Kinderkrippe befindet.

An der Erschließung dieses Grenzlehrpfades zeigt sich ein Unterschied von Ost und West. Im westlichen Zicherie ist die Ausschilderung perfekt, im östlichen Jahrstedt fehlt jeglicher Hinweis auf den Grenzlehrpfad. Dort ist der Weg nur mit „Kaiserwinkel" und „Schutzhütte" ausgewiesen.

Jahrstedt

✳ Gedenkstein: „10 Jahre Deutsche Einheit. Jahrstedt"

Am roten Backsteinhaus „Gemeinde Jahrstedt" befindet sich eine Tafel, auf der der Grenzlehrpfad gekennzeichnet ist.

Man radelt in Richtung **Kunrau**. Wenn man die Ohre überquert, gibt es einen separaten Radweg abseits der Straße und man fährt an einem Gedenkstein vorbei.

Gegenüber von dem Gedenkstein ist der Kolonnenweg angedeutet. Kurz vor dem Friedhof, der auf der linken Seite ist, biegt man in die **Germenauer Straße** ein, eine Kopfsteinpflasterstraße, die man aber auf dem Bürgersteig gut befahren kann. Bei der ersten Gelegenheit biegt man links ab in den nicht befestigten, fahrradfreundlichen Weg.

Man passiert den nächsten Abzweig nach rechts, der verboten ist für motorisierte Fahrzeuge aller Art, und radelt weiter geradeaus. Der Weg ist ausgeschildert nach Buchhorst (8,5 Kilometer) und Belfort (3,1 Kilometer). Man radelt auf dem mit **„Naturpark Drömling"** ausgeschilderten Radweg. Hinweis-Tafeln informieren über die Flora und Fauna. Man kommt zum **Bahndamm**.

Tipp: Am Bahndamm steht ein Gedenkstein: „Hier wurde von Theodor Herrmann Rimpau am 1. Dezember 1862 der erste Moordamm angelegt."

Nach Querung der Gleise trifft man auf den abzweigenden Weg nach Kunrau. Dort ist eine überdachte Infotafel zum Naturlehrpfad Drömling. Man fährt vorbei und folgt weiterhin geradeaus den Schildern **„Radrundkurs Altmark"**.

Drömling

Der Drömling ist eine ca. 340 Quadratkilometer große und wenig besiedelte Niedermoorlandschaft an der Grenze zwischen Niedersachsen und Sachsen-Anhalt. Der größere Teil gehört zu Sachsen-Anhalt mit ca. 260 Quadratkilometern; dort ist er auch ein Naturpark. Das Sumpfgebiet wurde im 18. Jahrhundert auf Weisung Friedrich des Großen durch Entwässerung von einer Natur- in eine Kulturlandschaft umgestaltet. Heutzutage ist die Niederung Rückzugsgebiet für bedrohte Tier- und Pflanzenarten. Die nächstgelegenen Städte sind Wolfsburg und Oebisfelde, die auch die westliche und südliche Begrenzung des Naturparks darstellen. Im Osten erstreckt er sich bis Calvörde, im Norden bis nach Klötze.

Durch den Drömling verlaufen der Mittellandkanal sowie die Flüsse Ohre und Aller. Während der Teilung durch die innerdeutsche Grenze blieb das Feuchtgebiet im westlichen, bundesrepublikanischen Teil weitgehend erhalten, da hier Naturschutzgebiete (mit Betretungsverbotszonen) und Landschaftsschutzgebiete eingerichtet wurden. Bis 1990 unterlag der östliche Teil in der DDR einer intensiven Nutzung durch Land- und Weidewirtschaft.

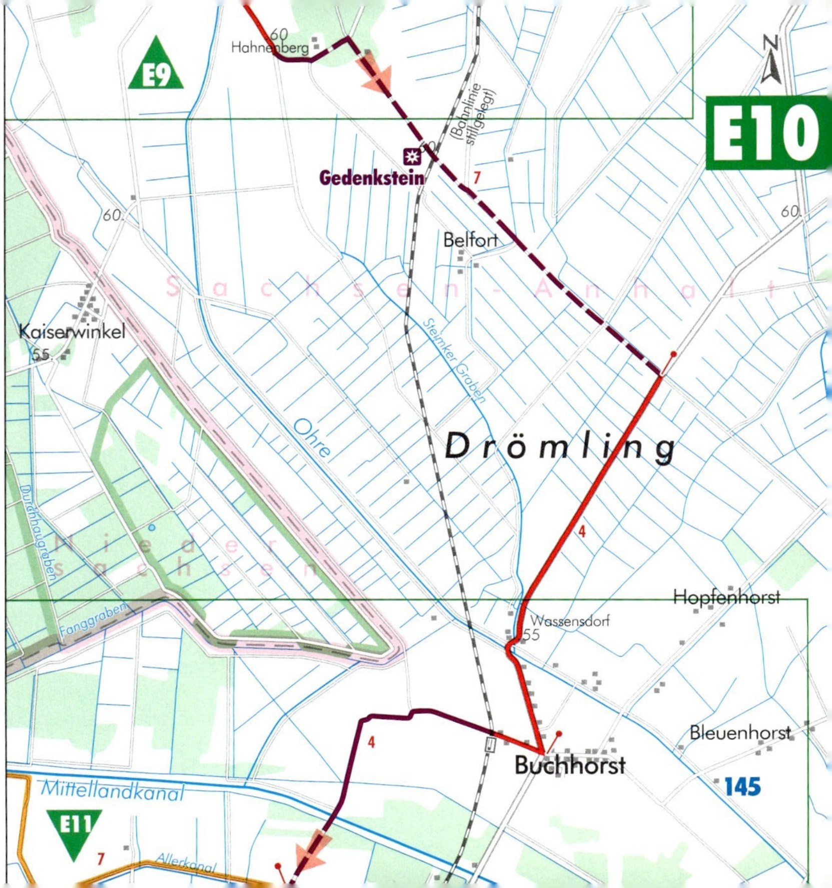

Das heutige Landschaftsbild hat seinen Ursprung in den Entwässerungsmaßnahmen des 18. Jahrhunderts. Es gibt ausgedehnte Grünlandflächen, Horstwälder und ein engmaschiges Grabensystem, das 1.725 Kilometer lang ist. Deshalb wird der Drömling auch oft das Land der Tausend Gräben genannt. Typisch sind auch die langen Pappelreihen entlang der Entwässerungsgräben.

Auf zweireihig ausgelegten Betonplatten radelt man durch eine beeindruckende Landschaft. Vorbei geht es an Feuchtgebieten, Teichen, Tümpeln und Baumreihen. Der gesamte Drömling wird durchzogen von hunderten kleinen Wassergräben und schmalen Feld- und Wiesenpfaden. Unter anderem sind Kiebitze, Bekassine, Kraniche, Rohrdommeln, Singschwäne, Weißstörche, Brachvögel und Zwergtaucher hier beheimatet. Der Naturpark Drömling ist einer der größten Binnenfeuchtgebiete Deutschlands.

Parallel zu Entwässerungsgräben auf der rechten und linken Seite radelt man geradeaus in Richtung Buchhorst. Wenn an der Kreuzung ein Radweg links nach Röwitz abgeht, radelt man geradeaus auf dem schönen Plattenweg in Hosenträgerformat, quert einen anderen Wassergraben und hat dann den Wassergraben auf der rechten Seite, der sich vorher auf der linken befand.

Radweg durch den Drömling

Etwa 5 Kilometer hinter dem Bahndamm erreicht man eine Straße, die links nach Röwitz und Kusey und rechts zur Kolonie **Wassensdorf** und nach **Buchhorst** führt. Dort biegt man rechts ab und folgt der Asphaltstraße über die Kolonie Wassensdorf nach Buchhorst.

Tipp: Bevor man über die Ohre fährt, ist rechts eine Informationsstelle, die Auskunft gibt über die Funktionsweise der Entwässerung der Moore und die Ausweitung der Flora und Fauna in diesem Gebiet.

Man überquert die Ohre. In **Buchhorst** sieht man auf der linken Seite einen roten Backsteinbau.

Dort geht rechts eine Kopfsteinpflasterstraße ab, in die man einbiegt. Zunächst fährt man ein Stück auf dem Bürgersteig und überquert die Bahngleise. Danach ist die Straße asphaltiert und führt nach einem Knick über den Mittellandkanal (Weser-Elbe-Kanal). Auf der Zu- und Abfahrt der Brücke ist noch hin das alte Kopfsteinpflaster, danach geht es auf einem gut befestigten Weg weiter geradeaus bis zum **Allerkanal**.

Tipp: Hier haben Sie die Möglichkeit, nach Wolfsburg zu fahren.

Ausflug nach Wolfsburg

Kurz vor dem Allerkanal biegt man rechts ab und radelt am nördlichen Ufer entlang. An der dritten Kreuzung biegt man rechts ab und fährt wieder bis zum Mittellandkanal. Dort biegt man auf der südlichen Seite links ab und stößt dann auf die B 244, in die man rechts abbiegt. Vor der Brücke geht es links ab und man radelt auf der südlichen Seite des Mittellandkanals bis nach **Vorsfelde**. Dort überquert man den Kanal auf der B 188 und fährt auf der nördlichen Seite weiter bis zur nächsten Brücke am Allersee, über die man wieder auf die südliche Seite sowohl des Kanals als auch der Bahntrasse bis zur **Dieselstraße** fährt, in die man rechts einbiegt. Weiter geht es geradeaus über den **Berliner Ring** bis zum Bahnhof, von dem Direkt-Züge nach Berlin und Hannover fahren.

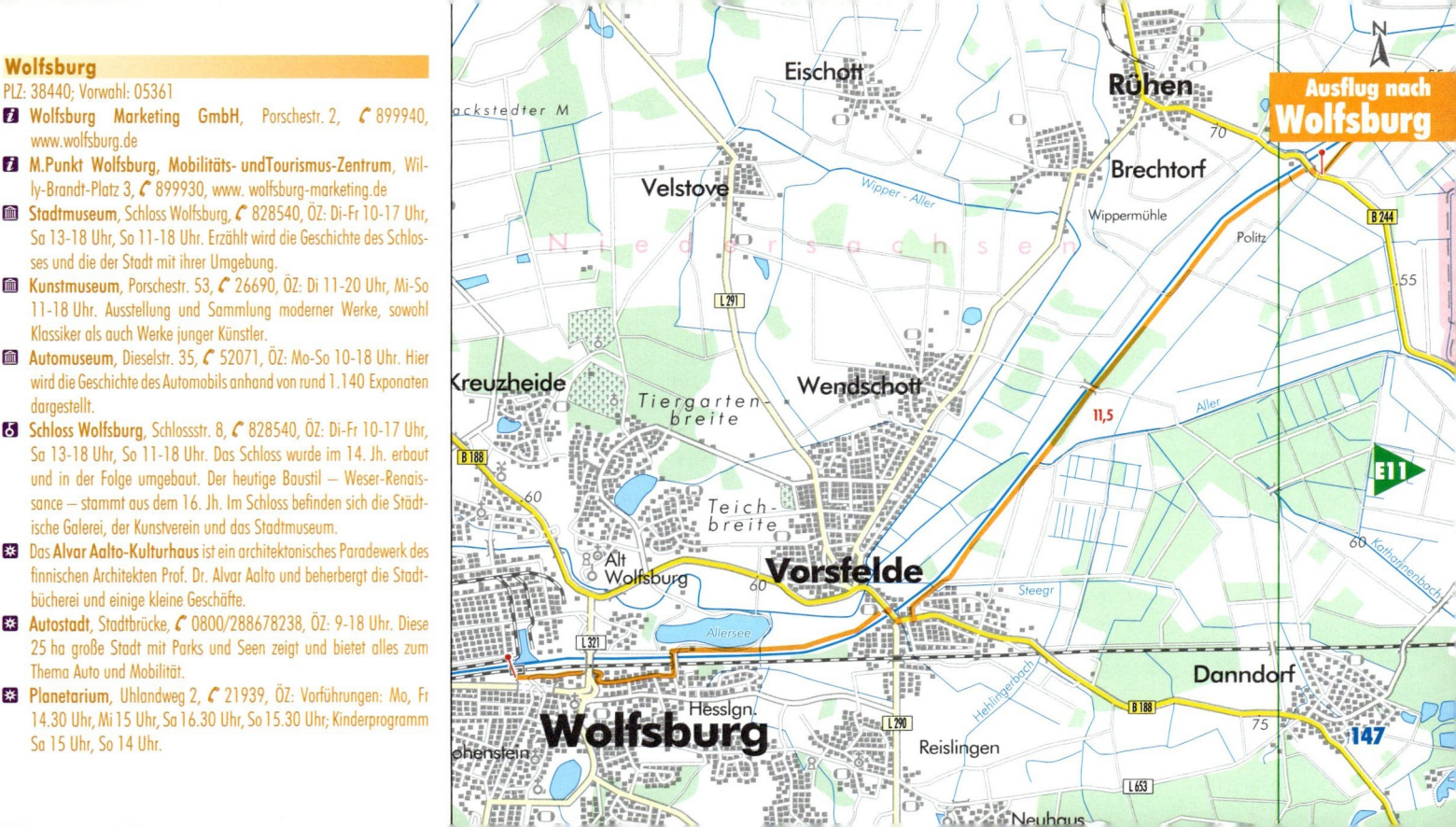

Wolfsburg

PLZ: 38440, Vorwahl: 05361

ℹ **Wolfsburg Marketing GmbH**, Porschestr. 2, ☎ 899940, www.wolfsburg.de

ℹ **M.Punkt Wolfsburg, Mobilitäts- und Tourismus-Zentrum**, Willy-Brandt-Platz 3, ☎ 899930, www.wolfsburg-marketing.de

🏛 **Stadtmuseum**, Schloss Wolfsburg, ☎ 828540, ÖZ: Di-Fr 10-17 Uhr, Sa 13-18 Uhr, So 11-18 Uhr. Erzählt wird die Geschichte des Schlosses und die der Stadt mit ihrer Umgebung.

🏛 **Kunstmuseum**, Porschestr. 53, ☎ 26690, ÖZ: Di 11-20 Uhr, Mi-So 11-18 Uhr. Ausstellung und Sammlung moderner Werke, sowohl Klassiker als auch Werke junger Künstler.

🏛 **Automuseum**, Dieselstr. 35, ☎ 52071, ÖZ: Mo-So 10-18 Uhr. Hier wird die Geschichte des Automobils anhand von rund 1.140 Exponaten dargestellt.

🏰 **Schloss Wolfsburg**, Schlossstr. 8, ☎ 828540, ÖZ: Di-Fr 10-17 Uhr, Sa 13-18 Uhr, So 11-18 Uhr. Das Schloss wurde im 14. Jh. erbaut und in der Folge umgebaut. Der heutige Bauteil — Weser-Renaissance — stammt aus dem 16. Jh. Im Schloss befinden sich die Städtische Galerie, der Kunstverein und das Stadtmuseum.

✳ **Das Alvar Aalto-Kulturhaus** ist ein architektonisches Paradewerk des finnischen Architekten Prof. Dr. Alvar Aalto und beherbergt die Stadtbücherei und einige kleine Geschäfte.

✳ **Autostadt**, Stadtbrücke, ☎ 0800/2886782 38, ÖZ: 9-18 Uhr. Diese 25 ha große Stadt mit Parks und Seen zeigt und bietet alles zum Thema Auto und Mobilität.

✳ **Planetarium**, Uhlandweg 2, ☎ 21939, ÖZ: Vorführungen: Mo, Fr 14.30 Uhr, Mi 15 Uhr, Sa 18.30 Uhr, So 15.30 Uhr; Kinderprogramm Sa 15 Uhr, So 14 Uhr.

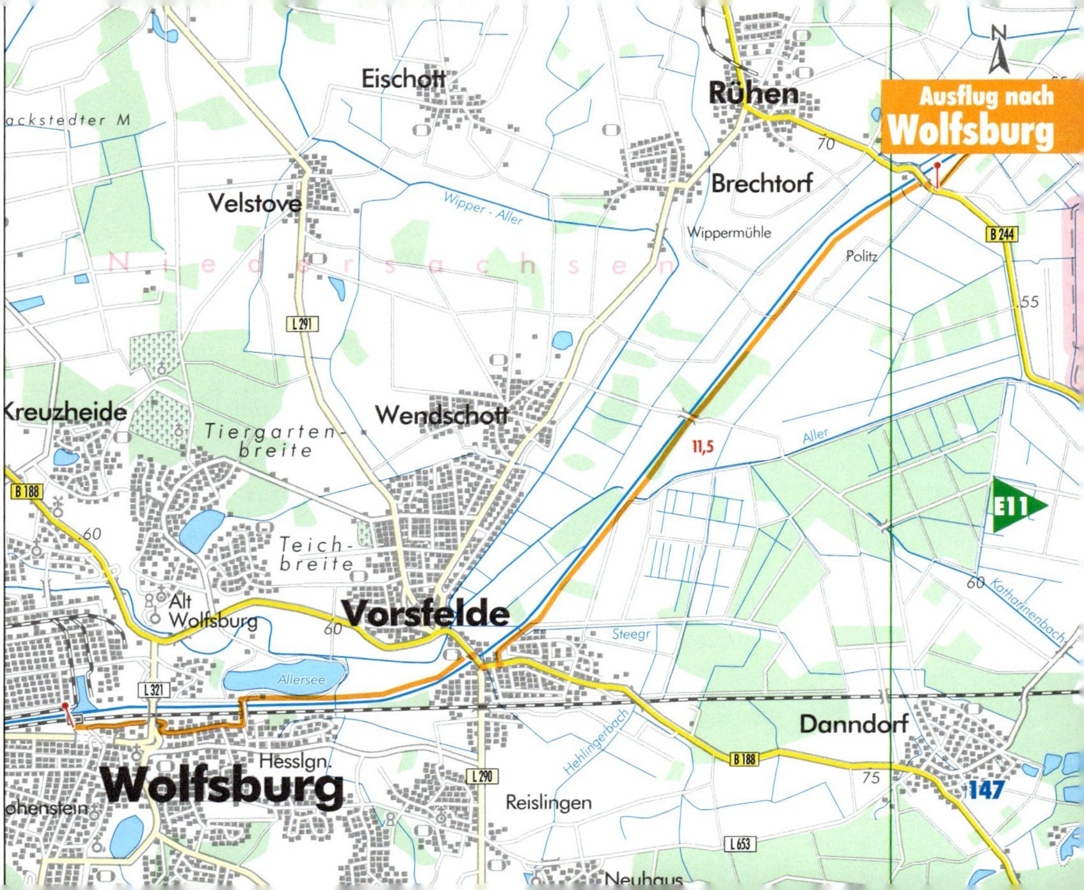

Ausflug nach Wolfsburg

❋ **Phaeno – Experimentierlandschaft**, Willy-Brandt-Pl. 1, ☏ 0180/1060600, ÖZ: Di-Sa/Fei 10-18 Uhr. Von der Architektin Zaha Hadid geschaffene, 9.000 m² große Erlebniswelt zum Thema Naturwissenschaft und Technik. Das Innere ist eine offende Landschaft mit Kratern, Terrassen, Plateaus und Höhlen. Unzählige Experimentierstationen und Labore regen zum Ausprobieren an und helfen, naturwissenschaftliche Phänomene zu verstehen.

🛁 **BadeLand**, Am Allerpark, ☏ 89000, ÖZ: Mo-Sa 8-22 Uhr, So/Fei 8-20 Uhr. Badelandschaft mit Wellnessoase

1302 wurde die Wolfsburg als Sitz des Adelsgeschlechts derer von Bartensleben erstmals urkundlich erwähnt und 1372 folgte die erste urkundliche Erwähnung der Burg Neuhaus.

Entscheidend für die Stadt war die Grundsteinlegung 1938 für das Volkswagenwerk auf der Nordseite des Mittellandkanals, wo später der „Käfer" gebaut wurde. Für die Arbeitskräfte wurde während des Dritten Reiches durch die Zusammenlegung mehrerer Gemeinden die „Stadt des KdF-Wagens bei Fallersleben" (KdF = Kraft durch Freude) gegründet.

Während des Zweiten Weltkriegs diente das neu gebaute Autowerk vor allem der Rüstungsindustrie. In den für die Käfer-Produktion gebauten Hallen wurden – auch unter Einsatz von Zwangsarbeitern – Kübelwagen, Ersatzteile für Panzer und andere Rüstungsgüter wie die „Vergeltungswaffe V 1" produziert.

Auf Weisung der britischen Besatzungsmacht wurde 1945 die Stadt an der Aller in „Wolfsburg" umbenannt. Das VW-Werk stand zunächst unter der Leitung des englischen Majors Hirst, der den Abtransport der Fertigungsmaschinen verhinderte, indem er dem Werk Aufträge der britischen Regierung verschaffte. Nur dadurch konnte das Volkswagenwerk nach Kriegsende bestehen bleiben und das Wachstum der Stadt Wolfsburg auslösen.

1955 lief der einmillionste Käfer vom Band, ein Ereignis, das mit einem juwelenbesetzten Käfer gefeiert wurde. In den Jahren des Wirtschaftswunders erlebte Wolfsburg einen enormen Zuwachs durch – überwiegend italienische – Gastarbeiter. 1958 wurde das Rathaus der Stadt eingeweiht.

Im Zuge der niedersächsischen Kommunalreform von 1972 überschritt Wolfsburg die Einwohnerzahl von 100.000 und erlangte den Status einer Großstadt mit nahezu 120.000 Einwohnern. Die Stadtfläche hatte sich von 35 auf 204 Quadratkilometer vergrößert. 1988 wurde Wolfsburg Hochschulstadt (Fachhochschule Braunschweig–Wolfenbüttel).

In Wolfsburg sind in den letzten Jahrzehnten urbane Visionen der Moderne verwirklicht worden. Allein drei Meisterwerke des finnischen Architekten Alvar Aalto zieren die Stadt: das Alvar-Aalto Kulturhaus, das Gemeindezentrum Heilig-Geist-Kirche und die Stephanus-Kirche. Hinzu kommt das Stadttheater, das vom Architekten der Berliner Philharmonie, Hans Scharoun (1893–1972) gebaut und 1973 eingeweiht wurde. Interessant ist das spektakuläre „Phaeno" – eine von Zaha Hadid entworfene begehbare Skulptur, die 2005 eröffnet wurde. In diesem außergewöhnlichen Baukörper werden Naturwissenschaft und Technik anschaulich gemacht.

Tipp: Und so geht es wieder zurück zur Hauptroute nach Oebisfelde.

Vom Bahnhof in Wolfsburg radelt man nach links in die nach dem ersten VW-Generaldirektor benannte **Heinrich-Nordhoff-Straße**, überquert den **Berliner Ring**. An der Ampel der Kreuzung Dieselstraße/Lerchenweg biegt man auf die nördliche Seite. Dort fährt man weiter Richtung Osten bis zur nächsten Einmündung, biegt links ab, fährt über Bahnlinie und Mittellandkanal und biegt dann rechts ab. Man bleibt auf der nördlichen Kanalseite bis zur nächsten Brücke in **Vorsfelde**. Dort fährt man über die Brücke der B 188 auf die südliche Seite, biegt links ab und radelt am Wasser entlang bis zur B 244, in die man rechts abbiegt. Die nächste Möglichkeit biegt man links ab, bleibt am Kanalufer, biegt am vierten Abzweig rechts ab und radelt geradeaus über den Allerkanal nach **Breitenrode**. Dort biegt man links ab in die Hauptstraße, radelt durch Breitenrode und hält sich rechts in Richtung **Oebisfelde**.

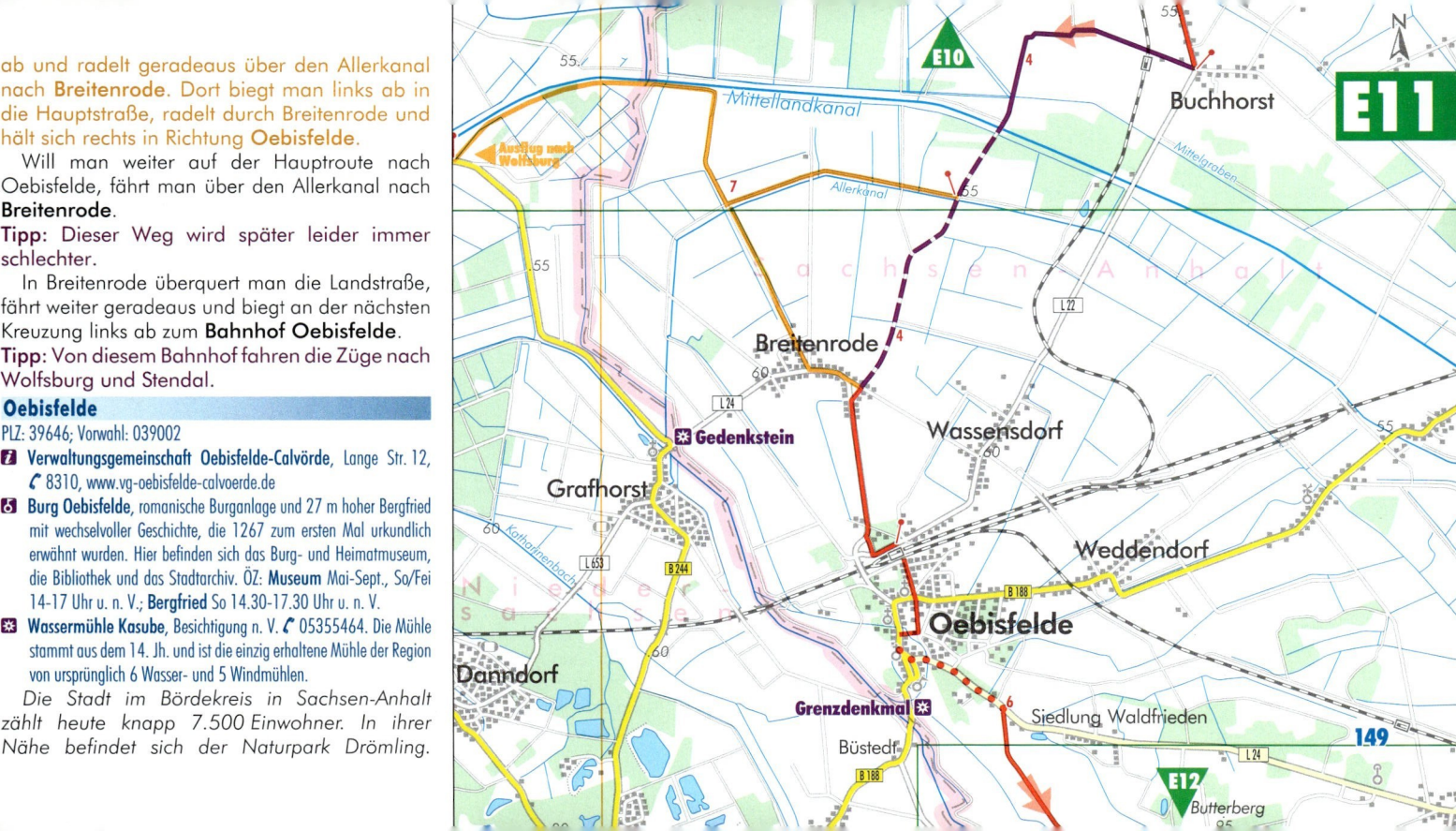

Will man weiter auf der Hauptroute nach Oebisfelde, fährt man über den Allerkanal nach **Breitenrode**.

Tipp: Dieser Weg wird später leider immer schlechter.

In Breitenrode überquert man die Landstraße, fährt weiter geradeaus und biegt an der nächsten Kreuzung links ab zum **Bahnhof Oebisfelde**.

Tipp: Von diesem Bahnhof fahren die Züge nach Wolfsburg und Stendal.

Oebisfelde
PLZ: 39646; Vorwahl: 039002

- **Verwaltungsgemeinschaft Oebisfelde-Calvörde**, Lange Str. 12, ☎ 8310, www.vg-oebisfelde-calvoerde.de
- **Burg Oebisfelde**, romanische Burganlage und 27 m hoher Bergfried mit wechselvoller Geschichte, die 1267 zum ersten Mal urkundlich erwähnt wurden. Hier befinden sich das Burg- und Heimatmuseum, die Bibliothek und das Stadtarchiv. ÖZ: **Museum** Mai-Sept., So/Fei 14-17 Uhr u. n. V.; **Bergfried** So 14.30-17.30 Uhr u. n. V.
- **Wassermühle Kasube**, Besichtigung n. V. ☎ 05355464. Die Mühle stammt aus dem 14. Jh. und ist die einzig erhaltene Mühle der Region von ursprünglich 6 Wasser- und 5 Windmühlen.

Die Stadt im Bördekreis in Sachsen-Anhalt zählt heute knapp 7.500 Einwohner. In ihrer Nähe befindet sich der Naturpark Drömling.

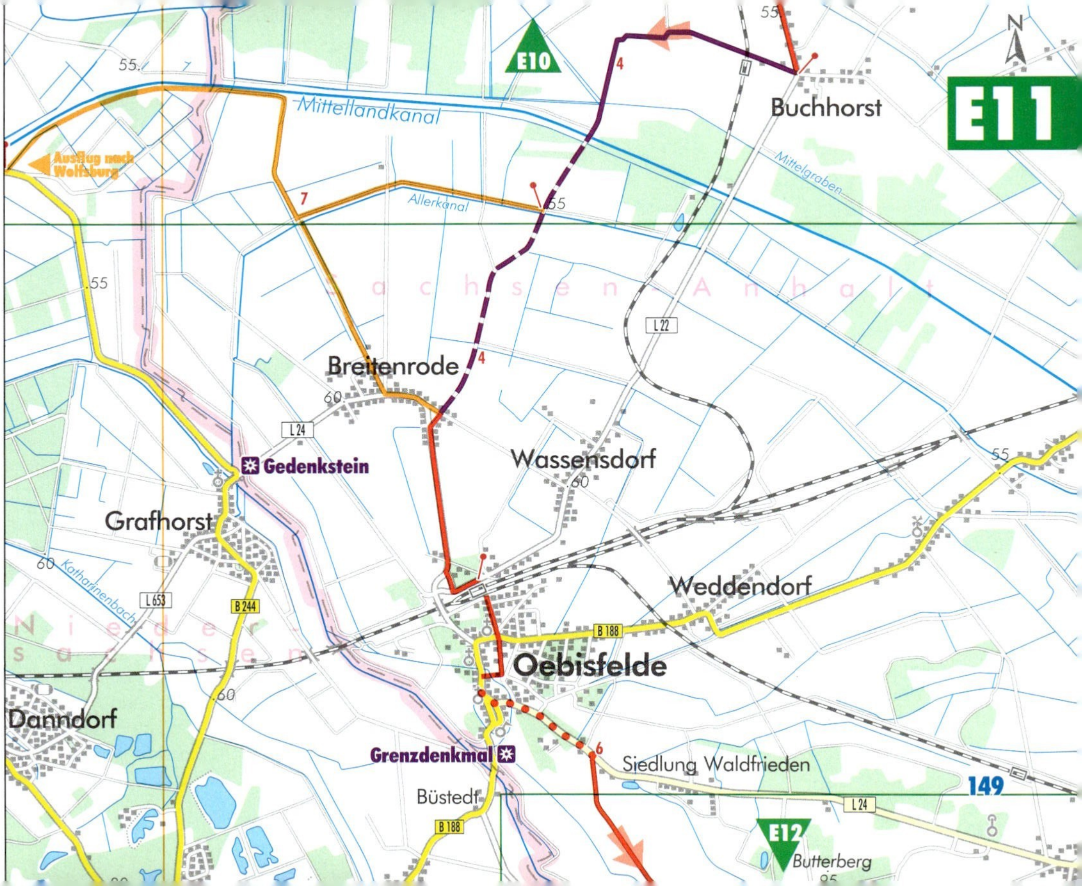

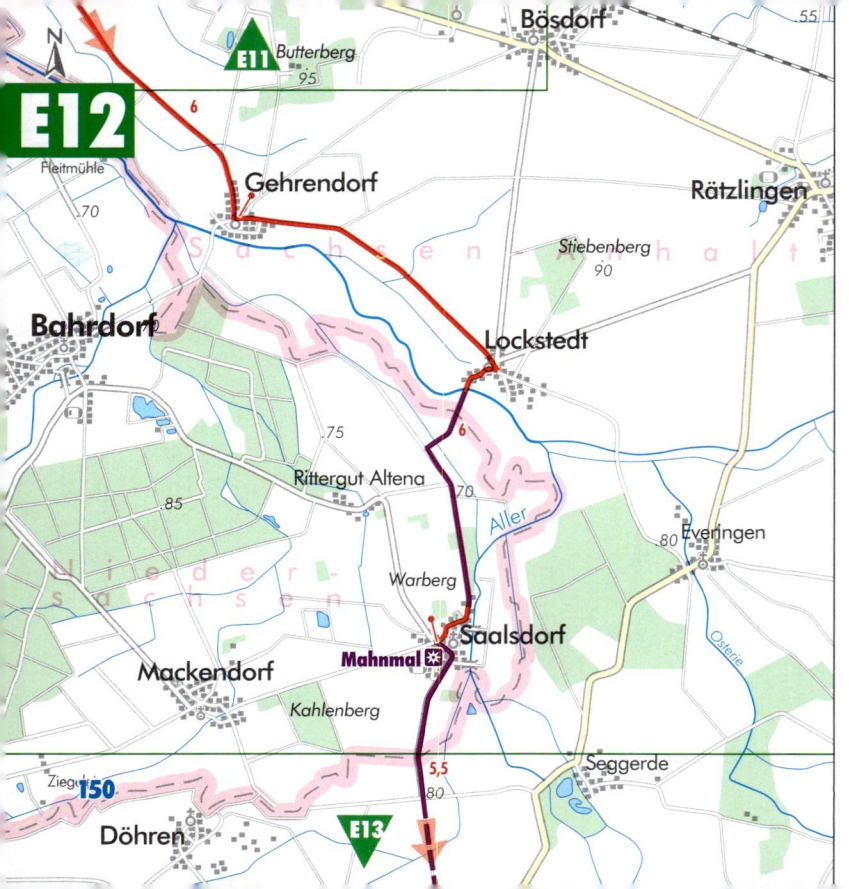

Die Ursprünge der Stadt reichen ins 10. Jahrhundert zurück. Sie wurde als ein Burgstädtchen erbaut und diente zur Verteidigung gegen die Slawen, die damals noch in der Altmark siedelten. Zwischen 1014 und 1073 wird Oebisfelde – „flache Wasserinsel" – erstmals urkundlich erwähnt, später ist von einer Burg die Rede. Im Schmalkaldischen Krieg 1546/1547, – Karl V. gegen den Schmalkaldischen Bund, der aus einzelnen Fürsten bestand und den Protestantismus unterstützte – wurde die Stadt mehrmals verwüstet.

Grenzdenkmal

Am ehemaligen Grenzstreifen an der Aller, unmittelbar an der Büstedter Brücke (B 188), befindet sich das von Manfred Böttcher geschaffene „Grenzdenkmal", dessen verschiedene Bildelemente als Gleichnis für Teilung und Wiedervereinigung gelten. Ein Weg, eine Mauer, ein Loch in der Mauer, eine Treppe und eine Frauengestalt symbolisieren Hoffnung, eine Eule steht für die Natur. Das frühere Moorgebiet „Drömling" wurde nach der Grenzöffnung rekultiviert und zum Naturschutzgebiet erklärt. Eine Informationstafel gibt Auskunft über den früheren Grenzverlauf und die technischen Daten der Sperranlagen.

Von Oebisfelde
nach Helmstedt/Marienborn   36 km

Vom Bahnhof in Oebisfelde fährt man die Straße geradeaus, überquert die B 188, hält sich weiter geradeaus und biegt am Ende rechts ab über das Flüsschen **Mühlaller**. Man sieht den Kirchturm, biegt links ab und fährt ein kurzes Stück auf der B 188 ins Zentrum. An der Kirche geht es links ab zum **Marktplatz** und von dort in Richtung Gehrendorf und Lockstedt. Kurz hinter dem Ortsausgang fährt man rechts ab ins ausgeschilderte **Gehrendorf** und **Lockstedt**.
Tipp: Man fährt die ganze Zeit parallel zur Aller und am Grenzstreifen entlang, beide kann man allerdings nur erahnen.

Man durchquert Gehrendorf und folgt der Hauptstraße weiter nach Lockstedt, wo man an der Kirche

rechts abbiegt. Zunächst auf Kopfsteinpflaster, später auf Asphalt, geht es auf
dem **Aller-Radweg** nach **Saalsdorf**. Man
überquert die Aller, dann die Grenze und ist
in Niedersachsen im Landkreis Helmstedt.

Saalsdorf

Tipp: In Saalsdorf kommt man an einer
riesengroßen Eiche vorbei und ein alter
DDR-Grenzpfahl mit Hammer und Zirkel
erinnert an die Spaltung: „125 Jahre
Eiche, 1871–1996. Wer die Erinnerung
bewahrt, kann die Zukunft gestalten."

Man radelt über die Grenze weiter
geradeaus in Richtung **Weferlingen**. Am
Elbe-Aller-Weg geht es weiter geradeaus
auf dem befestigten Feldweg, der nach
2,5 Kilometern wieder asphaltiert ist.

Weferlingen

*Weferlingen feierte im Jahre 2000 die
850. Wiederkehr seiner ersten urkundlichen
Erwähnung. Ein Gedenkstein vom 7.10.1951
erinnert an „das Dorf des Friedens".
Ein weiterer Gedenkstein erinnert an die
Völkerschlacht von Leipzig „1813–1913,
Mit Gott für König und Vaterland", der we-
gen des Kreisverkehrs versetzt worden ist.*
Tipp: Es gibt mehrere Möglichkeiten einzu-
kehren – zum Beispiel im Café „Le Village".
Auf dem ehemaligen Grenzstreifen be-

Oebisfelde (1984/2006)

finden sich ein Kreuz und ein Gedenkstein,
der an die Grenzöffnung am 18.11.1989
erinnert: „An dieser Stelle war Deutschland 40 Jahre geteilt, bedingt durch ein
diktatorisches System. Die Gemeinden
Weferlingen und Grasleben. Oktober
1990."

In Weferlingen fährt man bergab bis zur
Aller, wo sich eine Eisdiele befindet. Man
biegt aber nicht links ab über die Brücke,
sondern radelt auf dem befestigten Feldweg
an der Aller entlang. Die **Braunschweiger
Straße** fährt man nach Süden Richtung Autobahn und an der Kreuzung, wo es nach
Magdeburg und Haldensleben abgeht, fährt
man geradeaus. Hinter der **Quickbox** biegt
man links ab, vorbei am Hinweis auf den
beschrankten Bahnübergang. Man unterquert eine Bahntrasse und fährt geradeaus
auf dem gut befahrbaren Plattenweg entlang
der Bahntrasse am **Überlandwerk Weferlingen** vorbei.

Man befindet sich auf dem Aller-Radweg,
der leider kaum ausgeschildert ist, und
fährt geradeaus, auch wenn asphaltierte
Wege abgehen. Aus dem gut befahrbaren
Plattenweg wird bald ein gut befahrbarer
Schotterweg, gesäumt von Pflaumen- und
Mirabellenbäumen.

In **Walbeck** biegt man links ab, stößt auf die Hauptstraße, in die man rechts abbiegt. Links, oberhalb der Aller, ist die Ruine der **Stiftskirche**.

Walbeck
Ruine der Stiftskirche St. Marien

Der sehr alte Ottonen-Ort Walbeck wurde bereits im Jahre 930 das erste Mal erwähnt. Heute befindet sich dort die Ruine der Stiftskirche St. Marien. Der Gründungsbau war bereits vor 964 vollendet, und auch heute sind noch wesentliche Teile vom Gründungsbau zu sehen. Die Anlage wurde 1932 freigelegt, das dortige fürstliche Grabdenkmal ist eines der wenigen erhaltenen aus der ottonischen Zeit.

Man hält sich rechts, durchquert Walbeck und fährt immer geradeaus. Am Ortsausgang geht links eine Straße ab, dort fährt man geradeaus in den gut befahrbaren Schotterweg. Nach einem wunderschönen Streckenabschnitt durch leicht hügelige Felder quert man die Aller und kommt auf die Hauptstraße, in die man rechts nach Schwanefeld abbiegt. Die Straße schlängelt sich hinunter in Richtung Schwanefeld und Beendorf.

In **Schwanefeld** ist auf dem Kirchturm ein Storchennest, man radelt am Kriegerdenkmal des Ersten Weltkriegs vorbei, überquert die Aller und kommt auf wenig befahrener Straße nach **Beendorf**.

Beendorf
Tipp: Von Beendorf kann man über Bad Helmstedt zur Grenzstadt Helmstedt radeln. Vom dortigen Bahnhof hat man gute Verbindungen in alle Richtungen. Beginnt man in Helmstedt, wählt man denselben Weg bis Bad Helmstedt. Dort biegt man rechts ab und stößt an der B 1 wieder auf die Hauptroute.

Helmstedt
PLZ: 38350; Vorwahl: 05351

- **Info am Markt**, Markt 7/8, ✆ 399095, www.stadt-helmstedt.de
- **Kloster St. Ludgerus**, Am Ludgerihof 1, ✆ 5870, Führungen n. V. Im 8. Jh. wurde es von St. Ludger gegründet. Ältester Bauteil ist die St.-Peter-Kapelle. Das Kloster wurde 1553 zerstört und zu Beginn des 18. Jhs. im Barockstil wieder aufgebaut.
- **Zonengrenzmuseum**, Süderstr. 6, ✆ 1211133, ÖZ: Di-Fr 15-17 Uhr, Mi auch 10-12 Uhr, Do 15-18.30 Uhr, Sa, So 10-17 Uhr. Hier wird in 5 Abschnitten die Geschichte der ehem. innerdeutschen Grenze dargestellt.
- **Kreis- und Universitätsmuseum**, Collegienpl. 1, ✆ 1211132, ÖZ: Di-Fr 10-12 Uhr, Di-Fr 15-17 Uhr, Sa, So 15-17 Uhr. Das Museum erzählt die Geschichte des Helmstedter Raumes von der Steinzeit bis zur Gegenwart anhand von zahlreichen Exponaten wie frühgeschichtliche Ausgrabungen, Metallarbeiten, alte Möbel, Werkzeug oder Werke von heimischen Künstlern der Gegenwart.
- **Juleum**, ehemalige Universität, erbaut 1592-97, Führungen n. V. ✆ 120461. Berühmte Professoren wie Conring, Caselius oder Calixt lehrten hier bis die Uni 1810 geschlossen wurde.
- **Besichtigung eines Tagebaus vom Tagebaurand**, Führungen n. V. Mo-Fr 8-13 Uhr ✆ 184523/21
- **Julius Bad**, Stobenstr. 34, ✆ 7140

Die ehemalige Universitäts- und Hansestadt hat heute ca. 25.500 Einwohner und besitzt eine reiche Zahl an historischen Bauten, vor allem aus der Renaissance, und Fachwerkhäuser aus dem 16. und 17. Jahrhundert. Zur Zeit der deutschen Teilung lag an der Transitstrecke Hannover–Berlin einer der wichtigsten Grenzübergänge (Helmstedt-Marienborn).

Helmstedt wurde erstmals im Jahre 952 als „Helmonstede" urkundlich erwähnt. Die Gründung der Ansiedlung geht auf den Heiligen Ludger, Bischof von Münster, zurück, der in der Gegend eine Missionszelle erbauen ließ, die sich zum Benediktinerkloster St. Ludgerus entwickelte. Erste Besiedlungen der Region reichen aber noch viel weiter zurück: Wegen der fruchtbaren Lößböden siedelten sich hier schon Bauern in der Jungsteinzeit im 6. Jahrtausend v. Chr. an. Aus dieser Zeit stammen auch die sogenannten Lübbensteine in der Umgebung, die Großsteingräber darstellen.

Nach der Zerstörung der Stadt 1199 durch Erzbischof Ludolph von Magdeburg und der Wiedererrichtung mit dem Bau einer richtigen Stadtmauer im Jahre 1230 erhielt Helmstedt 1247 die Stadtrechte und war von 1426 bis 1518 Mitglied der Hanse. Von Bedeutung war die Universität, die von Herzog Julius als „Academia Julia" 1576 gestiftet wurde und bis ins Jahr 1810 das städtische Leben prägte.

Noch heute kann man die Bauten des „Juleum Novum" in der Stadt besichtigen. Für Philosophie, Theologie, Medizin und Jura gab es eine Fakultät. Zwischen 1806 und 1813 war Jérôme Bonaparte, der Bruder von Napoleon, Herrscher des Königreichs Westphalen, zu dem auch Helmstedt gehörte. Er ließ im Jahre 1810 die Universität schließen.

Der Braunkohleabbau, der die Landschaft um Helmstedt bestimmt, wurde im Laufe des 19. Jahrhunderts zu einem wichtigen Wirtschaftsfaktor der Region. 1874 wurde der erste Tagebau in der Region in Betrieb genommen. Das Gelände soll renaturiert und geflutet werden, wodurch ein vier Quadratkilometer großer See entsteht.

Die Stadt lag ab 1945 in der Grenzregion zwischen den beiden deutschen Staaten. An Helmstedt führte die Autobahn nach Berlin vorbei, eine der drei Transitstrecken von West-Deutschland in die geteilte Stadt. Der Grenzübergang Helmstedt-Marienborn erlangte traurige Berühmtheit.

Als die innerdeutsche Grenze am 9. November 1989 geöffnet wurde, erlebte die Stadt einen nie da gewesenen Besucheransturm. Heute existiert mit dem Verein „Grenzenlos – Wege zum Nachbarn e. V." eine Einrichtung, die diese besondere Grenzlage in den 45 Jahren der Teilung in Erinnerung halten will.

Zwei ehemalige westdeutsche Grenzpolizisten erzählten aus der Vergangenheit der direkt an der Grenze gelegenen Kneipe Klabautermann in der Nähe von Helmstedt: Bis 1961 war es nämlich möglich, dass ostdeutsche Grenzpolizisten in die Kneipe kamen, ihre Kalaschnikow am Garderobenhaken aufhängten, Bier tranken und wieder verschwanden. Damals ist man auch noch gemeinsam Patrouille gelaufen, hat sich unterhalten, Fußballergebnisse diskutiert und Zigaretten ausgetauscht. Man kannte sich. Nach dem Bau der

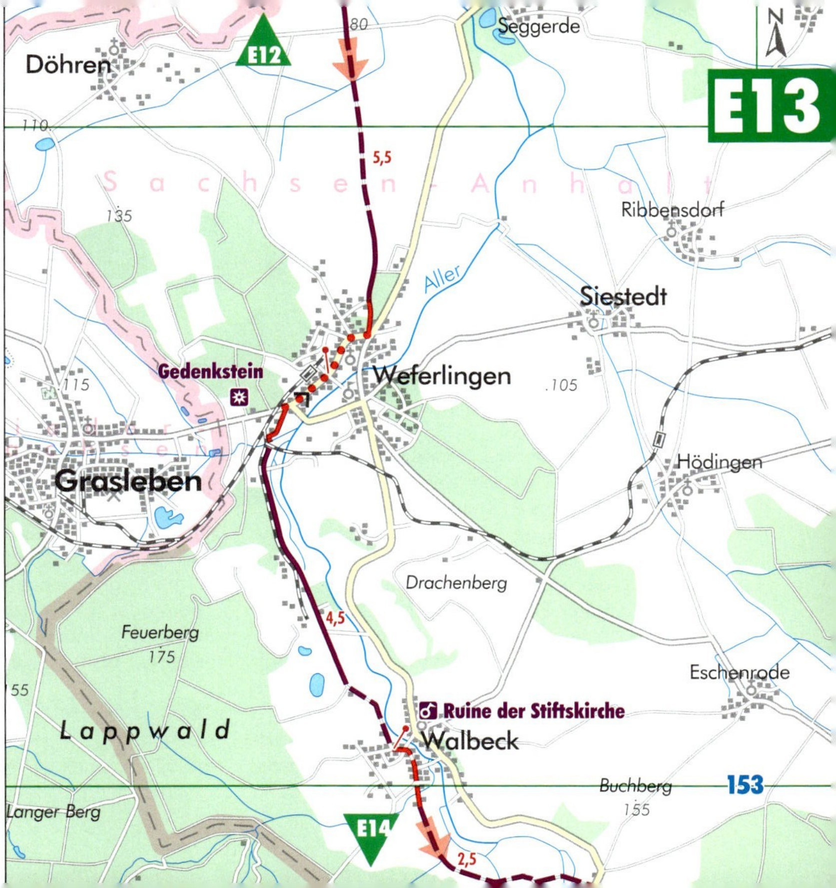

Mauer wurde alles schwieriger. Wenn man den Kollegen „drüben" dann mal eine Schachtel Zigaretten über den Zaun geworfen hatte, wurde sie demonstrativ zertreten.

Vom Ortsausgang Beendorf biegt man nicht links ab in die Straße nach Bartensleben, sondern fährt weiter geradeaus und biegt nach dem Schild „Schacht-Marie" rechts ab in die glatte Kopfsteinpflasterstraße, die als Aller-Radweg aber nicht ausgeschildert ist.

An dessen Ende biegt man links ab in den asphaltierten Weg. An der nächsten Kreuzung biegt man rechts ab und radelt die kleine Steigung bergauf. An der nächsten Gabelung biegt man links ab in den Kolonnenweg, der sich als gut befahrbarer Plattenweg entpuppt. Man fährt im Grenzstreifen genau auf der Grenze. Noch sind die Bäume etwas kleiner, in zehn Jahren wird man nur noch am Plattenweg erkennen, dass hier eine breite Schneise im Wald existierte.

Vor der B 1-Querung – dahinter ist noch ein Wachturm – biegt man rechts ab, fährt zur Bundesstraße ein wenig parallel, biegt dann links ab und quert die B 1 und die A 2.

Tipp: An dieser Stelle fehlt ein Hinweis auf das Mahnmal „La Voute des Mains" des französischen Bildhauers Joseph Castell.

Die riesige gusseiserne Skulptur zweier ineinander verschlungener Hände thront auf großen Granitblöcken, die wiederum auf verfallenen Mauerresten stehen. Man erreicht es, wenn man auf der B 1 noch weiter in Richtung Helmstedt fährt.

Hinter der Autobahn sieht man noch den originären Streckmetallzaun und biegt dann links ab.

Tipp: Zur ausgeschilderten Gedenkstätte geht es immer geradeaus. Am Eingang sieht man: „Die Mauer (1994) von Achim Borgsdorf, Stahl und original Mauerstück. Geschenk Helmstedter Bürger als Ausdruck ihrer Verbundenheit."

Gedenkstätte Marienborn

Bereits ab Juli 1945 wurde die alliierte Kontrollstelle Helmstedt/Marienborn errichtet. Hier verrichteten Angehörige der britischen, amerikanischen, französischen und sowjetischen Besatzungstruppen ihren Dienst. Sowjetische Soldaten, unterstützt von der neu gegründeten Grenzpolizei der Sowjetischen Besatzungszone (SBZ), bewachten die Demarkationslinie zwischen der sowjetischen und den westlichen Besatzungszonen. Nach der Gründung der beiden deutschen Staaten 1949 ließ die sowjetische Militäradministration den Kontrollpassierpunkt Marienborn ausbauen. Abfertigungsbaracken und Kasernen entstanden in kürzester Zeit. Anfang der 1950er-Jahre übertrug die Sowjetunion der SED-Führung die Verantwortung für den Kontrollpassierpunkt Marienborn.

Der Gebrauch der Schusswaffe sollte von nun an verhindern, dass Flüchtende die DDR verlassen. Nach der Errichtung fester Sperranlagen entlang der deutsch-deutschen Grenze ab Mai 1952 wurde auch die Bewachung an den Kontrollpassierpunkten verschärft. Nach dem Bau der Berliner Mauer 1961 und der kompletten Abriegelung der deutsch-deutschen Grenze entwickelte sich die Grenzübergangsstelle (GÜSt) Marienborn zum wichtigsten Nadelöhr nicht nur zwischen den beiden deutschen Staaten, sondern auch zwischen den Systemen zu beiden Seiten des Eisernen Vorhangs. Ende der 1960er-Jahre erstreckten sich die Kontrollanlagen auf über einen Kilometer Länge. Südlich und nördlich wurden entlang der Autobahn neue Baracken errichtet.

Grenzpfahl in Saalsdorf

Am 20. September 1971 wurde das Transit-
abkommen zwischen der DDR und der Bundesrepublik Deutschland unterzeichnet, am 26. Mai
1972 folgte der Verkehrsvertrag und am 21. Dezember 1972 der Grundlagenvertrag. Am 7. Juni
1971 hatte der Ministerrat der DDR den Neubau
der Grenzübergangsstelle beschlossen. Diese
sollte anderthalb Kilometer von der deutsch-deutschen Grenze entfernt liegen und eine Größe von
35 Hektar haben. Für 70 Millionen DDR-Mark
wurde von 1972 bis 1974 die neue Grenzübergangsstelle errichtet, in der bis 1989 über
1.000 Menschen in unterschiedlichen Bereichen
tätig waren.

So arbeiteten vor Ort die Angehörigen der
Passkontrolleinheiten des Ministeriums für
Staatssicherheit (MfS), der Grenztruppen und
des Zolls. Hinzu kamen die Zivilbeschäftigten in
den Wechselstuben, beim Deutschen Roten Kreuz
(DRK), in den Werkstätten, den Kantinen und
bei den Sonderkontrollen für Pflanzenschutz und
Veterinärmedizin.

Nach der Grenzöffnung im Herbst 1989 stellte
die Grenzübergangsstelle Marienborn, an der allein im Zeitraum von 1985 bis 1989 fast 35 Millionen Reisende abgefertigt wurden, am 1. Juli 1990
im Zuge der Währungsunion die Grenzkontrollen
ein. Große Teile wurden in der darauffolgenden
Zeit zerstört und abgebaut. Im Februar 1992 fass-

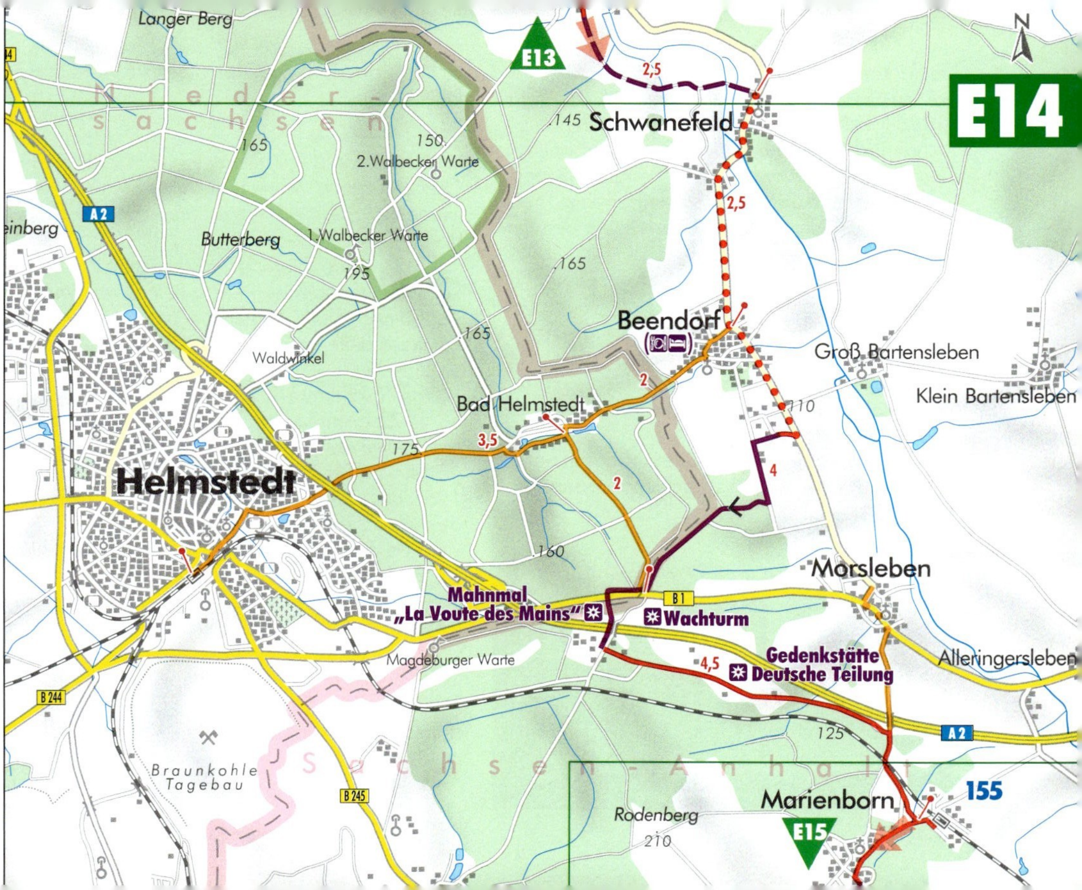

te der Landtag von Sachsen-Anhalt den Beschluss zur Errichtung einer Gedenkstätte. Am 13. August 1996 wurde die „Gedenkstätte Deutsche Teilung Marienborn" eröffnet. In der Folgezeit entstand ein Dokumentations- und Informationszentrum mit Dauer- und Sonderausstellungen zum Thema ehemalige innerdeutsche Grenze, ein Seminarbereich und eine Bibliothek.

Viele Originalgebäude, wie z. B. der überdachte Terminal mit Kontrollhäuschen, sind erhalten geblieben. Die gesamte Fläche der Anlage umfasst ca. 7,5 Hektar. Es ist heute ein Ort, wo „Deutsche Deutschen ihre Biografien erzählen", so der damalige Bundespräsident Roman Herzog bei seinem Besuch.

Tipp: Hinter der Gedenkstätte stößt man auf die Straße, auf der es links nach Morsleben geht,

Eingang Gedenkstätte Marienborn

wo sich das Endlager für atomare Abfälle der DDR befand.

Morsleben

Morsleben, nur 7 Kilometer vom ehemaligen Grenzübergang Marienborn/Helmstedt entfernt, wurde vor allem als Atommüllendlager der DDR bekannt.

1897 wurde hier der erste Schacht für das Kali- und Steinsalzbergwerk in Betrieb genommen. An gleicher Stelle ließen die Nationalsozialisten Zwangsarbeiter aus dem KZ Beendorf Raketen produzieren.

Das Salzbergwerk Bartensleben wurde dann ab 1972 in mehreren Etappen als Endlager für radioaktive Abfälle von Seiten der DDR-Regierung genehmigt. Die Erlaubnis zum Dauerbetrieb wurde 1981 befristet erteilt und am 22. April 1986 unbefristet ausgestellt.

Nach der Wiedervereinigung wurde der Bund Eigner des Endlagers, die Zuständigkeit dafür fiel in den Aufgabenbereich des Bundesamtes für Strahlungsschutz (BfS). Die unbefristete Genehmigung wurde in eine befristete Nutzung bis zum 30. Juni 2000 umgewandelt. Bis dahin wurden insgesamt (vor und nach der Wende) 37.000 Kubikmeter radioaktiver Müll in den Salzstock eingelagert.

Am 9. Mai 1997 wurde nach harten Auseinandersetzungen – nicht zuletzt aufgrund des

Gedenkstätte Marienborn, LKW-Abfertigungsbereich

Engagements der rot-grünen Landesregierung von Sachsen-Anhalt – die Stilllegung verfügt.

Man biegt rechts ab zur Ortschaft **Marienborn**. Nach Überqueren der Gleise biegt man sofort links ab, bleibt auf der Asphaltstraße und fährt parallel zur Schiene. Weiter geradeaus kommt man direkt zum **Bahnhof**.

Tipp: Vom Bahnhof fahren stündlich Regionalzüge nach Magdeburg oder Braunschweig.

Will man in die Ortschaft hinein, nutzt man die kleine Abkürzung zu den Häusern und gelangt auf die Hauptstraße von Marienborn in die man rechts einbiegt.

Marienborn

PLZ: 39365;

- **Klosterkirche** (12. Jh.) mit Kreuzgang (15. Jh.)
- **Brunnenkapelle**
- **Orangerie**
- **Findling**, der daran erinnert, dass Marienborn 900 Jahre alt ist.
- **Rund um Marienborn** gibt es noch eine **Räuberhöhle**, **Hügelgräber** aus der Zeit von ca. 2.000-700 v. Chr. oder **Megalithgräber** aus der Jungsteinzeit zu besichtigen.

Marienborn ist eine kleine Gemeinde in Sachsen-Anhalt mit etwas mehr als 500 Einwohnern im Nordwesten des Bördekreises, in direkter Nachbarschaft zu Niedersachsen gelegen. Es zählt zu den historisch ältesten Wallfahrtsorten in Deutschland.

Im Jahre 1000 erschien an der Stelle des heutigen Marienborn einem frommen Hirten die Jungfrau Maria. Außerdem soll an dem Ort, wo angeblich eine Marienstatue vom Himmel gefallen sein soll, ab dem 12. Jahrhundert eine Quelle mit heilsamer Wirkung entsprungen sein. Diese Ereignisse machten Marienborn zu einem bekannten Wallfahrtsort.

Noch erhalten sind eine sehr alte Klosterkirche aus dem Jahre 1200 sowie der dazugehörige Kreuzgang aus dem 15. Jahrhundert, das Pfarrhaus, eine Orangerie sowie eine Brunnenkapelle. Das Kloster- und Rittergut besteht nur noch als Ruine, es wurde zu DDR-Zeiten als LPG genutzt.

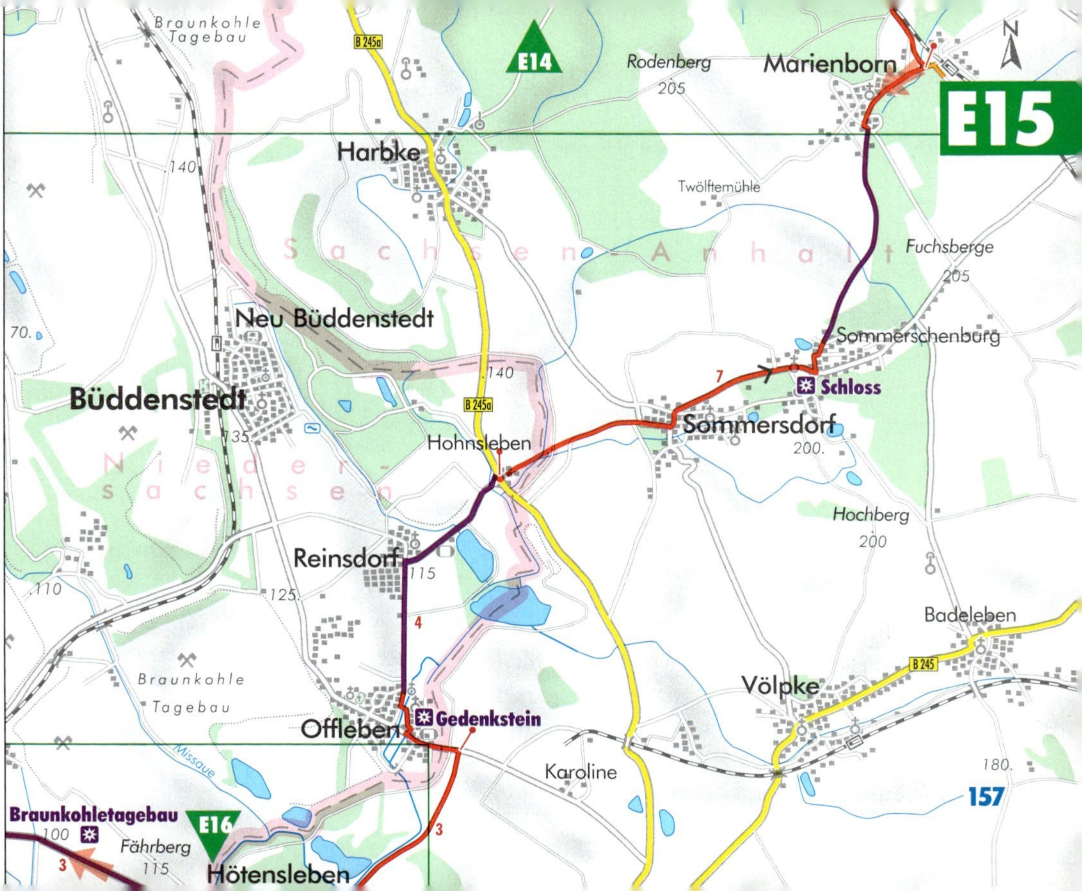

Hötersleben (1984/2006)

**Von Helmstedt/Marienborn
nach Hötensleben/Schöningen   18 km**

Vom Bahnhof in Helmstedt radelt man nach Bad Helmstedt und dort rechts ab zur B 1. Nach Überquerung der Bundesstraße und auch der Autobahn biegt man links ab und kommt zur **Gedenkstätte Marienborn**.

Vom Bahnhof Marienborn fährt man zur Ortsmitte auf der Hauptstraße. Am Ortsausgang, oben an der **Bushaltestelle**, geht rechts ein Fuß- und Radweg nach **Sommersdorf** ab, der später in einen gut befahrbaren Plattenweg übergeht. Der Weg diente der Landwirtschaft und der Grenzkontrolle.

In **Sommereschenburg** fährt man auf der Straße geradeaus durch die Ortschaft.

Sommereschenburg

🔵 **Schloss.** Die ursprüngliche Burg wurde im 10. Jh. als Grenzfestung und Schutz vor den Slawen errichtet. Es folgt eine wechselvolle Geschichte mit zahlreichen Besitzern. Im 19. Jh. wurde das heute noch existierende Schloss unter den Gneisenaus im neugotischen Stil neu erbaut.

Auf der Hauptstraße im Ort biegt man rechts ab nach Sommersdorf. Anfangs geht es schön bergab, dann bergauf. Das Kopfsteinpflaster wird wenig später von Asphalt abgelöst.

Sommersdorf
PLZ: 39365; Vorwahl: 039402
ℹ️ **Gemeindeverwaltung Eilsleben**, Zimmermannpl. 2, www.sommersdorf.de

Von Sommersdorf radelt man nach **Hohnsleben**, überquert die Grenze, dann etwas versetzt die B 245 a und fährt auf separatem Radweg nach **Reinsdorf**. Dort biegt man links ab nach **Offleben**, wo sich an der Grenze ein Gedenkstein „Deutschland ist unteilbar" befindet.

Man fährt durch Offleben zur Hauptstraße, biegt dort links ab in Richtung **Bamberg**, quert wieder die Grenze und biegt sofort rechts ab nach **Hötensleben**.

Hötensleben
Vorwahl: 039405
ℹ️ **Gemeindeamt,** ☏ 9610
✳️ **Flächendenkmal Hötensleben**, Grenzdenkmalverein ☏ 50660, ÖZ: frei begehbar. Erhaltene Grenzanlagen auf ca. 1 km Länge zu besichtigen.

Vor dem Ortseingang geht rechts ein Kolonnenweg mit glatten Platten ab, der leicht bergauf geradewegs zum Flächendenkmal Hötensleben führt. Man folgt diesem Plattenweg und befindet sich auf einem ehemaligen Zufahrtsweg zur deutsch-deutschen Grenze.

Schon bald erkennt man linker Hand die ersten Grundstücke von Hötensleben und Grenzzäune am Originalplatz.

Tipp: Auf der Anhöhe hat man einen Blick auf die kompletten Grenzanlagen des Flächendenkmals.

Mit dem Fahrrad kann man anschließend vorsichtig den Kolonnenweg zur unten liegenden Straße hinabrollen.

Flächendenkmal Hötensleben

Am Ortsrand von Hötensleben, der nur 100 Meter von der DDR-Staatsgrenze entfernt war, wurde auf einer Länge von etwa einem Kilometer ein Bereich der originalen Grenzanlagen erhalten. Aufgrund der Grenznähe wurde der „pionier-technische Ausbau vor Ortschaften" (DDR-Jargon) auf hohem Niveau angewendet, mit Mauern, die für die sonstige innerdeutsche Grenze unüblich waren. Dieses Denkmal stellt das am besten erhaltene Zeugnis der innerdeutschen Grenzbefestigung dar.

Der ursprünglich etwa einen Kilometer lange Abschnitt wird durch die wiederhergestellte Straße nach Schöningen geteilt. Im nördlichen Bereich sind die Bestandteile der Grenzanlage größtenteils im Original und am ursprünglichen Standort zu besichtigen. Auf einer Länge von 350 Metern und einer Fläche von 6,5 Hektar sind u. a. die Sichtblendmauer, der Grenzsignalzaun, das freie Sicht- und Schussfeld

mit Lichttrasse, der Kolonnenweg mit Kfz-Hindernissen, der Spurensicherungsstreifen, die Grenzmauer und der dominante Führungsturm auf einem Hügel, der „Hötenslebener Kippe", durchgängig erhalten.

Im südlichen Bereich wird die Linie der Mauer durch Bäume markiert, die unter dem Motto: „Bäume überwinden Mauern" durch eine Spendenaktion entstanden ist. Mit ihrer eigenhändigen Pflanzung von sich abwechselnden Lorbeerpappeln und Säuleneichen haben sich Bundespräsident Roman Herzog, hohe Bundes-, Landes- und Kommunalpolitiker, Einzelbürger, Schulen, Parteien, Vereine, Partnergemeinden und viele andere zur Deutschen Einheit bekannt. Die Anlage ist rund um die Uhr begehbar. Informationstafeln geben Auskunft über die Elemente der Sperranlagen, Führungen können angemeldet werden (Grenzdenkmalverein Hötensleben e. V., ✆ 039405/50660 oder bei der Gemeinde Hötensleben, ✆ 039405/9610).

Von Hötensleben fährt man auf dem Radweg neben der Straße wieder über die Grenze nach Schöningen und am Braunkohletagebau vorbei.

Tipp: Große Findlinge, Quarzsteine und auch ein Förderband mit Schaufel, Lokomotiven und

Grenzdenkmal Hötensleben

Wagen weisen am Straßenrand auf den Tagebau hin. Zum Bahnhof in Schöningen geht es von der stark befahrenen Landstraße rechts ab. An der Bahntrasse angekommen biegt man rechts ab zum Bahnhof, von dem Züge in Richtung Braunschweig und Helmstedt fahren.

Wer in die Altstadt möchte, unterquert die Bahngleise und fährt durch die Fußgängerzone zum Marktplatz von **Schöningen**.

Schöningen
PLZ: 38364; Vorwahl: 05352

🚲 **Schließer Bike**, Heinrich-Jasper-Straße, ✆ 8866

Braunkohletagebau Schöningen

Die Planungen für den Braunkohletagebau begannen nach der ersten Ölkrise 1974. Der rund 470 Hektar große Tagebau wird durch die Landesstraße 640 in ein Nord- und ein Südfeld geteilt. Das Nordfeld wurde 1979 aufgeschlossen. Bis 1996 wurden hier 86 Millionen Kubikmeter Abraum und 15 Millionen Tonnen Braunkohle gefördert, die im Kraftwerk Buschhaus zur Stromerzeugung eingesetzt wurden. Das Nordfeld wird seit 1996 mit Abraum aus dem Südfeld verfüllt. Voraussichtlich 2017 werden die wirtschaftlich gewinnbaren Kohlevorräte im Helmstedter Revier erschöpft sein.

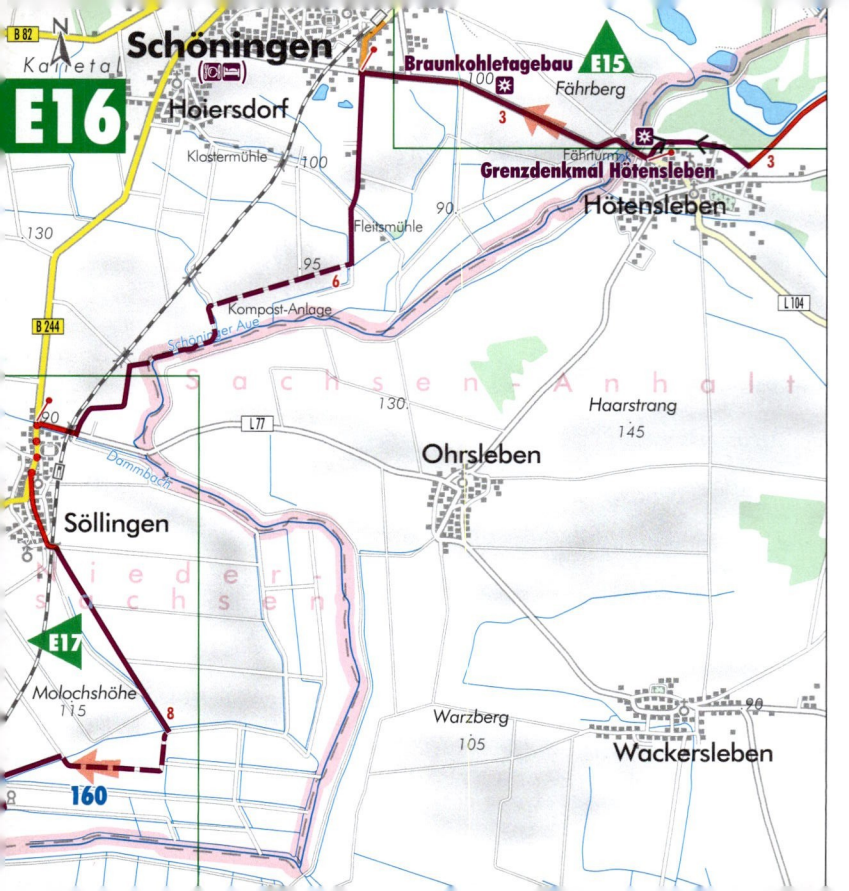

Von Schöningen/Hötensleben nach Hornburg   36 km

Vom Marktplatz in Schöningen aus fährt man abwärts durch die Fußgängerzone, biegt rechts ab in die **Heinrich-Jasper-Straße** und fährt bis zur Hauptstraße, in die man rechts abbiegt. Links oben liegt der Bahnhof.
Tipp: Von hier aus fahren Züge nach Braunschweig und Helmstedt.

Man unterquert die Bahntrasse, biegt rechts ab und fährt geradeaus über die Landstraße, die rechts nach Braunschweig und links nach **Hötensleben** geht. Auf dem asphaltierten Weg überquert man später etwas versetzt einen kleinen Bach.

Man biegt danach rechts ab in den ersten Schotterweg, an dessen Ende man eine Eisenbahnunterquerung sieht. Anstatt rechts abzubiegen und die Eisenbahn zu unterqueren, biegt man links und kurz danach wieder rechts ab.

Auf der linken Seite ist ein Bächlein, dahinter ein großer **Windpark**. Am Ende des Weges befindet sich eine große Kompostanlage.

Hier biegt man abermals vor der Bahntrasse links ab in den asphaltierten Weg und fährt an der Bahntrasse entlang bis zur Straße nach **Ohrsleben**. Dort biegt man rechts ab unter der Bahntrasse hindurch zur Hauptstraße nach **Söllingen**, in die man links einbiegt.

Wenn die Hauptstraße einen Knick rechts nach Jerxheim macht, fährt man geradeaus weiter durch Söllingen. Man kommt auf eine Kopfsteinpflasterstraße, überquert die Eisenbahn, biegt gleich rechts ab und fährt halb schräg – nicht parallel zur Eisenbahn – auf dem asphaltierten Weg an den Windrädern vorbei. Am Ende des Weges, am Bächlein, biegt man halb schräg rechts ab in den gut befahrbaren Schotterweg, an dessen Ende man wiederum rechts abbiegt.

Bevor man den Berg hinauf fährt, geht es wieder links ab in den asphaltierten Weg, an dessen Ende man links über die Brücke abbiegt in den Schotterweg. An dessen Ende erinnert ein Gedenkstein an die 1956–1965 ausgeführte Melioration des Wasser- und Bodenverbands „Großes Bruch".

Am Gedenkstein geht es rechts ab in einen gut befahrbaren Betonplattenweg mit einigen Schwachstellen bis zur B 244. Hier biegt man links ab, quert den Großen Graben, die ehemalige Grenze, und ist jetzt wieder im Landkreis Halberstadt.

Tipp: Direkt hinter der Brücke über den Großen Graben auf der rechten Seite sieht man einen Gedenkstein, der auf die Grenzöffnung Jerxheim–Dedelegen am 8. Dezember 1989 hinweist. Rechts daneben erinnert eine große Holztafel an den Gasthof zum Kiebitzdamm, der in den 1950er-Jahren zerstört und abgerissen wurde. Seit 1714 war er der „Gasthof zum Zoll", wo Handelsleute damals ihre Pferde ausspannten und übernachteten.

Die nächste Möglichkeit hinter dem querenden Plattenweg biegt man rechts ab in den asphaltierten Weg. Der gut befahrbare, aber schlecht ausgeschilderte Weg schlängelt sich durch die Landschaft. An den Kreuzungen radelt man geradeaus bis man den **Wachturm** von **Mattierzoll** sieht. An der B 79 biegt man rechts ab und nutzt den parallel zur Bundesstraße befindlichen, gut befahrbaren alten Kolonnenweg als Radweg und erreicht den ehemaligen Grenzübergang, der als Grenzdenkmal Hessendamm gestaltet wurde.

Grenzdenkmal Mattierzoll

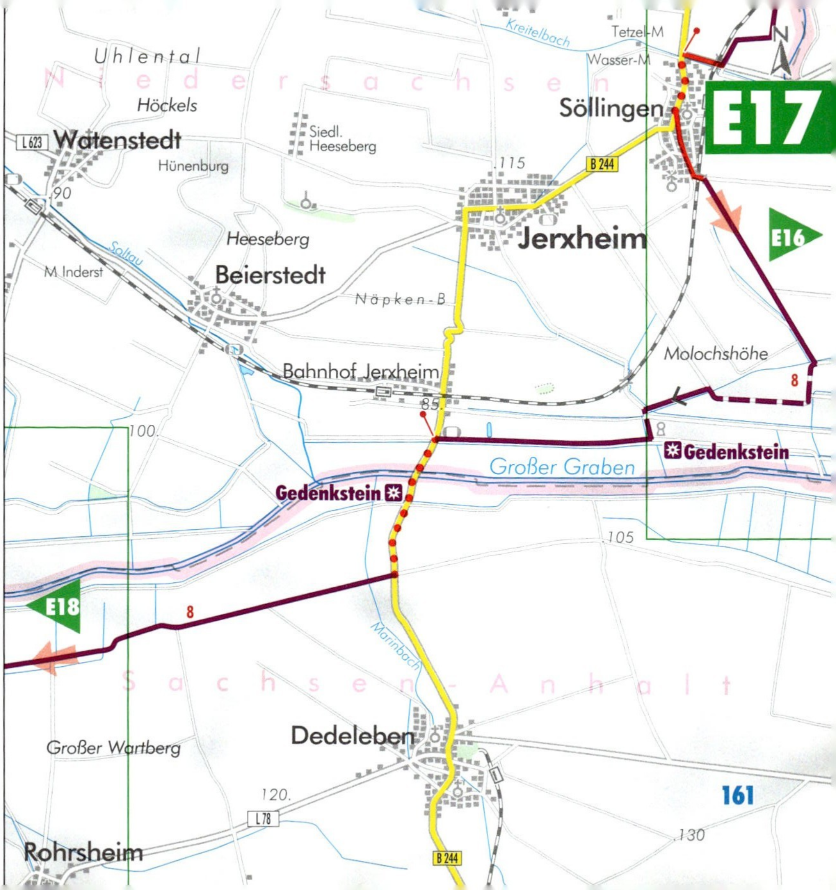

Die Gedenkstätte im Winnigstedter Ortsteil Mattierzoll liegt direkt an der B 79. Vor der Grenzöffnung war dort ein Standort der Grenzinformationsstellen des damaligen Bundesministeriums für innerdeutsche Angelegenheiten. Nach der Wende wurde ein Abschnitt der Grenzanlagen in verdichteter Form rekonstruiert. Neben den Grenzzäunen und zwei DDR-Grenzsäulen ist noch der Beobachtungsturm im Originalzustand erhalten. Es ist der letzte im Landkreis Halberstadt erhaltene „Grenzturm Hessen", der als Zeugnis des geteilten Deutschlands am ersten Jahrestag der Maueröffnung unter Schutz gestellt wurde. Der Stein „12. November 1989", direkt auf der Grenze, erinnert daran. Die Anlage ist rund um die Uhr begehbar.

Am Ortseingangsschild von **Mattierzoll** biegt man links ab in den gut befahrbaren Schotterweg, der wenig später asphaltiert ist, aber an einigen Stellen mit Schotter „verschlimmbessert" wurde. Auf der rechten Seite ist der Neue Graben. Man fährt auf wunderschönem Weg durch große Maisfelder und Wiesen. Wenn der – nicht ausgeschilderte – Abzweig rechts nach Seinstedt kommt, biegt man links ab in den Schotterweg, passiert die Brücke über den Schiffgraben und radelt auf asphaltiertem Weg über den **Zieselbach**, wo eine **Schutzhütte** steht, über die nächste Kreuzung bis zur ausgeschilderten Straße nach **Hornburg**, in die man rechts einbiegt.

Ab dem Ortseingangsschild von Hornburg nennt sich die Straße **Anna-Landmann-Straße**.
Tipp: Am 7. Januar 1997 war der 400. Todestag der Anna Landmann, die 1597 als letzte Hexe in Hornburg verbrannt wurde.

Fachwerkhaus in Hornburg

Hornburg
PLZ: 38315; Vorwahl: 05334

🏛 **Stadtmarketing/Amt für Tourismus**, Pfarrhofstr. 5 (Rathaus), ☎ 94910

🏛 **Heimatmuseum**, es zeigt auch Exponate von der deutsch-deutschen Grenze. Vor dem Gebäude steht eine DDR-Grenzsäule, die einst in der Nähe von Hornburg stand, mit folgender Inschrift: „Am 18. November 1989 ging mit der Grenzöffnung zwischen Hornburg und Hoppenstedt die Zeit der Teilung vorüber. Vom Heimatmuseum Osterwieck wurde dem Förderkreis Heimatmuseum Hornburg e. V. zur Erinnerung an diesen denkwürdigen Tag diese DDR-Grenzsäule übergeben. Seit dem 11. Februar 1990 verbindet beide Museen eine geschlossene Partnerschaft."

⛪ **Kirche**. Vor der Kirche erinnert eine kleine Büste an Papst Clemens II., der in Hornburg geboren ist, und am 25. Dez.1046 König Heinrich III. zum Kaiser des Heiligen Römischen Reiches Deutscher Nation krönte. Anlässlich des 1.000. Geburtstages von Clemens II. ist im Jahre 2005 von der Bildhauerin Sabine Hoppe die Plastik aufgestellt worden.

✳ sehenswerte **Altstadt** mit schön restaurierten Fachwerkhäusern, die fast alle eine Inschrift aus der Bibel auf den Balken haben.

Von Hornburg nach Bad Harzburg/Ilsenburg   23 km

Man fährt durch die Altstadt geradeaus auf der **Dorfstraße** durch ein Tor und biegt hinter dem Tor links ab in die Hauptverkehrsstraße, überquert die Ilse und biegt dann links ab in die nach Rimbeck ausgeschilderte **Rimbecker Straße**. Man fährt auf der ruhigen Landstraße entlang der Ilse und kann am Horizont schon den Harz mit dem Brocken sehen.

In **Rimbeck** biegt man rechts ab und hält sich dann links in Richtung **Bühne**.
Tipp: Am Abzweig nach Stötterlingen steht ein Gedenkstein für die Gefallenen des Zweiten Weltkrieges: „Es gibt keine Worte, für das Opfer zu danken, und es gibt keinen Dank für sie, die da sanken. Für uns."

Dort biegt man aber nicht halb rechts nach Stötterlingen ab, sondern scharf rechts in den **Süderoder Weg**, der zunächst in eine Kopfsteinpflasterstraße und nach 700 Metern in einen Schotterweg übergeht. Beide sind gut befahrbar.

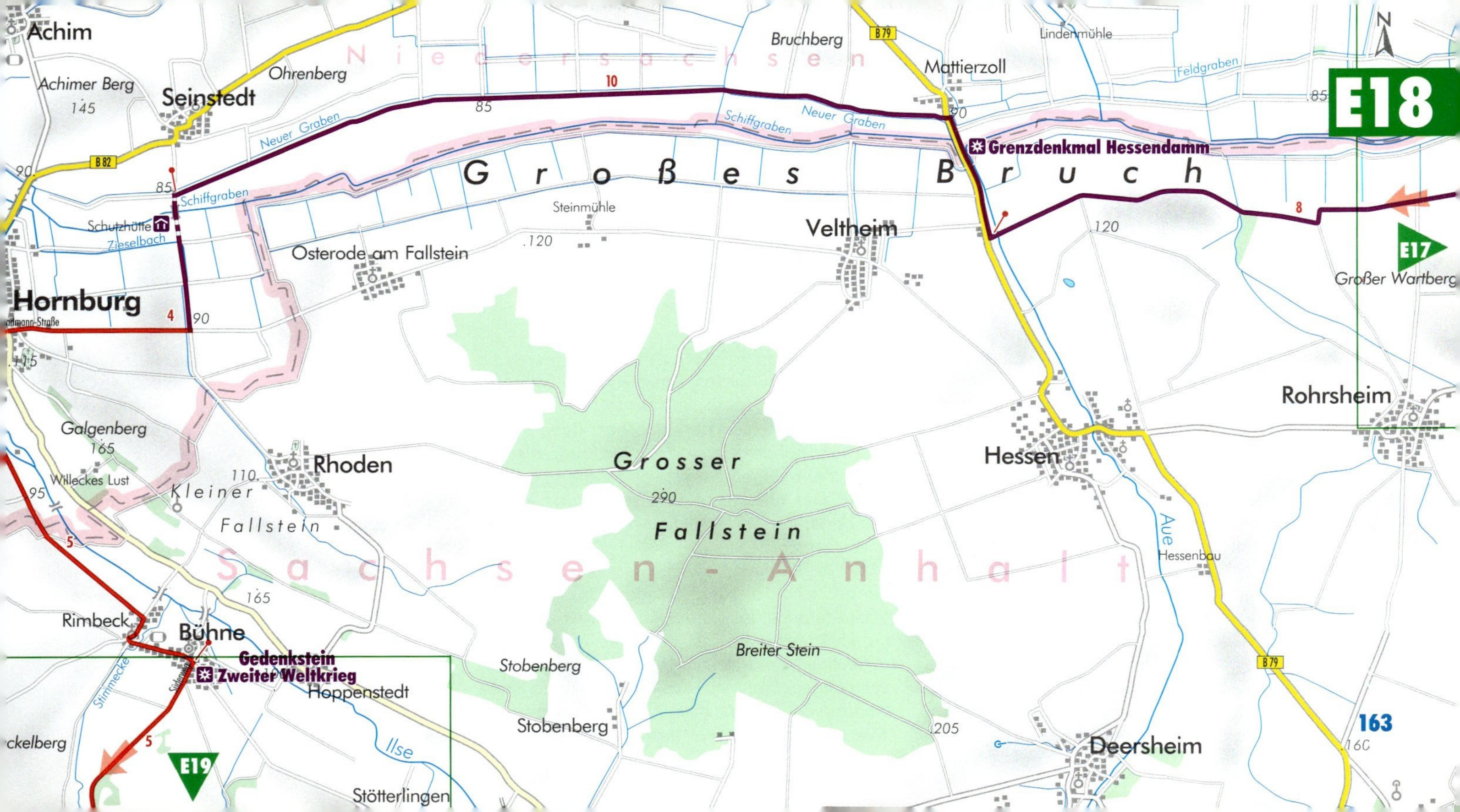

Achim

Achimer Berg
145

Seinstedt

Ohrenberg

N i e d e r s a c h s e n

Bruchberg

B 79

Lindenmühle

Feldgraben

Mattierzoll

E18

B 82

Neuer Graben

85

10

85

Neuer Graben

70

⊕ **Grenzdenkmal Hessendamm**

90

Schiffgraben

Schiffgraben

G r o ß e s

B r u c h

8

Schutzhütte 🏠

Zieselbach

Steinmühle

.120

Veltheim

.120

E17

Großer Wartberg

Hornburg

4

90

mann-Straße

.115

Osterode am Fallstein

Galgenberg
165

Willeckes Lust

95

S a c h s e n - A n h a l t

Rohrsheim

Rhoden

K l e i n e r

110.

G r o s s e r

Hessen

5

F a l l s t e i n

290

F a l l s t e i n

Aue

Hessenbau

165

Rimbeck

Bühne

Gedenkstein
⊕ **Zweiter Weltkrieg**

Hoppenstedt

Stobenberg

Breiter Stein

.205

B 79

Deersheim

ckelberg

5

E19

Simmecke

Ilse

Stobenberg

Stötterlingen

163

16C

Heimatmuseum in Hornburg

Tipp: Wenn man den Landkreis Goslar verlässt und über die Grenze nach Sachsen-Anhalt fährt, ist der Verlauf der ehemaligen deutsch-deutschen Grenze unschwer zu erkennen. Auf dem Feld neben der Straße steht ein allein stehendes rostiges Metall-Segment, das zum Denkmal „Environment Auflösung Eiserner Vorhang" gehört. Für den uninformierten Betrachter wäre es angebracht, wenn eine Hinweistafel das Ensemble erklären würde, das sich auf einer Entfernung von drei Kilometern erstreckt.

Mahnmal „Eiserner Vorhang"

Mahnmal „Eiserner Vorhang"

In **Süderode** biegt man zunächst rechts ab in Richtung **Kirche** und vor dem **Wülperoder Schützenverein** links ab in den gut befahrbaren Feldweg. Man kommt an zwei Fischteichen vorbei, am Wanderweg fließt ein Bach entlang. Am Ende des Weges fährt man rechts ab den kleinen Hügel hinauf und dann wieder rechts ab den Weg weiter. An der nächsten Kreuzung biegt man links ab in den Feldweg, der auf eine gut befahrbare Schotterstraße stößt. Dort angekommen, hält man sich halblinks und radelt in Richtung **Wiedelah**.

Man fährt über die Grenze – der Weg ist jetzt asphaltiert – biegt an der nächsten Kreuzung aber nicht rechts ab nach Wiedelah, sondern halb links in Richtung **Abbenrode**. Man kreuzt die stark befahrene Landstraße am **Gasthaus** „Weißes Ross" und danach die Eisenbahnlinie.

Die Idee für dieses Denkmal entstand Mitte der 1990er-Jahre im Zusammenhang mit dem Lückenschluss der Nordharz-Bahnstrecke zwischen Abbenrode und Vienenburg, als die Grenzsperranlagen bereits vollständig abgebaut waren. Der ehemalige Grenzraum war wieder Ackerland, nur der Kolonnenweg erinnerte noch an vergangene Zeiten.

Der Architekt und Stadtplaner Klaus Christian Wenzel schuf dieses Denkmal, das mit dem Architekturpreis des Landes Sachsen-Anhalt 1998 ausgezeichnet wurde. Es wirkt wie eine Störung im heutigen Landschaftsbild. Es besteht aus zehn rechteckigen, drei Meter breiten und vier Zentimeter massiven, unbehandelten Stahlplatten mit einer Höhe von sechs bis zehn Metern, die auf einer Länge von drei Kilometern entlang der ehemaligen Grenze aufgestellt wurden. Die Verwendung von insgesamt 80 Tonnen Stahl steht im Zusammenhang mit der Inbetriebnahme der Bahnverbindung.

An einer Stelle bilden sechs dieser Stahlplatten, von denen die Hälfte wie umgestürzt und vergessen am Boden liegt, eine dichte Ansammlung, die vom Urheber als „gestalteter Schrotthaufen der Weltgeschichte" bezeichnet wird. Die stehenden Platten sind 6,60 Meter hoch, die liegenden haben eine Länge von zehn Metern. Die Entfernung vom „Schrotthaufen", der sich direkt neben der 1996 fertiggestellten Bahntrasse befindet, zu den anderen Stahlplatten misst immer den doppelten Abstand – zur nächsten 200 Meter, zur übernächsten 400 Meter, dann 800 Meter und schließlich

1.600 Meter. Die unendliche Reihe soll die Ausdehnung in die Welt und die zeitlich und räumlich unbegrenzte Trennungslinie zwischen den ehemaligen beiden deutschen Staaten symbolisieren.

Danach quert man die autobahnartig ausgebaute B 6 und kann in **Abbenrode** ein Denkmal für Turnvater Friedrich Ludwig Jahn bestaunen. Auch wird den Opfern der Gewaltherrschaft beider Kriege gedacht.

In Abbenrode fährt man in den Ort hinein, und schon bald wird man auf eine alte, rote, englische **Telefonzelle** aufmerksam, die am rechten Straßenrand ein wenig auf verlorenem Posten steht. Im Ortskern orientiert man sich am Wegweiser nach Stapelburg, das über eine Asphaltstraße erreichbar ist.

In **Stapelburg** hält man sich in Richtung **Bad Harzburg**. Hinter dem **Gasthof** „Rast an der Grenze" biegt man rechts ab und fährt über die Ecker. Im Eckertal angekommen, biegt man am „Eckerkrug" links in die asphaltierte Straße ab. „Willkommen

im Landkreis Werningerode" und im „Landkreis Goslar", steht auf den Schildern. Wenn die Schilder für das Durchfahrverbot auftauchen, stößt man auf die Euro-Route 1 durch den Nationalpark Harz.

Tipp: Wer nach Bad Harzburg radeln möchte, biegt hier rechts ab und fährt zum Bahnhof. Dort fahren Züge nach Hannover und Braunschweig.

Wer auf der Hauptroute nach Ilsenburg radeln möchte, biegt links ab in den befestigten Weg und kommt über eine Brücke auf die andere Seite der Ecker. Man quert den Kolonnenweg mit den löchrigen Betonplatten und bleibt auf dem Harzer Grenzweg in Richtung **Ilsenburg**.

Ilsenburg

PLZ: 38871; Vorwahl: 039452

🛈 Tourismus GmbH Ilsenburg, Marktplatz 1, ☎ 19433

🏛 Hütten- und Technikmuseum, Marienhöfer Str. 9 b, ☎ 2222, ÖZ: Di-Fr, So 10-16 Uhr, Mo u. Sa 13.30-16.30 Uhr. Das Museum zur Stadt- Regionalgeschichte. Zu entdecken sind

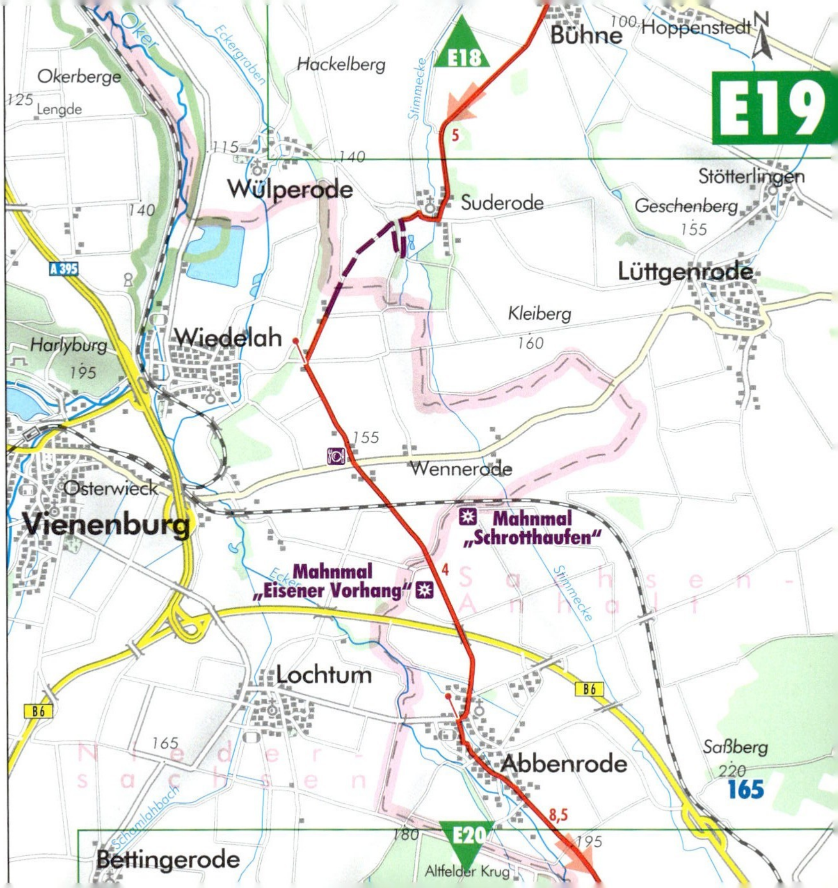

Stapelburg (1984/2006)

interessante Funktionsmodelle und eine kleine Ausstellung zur Grenzanlage Brocken.

✸ **Fürst Stolberg Hütte Ilsenburg**, Schmiedestr. 16-18, ☏ 2994, ÖZ: Betriebsbesichtigung mit Schaugießen Mo-Fr 10 Uhr und 14 Uhr. Die Hütte zählt zu den ältesten Eisengießereien Europas. Zu sehen sind auch das Einformen von Modellen, der Abguss mit der Handkelle und die Nachbearbeitung. In Verkaufs- und Ausstellungsräumen sind die Produkte zu erwerben.

✸ **Nationalparkhaus „Ilsetal"**, Ilsetal 5, ☏ 89494, ÖZ: tägl. 8.30-16.30 Uhr. Das Nationalparkhaus befindet sich in der Nähe des Wanderparkplatzes im unteren Ilsetal. Wechselnde Fotoausstellungen und Vorführungen von Kurzfilmen zum Feuersalamander und Ilsetal.

✉ **Ludwigsbad**, ÖZ: Mai-Juni, tägl. 10-18 Uhr, Juli-Aug., tägl. 10-19 Uhr, Sept. tägl. 10-18 Uhr

Ilsenburg, ist von drei Seiten von ca. 550 Meter hohen, bewaldeten Bergen umgeben. Der Brocken, die höchste Erhebung des Harzes, ist von hier aus über den Heinrich-Heine-Weg zu erreichen.

Um 920 wurde oberhalb der Ilse und in der Nähe der heutigen Ortschaft die kaiserliche Jagdpfalz Elysynaburg erbaut, auf welcher sich Otto III. im Jahr 995 aufhielt; hierbei kam es auch zur ersten urkundlichen Erwähnung Ilsenburgs. Ottos Nachfolger Heinrich II. schenkte die Burg 1003 dem Bistum Halberstadt, welches hier ein Benediktiner-Kloster einrichtete, das sich zum kulturellen und wirtschaftlichen Mittelpunkt der Region entwickelte. Nach einem Brand erfolgte im 12. Jahrhundert der Wiederaufbau. Im Bauernkrieg wurde das Kloster 1525 teilweise zerstört.

Ilsenburg selbst entstand durch Ansiedlungen im 12. Jahrhundert.

Nach Bau von zwei Hochöfen im Jahre 1545 entwickelte sich die Ortschaft zu einer wohlhabenden Gemeinde, die nach dem Dreißigjährigen Krieg für einige Zeit Residenzstadt der Grafen zu Stolberg-Wernigerode wurde. In der Zwischenzeit (1609) ging das Benediktiner-Kloster in den Besitz der Grafschaft über und wurde zum Schloss Ilsenburg. Die Gemeinde wurde auch außerhalb der Harzregion für ihre Produktion von Ofenplatten und Kunstguss bekannt.

Im Zweiten Weltkrieg wurde Ilsenburg Lazarettstadt und am 11. April 1945 durch amerikanische Truppen besetzt. Die Rote Armee übernahm die Stadt am 3. Juli. Zu DDR-Zeiten galt die Gemeinde als Industrie- und Erholungszentrum und erhielt deshalb 1959 das Stadtrecht. Am 3. Dezember 1989 kam es durch die „Harzfreunde" aus Ilsenburg zur Öffnung des gesperrten Brockenzugangs und somit der dortigen innerdeutschen Grenze.

Die Stadt am Fuße des Harzes bietet vielerlei Möglichkeiten. Ein Bummel durch die Stadt ist gleichzeitig auch ein Gang durch ihre über 1.000-jährige Geschichte.

Tipp: Es bietet sich an, eine zweitägige Pause in Ilsenburg einzulegen, das Gepäck in der Unterkunft zu lassen und die Spitze vom Brocken zu erklimmen. Das ist nicht nur zu Fuß möglich, sondern auch mit dem Fahrrad.

Als Tagestour kann man sehr gut durch das Ilsetal an den Ilsefällen vorbei auf den Brocken wandern. Der Weg ist optimal ausgeschildert. Auf dem Heinrich-Heine-Wanderweg sind es vom Ortsrand bis zum Gipfel etwa 11 Kilometer.

Der 1797 in Düsseldorf geborene Heinrich Heine war im Jahre 1824 im Harz unterwegs, woran im Ilsetal aufgestellte Infotafeln erinnern. Zuerst geht es an der Ilse entlang durch dichte, dunkle Wälder. Später lichtet sich der Wald, und zum Schluss wandert man auf kargem Terrain. Die letzten Meter zum Gipfel kann man auf einem Plattenweg zurücklegen. Natürlich kann man auf diesem Weg auch mit dem Fahrrad den Brocken besteigen, wenn man bereit ist, einige Abschnitte zu schieben. Man wird mit einer herrlichen Abfahrt durchs Ilsetal belohnt.

Nationalpark Harz

Der Nationalpark Harz ist mit seinen 25.000 Hektarn der größte Waldnationalpark in Deutschland. Er entstand 2006 und umfasst ungefähr zehn Prozent der Gesamtfläche des Harzes rund um den Brocken, von Herzberg im Süden bis Bad Harzburg und Ilsenburg im Norden. 2005 ist er in die Europäische Charta für nachhaltigen Tourismus in Schutzgebieten aufgenommen worden. Er ist von der IUCN (International Union for Conservation of Nature) international anerkannt und Teil des europäischen Schutzgebietssystems „Natura 2000".

Das Gebiet wird zu 95 Prozent von Wäldern, vor allem Fichten- und Buchenwäldern, bedeckt. Neben den ausgedehnten Waldgebieten nehmen Moore wegen ihrer besonderen Ausprägung eine herausragende Stellung ein. Landschaftsprägend sind ferner Granitklippen und Bergbäche. Wegen seiner Lage im ehemaligen deutsch-deutschen Grenzgebiet gibt es hier eine wenig berührte Pflanzen- und Tierwelt.

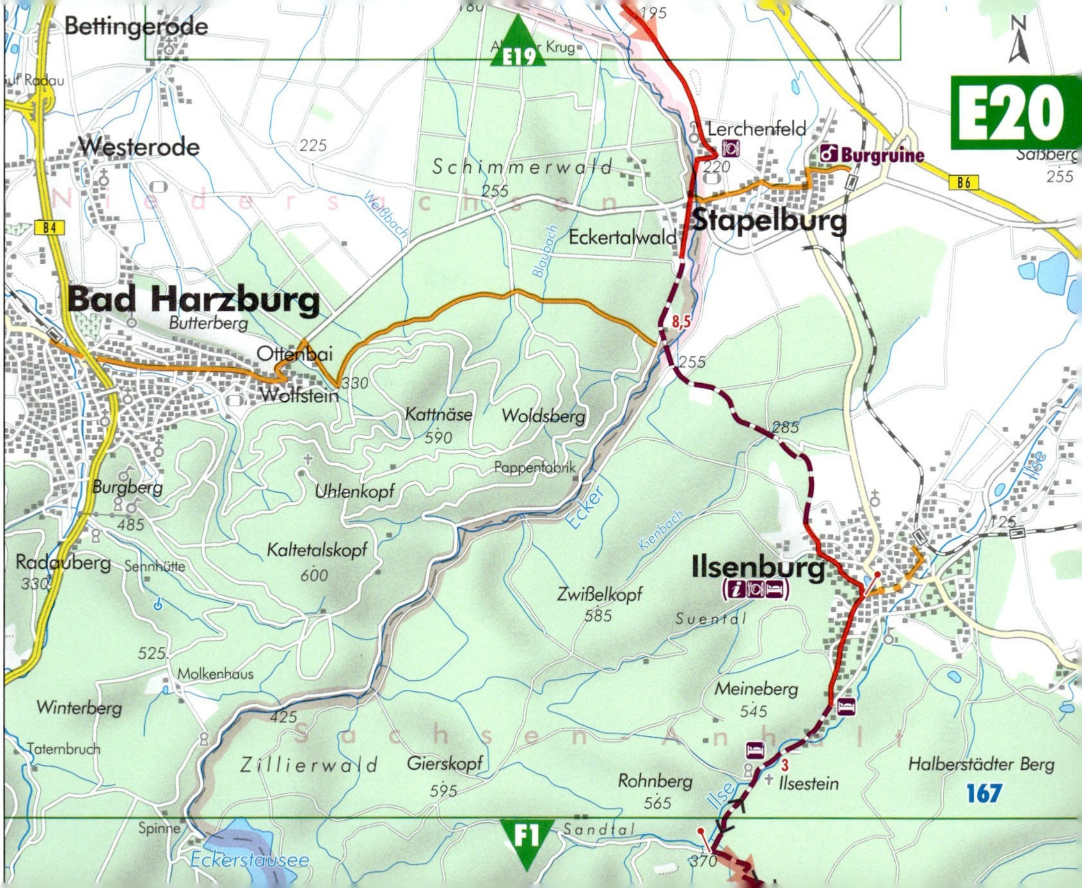

Von Bad Harzburg/Ilsenburg
nach Fladungen/Fulda

312 km

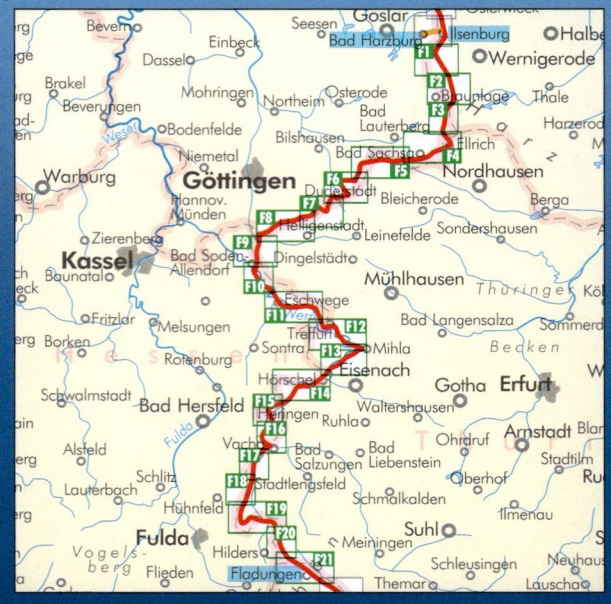

Von Bad Harzburg/Ilsenburg
nach Sorge im Harz   25 km

Vom Bahnhof Ilsenburg – dort gibt es Direktverbindungen nach Hannover und Hildesheim – radelt man auf der westlichen Seite zur Hauptstraße, in die man links einbiegt und zum **Zentrum** gelangt. Vom Zentrum aus wird die anstrengende, aber landschaftlich sehr reizvolle Etappe durch den Harz in Angriff genommen. Man orientiert sich an der Ausschilderung für Wanderer und Radfahrer in Richtung **Ilsetal**, **Ilsefälle** und **Brocken** und folgt der gut befahrbaren Kopfsteinpflasterstraße, die nach Querung der Ilse am **Waldhotel** „Ilsestein" in einen breiten Schotterweg übergeht.

Am nächsten Abzweig – an der **Schutzhütte** ist auch eine Bushaltestelle – geht es scharf links bergauf und man verlässt die Ilse.

Die zum **Waldgasthaus** „Plessenburg" und zum Bahnhof von **Drei Annen Hohne** ausgeschilderte Schotterstraße ist recht steil und ermüdend, doch der Untergrund ist für Gebirgsverhältnisse sehr gut befahrbar. Vom Abzweig bis hoch zum Gasthaus sind es 2 Kilometer. Zu beiden Seiten erheben sich dichte Laubbäume, die im Sommer angenehmen Schatten spenden. Später lösen Tannen und Fichten die Buchen ab. 100 Meter vor dem Gasthof stößt man auf eine große Wegkreuzung.

In Ilsenburg

Neben Wegweisern und Bänken befindet sich dort auch eine Bushaltestelle. Am „Wendeplatz Plessenburg" hält in großen Abständen der Bus 288, der von Ilsenburg nach Wernigerode fährt.

Auf der rechten Seite liegt das Waldgasthaus „Plessenburg" (#§ 03943/607535). Man radelt noch ein wenig bergauf geradeaus, bis es dann bergab zum Bahnhof von **Drei Annen Hohne** geht, der vom Gasthof 9,5 Kilometer entfernt ist. Man orientiert sich an den entsprechenden Wegweisern. Die Schotterstraße ist auch weiterhin gut befahrbar, die Bäume sind nun etwas niedriger und die Landschaft wirkt nicht mehr so düster wie unten im Ilsetal. Ab und zu lichtet sich der Wald auch komplett.

Tipp: Achtung! Nach 3 Kilometern Fahrt muss man rechts nach Drei Annen Hohne abbiegen, denn geradeaus geht es weiter nach Wernigerode.

Auf weiten Strecken verläuft der Weg recht eben, leichte Anstiege werden anschließend mit kleinen Bergab-Fahrten belohnt. Am Abzweig Hohnepfahl biegt man rechts ab in Richtung Drei Annen Hohne und rollt auf dem Schotterweg geradewegs auf den **Bahnhof** zu.

Man überquert die Straße, die von Wernigerode nach Schierke führt, und gelangt auf eine große Wiese, auf der in den warmen Jahreszeiten Stände aufgebaut sind. Ein Stück weiter ist bereits der Bahnhof der **Harzer Schmalspurbahn** zu sehen.

Tipp: An den Ständen auf der Wiese sind Getränke, frische Waffeln, Eis und die berühmte Erbsensuppe erhältlich, die in Dosen sogar bis in die USA exportiert wird. Auf rustikalen Holzbänken sitzt man direkt an den Eisenbahnschienen und kann die Züge der Harzer Schmalspurbahnen bestaunen. Neben den Schienen wurde eine historische Lore aus den Bergwerken und Höhlen Bodefeld/Harz aufgestellt.

Man folgt der Straße in Richtung **Schierke** und biegt hinter dem Bahnhof Drei Annen Hohne kurz vor dem beschrankten Bahnübergang links ab in den befestigten Weg, der über die Eisenbahnschienen führt, und radelt geradeaus in die ausgeschilderte Richtung von **Elend**, **Mandelholz** und **Königshütte**.

169

Radweg durch den Harz nach Drei Annen Hohne

Bushaltestelle mitten im Wald nach Drei Annen Hohne

Man fährt durch den Ort zur B 27 hinunter, wo Deutschlands kleinste Holzkirche steht, folgt der Bundesstraße in Richtung **Braunlage**, quert die Kalte Bode, unterquert die Brockenbahn und biegt kurz hinter dem Ortsausgangsschild links in die ruhige Landstraße in Richtung **Sorge** und **Tanne** ab.

Die wenig befahrene Straße ist in einem sehr guten Zustand. Einige Male kreuzt man die Harzer Schmalspurbahn und ein paar Steigungen müssen bewältigt werden. Das letzte Stück zur B 242 am Rande der Ortschaft Sorge geht eine ganze Weile nur bergab. In die B 242 biegt man links ab, bis es nach rechts in die Ortschaft **Sorge** geht. Dort überquert man auf einer Brücke die **Warme Bode** und erreicht geradeaus den **Bahnhof**.

Tipp: In den Ortschaften Sorge und im 480 bis 540 Meter hoch gelegenen Luftkurort Tanne gibt es diverse Möglichkeiten einzukehren und zu übernachten.

Harzer Schmalspurbahnen

Die Harzer Schmalspurbahnen bestehen aus einem 140 Kilometer langen Netz mit über 50 Haltepunkten in der Spurweite von 1.000 Millimeter. Dazu gehören die Brockenbahn, die Harzquerbahn und die Selketalbahn. Das Netz ist Ende des 19. Jahrhunderts durch die Verbindung von ursprünglich getrennten Bahnlinien entstanden.

Tipp: Der Weg nach Elend ist gut befahrbar und hat keine größeren Steigungen. Mal ist der Belag fest und feinkieselig, mal fährt man über festen Waldboden – in jedem Fall kommt man gut voran. Der durch reizvolle Tannen- und Fichtenwälder führende Weg heißt „Alte Hagenstraße" oder „Harzer Hexenstieg".

Kurz vor Elend kreuzt der Weg an einer lichten Stelle wieder die Bahnstrecke der Harzer Schmalspurbahn. Erreicht man die ersten Häuser von **Elend**, fährt man in den kleinen Ort hinein und erreicht den hübschen Bahnhof.

Tipp: Mit der Harzer Schmalspurbahn kann man von Elend nach Nordhausen fahren. Dort gibt es Direktzüge nach Halle (Saale), Kassel, Erfurt und Göttingen.

Durch die Teilung Deutschlands nach dem Ende des Zweiten Weltkrieges wurde die (westliche) Südharz-Eisenbahn vom (östlichen) Streckennetz getrennt. Die privaten Eisenbahngesellschaften im Osten wurden enteignet und ab dem 1. April 1949 von der Deutschen Reichsbahn betrieben. Weil der Brocken in der grenznahen Sperrzone lag, wurde der öffentliche Verkehr 1961 mit Personenzügen auf der Brockenbahn eingestellt. Später durften nur noch Personen mit speziellem Passierschein bis nach Schierke fahren. Im Westen fuhr der letzte Zug 1963.

Nach der deutschen Einheit hat die Deutsche Reichsbahn die Brockenbahn rekonstruiert. Seit der Wiedereröffnung am 15. September 1991 zählt die Strecke zum Brocken, der höchste Gipfel des Harzes, zu den bekanntesten Strecken der Harzer Schmalspurbahnen.

Von Elend zum Brocken 40 km

Tipp: Die Tour zum Brocken startet man am besten in Elend. Übernachtet man in Sorge, fährt man die bereits beschriebene Strecke nach Elend zurück. Für die Tour zum Brocken sollte man sich einen ganzen Tag Zeit nehmen. Es sind einige hundert Höhenmeter zu bewältigen!

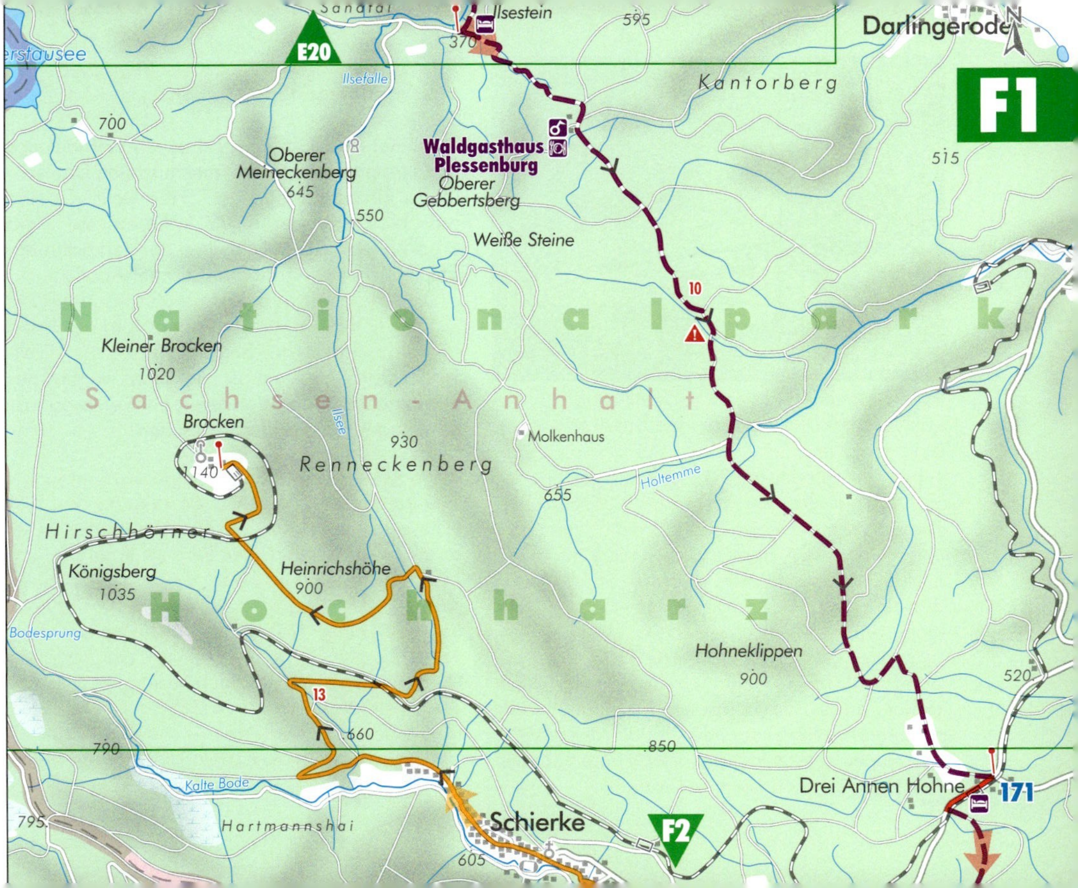

Am 1. Februar 1993 übernahmen die Landkreise Wernigerode, Quedlinburg und Nordhausen, die an der Strecke liegenden Kommunen, die Stadt Quedlinburg, die Gemeinde Tanne sowie die Kurbetriebsgesellschaft Braunlage von der Deutschen Reichsbahn die Fahrzeuge, Strecken und das Personal. Die „Harzer Schmalspurbahnen GmbH" (HSB) unterhält heute das längste zusammenhängende Schmalspur-Streckennetz in Deutschland.

Die Züge verkehren täglich nach Fahrplan, wobei neben Dieselloks auch Dampflokomotiven zum Einsatz kommen. Im Bereich der Harzquerbahn erfolgt der Antrieb auch diesel-elektrisch. In Nordhausen wurde eine Verbindung mit dem Netz der dortigen Straßenbahn hergestellt. Auf der Brockenbahn fahren mehrmals täglich dampfbespannte Züge von Wernigerode über Drei Annen Hohne bis zum Brocken und zurück. Seit 2006 gibt es einen planmäßigen Zugbetrieb auch wieder bis Quedlinburg.

Bahnhof von Elend

Von Elend aus folgt man der Straße hinauf nach **Schierke**, der anstrengendste Abschnitt zur Brockenspitze.

Hinter Schierke ist die Asphaltstraße hinauf zum Brocken für den Autoverkehr gesperrt, nur Versorgungsfahrzeuge und Pferdekutschen sind unterwegs. Die Asphaltstraße ist nicht in bestem Zustand, aber auch nicht sehr steil. So kann man fast die gesamte Strecke bis zum Gipfel hinauf fahren und muss nicht schieben.

Anfangs geht es durch dichten Nadelwald, später wird es lichter und zum Schluss fährt man durch karges Terrain. Schilder geben Auskunft über die momentane Höhenlage, bei „1.000 Meter NHN" hat man es fast schon geschafft. Bis zum höchsten Punkt sind es dann noch 141 Meter.

Auf dem letzten Abschnitt begegnet man vielen Spaziergängern, evtl. muss man deshalb absteigen.

Tipp: Auf dem Gipfel des Brocken befindet sich die älteste erhaltene Wetterschutzhütte Deutschlands. Ein Schild klärt auf: „Hier weilte Goethe am 10. Dezember 1777." Oben auf dem Brocken gibt es Möglichkeiten der Verköstigung, bei klarem Wetter mit fantastischer Aussicht.

Die Abfahrt vom Brocken nach Schierke und weiter nach Elend ist ein Erlebnis: Kilometerlang rollt man einfach nur bergab.

Tipp: Doch Vorsicht ist geboten wegen des Straßenbelags, der Wanderer, der Versorgungsfahrzeuge und der Pferdekutschen.

Der Brocken

Die erste nachweisliche Besteigung des Brocken erfolgte im Jahre 1572. Bekannt wurde er durch Goethe, der diesen Berg zweimal bestieg. Die Eisenbahnlinie der Schmalspurbahnen wurde 1899 eröffnet, der Brocken-Bahnhof liegt auf einer Höhe von 1.125 Metern. Von 1945 bis zum April 1947 wurde der Berg von US-amerikanischen Truppen besetzt. Im Rahmen eines Gebietsaustauschs wurde er anschließend an die Sowjets übergeben.

Zu DDR-Zeiten war der 1.140 Meter hohe Brocken, der sich unmittelbar im Grenzgebiet

Blick auf eine gesperrte Brücke an der Bahnlinie nach Tanne, 1985/86

befand, bis 1961 mit einem leicht zu erlangenden Passierschein zugänglich. Ab August 1961 wurde er zum militärischen Sperrgebiet und um die Kuppe – wie in Berlin – eine Mauer gebaut.

Auf dem Gipfel wurden diverse militärische Objekte errichtet, so auch leistungsstarke Abhöranlagen des sowjetischen Geheimdienstes und des Ministeriums für Staatssicherheit der DDR.

Am 3. Dezember 1989 erzwangen demonstrierende Wanderer die Öffnung der Sperrmauer. Die Militäranlagen wurden nach der Wiedervereinigung schrittweise abgebaut. Der letzte russische Soldat verließ am 30. März 1994 den Brocken.

Seitdem wird das Gelände renaturiert. Dort, wo einst die Mauer stand, ist heute ein schöner

Von Sorge nach Walkenried 22 km

Vom Bahnhof in Sorge – dort gibt es das Raststüb'l mit Pension (☎ 039457/3273) – fährt man den steilen Weg hinab und biegt vor der Bundesstraße links in die **Ebersbachstraße** ein. Der 2 Kilometer lange Weg zum Grenzmuseum — mationen über die Kultur, zur Geologie, zum Klimaschutz und zum Naturschutz.

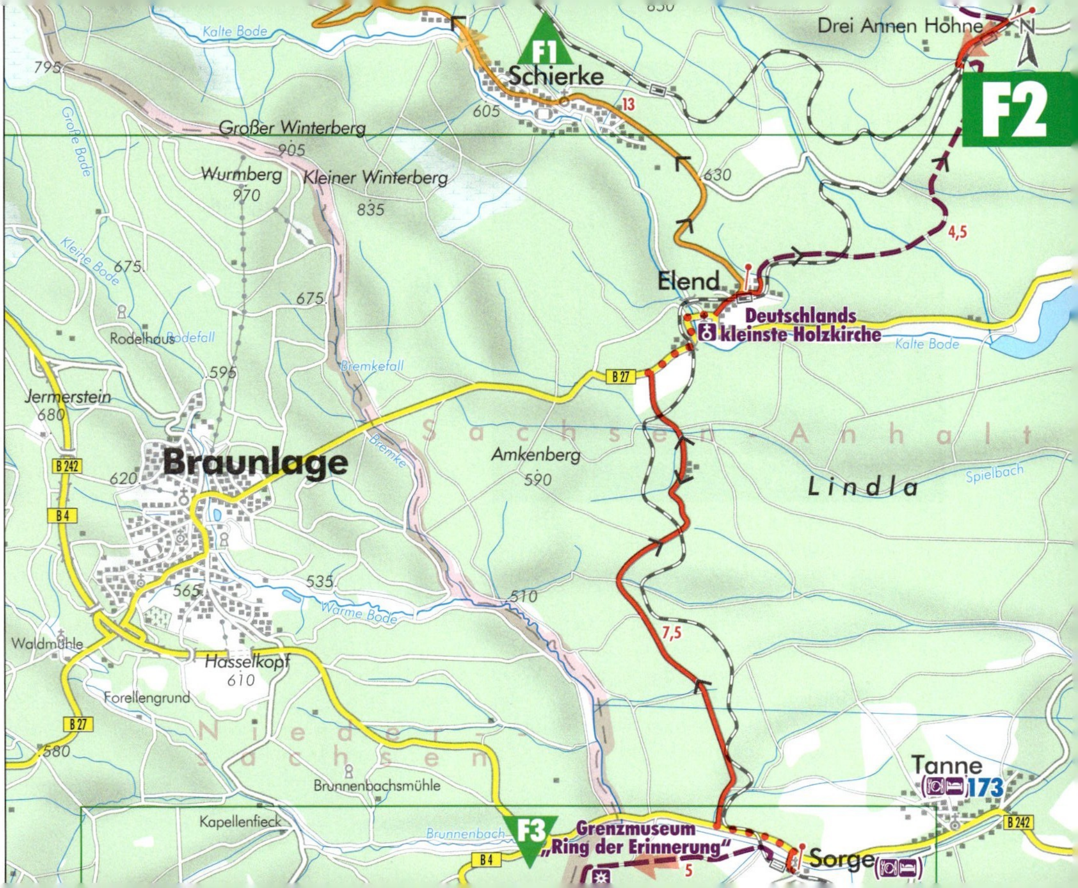

Schmalspurbahn im Harz

Rundweg. Tausende besuchen jährlich den Brocken, die meisten mit Brockenbahn und Pferdekutsche, viele auch zu Fuß oder mit dem Fahrrad. Im Brockenhaus kann man heute eine Ausstellung zur Brockenöffnung und die originalen Spionageeinrichtungen besichtigen. Zudem gibt es Infor-

Grenzmuseum Ring der Erinnerung

Der 1993 von Hermann Prigann geschaffene Ring der Erinnerung ist ein Landschaftskunstwerk mit einer kreisförmigen Wallanlage mit einer Höhe von fünf und einem Durchmesser von 70 Metern. Er besteht aus kunstvoll aufgeschichteten Baumstämmen und Ästen toter Fichten, die durch Auslichtung des umliegenden Waldes gewonnen wurden. Die neun Zaunpfosten aus Beton sind die einzigen Elemente der ehemaligen Grenze.

Ins Unterholz des Außenrings, der von Wall und Graben umgeben ist, wurden Brombeer- und Himbeerbüsche, Heckenrosen und Geißblatt gepflanzt, die das mit der Zeit zerfallende Holz überwuchern sollen. Die Kombination von totem und lebendigem Material symbolisiert den zyklischen Prozess vom Werden und Vergehen, der sich gleichsam über die Landschaft wie über den historischen Ort legt.

Der folgende Weg ist mit schwerem Gepäck nicht unbedingt zu empfehlen. Wer auf dem Kolonnenweg nicht schieben möchte, radelt zurück nach Sorge und fährt auf der Straße nach **Hohegeiß**, die allerdings auch starke Steigungen aufweist.

Vom Ring der Erinnerung biegt man links ab in den Kolonnenweg und kann auf dem Rasen zwischen den Lochplatten einigermaßen radeln. Es wäre schön, wenn die Gemeinde Sorge den Kolonnenweg fahrradfreundlicher gestalten würde, ohne die Substanz zu verändern. Denn die Überwucherung des Plattenweges mit hohen Gräsern dokumentiert auch nicht den alten Zustand.

Es geht ziemlich steil bergab und auf der anderen Seite wieder steil hoch, sodass man schieben muss. Das wiederholt sich noch einmal. Man erkennt, wie sich die Natur den Grenzstreifen wieder zurückerobert. Neben dem Kolonnenweg wachsen rechts die kleinen Tannen, die nach der Wende gepflanzt worden sind. Noch sieht man jenseits des früheren Grenzstreifens die alten und hohen Bäume. In ein paar Jahren wird es keinen Unterschied mehr geben.

Oben angekommen, befindet sich ein schmaler Pfad neben dem Lochplattenweg, der das Radeln

Blick vom Wurmberg auf die Sperranlagen vor Schierke, 1988

Schutzhütte auf dem Brocken

200 Meter geht es bergauf – ist ausgeschildert. Auf dem Kolonnenweg kann man gut radeln, weil zwischen den Lochplatten der Weg gut unterhalten wird.

Als erstes erreicht man ein Stück Grenzzaun und passiert das Durchlasstor. Danach fährt man auf dem Plattenweg durch einen Wald bis zum ehemaligen Beobachtungsturm der DDR-Grenztruppen und einem weiteren Stück Metallgitterzaun. Danach erreicht man den Ring der Erinnerung.

relativ angenehm macht. Man hört die Autos auf der B 4, die auf der westlichen Seite ganz dicht neben der Grenze verläuft. Nach etwa 2 Kilometern, auf denen man fast immer schieben muss, kreuzt ein ausgeschilderter Weg, in den man rechts in Richtung Bundesstraße und **Hohegeiß** abbiegt.

Neben der B 4 ist ein asphaltierter Radweg hinter den Leitplanken, in den man links einbiegt. Nach 700 Metern kommt man an einen großen Wendeplatz. Dort ist auf der rechten Seite der Gedenkstein für Helmut Kleinert zu sehen.

Grenzturm und Zaun nahe dem Ring der Erinnerung bei Sorge

Helmut Kleinert

Helmut Kleinert war 24 Jahre alt, als er am 1. August 1963 von Angehörigen der Grenztruppen erschossen wurde. Gemeinsam mit seiner schwangeren Frau Marlit hatte er versucht zu fliehen. „Durch taktisch gutes Verhalten" – so die Stasi – sei es gelungen, die Frau ohne weitere Anwendung der Schusswaffe festzunehmen. Da Helmut Kleinert aber die Flucht fortsetzte, wurde das gezielte Feuer eröffnet. Obwohl er am Bein verletzt wurde, versuchte er die Sperre zu überwinden. Im Kugelhagel von insgesamt 60 Schüssen wurde er tödlich verletzt.

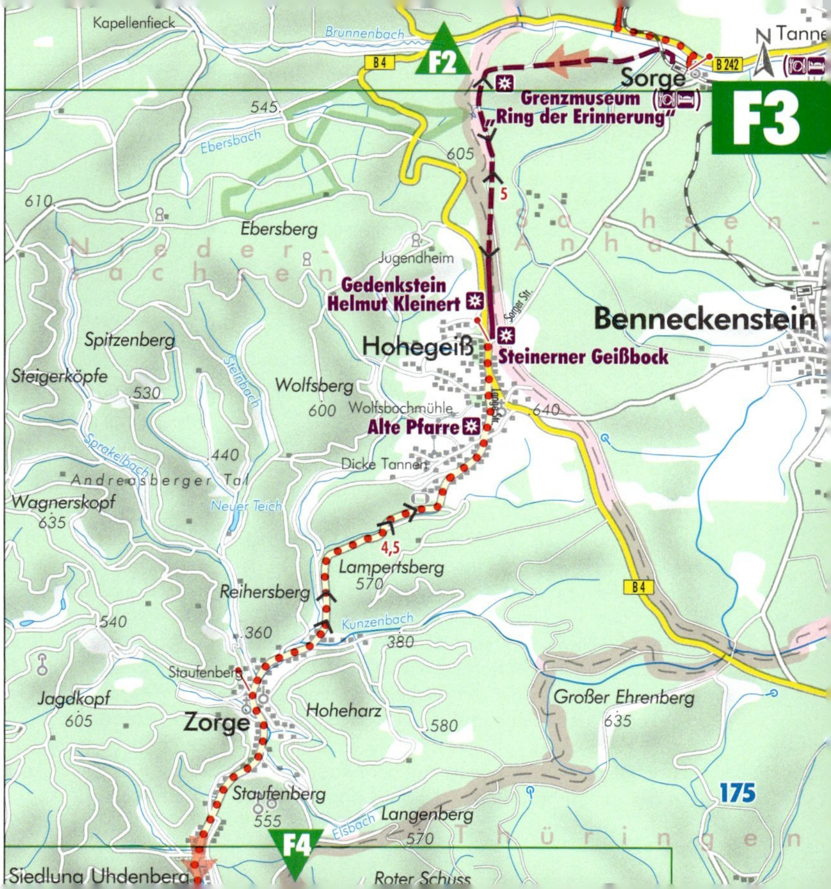

Unmittelbar nach dem Tod von Helmut Kleinert errichteten Jugendliche, die in Hohegeiß ihre Ferien verbrachten, ein schlichtes Holzkreuz mit einem Kranz aus Stacheldraht und der Inschrift „Dem Unbekannten". Als die Identität des Opfers bekannt wurde, verzeichnete die Tafel auch den Namen und die Lebensdaten. Im Dezember 1963 erfolgte die Erweiterung zur Gedenkstätte. Einige Jahre später ließ auch der Deutsche Gewerkschaftsbund eine Texttafel in unmittelbarer Nähe der Gedenkstätte aufstellen mit der Inschrift: „Scharfe Schüsse gefährden die Entspannung. Grenzpolizisten, mordet keine Menschen."

An der Gedenkstätte wurden häufig Blumen und Kränze niedergelegt. Da auf östlicher Seite ein Wachturm stand, wurden – vor allem an Wochenenden – die Besucher mit dröhnenden Lautsprechern und östlicher Propaganda überzogen, was für Bewohner und Kurgäste zum großen Ärgernis wurde. Anfang August 1971 wurde das morsch gewordene Kreuz durch den Gedenkstein ersetzt, in deutlich größerem Abstand zur Demarkationslinie, so dass er den Augen der Grenztruppen entzogen war. Aufgrund der räumlichen Distanz wurde die akustische Propaganda eingestellt. Die in den unbehandelten Findling eingehauene und rotbraun ausgemalte Inschrift lautete nun: „Am 1.8.1963 wurde 150 Meter von hier Helmut Kleinert vor dem Überschreiten der Demarkationslinie erschossen."

Auf dem Platz findet man neben Infotafeln über den Verlauf der ehemaligen Grenze auch Informationen zu lokalen Ausflugszielen und Einkehrmöglichkeiten. Man radelt weiter auf dem Radweg der B 4 bis zur Sorger Straße, die links abgeht. Dort befindet sich eine Infotafel, die die Situation zur Zeit der Spaltung beschreibt.

Sorger Straße

Sie ist die kürzeste Verbindung zwischen dem östlichen Sorge und dem westlichen Hohegeiß. Wegen der quer durch den Harz verlaufenden deutsch-deutschen Grenze wurde dieser Weg jahrzehntelang zerschnitten und blieb gesperrt. Die Ortschaft Sorge befand sich unmittelbar im Grenzgebiet und war von Hohegeiß aus unerreichbar. Erst im April 1990 wurde der Weg zwischen beiden Orten wieder freigegeben. Zuerst über Ostern für drei Tage, endgültig ab dem 28. April 1990. An der dortigen Straßenecke wurde ein grauer, steinerner Geißbock aufgestellt.

Hohegeiß

✱ **Heimatmuseum „Alte Pfarre"**. Dieses Gebäude ist eines der ältesten in Hohegeiß und stammt vermutlich aus der Zeit um 1600. Zu jener Zeit stand hier die 1444 erbaute und bis 1704 genutzte Kapelle. Neben dem alten Pfarrhaus und der Kapelle befanden sich damals die älteste Schule und der Friedhof. Die Alte Pfarre wurde 1830 verkauft und diente lange Zeit als Wohnhaus. 1994 wurde das Gebäude vom Museumsverein erworben und als Heimatmuseum eingerichtet. Gleich neben der Alten Pfarre befindet sich ein Gedenkstein für Hermann Grote, der das Niedersachsenlied komponierte.

Von der Ecke **Sorger Straße/B 4** fährt man weiter geradeaus und biegt nach etwa 100 Metern in die **Lange Straße** rechts ab. Diese fährt man geradeaus bis zur Hauptstraße, wo der Weg nach Walkenried und Zorge ausgeschildert ist. Man folgt dieser Beschilderung und passiert bald auf der rechten Seite die **„Alte Pfarre"**. Weiter geht es dann von Hohegeiß ein ziemlich langes Stück auf einer asphaltierten Straße steil bergab bis **Zorge**. Dort radelt man über **Unterzorge** in Richtung Ellrich weiter.

Ellrich

PLZ: 99755; Vorwahl: 036332

ℹ **Haus des Gastes**, Sülzhayn, Dr.-Kremser-Str. 38, ✆ 260, www.ellrich.info

🏛 **Heimatmuseum**, Hospitalstraße, ✆ 260, ÖZ: April-Okt., So 14-16 Uhr, Führungen: n. V.

✱ Reste der **Stadtmauer** mit **Ravensturm** und **Wernaer Tor**

🏊 **Waldbad**, ÖZ: Sommer 10-19 Uhr

In Ellrich bleibt man auf der **Zorger Straße**, passiert eine kleine Kirche und fährt weiter in Richtung Heimatmuseum. An einer Kreuzung folgt man dem Schild „Gedenkort ehemaliges KZ – Außenlager Ellrich" und biegt rechts ab.

Auf der rechten Seite befindet sich der Bahnhof. Die während der Spaltung unterbrochene Strecke Ellrich-Walkenried wurde als erster Lückenschluss schon Ende 1989 wieder in Betrieb genommen. Von hier fahren die Züge direkt nach Göttingen, Erfurt und Nordhausen.

Nach Überquerung der Gleise biegt man rechts ab und folgt der Ausschilderung nach rechts in die mit Kopfstein gepflasterte **Pontelstraße** zum Gedenkort mit einer Infotafel in Englisch, Französisch und Deutsch. Ein Gedenkstein der belgischen Stadt Leuven erinnert ebenso an die Geschichte wie die zahlreichen Infotafeln.

KZ-Außenlager Ellrich-Juliushütte

Ellrich-Juliushütte war ein Außenlager des KZ Buchenwald. Im Südharz bestand ein KZ-Komplex von mehr als 40 Lagern, wobei Ellrich-Juliushütte mit mehr als 8.000 Häftlingen das zweitgrößte war. Es erstreckte sich von den Bahngleisen im Norden bis zur Höhe der Gipsberge im Süden. Zur Unterbringung der Häftlinge wurden zunächst massive Gebäude einer stillgelegten Gipsfabrik genutzt. Später mussten die Häftlinge weitere Baracken aus Holz aufbauen. Als eines der ersten Gebäude wurde die Küche errichtet, deren Kellergeschoss noch erhalten ist. Die an die Häftlinge ausgegebene Verpflegung reichte bei Weitem nicht aus für die unvergleichlich harte Arbeit in den verschiedenen Bauvorhaben. Die Unterernährung war eine der hauptsächlichen Ursachen für die hohe Todesrate (50 Prozent) in der Ellrich-Juliushütte.

Auf der anderen Seite der Grenze kann man noch die alten Gipsbrüche der ehemaligen Juliushütte erkennen, die in den 1920er-Jahren eine Gipsfabrik und später eine Holzmehlfabrik war. Im Zweiten Weltkrieg wurden auch hier – wie an zahlreichen anderen Stellen der Südharzer Karstlandschaft – in den letzten Kriegsjahren unterirdische Produktionsstätten für Flugzeugteile und – von Joseph Goebbels aus propagandistischen Gründen so bezeichnete – „Vergeltungs-Waffen" errichtet. Die V 1 war ein unbemanntes, sprengstoffbeladenes Flugzeug und damit der weltweit erste Marschflugkörper. Das größte Objekt dieser Art war das rund 40 Kilometer lange Stollensystem des Kohnsteins bei Niedersachswerfen, in dem rund 35.000 Häftlinge die V 1 und V 2 bauten. In der Juliushütte waren etwa 7.000 Häftlinge untergebracht, die täglich mit dem Zug, später auch zu Fuß, nach Niedersachswerfen gebracht wurden. Das Lager war mit Stacheldraht und Wachtürmen umgeben. Die Unterbringung war katastrophal. Unmittelbar vor der Befreiung durch die Amerikaner im Frühjahr 1945 wurde das Lager durch die SS evakuiert. Viele starben dabei.

Im Sommer 1945 wurde der Verlauf der Demarkationslinie zwischen der russischen und der britischen Besatzungszone festgelegt. Alte Grenzsteine dienten als Orientierung. Über das verlassene KZ-Gelände führte ein illegaler Weg zwischen den beiden Besatzungszonen. Der Ortsteil Juliushütte, in den Jahren 1944/45 Wohnort der KZ-Bewacher, entwickelte sich zum Schmuggelort für Menschen und Waren. Mit der Errichtung eines festen Grenzzaunes im Jahre 1952 setzte die DDR dem illegalen Grenzverkehr und den immer noch regen Beziehungen zwischen Ellrich und Juliushütte ein jähes Ende. Der Grenzzaun und der zehn Meter breite Kontrollstreifen verliefen direkt über das Gelände des ehemaligen KZ. In den nächsten Jahren wurden im Zuge der Grenzsicherung auf Seiten der DDR die baulichen Reste des KZ eingeebnet und Todesstreifen umgestaltet. Auch die Bahnverbindung für den Personenverkehr wurde unterbrochen. Lediglich Güterzüge fuhren noch. Zu Zeiten der DDR erinnerte nichts mehr an das ehemalige KZ-Außenlager.

Auf der westlichen Seite war Juliushütte nach dem Krieg zunächst von Flüchtlingen bewohnt. Der Ortsteil verödete nach einem Brand im Jahr 1955 zusehends und wurde 1964 auf Anordnung der Bundesregierung eingeebnet. Zudem wurden die Reste des KZ entfernt, das Trümmerfeld mit Fichten

Radweg nach Duderstadt

und Lärchen bepflanzt und zum Park umgestaltet. Auf einer Bergkuppe oberhalb des Krematoriums wurde ein Grenzübersichtspunkt eingerichtet. Wegen der besonders wertvollen Flora steht das Gebiet heute unter Naturschutz.

Am Gedenkstein vorbei radelt man auf dem Waldweg, der als **Kaiserweg** beschildert ist, in den Wald hinein. Nach einem Wegeknick sieht man auf der westlichen Seite einen Findling mit der eingemeißelten Gedenkschrift an das KZ-Außenlager. Auf dem weiteren Weg erklären Infotafeln die Geschichte.

An der nächsten großen Kreuzung biegt man links ab nach **Juliushütte** und **Walkenried**. Der Weg ist gut befahrbar, geht aber leicht bergauf. Das letzte Stück ist sogar so steil, dass man schieben muss. Wenn man aus dem Wald heraus kommt, geht es weiter geradeaus auf dem befestigten Ackerweg, wo leider ein Hinweisschild fehlt. Danach geht es bergab.

Unten an der Gabelung biegt man rechts ab in den asphaltierten Weg, quert den Bahnübergang, der immer geschlossen ist und für Autos nur nach Anruf geöffnet wird. Hinter den Gleisen hält man sich links, fährt an der nächsten Kreuzung ebenfalls nach links, quert die Wieda und radelt über die Brücke zur Straße zwischen Wiedigshof und Walkenried. Dort, am Ortsausgang von Walkenried, biegt man rechts ab und fährt zur Ortsmitte.

Walkenried
PLZ: 37445; Vorwahl: 05525

- **ZisterzienserMuseum Kloster Walkenried**, Steinweg 4a, ✆ 9599064 ÖZ: Di-So 10-17 Uhr. Zeitreise durch die vollständig erhaltenen Klausurgebäude aus dem 13. Jh., in denen durch akkustische und visuelle Inszenierungen Mittelalter und Klostergeschichte veranschaulicht werden.
- **Jagdschloss** (18. Jh.), von Herzog August Wilhelm aus Abbruchsteinen des Klosters errichtet. Heute ist es in Privatbesitz und wird als Hotelpension genutzt.
- **Kloster**, jeden Sommer finden hier im Kreuzgang die Walkenrieder Klosterkonzerte statt

Walkenried ist bekannt für seine ausgedehnte Teichlandschaft. Die ca. 2.500 Einwohner umfassende Gemeinde war zu Zeiten der deutschen Teilung im Osten und im Süden von der innerdeutschen Grenze umgeben.

Die Teichlandschaft, die Walkenried umgibt, geht auf die Mönche des im Jahre 1127 errichteten Zisterzienser-Klosters zurück. Diese wandelten das damals sumpfige Gebiet in eine fischreiche Teichlandschaft um. Der Überlieferung nach legten sie 365 verschiedene Teiche an, um für jeden Tag im Jahr einen anderen zur Abfischung zur Verfügung zu haben. Heute sind davon aber nur noch 50 nachweisbar, alle sind Teil eines Vogel- und Naturschutzgebiets geworden.

Von Walkenried nach Duderstadt   31 km

In Walkenried lässt man die Klosterkirche rechts liegen, fährt weiter durch das Klostertor und biegt danach links ab in Richtung Neuhof. Am Ortsausgang von Walkenried überquert man die Eisenbahnlinie. Rechts befindet sich der Bahnhof von Walkenried. Von hier fahren Züge direkt nach Göttingen und Nordhausen. Auf einer glatten Straße mit seitlichen Leitplanken und Birken geht es weiter nach Neuhof. Bis **Kurzhütte** geht es stetig leicht bergauf.

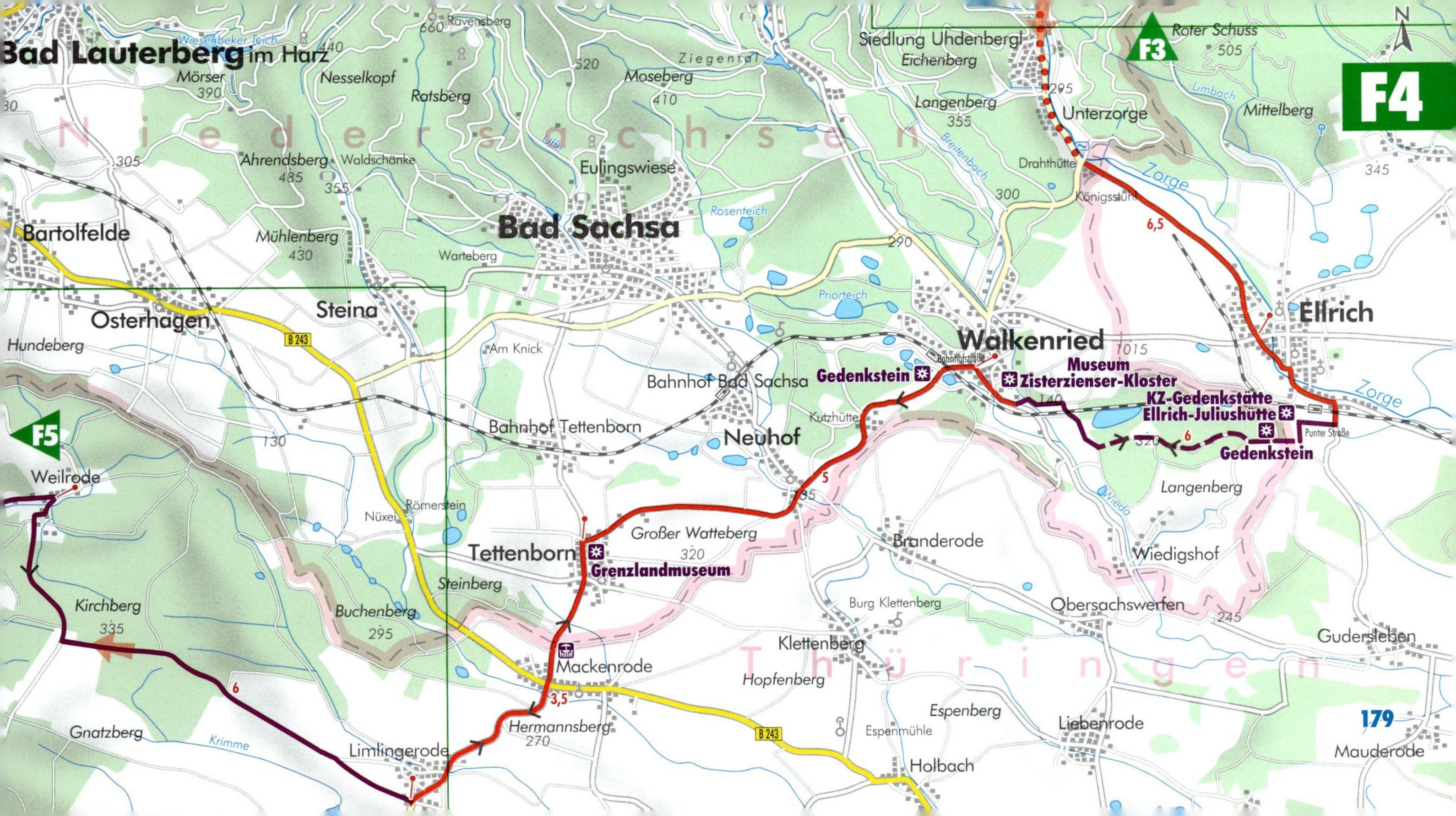
F4
F3
F5
179
Bad Lauterberg im Harz
Bad Sachsa
Walkenried
Ellrich
Niedersachsen
Thüringen
Osterhagen
Steina
Bartolfelde
Tettenborn
Neuhof
Mackenrode
Limlingerode
Weilrode
Unterzorge
Siedlung Uhdenbergl
Eulingswiese
Branderode
Wiedigshof
Obersachswerfen
Klettenberg
Burg Klettenberg
Liebenrode
Holbach
Gudersleben
Mauderode
Espenmühle
Museum
Zisterzienser-Kloster
KZ-Gedenkstätte
Ellrich-Juliushütte
Gedenkstein
Gedenkstein
Grenzlandmuseum
Bahnhof Bad Sachsa
Bahnhof Tettenborn
Bahnhofstraße
Punter Straße
Großer Watteberg
Hermannsberg
Kirchberg
Buchenberg
Steinberg
Gnatzberg
Hundeberg
Mühlenberg
Warteberg
Ahrendsberg
Waldschänke
Mörser
Nesselkopf
Ratsberg
Moseberg
Ravensberg
Ziegental
Langenberg
Eichenberg
Mittelberg
Roter Schuss
Drahthütte
Königsstuhl
Kutzhütte
Am Knick
Nüxei
Römerstein
Hopfenberg
Espenberg
Zorge
Wieda
Krimme
Limbach
Breitenbach
Uffe
Rosenteich
Priorteich
Wiesenbeker Teich
B 243
3,5
5
6
6,5

Letztes Haus auf Bundesgebiet bei Walkenried, 1988

Tipp: Die Straße kurz vor Neuhof ging direkt an der Grenze entlang. Die Felder sind bestellt, man ahnt nicht mehr, was hier einst war.

Von **Neuhof** aus geht es weiter auf der leicht hügeligen, wenig befahrenen Landstraße bis ins 3 Kilometer entfernte Tettenborn. Links und rechts liegen sanft hügelige Felder und Wiesen, und am linken Straßenrand reihen sich dicht an dicht Birken und andere Laubbäume. Gleich hinter dem Ortseingangsschild geht es links zum Grenzlandmuseum.

Tettenborn

Grenzlandmuseum „Tettenborn" bei Bad Sachsa, im Dorfgemeinschaftshaus, ÖZ: Mi 13-16 Uhr, So 10-12 Uhr. Für Gruppen ab 10 Personen gibt es nach Anmeldung auch andere Öffnungszeiten.

Grenzlandmuseum „Tettenborn"

In dem Dorfgemeinschaftshaus im Ortsteil Tettenborn werden zahlreiche Exponate und Dokumente aus der Zeit der deutschen Teilung gezeigt. Modelle verdeutlichen den Aufbau der Grenzanlagen im Raum Bad Sachsa. Neben einer komplett ausgestatteten Führungsstelle der DDR-Grenztruppen gibt es ein funktionstüchtiges Segment des Grenzsignalzauns zu sehen.

Vom Grenzlandmuseum fährt man weiter die Hauptstraße geradeaus in Richtung Nordhausen und Mackenrode, wohin es bergab geht.

Tipp: Die Schilder weisen auf die Harzer Landkreise Osterode und Nordhausen hin. Kein Wort, dass hier die Grenze der beiden Bundesländer Niedersachsen und Thüringen ist bzw. die deutsch-deutsche Grenze war.

Man könnte sich an Berlin ein Beispiel nehmen, wo es die „Geschichtsmeile Berliner Mauer" gibt. Dort wurden mehr als 30 Gedenktafeln aufgestellt mit Fotos und Texten zur jüngsten Vergangenheit. Es wäre sehr anschaulich, wenn auch hier eine solche Tafel aufgestellt würde.

Hinter der Grenze lädt eine Holzbank mit Tisch zu einer kurzen Rast. Zum ersten Mal befindet man sich in Thüringen, das sich auf einer Länge von 750 Kilometer entlang der 1.400 Kilometer langen deutsch-deutschen Grenze erstreckt.

In **Mackenrode** quert man die B 243 und fährt den Schildern nach geradeaus nach Limlingerode, zuerst bergauf und dann sehr steil bergab. Durch Limlingerode fährt man Richtung Ortsausgang, wo sich kurz vorher auf der rechten Seite auf einer großen Wiese ein Stadtplatz befindet, auf dem zahlreiche alte Bäume stehen. Hier biegt man rechts ab in die leidlich asphaltierte **Hintergasse**.

Rekonstruierte Führungsstelle im Grenzmuseum „Tettenborn"

An der ersten Kreuzung ist der Weg ausgeschildert und man biegt rechts ab auf den ehemaligen Kolonnenweg nach Weilrode. Hier wurden nicht Schwerter zu Pflugscharen, sondern Patrouillenwege zu Radwegen. An dessen Ende biegt man rechts ab und fährt bergab nach **Weilrode**. Wenn man an der Bushaltestelle auf eine etwas größere Straße stößt, biegt man links ab und fährt in Richtung **Bockelnhagen**, das man durchquert.

Am Ende der Straße biegt man rechts ab in Richtung Brochthausen. Parallel zur Weilroder Eller geht es durch eine reizvolle Landschaft bis zur Straßengabelung bei Zwinge. Dort biegt man rechts ab in Richtung **Herzberg** und **Brochthausen**, das in Niedersachsen liegt.

Zwinge

Zwinge befand sich in der DDR unmittelbar an der deutsch-deutschen Grenze. Am ehemaligen Grenzverlauf wurde an der Straße von Zwinge nach Brochthausen am 15. Dezember 1999 eine Friedenseiche der Gemeinde Zwinge/Südharz von den Landräten der Landkreise Eichsfeld, Osterode und Göttingen zur Erinnerung an die Grenzöffnung gepflanzt.

Am Ortsausgang von Zwinge sieht man noch ein alten Streckmetallzaun. Dahinter befand sich eine Ziegeleifabrik, die bis 1989 im Grenzgebiet noch ihre Dienste tat und heute stillgelegt ist. Auch sieht man hier noch eine Peitschenlampe, ein Original aus DDR-Zeiten. Die Brücke über die Eller lag auf

Grenzlandmuseum Tettenborn

der ehemaligen deutsch-deutschen Grenze, die aber nur durch Hinweisschilder auf den Landkreis Eichsfeld und den Landkreis Osterode am Harz mit den entsprechenden Wappen gekennzeichnet ist.

Auf einer ruhigen, glatten Landstraße geht es nach **Brochthausen**, wo man am Ortseingang links zur Ortsmitte einbiegt.

Da die Straße doch stärker befahren ist, biegt man am Landgasthaus „Zur Endstation" links ab – der Radweg ist ausgeschildert – und fährt bis kurz vor Fuhrbach. Am Ende des Weges biegt man rechts ab und dann gleich vorm Wasser links. Man bleibt auf dem asphaltierten Weg und biegt an seinem Ende wieder rechts ab. Es folgt ein ganz toller asphaltierter Weg am Waldesrand, ohne Autos am Bächlein entlang. Am

Ende geht es rechts ab wieder auf die Landstraße. Es wäre zu wünschen, dass die zwei fehlenden Radweg-Kilometer bis Fuhrbach schnell gebaut werden.

In **Fuhrbach** ist der Radweg nach Duderstadt ausgeschildert. Man fährt durch Fuhrbach und kommt am Ortsausgang auf den gemeinsamen Geh- und Radweg auf der linken Seite der Straße. Bis Duderstadt sind es noch 5 Kilometer, wobei es bis zur „Rothen Warte" bergauf geht.

„Rothe Warte"

Die „Rothe Warte" ist ein Forsthaus, das 1401 erstmalig erwähnt wurde. Mitte des 18. Jahrhunderts hatte es schon eine Ausschank-Konzession, 1854 verwandelte man es in eine moderne Ausflugsgaststätte. Nach dem Zweiten Weltkrieg schlossen Engländer und Russen ein Abkommen zur Begradigung der Demarkationslinie. Als der Großteil des Forstreviers „Rothe Warte" und das Revier „Lindenberg" ins russische Besatzungsgebiet einbezogen werden sollten, und Duderstadt weit über die Hälfte des 624 Hektar großen Waldbesitzes verlor, gab die Stadt den Holzeinschlag in diesen Revieren frei. Ganze Wagenkarawanen zogen in den ersten Septembertagen des Jahres 1945 in die Wälder, jeder nahm mit, was er transportieren konnte. Inzwischen hat die Stadt Duderstadt ihren waldigen Stadtteil wieder zurückerhalten.

181

Der Schwarzspecht

In diesem Gebiet ist auch der Schwarzspecht wieder zu Hause, den man trotz seiner Größe und der weit schallenden Töne nur selten zu Gesicht bekommt. Er brütet in großen Altholzbeständen, ein Brutpaar beansprucht mindestens 250–400 Hektar Waldfläche. Der Schwarzspecht verspeist mit Vorliebe Ameisen und Holz bewohnende Käfer. Für den Höhlenbau bevorzugt er alte Buchen, in deren Stamm oder abgestorbenen Stammteilen er seine Höhle meißelt. Als Nachmieter finden sich die Kohltauben, Dohlen, Fledermäuse und andere Kleinsäuger ein. Gerade die Kohltaube ist auf den Schwarzspecht als Höhlenbauer angewiesen.

Tipp: Hinter der Gaststätte „Rote Warte" geht es rechts ab zum Gut Herbigshagen.

Gut Herbigshagen

Auf diesem Gut befindet sich ein Natur-Erlebniszentrum. Nach den Vorstellungen seines Gründers, des Tierfilmers und Wissenschaftlers Heinz Sielmann (1917-2006) „sollen Menschen jeden Alters, vor allem Kinder und Jugendliche, durch persönliches Erleben in der Natur Interesse und Spaß daran finden, sich für ihren Schutz und Erhalt einzusetzen. Denn Kinder sind die Naturschützer von morgen."

Es bietet Kindergärten, Schulklassen, Vereinen oder Tagungsteilnehmern aller Altersklassen die vielfältigsten Möglichkeiten, neue Erfahrungen in der Natur zu sammeln. Ein Besuch ist lohnenswert.

Von der Gaststätte geht es auf dem Radweg parallel zur Straße bergab.

Tipp: Wer nach Duderstadt fahren möchte, radelt weiter geradeaus und kommt in die Fußgängerzone der Stadtmitte.

Wer auf dem deutsch-deutschen Radweg weiter fahren möchte, biegt die nächste Möglichkeit links ab und vor der Brehme nach rechts. An der nächsten Brücke biegt man links ab, quert die Brehme und radelt zum **WestÖstlichen Tor**.

Duderstadt
PLZ: 37115; Vorwahl: 05527

- **Gästeinformation**, Historisches Rathaus, Marktstr. 66, ☎ 841200, www.duderstadt.de
- **Heimatmuseum**, Bei der Oberkirche 3, ☎ 2539, ÖZ: April-Okt., Di-Fr 11-16 Uhr, Sa 14.30-16.30 Uhr, So 11-16 Uhr. Das Museum informiert über Stadtgeschichte und Kultur der Region und zeigt außerdem die Ausgrabungen der mittelalterlichen Stadtmauer.
- Das **Historische Rathaus** ist eines der ältesten und schönsten Deutschlands, das alle Baustile vom 14.-18. Jh. aufweist. Es gibt verschiedene Ausstellungen zu folgenden Themen: Mittelalter, Pestepidemie, Handel und Finanzen und Gerichtswesen im Mittelalter. Im Westturm befindet sich ein Glockenspiel.
- **Hallenbad**, Auf der Klappe, ☎ 911174
- **Freibad**, August-Werner-Allee, ☎ 911175

Duderstadt zählt ungefähr 23.000 Einwohner und liegt im Landkreis Göttingen in Niedersachsen, nahe der Landesgrenze zu Thüringen. Die Altstadt ist mittelalterlich geprägt und besitzt ca. 600 Fachwerkhäuser. Als sehenswerte Kuriosität gilt die katholische Probsteikirche St. Cyriakus mit ihren zwei Türmen. Das Wahrzeichen der Stadt, das gedrehte Dach des Westturms, entstand in seiner heutigen Form durch einen Konstruktionsfehler. Der Bau begann von 1250 bis 1490 in drei großen Bauabschnitten. Abgeschlossen wurde er allerdings erst 1854 mit der Errichtung des zweiten Turmes am Westwerk. Sehenswert ist auch das historische Rathaus der Stadt. Auf dem Marktplatz gibt es einen Wiedervereinigungsbrunnen.

Die Namensgebung geht auf eine lustige Sage zurück: Die Stadt sei von drei Brüdern erbaut worden, die sich nicht über den Namen einigen konnten. Da soll der erste zum zweiten gesagt haben: „Gib du der Stadt den Namen!" und dieser sagte

Kirche in Duderstadt

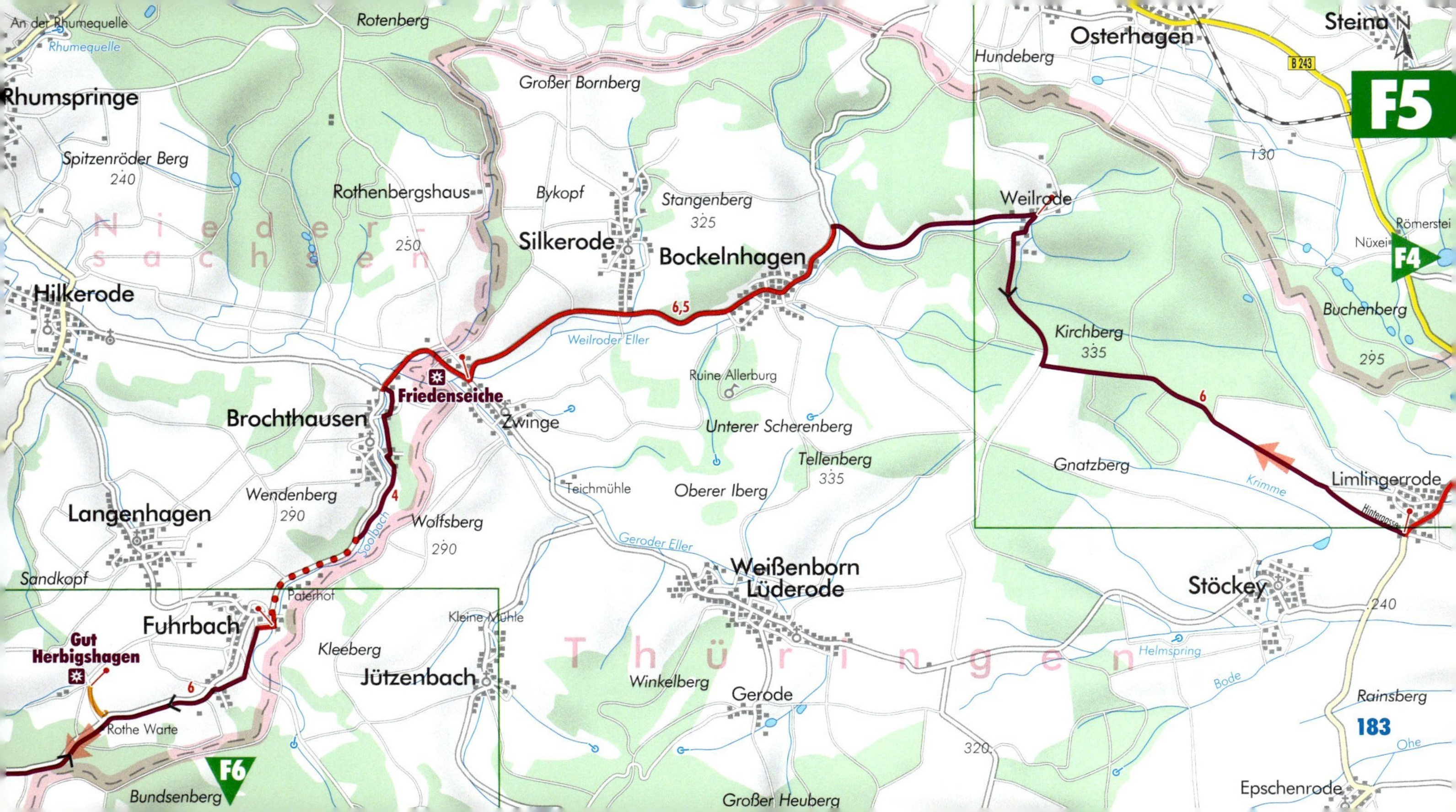

An der Rhumequelle
Rhumequelle
Rotenberg
Osterhagen
Steina N
B 243
F5
Rhumspringe
Großer Bornberg
Hundeberg
Spitzenröder Berg
240
Rothenbergshaus
Bykopf
Stangenberg
325
Weilrode
Römerstei
Nieder-
sachsen
250
Silkerode
Bockelnhagen
Nüxei
F4
Hilkerode
6,5
Buchenberg
295
130
Kirchberg
335
Weilroder Eller
6
Friedenseiche
Ruine Allerburg
Brochthausen
Zwinge
Unterer Scherenberg
Gnatzberg
Limlingerode
Wendenberg
290
Teichmühle
Oberer Iberg
Tellenberg
335
Krimme
Hinterrode
Langenhagen
4
Wolfsberg
290
Geroder Eller
Stöckey
Sandkopf
Weißenborn
Lüderode
240
Paterhof
Gut
Herbigshagen
Fuhrbach
Kleeberg
Kleine Mühle
Thüringen
Helmspring
Rainsberg
6
Jützenbach
Winkelberg
Gerode
Bode
183
Rothe Warte
320
Ohe
F6
Bundsenberg
Großer Heuberg
Epschenrode

das wiederum zum ersten. Auch der dritte schloss sich dieser Äußerung an und somit einigten sie sich einfach auf den Namen „Duderstadt".

Duderstadt wurde 929 erstmals urkundlich erwähnt und ging im Jahre 974 in den Besitz des Stiftes Quedlinburg über. 1237 wurde die Stadt Teil des Lehens von Landgraf Heinrich Raspe von Thüringen, danach ging sie für ca. 100 Jahre in den Besitz der Welfen über. Duderstadt erhielt um 1250 das Stadtrecht.

Der Ort entwickelte sich im Spätmittelalter zu einer wohlhabenden und bedeutenden Stadt, die auf der Nord-Süd-Achse von den Hansestädten im Norden Europas („Nürnberger Straße") nach Italien und auf einer Ost-West-Verbindung von Osteuropa über Leipzig nach Köln und Belgien lag.

Mitte des 14. Jahrhunderts gaben die Welfen die Stadt sukzessive an das Erzbistum in Mainz ab, das 450 Jahre über die Stadt herrschte. Duderstadt prosperierte weiter und hatte um 1400 etwa 4.000 Einwohner und war damit fast genauso groß wie das damalige Hamburg.

Auch Duderstadt litt ab dem 15. Jahrhundert unter dem Niedergang der Hanse und der Verlegung der Handelsrouten. Die wirtschaftliche Lage verschlechterte sich. Trotz alledem wurde der Bau der Kirchen abgeschlossen und ein weiterer Befestigungsring entstand. Dieser Zeit entstammt vor allem das heutige Stadtbild.

Fachwerkhäuser in Duderstadt

Die Stadt verlor ihre Bedeutung endgültig durch den Dreißigjährigen (1618–1648) und den Siebenjährigen Krieg (1756–1763). Die Einwohner wurden von Epidemien heimgesucht. Zudem verlief die Grenzziehung der umliegenden Staaten für die Stadt zunehmend ungünstig: Im 19. Jahrhundert verlief die Grenze zwischen Hannover und Preußen genau bei Duderstadt, was den Ort in eine Randlage drängte. Erst spät wurde die Stadt an die Eisenbahn angebunden, darunter litt die industrielle Entwicklung.

Im „Dritten Reich" gab es von 1944 bis 1945 ein Außenkommando des KZ Buchenwald, in dem 755 jüdische Ungarinnen Zwangsarbeit leisten mussten. Nach dem Zweiten Weltkrieg fiel Duderstadt in eine extreme Randlage im deutsch-deutschen Grenzgebiet. Gleichwohl erfolgten Ansiedlungen von Industriebetrieben. 1973 wurde die Stadt Teil des neu gegründeten Landkreises Göttingen.

Am 10. November 1989 kam es um 0.35 Uhr zur Grenzöffnung. Im Laufe des Tages trafen über 6.000 DDR-Bürger in der Stadt ein, bis zum Jahresende waren es dann um die 700.000.

Duderstadt-Teistungen

Die Eisenbahnverbindung zwischen Duderstadt und Teistungen wurde nach der Grenzziehung stillgelegt und sollte nach der Wende wieder aufgebaut werden. Sie hatte einst auch das Untereichsfeld mit dem Obereichsfeld verbunden. Eines der ersten schwarz-grünen Bündnisse auf kommunaler Ebene hatte sich im Göttinger Kreistag 1999 darauf verständigt, was auch von der Landesregierung in Thüringen unterstützt wurde.

Weil die SPD vor Ort dagegen war, wurde der Lückenschluss von der sozialdemokratischen Landesregierung in Niedersachsen nicht unterstützt. Deshalb hat Duderstadt heute noch immer keinen Schienenanschluss; auf der Strecke Leinefelde–Teistungen endet der Personenverkehr daher im Juni 2001.

Teile der alten Bahnlinie sind zu einem Radweg umgebaut worden, der Lückenschluss steht nicht mehr auf der Tagesordnung der Politik.

Tipp: Erreichen kann man Duderstadt von Göttingen aus mit dem Bus (Linie 170), wobei die Fahrradmitnahme auf zwei Fahrräder pro Bus beschränkt ist und Rollstuhlfahrer und Kinderwagen Vorrang haben. Man kann aber auch mit dem Zug nach Heiligenstadt fahren und von dort nach Duderstadt radeln.

Wiedervereinigungsbrunnen

Die am 26. April 1994 eingeweihte Figurengruppe aus Bronze von Karl-Henning Seemann steht vor der St.-Servatius-Kirche. Auf einer gepflasterten Kuppel begegnen sich eine männliche und eine weibliche Figur, deren Zusammentreffen durch eine unsichtbare Mauer verhindert wird. Zu Füßen der Figuren verläuft ein Wassergraben als Sinnbild für die Grenze.

Für den Künstler stellt die Skulptur den „Versuch dar, die nach der Wiedervereinigung erkennbar gewordenen Schwierigkeiten, aber auch die einmalige historische Chance bildnerisch anschaulich zu machen".

Von Duderstadt nach Heiligenstadt   36 km

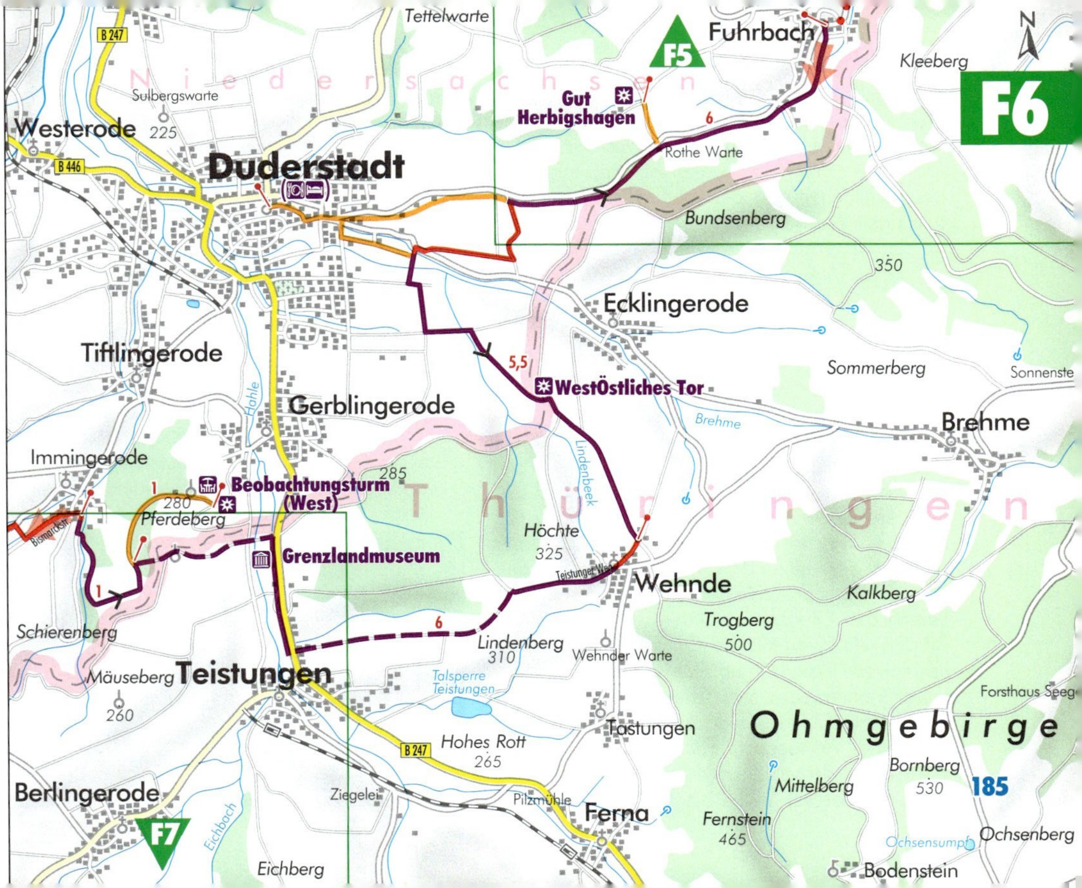

In Duderstadt fährt man aus der Fußgängerzone in Richtung Osten und biegt dann rechts ab in den **Adenauerring**. Kurz nach der Rechtskurve biegt man links ab in eine asphaltierte land- und forstwirtschaftliche Straße nach **Ecklingerode** zum WestÖstlichen Tor. Nach dem ersten kleinen Hügel – links ist die Brücke über die Brehme – biegt man nach rechts ab, quert ein Bächlein, das zum Wasserrückhaltebecken ausgebaut wurde, und kommt an eine Kreuzung, wo das WestÖstliche Tor nach links schon ausgewiesen ist. Man folgt dem ausgeschilderten Weg, der sich durch die Landschaft schlängelt. Nach einem stetigen Anstieg mit einem wunderbaren Ausblick erreicht man das Ziel.

WestÖstliches Tor

Das WestÖstliche Tor in Eichsfeld besteht aus zwei Eichenstämmen, die ein offenes Tor bilden, und zwei Edelstahlbändern – einem westlichen und einem östlichen Teil –, die unten auf dem Boden platziert und zusammengeschweißt sind. Sie erinnern daran, dass an dieser Linie 40 Jahre lang die beiden deutschen Staaten getrennt waren und seit der Grenzöffnung 1989 wieder verbunden sind. Der Hain aus jungen Buchen soll für ein gedeihliches Zusammenwachsen von West und Ost in Europa stehen und für einen achtsamen Umgang mit den Naturschätzen des „Grünen Bandes", das auf der ehemaligen Grenze entstanden ist. Es wurde am 19. Juni 2002 von Michael Gorbatschow und Bundesumweltminister Jürgen Trittin eingeweiht.

Der Plattenweg des östlichen Kolonnenwegs ist noch sichtbar. Parallel dazu ist ein asphaltierter Rad- und Wanderweg nach **Wehnde** gebaut worden. An dessen Ende biegt man rechts ab in das Dorf. Vor der Kirche biegt man links ab und an der Pumpe noch einmal links in den **Teistunger Weg**. In Wehnde gibt es leider kein Schild, das zum Grenzlandmuseum hinweist.

Wenn die Straße einen Knick nach rechts in den Wald nach Gerblingerode macht, biegt man links ab auf den Kolonnenweg, der leidlich zu befahren ist. In Teistungen biegt man auf dem Radweg der B 247 rechts ab, der Weg ist ausgeschildert. Das Grenzlandmuseum ist kurz vor der Landesgrenze auf der linken Seite.

Grenzlandmuseum Eichsfeld

Grenzlandmuseum Eichsfeld, ÖZ: Di-So 10-17 Uhr. Zwischen Teistungen und Duderstadt befand sich der Grenzübergang Duderstadt-Worbis. An derselben Stelle wurde 1995 das Grenzlandmuseum eröffnet, das mehrere hundert Quadratmeter Ausstellungsfläche hat. Zum Museum gehören neben dem ehemaligen Zollverwaltungsgebäude, dem Zollabfertigungsgebäude und der Garage auch der Mühlenturm und eine weitläufige Außenanlage mit dem Grenzlandweg.

Eingangshalle des Grenzlandmuseums Eichsfeld

Mahnmal für die Opfer

Anlässlich des 40. Jahrestages des Mauerbaus wurde in unmittelbarer Nähe des Grenzlandmuseums ein Mahnmal errichtet, das sowohl an die Opfer der innerdeutschen Grenze als auch an die Opfer der kommunistischen Gewaltherrschaft erinnern soll. Die Gestaltung des Mahnmals als Zick-Zack-Linie symbolisiert die Zerteilung der Landschaft durch die ehemalige Grenze. Die elf Flüchtlinge, die in dieser Region zwischen 1949 und 1989 gestorben sind, und die vier, die schwer verletzt das Gebiet der Bundesrepublik erreichen konnten, sind namentlich erwähnt.

Vom Grenzlandmuseum fährt man in Richtung Duderstadt und biegt links ab in den Kolonnenweg, quert das Bächlein und folgt dem ausgeschilderten Rundweg nach Immingerode. Wegen der Steigung und der Lochplatten (28 Löcher) muss man schieben. Man passiert die Hundelaufanlage, den Beobachtungsbunker, den KFZ-Graben und den Wachturm.

Wer hier eine kleine Runde zur Waldgaststätte und zum Beobachtungsturm auf der westlichen Seite der ehemaligen Grenze machen möchte, biegt rechts ab. Hier sind auch Tafeln zur Historie, Flora und Fauna aufgestellt.

Vom westlichen Beobachtungsturm radelt man an der Waldgaststätte vorbei, biegt links ab in den Trimmpfad und geradeaus nach Immingerode.

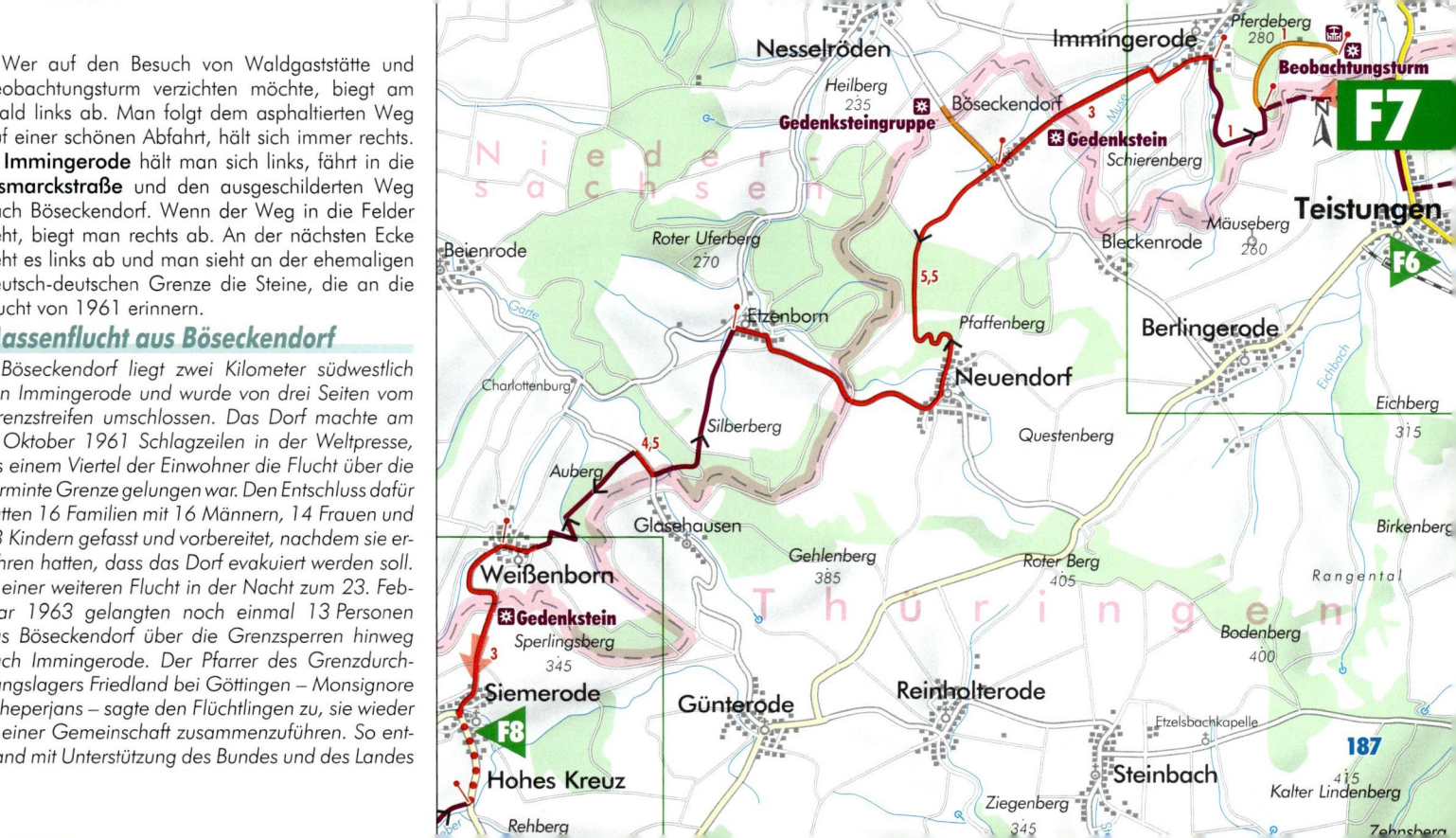

Wer auf den Besuch von Waldgaststätte und Beobachtungsturm verzichten möchte, biegt am Wald links ab. Man folgt dem asphaltierten Weg auf einer schönen Abfahrt, hält sich immer rechts. In **Immingerode** hält man sich links, fährt in die **Bismarckstraße** und den ausgeschilderten Weg nach Böseckendorf. Wenn der Weg in die Felder geht, biegt man rechts ab. An der nächsten Ecke geht es links ab und man sieht an der ehemaligen deutsch-deutschen Grenze die Steine, die an die Flucht von 1961 erinnern.

Massenflucht aus Böseckendorf

Böseckendorf liegt zwei Kilometer südwestlich von Immingerode und wurde von drei Seiten vom Grenzstreifen umschlossen. Das Dorf machte am 2. Oktober 1961 Schlagzeilen in der Weltpresse, als einem Viertel der Einwohner die Flucht über die verminte Grenze gelungen war. Den Entschluss dafür hatten 16 Familien mit 16 Männern, 14 Frauen und 23 Kindern gefasst und vorbereitet, nachdem sie erfahren hatten, dass das Dorf evakuiert werden soll. In einer weiteren Flucht in der Nacht zum 23. Februar 1963 gelangten noch einmal 13 Personen aus Böseckendorf über die Grenzsperren hinweg nach Immingerode. Der Pfarrer des Grenzdurchgangslagers Friedland bei Göttingen – Monsignore Scheperjans – sagte den Flüchtlingen zu, sie wieder in einer Gemeinschaft zusammenzuführen. So entstand mit Unterstützung des Bundes und des Landes

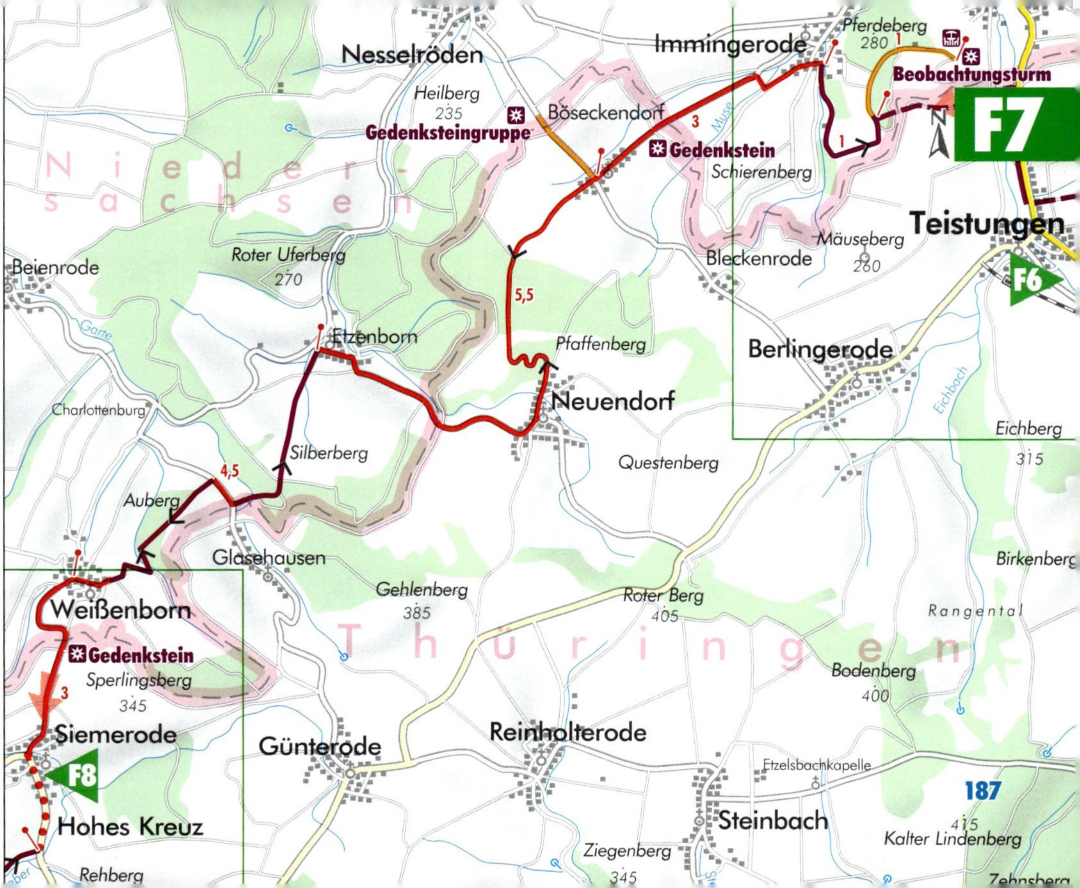

Niedersachsen der Ort Neuböseckendorf bei Nörtenhardenberg. Am 8. September 1965 wurde dort der Grundstein für die kleine Kirche gelegt.

Am Ortseingang von Böseckendorf steht eine riesengroße Linde mit folgendem Text vom NABU: „Diese Sommerlinde wurde unmittelbar nach dem Dreißigjährigen Krieg vor etwa 350 Jahren gepflanzt. Der Baum ist ein lebendes Zeichen des Neuanfangs nach dem mörderischen Krieg, unter dem das Eichsfeld besonders zu leiden hatte. Das Stamminnere des Baumes ist stark geschädigt, trotz solcher Schäden kann eine Linde noch viele Jahre überleben."

Tipp: In Böseckendorf biegt man rechts ab nach Nesselröden, quert den Kolonnenweg und sieht eine Gedenksteingruppe auf der linken Seite.

Grenzdenkmal

Die Skulptur wurde zur Erinnerung an die Spaltung am 26. Juni 1991 eingeweiht und vom Künstler und Bildhauer Roger Bischoff, einem Deutsch-Amerikaner, der zeitweilig in Nesselröden wohnte, folgendermaßen interpretiert: „Die beiden geneigten Steine stellen Menschen dar, die zueinander wollen, wie einst die Menschen von Nesselröden und Böseckendorf. Der dreieckige Stein dazwischen, dessen Sockel tief in die Erde hineinreicht, also begraben liegt, symbolisiert, wie auch die Vorurteile der Menschen in aller Welt begraben werden sollten. Der Stein soll auch daran erinnern, dass viele Menschen vor dem Grenzzaun, hinter ihm und im Todesstreifen ihr Leben lassen mussten. Die Steine sollen ein Mahnmal dafür sein, dass es eine solche Teilung des deutschen Volkes nie wieder geben darf."

Zurück in Böseckendorf biegt man rechts ab in Richtung Neuendorf, es folgt ein längerer und stetiger Anstieg. Man kreuzt den Kolonnenweg und danach geht es nach **Neuendorf** geschwungen bergab. Man fährt durch das Dorf und links an der Kirche vorbei.

Am Dorfausgang hält man sich rechts und radelt leicht bergab nach **Etzenborn**. Am Kolonnenweg mit den Lochplatten ist erkennbar, dass man wieder über die Grenze fährt. Am Ortsausgang von Etzenborn biegt man links vor dem Brückchen in den asphaltierten Radweg ein, der nach Weißenborn ausgeschildert ist. Nach einem sanften Anstieg geht es bergab auf einem wunderschönen Weg durch ganz dichten Wald.

An der Straße angekommen, biegt man rechts ab in Richtung Weißenborn und wenige Meter hinter der Kurve wieder links auf einen betonierten Weg, der als Radweg nach Weißenborn ausgeschildert ist. Man muss allerdings eine kleine Steigung überwinden. Am Ende des betonierten Plattenwegs biegt man dann rechts ab, fährt durch **Weißenborn** zur Hauptstraße, in die man links nach **Siemerode** einbiegt. Am Ortsausgang erinnert der Buswendeplatz noch an vergangene Zeiten. Nach Siemerode geht es erst mal nur bergauf, und direkt hinter dem Schild „Landkreis Eichsfeld" erinnert ein Gedenkstein an die Grenzöffnung Siemerode–Weißenborn.

Tipp: In Siemerode gibt es auch eine kleine Gaststätte.

Weiter geht es in Siemerode geradeaus und an der Hauptstraße links nach Heiligenstadt. Kurz vor der Brücke über den Beber-Fluß biegt man rechts ab in den asphaltierten Radweg bergab nach **Mengelrode**.

Tipp: Nach Heiligenstadt biegt man im Zentrum von Mengelrode links ab in die wenig befahrene Landstraße. Man unterquert die A 38, passiert die Ziegelei und biegt an der nächsten Kreuzung rechts ab. An der Bahnlinie hält man sich rechts und gelangt zum Bahnhof Heilbad Heiligenstadt, von dem Direkt-Züge nach Göttingen, Gotha und Erfurt fahren.

Heiligenstadt

PLZ: 37308; Vorwahl: 03606

Tourist-Information, Wilhelmstr. 50. ✆ 677141, www.heilbad-heiligenstadt.de

Eichsfelder Heimatmuseum, Kollegieng. 10, ✆ 612618, ÖZ: Di-Fr 10-17 Uhr, Sa, So 14.30-16.30 Uhr. Das Museum informiert über die Eichsfeldgeschichte, die Stadtgeschichte, zeigt Werke sakraler Kunst, außerdem Möbel und Gemälde und es gibt auch eine Riemenschneider-ausstellung zu Ehren des berühmtesten Sohnes der Stadt. Tilman Riemenschneider (um1460-1531) war ein bedeutender Bildhauer der Spätgotik und Renaissance.

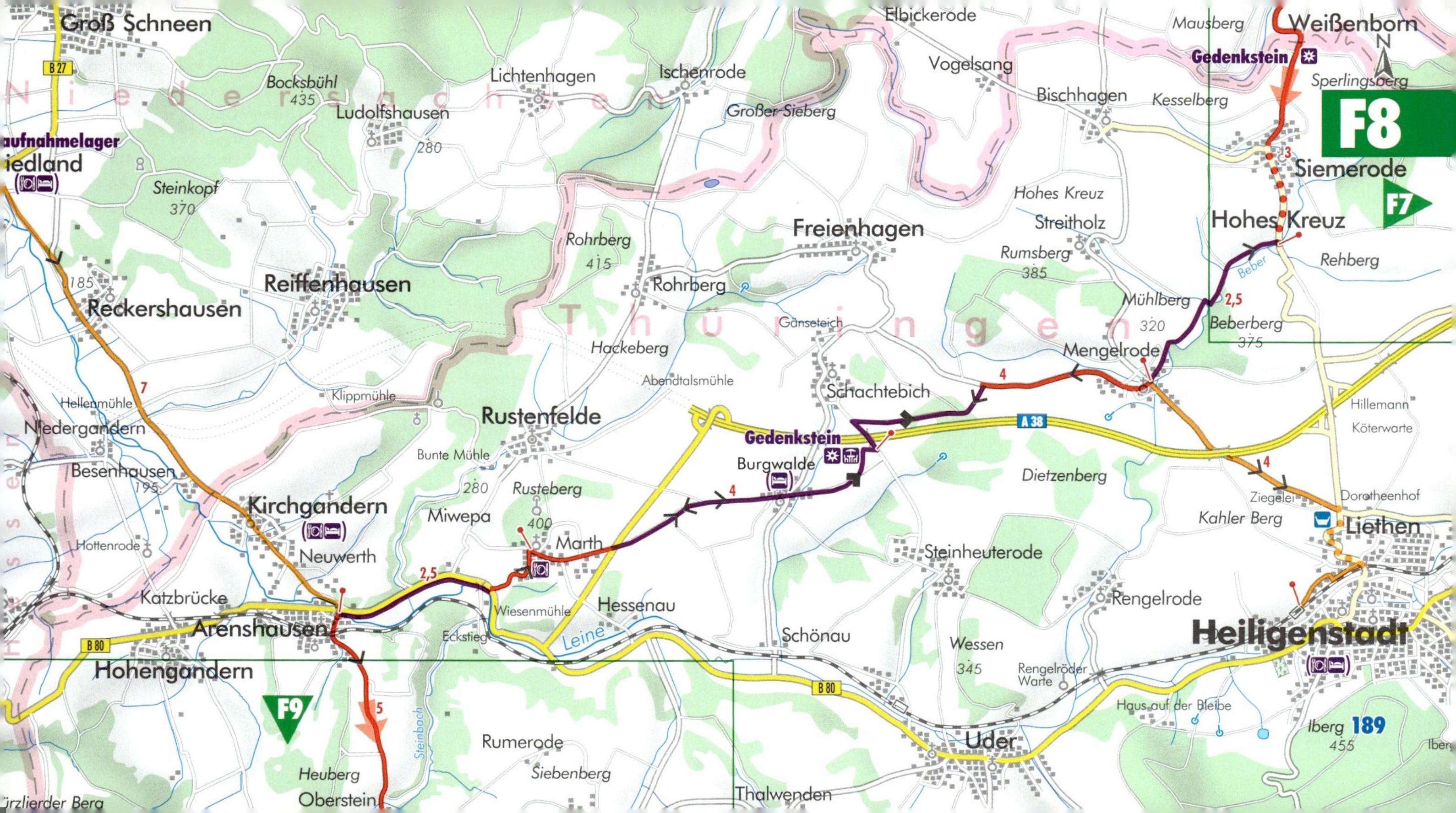

F8
F7
F9
189
Weißenborn
Gedenkstein
Mausberg
Sperlingsberg
Elbickerode
Vogelsang
Bischhagen
Kesselberg
Siemerode
Hohes Kreuz
Streitholz
Rumsberg
385
Rehberg
Beber
Mühlberg
320
Beberberg
375
Mengelrode
Hillemann
Köterwarte
Dietzenberg
Ziegelei
Dorotheenhof
Kahler Berg
Liethen
Steinheuterode
Rengelrode
Heiligenstadt
Wessen
345
Rengelröder Warte
Haus auf der Bleibe
Iberg
455
Uder
Thalwenden
Schönau
Siebenberg
Rumerode
Steinbach
Heuberg
Oberstein
Hohengandern
Arenshausen
Katzbrücke
B 80
A 38
B 27
Eckstieg
Leine
Wiesenmühle
Hessenau
Marth
400
Rusteberg
Miwepa
280
Bunte Mühle
Rustenfelde
Burgwalde
Schachtebich
Abendtalsmühle
Gänseteich
Hackeberg
Rohrberg
415
Freienhagen
Großer Sieberg
Ischenrode
Lichtenhagen
Ludolfshausen
Bocksbühl
435
Groß Schneen
aufnahmelager
iedland
Steinkopf
370
Reiffenhausen
Reckershausen
185
Hellenmühle
Niedergandern
Besenhausen
195
Kirchgandern
Neuwerth
Hottenrode
Klippmühle
Thüringen
Niedersachsen
Hessen
Iberg
ürzlierder Berg
2,5
3
4
5
7

Burg Hanstein (1984/2006)

✱ **Vital-Park**, In der Leineaue 1, ✆ 663-90. Hier befinden sich die Eichsfeld-Therme, das Freibad und unter anderem eine Bowling Bahn.

Die Stadt wurde 973 zum ersten Mal erwähnt, der Königshof mit der Martinskirche und dem Dorf „Heiligenstat" gingen um 1000 an das Erzbistum Mainz über. Der Ort wurde neben Erfurt zum bedeutenden Stützpunkt der Mainzer Kirchen- und Territorialpolitik im mitteldeutschen Raum. Die Verleihung des Stadtrechtes und des Stadtsiegels erfolgte 1227 durch Erzbischof Siegfried II. Danach wurde die Stadt befestigt. Durch einen Großbrand 1333 wurde sie stark zerstört und 1350 von der Pest heimgesucht.

Tilman Riemenschneider wurde um 1460 hier geboren, 1525 war Thomas Müntzer in Heiligenstadt, das 1540 zur Hauptstadt des Eichsfeldes gewählt wurde. 1575 begann die Gegenreformation. Die Jesuiten kamen nach Heiligenstadt, das im Dreißigjährigen Krieg (1618-1648) von durchziehenden Truppen mehrmals verwüstet wurde. 1722 erschien die erste Zeitung, 1739 wurde die Stadt durch den zweiten großen Stadtbrand zerstört. 1773 zogen sich die Jesuiten aus Heiligenstadt zurück, und 1802 kam die Stadt zu Preußen.

Von 1806-1813 war Heiligenstadt von Napoleon besetzt. 1838 bearbeiteten Jakob und Wilhelm Grimm hier die Schlussfassung ihres „Deutschen Wörterbuches". Von 1856-1864 war Theodor Storm als Kreisrichter hier tätig. 1929 wurde das erste Kneipp-Bad mit Kurgebäude errichtet und 1932 das Eichsfelder Heimatmuseum eröffnet.

Den Zweiten Weltkrieg hat die Stadt ohne nennenswerten Schaden überstanden. Nach 1945 wurde das Eichsfeld geteilt. Der Kurbetrieb wurde 1949 wieder aufgenommen. 1973 wird Heiligenstadt 1.000 Jahre alt und nach der Wende 1994 Kreisstadt des „Landkreises Eichsfeld". 1997 fand die 1.100-Jahrfeier zur urkundlichen Ersterwähnung des Eichsfelds statt.

Von Heiligenstadt nach Bad Sooden-Allendorf   37 km

Vom Zentrum in Heiligenstadt radelt man nach Norden in Richtung A 38, biegt links ab nach Mengelrode, unterquert die Autobahn und biegt in **Mengelrode** links ab in Richtung Freienhagen. Nach dem Ortsausgang biegt man die zweite Straße – mit kleiner Steigung – links ab nach Burgwalde. Parallel zur A 38 geht es bergab. Später biegt man links ab, unterquert die Autobahn und biegt sofort rechts ab. Man fährt ein Stück parallel zur Autobahn und passiert eine Linde mit Bank und Gedenkstein an Napoleons Niederlage bei der Völkerschlacht von Leipzig: „Zur Erinnerung der 100-jährigen Gedenkfeier, 10. März 1913."

Man fährt die Straße bis zum Ende und biegt links ab. Den Pilgerpfad lässt man im wahrsten Sinne des Wortes links liegen. Hat man **Burgwalde** erreicht, folgt man der Straße geradeaus ins rund 2 Kilometer entfernte Marth.

Die einsame Straße führt auf eine Anhöhe. Man stößt auf den neuen Autobahnzubringer und radelt geradeaus nach Marth.

Marth liegt auf einer kleinen Anhöhe. An der ersten Kreuzung geradeaus halten und von dort aus geht es bequem bergab zur B 80, in die man rechts nach **Arenshausen** einbiegt. Parallel zur Straße verläuft auf der südlichen Seite ein Radweg entlang der Leine.

Tipp: Hat man Arenshausen erreicht, kann man über Kirchgandern und Reckershausen zum ehemaligen Notaufnahmelager Friedland radeln, wo sich heute ein Museum befindet.

Notaufnahmelager Friedland

Bekannt wurde Friedland, dessen Ortsteil Klein Schneen erstmals im Jahre 1036 urkundlich erwähnt wurde, durch das Notaufnahmelager. Es wurde 1945 von der britischen Besatzungsmacht errichtet und diente anfangs zur Aufnahme von Vertriebenen aus den ehemaligen deutschen Ostgebieten und dem Sudetenland. Der Standort war dafür prädestiniert, weil hier drei Besatzungszonen (Niedersachsen: britisch, Hessen: amerikanisch und Thüringen: sowjetisch) aufeinanderstießen. Zudem lag Friedland an der Bahnstrecke Hannover–Kassel.

In den Jahren nach dem Zweiten Weltkrieg trafen hier die Heimkehrer aus der Kriegsgefangenschaft ein, eine Periode, die 1955 mit der sogenannten „Heimkehr der Zehntausend" endete. Danach diente das Lager der Aufnahme von Flüchtlingen aus der DDR. Heute werden hier

Blick von Hessen auf
Burg Hanstein, 1985/86

die Spätaussiedler vor allem aus den Gebieten der ehemaligen Sowjetunion aufgenommen. Insgesamt passierten 3,6 Millionen Menschen das Lager seit seiner Errichtung.

Arenshausen

In Arenshausen fährt man direkt hinter der Leine-Brücke links in Richtung **Gerbershausen**.

Vor der Kirche St. Matthäus steht ein Gedenkstein: „Unvergessen den Soldaten 1914–1918. Herr, gib ihnen die ewige Ruhe." Es folgen die Namen gefallener Soldaten. „Aus Dankbarkeit errichtet von der Gemeinde am 12. November 1922."

Dass Arenshausen eigentlich zu Hessen gehörte und nach 1945 im Wanfrieder Vertrag der sowjetischen Besatzungszone zugewiesen wurde, wird ebenso wenig erwähnt wie die Wiedervereinigung.

Man unterquert die Bahntrasse und erreicht den Bahnhof.

Tipp: Von diesem kann man direkt nach Kassel-Wilhelmshöhe und Eichenberg fahren.

Arenshausen–Eichenberg

Die Strecke Halle–Kassel war während der Spaltung unterbrochen. Mit dem Abschnitt Arenshausen–Eichenberg wurde am 26. Mai 1990 der erste Lückenschluss wieder in Betrieb genommen.

Hinter der Bahntrasse hält man sich links und fährt die schmale asphaltierte Straße bergauf in Richtung

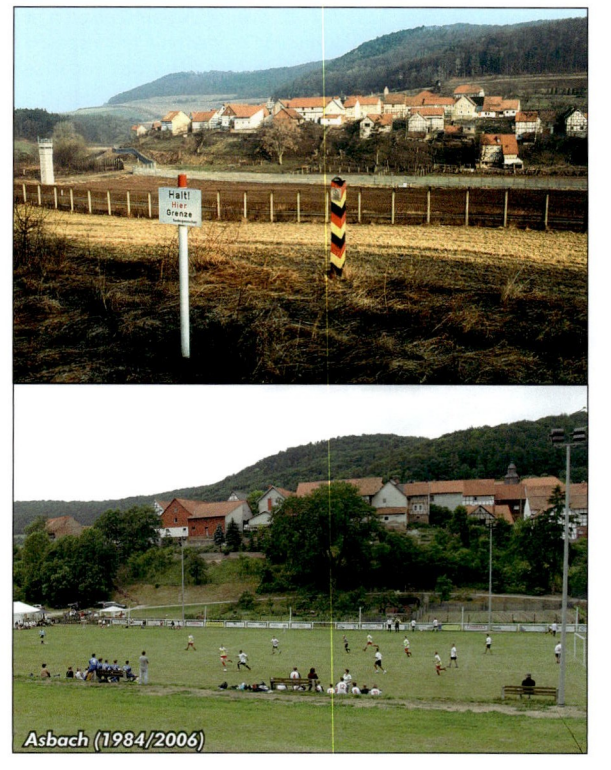

Gerbershausen. Nach dem Ortsausgang von **Oberstein** biegt man rechts ab in den landwirtschaftlichen Forstweg, der als Werra/Leine Verbindungs-Radfernweg ausgeschildert ist.
Tipp: Ein schön asphaltierter Radweg, rechts und links von Bäumen gesäumt.

Man kreuzt die Straße nach Bad Sooden-Allendorf und fährt geradeaus auf der ausgeschliderten „Deutschen Märchenstraße" nach **Bornhagen**.

Bornhagen
PLZ: 37318; Vorwahl: 036081

- Gemeinde Bornhagen, Am Kulturzentrum 11, ☏ 61311
- Burgruine Hanstein, ÖZ: März-Okt., Mo-So 10-18 Uhr, Nov., Mo-So 10-16 Uhr, Dez.-Feb., Sa, So/Fei 10-16 Uhr. Die Burg stammt nach Überlieferungen aus dem 9. Jh., erstmals urkundlich erwähnt wurde sie allerdings erst 1070. Gut erhalten sind der Turm und der restaurierte Rittersaal.
- Jugendburg Ludwigstein

In Bornhagen lohnt es sich, die spätgotische Burgruine Hanstein zu besichtigen und auch die hessische Jugendburg Ludwigstein.

Tipp: Wer hier übernachten möchte, kann das in dem „Zweiburgen-Blick" Hotel Garni tun. Es empfiehlt sich, vorher anzurufen, damit man die Steigung zur Burg nicht umsonst bewältigen muss. Da dort oben kein Restaurationsbetrieb ist, kann man sich im Klausenhof bewirten lassen, das alte Wirtshaus unterm Hanstein (036081/61422).

In Bornhagen bleibt man auf der Friendensstraße, biegt vor dem Klausenhof rechts ab in den Bauernweg und gelangt nach Neuseesen.

In **Neuseesen** fährt man ins Dorf hinein und überquert links abbiegend das Bächlein. Am Dorfausgang wird vor den Enten gewarnt. Man unterquert im Tunnel die Bahnlinie und kommt nach **Werleshausen**.

An der Werra biegt man links ab und fährt am nördlichen Ufer Richtung **Bad Sooden-Allendorf**.

Die versalzene Werra

Die Werra entspringt in Thüringen an der Nahtstelle zwischen Thüringer Wald und Thüringer Schiefergebirge. Sie fließt durch Hessen nach Niedersachsen, wo sie sich mit der Fulda zur Weser vereinigt. Seit Mitte des 19. Jahrhunderts werden die beim industriellen Abbau von Kalisalz überall in der Region anfallenden salzhaltigen Abwässer in die Werra eingeleitet.

Asbach (1984/2006)

Da die Kali-Kombinate ihre Salzfrachten ohne jegliche Auflagen in den Fluss pumpen durften, wurde die Werra zu DDR-Zeiten im großen Stil mit Natriumchlorid (Salz) verseucht. Aufgrund der Verbesserungen in den letzten Jahren wird der heutige Grenzwert von 2.500 Milligramm pro Liter zwar eingehalten, die Marke stammt allerdings von 1942 und wurde damals als „kriegsbedingte Ausnahme" festgelegt. Deshalb zählt die Werra noch immer zu den Gewässern der schlechtesten Güteklasse in Europa.

Der derzeitige Grenzwert gilt allerdings nur bis 2012. Dann müsste eigentlich auch für die Werra die europäische Wasserrechtsrahmenlinie umgesetzt worden sein. Die Kasseler Düngemittelfirma „Kali + Salz" allerdings will für weitere 700 bis 1.000 Jahre die Einleitung von Salzlauge in die Werra festschreiben, was nicht nur in den Werra-Anrainerländern Thüringen und Hessen, sondern auch in Nordrhein-Westfalen auf Widerstand stößt. Die Salzfracht der Werra belastet als einer der beiden Quellflüsse nämlich auch die Wasserqualität der Weser erheblich.

Problematisch sind auch die diffusen Chlorid-Einträge durch versenkte Produktionsabwässer, deren Ursache erst seit 1994 bekannt ist. Sie führen dazu, dass schon bei Niedrigwasser der Werra der Grenzwert überschritten wird – auch ohne Einleitung der Salzlauge. Deshalb fühlen sich in der Werra allen-

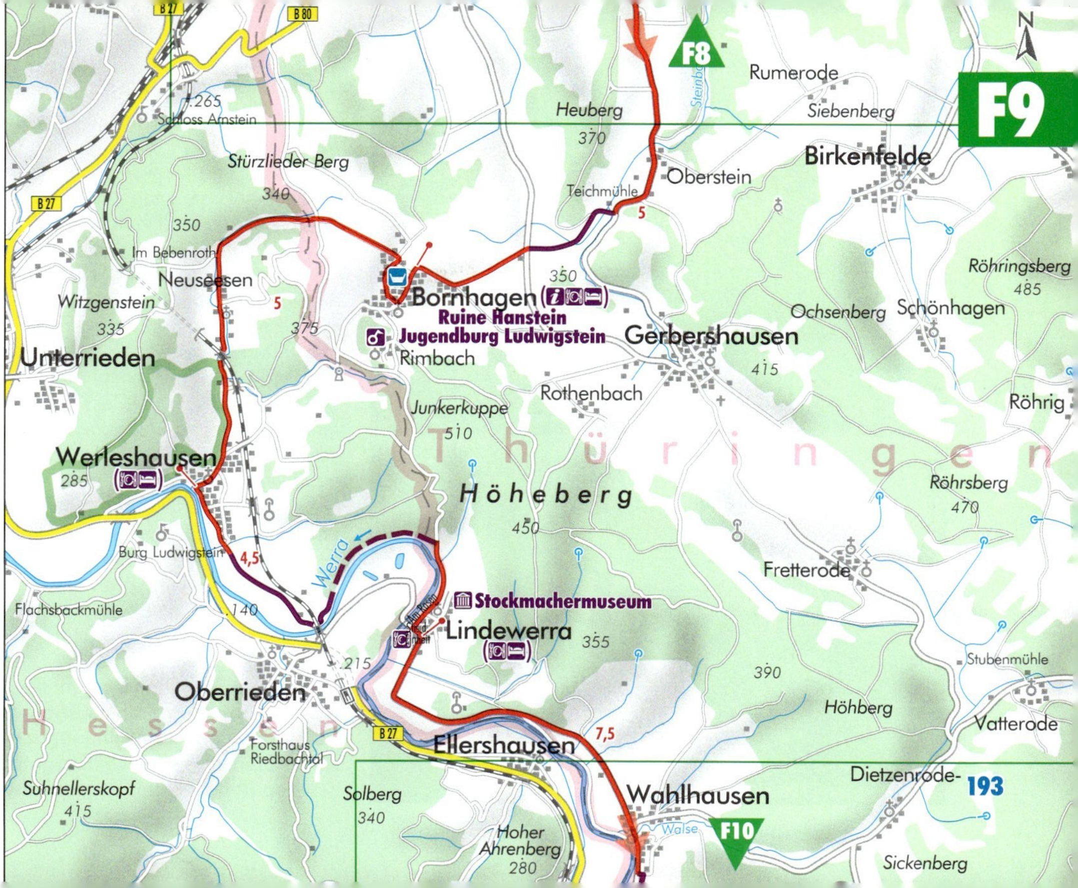

Wahlhausen (1984/2006)

falls die Groppen wohl, ein kleiner Fisch aus der Familie der Panzerwangen, der eigentlich im nördlichen (salzigen) Pazifik zu Hause ist.

Würden die Abwasser in den Main geleitet, bekäme man Ärger mit der EU, denn der Main fließt in den Rhein. Und dort verbietet das internationale Rheinschutzabkommen die Salzlaugen-Einleitungen, weil im europäischen Strom der Grenzwert bei 100 Milligramm pro Liter liegt. Ein Wert, den Gewässerexperten für die Werra gerade noch für akzeptabel halten, damit der Fluss sich regenerieren kann. Der Kalibergbau gefährdet aber nicht nur die Wasserqualität der Werra. Kali wird heutzutage hauptsächlich als Düngemittel benutzt.

Bei Oberrieden kreuzt man die Bahnlinie und radelt nach **Lindewerra**. Dort biegt man – wie ausgeschildert – links ab und gleich wieder rechts. Am Ufer der Werra gelangt man nach **Wahlhausen**. Dort quert man den Walse-Fluss und fährt in Richtung Bad Sooden-Allendorf.

Tipp: Hinter Wahlhausen geht es links ab auf dem früheren Kolonnenweg mit den 28 Lochplatten zum thüringisch-hessischen Grenzmuseum Schifflersgrund. Dieser Weg ist nur zu Fuß empfehlenswert.

Kurz dahinter steht ein Tandem als Kunstobjekt im Rahmen des Projektes „Kunst am Radweg". Wenige Meter weiter, an der Ecke, wo links auch die Straße zum Grenzlandmuseum hochgeht, steht unter der großen Linde der Gedenkstein „Einheit, Freiheit, Vaterland". Kurz vor dem Grenzmuseum steht ein Mahnmal „Den Opfern der Teilung Deutschlands" und ein Holzkreuz erinnert an Heinz Josef Große, der bei einem Fluchtversuch 1982 erschossen wurde.

Heinz Josef Große

Als Heinz Josef Große am Kolonnenweg arbeiten musste, bemerkte er, dass die Grenzsoldaten sich entfernten und er im Grenzabschnitt alleine war. Da er sich unbeobachtet glaubte, fuhr er mit seinem Bagger über den Kfz-Sperrgraben zum Grenzzaun, hob die Schaufel in die Höhe, stieg hinauf und ist dann von der Schaufel über den Zaun gesprungen. Dann wurde er entdeckt und im Sicherheitsabschnitt von zwei Grenzsoldaten kurz vor Erreichen der Grenze nach Sickenberg erschossen.

Nach dem Bericht der Grenzpolizei „wurde der Versuch des Grenzdurchbruchs Richtung DDR/BRD nach Anwendung der Schusswaffe verhindert und die Person mit tödlichen Verletzungen geborgen". Das Landgericht Mühlhausen (Thüringen) verurteilte die beiden Grenzsoldaten, die Heinz Josef Große erschossen hatten, am 20. November 1996 zu einer Jugend- bzw. Freiheitsstrafe von einem Jahr und drei Monaten, die zur Bewährung ausgesetzt worden waren.

Grenzmuseum Schifflersgrund

Bereits seit 1991 besteht oberhalb von Bad Sooden-Allendorf das Grenzmuseum Schifflersgrund. Im Außenbereich sind mehrere hundert Meter Grenzanlagen, ein 1500 Meter langer Metallgitterzaun und der 1982 errichtete Beobachtungsturm im Original zu sehen. Auf dem Museumsgelände sind zwei sowjetische Kampfhubschrauber und mehrere Fahrzeuge zu besichtigen. In mehreren Räumen kann man eine Ausstellung anschauen, die sich schwerpunktmäßig mit der Teilung der dortigen Region befasst. Außerdem gibt es

ein Modell des Gebäudes, in dem amerikanische und sowjetische Besatzungsoffiziere 1945 das „Wanfrieder Abkommen" aushandelten und eine der wenigen existierenden Kopien dieses Vertrages. Vor dem Gelände des Museums steht ein gemauertes Mahnmal zur Deutschen Einheit „Getrennt – Geeint".

Nach dem Besuch des Grenzmuseums fährt man rechts ab in die Straße und biegt die erste Möglichkeit ebenfalls wieder rechts ab. Vor dem Beginn des Dorfes geht es abermals nach rechts in den Weg, der für Fahrräder frei ist. Man bleibt auf der Asphaltstraße geradeaus bis zum Tor, biegt dann links ab und kommt wieder zur bekannten Linde.

Wieder auf der Hauptroute angekommen, quert man die Straße und radelt geradeaus zur Werra. Am Fluss entlang kommt man nach **Allendorf**. Man quert einen Nebenfluss der Werra, fährt unter der Straßenbrücke hindurch, ein Stück auf befestigtem Weg, passiert die Wehranlage und erreicht den

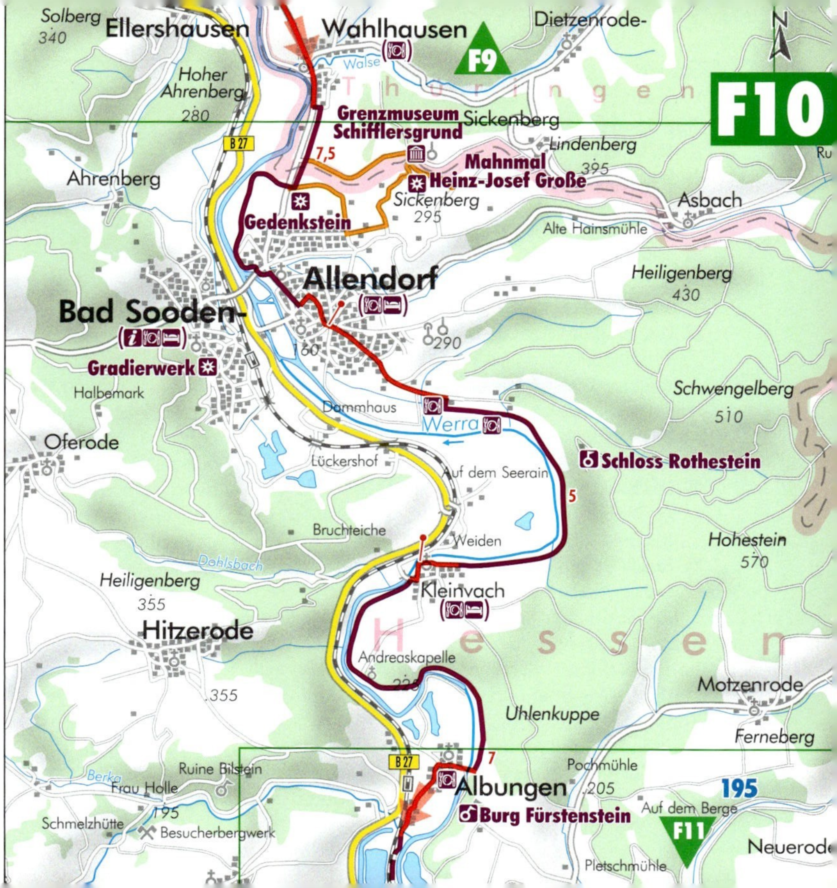

Marktplatz mit dem Brunnen, dessen Becken bis zum Jahre 1573 in der Saline Soden stand.

Bad Sooden-Allendorf
PLZ: 37242; Vorwahl: 05652

- **Stadtmarketing**, Landgraf-Philipp-Pl. 1-2, ✆ 958718
- **Grenzmuseum Schifflersgrund**, Sickenberg, ✆ 036087/98409, ÖZ Nov.-Feb., Mo-Fr 10-16 Uhr, Sa, So 13-16 Uhr; März-Okt., Mo-So 10-17 Uhr.
- **Salzmuseum im Söder Tor**, ✆ 4107, Rosenstr. 1-3, ÖZ: Mi, Sa, So/Fei 14-17 Uhr. Das Museum informiert über Solequellen, Salzgewinnung, Salztransport und die Geschichte des Heilbades.
- **Luditzer Heimatmuseum**, Brunnenpl. 2, ✆ 999986, ÖZ: Do 15-17 Uhr. Seit 1961 eingerichtetes, der böhmischen Kreisstadt Luditze gewidmetes Museum. Gezeigt werden verschiedenste Fotografien, eine Egerländer Bauernstube, Trachten, Porzellan u .v. m., die an die ehem. Heimat der nach dem Zweiten Weltkrieg Vertriebenen erinnern.
- **Rathof**, aus Stein erbaut. Ältestes Stadtgebäude.
- **Sole-Hallen-Bewegungsbad**, Landgraf-Philipp-Pl. 1-2, ✆ 958780, ÖZ: Mo-Fr 9-13 Uhr und 14-21 Uhr, Sa, So/Fei 9-19 Uhr. Bad Sooden-Allendorf zählt zu den sog. Sole-Heilbädern.
- **Fa. Schülbe**, Eschweger Landstr.5, ✆ 95580
- **Radhaus Allendorf**, Kirchstr. 53, ✆ 589729

Bad Sooden-Allendorf liegt im Werra-Meißner-Kreis in Hessen und zählt ca. 9.500 Einwohner. In unmittelbarer Nähe des Kurorts befinden sich der Hohe Meißner und die Grenze zu Thüringen. Zudem liegt die Stadt beinahe im geografischen Zentrum Deutschlands.

Der Ort wurde erstmals zwischen 776 und 779 urkundlich erwähnt, als Karl der Große durch eine Schenkungsurkunde dem Kloster Fulda Tribut und Zoll der Siedlung Westera und deren Salzquellen, Markt, Salzpfannen und Salzarbeiter zuerkannte.

Für ca. 1.000 Jahre, bis zum Ende des 19. Jahrhunderts, wurde in der Stadt in sogenannten Siedehäusern aus Sole (Salz-Wasser-Gemisch) Salz aus einem Vorkommen unterhalb des Kurorts gewonnen.

Während des Dreißigjährigen Krieges brannte die Stadt bei einem Angriff des Grafen Isolani im Jahre 1637 vollständig ab. Nur der aus Stein erbaute Rathof überstand den Brand unbeschadet und ist noch heute als das älteste Gebäude der Stadt zu besichtigen.

Mit dem Niedergang der Salzgewinnung – die Preußen hoben 1866 das Salzmonopol auf – wurde die Infrastruktur der Stadt an die eines Kurortes angepasst.

Radweg an der Werra zwischen Allendorf und Eschwege

Von Bad Sooden-Allendorf nach Eschwege   20 km

Tipp: Östlich der Werra liegt der Ortsteil Allendorf, westlich des Flusses befindet sich Bad Sooden. Am Ufer der Werra, an der Brücke, über die die Bahnhofstraße verläuft, befinden sich alte historische Gassen mit zahlreichen Fachwerkhäusern, wo es auch Angebote für Unterkunft und Gastronomie gibt.

Man fährt die idyllische **Hauptstraße** geradeaus bis zur Werra und biegt vor der Brücke links ab auf den Werratal-Radweg. Man radelt die ausgeschilderte Straße immer geradeaus, fährt am Schwimmbad vorbei und kommt zum Ortsausgang von Bad Sooden-Allendorf. Man folgt der Beschilderung und biegt rechts ab auf den separaten Radweg, der am Ufer der Werra entlang führt bis **Albungen**.

Tipp: Schön anzuschauen sind die Holzpfähle mit dem Fahrrad-Symbol. Im Hintergrund sind die waldigen Anhöhen mit dem Schloss Rothestein zu sehen.

Auf dem glatten, ebenen Werratal-Radweg geht es über Kleinvach nach Albungen. Der Radweg schlängelt sich parallel zur Werra durch das Tal.

Ringsherum sind die umliegenden Anhöhen zu sehen. Man durchquert **Kleinvach** und fährt in **Albungen** über die Brücke auf die westliche Seite der Werra. Man fährt geradeaus, folgt der aus-

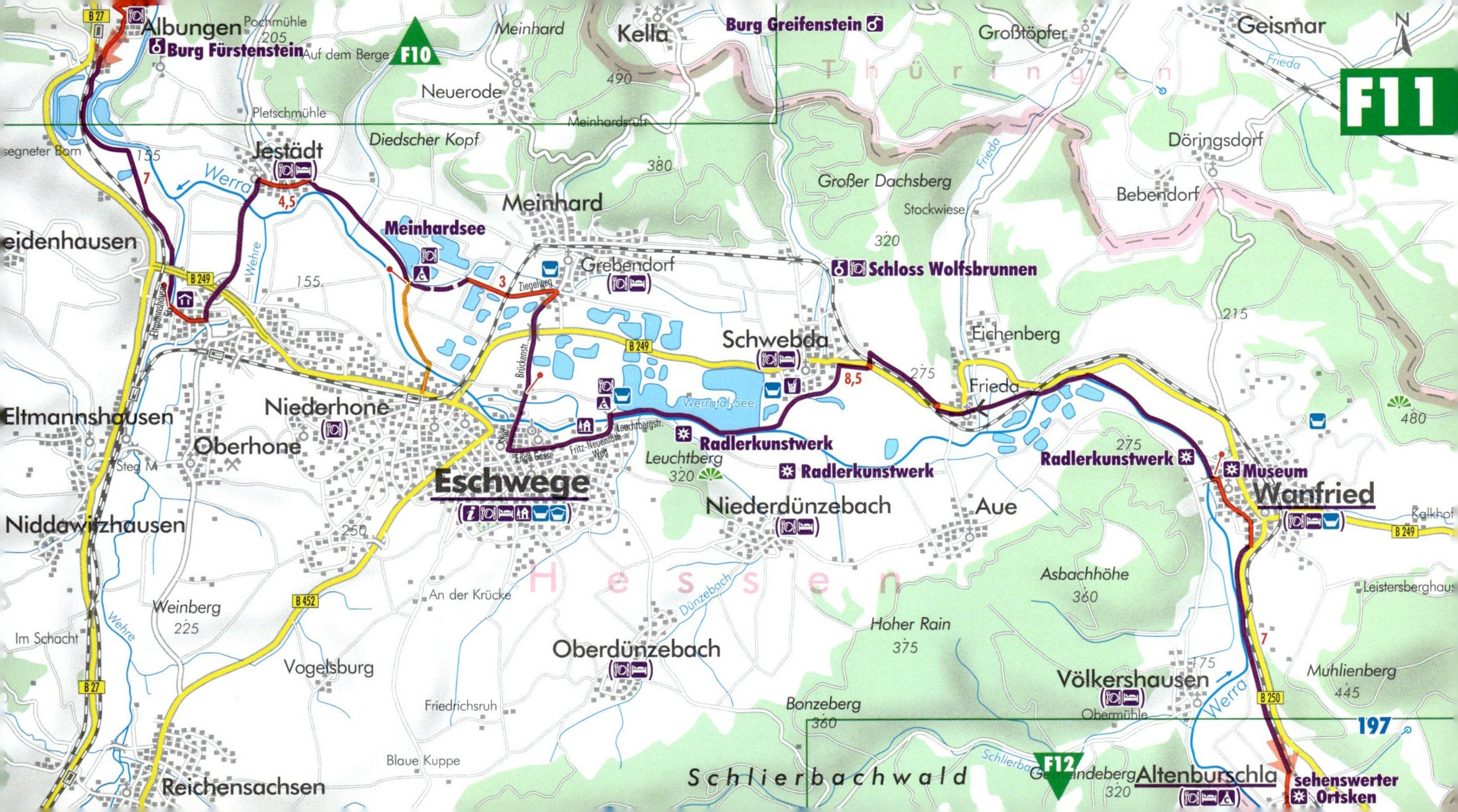

B 27
Albungen
Pochmühle
205
Burg Fürstenstein
Auf dem Berge
F10
Meinhard
Kella
490
Burg Greifenstein
Großtöpfer
Geismar
Frieda
F11
N

Neuerode
Meinhardsruh
Döringsdorf
Großer Dachsberg
Bebendorf
Jestädt
Pletschmühle
380
Stockwiese
4,5
Diedscher Kopf
Thüringen
215
segneter Born
Werra
155
Meinhardsee
Meinhard
320
7
B 249
3
Ziegelberg
Grebendorf
Schloss Wolfsbrunnen
ejdenhausen
Wehre
155
Eichenberg
480
Schwebda
275
Eltmannshausen
Niederhone
B 249
8,5
Frieda
Radlerkunstwerk
Oberhone
Werratalsee
Radlerkunstwerk
Museum
Steg M
Leuchtbergstr.
Radlerkunstwerk
Wanfried
Kalkhof
Eschwege
Leuchtberg
320
Aue
B 249
Fritz-Neuenroth-Weg
Niddawitzhausen
Niederdünzebach
Leistersberghaus
250
An der Krücke
Asbachhöhe
360
480
B 452
Dünzebach
Hoher Rain
375
275
Weinberg
225
Oberdünzebach
Völkershausen
Muhlienberg
445
Im Schacht
Obermühle
175
Vogelsburg
Bonzeberg
360
Werra
B 250
B 27
Friedrichsruh
7
Schlierbachwald
F12
Gemeindeberg
320
sehenswerter
Ortsken
Reichensachsen
Blaue Kuppe
Hessen
Altenburschla
197

geschilderten Straße nach links und passiert den Bahnübergang von Albungen.

Man radelt zunächst zwischen Werra und Bahnlinie – später nur noch parallel zur Bahn – auf asphaltiertem Weg in Richtung **Eschwege**. Man unterquert die B 249 und überquert die Wehre in **Niederrhone**, indem man links über die Brücke fährt.

Geradeaus geht es bis zur **Jestädter Straße**, in die man links einbiegt. Man quert die B 249, später die Werra und fährt geradeaus nach **Jestädt**, an dessen Ende man rechts in den Radweg nach Grebendorf einbiegt. Man passiert ein See-Schwimmbad, kurz bevor man über eine kleine Brücke auf die andere Seite des Bächleins fährt. Hier biegt man links ab.

Tipp: Geradeaus geht von hier ein Weg zum 2,5 Kilometer entfernten Eschwege. Vom Bahnhof Eschwege West fahren Züge direkt nach Göttingen und Fulda.

Eschwege
PLZ: 37269; Vorwahl: 05651

- Tourist-Information Eschwege-Meißner-Meinhard-Wanfried, Hospitalpl. 16, ✆ 331985
- **Stadtmuseum**, Vor dem Berge 14 a, ÖZ: April-Okt., Mi, Sa, So 14-17 Uhr. Die wechselvolle Geschichte der Kreisstadt des Werra-Meißner-Kreises wird hier dokumentiert.
- **Eschweger Zinnfigurenkabinett**, in der Kemate, Hospitalstr. 7, ÖZ: Di, Sa, So 14-17 Uhr. Zu sehen ist die Weltgeschichte im Kleinformat sowie 5000 Jahre Kleingeschichte in Zinn.

- **Fa. Ebert,** Forstgasse 2a, ✆ 50590
- **Fa. Mangold,** Hinter der Mauer 2, ✆ 754020

Eschwege wird 974 in einer Urkunde von Kaiser Otto II. (973–983) erstmals genannt, doch „eskinivvach" verweist auf die Existenz einer viel älteren germanischen Siedlung um das Jahr 500 n. Chr. Die ersten Anfänge der Siedlung lagen rund um den Cyriakusberg mit dem sogenannten „Karlsturm" als dem einzigen Rest des ehemaligen Damenstifts, das von etwa 1000 bis 1527 bestand. Die Siedlung erstreckte sich hinunter zum Fluss, der günstigsten Stelle zur Überquerung der Talaue.

Die Altstädter- oder Marktkirche als östlicher Abschluss des weiträumigen Marktplatzes ist dem heiligen Dionys geweiht. Wie Ausgrabungen 1991/92 gezeigt haben, geht der Ursprung der Kirche auf das frühe Mittelalter zurück. Ältester Teil und Überbleibsel der Vorgängerkirche ist der Kirchturm aus dem 13. Jahrhundert. An ihn wurde im 15. und frühen 16. Jahrhundert die heutige Kirche etappenweise angebaut. 1637 weitgehend zerstört, brauchte man fast ein halbes Jahrhundert für den Wiederaufbau. Die Fenster im Chor entstanden an der Wende vom 19. zum 20. Jahrhundert.

Die weitere Entwicklung der Siedlung zu Markt (um 1188) und Stadt (vor 1236) verdankt Eschwege zwei Damen. Mit der ersten urkundlichen Erwähnung hatte Kaiser Otto II. seiner aus Byzanz stammenden Ehefrau Theophanu die Siedlung als „Altersversorgung" vermacht, und Tochter Sophia gründete nach deren Tod um das Jahr 1000 oben auf dem nach dem Heiligen Cyriakus genannten Berg das ihm geweihte Kanonissenstift.

Auf der wirtschaftlichen Grundlage der Tuch- und Ledererzeugung entwickelte sich Eschwege bis in die frühe Neuzeit zu einem wichtigen Handelsplatz in Niederhessen und wechselte mehrfach den Besitzer, bis es 1433 endgültig an Hessen fiel, zu dem es nach 1264 schon einmal gehört hatte.

Im Dreißigjährigen Krieg, in dem Eschwege fast ständig besetzt war, kam es Ostern 1637 zu einer Brandschatzung durch kaiserliche Kroaten. Sparsamkeit, Zähigkeit und Fleiß der damaligen Bewohner bewirkten einen beeindruckenden Wiederaufbau innerhalb der nächsten Generation! Die schönen Häuser der Altstadt, die fast alle aus der Zeit nach dem großen Brand entstanden, sind dafür der sichtbare Beweis.

Wegen der vielen Betriebe der Lederfabrikation ließ sich Eschwege stolz die „Stadt der Gerbereien" nennen. Daneben gab es zahlreiche Betriebe zur Vearbeitung und Veredelung von Tabak, der in der Werralandschaft prächtig gedieh. Trotz des Rückgangs im Kleingewerbe konnte sich die Stadt noch vor dem Ersten Weltkrieg weit über den

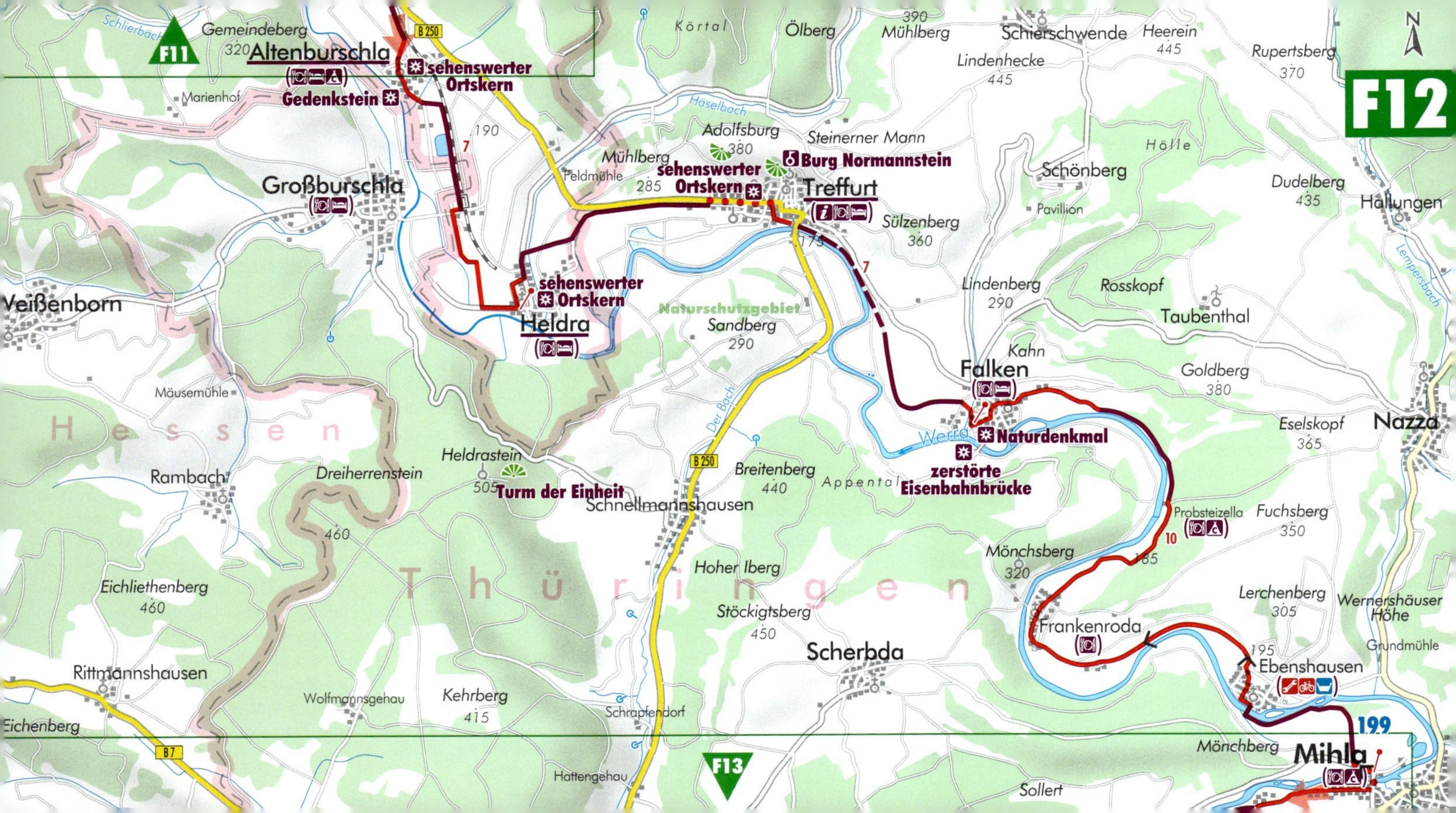

F12
F11
F13
199
Altenburschla
sehenswerter Ortskern
Gedenkstein
Gemeindeberg
320
Marienhof
Körtal
Ölberg
390
Mühlberg
Schierschwende
Heerein
445
Rupertsberg
370
Lindenhecke
445
Häselbach
Adolfsburg
380
Steinerner Mann
Burg Normannstein
Hölle
Schönberg
Dudelberg
435
Hallungen
190
Mühlberg
Feldmühle
285
sehenswerter Ortskern
Treffurt
Sülzenberg
360
Pavillion
Großburschla
175
7
Lindenberg
290
Rosskopf
Taubenthal
Lempersbach
Weißenborn
sehenswerter Ortskern
Heldra
Naturschutzgebiet
Sandberg
290
Falken
Kahn
Goldberg
380
Mäusemühle
Hessen
Der Bach
Werra
Naturdenkmal
zerstörte Eisenbahnbrücke
Eselskopf
365
Nazza
Heldrastein
505
Turm der Einheit
Rambach
Dreiherrenstein
B 250
Breitenberg
440
Appental
Schnellmannshausen
Probsteizella
Fuchsberg
350
10
460
Mönchsberg
320
185
Hoher Iberg
Eichliethenberg
460
Thüringen
Stöckigtsberg
450
Lerchenberg
305
Wernershäuser Höhe
Frankenroda
Grundmühle
195
Scherbda
Ebenshausen
Rittmannshausen
Wolfmannsgehau
Kehrberg
415
Schrapfendorf
Eichenberg
B7
Hattengehau
Mönchberg
Mihla
Sollert
N

mittelalterlichen Mauerring hinaus ausdehnen, woran auch der (relativ späte) Bahnanschluss (1875) seinen Anteil hatte.

Um 1930 zählte man erst rund 12.000 Einwohner. Vor dem Zweiten Weltkrieg kam es zu einem spürbaren Bevölkerungszuwachs. Nach 1945 sorgte ein breiter Zustrom von Flüchtlingen und Heimatvertriebenen für eine deutliche Belebung, denn die „Neubürger" brachten sich nachhaltig in das städtische Leben ein. Nach der Gebietsreform 1973 stieg die Einwohnerzahl auf rund 24.000 an. Nach der Wende rückte Eschwege vom „Zonenrand" in die „Mitte Deutschlands" und gewann neue Bedeutung als „regionales Unterzentrum".

Die interessante Geschichte der Stadt kann man übrigens im nahe gelegenen Stadtmuseum studieren, das sich auf einem ehemaligen Tabakboden aus dem 18. Jahrhundert befindet.

Von Eschwege nach Mihla 33 km

Auf der Hauptroute quert man die Eisenbahnlinie, biegt am Ende von Grebendorf rechts ab und quert auf einer Radlerbrücke die B 249.

Weiter geradeaus, durch die Fußgängerzone, über den Marktplatz, durch einen kleinen Park in den **Fritz-Neuenroth-Weg**, der in die **Leucht-**

Schlagd, historischer Hafen von Wanfried

bergstraße mündet. Von dieser geht´s nach links über die **Fußgängerbrücke**, nach der Brücke rechts zum Werratal-See. Der Weg verläuft zwischen Werratal-See und Werra. Weiter nach Schwebda, auf der linken Seite befinden sich der Badestrand und die Anlegestelle des Fahrgastschiffes „Werranixe".

In Schwebda biegt man kurz vor der B 249 rechts ab, folgt der Beschilderung des Werratal-Radwegs, überquert die B 249, biegt rechts ab und radelt nach Frieda.

Kurz vor Frieda quert man die B 249 und folgt dem R5 nach Wanfried.

Man fährt geradeaus die kleine Gasse steil hinunter und ist auf dem ausgeschilderten R 5. Man quert das Flüsschen Frieda, radelt durch eine wunderschöne Landschaft und passiert kurz vor Wanfried ein technisches Radlerkunstwerk und

den alten Werrahafen, die historische Schlagd. Rechts geht die Brücke über die Werra, man radelt aber geradeaus.

Wanfried
PLZ: 37281; Vorwahl: 05655

- Tourist-Information Eschwege-Meißner-Meinhard-Wanfried, Hospitalpl. 16, ✆ 05651/331985
- Städtisches Heimatmuseum und Dokumentationszentrum zur deutschen Nachkriegsgeschichte, Marktstr. 2, ✆ 1312, ÖZ: Sa 15-17 Uhr, So 10-12 Uhr u. n. V.
- Harmes´sches Handelshaus (1673), Schlagdstr. 6. Das barocke Fachwerkhaus verfügt über reiche Flachschnitzereien und eigenwillige figürliche Darstellungen.
- 2 Rad Rabe, In der Werraaue 2, ✆ 612
- Fahrradboxen am Rathaus, Marktstr. 18

Wanfrieder Abkommen

Am 17. September 1945 wurde im Kalkhof das Wanfrieder Abkommen geschlossen, in dem die Amerikaner mit den Sowjets einen Gebietsaustausch vereinbarten. Betroffen waren die hessischen, in der amerikanischen Zone liegenden Dörfer Asbach, Weidenbach, Vatterode, Sickenberg und Henningerode, die der sowjetischen Zone zugeschlagen wurden. Die thüringischen Dörfer Neuseesen und Werleshausen wurden im Gegenzug Teil der amerikanischen Zone.

Grund für diesen Gebietsaustausch war die Tatsache, dass die Nord-Süd-Eisenbahnlinie von der amerikanischen Exklave Bremerhafen in die im Süden liegende amerikanischen Zone drei Kilometer lang durch die sowjetisch besetzte Zone verlief. Deshalb kam es auf diesem Streckenabschnitt immer wieder zu erheblichen Störungen. Nachdem ein deutscher Lokomotivführer von einem Sowjetsoldaten erschossen wurde, handelten die beiden Besatzungsmächte den Vertrag von Wanfried aus, der nach 1989 nicht verändert wurde.

Folgen Sie der Beschilderung des **Werratal-Radwegs**.

Tipp: An der Grenze von Großburschla befindet sich am „Rastplatz im Lerchenfeld" ein Stein, der am 10. Jahrestag der Grenzöffnung gesetzt wurde: „An dieser historischen Stelle wurde am 13. November 1989 um 15.46 Uhr der Eiserne Vorhang geöffnet. Vierzig Jahre lang waren die Menschen durch Grenzsicherungs- und Sperranlagen an der 296 Kilometer langen thüringisch-hessischen Grenze voneinander getrennt."

Man radelt die ganze Zeit im Westen, weil dieses hessische Gebiet einst wie eine Nase in die DDR hineinragte, hält sich parallel zur Bahnlinie und folgt dem Schild nach **Heldra**, wo man vom hessischern Landessieger 2003 im Wettbewerb „Unser Dorf" willkommen geheißen wird. Man bleibt auf der gut ausgeschilderten Asphaltstraße und biegt rechts ab nach **Treffurt**. Kurz bevor man auf die B 250 kommt, unterquert man eine stillgelegte Bahntrasse,

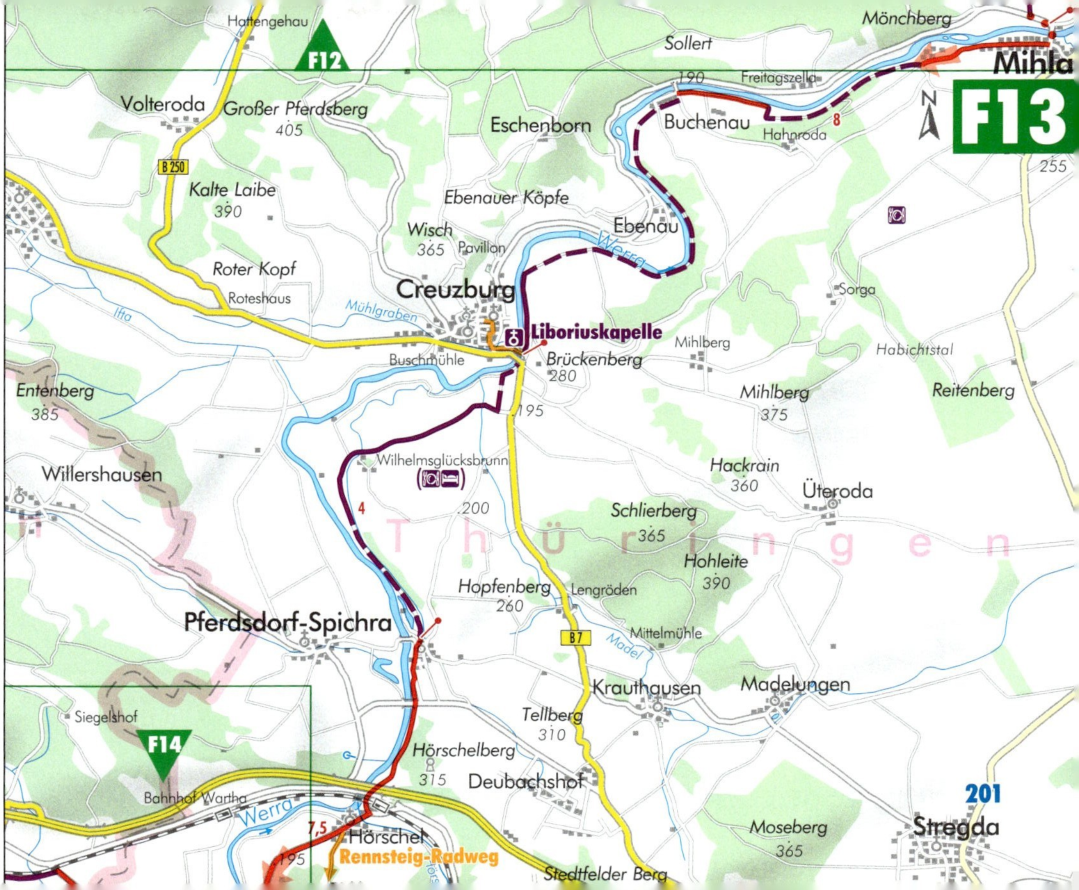

Lauchröden (1984/2006)

passiert das Fahrrad-Tandem und ein Wachhäuschen. Man ist jetzt wieder in Thüringen, hat einen Blick auf die **Adolfsburg** und fährt auf der wenig befahrenen Bundesstraße weiter.

Tipp: Den gemeinsamen Fuß- und Radweg kann man getrost links liegen lassen, weil die Höhenunterschiede zu den Einfallstraßen und Einfahrten zu hoch sind.

In Treffurt biegt man rechts zur Werra ab, unterquert die B 250 und radelt zunächst auf einem befestigten Weg nach **Falken**, an dessen Ortseingang kurz vor der Werra-Brücke ein Naturdenkmal aus Steinen und abgestorbenen Bäumen zu sehen ist. Der Weg in Falken ist gut ausgeschildert, die schmucken Fachwerkhäuser erfreuen das Auge. Am Ortsausgang nähert man sich wieder der Werra, passiert eine Steilwand auf der linken Seite und kommt nach **Probsteizella**, wo sich ein Campingplatz und ein Gasthaus befinden.

Man unterquert wieder die alte Bahntrasse und radelt weiter nach **Frankenroda**. Am Dorfausgang passiert man eine zerstörte Brücke für die Eisenbahn.

Vor **Ebenshausen** biegt man von der Straße rechts ab. Dort befinden sich auf der linken Seite ein Fahrradverleih mit Fahrradreparaturstation und danach ein Schwimmbad. Man fährt durchs Dorf zur Werra, biegt dort links ab und radelt später nach rechts über die Brücke zum südlichen Werra-Ufer. Dort radelt man am Ufer entlang und kommt nach einer Rechtskurve auf die Hauptstraße, in die man links einbiegt.

Man fährt über die Werra, biegt rechts ab und ist in **Mihla**. Dort kann man an der Werra im „Grauen Schlosshotel" übernachten.

Von Mihla nach Vacha — 54 km

Auf dem Weg von Mihla nach Creuzburg bleibt man am östlichen Werra-Ufer und radelt nach Westen. Nach dem Ortsausgang fährt man weiter auf dem alten Bahndamm, später auf der Straße bis zur Werra-Brücke in **Buchenau**. Danach radelt man auf einem gut befahrbaren Weg am Werra-Ufer entlang bis zur Liboriuskapelle in **Creuzburg**.

Tipp: Wer nach Creuzburg hineinfahren möchte, quert die Werra über die alte Brücke.

Creuzburg
PLZ: 99831; Vorwahl: 036926

🛈 **Tourist-Information**, Am Markt 3, ☎ 98047, ÖZ: Di-Sa 10-15 Uhr.

🏰 **Burg Creuzburg**, Information: Tourist-Info, ☎ 98047, ÖZ: April-Okt., Di-So 10-17 Uhr. Erbaut zwischen 1165 und 1170 bietet die Burg

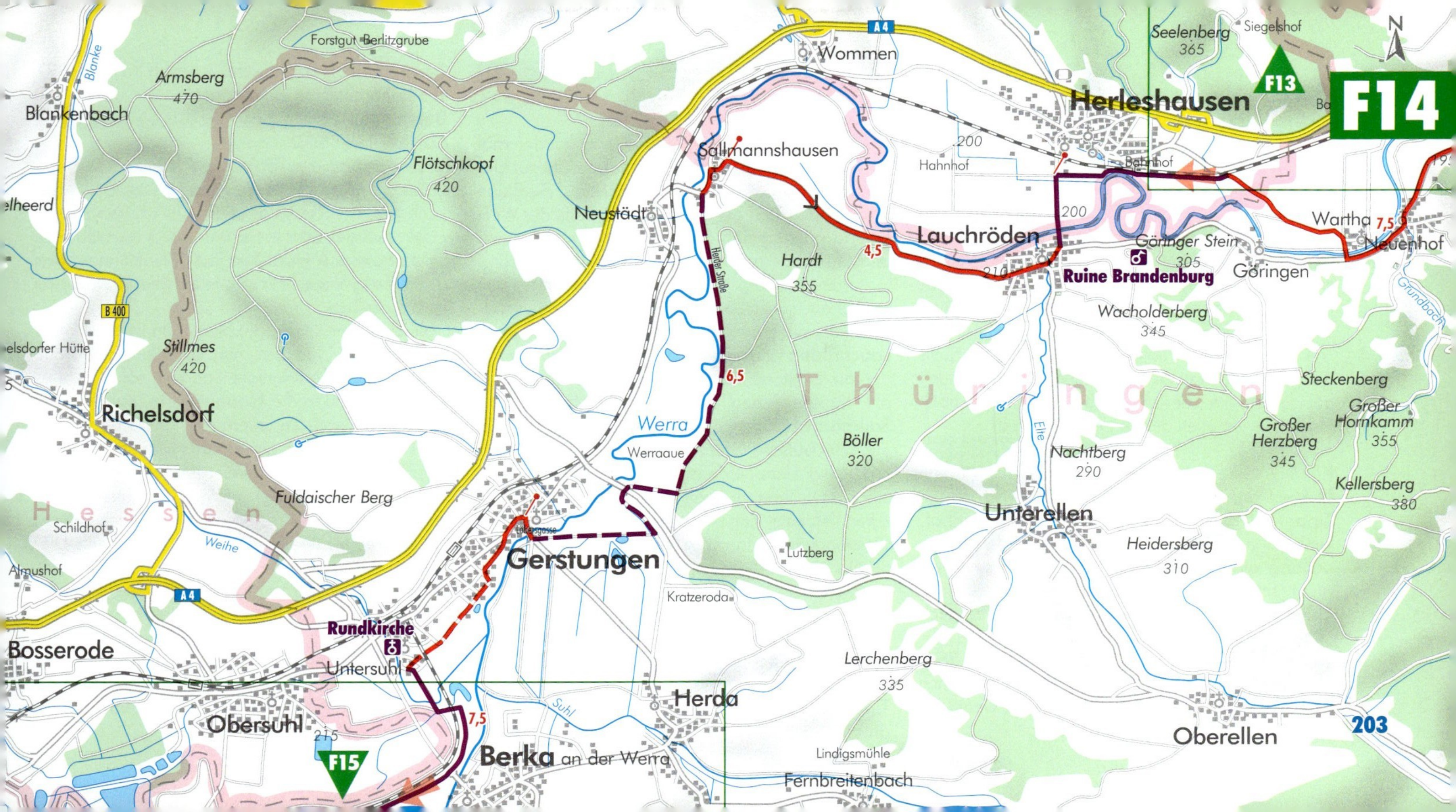
F14
F13
F15
Herleshausen
Bahnhof
Hahnhof
200
Wommen
Forstgut Berlitzgrube
A4
Seelenberg
365
Siegelshof
Armsberg
470
Blankenbach
Blanke
Flötschkopf
420
Sallmannshausen
Neustädt
Lauchröden
Wartha
7,5
Neuenhof
Göringer Stein
305
Göringen
Ruine Brandenburg
210
4,5
Hardt
355
Herder Straße
6,5
Wacholderberg
345
Grundbach
B 400
elsdorfer Hütte
Stillmes
Richelsdorf
Thüringen
Werra
Werraaue
Böller
320
Elte
Nachtberg
290
Steckenberg
Großer Herzberg
Großer Hornkamm
355
Kellersberg
380
Unterellen
Heidersberg
310
Fuldaischer Berg
Hessen
Schildhof
Weihe
Almushof
Gerstungen
Lindenstraße
Lutzberg
Kratzeroda
Rundkirche
Bosserode
Untersuhl
Lerchenberg
335
Herda
Suhl
Obersuhl
215
Berka an der Werra
Lindigsmühle
Fernbreitenbach
Oberellen
203

ihren Besuchern heute ein Museum mit Elisabeth-Kemenate, Konzerte und Aufführungen auf der Freilichtbühne, eine Michael-Praetorius-Ausstellung und monatlich wechselnde Ausstellungen im Rittersaal sowie ein Hotel.

Man bleibt auf dem östlichen Werra-Ufer, unterquert die B 7 und radelt nach **Wilhelmsglücksbrunn**.

Tipp: Hier befindet sich das Café Salina, wo man einkehren und übernachten kann. Von Weitem sieht man die große Werratalbrücke, die – damals von der Bundesrepublik finanziert – zwischen 1986 und 1988 gebaut wurde.

Man durchfährt **Pferdsdorf-Spichra**, unterquert die A 4, danach auch die Eisenbahntrassen, radelt auf der Brücke über die Hörsel und kommt nach **Hörschel**, wo auch der Rennsteig beginnt.

Hörschel
PLZ: 99819; Vorwahl: 036928
- Rennsteigwanderhaus, Rennsteigstr. 9, ✆ 91194

Tipp: Man bleibt auf der Straße nach Neuenhof, weil der ausgeschilderte Radweg an der Werra entlang eine Zumutung ist. Wenn dieser Weg nicht schleunigst asphaltiert wird, bleibt der Eindruck, dass mit Radweg in Hörschel lediglich „Rad – weg von der Straße" gemeint ist.

Die nächste Möglichkeit biegt man rechts ab, fährt über die Werra nach **Wartha** und von dort nach **Herleshausen**. Kurz vor den Bahngleisen biegt man links ab auf den asphaltierten Radweg.

Herleshausen
PLZ: 37293; Vorwahl: 05654
- Gemeindeverwaltung, Bahnhofstr. 15, ✆ 989516

Tipp: Hier war in der Tat die Werra wieder mal die Grenze. Leider weist keine Infotafel darauf hin. Man hat einen wunderschönen Blick auf die Ruine Brandenburg auf der thüringischen Seite der Werra und passiert den Bahnhof Herleshausen, von dem aus Züge nach Eisenach und Bebra fahren.

An der nächsten Kreuzung fährt man im rechten Winkel nach links über zwei Brücken und quert später wieder die Werra von Hessen nach Thüringen. In **Lauchröden** ist die Beschilderung etwas eigenartig. Man biegt rechts ab, quert das Dorf auf der mit Kopfstein gepflasterten **Hauptstraße** nach **Sallmannshausen**, wo die Werra aufhörte, deutsch-deutsche Grenze zu sein.

Kurz vor dem Dorfausgang, an der Werra-Brücke geht es links ab in den ausgeschilderten befestigten Feldweg, der auch die **Herder Straße** nach Gerstungen ist. Man fährt vor Gerstungen unter der Brücke hindurch – man sieht noch die Ruinen der alten Brücke – und biegt danach wieder links ab. Bei der nächsten Möglichkeit geht es rechts ab. Am Ende des ausgeschilderten Schotterwegs biegt man rechts ab und fährt über die Werra-Brücke nach **Gerstungen**.

Tipp: Am dortigen Bahnhof hat man Anschluss an die Werratal-Bahn, deren Abschnitt Eisenach–Gerstungen als Lückenschluss schon im Mai 1991 in Betrieb genommen wurde.

Gerstungen
PLZ: 99834; Vorwahl: 03922
- Gemeinde Gerstungen, Wilhelmstr. 53, ✆ 2450
- Schloss Gerstungen. Hier wurde zwischen König Heinrich IV. und den thüringischen und niedersächsischen Adligen 1074 der Friede zu Gerstungen geschlossen. Zudem wird auf einer Tafel an den weltberühmten Montangeologen Dr. Friedrich Moritz Stapff (1836-1895) erinnert, der in Gerstungen geboren wurde. Im Schloss befindet sich ein Museum, daneben ist die Rundkirche.

Direkt hinter der Brücke biegt man links ab in die **Löbersgasse**, von der man auf die Hauptstraße stößt, in die man links einbiegt. Und sofort geht es wieder links ab in die **Nauenstraße**, auf der man die Eisenbahnbrücke unterquert. Rechts ab geht es zur Rundkirche von **Untersuhl**. Man fährt weiter geradeaus bis zur – autofreien – Straße, in die man links einbiegt. Man folgt dem ausgeschilderten Weg entlang der Bahntrasse, wobei man zwischendurch einmal die Seiten wechselt. Am anderen Werra-Ufer sieht man die Kaliwerke Alexanderhütte und am Horizont den gigantischen Monte Kali, eine Steinsalzhalde, die zu verschiedenen Tageszeiten stets eine andere Farbe hat.

Tipp: Der Monte Kali ist eine riesige Abraumhalde und somit ein künstlich aufgeschütteter Berg, der allerdings in den Landkarten fest eingetragen ist.

Berka

PLZ: 99837; Vorwahl: 036922

ℹ **Verwaltungsgemeinschaft Berka**, Lutherstr. 4, **✆** 330

Man radelt in **Berka** – links versetzt – an der Werra-Brücke vorbei, hält sich geradeaus und parallel zur Bahntrasse in Richtung **Dankmarshausen**. Dort radelt man auf der Hauptstraße über die Werra-Brücke, radelt am östlichen Ufer entlang und quert die ehemalige Grenze.

Dankmarshausen

PLZ: 99837; Vorwahl: 036922

🚲 **Fa. Stahl**, Berkaer Str. 24, **✆** 28542

Der befestigte Weg ist am Werra-Ufer zwar schmal, aber gut befahrbar. Hinter der ersten Querstraße bei Widdershausen wird der Weg breiter.

In **Heringen** kommt man auf einen Kreisel, wird durch die Stadt geführt, biegt an der Vorfahrtsstraße rechts ab und radelt zur Werra.

Heringen

PLZ: 36266; Vorwahl: 06624

ℹ **Tourist-Information Waldhessisches Werratal**, Dickestr. 1, **✆** 919413

🏛 **Forstmuseum**, Siebertsberger Weg 16, **✆** 06674/ 241

🏛 **Werra-Kalibergbau-Museum**, Dickestr. 1, **✆** 919413, ÖZ: April-Sept., Di-So 14-18 Uhr, Okt.-März, Di-So 14-17 Uhr. Das Spezial-Museum zeigt die Geschichte und die Gegenwart des Kalibergbaus im Werratal. Hier kann man Touren auf den Monte Kali, die imposante Steinsalzhalde Winterhall buchen.

Man folgt dem Werratal-Radweg über **Lengers** und **Harnrode**. Kurz vor Heimboldshausen fährt man nicht über die Werra, sondern biegt links ab in die ausgeschilderte Straße nach Philippsthal.

Philippsthal

PLZ: 36269; Vorwahl: 06620

ℹ **Gemeindeverwaltung**, Schloss 1, **✆** 92100

🚲 **Bike Power**, Am Zollhaus 16, **✆** 919563

Der Ort war ursprünglich ein Edelsitz des Rittergeschlechtes von „Cruceburg" und wird erstmals 1191 in einem Schutzbrief des Papstes Cölestin III. für das gegründete Benediktinerinnen-Kloster erwähnt. Dieses Kloster nahm auch den Namen des Rittergeschlechtes an und nannte sich „Kreuzberg" – so hieß ursprünglich auch der Ort Philippsthal.

Das sehr begüterte Kloster wurde 1525 im Bauernkrieg zerstört, nach

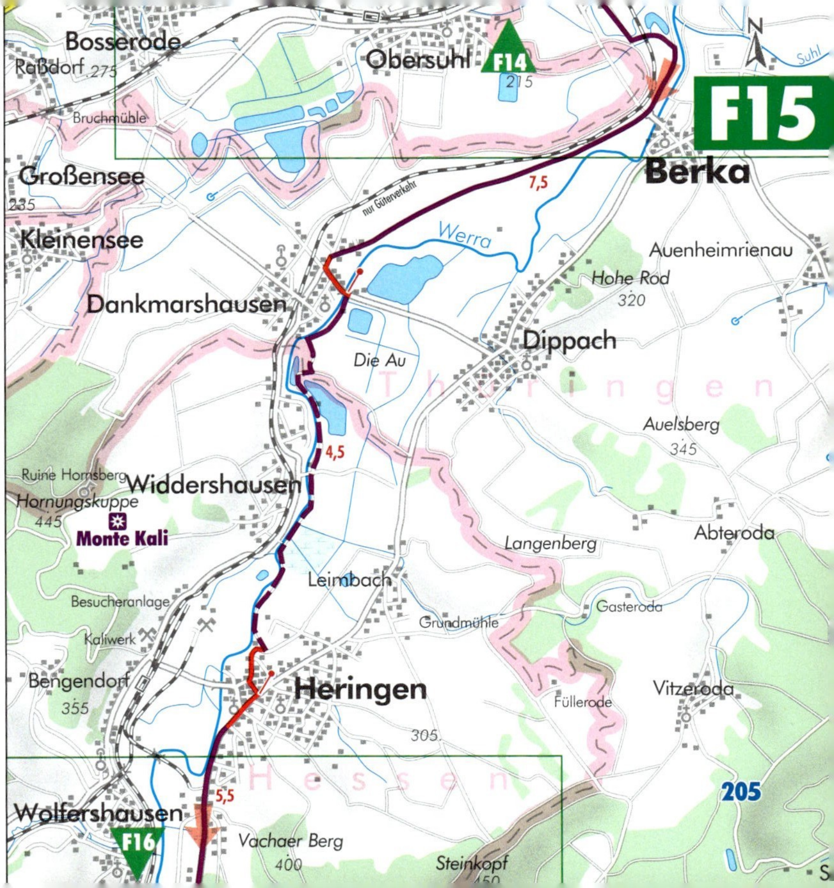

Blick von Philippsthal über die gesperrte Werra-Brücke auf den Grenzturm bei Vacha, 1985/86

der Reformation 1568 von den Nonnen verlassen und 1593 säkularisiert. Erhalten geblieben ist die Ende des 12. Jahrhunderts erbaute dreischiffige Klosterkirche, die heute noch der Evangelischen Kirchengemeinde zur Verfügung steht. 1685 ließ Prinz Philipp von Hessen anstelle der Klosterruinen ein Schloss errichten, dem er den Namen „Philippsthal" gab.

Aus dem früheren Handwerker- und Weberdorf wurde ab 1905 durch den Bau und Betrieb des Kaliwerkes Hattorf ein bedeutender Industrieort, wodurch die Einwohnerzahl auf heute rund 5.000 anstieg.

In Philippsthal wechselt man nicht die Uferseite, sondern radelt auf dem ausgeschilderten Weg bis zur **Brücke der Einheit** in **Vacha**, über die man zum **Marktplatz** fährt. Unmittelbar an der Brücke befindet sich auch das einst geteilte Haus der Druckerei Hoßfeld.

Vacha

PLZ: 36404; Vorwahl: 036962

- **Verkehrsamt**, Markt 4, ✆ 2610
- **Burg Wendelstein**, ✆ 22839, ÖZ: Di-Fr 10-17 Uhr, Sa, So/Fei 14-17 Uhr. Die Burg beherbergt das Heimatmuseum der Stadt mit Ausstellungen zum historischen Handwerk von Vacha sowie Thüringens größte Puppensammlung mit ca. 1.500 Puppen.
- **Haus Hoßfeld** (einst geteiltes Haus der Druckerei Hoßfeld)
- **historischer Marktplatz** mit Fachwerkhäusern
- **Werrabrücke**
- **Fa. Eyring**, Heiligenstädter Str. 1, ✆ 21260

Da die knapp 3.900 Einwohner zählende Stadt zu Zeiten der DDR im Sperrgebiet der innerdeutschen Grenze lag, sind so gut wie alle historischen Fachwerkbauten erhalten geblieben. In der Nachkriegszeit sind keinerlei Veränderungen im Stadtbild vorgenommen worden. Deshalb ist die Stadt heute ein Geheimtipp in Sachen historischer Gebäude.

Als Vache wurde die Stadt erstmals 817 im sogenannten „Codex Eberhardi" des Klosters Fulda erwähnt. Der Name geht wohl zurück auf das althochdeutsche „vah", was so viel wie „Fischreuse" oder „Wehr" bedeutet. 1186 wird Vacha erstmals als Stadt im Besitz der Abtei Fulda erwähnt. Damit war es einer der ersten Orte in Thüringen, der mit Stadtrechten ausgestattet wurde. Vacha wechselte mehrfach seine Zugehörigkeit. Ab 1406 gehörte es in Teilen zum Territorium der Landgrafen von Hessen, denen es nach 1648 mit Ende des Dreißigjährigen Krieges vollständig übertragen wurde. 1816 nahm das Großherzogtum Sachsen-Weimar-Eisenach die Stadt in Besitz.

Als bedeutender Handelsplatz spielte Vacha ab der frühen Neuzeit auch eine wichtige wirtschaftliche Rolle, da es an der alten Handelsverbindung Frankfurt–Leipzig lag. Auch stellte es das kulturelle Zentrum der Region dar.

Sehenswert sind vor allem die Kulisse des historischen Marktplatzes mit seinen Fachwerkhäusern, die Werrabrücke und die aus dem 12. Jahrhundert stammende Burg Wendelstein, in der sich mit 1.500 Exponaten eines der größten Puppenmuseen Thüringens befindet.

Erlebnis-Bergwerk

Das **Erlebnis-Bergwerk Merkers** befindet sich östlich von Vacha auf der B 62 zwischen

Grenzzwischenfall bei Vacha in den 1950er-Jahren

Das Haus Hoßfeld

Das Haus Hoßfeld mit Wohnhaus und Druckerei wurde 1890 in einem Meter Kantenlänge sowie zu einem Meter Kantenlänge bis Kristallgrotte – mit Salzkristallen Welt, zu der erst 1981 entdeckten Großbunker mit dem größten unterirdischen Schaufelradbagger der die Besucher zu dem hallenartigen Erfahrene Bergleute begleiten bergbaus.
Entwicklung und Tradition des Kali-Informationen über Geschichte, nes Bergbauunternehmen gibt es Neben dem Einblick in ein modernes was es heißt, ein Bergmann zu sein, fläche kann man „vor Ort" erleben, 800 Meter unter der Tagesoberdorf und Bad Salzungen.

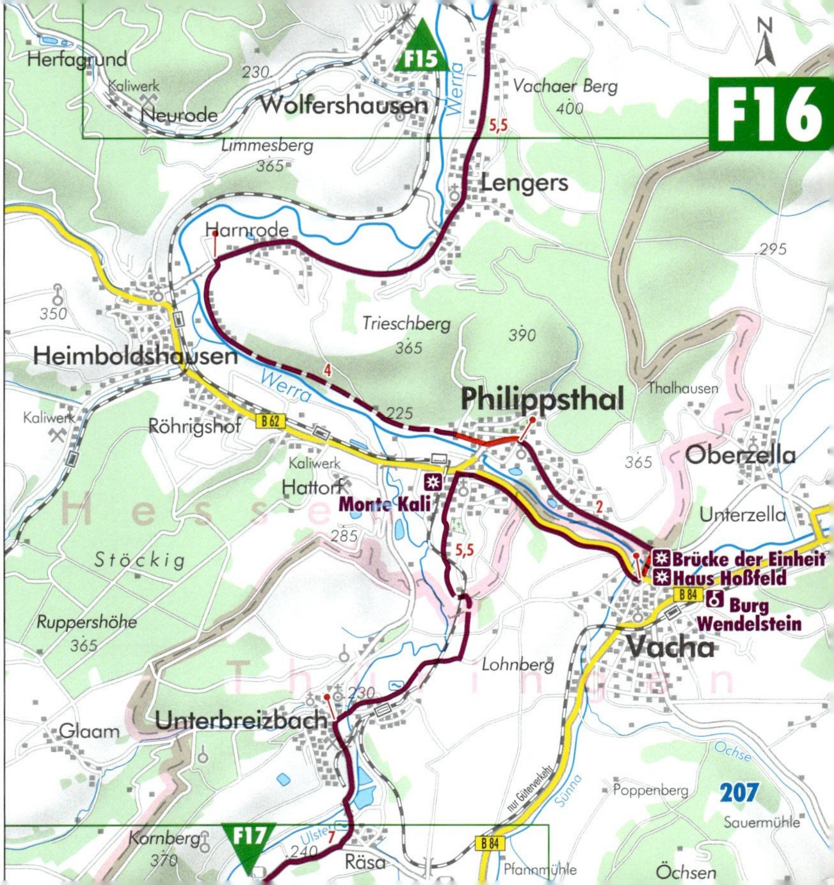

Kali und die Folgen

Kali wird heute hauptsächlich als Düngemittel verwendet – mit nachteiligen Folgen: Weil nur ein Bruchteil bei den Pflanzen ankommt, wird der große Rest mit dem Regen vom Acker gespült und gelangt über Bäche und Flüsse in den Ozean. Dort nährt der Dünger die Algen. Das blühende Grünzeug verzehrt Sauerstoff, dem Meeresgetier bleibt die Luft weg. Experten sprechen von „Todeszonen", die sich in die Ostsee schon ausgebreitet haben.

zu dem „Museum zum Anfassen".
Im Goldraum lagerten bei Kriegsende die gesamten Gold- und Devisenbestände der Reichsbank sowie Kunstwerke von unschätzbarem Wert.

Brücke der Einheit bei Philippsthal und Vacha

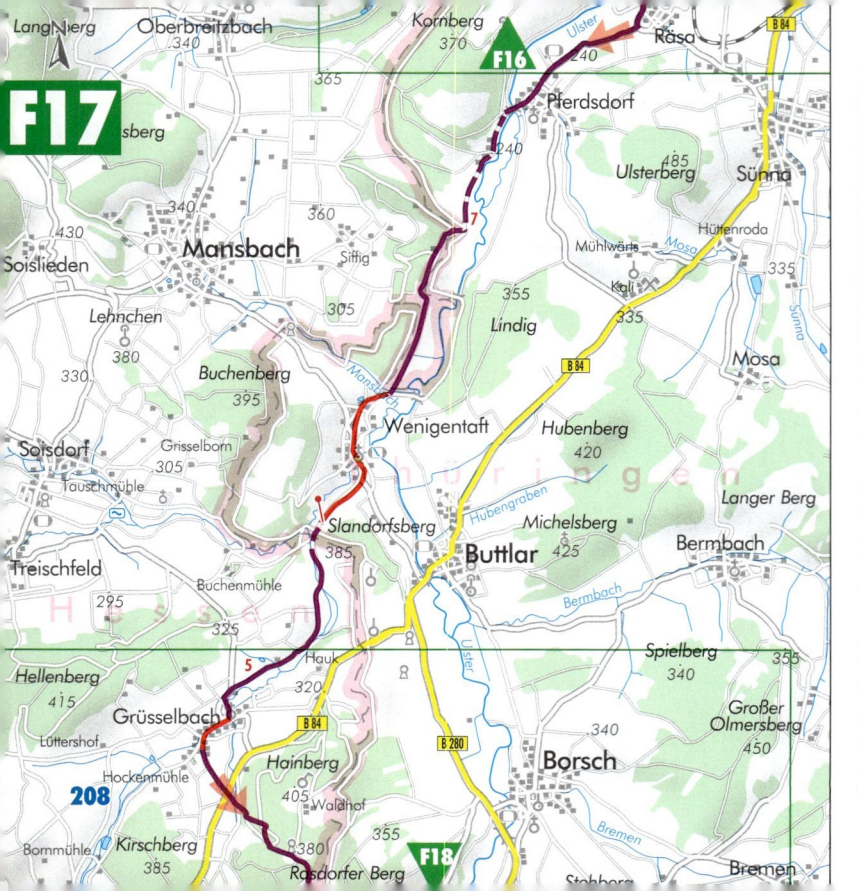

Hessen unmittelbar an der thüringischen Landesgrenze erbaut. Die Druckerei war Herausgeber der Rhön-Zeitung, die von 1893 bis 1941 als Tageszeitung vorwiegend im Thüringer Raum erschien. Die Firma erweiterte 1928 ihre Räume über die Landesgrenze hinweg und verlegte so die Druckmaschinen auf thüringisches Gebiet.

Nachdem sich die deutsch-deutsche Grenze mehr und mehr schloss, wurden in der Silvesternacht 1951/52 wegen der Gefahr der Enteignung die Druckmaschinen auf hessisches Terrain verlegt. Die Verbindungstür wurde kurzerhand zugemauert. Daraufhin verwehrten die Behörden der DDR der Druckereibesitzerin den Zugang zum thüringischen Gebäudeteil, Reparaturen wurden nicht zugelassen.

Erst nach Abschluss des Grundlagenvertrags und einer erneuten Grenzvermessung wurde das thüringische Zwölftel an Frau Hoßfeld mit Wirkung vom 1. Januar 1976 zur Benutzung übergeben.

Brücke der Einheit

Die 1342 erbaute „Brücke der Einheit" zwischen Vacha und Philippsthal wurde ab 1961 komplett gesperrt. Die Brücke befand sich auf dem Territorium der DDR und wurde in die Grenzsperranlagen integriert. Am Südende befand sich ein Beobachtungsturm der DDR-Grenztruppen. Nach der Grenzöffnung wurde die alte Brücke aufwändig saniert und für den Fuß- und Radverkehr wieder freigegeben. Sie wurde zum Sinnbild der deutschen Teilung und der deutschen Einheit.

Von Vacha nach Point Alpha · 21 km

Von der Brücke der Einheit in Vacha fährt man auf dem Radweg auf der linken Seite der B 62 in Richtung **Philippsthal** und **Kaliwerk Hattorf**. Am Ortsausgang von Philippsthal – vor dem Aluminiumwerk – geht der ausgeschilderte und asphaltierte Radweg links ab nach **Unterbreizbach** ins Ulstertal. Nachdem man eine Bahnlinie für den Güterverkehr gekreuzt hat, radelt man entlang der Schienen bis zur Ulster. Auf der rechten Seite sieht man den Monte Kali. Hinter der Brücke über die Ulster geht der Weg sofort links ab weiter.

Auf dem Ulstertal-Radweg geht es weiter nach **Pferdsdorf**, wo man die Ulster quert. Man radelt auf dem **Rhön-Ulstertal-Radweg** in Richtung **Buttlar** und bleibt auf der westlichen Seite des Flusses auf einem nicht asphaltierten, gut befahrbaren Weg.

Wenn der Ulstertal-Radweg vor **Wenigentaft** wieder asphaltiert ist und bevor er in einem weiten Bogen über eine Brücke mit blauem Geländer die Ulster quert, biegt man rechts ab in den als **Kegelspiel-Radweg** ausgeschilderten Schotterweg.

Auf der **St.-Georg-Straße** radelt man an der Kirche vorbei durch den Ort. Man quert die Taft-Brücke und biegt am südlichen Ortsausgang rechts ab in den **Gänseweg**.

Wenig später, an einer **Radlerschutzhütte** vor einer Kurve, biegt man links ab. Dort radelt man aber nicht den Kegelspiel-Radweg links hinauf, sondern unter der **Eisenbahnbrücke** hindurch auf einer sehr schönen Talauenfahrt am Bach entlang. Wenn man auf die Straße stößt, biegt man links ab, überquert den **Grüsselbach**, biegt rechts ab, radelt durch das gleichnamige Dorf und stößt auf den **R 2**, in den man links einbiegt.

Kurz nach Querung der B 84 geht es links ab in den ausgeschilderten Schotterweg, der nach einem kurzen Abschnitt wieder in einen asphaltierten Weg mündet, in den man rechts abbiegt. Nach

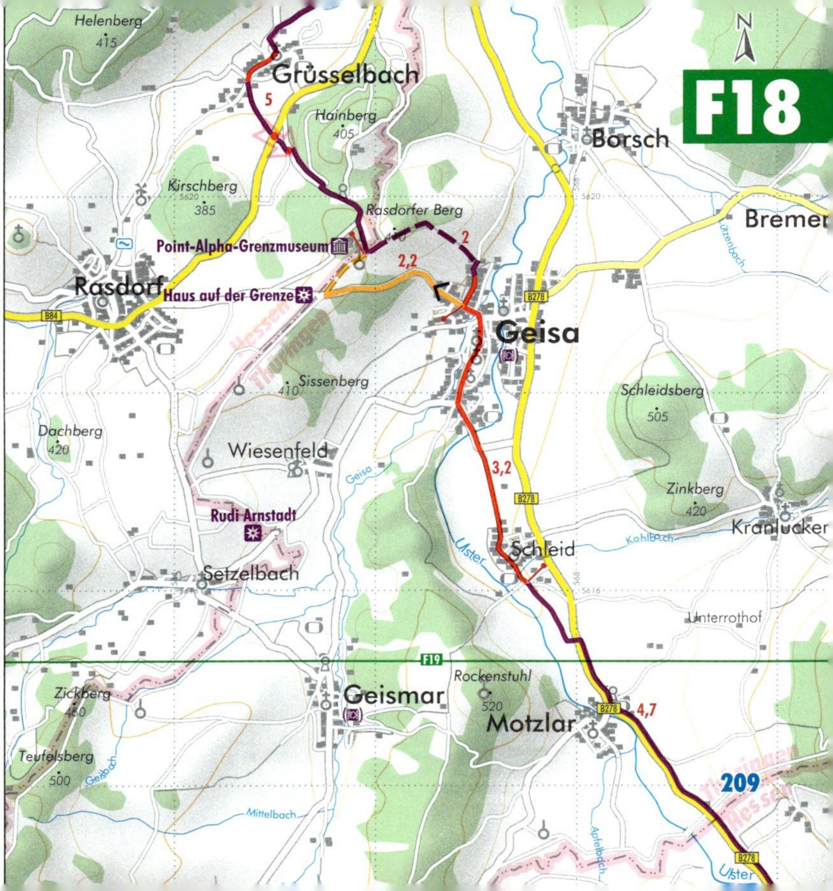

800 Metern im „Hessengraben" – zum Teil recht steil bergauf – radelt man am **Lindendreieck** geradeaus und erreicht nach weiteren 500 Metern das ehemalige US-Camp, an dessen Ende sich der Eingang von **Point Alpha** befindet.

Auf der hessischen Seite liegt der „Point Alpha" genannte militärische Stützpunkt der US-Soldaten, auf der thüringischen befinden sich rund 300 Meter Sperranlagen und das **Museum** in „Haus auf der Grenze".

Point Alpha

„Point Alpha" war von 1948 bis zur Grenzöffnung im Herbst 1989 eine der wichtigsten Beobachtungsstationen der US-Streitkräfte in Europa. Er lag an der sogenannten „Fuldaer Lücke", an der die NATO im Ernstfall einen Angriff der Truppen des Warschauer Pakts befürchtete. Im

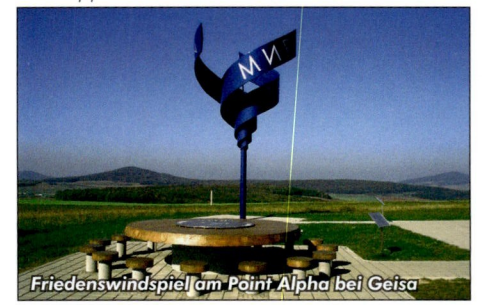

Friedenswindspiel am Point Alpha bei Geisa

„Observation Post Alpha" war ein Vorposten des „14. Armored Cavalry Regiments" (Panzeraufklärungsregiment) stationiert, das später in „11. ACR Black Horse" umbenannt wurde. 1954 wurde am „Point Alpha" ein erster Holzturm errichtet, von dem man auf die Grenzanlagen und die Stadt Geisa blicken konnte. 1985 wurde ein Betonturm gebaut, der noch erhalten und fester Bestandteil des Grenzmuseums ist. Die anfangs errichteten Wellblechbaracken wurden später durch feste Gebäude ersetzt. Die Einsatzstärke der stationierten US-Soldaten lag zeitweilig bei 200 Mann. Bis zum Herbst 1989 erfüllte der „Point Alpha" am westlichsten Punkt des Warschauer Paktes eine wichtige Aufgabe im Verteidigungskonzept der NATO.

In Zeiten des Kalten Krieges konnte an dieser Stelle direkter Blickkontakt zum Gegner aufgenommen werden. Den Beobachtungsturm der DDR-Grenztruppen und den Beobachtungsturm von „Point Alpha" trennten nur 200 Meter. An der Nahtstelle zweier unterschiedlicher Systeme befanden sich die sogenannten „Klassenfeinde" unmittelbar auf Tuchfühlung.

Nach dem Fall des Eisernen Vorhangs sollte die Anlage abgerissen werden, was eine Bürgerinitiative erfolgreich verhinderte.

Ab 1995 wurde das Gelände neu hergerichtet und der Öffentlichkeit zur Verfügung gestellt. Das Grenzmuseum (☏ 06651/919030) unterteilt sich in drei Abschnitte. Auf thüringischer Seite befinden sich ein neu errichtetes Museumsgebäude und rund 300 Meter Sperranlagen, auf hessischer Seite liegt das Gelände des eigentlichen „Point Alpha". Vor dem Eingang des kürzlich auf thüringischer Seite neu errichteten Museums schließen ein großer symbolischer „Runder Tisch" und ein originales Segment der Berliner Mauer das Ensemble ab. Die Anlage umfasst eine Fläche von 30.000 Quadratmetern auf hessischer und 40.000 auf thüringischer Seite.

Rudi Arnstadt

Zwischen dem hessischen Setzelbach und dem thüringischen Wiesenfeld kam am 14. August 1962 der 36 Jahre alte NVA-Hauptmann Rudi Arnstadt bei einem Schusswechsel zwischen Soldaten des Bundesgrenzschutzes (BGS) und der Nationalen Volksarmee (NVA) ums Leben, als 200 DDR-Soldaten einen stabilen Grenzzaun bauten. Plötzlich und ohne Vorwarnung – so heißt es später – schießt ein DDR-Offizier in Richtung Westen. Der BGS-Beamte Hans Plüschke, der sich zusammen mit einem Offizier auf Inspektionsgang befindet, schießt zurück und trifft Rudi Arnstadt oberhalb des rechten Auges tödlich. Der damals 23-jährige Plüschke habe in Notwehr gehandelt und sich und dem vorausgehenden Offizier damit das Leben gerettet, heißt es von Westseite.

Blick auf die Point-Alpha-Stadt Geisa

Die DDR sah das anders, es sei nur ein Warnschuss abgegeben worden. Arnstadt habe das Territorium der DDR verteidigt und wurde zum Volkshelden stilisiert. Mehrere öffentliche Einrichtungen und Schulen trugen seinen Namen. Plüschke wird in Abwesenheit zu 25 Jahren Zuchthaus wegen Mordes verurteilt.

Aus Sicherheitsgründen verließ Hans Plüschke 1970 den BGS und baute ein privates Taxiunternehmen auf. Er galt als gefährdet und durfte eine Pistole tragen. „Ich hatte immer Angst davor, dass die meine Kinder entführen, um mich unter Druck zu setzen, damit ich mich stelle", erklärte der fünffache Familienvater 1997 anlässlich des 35. Todestages, als er sich erstmals öffentlich im Fernsehen als Schütze zu bekennen wagte.

Sieben Monate später, am 15. März 1998, wird er gegen vier Uhr morgens auf der B 84 zwischen Neuwirtshaus und Rasdorf ermordet aufgefunden. Der tödliche Schuss traf den 59-Jährigen über dem rechten Auge ins Gehirn – die gleiche Todesart wie bei Rudi Arnstadt.

Für seinen Großonkel Lothar Plüschke, der auf der anderen Seite als überzeugter NVA-Soldat die DDR-Grenze sicherte, steht aufgrund seiner jahrzehntelangen Erfahrung fest: „Ehemalige Mitarbeiter der Stasi geben ihre Zielpersonen nicht frei. Das hat sich auch nach 1989 nicht geändert." Der Mord wurde nicht aufgeklärt.

Von Point Alpha nach Fladungen/Fulda 21 km

Wenn man die Abfahrt nach Geisa auf der Hauptstraße vermeiden will, biegt man an der Wegsperre links ab und radelt auf dem ebenen Wiesenpfad am **Parkplatz** vorbei und etwas bergauf zum **Rasdorfer Berg**. Der mit dem roten Dreieck ausgeschilderte Weg quert den Kolonnenweg mit den Lochplatten. Man fährt geradeaus auf dem gut befahrbaren Schotterweg durch das Wäldchen, der in einen Wiesenweg übergeht, von dem man – ausgeschildert – rechts abbiegt mit einem wunderschönen Blick auf Geisa.

Die Spitze des Dreiecks weist den Weg hinunter nach **Geisa**.

Geisa
PLZ: 36419; Vorwahl: 036967

🛈 Stadtverwaltung Geisa, Marktpl. 27. ☏ 690, www.geisa.de

🏛 **Heimatmuseum** mit Funden zur Ur-, Früh- und mittelalterlichen Geschichte. Da es wegen der Grenzlage und der Sonderbestimmungen nur wenige Besucher hatte, war es 1976 von der DDR geschlossen worden. Nach der Wende wurde das Museum 1993 nach umfangreichen Sanierungsmaßnahmen wieder geöffnet und 1995 um eine neue Abteilung „Grenzmuseum" ergänzt.

✳ **Point Alpha**

🚲 Abel's Fahrradladen, ☏ 75913

Marktplatz von Tann

211

Diese sehr steile Wiesenabfahrt, die in umgekehrter Richtung nicht unbedingt zu empfehlen ist, stößt auf die nicht ausgeschilderte **Buttlarer Straße**, in die man rechts einbiegt. An dessen Ende biegt man links ab in die **Rasdorfer Straße**, quert den Geisabach, biegt am **Rasthaus** „Zum Goldenen Stern" rechts und sofort wieder links ab und radelt am Bach entlang. Nach einer weiteren Geisabach-Querung passiert man die Geisschänke und biegt dann links ab über die Holzbrücke.

An der nächsten Kreuzung hält man sich rechts, quert die Ulster, und radelt geradeaus auf dem ausgeschilderten **Rhön-Ulstertal-Radweg** über **Schleid** und **Motzlar** nach **Günthers**, wobei er nach Kreuzung der B 278 parallel zu ihr verläuft.

In Günthers quert man links versetzt eine Landstraße – der Ulstertal-Radweg hat nun einen größeren Abstand zur Bundesstraße – und erreicht **Tann**, nachdem man auf der B 278 wieder die Seite gewechselt hat.

Tann (Rhön)
PLZ: 36142; Vorwahl: 06682
- Touristinformation, Marktpl. 9, ✆ 961111, www.tann-rhoen.de
- Schloss der Freiherren von und zu der Tann, Schlossanlage in der Schlossstraße. Die Anlage besteht aus dem Roten Schloss 1558, dem

DDR-Grenzsäule am Point Alpha bei Geisa

Blauen Schloss aus 1574 und dem Gelben Schloss aus 1714. Sehenswert ist auch der **Schlossbrunnen**, ein Barockbau mit dem Wappentier – der springenden Forelle als Wasserspeier – aus dem Jahre 1686.
- **Rhöner Museumsdorf**, Schlossstraße, ✆ 8544, ÖZ: April-Okt., Di-So 10-12 Uhr und 14-17 Uhr. Das Museumsdorf besteht aus einem Dreiseit- und einem Zweiseithof und einem Backhaus. Die Wohnhäuser der Höfe sind mit typischen alten Rhöner Möbeln eingerichtet und es befinden sich auch zahlreiche Gebrauchsgegenstände des täglichen Lebens in den einzelnen Wohnräumen und Stallungen.
- **Naturmuseum Rhön**, Schlossstraße, ✆ 8977, ÖZ: April-Okt., Di-So 10-12 Uhr u. 14-17 Uhr. Das Naturmuseum befindet sich in der Nähe des Museumsdorfes und informiert über die Tier- und Pflanzenwelt in der Rhön.
- **Sagenkeller**, Schlossstr. 3, ✆ 917142, ÖZ: tägl. 10-13 Uhr u. 14-17 Uhr. Verschiedene Sagen werden in den Kellerräumen der ehemaligen Schlossbrauerei in Form von Kunstwerken aus Holzspänen und Sägemehl nachgestellt. In der angeschlossenen Schauwerkstatt können Sie den Holzkünstlern bei ihrer Arbeit zusehen.
- Das **Stadttor** wurde von Eberhard von der Tann im Zuge der Stadtbefestigung errrichtet (1557-1563).
- **Elf-Apostel-Haus**, Marktplatz, ältestes Bürgerhaus der Stadt aus dem 16. Jh.
- **Fahrradverleih Köcke**, ✆ 917142
- **Schlossanlage** der Freiherrn von und zu der Tann
- sehenswert: das sanierte **Stadttor** (1557), Stadtbrunnen, Bürgerhaus

Tann ist ein anerkannter Luftkurort, liegt im Ulstertal in der hessischen Rhön und wurde 1179 erstmals als Stadt erwähnt. Die erste Burganlage wurde zwischen dem 11. und 12. Jahrhundert erbaut, die Stadt wurde im 16. Jahrhundert befestigt. 1879 zerstörte ein Brand große Teile der mittelalterlichen Bebauung. Mit dem Wegfall der deutsch-deutschen Grenze, die über 40 Jahre lang das Stadtgebiet halbinselförmig einschnürte, liegt Tann wieder mitten in Deutschland. Die Stadt hat knapp 5.000 Einwohner und ist vorwiegend evangelisch geprägt.

Tann hat einige Sehenswürdigkeiten, so zum Beispiel das sanierte Stadttor aus dem Jahre 1557, den Stadtbrunnen, ein altes Bürgerhaus und die Schlossanlagen der Freiherren von und zu der Tann.

In Tann bleibt man westlich der Bundesstraße, hält sich zweimal rechts (dort fehlt ein Schild!), quert die Ulster und radelt auf der westlichen Seite des Flusses auf dem auch als **R 3** ausgeschilderten Ulstertal-Radweg in Richtung **Fulda** und **Neustädtges**. Über **Wendershausen**, **Lahrbach**, **Unterrücksbach** und **Neuschwambach** kommt man nach **Aura**.

Tipp: Hier kann man auf dem Milseburg-Radweg, der als R 3 ausgewiesen ist, nach Fulda radeln. Man biegt rechts ab und radelt auf einer ehemaligen Bahntrasse 31 Kilometer auch durch einen 1100 Meter langen Tunnel nach Fulda.

Die Hauptroute biegt an dieser Einmündung scharf links ab und man radelt auf dem **R 8** in Richtung **Hilders**.

Geismar
Motzlar
Rockenstuhl
520
Zickberg
460
Teufelsberg
500
Geisbach
Mittelbach
Roßberg
695
Grenzkopf
525
Thüringen
Hessen
Katzenstein
630
Theobaldshof
Andenhausen
Knottenhof
Empfertshausen
Schmerbach
Steinbach
B278
4,7
F18
Apfelbach
Ulster
Spahler Berg
425
Spahl
Gedenkkreuz
Günthers
Schlitzenhausen
Esbach
Lauterbach
Heilige Haak
450
Neuswarts
6,5
Horbel
665
Dietgeshof
Meerswinden
Suchenberg
585
Ketten
Maulhauck
460
Seelesberg
670
Habelberg
720
Tann (Rhön)
Dadenberg
725
Pinzler
660
Kühlkuppe
545
Roßberg
695
Lehmberg
585
Tannenberg
545
Habel
Wendershausen
Habelgraben
Tanneküppel
605
Boxaberg
685
Habelbach
Weidbach
Birkenberg
460
Kleinfischbach
Hundsbach
Großer Hoffar
625
Esbachsgraben
Lahrbach
Herdathurm
Weinberg
555
Gotthards
Neustädtges
Schwarzenborn
F20
Wachturm
Obernüst
Dippach
213
Ulster
Lahrbach
Mühlbach
Schwarzbach
Oberrückersbach
Unterückersbach
Unterweid
Mahlerts
shauk

F20

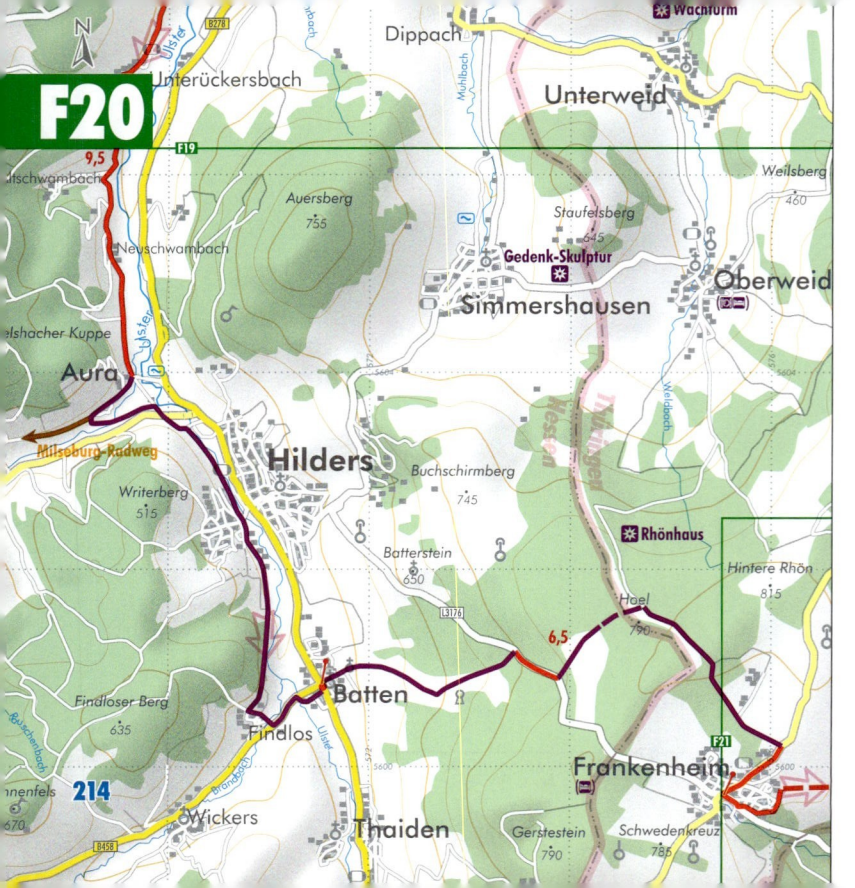

Auf dem Ulstertal-Radweg bleibt man bis **Findlos**, biegt dort links ab und stößt auf die **B 458**, in die man links abbiegt.

Am Ende des separaten Radwegs biegt man rechts ab in die **Ulster Straße** nach **Batten**. An der B 278 biegt man links, an der nächsten Kreuzung, am Brunnen, wieder rechts ab und folgt dem **Schild „Frankenheim 7,2 km"** bergauf. Am Friedhof hält man sich rechts. Dieser asphaltierte Weg, ausgeschildert mit der Spitze eines roten Dreiecks, geht über die nächsten 3 Kilometer so steil aufwärts, dass ein normalsterblicher Radler schieben muss. Kurz vor der Straße geht er in einen gut befahrbaren Schotterweg über.

Man biegt rechts ab auf die **L 3176**, fährt oder schiebt bis zum **Parkplatz „Spinne"**, biegt dort links ab in den asphaltierten Weg, der mit dem roten Dreieck ausgeschildert ist.

Man bleibt auf dem Weg, der ab Findlos über Batten zum „Berghotel „Eisenacher Haus" führt und als **Wanderweg „W/O 3"** (West-Ost 3) mit einem roten Dreieck markiert ist. Der Spitze folgend, wird nach 1,5 Kilometern die ehemalige deutsch-deutsche Grenze erreicht, die durch einen hochgestellten Schlagbaum markiert ist. Kurz danach biegt man rechts ab in den asphaltierten Weg.

Hier wird man mit einer fantastischen Aussicht für den steilen Aufstieg mehr als entschädigt. Der wunderschöne, fast ebenerdige Weg in Richtung **Frankenheim** stößt auf eine wenig belebte Straße. Links geht es zu einem wunderschönen Aussichtsberg, dem Ellenbogen (814 Meter), mit den Restaurants „Eisenacher Haus" (✆ 036946/3600) und – etwa 1000 Meter entfernt – „Thüringer Rhönhaus" mit einem Biergarten (✆ 036946/32060). Am Parkplatz geben Infotafeln Auskunft über das Biosphärenreservat Rhön.

Rechts geht es hinunter nach Frankenheim, mit 750 Metern der höchstgelegene Ort der Rhön.

F21
Helmershausen
Nebaer Höhe 430
Kömersberg 545
Ehauener Stein 540
Klausberg 525
Stellberg 660
Struthberg 600
Schnitzerberg 815
Rhöpkopf 780
F20
Melpers
Abtsberg 620
Steinkopf 515
Weimarschmieden
Gedenkstein
Hutsberg 640
Roter Bühl 565
Frankenheim
8
Brüchs
Mondberg 585
5
Leubach
L3176
Badelstein 645
Oberfladungen
Büchelberg 500
6,5
Neuberg 640
Kirschbe 525
Stedtlinger
Sands
Fränk. Freilandmuseum
Fladungen
Filke
4,5
Gedenktafel
Rüdenschwinden
Bloßberg 745
Heufurter Kopf 465
G1
Gedenkstein Gerd Palzer
Hausen
Heufurt
Hasenkopf 515
Neustädtles
Willmars
Lappberg 475
215
Thüringen
Bayern
Frauenhöhle 685
Schlossberg 865
Roth
Stetten
Höhnberg 500
zum Bhf. Mellrichstadt
Völkeshausen
Streu
Leubach
Linz
Sulz
Elmbach
Sülze
Eisgraben
Reutgraben
Dorrbachgraben
Leubachsgraben
Stedtlingsbach
Reupersgraben
B285

Skulptur von Waldo Dörsch „Das geschlossene Band"

Biosphärenreservat Rhön

Das Biosphärenreservat Rhön stellt das Kerngebiet des Mittelgebirges gleichen Namens dar, das sich über das Grenzgebiet der Bundesländer Bayern, Thüringen und Hessen erstreckt. Es wurde 1991 von der UNESCO als schützenswerte Kulturlandschaft anerkannt. Zielvorgabe ist es, die Vielfalt und die Qualität des Lebensraums Rhön unter Einbeziehung von Landwirtschaft, Naturschutz, Tourismus und Gewerbe zu sichern.

Dabei spielt die nachhaltige Entwicklung eine entscheidende Rolle. Gewerbe und Landwirtschaft sollen im Einklang mit dem Naturschutz und dem Erhalt des Lebensraums arbeiten.

Die Gesamtfläche des Reservats beträgt zurzeit ca. 185.000 Hektar. Mithilfe eines „Rahmenkonzepts zu Schutz, Pflege und Entwicklung" – von 1991 bis 1995 unter Mitarbeit von Kommunen, Landkreisen, Behörden und Verbänden erarbeitet – wurde das Biosphärenreservat in Kernzonen (ca. 2,5 Prozent der Gesamtfläche), Pflegezonen und Entwicklungszonen eingeteilt. In ersteren ist jegliche direkte Nutzung durch Land- oder Forstwirtschaft untersagt, in den Pflegezonen ist die Landnutzung auf eine schonende und naturnahe Art und Weise vorgesehen. In die letzte Zone fallen die besiedelten Gebiete der Rhön, die Dörfer und Städte. Im Rahmen des Konzepts sollen auch regionaltypische Produkte gefördert werden, so z. B. das „Rhönschaf" und die Streuobstwiesen, die mit ökologischer Anbauweise beworben werden.

„Das geschlossene Band"

Wenn man zwischen Simmershausen und Oberweid den früheren Grenzstreifen quert, steht auf der linken Seite „Das geschlossene Band". Es wurde von Waldo Dörsch aus Oberweid nach dem Fall der Mauer geschaffen. Damit wollte er zugleich an seinen Sohn Thomas erinnern, dem als 20-Jährigen 1986 die Flucht im Schneegestöber von Oberweid über den Staufelsberg nach Simmershausen geglückt ist.

Auf der Tafel steht: „Das geschlossene Band, Symbol des Verbundenseins in der wiedergewonnenen Einheit unserer Rhön. Zur Erinnerung an den 3. Dezember 1989, den Tag und Ort des ersten Zusammenfindens der Nachbarorte Simmershausen–Oberweid nach 40-jähriger Trennung."

In **Frankenheim**, das früher an drei Seiten von der Grenze umgeben war, biegt man links leicht bergab in östlicher Richtung nach **Leubach**, biegt links ab in die **Leubacher Straße** und passiert die **Gaststätte** „Schweinebucht".

Fladungen

Nach einer Kurve fährt man etwas bergauf, biegt an der nächsten Kreuzung rechts ab in den mit „Museumstour im Grünen Band Thüringen" ausgeschilderten asphaltierten Weg, der nach kurzer Zeit in einen gut befahrbaren Schotterweg („Grenzinformationsweg") übergeht.

Man quert den Kolonnenweg mit Lochplatten und radelt einen schmalen Feldweg weiter geradeaus. Hinter den Büschen geht es auf einem besseren Wanderweg links hoch, in Richtung „Heimatblick". Man radelt auf dem Feldweg durch den Wald und stößt auf einen ausgebauten, gut befahrbaren Schotterweg („Schwedenwall"), in den man rechts einbiegt. Dort

hat man einen wunderschönen Blick. Am Ende dieses Feldwegs gelangt man auf eine Straße.

Der Abzweig links zum Heimatblick wird ignoriert. An der nächsten Abzweigung – rechts geht es zum Oberen See – biegt man links ab und radelt auf der asphaltierten Straße bergab. In **Oberfladungen** hält man sich links, fährt am Rathaus vorbei und stößt auf die wenig befahrene **B 285** mit separatem Radweg, in die man rechts abbiegt.

Da es in Fladungen nur noch eine Museumsbahn gibt, die von Mai bis Oktober an Sonn- und Feiertagen verkehrt, muss man auf dem Radweg der B 285 oder später südlich von Wilmars aus zum nächsten Bahnhof ins 30 Kilometer entfernte Mellrichstadt radeln. Dort fahren die Züge direkt nach Schweinfurt, Würzburg und Erfurt.

Fladungen
PLZ: 97650; Vorwahl: 09778

🛈 **Touristinformation Fladungen**, Bahnhofstr. 19, 📞 912325, www.fladungen-rhoen.de

🏛 **Fränkisches Freilandmuseum Rhön**, Bahnhofstr. 19, 📞 91230, ÖZ: 1. April-1. Nov., Di-So 9-18 Uhr. Sieben Hektar großes Museumsgelände mit Bauernhöfen und typische Gemeindebauten wie Kirche, Dorfwirtshaus und Gemein-

debrauhaus; besonders sehenswert sind eine Mehl- und eine Ölmühle.

🏛 **Rhön-Museum**, Marktpl. 1, 📞 1575, ÖZ: April-31. Okt., Di-So 11-16 Uhr. Das Museum zeigt frühgeschichtliche Funde, historische Landkarten und viele bedeutende Gegenstände der Rhöner Volkskunst. Es bietet Einblick in die bäuerliche Kultur im Rhöngebiet anhand von Mobiliar, Bildern, Fasnachtsmasken und Schnitzereien.

✳ **Rhön-Zügle**, historische Dampfeisenbahn des Fränkischen Freilandmuseums Fladungen. Das „Rhön-Zügle" fährt an ausgewählten Sonn- und Feiertagen vom 1. Mai bis Anfang Oktober zwischen Fladungen und Mellrichstadt durch das landschaftlich reizvolle Streutal.

✳ **Stadtmauer mit Wehrtürmen** aus dem 14. Jh. Die Befestigungsanlage wurde restauriert und der historische **Wehrgang** freigelegt.

✉ **Freibad** beheizt, 📞 1621

Freilandmuseum, Fladungen

217

Von Fladungen/Fulda bis zur tschechischen Grenze

273 km

Von Fladungen/Fulda nach Bad Königshofen 49 km

Von Fladungen aus geht es in nördlicher Richtung nach Brüchs und Weimarschmieden. Auf einer landschaftlich sehr reizvollen Landstraße gelangt man leicht bergauf nach **Brüchs** und bergab nach **Weimarschmieden.**

Weimarschmieden

Tipp: Hier befindet sich in einem alten, urigen Fachwerkhaus das nördlichste bayerische Gasthaus.

Dort steht auch ein Gedenkstein, dessen Inschrift selten zu finden ist, weil ein Zusammenhang mit den beiden Weltkriegen und der deutschen Teilung hergestellt wird. Man gedenkt der Opfer der beiden Weltkriege „1914–1918, 7 Tote, 1939–1945, 10 Tote."

Gasthaus „Zur Weimarschmiede"

Darunter steht dann: „Sie vermeinten, die Heimat zu schützen und starben ihrem Eide getreu. Aufgestellt im Jahre 1990, als die durch Krieg verursachte deutsche Teilung beendet wurde."

Von Weimarschmieden aus folgt man ein kleines Stück der Straße in Richtung **Helmershausen**, fährt an stimmungsvollen Birken entlang und biegt dann rechts ab in Richtung **Filke** und **Willmars**. Auf bayerischer Seite folgt man auf einer ruhigen, sehr schön gelegenen Straße dem ehemaligen Grenzverlauf. Zuerst geht es durch dichte Fichtenwälder, später fährt man auf der Straße an Wiesen und Feldern vorbei. Nach der Durchfahrt von Filke biegt man in Willmars links ab in Richtung **Stedtlingen**.

Die Strecke von Willmars nach **Stedtlingen** geht auf ruhiger Straße an einsamen Wäldern und Feldern vorbei und kreuzt den ehemaligen Grenzverlauf, wo man vom Landkreis Schmalkalden-Meiningen herzlich willkommen geheißen wird. Auf bayerischer Seite stehen auf der linken Seite drei Bäume und eine Bank zum Ausruhen. Früher kam man hier nicht weiter.

Ehemalige GÜSt bei Henneberg, zerstörter Turm

Gerd Palzer

An den am 29.07.1952 erschossenen Zöllner Gerd Palzer erinnert ein Gedenkstein etwa 400 Meter vor und eine Gedenktafel etwa 800 Meter hinter der Grenze. Die Ursachen der tödlichen Schüsse sind bis heute ungeklärt. Fest steht aber, dass er auf der westlichen Seite erschossen wurde, obwohl von der DDR-Seite das Gegenteil behauptet wurde.

Kurz hinter der Grenze sieht man den Kolonnenweg – auf der einen Seite mit den Lochplatten, auf der anderen Seite als Schotterweg. Und noch kann man an den niedrigeren Bäumen erkennen, wo früher der Grenzstreifen war.

In **Stedtlingen** gabelt sich die Straße. Man biegt rechts ab nach Hermannsfeld, das man auf glatter Landstraße durch **Turmgut** erreicht. Man durchquert **Hermannsfeld** und sieht auf der rechten Anhöhe einen Beobachtungsturm der Grenztruppen und ein ebenso hohes Kreuz.

Tipp: Etwa 500 Meter hinter dem Ortsausgang biegt man rechts ab in den Kolonnenweg und gelangt zum Friedenskreuz.

Friedenskreuz auf dem Dachsberg

Das sogenannte Weltfriedenskreuz geht auf eine Initiative von Gotthilf Fischer zurück. Der Leiter der Fischer-Chöre ließ seit 1980 Weltfriedenskreuze in Washington, Rom, Jerusalem, im Bregenzer Wald und in Rhens errichten. Für die Setzung des sechsten Kreuzes wählte er mit St. Wolfgang bei Hermannsfeld einen Ort in der Rhön aus.

Auf einer Insel im Hermannsfelder See stand seit 1462 die Wallfahrtskirche St. Wolfgang, später auch ein monumentales Holzkreuz. Auf diese Tradition bezog sich das 1991 gesetzte Weltfriedenskreuz, das nach nur fünf Jahren auf Wunsch der Bewohner von Hermannsfeld auf den Dachsberg umgesetzt wurde. Dort steht es in unmittelbarer Nachbarschaft zur erhaltenen Führungsstelle der Grenztruppen und ist von der Bundesstraße 19, die Mellrichstadt mit Meiningen verbindet, gut zu sehen.

Das Kreuz soll auch an die Aktion „Ungeziefer" erinnern. In den Wochen nach dem 26. Mai 1952 wurden mehrere Tausend Menschen zwangsweise aus der Sperrzone ausgesiedelt. Mit der Zwangsaussiedlung von 18 Familien im Jahr 1952 gehörte Hermannsfeld zu den DDR-Gemeinden, die am stärksten von der „Säuberung der Grenzkreise" betroffen war. Nur „politisch zuverlässige" Personen durften bleiben und erhielten einen besonderen Stempel in ihren Personalausweis.

Von Hermannsfeld geht es leicht bergab nach Henneberg. Wenn man aus dem Wald herauskommt und die ersten Häuser sieht, biegt man rechts ab in den gut befahrbaren befestigten Feldweg. Der Weg kreuzt die B 19 und führt dann als asphaltierter Weg direkt nach **Henneberg**.

Henneberg

6 **Burgruine Henneberg**. Die Burg entstand im 11. Jh. unter den Grafen von Henneberg und erlebte ihre Blüte im 13. Jh. Im 17. Jh. wurde sie verlassen und verfiel.

Schillermuseum, Bauerbach, ✆ 036945/50301, ÖZ: 10. Mai-31. Okt., Di-So 10-17 Uhr, Nov.-Dez., Mi-So 11-15 Uhr. Dieses schöne Fachwerkhaus war im Jahre 1782 Friedrich Schillers Zuflucht, als ihm 14 Tage Arrest wegen einer unerlaubten Reise drohten. Die Räume sind im Originalzustand zu besichtigen.

Anschließend durchfährt man Henneberg. Die B 19 wurde um die Ortschaft geleitet.

Tipp: Im Ortskern gibt es einen Imbiss.

Hinter Henneberg stößt man wieder auf die Bundesstraße.

Tipp: Es empfiehlt sich, einen Abstecher zum Skulpturenpark rund um die Goldene Brücke der Einheit zu machen. Theoretisch bräuchte man von Henneberg aus nur die B 19 hinaufzufahren. Da die Straße aber sehr befahren ist, sollte man dem Plattenweg folgen, der links von der Bundesstraße parallel im Wald verläuft. Dieser Weg zweigt hinter dem Ortsausgang von Henneberg links ab und führt auf eine Anhöhe.

Im Skulpturenpark „Deutsche Einheit"

Skulpturenpark „Deutsche Einheit"

Der Skulpturenpark befindet sich direkt auf dem Grenzstreifen von Bayern und Thüringen, zwischen Mellrichstadt und Meiningen, am ehemaligen Grenzübergang Eußenhausen–Henneberg an der B 19. Aufgestellt wurden dort die „Goldene Brücke der Einheit", eine Figur von Barbarossa, ein silberner Bundesadler, die Skulptur für einen erschossenen Flüchtling, das Mahnmal „Heimat" und das Mahnmal „Vertreibung". Die meisten Gegenstände stammen vom Künstler Herbert Fell, die Arbeiten hatten verschiedene Firmen und Bauherren ausgeführt.

Die Brutalität, mit der man Menschen während der Aktion „Ungeziefer" buchstäblich den Stuhl vor die Tür setzte, wird durch einen umgestürzten Stuhl an einer stilisierten Hauswand symbolisiert.

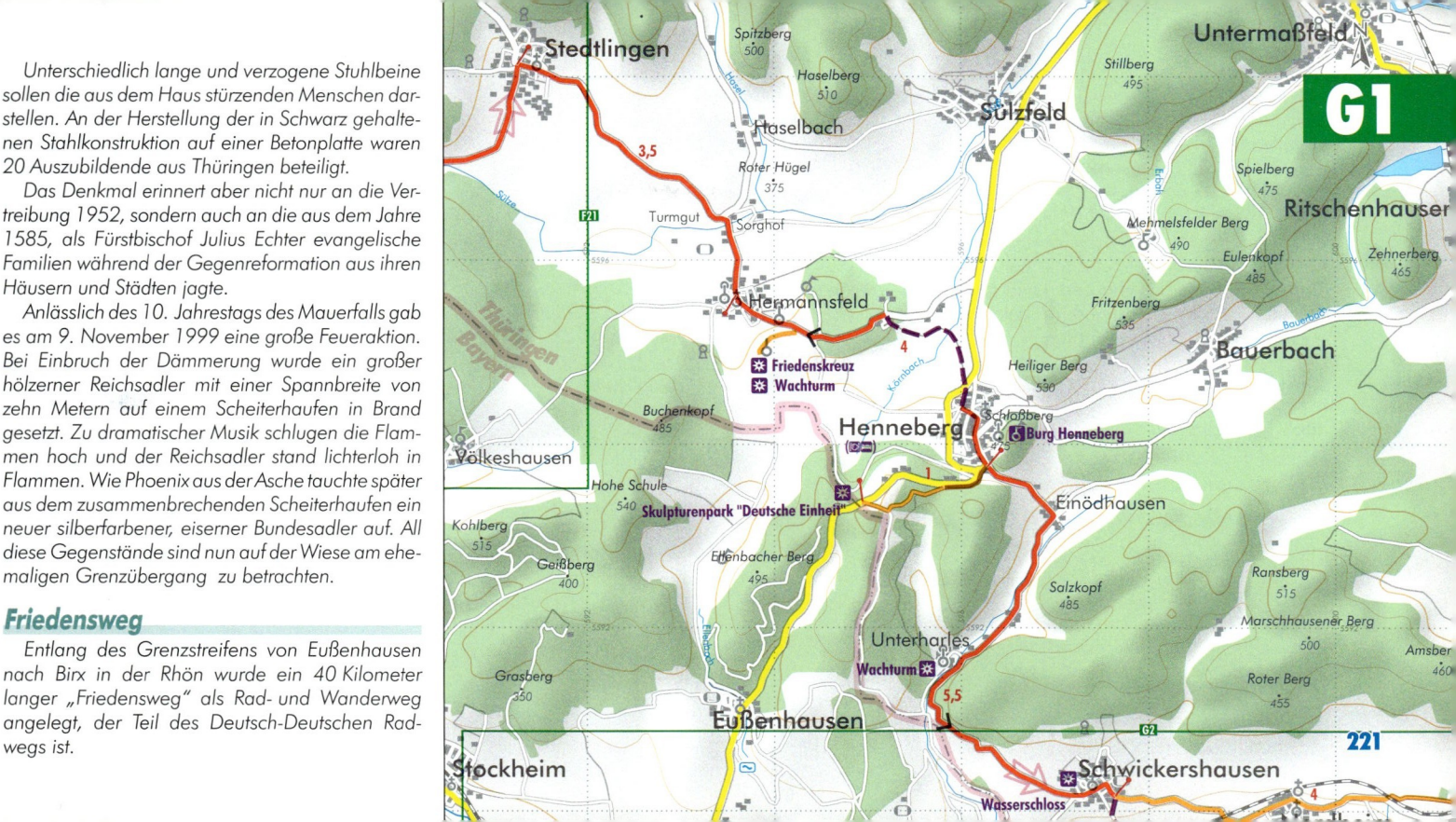

Friedensweg

Entlang des Grenzstreifens von Eußenhausen nach Bix in der Rhön wurde ein 40 Kilometer langer „Friedensweg" als Rad- und Wanderweg angelegt, der Teil des Deutsch-Deutschen Radwegs ist.

Unterschiedlich lange und verzogene Stuhlbeine sollen die aus dem Haus stürzenden Menschen darstellen. An der Herstellung der in Schwarz gehaltenen Stahlkonstruktion auf einer Betonplatte waren 20 Auszubildende aus Thüringen beteiligt.

Das Denkmal erinnert aber nicht nur an die Vertreibung 1952, sondern auch an die aus dem Jahre 1585, als Fürstbischof Julius Echter evangelische Familien während der Gegenreformation aus ihren Häusern und Städten jagte.

Anlässlich des 10. Jahrestags des Mauerfalls gab es am 9. November 1999 eine große Feuerartikon. Bei Einbruch der Dämmerung wurde ein großer hölzerner Reichsadler mit einer Spannbreite von zehn Metern auf einem Scheiterhaufen in Brand gesetzt. Zu dramatischer Musik schlugen die Flammen hoch und der Reichsadler stand lichterloh in Flammen. Wie Phoenix aus der Asche tauchte später aus zusammenbrechenden Scheiterhaufen ein neuer silberfarbener, eiserner Bundesadler auf. All diese Gegenstände sind nun auf der Wiese am ehemaligen Grenzübergang zu betrachten.

Auf dem gleichen Weg fährt man wieder zurück zum Ortseingang von Henneberg. Dort biegt man rechts ab, durchquert **Einödhausen** und sieht in **Unterharles** einen Beobachtungsturm der Grenztruppen, der sich inmitten der hellen Fachwerkhäuser befindet, die sich an den Berghang schmiegen. Auf der ruhigen Landstraße, die leichte Steigungen aufweist, erreicht man **Schwickershausen**, wo man sich auf der Hauptstraße links hält.
Tipp: Von Schwickertshausen kann man zum Bahnhof nach Rentwertshausen radeln, wo Züge nach Erfurt und Würzburg fahren.

Mellrichstadt–Rentwertshausen

Nach der Wiedervereinigung wurde im Herbst 1991 die (zweite) Eisenbahnlücke zwischen Mellrichstadt und Rentwertshausen geschlossen, sodass Meiningen wieder von Schweinfurt aus direkt zu erreichen war. Anderthalb Jahre später gab es auch direkte Züge zwischen Erfurt und Schweinfurt.

Im Juli 1945 wurde die 1847 eröffnete Strecke Erfurt–Bebra durch die Grenze zwischen der amerikanischen und sowjetischen Besatzungszone unterbrochen. Im Rahmen der Reparationsleistungen wurde 1946 das zweite Streckengleis demontiert, obwohl es eine wichtige Verbindung zwischen Südthüringen und Erfurt war.

Auf dem bayerischen Streckenabschnitt wurde das zweite Gleis zwischen 1947 und 1950 abgebaut. Ab 1971 fuhr zwischen Mühlfeld und Mellrichstadt kein Zug mehr. Aufgrund des zurückgehenden Verkehrsaufkommens und des Streckenrückbaus hatte dieser Teil immer mehr den Charakter einer Nebenbahn bekommen.

Direkt am Ortsausgang von Schwickertshausen, an dem Häuschen, biegt man rechts ab in den Plattenweg zum Stausee. Am Stausee hält man sich rechts, unterquert die Eisenbahn und sieht auf der rechten Seite einen alten Grenzturm. Der Plattenweg ist gut befahrbar, weil es keine Lochplatten sind. Wenn man auf den Grenzturm zufährt, biegt man links ab und radelt an der Talsperre vorbei. Zwischenzeitlich führt dieser Weg direkt über eine Wiese und ist recht unwegsam. Später wird es ein gut befahrbarer Schotterweg, dem man nach Berkach folgt.

Hat man **Berkach** erreicht, fährt man rechts in den Ort hinein und genau auf eine kleine markante Kirche mit geschwungenem Turm zu.

Berkach
Tipp: Im Gemeindehaus von Berkach befindet sich eine Gaststätte, wo an der Außenwand eine Gedenktafel hängt, die an die Vertriebenen im Rahmen der „Aktion Ungeziefer" von 1952 erinnert.

Wenn die Hauptstraße eine Linkskurve macht, fährt man den Weg geradeaus, der nach **Behrungen** und zum Judenfriedhof ausgeschildert ist. Wenn man etwa 400 Meter hinter der nach links abbiegenden Hauptstraße links in den Feldweg einbiegt, kommt man zum gut gepflegten Judenfriedhof.

Rechts sieht man einen Wachturm, unterquert die Autobahn in einem eleganten Tunnelbauwerk und fährt weiter geradeaus nach **Behrungen**. Dort hält man sich leicht links und folgt der Straße in Richtung **Mendhausen**.

Behrungen
Deutsch-Deutsches **Freilandmuseum Behrungen**. Am Rand des Behrunger Waldes stehen diverse Grenzsperrelemente: ein Stück Schutzstreifenzaun im Original, eine Panzersperre und einen Erdbeobachtungsbunker, der für den Verteidigungsfall gedacht war. Zudem ist dort ein Wachturm mit einer Informationstafel. Das Freiluftmuseum ist mit relativ wenig Mitteln gut gemacht. Man sieht den breiten Grenzstreifen, die Originalteile und kann sich eine Vorstellung von der früheren Grenze machen.

Gedenktafel in Berkach

222

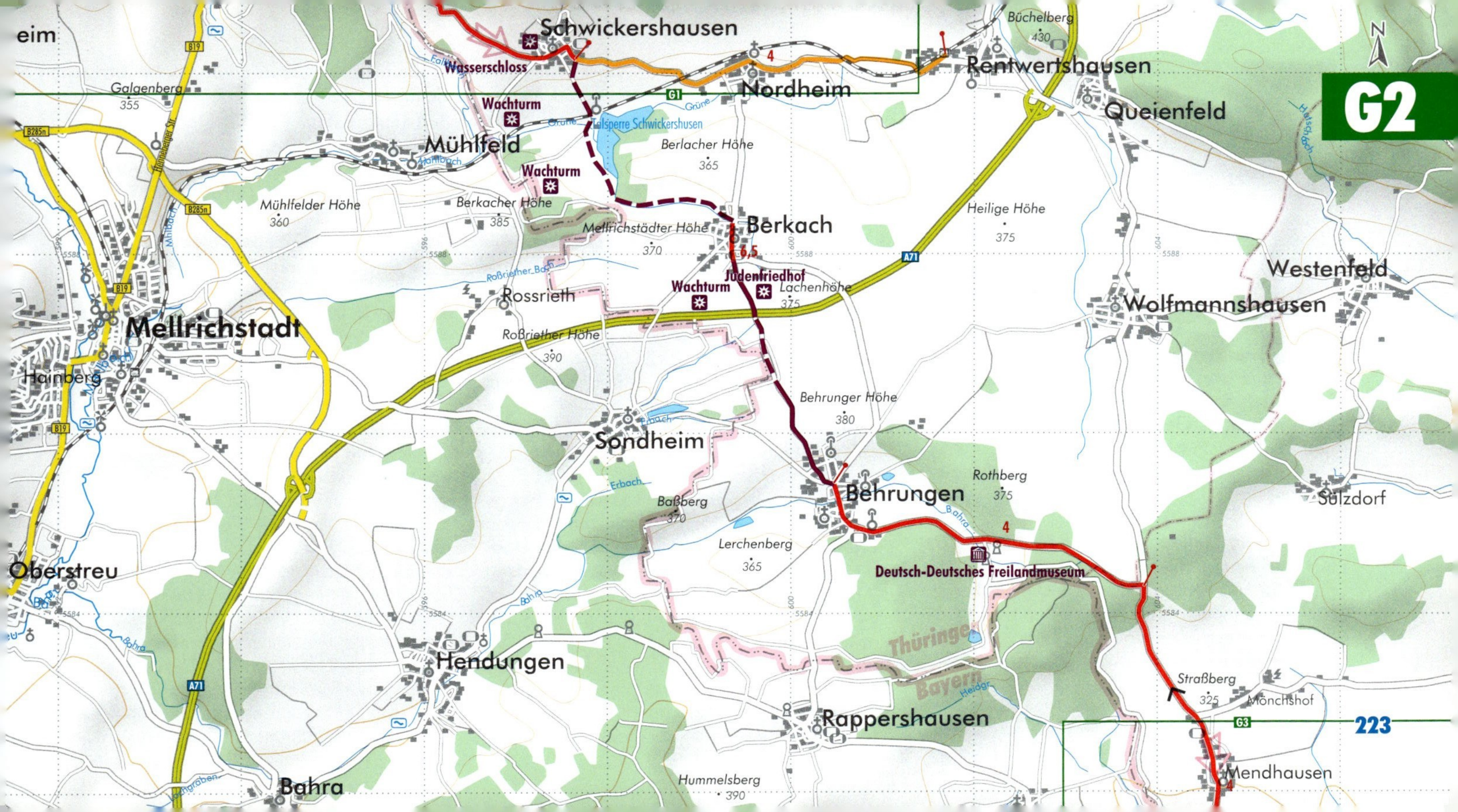
G2
N
Schwickershausen
Wasserschloss
Rentwertshausen
Büchelberg
430
Nordheim
Queienfeld
Galgenberg
355
Wachturm
Talsperre Schwickershusen
Grüne
Mühlfeld
Wachturm
Berlacher Höhe
365
Mühlfelder Höhe
360
Berkacher Höhe
385
Heilige Höhe
375
Berkach
Mellrichstädter Höhe
370
6,5
Westenfeld
Judenfriedhof
Wachturm
Lachenhöhe
375
Rossrieth
Roßriether Bach
Wolfmannshausen
Mellrichstadt
Roßriether Höhe
390
Hainberg
Behrunger Höhe
380
Sondheim
Erbach
Behrungen
Rothberg
375
Sülzdorf
Baßberg
370
Lerchenberg
365
Deutsch-Deutsches Freilandmuseum
Oberstreu
Bahra
Thüringen
Bayern
Hendungen
Straßberg
325
Mönchshof
Rappershausen
223
Mendhausen
Hummelsberg
390
eim
A71
B19
B285n
G1
G3
4

Deutsch-Deutsches Freilandmuseum Behrungen

Tipp: Kurz vor dem Ortsausgangsschild von Behrungen befindet sich auf der rechten Seite ein ehemaliges Gelände der DDR-Grenztruppen. Ein Stück weiter folgt auf der rechten Seite das Deutsch-Deutsche Freilandmuseum Behrungen.

Die Straße befindet sich auf thüringischem Gebiet direkt an der Grenze. Nach 3 Kilometern stößt man auf eine größere Straße, in die man rechts nach **Mendhausen** abbiegt, das man bergab nach 2 Kilometern erreicht. Man fährt durch die Ortschaft, kreuzt die ehemalige Grenze und radelt geradeaus nach **Irmelshausen**.

Kurz vor Irmelshausen biegt man von der stark befahrenen Hauptstraße ohne Radweg links ab in Richtung **Badestelle**. Man folgt der Beschilderung und biegt die zweite Möglichkeit rechts ab, und am Ende wieder rechts. Sofort danach geht es links ab über das Bächlein auf einem sehr schönen Weg durch die Felder. Am Ende des Weges biegt man rechts ab mit Blick auf die **Wasserburg**.

Irmelshausen

6 **Wasserburg Irmelshausen** (15. Jh.) Die Wasserburg ist eine der schönsten in Bayern, aber leider nur von außen zu besichtigen. Im 15. Jh. im Fachwerkstil erbaut, liegt sie inmitten eines ehemaligen Sumpfgebietes, das durch Stauung der Milz zu einem Weiher mit Insel in der Mitte umgewandelt wurde. Ihre Vorgängerbauten stammten aus dem 11. Jh. Besitzer der Burg ist heute – und das nun schon seit 1376 – die Familie von Bibra, die das politische Geschehen im ausgehenden Mittelalter in Franken und Südthüringen mitbestimmte. Da sie noch heute den Bau bewohnt, ist er für die Öffentlichkeit nicht zugänglich. Der Anblick ist lohnenswert, die Burg diente auch als Filmkulisse.

Die nächste Möglichkeit geht es wieder links ab, ebenfalls über ein Bächlein, und man radelt auf dem ausgeschilderten Weg geradeaus nach **Herbstadt**. Auf dem Hügel der linken Seite ist ein Wachturm, der Berg heißt der Große Gleichberg. Der asphaltierte Weg führt zur Landstraße, in die man links einbiegt und dann Herbstadt erreicht.

Tipp: Rechts ab geht es auf einer wenig befahrenen Landstraße zum 6 Kilometer entfernten Bad Königshofen. Man quert die Landstraße und fährt in das Zentrum der Stadt. Am Ende der Straße biegt man links ab und sieht auch schon die Kirche.

Bad Königshofen

PLZ: 97631; Vorwahl: 09761

🛈 **Touristinformation**, Marktpl. 2, ☎ 19433, www.bad-koenigshofen.de

🏛 **Archäologisches Museum**, ☎ 09761/40934, ÖZ: April-Okt., Di 10-12 Uhr und 14-16 Uhr, Mi, Fr 14-16 Uhr, Sa, So 14-17 Uhr, Nov.-März, Di 10-12 Uhr und 14-17 Uhr, Sa, So 14-17 Uhr. Das Museum erzählt von der Frühgeschichte bis zur Gegenwart die Stadtgeschichte Bad Königshofens.

🏛 **Museum für Grenzgänger**, Zugang über das Ärchaologische Museum, Martin-Reinhardt--Str. 9, Di 10-12 Uhr und 14-16 Uhr, Do 10-12 Uhr und 17-19 Uhr, Sa-So 14-17 Uhr, von April bis Okt. zusätzlich Mi und Frei 14-16 Uhr

✱ **FrankenTherme**, Am Kurzentrum 1, ☎ 91200, ÖZ: Mo, Mi, Do, Sa 10-22 Uhr, Di, Fr 10-24 Uhr, Fr 10-24 Uhr, So/Fei 10-20 Uhr.

Der 7.000 Einwohner zählende Ort ist eine Kurstadt. Sie besitzt einen Heilwassersee, der als der erste seiner Art bekannst ist. Im Stadtteil Ipthausen steht eine sehr schöne Wallfahrtskirche, die der Maria geweiht ist. Dort gibt es auch die größte Anlage mit sprechenden Beos in Bayern, den schwarzen, stimmgewaltigen Vögeln.

Im Stadtgebiet von Bad Königshofen , das 714 das erste Mal urkundlich erwähnt wurde, befindet sich auch die Frankentherme. Der Name stammt der Sage nach vom Ring einer Königin, den diese im „Grabfeld" verloren hatte. Dieser Name soll darauf zurückzuführen sein, dass die Königin auf

224

der Suche nach dem Ring den gesamten Boden umgraben ließ. Dort, wo der Ring gefunden wurde, ließ sie der Sage nach aus Dankbarkeit einen Königshof errichten.

Museum für Grenzgänger

Am 17. Juni 2007 wurde in Bad Königshofen das „Museum für Grenzgänger" eröffnet, das sich unter der Überschrift „Menschen im Grabfeld" nicht auf die Grenzziehungen und Grenzverläufe beschränkt. Es informiert vielmehr über die persönlichen, mit den Grenzen verbundenen Lebenswege der „Grenzgänger" – stellvertretend für viele andere „Nachbarn im Grabfeld". Zudem ist dort eine originalgetreue Nachbildung der innerdeutschen Grenze zu besichtigen.

Von Bad Königshofen nach Bad Rodach   48 km

Vom Zentrum in Bad Königshofen fährt man auf der wenig befahrenen Landstraße nach Herbstadt zurück.

Dort biegt man rechts ab nach Eyershausen in den ausgeschilderten Radfernweg „Rhön–Grabfeld". In Eyershausen fährt man über die Hauptstraße versetzt geradeaus, kommt unten an einen Betonweg, in den man – leider nicht ausgeschildert – links abbiegt. Am Ende des Weges geht es – ausgeschildert – rechts ab und man kommt nach Alsleben.

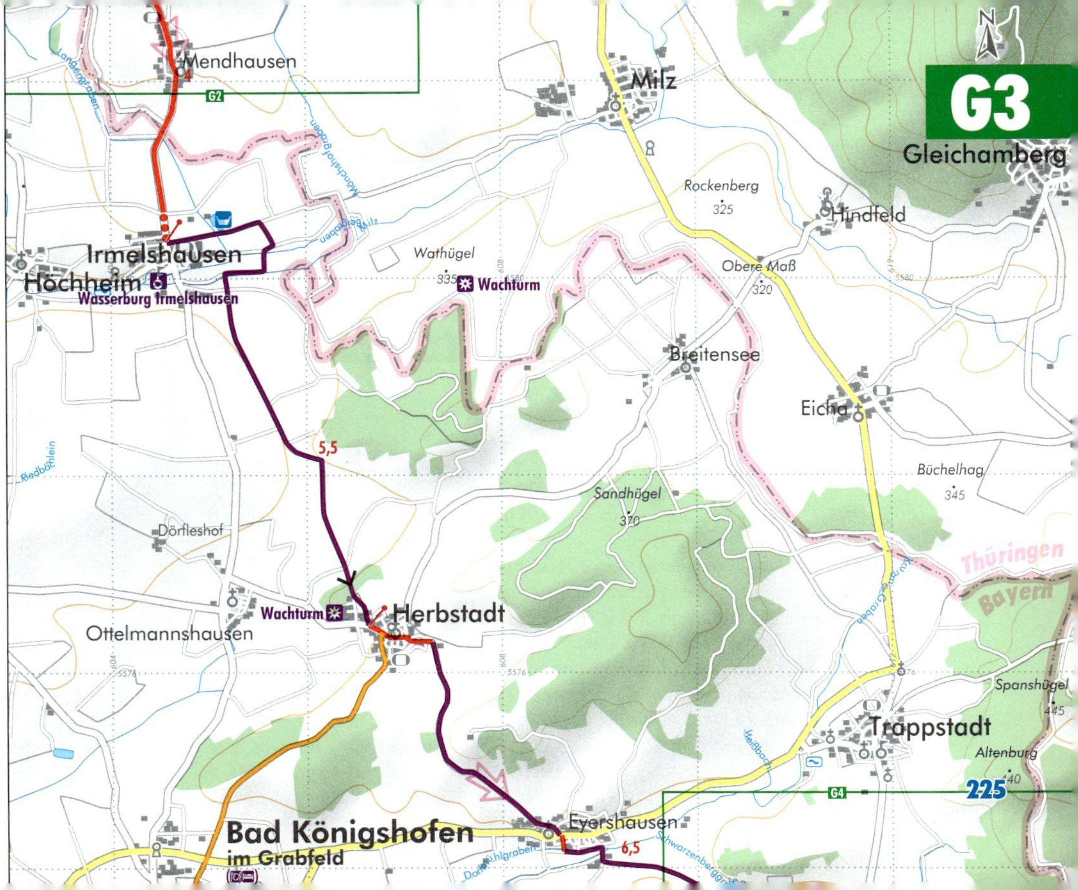

Dort hält man sich links und fährt – ausgeschildert – an die Fränkische Saale-Quelle und Richtung **Gompertshausen** auf der „**Erlebnisstraße der Deutschen Einheit**". In der Rechtskurve der Straße geht es schräg links ab auf den Betonweg zur **Fränkischen Saale-Quelle**. An der nächsten Möglichkeit biegt man rechts ab und sieht neben der Sitzbank die Quelle.

Fränkische Saale

Die Fränkische Saale schlängelt sich 135 Kilometer weit über Bad Königshofen, Bad Neustadt und Bad Kissingen bis Gemünden, wo sie in den Main mündet. Früher trieb die Saale im Bereich des Kreises Königshofen 16 Mühlen an. Nach Auskunft des Bürgermeisters kann man das Wasser der Quelle trinken.

Man kommt wieder auf die Straße, in die man links nach Gompertshausen einbiegt.

Tipp: Direkt an der Grenze steht ein Kreuz aus dem Material des Streckmetallzauns. Es wurde am Tag der Deutschen Einheit 1992 mit folgender Inschrift errichtet: „1945–1990. Den Toten an der Grenze zum Gedenken. Den Lebenden für die Zukunft zur Mahnung." Etwas weiter in Richtung Gompertshausen steht ein Turm, den man auf Anfrage besichtigen kann (✆ 09720/ 890).

Vor dem Kreuz biegt man rechts ab und radelt auf der westlichen Seite an der Grenze entlang. Nach

Bayernturm in Zimmerau

einer Rechtskurve biegt man links ab. Der asphaltierte Weg schlängelt sich durch die Landschaft. An dessen Ende biegt man links ab und fährt den ausgeschilderten Weg geradeaus. Am Ende des Schotterwegs ist eine Schranke, und dann geht es geradeaus in Richtung **Sternberg**. Man kommt auf eine kleine Straße, wo links der **Bayernturm** und auch der Radweg ausgewiesen sind. Man folgt diesem Schild auf der asphaltierten Straße in Richtung **Zimmerau**.

Zimmerau

✳ **Bayernturm.** Der 38 m hohe Turm wurde 1966 erbaut. Er ist viereckig und hat eine Aussichtsplattform, von der man einst auf die Grenzanlagen der DDR blicken konnte.

Tipp: Den Bayernturm erreicht man, wenn man die 3. Straße rechts ab zum ausgeschilderten Berggasthof Bayernturm einbiegt.

Vom Bayernturm kommend, biegt man rechts ab und biegt auf der Landstraße links ab ins 4 Kilometer entfernte Rieth.

Tipp: Auf dem Weg dorthin wird der ehemalige Grenzverlauf überquert und das kommende Stück wieder in Thüringen zurückgelegt. Direkt an der Straße befindet sich an der einstigen Grenze ein Gedenkstein mit der Inschrift: „Zur ewigen Mahnung an die Teilung unseres deutschen Vaterlandes 1945–1990 Rieth/Zimmerau 3.10.1990." Neben einer DDR-Grenzsäule und einem Gedenkstein sind dort mehrere Segmente der Grenzsperranlagen zu besichtigen. Und auch ein Kruzifix, das zu DDR-Zeiten wahrscheinlich nicht dort stand.

Wanstschrecken

Nur in den Wiesen von Thüringen und im Schwarzwald findet man noch größere Bestände der Wanstschrecken. Sie sind in Deutschland fast ausgestorben, weil die Wiesen zu früh gemäht und zu stark gedüngt werden, weshalb es für sie nicht mehr genügend Kräuter gibt. Die Wanstschrecke, die mit ihrem dicken Bauch ihrem Namen alle Ehren macht, ist mit einer Länge von bis zu 4,5 Zentimetern die größte Sichelschrecke in Deutschland. Sie kann weder fliegen noch hüpfen und lässt sich bei Gefahr wie tot vom Grashalm fallen und wartet reglos, bis sie vorüber ist.

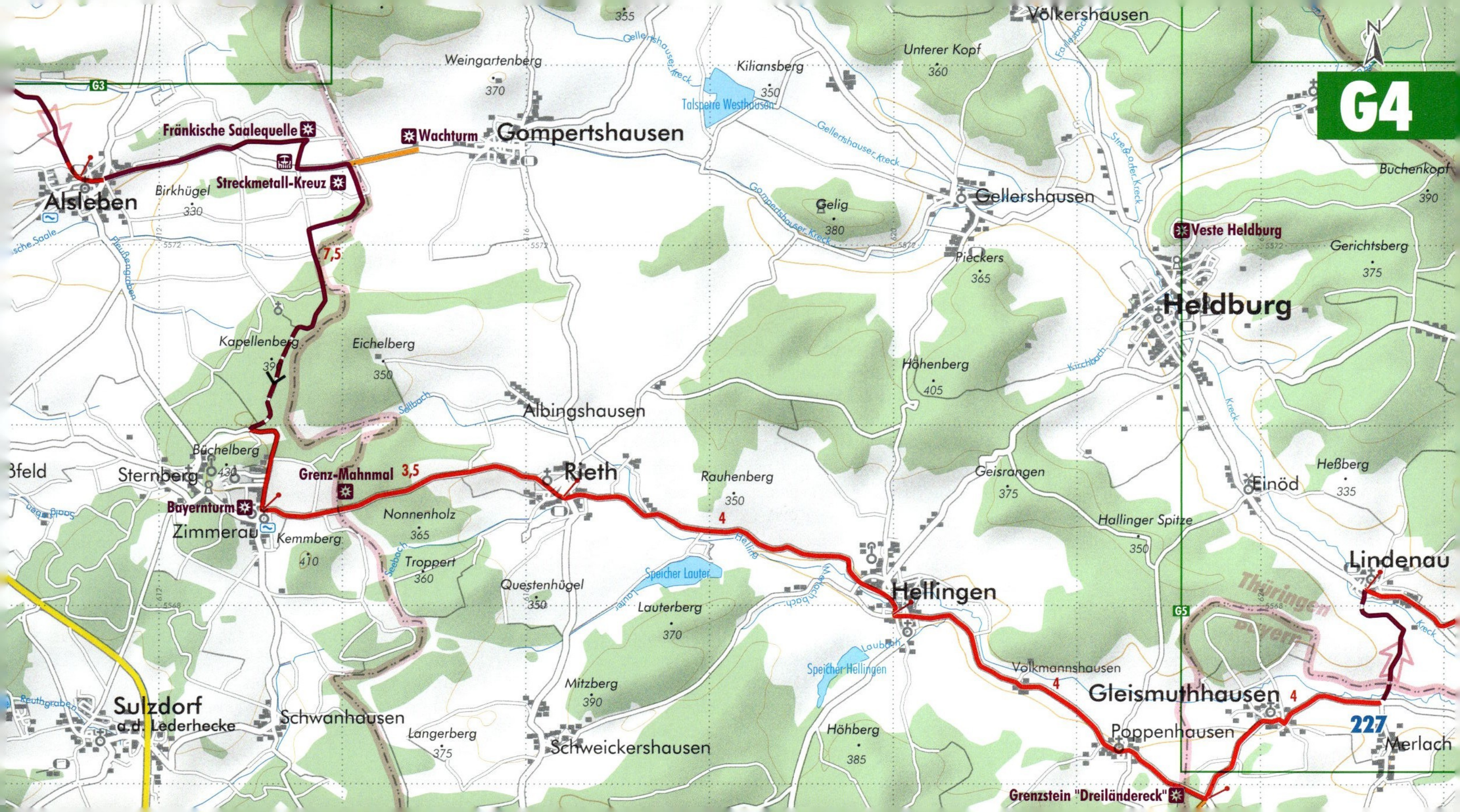

G3
G4

Völkershausen
Unterer Kopf
360
Buchenkopf
390
Gerichtsberg
375

Gellershausen
Veste Heldburg

Weingartenberg
Kiliansberg
370
Talsperre Westhausen
350

Fränkische Saalequelle
Wachturm
Gompertshausen
Gelig
380

Streckmetall-Kreuz
Alsleben
Birkhügel
330
Pieckers
365

Heldburg

7,5

Höhenberg
405

Höhenberg

Kapellenberg

Eichelberg
350
Albingshausen

Heßberg
335
Einöd

Büchelberg
Sternberg
430
Grenz-Mahnmal
3,5
Rieth
Rauhenberg
350
Geisrangen
375
Hallinger Spitze

Lindenau

Bayernturm
Zimmerau
Kemmberg
410
Nonnenholz
365
4
350

Thüringen
Bayern
G5

Troppert
360
Speicher Lauter
Hellingen
227

Questenhügel
350
Lauterberg
370
Speicher Hellingen
Volkmannshausen
4

Sulzdorf
a. d. Lederhecke
Schwanhausen
Mitzberg
390
Höhberg
385
Poppenhausen
Gleismuthhausen
4
Merlach

Langerberg
375
Schweickershausen

Grenzstein "Dreiländereck"

Kurz vor Rieth geht es bergab und von dort weiter nach Hellingen. Man quert ein Flüsschen, fährt durch **Hellingen** und dann weiter über **Volkmannshausen** nach **Poppenhausen**, das sich unmittelbar im Grenzgebiet befand.

Dort fährt man in Richtung **Bamberg** über die Grenze zum Landkreis **Hildburghausen** und stößt auf die Landstraße, in die man links abbiegt.

Tipp: Rechts ab weist ein Schild zum Grenzstein „Dreiländereck". Man fährt den asphaltierten Weg hoch am Wald vorbei. Wenn der Wald beginnt, geht es links ab über die Wiese zum Grenzstein, wo die Landkreise Coburg, Hildburghausen und Hassberge aufeinanderstoßen.

Die Landstraße ist nach **Lindenau** ausgeschildert. Man fährt durch **Gleismuthhausen**. Am Ende des Dorfes folgt man dem Schild nach **Autenhausen**, um an der nächsten Kreuzung nach Lindenau links abzubiegen. Auf gut befahrbarem Schotterweg kreuzt man den Kolonnenweg und radelt auf meist asphaltiertem Weg nach **Lindenau**. Man quert das kleine Flüsschen und kommt auf die Hauptstraße, in die man rechts abbiegt. An wunderschönen Fachwerkhäusern vorbei radelt man in Richtung **Ummerstadt**, das 4 Kilometer entfernt ist.

Tipp: Auf dem ansteigenden Weg dorthin kommt man am geschleiften Dorf Erlebach vorbei, ein im Mittelalter entstandenes Dorf, das sich rechts von der Straße befand. Eine Gedenktafel und mehrere Steine erinnern an das Schicksal Erlebachs, das im Auftrag der DDR-Behörden vollständig abgerissen wurde.

Bergab geht es nach **Ummerstadt**. Man quert – bevor man in die historische Altstadt fährt – die Rodach auf einer neuen Brücke.

Ummerstadt

Die kleinste Stadt der DDR mit 527 Einwohnern – 34 Einwohner je Quadratkilometer – wirkt sehr gepflegt und aufgeräumt. Viele Fachwerkhäuser wurden aufwändig saniert. Der Marktplatz mit Rathaus, Rathaus-Gaststätte und Brunnen ist ein Schmuckkästchen.

Der Ort wurde 837 als „Undrungen mocru" erstmals urkundlich erwähnt. Die Schreibweise „Ummerstat" findet man erst vier Jahrhunderte

In Ummerstadt

später (1223). Zwar erhielt der Ort schon 1319 eine Befestigung, doch erst 1394 wurde ihm das Stadtrecht verliehen. Während des Dreißigjährigen Krieges brannten 1632 alle öffentlichen Gebäude sowie 52 Wohnhäuser ab. Elf Jahre später gab es nur noch 26 bewohnte Häuser. In den Folgejahren hatte die Stadt daher nur noch etwa 100 Einwohner. Ab dem 18. Jahrhundert war das Töpferhandwerk der dominierende Wirtschaftszweig der kleinen Stadt.

Durch seine Lage im Grenzgebiet der DDR war Ummerstadt schon vor dem Fall der Mauer einer starken Abwanderung ausgesetzt. Bereits 1952/53 mussten Bürger, die als politisch unzuverlässig galten, die Stadt verlassen. Hatte Ummerstadt bei Gründung der DDR 1949 noch fast 1.000 Einwohner, wurde diese Zahl in den folgenden Jahrzehnten fast halbiert. Der Ortsteil Erlebach wurde bis 1982 vollständig geräumt. So wurde Ummerstadt in der zweiten Hälfte der 1980er-Jahre zur kleinsten Stadt der DDR. Nach 1990 setzte sich der Abwanderungstrend unverändert fort. 1992 stimmte die Bevölkerung in einem Bürgerentscheid für den Erhalt der Selbstständigkeit.

In **Ummerstadt** hält man sich links und fährt nach **Bad Colberg**, wo der Radweg nach Bad Rodach und zur Gedenkstätte Billmuthhausen ausgeschildert ist.

Bad Colberg

PLZ: 98663; Vorwal: 036871

🛈 **Gästeinformation Bad Colberg-Heldburg**, Hauptstr. 4, ✆ 20159, www.bad-colberg-heldburg.de

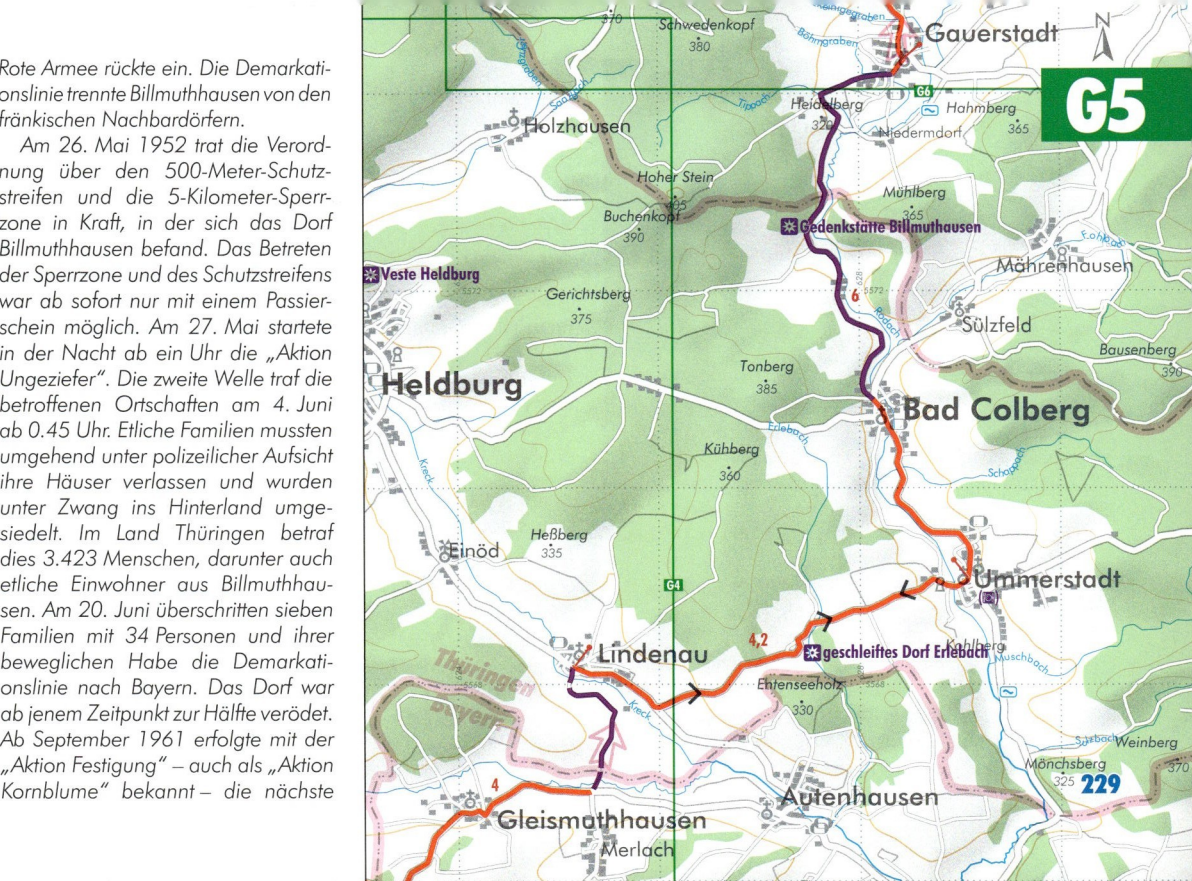

6 Heldburg, ☎ 21210, ÖZ: April-Okt., 10-18 Uhr; Nov.-März, 10-16 Uhr. Die Burg wurde im 12. Jh. auf dem über 400 m hohen Felsen erbaut und im 14. und 16. Jh. zu einem beeindruckenden Renaissance-Prachtbau ausgebaut.

Vorbei am dortigen Kurhaus fährt man auf einer kleinen Straße in Richtung **Gauerstadt**. Etwa 2 Kilometer hinter Bad Colberg erreicht man die Gedenkstätte **Billmuthhausen**, die zum Sinnbild der vielen geschleiften grenznahen Dörfer der DDR wurde.

Billmuthhausen

Von der Ortschaft Billmuthhausen, die erstmals im Jahre 1340 als „Billmutehehusen" urkundlich erwähnt wurde, blieben nach dem kompletten Abriss im Jahre 1978 nur die Reste des Friedhofs und der Trafoturm bestehen. Letzterer fand bei den DDR-Grenztruppen Verwendung. Der Anfang vom Ende Billmuthhausens lag im Sommer 1945. Billmuthhausen, das seit 1920 zum Land Thüringen gehörte, wurde am 7. April 1945 von den US-amerikanischen Truppen besetzt. Am 1. Juli 1945 zogen sich jedoch die Amerikaner hinter die bayerische Grenze zurück, und die

Rote Armee rückte ein. Die Demarkationslinie trennte Billmuthhausen von den fränkischen Nachbardörfern.

Am 26. Mai 1952 trat die Verordnung über den 500-Meter-Schutzstreifen und die 5-Kilometer-Sperrzone in Kraft, in der sich das Dorf Billmuthhausen befand. Das Betreten der Sperrzone und des Schutzstreifens war ab sofort nur mit einem Passierschein möglich. Am 27. Mai startete in der Nacht ab ein Uhr die „Aktion Ungeziefer". Die zweite Welle traf die betroffenen Ortschaften am 4. Juni ab 0.45 Uhr. Etliche Familien mussten umgehend unter polizeilicher Aufsicht ihre Häuser verlassen und wurden unter Zwang ins Hinterland umgesiedelt. Im Land Thüringen betraf dies 3.423 Menschen, darunter auch etliche Einwohner aus Billmuthhausen. Am 20. Juni überschritten sieben Familien mit 34 Personen und ihrer beweglichen Habe die Demarkationslinie nach Bayern. Das Dorf war ab jenem Zeitpunkt zur Hälfte verödet. Ab September 1961 erfolgte mit der „Aktion Festigung" – auch als „Aktion Kornblume" bekannt – die nächste

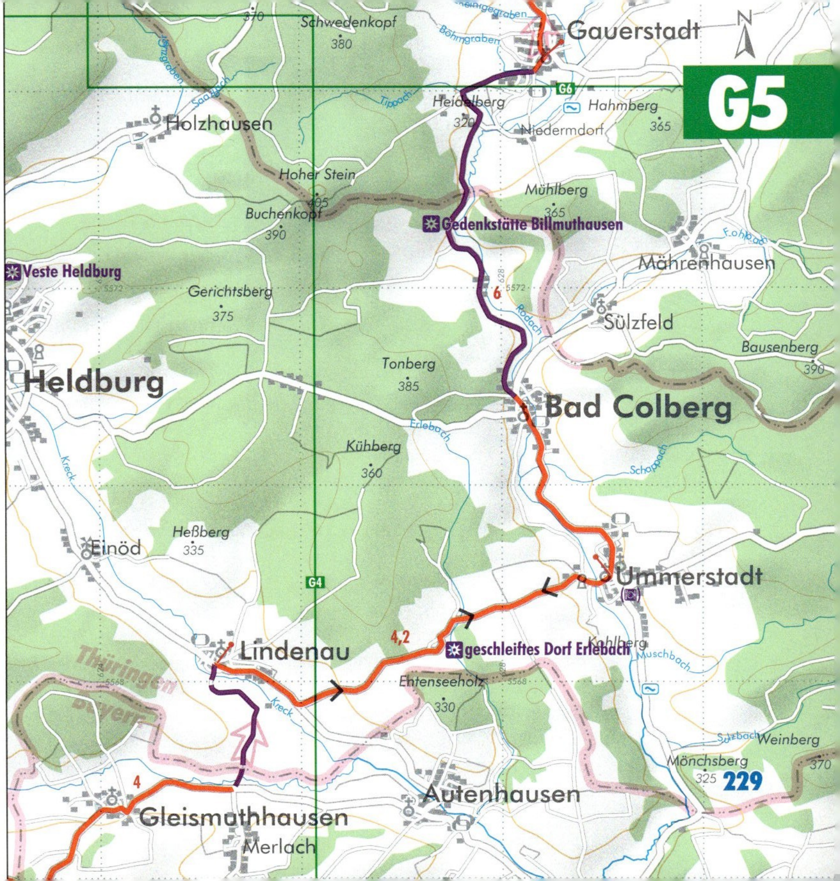

Geschleiftes Dorf Erlebach

Ehemaliger Mühlstein und Infotafel in Billmuthhausen

Aussiedlungswelle. Im Januar 1965 wurde mit dem Abriss der Dorfkirche die endgültige Zerstörung von Billmuthhausen eingeleitet. Die Räumung des Dorfes wurde von offizieller Stelle angekündigt. Am 1. September 1978 verließ die letzte Familie den Ort. Der Rat des Kreises meldete am 4. Dezember 1978 den Vollzug der „Grenzmaßnahme Billmuthhausen".

Erst nach der Grenzöffnung am 9. November 1989 konnten die ehemaligen Bewohner an den Standort ihres Dorfes zurückkehren. Nicht einmal die Fundamente ihrer Häuser waren mehr zu sehen. Der neu gegründete Förderverein „Gedenkstätte Billmuthhausen e. V." engagierte sich für die Errichtung eines Ortes des Gedenkens und der Erinnerung. Am 22. Januar 1992 wurde ein Gedenkstein mit einer Bronzeplatte feierlich enthüllt. Die Inschrift lautet: „Hier stand von 1340 bis 1978 das Dorf Billmuthhausen. 1978 zerstört, die Einwohner vertrieben." Ein weiterer Text lautet: „Nur die Toten durften bleiben." Im Jahr 1996 wurde die Friedhofsmauer rekonstruiert, im Sommer 1999 folgte der Bau der Gedächtniskapelle, an deren Eingang ein Ausspruch von Altbundespräsident Richard von Weizsäcker angebracht wurde: „Wer vor der Vergangenheit die Augen verschließt, wird blind für die Gegenwart."

Vorbei am ehemaligen Mühlstein und dem Wachturm geht es rechts weiter über die Grenze zum bayerischen **Gauerstadt**. Man kreuzt den Kolonnenweg, der – steil aufwärts – 4,7 Kilometer zur **Veste Heldburg** führt. In Gauerstadt fährt man in Richtung **Kirche** und von dort nach **Bad Rodach**.

Etwa ein Kilometer hinter Gauerstadt geht der ausgeschilderte Radweg links ab nach Bad Rodach. Später kreuzt er die Straße, geht als gut befahrbarer Schotterweg weiter und ist später asphaltiert. Wenn man wieder auf die Straße kommt, biegt man rechts ab und fährt auf dem separaten Radweg bis zum **Marktplatz** im Zentrum.

Bad Rodach
PLZ: 96476; Vorwahl: 09564

- **Gästeinformation Bad Rodach**, Schlosspl. 5, ✆ 19433 od. ✆ 1550, www.bad-rodach.de
- **Thermalbad Bad Rodach**, Thermalbadstr. 18, ✆ 92420, ÖZ: tägl. 9-21 Uhr.

Die erste urkundliche Nennung des Königshofes „Radaha" datiert aus dem Jahr 899, die Anfänge des Ortes dürften aber bis in die zweite Hälfte des 8. Jahrhunderts zurückreichen.

Um 1300 wurde um den Marktplatz eine städtische Siedlung mit eigenem Stadtgericht gegründet. 1347 erhielt Rodach sein Stadtwappen, den Meißener Löwen, ein schwarzer Löwe in gelbem Felde. 1350 wurde Rodachs Kirche zur Pfarrkirche (St. Johannis) erhoben und die gesamte Siedlung 1386 mit einer Stadtmauer umgeben. Die Burg Straufhain wurde 1525 im Bauernkrieg zerstört und bleibt bis heute Ruine. Mit der Erweiterung der Stadtmauer 1531 wurde Rodach zur Landesfestung.

Im Dreißigjährigen Krieg brannte Rodach 1632 bis auf wenige Häuser nieder, zwei Jahre später wurde die Stadt durch kaiserliche Truppen geplündert. 1814 hielt sich Friedrich Rückert in Rodach

auf, wo sein Gedicht „Idylle Rodach"
entstand. Am 1. Juli 1892 wurde
die Eisenbahnstrecke Coburg–Rodach eröffnet. Der nach dem Ersten Weltkrieg mit einer Zahl von
75.000 Einwohnern entstandene
„Freistaat Coburg", zu dem neben
den Städten Rodach und Neustadt
mehr als 100 Gemeinden gehörten,
wurde 1920 ein Teil Bayerns.

Am 10. April 1945 wurde Rodach von
amerikanischer Artillerie beschossen.

Da man 1972 erfolgreich mit
der Bohrung nach einer Heil-
quelle begonnen hatte, konnte
sich Rodach allmählich zum Bad
mausern. Hier sprudelt in 652 Metern Tiefe mit 34 Grad Celsius die
wärmste Thermalquelle Nordbay-
erns Die 1075-Jahrfeier wurde
1974 gefeiert und 1976 das
Thermal-Bewegungsbad eingeweiht.

Nach Abschluss der Gemeinde-
gebietsreform 1978 umfasst Rodach
14 Stadtteile und zählt heute rund
6.500 Einwohner. 1999 wurde Rodach als „Heilbad" anerkannt und
nennt sich seitdem Bad Rodach.

Werrabahn

Die 130 Kilometer lange Werrabahn
von Eisenach über Meiningen nach Co-
burg wurde 1858 in Betrieb genommen.
Durch die Grenzziehung nach dem
Zweiten Weltkrieg wurde zwischen den
Bahnhöfen Eisfeld und Görsdorf sowie
zwischen Neustadt und Sonneberg der
Bahnbetrieb eingestellt.

Um die Verbundenheit zwischen
dem Freistaat Bayern und dem 1920
mit ihm vereinigten Coburger Land zu
demonstrieren, wurde 1950 der Coburger Bahnhof als erster nach dem
Kriege elektrifiziert. Heute pendelt
zwischen Coburg und Lichtenfels an
jedem Tag der Woche alle zwei Stunden eine Regionalbahn der DB AG.

Von Bad Rodach
nach Neustadt/Coburg   41 km

In Bad Rodach am **Marktplatz**
biegt man vor dem Rathaus rechts ab.
Wenige Meter weiter zweigt man links
nach Heldritt ab. Ab dem Ortsausgangsschild von Bad Rodach verläuft
links von der Straße ein asphaltierter
Radweg bis nach **Heldritt**.

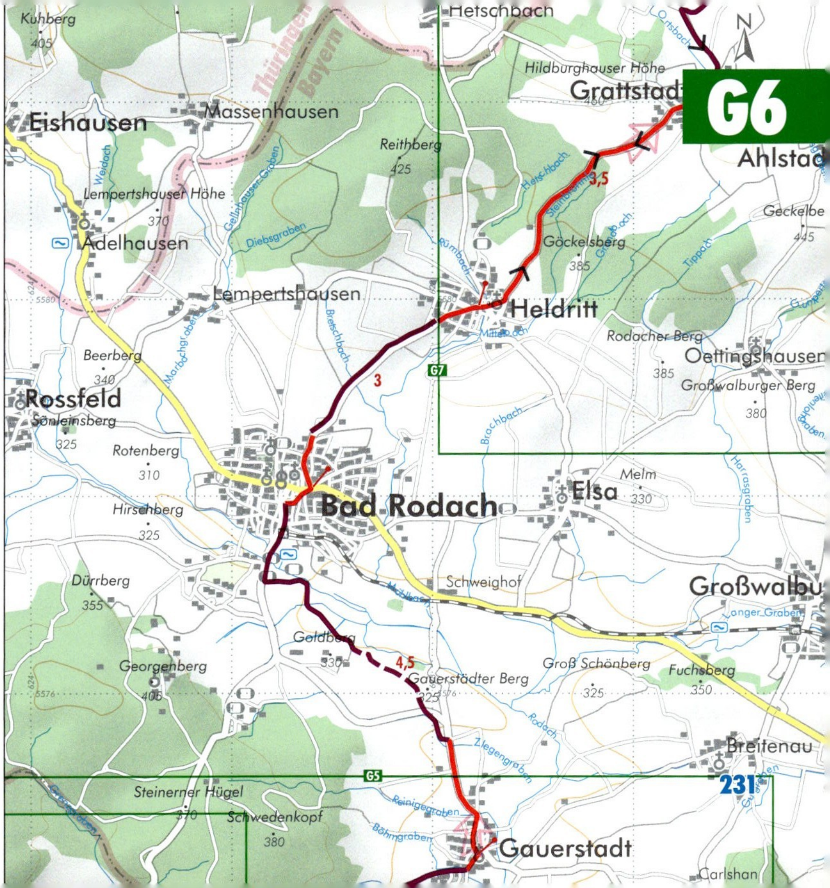

Von Heldritt geht es auf glatter Landstraße ein bisschen bergab nach **Grattstadt**, das 3 Kilometer entfernt ist. Dort radelt man in Richtung **Ahlstadt**, biegt wenig später links ab, fährt an der Kirche vorbei, biegt hinter dem Ortsausgang rechts ab in Richtung Harras und folgt der Ausschilderung des Radweges nach **Rottenbach**. Der asphaltierte Weg durch Felder und ist gut ausgeschildert. Man quert die Landstraße und stößt am Ende des Weges, der auch durch Wälder führt, auf eine Straße, in die man links abbiegt. Nachdem man oben angekommen ist, findet man leider keine Richtungshinweise nach Rottenbach, Görsdorf oder Weissenbrunn. Man fährt rechts ab und dann über die Autobahn in Richtung **Neukirchen**.

Thüringer Waldautobahn

Die A 71 wurde parallel und gleichzeitig mit der Eisenbahn geplant. Die Autobahn ist fertig, aber bei der Eisenbahn geht es wegen unzureichender Finanzen nur stückweise voran. Es reicht gerade, um das Baurecht zu sichern. Da die neue Eisenbahntrasse den Thüringer Wald hauptsächlich auf Brücken und durch

Rathaus in Bad Rodach

Tunnel queren soll, ist sie sehr teuer und eine baldige Fertigstellung unwahrscheinlich. Die bisher verbauten Milliarden haben noch keinerlei verkehrliche Effekte bewirkt.

Auch hinter der Autobahn fehlt die Beschilderung – jedenfalls in Fahrtrichtung. An der Gabelung hinter der Autobahn biegt man rechts ab, passiert einen Sendeturm und erreicht **Rottenbach**, in dessen Ortskern man links abbiegt in Richtung **Eisfeld** und **Görsdorf**.

Tipp: Der Weg nach Görsdorf ist nicht ausgeschildert, da es sich um einen kaum bekannten, aber gut befahrbaren Schleichweg handelt.

Man fährt durch Rottenbach und wählt am Ortsausgangsschild die kleine Straße, die etwas rechts auf eine leichte Anhöhe führt. Auf dem Ortsausgangsschild ist Eisfeld als nächster Ort vermerkt. Bereits nach wenigen Metern erreicht man die B 4, die nach Fertigstellung der A 73 kaum befahren wird.

Alltagsleben im Grenzgebiet

Die B 4 führt von Rottenbach nach Eisfeld, wo Wolfgang Thierse aufgewachsen ist. Bei der Vorstellung dieses Buches am 17. September 2007 berichtete der Bundestags-Vizepräsident von seinen Erfahrungen:

„Im Zuge des Ausbaus der innerdeutschen Grenze wurde auch die Stadt Eisfeld, in der meine Eltern lebten, Teil des weiträumigen Grenzgebietes. Wer in dieses Grenzgebiet hinein wollte, um Angehörige oder Freunde zu besuchen, musste zuvor eine Sondergenehmigung einholen.

Ich lebte in den 1960er-Jahren erst in Weimar, wo ich meine Lehre absolvierte, später als Student in Ost-Berlin. Als einmal meine Mutter erkrankte, setzte ich mich in den nächsten Bus. Ich wollte so schnell wie möglich bei ihr sein. Da ich keine offizielle Genehmigung dabei hatte, stieg ich vorsorglich einige Stationen früher aus, um irgendwie unentdeckt nach Hause zu gelangen. Doch dieses Vorhaben ging gründlich schief: Ich wurde erwischt und musste ein Bußgeld zahlen – ein Bußgeld dafür, dass ich es wagte, ohne staatliche Erlaubnis meine Mutter zu besuchen!

In der Nähe des Wohnhauses meiner Eltern kreuzten sich die Bahnhofstraße und die Coburger Straße. Je nachdem, wie gerade der politische Wind wehte, wurden beide Straßen immer mal wieder umbenannt:

Die Bahnhofstraße hieß plötzlich Stalinallee, und als dies nicht mehr opportun war wieder Bahnhofstraße. Die einst nach Coburg führende Straße, die heutige B 4, erhielt gar den hoch-

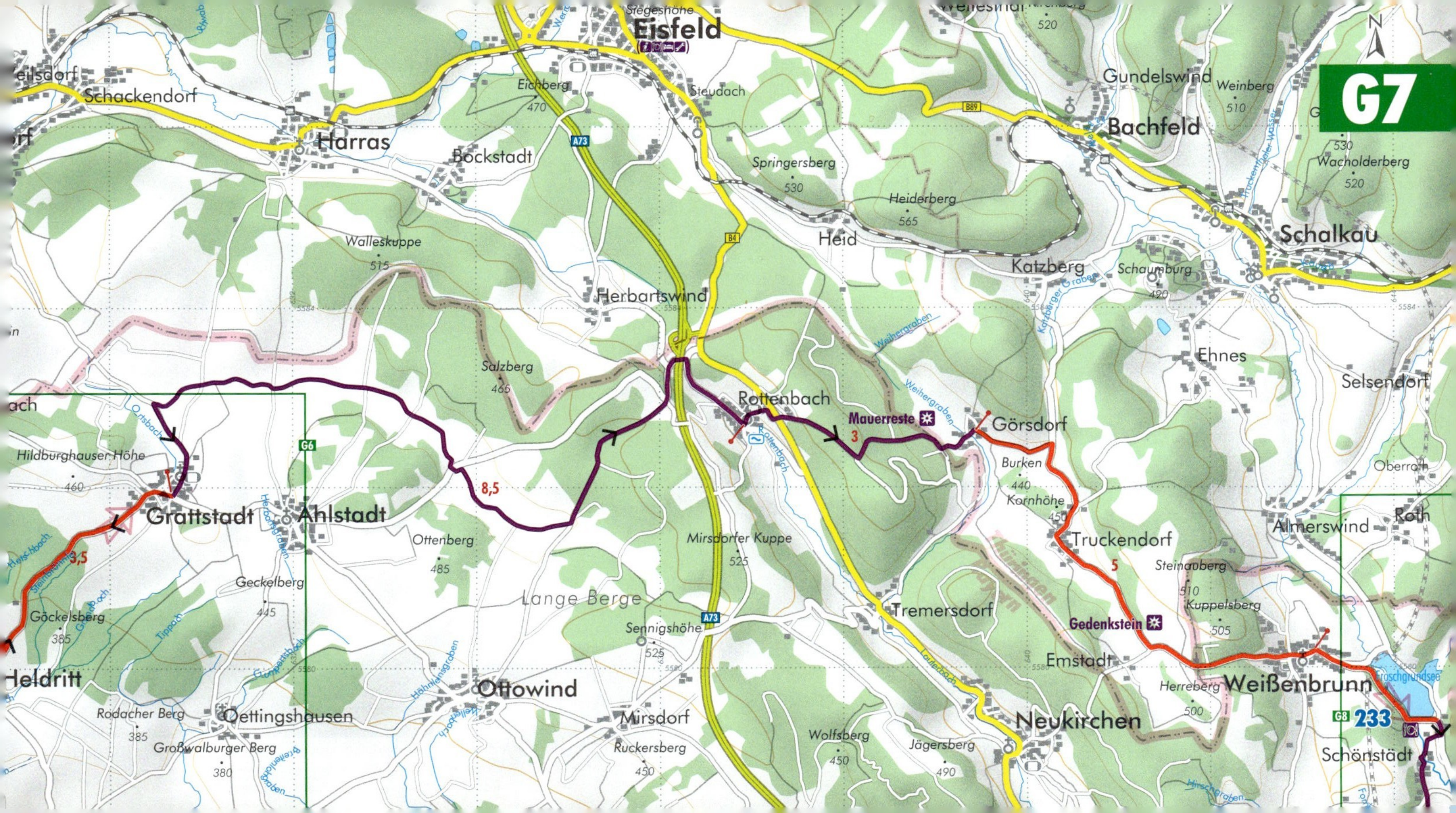
G7
233
Eisfeld
Harras
Schackendorf
Bockstadt
Steudach
Eichberg
470
Gundelswind
Weinberg
510
Bachfeld
Wacholderberg
520
Springersberg
530
Heiderberg
565
Heid
Schalkau
Katzberg
Schaumburg
490
Walleskuppe
515
Herbartswind
Ehnes
Selsendorf
Salzberg
465
Rottenbach
Mauerreste
Görsdorf
Burken
440
Kornhöhe
Oberroth
Hildburghauser Höhe
460
Grattstadt
Ahlstadt
8,5
3
5
3,5
Ottenberg
485
Mirsdorfer Kuppe
525
Truckendorf
Almerswind
Roth
Steinauberg
510
Kuppelsberg
505
Gedenkstein
Geckelberg
445
Lange Berge
Göckelsberg
385
Tremersdorf
Sennigshöhe
525
Emstadt
Heldritt
Ottowind
Weißenbrunn
Herreberg
500
Froschgrundsee
Rodacher Berg
385
Oettingshausen
Mirsdorf
Neukirchen
Schönstädt
Großwalburger Berg
380
Ruckersberg
450
Wolfsberg
450
Jägersberg
490
A73
B4
B89
G6
G8

Blick von Bayern über die Grenzmauer auf Görsdorf, 1985

trabenden Namen „Straße zur Einheit"! Doch dies war nichts als Blendwerk! Als in den späten 1970er-Jahren ausgerechnet auf diesem alten Verbindungsweg zwischen Thüringen und Franken eine „GüSt" (Grenzübergangsstelle) eingerichtet wurde, sorgte ihr verheißungsvoller Name für Unruhe in Ost-Berlin: Straße der Einheit – das war undenkbar! Umgehend wurde ihr der Name eines kommunistischen Parteiführers verpasst. Erst nach 1990 erhielt sie ihren vertrauten Namen zurück, sie heißt heute wieder Coburger Straße."

Man überquert die Bundesstraße und folgt der schmalen Straße, die rechts den Hügel hinaufführt. Anschließend fährt man durch einen Wald, bis auf der linken Seite eine alte Unterführung auftaucht. Dort verlief früher eine Eisenbahnlinie. Man fährt durch diese Unterführung und erreicht die Ortschaft **Görsdorf**, die sich auf thüringischer Seite unmittelbar im Grenzgebiet befand.

Mauermahnmal Görsdorf

Kurz vor Görsdorf befindet sich auf der linken Seite ein kurzes Stück Betonsperrmauer. 2003 war dieses Mauerstück noch komplett mit Graffiti beschmiert, doch im Herbst 2005 erstrahlte dieses Mahnmal wieder in sattem Weiß. Hinter der Mauer steht auch eine Tafel zum Naturschutzgebiet „Görsdorfer Heide" mit folgendem Text: „Die Grenzmauer bei Görsdorf wurde in den 1980er-Jahren erbaut und diente als Sichtblende Richtung Westen. Auf Initiative von Herrn Altbürgermeister Reinhold Meier wurde nach 1989 ein ca. 30 Meter langes Mauerteil erhalten."

Heute ist das Mauerfragment Teil des Naturschutzgebietes „Görsdorfer Heide" sowie Kulturdenkmal und Kleintierhotel in einem. In Verbindung mit der ausgeprägten Ginsterheide soll es besonders Kleintieren und Schmetterlingen Schutz und Lebensraum bieten. Für letztere ist die Aufschüttung zum Überwintern und Brüten geeignet. Oben im Rohr befindet sich ein Fledermauseinflug und die Spaltenquartiere sind für Insekten, Eidechsen und Kleintiere.

In Görsdorf hält man sich rechts und fährt in Richtung **Katzberg**. Einen Kilometer hinter dem Ortsausgangsschild biegt man rechts ab in Richtung **Emstadt**. Auf dem Weg dorthin kommt man in **Truckendorf** vorbei. Kurz vor Emstadt, das etwas abseits im ehemaligen Grenzgebiet liegt, folgt man links der Straße nach **Weißenbrunn**.

Tipp: Sämtliche Straßen auf diesem Abschnitt sind ruhig, gut befahrbar und führen durch reizvolle Landschaften.

Auf dem Weg nach Weißenbrunn überquert man die thüringisch-bayerische Grenze. Dort wurde am 3. Oktober 1999 ein Gedenkstein aufgestellt: „10 Jahre Grenzöffnung – in nachbarschaftlicher Verbundenheit Lautertal Schalkau Rödental."

Man durchquert das bayerische **Weißenbrunn**, stößt hinter der Ortschaft auf den **Froschgrundsee** und folgt der Straße in Richtung **Fischbach**, **Rödental** und **Coburg**.

Blick von Bayern auf Sperranlagen vor Sonneberg, 1985/86

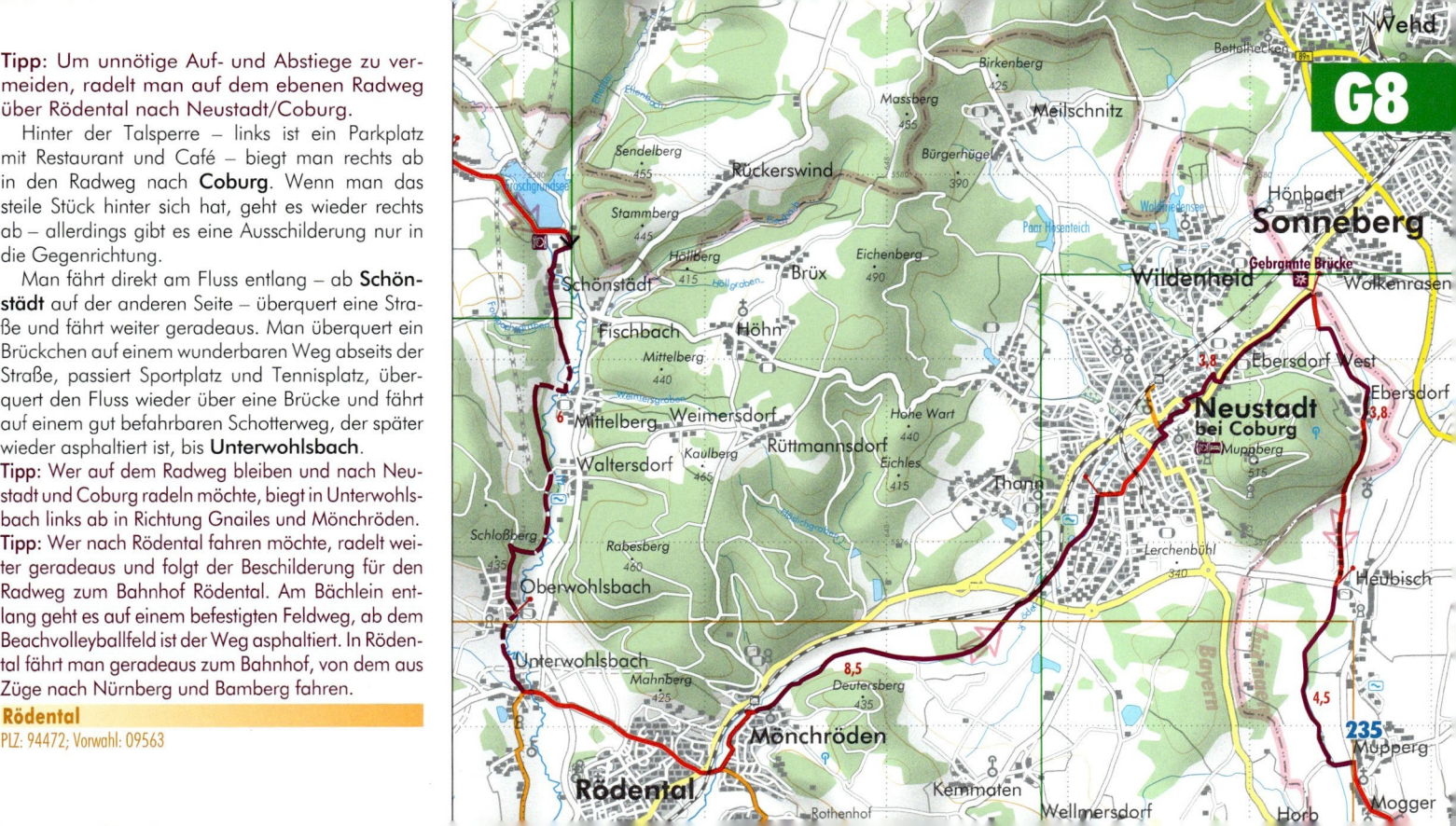

Tipp: Um unnötige Auf- und Abstiege zu vermeiden, radelt man auf dem ebenen Radweg über Rödental nach Neustadt/Coburg.

Hinter der Talsperre – links ist ein Parkplatz mit Restaurant und Café – biegt man rechts ab in den Radweg nach **Coburg**. Wenn man das steile Stück hinter sich hat, geht es wieder rechts ab – allerdings gibt es eine Ausschilderung nur in die Gegenrichtung.

Man fährt direkt am Fluss entlang – ab **Schönstädt** auf der anderen Seite – überquert eine Straße und fährt weiter geradeaus. Man überquert ein Brückchen auf einem wunderbaren Weg abseits der Straße, passiert Sportplatz und Tennisplatz, überquert den Fluss wieder über eine Brücke und fährt auf einem gut befahrbaren Schotterweg, der später wieder asphaltiert ist, bis **Unterwohlsbach**.

Tipp: Wer auf dem Radweg bleiben und nach Neustadt und Coburg radeln möchte, biegt in Unterwohlsbach links ab in Richtung Gnailes und Mönchröden.

Tipp: Wer nach Rödental fahren möchte, radelt weiter geradeaus und folgt der Beschilderung für den Radweg zum Bahnhof Rödental. Am Bächlein entlang geht es auf einem befestigten Feldweg, ab dem Beachvolleyballfeld ist der Weg asphaltiert. In Rödental fährt man geradeaus zum Bahnhof, von dem aus Züge nach Nürnberg und Bamberg fahren.

Rödental
PLZ: 94472; Vorwahl: 09563

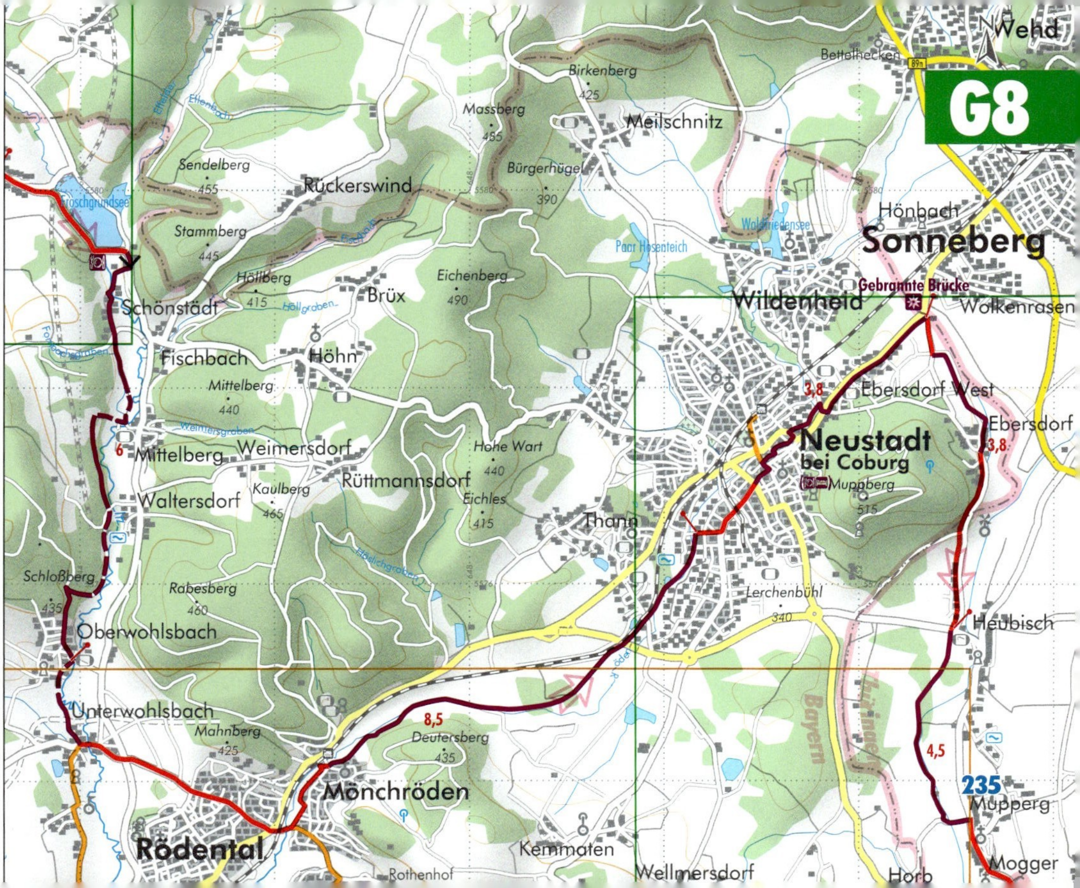

🏛 **Europäisches Museum für Modernes Glas,** im Park von Schloss Rosenau, ☎ 1606, ÖZ: April-Okt., Mo-So 9.30-1300 Uhr und 13.30-17 Uhr, Nov.-März, Di-So 13-16 Uhr

♿ **Schloss Rosenau,** Rosenau 1, ☎ 308413, ÖZ: April-Sept., Di-So 10-17 Uhr, Okt.-März, Di-So 10-15 Uhr. Führungen zur vollen Stunde.

Die Stadt entstand 1971 aus einem Zusammenschluss von 16 selbstständigen Gemeinden.

Die älteste urkundliche Erwähnung einer Siedlung bezieht sich auf die „Waltsassyn", die heutige Gemeinde Waldsachsen, und stammt aus dem Jahr 1317. Im Zentrum von Waldsachsen befand sich früher ein Schloss, das 1822 durch eine Feuersbrunst zerstört wurde.

Das malerische, im Tal der Itz gelegene Schloss Rosenau war die Sommerresidenz der Coburger Herzöge. Hier wurde auch Prinz Albert, der spätere Gemahl der englischen Königin Victoria, geboren. In dem wunderschönen englischen Landschaftsgarten wird das klassizistische Teehaus heute als Parkrestaurant genutzt. Sehenswert ist auch die spätgotische St.-Johannes-Kirche. 1863 ließ sie Queen Victoria zum Andenken an ihren verstorbenen Gemahl aus eigenen Mitteln renovieren.

Sonneberg (1984/2006)

2005 wurde Rödental durch den Bau der Itztalbrücke bekannt, einer Eisenbahnbrücke, die zur Neubaustrecke Nürnberg–Erfurt gehört. Wegen fehlender Finanzmittel wird sie aber vermutlich noch lange ungenutzt in der Landschaft stehen.

Vom Bahnhof Rödental biegt man auf der südlichen Seite hinter der Bahn links ab, hält sich parallel zu Bahnlinie und zum Röden-Fluss und kreuzt die Hauptstraße in Rödental. Wenn die Straße rechts abgeht nach Kipfendorf, biegt man links ab, fährt über die **Röden** im Alexandrinental nach **Mönchröden**.

Kurz vor der Bahnlinie biegt man rechts ab und befindet sich wieder auf der Hauptroute. Hier geht es rechts ab nach Neustadt.

Tipp: An dieser Stelle der Hauptroute geht es auch ins 8 Kilometer entfernte Coburg. Man radelt geradeaus bis zur Landstraße nach Kipfendorf, von der man rechts abbiegt nach Einberg. In Waldsachsen biegt man vor dem Krebsbach links ab und radelt am Fluss entlang zum Mühlteich. Vor dem See biegt man rechts ab und kommt nach einer Linkskurve auf die Landstraße, in

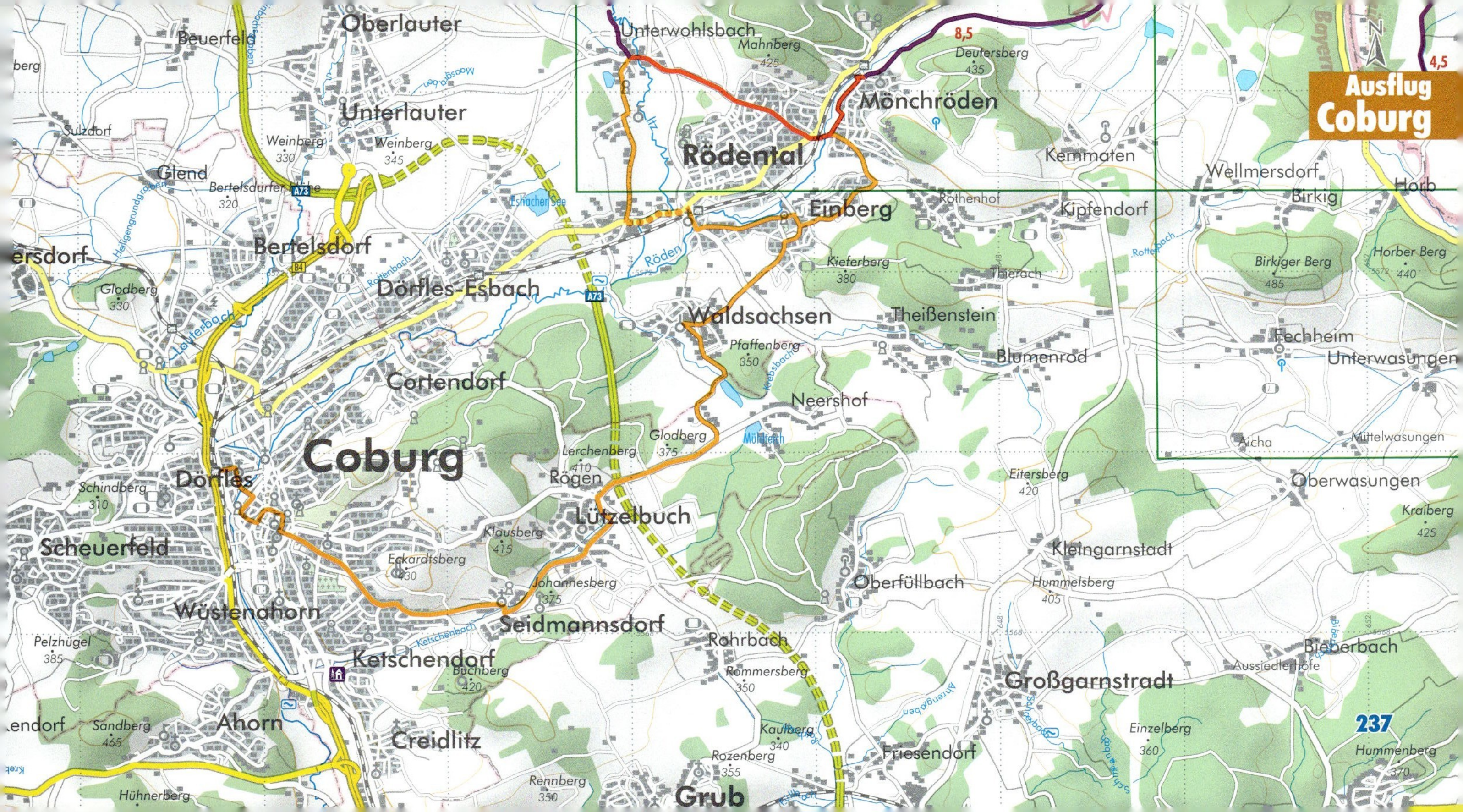

Ausflug
Coburg
237
Coburg
Rödental
Mönchröden
Unterwohlsbach
Oberlauter
Unterlauter
Beuerfeld
Sulzdorf
Glend
Bertelsdorf
Dörfles-Esbach
Cortendorf
Dörfles
Scheuerfeld
Wüstenahorn
Ketschendorf
Ahorn
Creidlitz
Grub
Seidmannsdorf
Lützelbuch
Rögen
Waldsachsen
Einberg
Kemmaten
Kipfendorf
Rothenhof
Wellmersdorf
Birkig
Horb
Theißenstein
Blumenrod
Neershof
Fechheim
Unterwasungen
Aicha
Mittelwasungen
Oberwasungen
Kleingarnstadt
Oberfüllbach
Rohrbach
Großgarnstadt
Bieberbach
Friesendorf
Thierach
A73
B4
8,5
4,5

die man rechts einbiegt. Kurz vor Rögen biegt man links ab und folgt dem regionalen Radweg über Seidmannsdorf nach Coburg.

Coburg
PLZ: 96450; Vorwahl: 09561

- TC-Tourismus Coburg, Herrngasse 4, ☏ 898000, www.coburg-tourist.de
- Veste Coburg mit Kunstsammlung, ☏ 87979, ÖZ: April-Okt., tägl. 9.30-17 Uhr, Nov.-März, Di-So 13-16 Uhr. Die Burg stammt aus dem 13. Jh. und beherbergt eine bedeutende Kunstsammlung. Zu sehen gibt es Rüstungen, Waffen, Kunsthandwerk, die ältesten Kutschen der Welt, die Lutherstube, Bilder von Dürer, Cranach oder Grünewald.
- Naturkundemuseum
- Coburger Puppenmuseum, Rückertstr. 2-3, ☏ 891480, ÖZ: n. V. 900 Puppen und zahlreiche Puppenhäuser, Puppenwagen sowie Kinderspielzeug aus der Zeit von 1800 bis 1955 werden hier gezeigt.
- Schloss Ehrenburg, Schlosspl. 1, ☏ 8088-32, ÖZ: April-Sept., Di-So 9-17 Uhr, Okt.-März, 10-15 Uhr. Das ehem. Residenzschloss mit Arkaden und Hofgarten am Fuße des Festungsberges mit einer neugotischen Fassade aus dem 19. Jh. beherbergt die Landesbibliothek Coburg. Führungen zur vollen Stunde.
- Schloss Callenberg, Callenberg 1, ☏ 5515-0, ÖZ: tägl. 11-17 Uhr. Das Schloss wurde 1122 erstmals urkundlich erwähnt und war im 19. Jh. Sommersitz der Coburger Herzöge. Die Anlage ist ein bedeutendes architektonisches Werk der Neugotik in Bayern und beherbergt heute die Sammlung Herzoglicher Kunstbesitz (Führungen ☏ 55150) und das Deutsche Schützenmuseum (Führungen ☏ 0611/4680739).
- Schloss Ketschendorf, Parkstr. 2, ☏ 15330. Im romantischen Schloss der Sängerin Rosine Stoltz ist heute die Jugendherberge Coburg untergebracht.
- Bürglassschlösschen
- Stadthaus, Markt 10, ☏ 891111, prächtiger Bau der Spätrenaissance erbaut 1597-1601
- Reste der alten Stadtmauer aus dem 15. Jh. und die zwei Stadttore Judentor und Spitaltor aus dem 13. Jh. sind von der Stadtbefestigung mit ehemals 4 inneren Stadttoren übriggeblieben. Das einzige noch erhaltene äußere Stadttor ist das Ketschentor aus dem Jahre 1303.
- Der Coburger Erker ist eine architektonische Besonderheit aus 1593, zu finden am Schloss Ehrenburg, dem Rathaus, der gegenüberliegenden Kanzlei und am Hause Markt 6 – insgesamt 5 Erker, die alle die gleichen nur für Coburg eigentümlichen Merkmale aufweisen.
- SEA-STAR Erlebnisaquarium, Stockäckerstr. 4, ☏ 799802, ÖZ: 1. April-30. Sept., Mo-Do, Sa-So 13-17.30 Uhr, 1. Okt.-31. März, Sa-So 13-17.30 Uhr. Zu sehen gibt es 650 Tierarten in 55 Schauanlagen von 30-130.000 Litern.
- Aquaria Schwimmbad, Rosenauer Str. 32, ☏ 7491640

Der Name wurde 1056 erstmalig erwähnt, 1248 ging die „Veste" Coburg – die zweitgrößte erhaltene Burg Deutschlands – in den Besitz des Grafen von Henneberg über. Das Recht der Selbstverwaltung und der eigenen Gerichtsbarkeit erhielt die Stadt 1331. Im Jahre 1353 kam die Veste an die Markgrafen von Meißen (Haus Wettin), deren Nachfahren bis zum Ende des Ersten Weltkrieges regierten.

Während des Reichstages zu Augsburg (1530) wohnte Martin Luther für sechs Monate auf der Veste Coburg. Mit dem Umzug der Herzöge in das Stadtschloss Ehrenburg wurde Coburg 1547 ein eigener Staat. 1632 wurde die Veste von Wallenstein erfolglos belagert. Nach einer wechselvollen Geschichte und jahrzehntelangen Erbstreitigkeiten entstand 1735 das Herzogtum Sachsen-Coburg-Saalfeld mit Coburg als Residenzstadt. 1826 gründete Herzog Ernst I. das Herzogtum Sachsen-Coburg-Gotha.

Es begann die Coburger „Heiratsoffensive", die im Verlauf des 19. Jahrhunderts zu Verschwägerungen mit nahezu allen europäischen Dynastien führte. 1840 heiratete die englische Königin Victoria ihren Cousin, Prinz Albert aus dem Coburger Herzogshaus.

1860 fand in Coburg das erste deutsche Turnfest statt, 1862 wurde der Deutsche Sängerbund gegründet. 1866 starb hier Friedrich Rückert, seine Grabstätte ist in Coburg-Neuses. Am 14. November 1918 endete mit dem Rücktritt des Herzogs Carl Eduard die Monarchie. In der ersten freien Volksabstimmung in Deutschland votierten 1919 über 88 Prozent der Wähler gegen den Zusammenschluss des Freistaates Coburg mit dem Land Thüringen. Somit kam Coburg im folgenden Jahr zum Freistaat Bayern.

Ab 1922 entwickelte sich Coburg zu einer Hochburg des Nationalsozialismus. Schon 1929 erhielt die NSDAP mit 43 Prozent zum ersten Mal bei Stadtratswahlen die absolute Mehrheit. Am 26. Februar 1932 verlieh Coburg als erste deutsche Stadt Adolf Hitler die Ehrenbürgerrechte – sie wurden ihm 1946 wieder aberkannt – und durfte ab 1939 den Ehrentitel der NS-Zeit „Erste nationalsozialistische Stadt Deutschlands" führen.

Das Stadtwappen, auf dem seit 1430 der Heilige Mauritius abgebildet ist – der Schutzpatron der Stadt ist in der Ikonographie als „Mauretanier", also als Mohr mit dunkler Hautfarbe dargestellt –, wird in der Zeit des Nationalsozialismus ab 1934 gegen ein Schwert mit Hakenkreuz im Knauf ausgetauscht.

Mit der Aufteilung Deutschlands in vier Besatzungszonen geriet Coburg nach 1945 – auf drei Seiten von der sowjetischen Besetzungszone umgeben – nach 1945 durch die Randlage auch wirtschaftlich ins Abseits. Durch die Integration zahlreicher Heimatvertriebener und Flüchtlinge wuchs die Bevölkerung auf ca. 55.000 Einwohner bis 1950. Nach der Wende gewann Coburg seine Funktion als „Schnittstelle" zwischen Bayern und Thüringen wieder.

Die Stadt wurde – wie z. B. Würzburg, Frankfurt und Görlitz – im Jahr 2005 Europastadt, weil sie sich dem europäischen Gedanken in besonderer Weise verschrieben hat. Coburg pflegt sehr lebendige europäische Städtepartnerschaften, setzt sich für den kulturellen Austausch ein und hat Ehrenbürger, die für den europäischen Gedanken stehen.

Von Coburg radelt man auf demselben Weg zurück über **Seidmannsdorf, Waldsachsen** und **Rödental** nach **Mönchröden**, wo man kurz vor der Bahnlinie rechts abbiegt.

Auf der Hauptroute nach Neustadt, radelt man entlang der Röden auf dem als „**Main-Coburg-Tour**" gut ausgeschilderten Radweg bis in das Stadtzentrum von **Neustadt** bei Coburg.

An der Bahnhofstraße biegt man links und sofort wieder rechts ab in den Radweg parallel zur Hauptstraße.

Tipp: Wer zum Bahnhof radeln möchte, fährt weiter geradeaus bis zu den Gleisen und biegt rechts ab zum Bahnhof in Neustadt bei Coburg. Von dort kann man direkt nach Lichtenfels, Nürnberg oder Sonneberg und damit in den Thüringer Wald fahren.

Lückenschluss Neustadt–Sonneberg

Mit dem am 28. September 1991 vollzogenen Lückenschluss zwischen Neustadt und Sonneberg wurde die jahrzehntelange Unterbrechung der Strecke Sonneberg–Coburg–Lichtenfels beendet und zwischen den neuen und alten Bundesländern eine attraktive Bahnverbindung geschaffen.

Neustadt bei Coburg
PLZ: 96465; Vorwahl: 09568

🛈 **Stadtverwaltung**, Georg-Langbein-Str. 1, 📞 81133, www.neustadt-bei-coburg.de

🏛 **Informationsstelle** über die **Teilung Deutschlands**, Austr. 99, 📞 8969251, ÖZ: Mi, Sa-So/Fei 14-16 Uhr. Im Fokus stehen die historische Entwicklung der Teilung Deutschlands sowie die Verhältnisse im ehem. grenznahen Gebiet zur DDR.

🏛 **Museum der Deutschen Spielzeugindustrie**, Hindenburgpl. 1, 📞 5600, ÖZ: Di-So 10-17 Uhr. Das Museum informiert über die maschinelle und manuelle Herstellung von Spielwaren und über den Beruf des Puppenmachers. Ausgestellt wird eine Sammlung von über 800 Trachtenpuppen aus mehr als 100 Ländern. Ein eigenes Kindermuseum mit der „Werkstatt des Weihnachtsmannes" und Darstellung verschiedener Märchen erfreut auch die kleinen Besucher.

✳ Der **Prinzregententurm** (1905) auf dem Muppberg ist ein 28 m hoher Aussichtsturm und das Wahrzeichen der Stadt.

📧 **Märchenbad**, Am Moos, 📞 85239

🛁 **Hallenbad**, Wildenheider Straße, 📞 89199-0, ÖZ: Di-So 10-20 Uhr

Die Stadt entstand mit dem Bau einer Zollburg an der Rödenfurt im zweiten Drittel des 12. Jahrhunderts. Begünstigt durch ihre Lage an der Judenstraße, einer großen Handelsstraße, die Nord- und Süddeutschland miteinander verband, konnte sie sich bald zu einem Marktflecken entwickeln, wie eine Urkunde aus dem Jahre 1248 beweist. Neustadt besaß bereits im Jahre 1316 Stadtrechte. Friedrich der Strenge, Markgraf von Meißen, schenkte der Stadt den doppelschwänzigen, rot bewehrten schwarzen Löwen als Stadtwappen.

Zum Schutz der Bürger ließ der Rat der Stadt schon recht früh eine Stadtmauer mit fünf befestigten Torhäusern errichten. Größeren Heerscharen konnte sie allerdings nicht standhalten. In den Jahren 1636 und 1839 wüteten große Stadtbrände und legten fast die gesamte Stadt in Schutt und Asche. Von 1918 bis 1920 gehörte Neustadt zum Freistaat Coburg, bis beide 1920 per Volksabstimmung zum Freistaat Bayern kamen.

Schon frühzeitig beschäftigten sich die Bewohner der Stadt mit dem Schnitzen von Gebrauchsgegenständen. Im 17. und 18. Jahrhundert bürgerten sich die Weberei und die Nagelschmiedekunst ein. Zu Anfang des 18. Jahrhunderts gingen immer mehr Bewohner zur Fertigung von Puppen über. In der Folgezeit gewann die Puppenherstellung in Neustadt zunehmend an Bedeutung. Glasbläser aus dem nahen Thüringer Wald ergänzten diesen Erwerbszweig, indem sie nach dem Zweiten Weltkrieg mit der Fertigung von Christbaumschmuck in Neustadt begannen.

Durch die Teilung Deutschlands nach dem Zweiten Weltkrieg wurde Neustadt zur Grenzstadt. Im Zuge der Gebietsreform verlor es die im Staatsvertrag mit Bayern 1920 garantierte Kreisfreiheit und wurde 1972 als "Große Kreisstadt" in den Landkreis Coburg eingegliedert. Nicht weniger als 21 Stadtteile gehören seit dem 1. Mai 1978 zur Stadt.

Am 12. November 1989 fiel die Grenze zur Nachbarstadt Sonneberg in Thüringen und Neustadt rückte wieder in die Mitte Deutschlands.

Von Neustadt bei Coburg nach Kronach 18 km

In **Neustadt bei Coburg** biegt man von der Bahnhofstraße rechts ab und fährt den Radweg bis zum Ende und biegt dort rechts ab. Man hält sich links Richtung Sonneberg und fährt auf dem Radweg der südlichen Seite bis zur **"Gebrannten Brücke"**.

"Gebrannte Brücke"

Die "Gebrannte Brücke" war am 1. Juli 1990 der Ort der Unterzeichnung des Vertrages über die Abschaffung der Personenkontrollen an der innerdeutschen Grenze durch die beiden Innenminister Peter Michael Diestel (DDR) und Wolfgang Schäuble (BRD). Bereits am 12. November 1989 wurde hier um 4.48 Uhr die Landesgrenze zwischen Bayern und Thüringen geöffnet und die Sperranlagen durch die Feuerwehr beseitigt.

Nach 1945 wurde die "Gebrannte Brücke" aufgrund ihrer Lage zwischen den Städten Sonneberg und Neustadt bei Coburg zum stehenden Begriff für die Auswirkungen der Deutschen Teilung. Ihr Symbolwert steigerte sich, als es während eines Fußballspiels zwischen einer Sonneberger und einer Neustadter Fußballmannschaft am 31. Juli 1949 zu einer Massenflucht über die Grenze kam. Letztmalig erfolgte eine Öffnung des Grenzübergangs 1951.

Sonneberg

Die Stadt Sonneberg erstreckt sich auf etwa 45 Quadratkilometern über die Linder Ebene bis an die Landesgrenze Thüringens. Von den Bergen rund um Sonneberg eröffnet sich ein weiter Blick in das oberfränkische Land.

Auf dem Gebiet der heutigen Stadt waren während des 11. und 12. Jahrhunderts mehrere Siedlungen entstanden, die Angehörigen des niederen Adels Möglichkeiten zur Etablierung eigener kleinerer Herrschaften boten. Ende des 12. Jahrhunderts errichteten sie eine Burganlage, nach der sie sich auch nannten.

Unterhalb der Burg entstand eine kleine städtische Siedlung, die bereits 1317 als "Rotin unter (der Burg) Sonneberg" genannt wurde. 1349 wurde sie mit den gleichen Rechten der Nachbarstadt Neustadt ausgestattet.

Wirtschaftliche Grundlage war im späten Mittelalter der Abbau von Schiefer und Grauwacke und deren Verarbeitung zu Wetzsteinen. An dessen Stelle trat im 17. und 18. Jahrhundert der Handel mit Holzwaren, später auch mit Spielwaren, der seit dem 18. Jahrhundert den Schwerpunkt bildete. Dadurch wurde Sonneberg zu einem Zentrum des Weltspielzeughandels.

Obwohl nach dem Ersten Weltkrieg dessen Bedeutung zurückging, blieb Sonneberg Mittelpunkt eines durch vielfältige Industriezweige (Spielzeug,

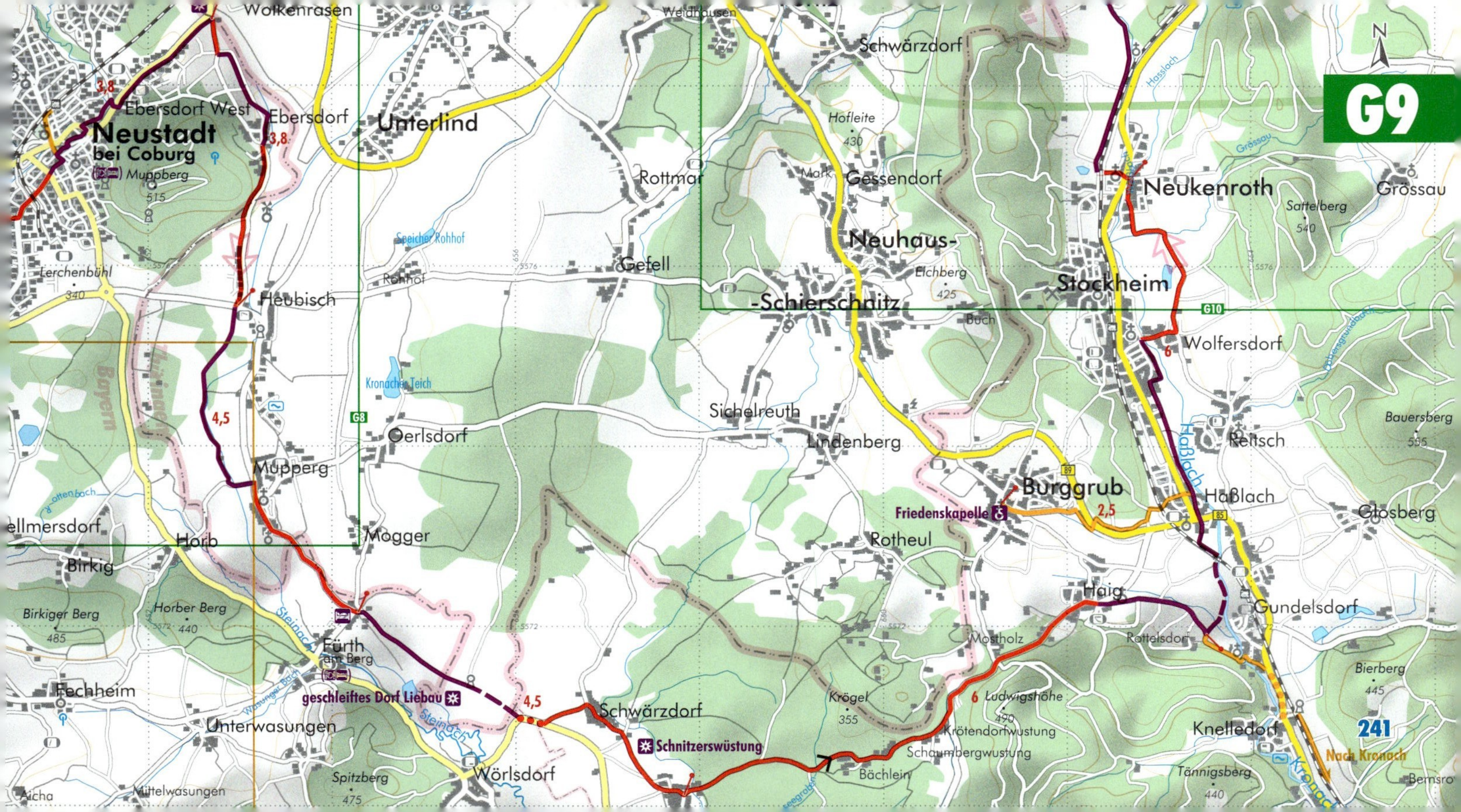
G9
241
Neustadt bei Coburg
Ebersdorf West
Ebersdorf
Unterlind
Wolkenrasen
Weidhausen
Schwärzdorf
Hofleite
Gessendorf
Rottmar
Neuhaus-Schierschnitz
Eichberg
Neukenroth
Grössau
Sattelberg
Stockheim
Muppberg
Lerchenbühl
Heubisch
Rohhof
Speicher Rohhof
Gefell
Buch
Wolfersdorf
Kronacher Teich
Sichelreuth
Lindenberg
Oerlsdorf
Mupperg
Burggrub
Friedenskapelle
Haßlach
Reitsch
Bauersberg
Glosberg
ellmersdorf
Horb
Mogger
Rotheul
Birkig
Birkiger Berg
Horber Berg
Haig
Gundelsdorf
Rottelsdorf
Mostholz
Fürth am Berg
Fechheim
Unterwasungen
geschleiftes Dorf Liebau
Schwärzdorf
Schnitzerswüstung
Krögel
Ludwigshöhe
Krötendorfwustung
Schaumbergwustung
Bächlein
Bierberg
Knelledorf
Nach Kronach
Tännigsberg
Bernsro
Spitzberg
Wörlsdorf
Mittelwasungen
Aicha
Bayern
Thüringen
Steinach
Haßlach
Kronach
Grössau
Hasslach
Seegraben
2,5
3,8
4,5
6
G8
G10
85
89

Porzellan, Glas, Maschinenbau) geprägten Wirtschaftsraumes, mit regem Austausch zwischen Nord/Süd und Ost/West.

Die Teilung Deutschlands beendete diesen Handelsverkehr. Die Stadt lag nun im Fünf-Kilometer-Sperrgebiet am Rande der DDR, was die wirtschaftliche Entwicklung stark einschränkte. 1952 und 1961 wurden Oppositionelle zwangsausgesiedelt, die letzten Privatbetriebe der Spielzeugindustrie 1972 verstaatlicht und zu volkseigenen Betrieben zusammengefasst.

Seit 1989 wurde Sonneberg mit Neustadt bei Coburg kulturell und wirtschaftlich immer enger wieder miteinander verbunden.

Von der „Gebrannten Brücke" geht es rechts ab Richtung **Ebersdorf**. Hier wurde am 2. Juni 2009 das erste Teilstück des 7.000 Kilometer langen Europa-Radwegs Eiserner Vorhang von den Bürgermeistern aus Neustadt bei Coburg und Sonneberg eingeweiht. Der Radweg zwischen der „Gebrannten Brücke" und dem geschleiften Dorf Liebau wurde fahrradfreundlich ausgebaut und mit dem EU-Logo der EuroVeloRouten ausgeschildert.

Am nächsten Abzweig biegt man links in den als „Iron Curtain Trail" ausgeschilderten Radweg, der in Ebersdorf wieder auf die Straße stößt. Dort biegt man links ab und radelt bis **Heubisch**, wo man die Hauptstraße quert und geradeaus auf dem ausgeschilderten Radweg entlang der Steinach bis **Mupperg** fährt. Dort biegt man links ab, quert die Steinach und biegt rechts in die Hauptstraße ein und radelt anschließend weiter zum bayerischen **Fürth am Berg**.

Hinter dem ehemaligen Hotel „Grenzgasthof" fährt man versetzt geradeaus auf dem ausgeschilderten Radweg vorbei und passiert hinter der Grenze den Gedenkstein zur Erinnerung an das geschleifte Dorf Liebau.

Tipp: Zwei Steine und ein Lageplan erinnern an das geschleifte Dorf Liebau: „Hier stand das Dorf Liebau, erstmalig erwähnt 1317, 1952 Flucht aller Dorfbewohner, 1975 Abriss des Dorfes auf Anordnung des SED-Regimes. Mupperg 1992."

Man fährt weiter geradeaus, quert wieder die Grenze und erreicht die Straße, von der man etwas später links nach **Schwärzdorf** abbiegt. Dort biegt man rechts ab, fährt am Feuerwehrgebäude, das wie eine Kirche aussieht, vorbei, passiert **Schnitzerswüstung** und erreicht **Neundorf**. Man biegt links ab nach Bächlein, überquert die Föritz, und erreicht auf der leicht ansteigenden Straße **Bächlein**. Dort gibt es direkt an der Straße ein Waldhotel mit Biergarten.

Man ignoriert den Radweg nach Kaltenbrunn und fährt Richtung Haig. Man passiert die **Krötendorfwustung** und die **Schaumbergwustung** – und kommt auf die Landstraße, auf der man nach 2 Kilometern **Haig** erreicht.

Tipp: Auf dem als „Oberfranken-Radweg 2", „Obermain-Frankenwald-Tour" oder „Main-Coburg-Tour" ausgeschilderten Radweg erreicht man nach 2 Kilometern Knellendorf. Von dort radelt man an der Bahnlinie entlang und erreicht nach 5 Kilometern die Stadt Kronach. Vom Bahnhof in Kronach fahren Züge direkt nach Saalfeld (Saale) und Lichtenfels.

Kronach
PLZ: 96317; Vorwahl: 09261

🛈 Tourismus- und Veranstaltungsbetrieb, Marktpl. 5, ✆ 97236, www.kronach.de

🏰 Festung Rosenberg, ✆ 60410, ÖZ: März-Okt., Di-So 9.30-17.30 Uhr, Nov.-Feb., Di-So 10-17 Uhr. Die Burganlage wurde 1249 erstmals urkundlich erwähnt. Im 14. Jh. erhob man sie zur bischöflichen Landesburg und wurde im 15. und 16. Jh. baulich erweitert. Im Dreißigjährigen Krieg hielt die Festung den schweren Angriffen der Schweden stand und im 17. und 18. Jh. erfolgten letzte große Ausbauarbeiten zur idealen, fünfeckigen Befestigungsanlage. In der Burg befindet sich die Fränkische Galerie mit bedeutenden Werken von Lucas Cranach d. Ä. und Tilman Riemenschneider. Die Öffnungszeiten gelten für Burg und Museen.

✳ Obere Stadt, sehenswerte historische Altstadt mit vollständig erhaltener Stadtmauer, prächtig restaurierten Häusern, mittalterlichen Türmen, idyllischen Plätzen und romantisch verwinkelten Gassen.

✳ Crana Mare, Erlebnisbad, Gottfried-Neukam-Str. 25, ✆ 2377, ÖZ: Mo-Mi 10-21 Uhr, Sa-So/Fei 8-21 Uhr

🚲 Radsport Dressel, Schwedenstr. 31, ✆ 3406

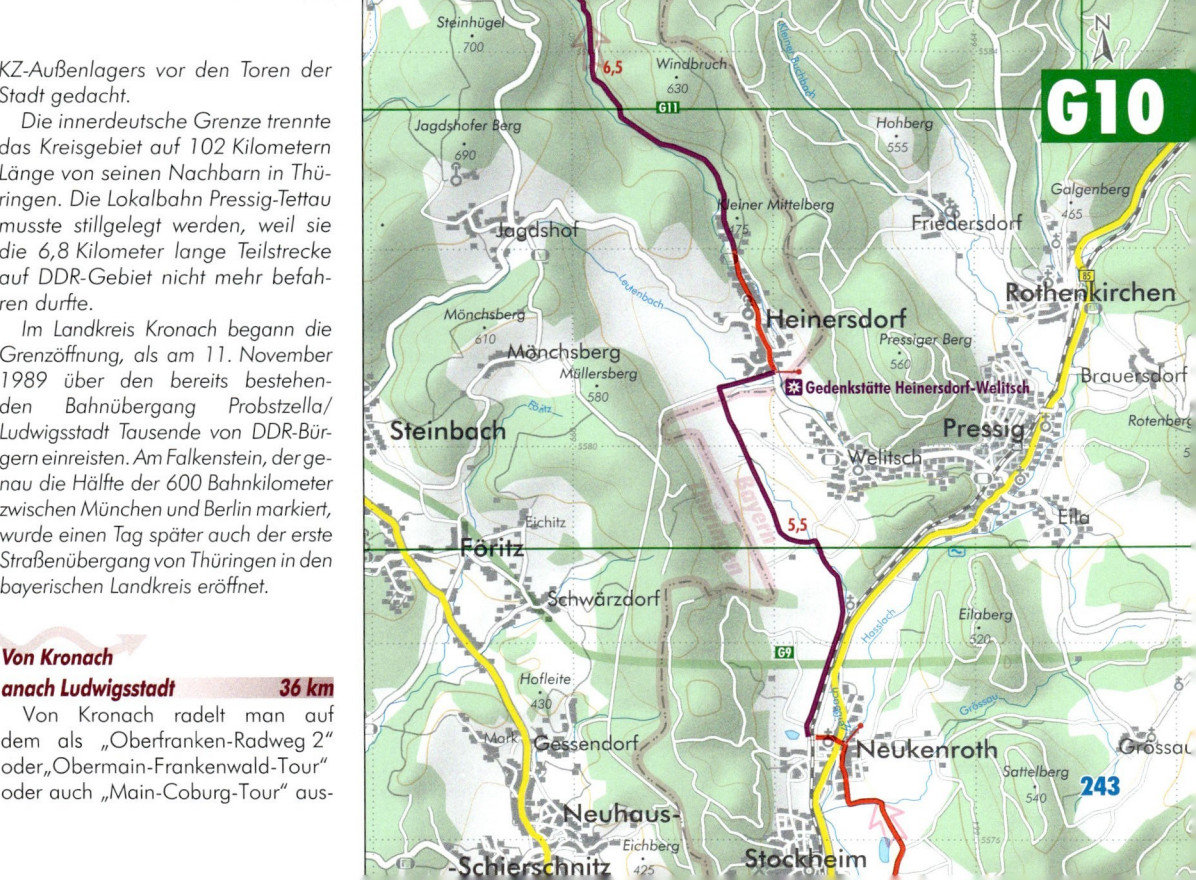

Die Kreisstadt mit 18.000 Einwohner ist Mittelzentrum des Frankenwaldes und gehört zu den schönsten mittelalterlichen Städten Oberfrankens.

Die Lucas-Cranach-Stadt feierte 2003 ihr 1.000-jähriges Stadtjubiläum. Lucas Cranach d. Ä. (1472–1553) ist einer der Hauptmeister der süddeutschen Renaissance-Malerei und der berühmteste Sohn der Stadt.

Als „Urbs Crana" wurde Kronach 1003 und die Festung Rosenberg 1249 das erste Mal offiziell erwähnt. Als nordöstliches Bollwerk des Hochstiftes hatte die Stadt mit ihrer Burg auf dem Rosenberg eine herausragende Schutzfunktion. Sie gilt als eine der größten und besterhaltenen Festungsanlagen Deutschlands.

Die jüdische Synagoge blieb nur deshalb während des Progroms erhalten, weil der damalige jüdische Gemeindevorsteher die Synagoge rechtzeitig an die Stadt Kronach verkauft hatte. Seit 2002 wird in Kronach auch der Toten des

KZ-Außenlagers vor den Toren der Stadt gedacht.

Die innerdeutsche Grenze trennte das Kreisgebiet auf 102 Kilometern Länge von seinen Nachbarn in Thüringen. Die Lokalbahn Pressig-Tettau musste stillgelegt werden, weil sie die 6,8 Kilometer lange Teilstrecke auf DDR-Gebiet nicht mehr befahren durfte.

Im Landkreis Kronach begann die Grenzöffnung, als am 11. November 1989 über den bereits bestehenden Bahnübergang Probstzella/Ludwigsstadt Tausende von DDR-Bürgern einreisten. Am Falkenstein, der genau die Hälfte der 600 Bahnkilometer zwischen München und Berlin markiert, wurde einen Tag später auch der erste Straßenübergang von Thüringen in den bayerischen Landkreis eröffnet.

Von Kronach anach Ludwigsstadt   36 km

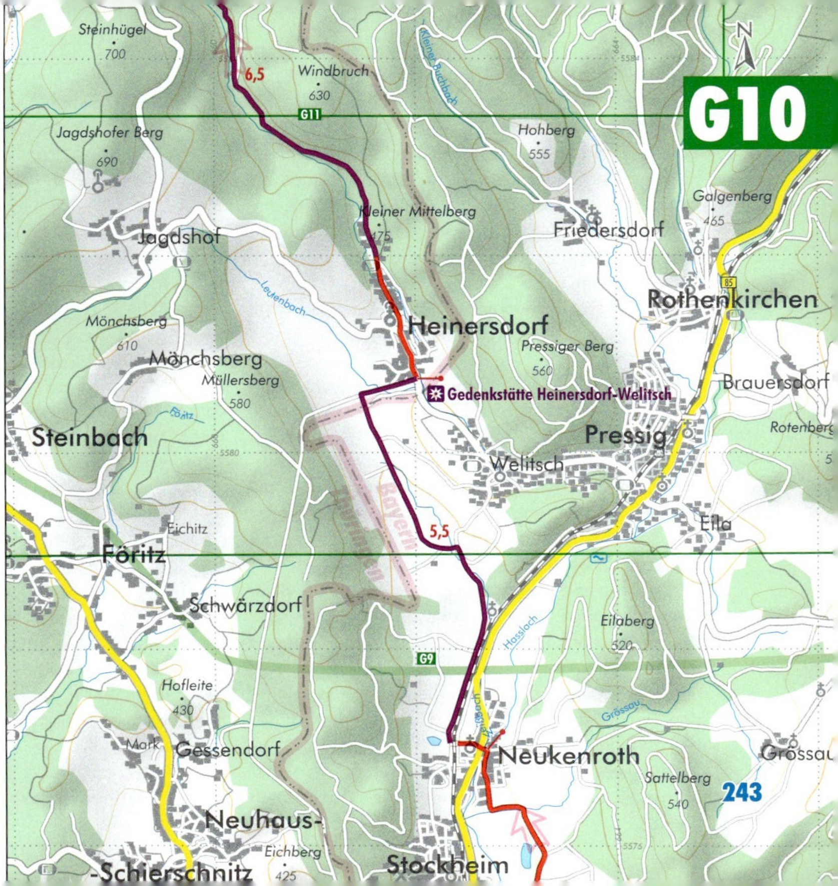

Von Kronach radelt man auf dem als „Oberfranken-Radweg 2" oder„Obermain-Frankenwald-Tour" oder auch „Main-Coburg-Tour" ausgeschilderten Weg in Richtung **Haig**. Hinter Knellendorf und vor dem Abzweig nach Rottelsdorf biegt man rechts ab in den ausgeschilderten Weg nach **Tettau** (25 Kilometer) über **Haßlach**. Man fährt am Bach entlang, unterquert die Bahnstrecke, quert die Hauptstraße, bleibt auf Erschließungsstraßen und radelt auf dem Rennsteig-Main- oder Lions-Radweg an der Haßlach entlang zwischen den Häusern und dem Flüsschen.

Tipp: Von Haßlach aus kann man auch die Friedenskapelle in Burggrub besichtigen.

Friedenskapelle Burggrub

An der ehemaligen innerdeutschen Landesgrenze zu Thüringen befindet sich die 1992 aus Dankbarkeit für die friedliche Wiedervereinigung erbaute „Grenz- und Friedenskapelle". Dort kann man sich über die Zeit der Trennung und die Grenzöffnung informieren und den Ausblick über den ehemals bayerisch-thüringischen Grenzraum genießen.

Burggrub ist übrigens wegen des Ausbleibens der Gegenreformation eines der wenigen Dörfer des südlichen Landkreises Kronach, das überwiegend evangelisch-lutherisch geprägt ist. Der Ort zwischen dem evangelischen Sachsen (heute Thüringen) und dem katholischen Bamberg wurde während des Dreißigjährigen Kriegs mehrfach zerstört.

Wenn es rechts ab über die Brücke nach Wolfersdorf geht, fährt man über den Fluss, radelt durch

Blick von Bayern über die Grenzmauer auf Heinersdorf, 1985

Wolfersdorf, biegt links ab auf den **R 3** und kommt nach **Neukenroth**. Am Beginn von Neukenroth biegt man nicht rechts in die Schwedenstraße ein, sondern fährt scharf links über den Bach – links vor dem Schuppen am Porzellangeschäft vorbei – in den kleinen schmalen Weg am grünen Zaun entlang. Man quert die Straße, fährt zwischen den beiden Häusern durch, quert über eine wunderschöne Fußgängerbrücke die Hasslach und kommt zur B 85. Diese quert man, danach die Bahn, und dann ist der Weg rechts ab auch ausgeschildert. Links ist ein See, rechts die Bahn.

Man bleibt an der Bahntrasse bis zu einer Weggabelung und folgt der Beschilderung des Rennsteig-Radwegs.

Tipp: Rechter Hand liegt Pressig. Im Bahnhof Pressig-Rothenkirchen hielten auch die Interzonen-Züge auf ihrer Fahrt zwischen West-Berlin und München.

Damit die Frankenwaldrampe zwischen Pressig und Ludwigsstadt bewältigt werden konnte, mussten die Züge mit einer Schiebelok verstärkt werden. Da ohnehin gehalten werden musste, ließ man auch die Fahrgäste ein- und aussteigen. Nach der Wende wurden stärkere Lokomotiven eingesetzt, der Haltepunkt entfiel. Heute fahren von Pressig-Rothenkirchen Regionalzüge nach Saalfeld (Saale) und Lichtenfels.

An der nächsten Kreuzung geht es links ab – nicht rechts den Berg hinauf –, man passiert einen kleinen See auf der linken Seite und radelt auf der „westlichen" Seite der Grenze. Man quert den Grenzstreifen, radelt auf dem ehemaligen Kolonnenweg und biegt an der Straße rechts ab nach **Heinersdorf**, das nicht geschleift wurde, obwohl es so nah an der Grenze lag.

Heinersdorf

Dokumentation „Zwei deutsche Diktaturen: Entstehung, Gemeinsamkeiten, Scheitern". Der Außenbereich ist rund um die Uhr zugänglich. Die Ausstellung ist nach Vereinbarung geöffnet, Hr. Erich Eckhardt ✆ 03675/744516 od. Hr. Rudolf Pfadenbauer im Landratsamt ✆ 09261/20480. Die Ausstellung ist in der Holzbaracke des damaligen kleinen Grenzübergangs Heinersdorf-Welitsch untergebracht.

Gedenkstätte Heinersdorf-Welitsch

Am Ortseingang eröffnete 1995 der gleichnamige Förderverein die aus drei Teilbereichen bestehende

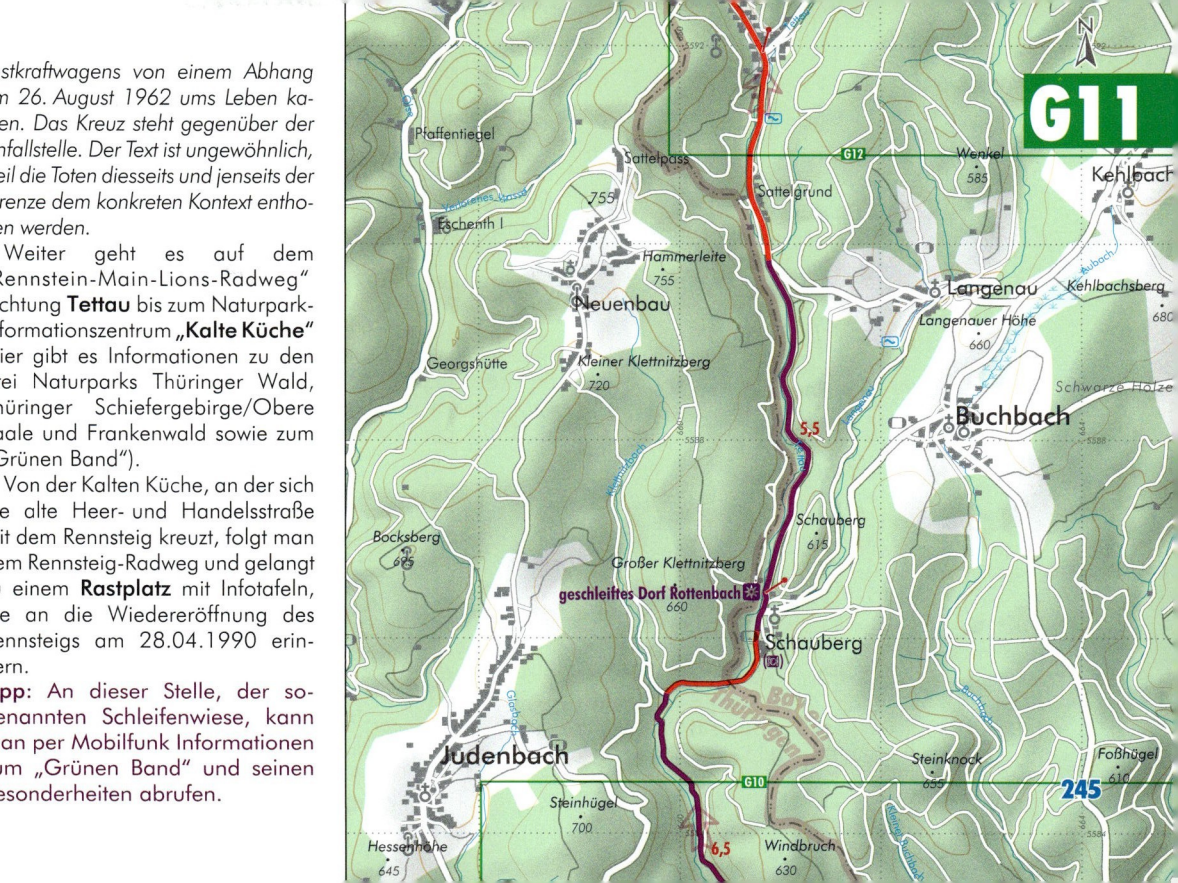

Anlage. So wurden zum Beispiel 30 Meter von der einst 750 Meter langen und 3,30 Meter hohen Betonsperrmauer erhalten. Diese Mauer riegelte die beiden Ortschaften komplett voneinander ab. Weiterhin sind der ein Meter tiefe Kfz-Sperrgraben, der sechs Meter breite Kontrollstreifen, der Kolonnenweg, ein Wachturm und dahinter noch mal ein drei Meter hoher Grenzzaun, an den sich die fünf Kilometer breite Sperrzone anschloss, erhalten. Außerdem ein Bachsperrwerk am Flüsschen Tettau, das einst errichtet wurde, um eine Flucht auf dem kleinen Fluss zu verhindern.

Man radelt durch Heinersdorf und danach auf dem asphaltierten Forstweg entlang der Tettau im früheren Grenzstreifen. Man kreuzt die Grenze vom Landkreis Sonneberg zum Landkreis Kronach, folgt weiter dem Rennsteig-Radweg, der durch das Tettautal nach **Schauberg** führt.

Schauberg

Am Ortsausgang befindet sich das Mahnmal „Für alle Opfer der Gewalt – Liebet einander, wie ich euch geliebt habe". Es erinnert an sechs Grenzpolizisten, die beim Sturz eines Lastkraftwagens von einem Abhang am 26. August 1962 ums Leben kamen. Das Kreuz steht gegenüber der Unfallstelle. Der Text ist ungewöhnlich, weil die Toten diesseits und jenseits der Grenze dem konkreten Kontext enthoben werden.

Weiter geht es auf dem „Rennstein-Main-Lions-Radweg" Richtung **Tettau** bis zum Naturparkinformationszentrum **„Kalte Küche"** (hier gibt es Informationen zu den drei Naturparks Thüringer Wald, Thüringer Schiefergebirge/Obere Saale und Frankenwald sowie zum „Grünen Band").

Von der Kalten Küche, an der sich die alte Heer- und Handelsstraße mit dem Rennsteig kreuzt, folgt man dem Rennsteig-Radweg und gelangt zu einem **Rastplatz** mit Infotafeln, die an die Wiedereröffnung des Rennsteigs am 28.04.1990 erinnern.

Tipp: An dieser Stelle, der sogenannten Schleifenwiese, kann man per Mobilfunk Informationen zum „Grünen Band" und seinen Besonderheiten abrufen.

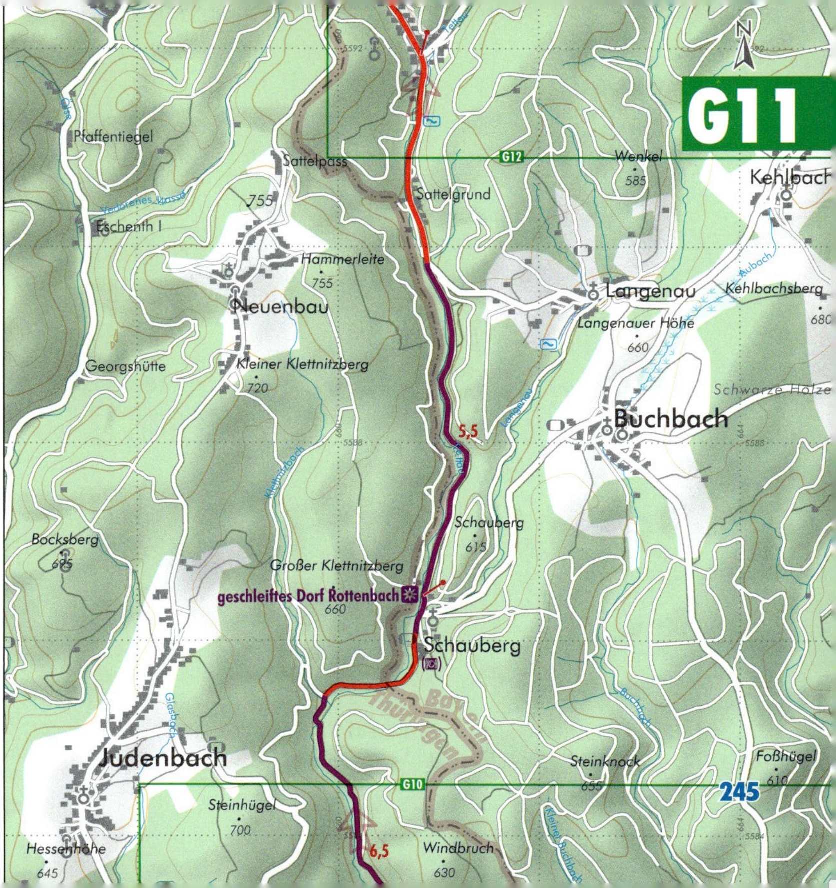

Der Rennsteig

Der Rennsteig verbindet über knapp 170 Kilometer Hörschel an der Werra mit Blankenstein an der Saale. Der Großteil verläuft im Thüringer Wald, nur 12 Kilometer befinden sich auf bayerischem Gebiet. Rennsteig und Rennwege, von denen es im deutschen Sprachraum noch 220 gibt, waren Pfade eines uralten Wegenetzes für Boten zu Fuß und zu Pferde, die kürzesten Verbindungen zwischen wichtigen Orten.

Das vorgeschichtliche Alter dieser Wege ist durch Funde nachgewiesen. Meist führten diese Kurierwege auf Höhenzügen durch Wälder, fernab von Siedlungen, um Überfällen zu entgehen. Der angrenzende Frankenwald bildet nicht nur die Wasserscheide zwischen Elbe und Rhein, sondern auch die Sprachgrenze zwischen thüringischer und fränkischer Mundart.

Hinter dem Rastplatz geht es auf befestigtem Feldweg rechts ab nach **Lichtenhain**. Man quert die Straße, radelt auf asphaltiertem Weg, biegt links ab zum Gasthof „Grüner Baum", fährt rechts hinunter zur Kirche und weiter geradeaus nach Lauenstein. An ersten Abzweig biegt man rechts ab, am nächsten geht es zum Kolonnenweg, der nach **Lauenstein** führt. Der kurze befestigte Abschnitt geht wenig später in Lochplatten über.

Nach 2 Kilometern geht es ganz steil bergab, und danach biegt man vom Kolonnenweg links ab in den befestigten Waldweg und radelt weiter bergab, bis man auf einen geschotterten Platz stößt. Hier hält man sich rechts und gelangt an eine Straße.

Tipp: Links auf der Ecke ist das Köchinnengrab, auch Frauengrab genannt. Der Überlieferung zufolge wurde an dieser Stelle im 16. Jahrhundert unter der Herrschaft der „Ritter von Thüna" eine Köchin vom Schloss Lauenstein wegen Kindsmordes bei lebendigem Leibe gepfählt und begraben, verurteilt nach dem Sachsenspiegel.

Man folgt der Straße nach rechts und gelangt zur **Thüringer Warte**.

Thüringer Warte

Auf dem Gipfel des 678 Meter hohen Ratzenberg in Bayern befindet sich der Aussichtsturm „Thüringer Warte". Der knapp 27 Meter hohe Turm steht ca. 200 Meter von der ehemaligen deutsch-deutschen Grenze entfernt.

Der Bau des Turmes wurde am 3. April 1963 begonnen, die Einweihung fand am 17. Juni 1963 statt. Etwa 6.000 bis 7.000 Besucher kamen zur ersten Kundgebung. Fünf Jahre nach Eröffnung zählte man bereits 180.000 Besucher, Ende 1992 wurden 905.943 Einzelbesucher erfasst.

Im März 1994 wurde der Aussichtsturm renoviert. Zwar hat dieser Turm nicht mehr die frühere Bedeutung, als man auf die Grenzanlagen blicken konnte, doch die Aussicht nach Thüringen ist noch immer beeindruckend. Eine Ausstellung im Inneren des Aussichtsturms beleuchtet die Geschichte rund um die innerdeutsche Grenze.

An der Thüringer Warte vorbei radelt man bergab zur Burg Lauenstein, an deren Fuße man einkehren kann.

Lauenstein
PLZ: 96337; Vorwahl: 09263

Burg Lauenstein, Staatliche Burgverwaltung, ✆ 400, ÖZ: April-Sept., Di-So 9-18 Uhr; Okt.-März Di-So 10-16 Uhr. Mittelalterliche Höhenburg im thüringisch-fränkischen Schiefergebirge. Die ältesten Bausubstanzen gehen auf das 12. Jh. zurück. Die erste urkundliche Erwähnung erfolgte 1222. In den Jahren 1551 bis 1554 wurde der als Thünabau bekannte Hauptteil der Burganlage errichtet. 1622 wurde die Burg vom Markgraf von Brandenburg-Kulmbach-Bayreuth gekauft. 1791 fiel sie an Preußen, 1803 an Bayern. 1896 erwarb Dr. Erhard Messmer die verwahrloste Burganlage und ließ sie renovieren und neu ausstatten. Seit 1962 ist die Anlage im Besitz des Freistaates Bayern. Heute ist in der Hauptburg ein Museum mit über 20 Räumen eingerichtet.

Von Burg Lauenstein fährt man bergab zur **B 85**.

Tipp: Will man nach Ludwigsstadt – dort fahren die Züge nach Saalfeld, Kronach und Lichtenfels –, muss man rechts abbiegen.

G12
Gräfenthal
Probstzella
Bauhaus-Hotel "Haus des Volkes"
Mühlberg
Meernach
Eichberg
Creunitz
Buchbach
Beehügel
Ratzenberg
Thüringer Warte
Köchinnengrab
Burg Lauenstein
Lauenstein
Villa Falkenstein
Unterneuhüttendorf
Steinbach
Lichentanne
Steinbachsmühle
Lichentanner Mühle
Schieferberg
Höhberg
Kriegerdenkmal
Schmiedebach
KZ-Gedenkstätte "Laura"
Gloppenbach
Steinbühl
Schwarzer Berg
Mösseberg
Oberneuhüttendorf
Schiefermuseum
Ludwigsstadt
Ottendorf
Winterberg
Am Purbach
Lehestener Berg
Lehesten
Lichtenhain
Buchberg
Höhkuppe
Katzwich
Ebersdorf
Naturpark-Infozentrum "Kalte Küche"
Rennsteig-Mahnmal
Eisenberg
Hofgelänge
Hammerbühl
Suhle
Eulenberg
Tettau
Roter Turm
Warthe
Lauenhain
Windrad
Technisches Denkmal Schieferpark
Thüringer Schieferpark
Röttersdorf
Altvaterturm
Wetzstein
247

Ludwigsstadt

PLZ: 96337; Vorwahl: 09263

- **Stadt Ludwigsstadt**, Lauensteiner Str. 1, ✆ 9490, www.ludwigsstadt.de
- **Schiefermuseum**, Lauensteiner Str. 44, ✆ 974541, ÖZ: Di-So/Fei 13-17 Uhr. In Ludwigsstadt hatte die Produktion von Schiefertafeln große Bedeutung. Das Museum erzählt die Geschichte des Schieferbergbaus und der Schieferindustrie.
- **Marienkapelle**
- **Altes Rathaus**, schlichter Fachwerkbau aus 174649
- **Freibad**, Kronacher Str. 35, ✆ 1623 od. 9490
- **Hallenbad**, Kronacher Str. 34, ✆ 9920245 od. 9490

Der Ursprung der Stadt dürfte vor dem Jahre 1269 liegen, denn damals hatte bereits ein Vogt in dem schon damals bedeutenden Ort seinen Amtssitz gehabt. Das idyllische Städtchen mit den Ortsteilen Ebersdorf, Lauenstein, Lauenhain und Steinbach an der Haide hat knapp über 3.600 Einwohner und liegt am Zusammenfluss von drei Mittelgebirgsbächen. Es ist eingebettet in die bewaldeten Höhen des Frankenwaldes und des Thüringer Waldes.

Historische Gebäude mit Schieferfassaden vermitteln einen einzigartigen Eindruck. Ludwigsstadt bietet eine große Palette an Beherbergungsmöglichkeiten. An Sehenswürdigkeiten sind neben der Marienkirche und dem Schiefermuseum die Burg Lauenstein, der Tanzanger in Ebersdorf sowie die evangelische St.-Elisabeth-Kirche in Steinbach an der Haide zu nennen.

Von Ludwigsstadt nach Blankenstein 41 km

Für die Weiterfahrt auf dem Deutsch-Deutschen Radweg biegt man an der B 85 links und später rechts ab, fährt über die Eisenbahnbrücke und folgt dem **Loquitz-Radweg** bis zum **Falkenstein**. Auf dem Weg liegt auch die Fischbachsmühle, Sitz der „Confiserie Burg Lauenstein", deren handgefertigte Pralinen sogar in Deutschlands Edelkaufhaus „KaDeWe" in Berlin angeboten werden.

Nach dem Falkenstein verlässt man den Loquitz-Radweg, der nach links Richtung Probstzella abzweigt.

Tipp: Am Falkenstein bietet sich ein Abstecher nach Probstzella zu Thüringens größtem Bauhaus-Denkmal an.

„Haus des Volkes"

Das 1927 eingeweihte „Haus des Volkes" in Probstzella wurde von dem Bauhaus-Architekten Alfred Arndt entworfen und gestaltet. Der Industriepionier Franz Itting übergab es der Bevölkerung als ein Ort für Kultur und Bildung. Nach einigen Jahren des Leerstands wurde das Ensemble 2003 aufwändig rekonstruiert. Heute finden sich hier eine fahrradfreundliche Unterkunft mit Hotel und Restaurant im Bauhaus-Stil sowie eine Dauerausstellung zum „Grünen Band Deutschland und Europa".

Auf der Hauptroute geht es geradeaus weiter auf der **Teerstraße**. Nach etwa 100 Metern biegt man an einer scharfen Rechtskurve halblinks in einen Feldweg Richtung **Lichtentanne** ein.

Nach einer weiteren Links- und Rechtskurve im Tal geht es an der Schutzhütte links ab nach Heckenbruch. Man fährt aber rechts an der **Schutzhütte** vorbei in Richtung Lichtentanne und gelangt zur **Steinbachsmühle**.

Steinbachsmühle

Die Steinbachsmühle wird 1487 zum ersten Mal erwähnt, bis 1970 wurde sie mit Wasserkraft betrieben. Während der deutschen Teilung bestimmte der Verlauf der innerdeutschen Grenze das Schicksal der Steinbachsmühle. Das Grundstück wurde gespalten – der Steinbach war der Grenzfluss zwischen Ost und West – Keller und Wald wurden durch die Grenze abgetrennt. Der Keller wurde von den Grenztruppen der DDR gesprengt, heute sieht man nur noch die Grundmauern.

Nach der Steinbachsmühle folgt eine steile Schiebestrecke von 1,5 Kilometern, die sich auch nicht mittels Alternativrouten umgehen ließe. An deren Ende stößt man an einer **Schutzhütte** an eine Straße, in die man rechts abbiegt. Nach etwa 500 Metern in Richtung **Schmiedebach** ist die Steigung vorüber.

Tipp: An der nächsten Straßenkreuzung ist links ein Mahnmal zum Gedenken der Opfer des Ersten und Zweiten Weltkriegs und wenig später, am Ortseingang von Schmiedebach, die KZ-Gedenkstätte „Laura". Auf dem Gelände sind noch Fundamente von Häusern zu sehen und die große Küche für die Häftlinge. Leider ist der Gedenkstein eingezäunt, sodass die Inschrift nicht erkennbar ist. Auf einem Rundgang um den Schieferberg kann man die Abraumhalden erkennen.

Rechter Hand führt die Straße zur Berg- und Schieferstadt **Lehesten**.

Lehesten
PLZ: 07349; Vorwahl: 036653

⛪ **St. Aegidien**, 250 Jahre alt, Biedermeier. Hier befindet sich die größte aus einem Stück gehaute Schiefertafel. Sie ist über 3 m hoch und 2,5 m breit und stellt eine Gedenktafel zu Ehren von Kriegsopfern dar.

✳ **Wetzstein**, höchster Berg im südöstlichen Thüringer Wald mit Altvaterturm als Aussichtsturm. ÖZ: Mo 10-18 Uhr, Mi-So 10-18 Uhr.

✳ **Thüringer Schieferpark**, Am Staatsbruch 1, ☎ 22212, mit Naturpark-Infostelle, ÖZ: April-Okt., 9-17 Uhr, und Technischem Denkmal, ÖZ: Di-Do 10 Uhr und 13 Uhr, Fr 10 Uhr, Sa-So 10.30 Uhr und 14 Uhr. Auf den Spuren der Bergleute in 80 m Tiefe können Sie das ehem. Dachschieferbergwerk besichtigen.

Ab Lehesten folgt der Deutsch-Deutsche Radweg bis Blankenstein dem Rennsteig-Radweg (Radfahrer auf grünem „R").

Auf der Straße nach **Brennersgrün** durchquert man **Lehesten**. Kurz vor dem Ortsausgang führt der Radweg in einem großen Bogen südlich um den

Wetzstein. Dort, am sogenannten „Rondell", befindet sich eine besondere Schutzhütte. Es handelt sich um einen Stahlbunker, der bis 1989 auf dem Gipfel des Wetzstein stand und Sitz der örtlichen Kommando-Zentrale der DDR-Staatssicherheit war.

Tipp: An dieser Stelle bietet sich ein Abstecher zum märchenhaft anmutenden Aussichtsturm „Altvaterturm" auf dem Wetzstein an. Dazu halten Sie sich auf der Straße Lehesten-Brennersgrün links und folgen dieser bis zum ausgeschilderten Berggipfel.

Tipp: Für Interessierte besteht die Gelegenheit, an einer Rundwanderung entlang einer jahrhundertealten Grenze zwischen Bayern und Thüringen teilzunehmen.

Historische Grenzsteine am Rennsteig

Diese Teilstrecke ist seit Langem als Schönwappenweg bekannt. Hier befinden sich zahlreiche künstlerisch hervorragend ausgearbeitete Wappensteine aus verschiedenen Jahrhunderten. Auch der Verlauf der deutsch-deutschen Grenze orientierte sich an den historischen Grenzsteinen. Der Verlauf wurde lediglich nachgemessen und überprüft. Die Tradition der Grenzsteinsetzung

Historischer Grenzstein am Rennsteig

wurde am 11. November 1994 fortgeführt. An der bayerisch-thüringischen Landesgrenze wurde neben der Verbindungsstraße Lehesten-Ziegelhütte anstelle eines einfachen Grenzsteines ein Wappenstein aus Sandstein aufgestellt. Die Inschrift lautet: „Freistaat Thüringen" und „Freistaat Bayern". Neben diesem neuen Wappenstein aus Sandstein sind Grenzsteine aus dem 16., dem 17. und dem 18. Jahrhundert zu bewundern. Einige dieser Wappensteine wurden restauriert.

Auf der Hauptroute geht es geradeaus weiter durch **Brennersgrün**. Am Ortsausgang hält man sich links und durchquert das Buchbachtal.

An der Ecke, an der man links nach **Grumbach** und **Rodacherbrunn** einbiegt, befindet sich das Gasthaus „Zum grünen Wald", in dem man auch recht preiswert übernachten kann. Hinter Brennersgrün geht es mit 8 Prozent Gefälle bergab. Man rollt vorbei an Wiesen und Feldern und erreicht schon bald den Waldrand. Im dortigen Waldstück geht es wieder bergauf nach Grumbach und von dort weiter auf der Landstraße nach Rodacherbrunn. Danach folgt

249

man der Straße in Richtung **Neundorf** und **Moorbad Lobenstein**.

Tipp: Aufgepasst: Ein gutes Stück hinter Rodacherbrunn – vorher sind zweimal Wegweiser für den Wanderweg – geht rechts die Route des Rennsteigs für Radfahrer ab, ein breiter und großzügiger Schotterweg. Auf dem Wegweiser ist auf einem grünen „R" mit weißem Hintergrund ein schwarzer Radfahrer abgebildet.

Jürgen Lange – erfolgreiche Flucht

Am 30. Mai 1969 ist Jürgen Lange und Rudi H. erfolgreich die Flucht nach Bayern geglückt. Der bei der Nationalen Volksarmee (NVA) seinen Wehrdienst ableistende Soldat war zusammen mit dem Unteroffizier Rudi H. in der Nacht eingesetzt, um eine verminte Gasse zu schützen, als Grenzmarkierungsarbeiten zwischen Rodacherbrunn und Nordhalben durchgeführt wurden. Der begleitende Unteroffizier war zur Flucht entschlossen und hatte sie vorbereitet. Als der Soldat Jürgen Lange gegen 6.30 Uhr sah, dass sein Unteroffizier den spanischen Reiter übersprungen hatte und „feindwärts" auf die Grenze zuging, musste er sich entscheiden. Entweder auf seinen Kameraden schießen oder die Gunst der Stunde nutzen. Zehn Minuten, die ihm wie eine Ewigkeit vorkamen, überlegte er. Weil er nicht schießen wollte, entschloss er sich ebenfalls zur Flucht, die erst bei der geplanten Wachablösung um 7.30 Uhr entdeckt wurde.

Als Jürgen Lange nach der Flucht im Westen angekommen war, stellte er fest, dass der Unteroffizier seine Maschinenpistole durch Ausbau des Schlosses unbrauchbar gemacht hatte.

Nach der Flucht überprüfte die Stasi das Umfeld Jürgen Langes, wollte den Vater sogar zur Mitarbeit bewegen – aber ohne Erfolg. Die Briefe, die er an seine Familie schrieb, kamen nie an. Sie wurden von der Stasi abgefangen und ausgewertet, bis zur Wende. Dann bekam er die Originale zurück.

Hinter Rodacherbrunn biegt man rechts ab und folgt bis **Blankenstein** dem Verlauf des Höhenradwegs „Rennsteig". Es folgt ein landschaftlich sehr reizvoller und gut befahrbarer Abschnitt. Bis Schlegel sind es 6 und bis Blankenstein knapp 13 Kilometer. Die ersten Kilometer geht es auf dem festen Schotterweg durch den Wald, später folgt ein Stück über Wiesen und Felder, und ab Kulmberg radelt man auf einer ruhigen Straße, der man nach **Schlegel** und Blankenstein folgt.

Tipp: Drei Kilometer hinter Schlegel befindet sich an der Kreuzung auf der linken Seite ein

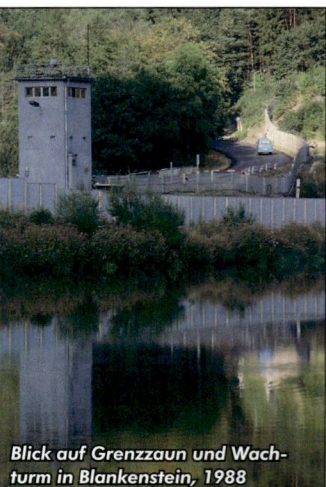

Blick auf Grenzzaun und Wachturm in Blankenstein, 1988

Rennsteig-Imbiss – rechts geht es nach Lichtenberg und Bad Steben.

Man folgt der Straße, die leicht bergauf durch den Wald führt, geradeaus. Schon bald erreicht man **Kießling**, und von dort aus ist **Blankenstein** an der Saale bereits zu sehen.

Tipp: In Blankenstein folgt man dem Weg bis zum Bahnhof, von dem aus Züge nach Saalfeld fahren. Gegenüber vom Bahnhof wurde 1903 der „Steinerne Rennsteigwanderer" errichtet.

Blankenstein
PLZ: 07366; Vorwahl: 036642

🛈 Fremdenverkehrsbüro, Rennsteig 2, ☎ 258714, www.vg-saale-rennsteig.de

✳ Rennsteig-Denkmal „Der Wanderer", Absanger Straße

Anschließend geht es hinunter zum Fluss Selbitz, der in Blankenstein in die Saale mündet. Unten an der Selbitz ist der Endpunkt des Rennsteigs.

Tipp: Von Blankenstein ins 7 Kilometer entfernte Bad Steben radelt man auf der ruhigen Landstraße über Lichtenberg. Von Bad Steben fahren die Züge nach Hof.

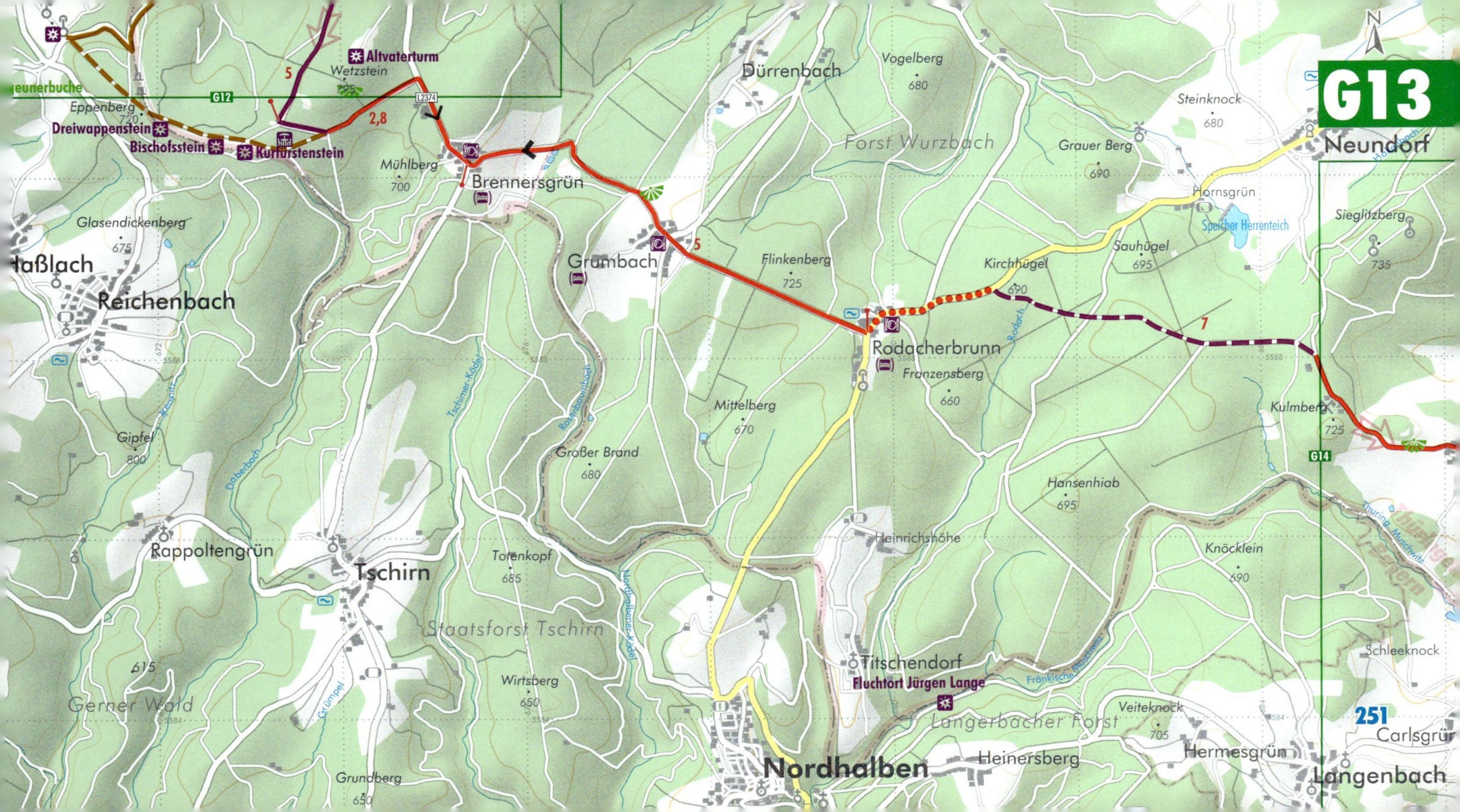
G13
Neundorf
Steinknock
680
Dürrenbach
Vogelberg
680
Altvaterturm
Wetzstein
795
Forst Wurzbach
Grauer Berg
690
Hornsgrün
Speicher Herrenteich
Sieglitzberg
735
Sauhügel
695
Kirchhügel
690
Flinkenberg
725
Eppenberg
720
Dreiwappenstein
Bischofsstein
Kurfürstenstein
Mühlberg
700
Brennersgrün
2,8
5
7
L2374
G12
G14
Glasendickenberg
675
Haßlach
Reichenbach
Grumbach
Rodacherbrunn
Rodach
Franzensberg
660
Mittelberg
670
Kulmberg
725
Gipfel
800
Großer Brand
680
Hansenhiab
695
Tschimer Ködel
Rosenbaumbach
Döbersbach
Rappoltengrün
Tschirn
Totenkopf
685
Heinrichshöhe
Knöcklein
690
Staatsforst Tschirn
Nordhalbener Ködel
Titschendorf
Fluchtort Jürgen Lange
Fränkische Muschwitz
Thüring. Muschwitz
Schleeknock
615
Gerner Wald
Grümpel
Wirtsberg
650
Veiteknock
705
Langerbacher Forst
251
Carlsgrün
Grundberg
650
Nordhalben
Heinersberg
Hermesgrün
Langenbach

Von Blankenstein nach Mödlareuth 19 km

In Blankenstein radelt man hinunter zur Selbitz und gelangt über eine hölzerne Brücke auf die andere Seite des Flusses nach **Wolfstein**. Am Ufer der Selbitz wurden Infotafeln zum Rennsteig, Frankenweg und Fränkischen Gebirgsweg aufgestellt. Hier, am „Drehkreuz des Wanderns", biegt man links ab und folgt der Straße nach **Eisenbühl** und **Rudolphstein**. Anfangs folgt die Straße dem Lauf der Saale, dann entfernt sie sich vom Fluss und man fährt nach **Kemlas** eine Anhöhe hinauf. Blickt man zurück, kann man auf Blankenberg schauen, das an einem Berghang liegt. Eisenbühl liegt auf einer Kuppe, und man hat einige Höhenmeter zu bewältigen. Man folgt der ausgeschilderten Saale-Selbitz-Tour, durchquert Eisenbühl, biegt vor der A 9 links ab und fährt parallel zur Autobahn bergab nach Rudolphstein.

Tipp: Am Ortsausgang von Rudolphstein befindet sich das große Saale-Hotel. Man quert die Autobahn und blickt nach rechts auf den Rasthof Frankenwald mit dem berühmten Brückenrestaurant, dem letzten oder ersten Rasthof in West-Deutschland vor oder nach der 300 Kilometer langen Fahrt durch die DDR von und nach West-Berlin. In der Nähe befand sich auch die Grenzübergangsstelle Rudolphstein/Hirschberg.

Hinter der Autobahn geht es links ab nach **Sachsen-Vorwerk**, ein wunderschöner Abschnitt des ausgeschilderten Saale-Radwegs durch den Wald abwärts zum Saale-Ufer und weiter nach Hirschberg bis zur „Kühnmühle". Dort biegt man links ab und fährt über die Brücke nach **Hirschberg**.

Hirschberg
PLZ: 07927 Vorwahl: 036644

- **Stadtverwaltung**, Marktstr. 2, ✆ 4300, www.stadt-hirschberg-saale.de
- **Museum für Gerberei- und Stadtgeschichte**, Saalgasse 2, ✆ 43139, ÖZ: Di-Do 10-16 Uhr, So 14-17 Uhr
- **Schloss** (1678), Alte Allee. Der schlichte Barockbau thront auf einem hohen Felsen aus „Hirschberger Gneis" und bietet einen Rundblick über Saaletal, Frankenwald und Altstadt. Nur Außenbesichtigung möglich.
- **Gondelstation**. Verleih von Ruder- und Tretbooten. Auf der angestauten Saale können die Stadt und die ehemalige Grenze aus einer anderen Perspektive erlebt werden.

Blankenstein (1984/2006)

G14
Hirschberg
Kriegsdenkmal
Schloss
Tiefengrün
Unterfiefengrün
Saale-Radweg
Roßberg
Lamitz
Gottmannsgrün
Schnarchenreuth
Rudolphstein
Brückenrasthaus Frankenwald
Sparnberg
Moos
Rauher Bühl
Eisenbühl
Eisen-Skulpturengarten
Fachwerkbrücke
Kemlas
Kemlastal
Wiedeturm
Blechschmidtenhammer
Besucherbergwerk
Musikbegegnungsstätte
Blankenberg
Blankenstein
Drehkreuz des Wanderns
Absang
Pottiga
Harra
Lichtenbrunn
Lichtenbrunner Berg
Marksberg
Kießling
Krähenhügel
Taubenhügel
Wiesbühl
Schlegel
Selbis
Lichtenberg
Rumpelbühl
Carlsgrün
Frankenwaldsee
Bad Steben
Obersteben
Kurparktherme
Moorteiche
Sinkteich
Seifenteich
Schafhof
Thierbach
Marxgrün
Hölle
Heinrichsdorf
Griesbach
Rothleiten
Kohlbühl
Frankenwald
Höllental
Selbitz
Saale
Häßlerskopf
Eichenstein
Wolfstein
Issigau
Schloss Issigau
Ev. Dorfkirche St. Simon und Judas
Reitzenstein
Geiersberg
Höller
Hadermannsgrün
Berg
Lerchenbühl
Bug
Bruck
Erzengel
Steinbühl
Brandstein
Schiegel
Görlitz
Ullersreuth
Birkenhügel
Atlas
253

🅐 **Landschaftsparkpark Hag**, Saaleufer. Die Sehenswürdigkeiten der mit angenehmen Wanderwegen ausgestatteten und nach dem Wegfall der „Grenzmaßnahmen" wiedererschlossenen Anlage sind die Wenzelshöhle und „die längste Sitzbank der Welt", geschnitzt aus einem Stamm.

Hirschberg ist ein kleines Städtchen mit ca. 2.300 Einwohnern. Der alte Stadtkern erstreckte sich als zusammenhängende Häuserreihe in der Nähe des heutigen Ginggäßleins bis hinunter zur Saalgasse. Die breit angelegte Marktstraße bildete gleichzeitig den Markt. Der heutige Kirchplatz wurde erst nach dem Brand von 1835 geschaffen. Die mittelalterliche Altstadt wurde durch das Obere Tor an der Marktstraße beim Ginggäßlein und das Untere Tor am Bach begrenzt.

Nach 1945 wurden wegen der Grenznähe einige Häuser an der Saale abgerissen. Bis zur Wende prägten Mauern, Stacheldraht und Todesstreifen das Leben in der Stadt.

Auf dem steilen Felsen des Lohberges steht das Schloss. Von der Höhe des Schlossfelsens aus hat man eine herrliche Aussicht auf die Stadt, die Saale und das gegenüberliegende fränkische Land.

Hirschberg (1984/2006)

Lederfabrik Hirschberg

Bis 1992 prägte die Lederherstellung das Wirtschaftsprofil Hirschbergs und begründete den Wohlstand der Saalestadt. Aus einer kleinen Gerberei entstand in der ersten Hälfte des 20. Jahrhunderts die größte Sohlenfabrik Deutschlands, die Lederfabrik des Heinrich Maximilian Knoch. Produziert wurde hier das weltbekannte HK-Sohlenleder. Die Lederfabrik unterstützte und förderte den Bahnanschluss, die Errichtung von Wohnhäusern, den Neubau der Schule, der Saalebrücke und des örtlichen Freibades. Nach der Verstaatlichung der Fabrik im Jahre 1946 erfolgte in den 1960er-Jahren die Umstellung auf Oberleder für Schuhe und Bekleidung. Zwei Millionen Quadratmeter Leder wurden jährlich in Hirschberg gegerbt. Fast 100 Jahre war die Lederfabrik der größte Arbeitgeber der Region.

Von 1993 bis 1996 wurden die meisten Gebäude der Lederfabrik abgerissen. Nur noch wenige Häuser künden von der großflächigen Lederstadt. Übrig geblieben sind die Villa des Firmengründers Heinrich Knoch, das Bürogebäude, in dem sich heute ein Museum befindet, ein Pferdestall und

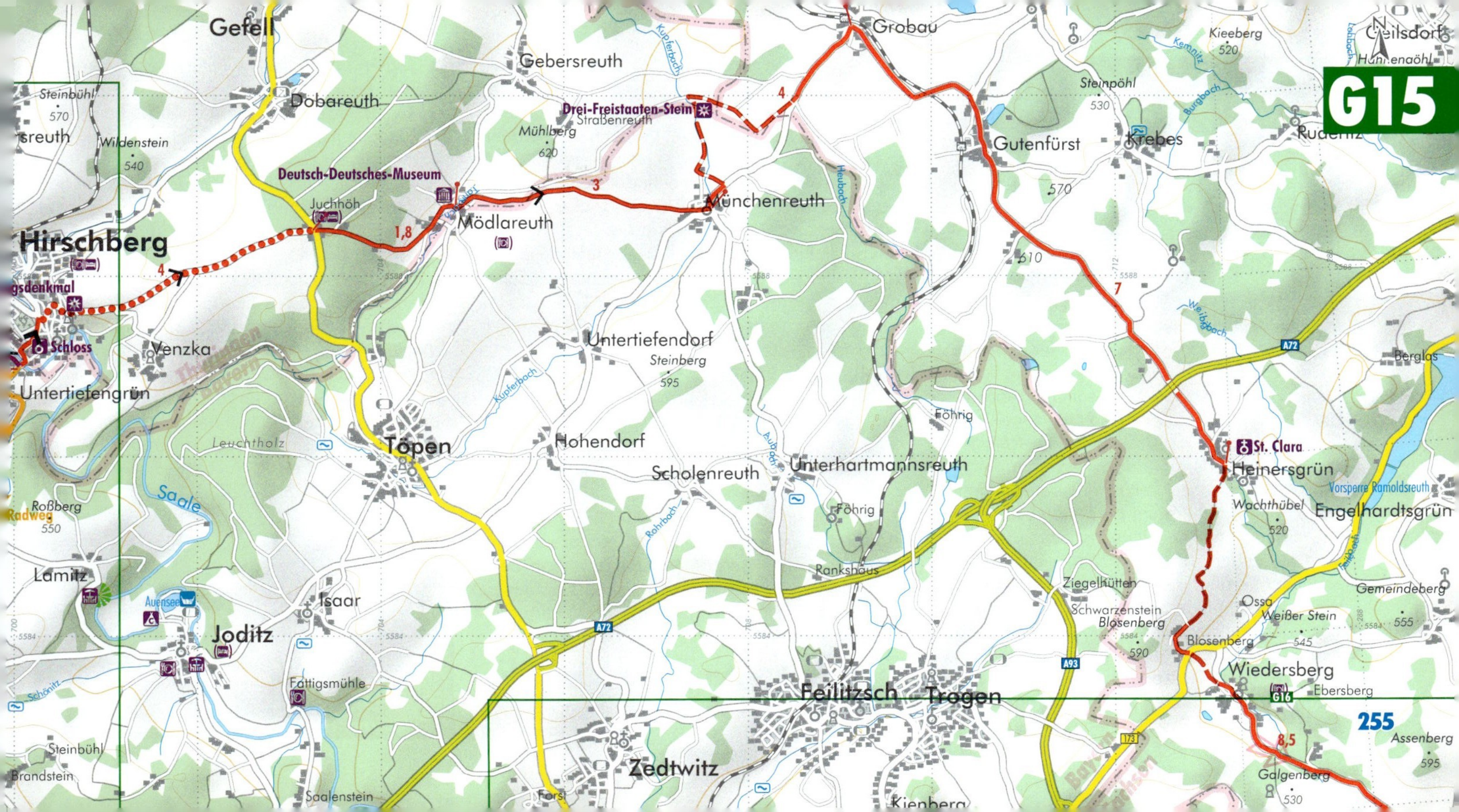

G15

Gefell

Grobau

Kieeberg
520

eilsdorf

Steinbühl
570

sreuth

Wildenstein
540

Dobareuth

Gebersreuth

Steinpöhl
530

Trebes

Rudeniz

Drei-Freistaaten-Stein

Straßenreuth

Gutenfürst

Deutsch-Deutsches-Museum

Mühlberg
620

4

570

Hirschberg

Juchhöh

1,8

Mödlareuth

3

Münchenreuth

610

qsdenkmal

4

7

5588

Schloss

Venzka

Untertiefendorf

A72

Berglas

Untertiefengrün

Steinberg
595

St. Clara

Heinersgrün

Vorsperre Ramoldsreuth

Töpen

Hohendorf

Unterhartmannsreuth

Föhrig

Wachthübel
520

Engelhardtsgrün

Leuchtholz

Scholenreuth

Föhrig

Gemeindeberg

Roßberg
550

Saale

Rohrbach

Rankshaus

Ziegelhütten

Ossa

Weißer Stein

545

555

Lamitz

Radweg

Auensee

Ziegelhütten
Schwarzenstein
Blosenberg
590

555

Isaar

A72

A93

Blosenberg

Joditz

Wiedersberg

Ebersberg

Fattigsmühle

Feilitzsch

Trogen

G16

255

Steinbühl

173

Assenberg
595

Brandstein

Zedtwitz

Forst

Golgenberg
530

Saalenstein

Kienberg

Grenzzaun und Wachturm in Mödlareuth

16 Hektar altlastenfreies Bauland. Kurz vor dem Abriss der Fabrik erwarb die Stadt Hirschberg das unter Denkmalschutz stehende Verwaltungsgebäude an der Saalebrücke, das Fabrikarchiv sowie zahlreiche Objekte, die die 250-jährige Geschichte der Hirschberger Lederfabrik dokumentieren. Seit 1997 wurden jährlich etwa drei Sonderausstellungen gestaltet, und das Museum an der Saalebrücke hat seitdem regelmäßige Öffnungszeiten.

In Hirschberg hält man sich rechts, folgt der schmalen Straße, die mit 20 Prozent (!) Steigung zwischen den Häusern hindurchgeht und fährt nach dem Ortsausgangsschild in Richtung **Juchhöh** und **Mödlareuth**.

Tipp: Wenn man fast oben angekommen ist, sieht man in der Kurve ein Kriegerdenkmal, das den Opfern des Zweiten Weltkriegs gewidmet ist.

Hat man den Wald erreicht, ist die schlimmste Steigung bewältigt. Anfangs geht es durch den Wald, später fährt man auf ebener Straße an Wiesen und Feldern vorbei. In Juchhöh überquert man die B 2.

Tipp: Direkt an der Ecke befindet sich das Gasthaus Juchhöh (☎ 036649/80007), in dem man einkehren und übernachten kann.

Von Juchhöh nach Mödlareuth schlängelt sich die Straße durch einen Wald, und schon bald sieht man auf der rechten Seite ein Stück Grenzstreifen mit Kfz-Sperrgraben, Kolonnenweg und Metallgitterzaun.

Mödlareuth

Deutsch-Deutsches Museum Mödlareuth, Mödlareuth 13, 95183 Töpen, ☎ 09295/1334, ÖZ: März-Okt., Di-So 9-18 Uhr, Nov.-Feb., Di-So 9-17 Uhr u. n. V. Im einst geteilten Dorf wird in einem Freigelände mit Grenzsperranlagen ein Teil der jüngsten Geschichte deutsch-deutscher Beziehungen aufgearbeitet.

Tipp: Man erreicht zuerst den auf thüringischem Boden liegenden Ortsteil von Mödlareuth, der zum Ort Gefell gehört. Auf der anderen Seite des Tannbachs liegt der bayerische Teil, der zu Töpen gehört. Im Ort gibt es viele Besichtigungsmöglichkeiten.

Mödlareuth – das geteilte Dorf

Die deutsch-deutsche Grenze verlief mitten durch das Dorf und Überreste dieser Teilung wurden bis in die Gegenwart erhalten: ein Stück Betonsperrmauer, zwei Beobachtungstürme, DDR-Grenzsäulen und Grenzsteine, Warnschilder, Suchscheinwerfer und Fundamente abgerissener Gebäude. Die Amerikaner nannten dieses Dorf „Little Berlin".

Die Ursachen für die Teilung des Dorfes gehen auf das Jahr 1810 zurück, als Grenzsteine gesetzt wurden, die bis heute erhalten sind. Zur einen Seite befand sich das Königreich Bayern, zur anderen Seite lag das Fürstentum Reuß. Nach dem Ersten Weltkrieg gehörte das Dorf je zur Hälfte zu den Freistaaten Thüringen und Bayern.

Nach dem Zweiten Weltkrieg verliefen die Demarkationslinien weitgehend entlang der alten, 1937 festgelegten Landesgrenzen. Die Grenzlinie zwischen der sowjetischen und amerikanischen Besatzungszone verlief in Mödlareuth entlang des kleinen Tannbachs. Nach 1949 durfte dieser

Sowjetischer Helikopter in Mödlareuth

Bach nur noch mit einem Passierschein überquert werden. Ab 1952 erfolgte die endgültige Teilung der Ortschaft. Ein hoher Bretterzaun wurde errichtet, und im Zuge der Zwangsmaßnahmen entlang des Grenzstreifens wurde als erstes die „Obere Mühle" abgerissen. Die Bewohner dieser Mühle flüchteten im letzten Augenblick auf die bayerische Seite.

Seit 1966 war das Dorf durch die 700 Meter lange und 3,30 Meter hohe Betonsperrmauer geteilt. Hundert Meter davon sind im Original erhalten. Außerhalb des Ortes kann man noch 500 Meter der Grenzsperranlagen entlang eines vier Kilometer langen Lehrpfades besichtigen. Im Juni 1994 wurde das Freigelände des Museums eröffnet. Weitere Ausstellungsräume, ein Museumsshop und ein Kino wurden aufgebaut und der Öffentlichkeit zur Verfügung gestellt.

Und auch heute noch ist Mödlareuth mit seinen 50 Einwohnern ein Kuriosum. Es gibt zwei Bürgermeister, einen für die bayerische, einen für die thüringische Seite. Es gibt unterschiedliche Postleitzahlen, Telefonvorwahlen und Fahrzeugkennzeichen.

Schlagbaum und Grenzpfeiler in Mödlareuth

Von Mödlareuth zum Dreiländereck   22 km

Von Mödlareuth aus folgt man der ruhigen Landstraße leicht bergauf nach **Münchenreuth**, wo man sich links in den **Kirchhofweg** und an dessen Ende abermals links nach **Gebersreuth**

abbiegt. Man quert die ehemalige Grenze am „**Drei-Freistaaten-Stein**", wo die Freistaaten Bayern, Thüringen und Sachsen ihre Grenze haben, und biegt rechts ab nach **Grobau**, wo man am Gasthof vor dem Bahnhof rechts abbiegt.

Auf der **Gutenfürster Straße** radelt man entlang der Bahnlinie, die man später quert, nach **Gutenfürst**.

Gutenfürst

Das Rittergut wurde 1418 zum ersten Mal urkundlich erwähnt. Die erste Bahnlinie zwischen Plauen und Gutenfürst (34 Kilometer) wurde 1848 und die Gesamtstrecke von Leipzig nach Hof 1851 eröffnet.

Nach dem Krieg wurden in der Sowjetisch Besetzten Zone (SBZ) als Reparationsleistung viele

der zweiten Gleise abgebaut. Nun, 20 Jahre nach dem Fall der Mauer, ist die Strecke zwischen Hof und Reichenbach wieder zweigleisig befahrbar, aber noch nicht elektrifiziert.

Während der Spaltung fuhren Interzonenzüge, die für Fahrgäste aus der DDR nicht zugänglich waren, von Berlin über Hof nach München. Die Kontrollen fanden im Zug statt, im Bahnhof Gutenfürst stiegen die „Grenzer" aus.

Im bayerischen Bahnhof Feilitzsch hielten 1989 die Sonderzüge mit den DDR-Flüchtlingen aus der deutschen Botschaft in Prag.

In Gutenfürst fährt man durch den Ort, hält sich auf der wenig befahrenen Hauptstraße geradeaus, quert die A 72, wo sich noch ein Beobachtungsturm der DDR-Grenztruppen befindet, und gelangt nach **Heinersgrün**. Dort biegt man rechts ab in den Feldweg, der direkt nach **Blosenberg** führt. Man quert die B 173 und kommt über **Wiedersberg** und **Loddenreuth** nach **Sachsgrün**.

Von dort radelt man nach Gassenreuth, biegt links in die **S 307** und an der nächsten Möglichkeit rechts ab und fährt auf der **Poststraße** nach **Posseck**. Vor Posseck biegt man rechts ab in die S 309, quert die sächsisch-bayerische Grenze, passiert eine DDR-Grenzsäule und einen Gedenkstein, biegt an der nächsten Möglichkeit links ab und erreicht **Nentschau**.

Drei-Freistaaten-Stein, bei Münchenreuth

Dort hält man sich links, folgt der kleinen Straße nach **Wieden**, an dessen Ende man rechts abbiegt. Man folgt der Ausschilderung zum **Dreiländereck** und biegt am Ende der Straße in **Oberzech** wieder links ab. Dort geht etwas später ein kleiner asphaltierter Waldweg von der Straße links ab, der direkt zum Dreiländereck auf der kleinen Wiese an der deutsch-tschechischen Grenze führt.

Dreiländereck

Auf der rechten Seite befindet sich ein Gedenkkreuz für den unbekannten Soldaten des Zweiten Weltkriegs. Geradezu stehen auf deutscher und tschechischer Seite die Grenzschilder.

Nach 1.400 Kilometern deutsch-deutscher Grenze, die auf der Halbinsel Priwall bei Travemünde beginnt, ist man am *Dreiländereck* bei Prex angelangt.

Tipp: Am Dreiländereck kann man auf einer kleinen Brücke die deutsch-tschechische Grenze passieren und zur nächsten Etappe nach As und Cheb ansetzen.

Tipp: Will man vom Dreiländereck nach Hof, wo viele Bahnverbindungen zur Verfügung stehen, fährt man zurück nach Prex, biegt dort rechts ab nach Regnitzlosau und fährt 13 Kilometer lang auf dem Vogtland-Radweg über Tauperlitz entlang der südlichen Regnitz und dann auf dem Saale-Radwanderweg nach Hof hinein zum Hauptbahnhof. Der Weg verläuft auf asphaltierten, straßenbegleitenden Radwegen und auf zum Teil stärker befahrenen Straßen.

Hof
PLZ: 95028; Vorwahl: 09281

- **Tourist-Information**, Ludwigstr. 24, ✆ 815-666, www.hof.de
- **Museum Bayerisches Vogtland**, Unteres Tor 5a/5b, ✆ 839050, ÖZ: Di-So 10-16 Uhr. Schwerpunkt der Sammlungen ist die städtische und gewerbliche Stadtgeschichte. Zwei naturkundliche Abteilungen umfassen nahezu den gesamten Tierbestand Europas. Zusätzlich gibt es wechselnde Sonderausstellungen.
- **Teddy-Museum Hof**, Ludwigstr. 6, ✆ 140520, ÖZ: Di-Fr 11.30-18 Uhr, Sa 14-17 Uhr, So 14-18 Uhr. Die größte Teddybären-Sammlung der Welt hat ihre Heimat in einem alten Gewölbe der Ludwigstraße gefunden. Unter den 5.000 Teddybären sind wertvolle Sammlerstücke. Neben der Geschichte der Teddys werden allerlei Informationen zu den Plüschkameraden vermittelt.
- **St.-Lorenz-Kirche** (12. Jh.), Lorenzstraße. Die Lorenzkirche ist die älteste Kirche der Stadt Hof. Im Inneren befindet sich der berühmte Hertnid-von-Stein-Altar, vermutlich aus Bamberger Werkstätten um 1480.

Grenzturm nahe des Dreiländerecks

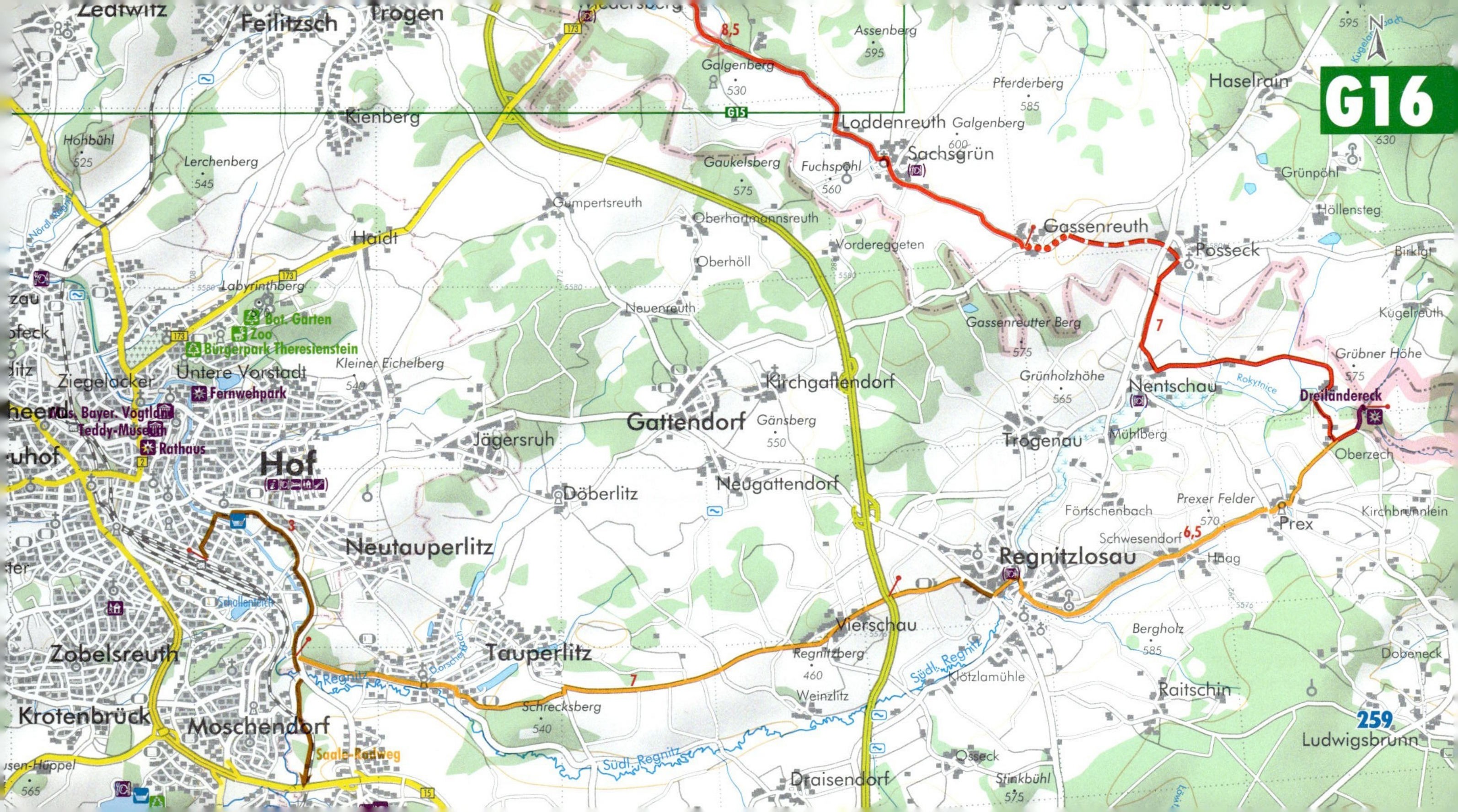

G16
259
Hof
Gattendorf
Regnitzlosau
Neutauperlitz
Tauperlitz
Vierschau
Prex
Dreiländereck
Oberzech
Nentschau
Trogenau
Gassenreuth
Posseck
Sachsgrün
Loddenreuth
Kirchgattendorf
Neugattendorf
Döberlitz
Jägersruh
Zobelsreuth
Krotenbrück
Moschendorf
Ziegelacker
Untere Vorstadt
Fernwehpark
Mus. Bayer. Vogtland
Teddy-Museum
Rathaus
Bot. Garten
Zoo
Bürgerpark Theresienstein
Labyrinthberg
Haidt
Kienberg
Feilitzsch
Trogen
Zedtwitz
Hohbühl
525
Lerchenberg
545
Gumpertsreuth
Oberhartmannsreuth
Oberhöll
Neuenreuth
Kleiner Eichelberg
540
Gänsberg
550
Gaukelsberg
575
Fuchspöhl
560
Vordereggeten
Gassenreuther Berg
575
Grünholzhöhe
565
Mühlberg
Förtschenbach
Prexer Felder
570
Schwesendorf
6,5
Haag
Bergholz
585
Raitschin
Dobeneck
Kirchbrünnlein
Kugelreuth
Grübner Höhe
575
Birkigt
Höllensteg
Grünpöhl
Haselrain
630
Galgenberg
600
Pferderberg
585
Assenberg
595
Galgenberg
530
8,5
7
7
3
Regnitzberg
460
Weinzlitz
Schrecksberg
540
Klötzlamühle
Südl. Regnitz
Regnitz
Osseck
Stinkbühl
575
Draisendorf
Ludwigsbrunn
Saale-Radweg
Schollenteich
Dorschenbach
Rokytnice
Nördl. Regnitz
Bayern
Sachsen
595
Kugelbach
565
Hüppel
G15
15
173
2

- **St.-Michaelis-Kirche**, Kirchplatz. Die Kirche stammt ursprünglich aus dem Jahre 1230. Nach dem großen Stadtbrand von 1823 neu erbaut, verbinden sich hier in harmonischer Weise neugotische, klassizistische und biedermeier Elemente zu einem beeindruckenden Sakralbau.
- **Rathaus**, Ludwigstraße, Ecke Klosterstraße. Der palaisartige Stil des ursprünglich 1563-66 entstandenen und nach Bränden immer wieder errichteten Gebäudes ist ein sehenswertes Beispiel deutschen Städtebaus.
- **Fernwehpark**, an der Michaelisbrücke. Direkt am Saale-Radwanderweg gelegen, findet sich die europaweit einmalige Sammlung von Ortsschildern aus aller Welt. Zusatzattraktion sind die „Signs of Fame" – Schildergrüße von Prominenten aus Showbusiness, Sport und Politik.
- **Bürgerpark Theresienstein**, ältester Bürgerpark Deutschlands im Norden der Stadt. Der Landschaftspark im Stil eines englischen Gartens repräsentiert 200 Jahre Gartenarchitektur. Er beinhaltet einen zoologischen, botanischen und geologischen Garten und ist 2003 zu Deutschlands schönstem Park gewählt worden.
- **Das Naherholungsgebiet Untreusee** mit über 60 ha Wasserfläche liegt nur 3 km vom Saale-Radweg entfernt im Süden von Hof.
- **HofBad**, Oberer Anger 4, ÖZ: Mo-Do 9-21 Uhr, Fr, Sa 9-22 Uhr, So/Fei 9-21 Uhr
- **FreiBad**, Ascher Str. 32, ÖZ: Mitte Mai-Mitte Sept., Mo-So 7.30-20 Uhr
- **Messingschlager**, Erlhoferstr. 1, ✆ 91671
- **Zweiradhandel Wendel**, Fabrikzeile 32, ✆ 41984
- **Bike World**, Schollenteichstr. 30, ✆ 79390
- **Bike Station**, Hans-Böckler-Str. 18, ✆ 141444

Der Autor am Dreiländereck

Hof ist eine der nördlichsten Städte Bayerns und liegt im Schnittpunkt der drei deutschen Freistaaten Bayern, Sachsen und Thüringen sowie dem tschechischen Egerland. Zudem ist es eingebettet in die Mittelgebirgslandschaften von Fichtelgebirge und Frankenwald beiderseits der Sächsischen Saale.

Hof wurde 1214 erstmals urkundlich erwähnt. Um 1230 wurde die befestigte Neustadt gegründet, 1292 das Franziskanerkloster eingeweiht, 1319 das Stadtrecht verliehen und 1546 wurde das Gymnasium gegründet. 1792 kam Hof zum Königreich Preußen, 1806 unter französische Verwaltung und 1810 zum Königreich Bayern. Die Stadt wurde 1823 durch einen großen Stadtbrand fast vollständig vernichtet.

1848 wurden die Bahnstrecken Hof–Neuenmarkt und Hof–Plauen eröffnet, 1865 die zwischen Hof und Eger. 1867 wurde die „Fichtelgebirgsbahn" bis Regensburg in Betrieb genommen und 1880 der neue Bahnhof eröffnet. Am 15. April 1945 wurde Hof von den Amerikanern besetzt. Das Grenzdurchgangslager Moschendorf, das 600.000 Flüchtlinge aufnahm, wurde Ende 1945 errichtet. 23.000 Flüchtlinge blieben in Bayern.

Heute hat Hof 50.000 Einwohner. Der Bahnhof liegt an der „Sachsen-Franken-Magistrale" zwischen Nürnberg und Dresden. Die Züge fahren direkt nach Regensburg, Bamberg, Nürnberg und Leipzig.

Sie haben nun das Ende des zweiten Teils Ihrer Radreise entlang des Europa-Radweges Eiserner Vorhang erreicht. Wir hoffen, Sie hatten einen erlebnisreichen und interessanten Radurlaub und würden uns freuen, wenn Sie auch für die beiden anderen Teile *bikeline* als Begleiter wählen.

Das gesamte *bikeline*-Team wünscht Ihnen eine gute Heimreise!

Übernachtungsverzeichnis

Dieses Verzeichnis beinhaltet folgende Übernachtungskategorien:

H   Hotel
Hg Hotel garni
Gh Gasthof, Gasthaus
P   Pension, Gästehaus
Pz Privatzimmer
BB Bed and Breakfast
Fw Ferienwohnung (Auswahl)
Bh Bauernhof

Bett & Bike

Alle mit dem Bett & Bike-Logo (🚲) gekennzeichneten Betriebe erfüllen die vom ADFC vorgeschriebenen Mindestkriterien als „Fahrradfreundliche Gastbetriebe" und bieten darüber hinaus so manche Annehmlichkeit für Radfahrer. Detaillierte Informationen finden Sie unter *www.bettundbike.de*.

Hh Heuhotel
🏠 Jugendherberge, -gästehaus
⛺ Campingplatz
⛺ Zeltplatz (Naturlagerplatz)

Es erhebt keinen Anspruch auf Vollständigkeit und stellt keine Empfehlung der einzelnen Betriebe dar.

Die römische Zahl (I–VII) nach der Telefonnummer gibt die Preisgruppe des betreffenden Betriebes an. Folgende Unterteilung liegt der Zuordnung zugrunde:

I   unter € 15,–
II   € 15,– bis € 23,–
III   € 23,– bis € 30,–
IV   € 30,– bis € 35,–
V   € 35,– bis € 50,–
VI   € 50,– bis € 70,–
VII   über € 70,–

Die Preisgruppen beziehen sich auf den Preis pro Person in einem Doppelzimmer mit Dusche oder Bad inkl. Frühstück. Übernachtungsbetriebe mit Zimmern ohne Bad oder Dusche, aber mit Etagenbad, sind durch das Symbol ✗ nach der Preisgruppe gekennzeichnet. Da wir das Verzeichnis stets erweitern, sind wir für Ihre Anregungen dankbar. Der einfache Eintrag erfolgt für die Betriebe natürlich kostenfrei.

Świnoujście (Swinemünde)
PLZ: 72-600; Vorwahl: 091

ℹ️ Touristik Information, Wybrzeże Władysława IV (an der Fähre), ✆ 3224999
H Belweder, ul. Wyspiańskiego 1/9, ✆ 3271678, III-IV
H Villa Anna Lisa, ul. Orkana 5, ✆ 3225555, III-IV
H Albatros, ul. Kasprowicza 2, ✆ 3212335,
H Atol, ul. Orkana 3, ✆ 3213010,
H Bryza, ul. Gdyńska 28, ✆ 3212491,
H BURSA, ul. Kasprowicza 4, ✆ 3211360,
H Delfin, ul. J. Piłsudskiego 35, ✆ 3213917
H Dom Marynarza, ul. Fińska 2, ✆ 3226162
H Filla I, Filla II, ul. Orkana 10, ul. Żeromskiego 16, ✆ 3212619
H Helios, ul. Sienkiewicza, ✆ 3224884
H „CIS", ul. J. Piłsudskiego, ✆ 3212114
H Atol, ul.Orkana 3, ✆ 3213010
H Ottaviano, ul. Monte Cassino 3, ✆ 3214403
H Lazur, ul. Słowackiego 21, ✆ 3212620
H Perła Bałtyku, ul. Sienkiewicza 6, ✆ 3212485
H Polaris, ul. Słowackiego 33, ✆ 3215412
H Promenada - Morskie Centrum Odnowy Biologicznej, ul. Żeromskiego 20, ✆ 3279418
H Rezydent, Uzdrowiskowa 1, ✆ 3212554
H Wikor - Motel, ul. Okólna 16, ✆ 3216800
Bh Gospodarstwo Agroturystyczne „Wyspa Skarbów", ul. Łęgowa 3, ✆ 3221515
⛺ Relax - Ośrodek Kempingowy, ul. Słowackiego 1, ✆ 3213912
⛺ Camping, ul. Żeglarska 8, ✆ 60626 20
⛺ Domki kempingowe, Steyera 3, ✆ 506178487
⛺ Domki letniskowe, teligi 3/2, ✆ 3214281
⛺ Marina „Karsibór"-Ośrodek Wypoczynkowo-Wędkarski, ul. 1-go Maja 5a, ✆ 3221448

Seebad Ahlbeck
PLZ: 17419; Vorwahl: 038378

ℹ️ Tourist-Information, Dünenstr. 45, ✆ 24497 od. Zentrale Zimmervermittlung ✆ 01805/583783 (0,12 €/Min.)
H Ahlbecker Hof, Dünenstr. 47, ✆ 620, VI
H Auguste Victoria, Bismarckstr. 1/2, ✆ 241, V-VI
H Meereswelle, Seestr. 11, ✆ 28116, V
H Möve, Kirchenstr. 8, ✆ 600, V
H Ostende, Dünenstr. 24, ✆ 510, VI
H Ostseehotel, Dünenstr. 41, ✆ 600, V-VI
H Residenz Waldoase, Dünenstr. 1, ✆ 500

Übernachtungsverzeichnis

H Seestern, Seestr. 14, ✆ 670, V-VI
H Strandhotel, Dünenstr. 19-21, ✆ 52, VI
Hg Eden, Goethestr. 2, ✆ 238, V-VI
Hg Villa Regina, Ritterstr. 7, ✆ 238, V-VI
Hg Villa Sophie, Dünenstr. 28, ✆ 47130
P Carlsburg, Stresemannstr. 2, ✆ 22570, III-V
P Zur Eiche, Lindenstr. 108, ✆ 28258, III
P Frohsinn, Kaiserstr. 49, ✆ 32343, V
P Kastanienhof, Schulweg 1, ✆ 28368, IV
P Villa Transval, Friedrichstr. 11, ✆ 22162, IV-V
Pz Andreae, Siedlung am Bahnhof 15, ✆ 30298, I
Pz Baginski, Wiesenstr. 1, ✆ 30339, I-II
Pz Dienst, Siedlung am Bahnhof 5, ✆ 28137, I
Pz Fellert, Seestr. 22a, ✆ 30157, I
Pz Fritz, Lindenstr. 21a, ✆ 34659, I
Pz Hartwig, Bergstr. 8, ✆ 30044, II
Pz Hinz, Wilhelmstr. 19, ✆ 30185, II
Pz Klein, Gothenweg 2, ✆ 30352, II
Pz Kracht, Kirchenstr. 8, ✆ 22191, I
Pz Krenz, Siedlung Ostend 12, ✆ 30397, I
Pz Villa Melanie, Neue Straße 9, ✆ 30088, I-II
Pz Niclas, Gothenweg 12a, ✆ 30393, I
Pz Oechsner, Friedrich-Ebert-Ring 21, ✆ 30520, I 🛏
Pz Ott, Strandstr. 7a, ✆ 30199, II
Pz Pfeiffer, Dreherstr. 9, ✆ 28506, I
Pz Radke, Kiefergrund 3, ✆ 31391, II
Pz Reimer, Schulstr. 2, ✆ 28212, II
Pz Retzlaff, Siedlung am Bahnhof 25, ✆ 30284, I 🛏
Pz Schmidt, Kirchenstr. 1, ✆ 32723, I
Pz Schmigale, Strandstr. 2, ✆ 28242, II-III
Pz Schulz, Fr.-Schiller-Str. 27, ✆ 28280, I
Pz Stachelhaus, Korswandter Weg 18, ✆ 22184, I
Pz Stegemann, Kleingartengelände 72, ✆ 28363, I
Pz Stengel, Dünenstr. 9, ✆ 28481, II
Pz Werner, Goethestr. 18, ✆ 30503

Ostseebad Heringsdorf
PLZ: 17424; Vorwahl: 038378
ℹ Tourist-Information, Kulmstr. 33, ✆ 2451 od. Zentrale Zimmervermittlung ✆ 01805/583783 (0,12 €/Min.)
H Coralle, Maxim-Gorki-Str. 57, ✆ 770, V-VI
H Villa Bleichröder, Delbrückstr. 14, ✆ 3620, V-VI
H Esplanade, Seestr. 5, ✆ 700, V-VI
H Am Gothensee, Am Gothensee 2, ✆ 31283
H Hubertus, Grenzstr. 1, ✆ 47766, VI
H Kaiserhof, Strandpromenade 2, ✆ 650, VI
H Kurhotel, Delbrückstr. 1-4, ✆ 82222, V-VI
H Oasis, Strandpromenade, ✆ 265, VI
H Pommerscher Hof, Seestr. 41, ✆ 610, VI
H See-Eck, Seestr. 1, ✆ 47180, V-VI
H Stadt Berlin, Bülowstr. 15, ✆ 47080, V
H Strandhotel, Liehrstr. 10, ✆ 232, V-VI
H Ostseeblick, Kulmstr. 28, ✆ 540, VI
H An der Boje, Kulmstr. 6, ✆ 264, V-VI
H Aurelia, Grenzstr. 1, ✆ 47760, III-IV 🛏
H Ostseestrand, Eichenweg 4-5, ✆ 630, VI
H Residenz, Kanalstr. 1 ✆ 32000, V
H Wald und See, Rudolf-Breitscheid-Str. 8, ✆ 47770, V
H Weißes Schloss, Rudolf-Breitscheid-Str. 3, ✆ 31984, V
Hg Villa Luise Lindenstr. 9, ✆ 22296 od. ✆ 0173/3085178, V
P Alexander, Friedenstr. 27, ✆ 30615, V
P Bethanienruh, Badstr. 11, ✆ 22430, II-IV
P Kleine Insel, Schulstr. 5, ✆ 22744, III
P Dünenweg, Dünenweg 16, ✆ 22396, III
P Erdmann, Rudolf-Breitscheid-Str. 7, ✆ 31678, II-IV
P Haus Flora, Kirchstraße 2, ✆ 47270, IV-V
P Linde, Triftstr. 7a, ✆ 31189, IV-VI
P Mittag, Labahnstr. 13 a-c, ✆ 31108, IV

P Villa Neptun, Maxim-Gorki-Str. 53, ✆ 260, V
Pz Gottschalk, Lindemannstr. 16, ✆ 30686, II
Pz Hamann, Labahnstr. 21, ✆ 22449, I
Pz Hollatz, Maxim-Gorki-Str. 61, ✆ 22518, II
Pz Kaiser, Kulmstr. 30, ✆ 22208, II
Pz Kerlikowski, Badstr. 5, ✆ 22612, II
Pz Lahl, Delbrückstr. 60, ✆ 22483, I
Pz Palfner, Am Gothensee 27, ✆ 31259, I-II
Pz Radke, Kulmstr. 29, ✆ 22540, II-III
Pz Saß, Badstr. 12, ✆ 31107, II
Pz Schneider, Kanalstr. 3, ✆ 22427, I
Pz Schreiber, Labahnstr. 2, ✆ 22932, II
Pz Sprinzek, Neuhofer Str. 69, ✆ 33146, II
Pz Städig, Am Kanal 4, ✆ 22645, I
Pz Stahl, Am Schulberg 56, ✆ 30619, II
Pz Wießmann, A.-Bebel-Str. 12, ✆ 22728, II
Pz Wießmann, A.-Bebel-Str. 13, ✆ 22879, II
Pz Wießmann, Am Schulberg 68, ✆ 28931, I
Fw Haus Gaja Im Seefeld 15 ✆ 47378, II 🛏
🏠 Jugendherberge, Puschkinstr. 7, ✆ 22325

Seebad Bansin
PLZ: 17429; Vorwahl: 038378
ℹ Tourist-Information, An der Seebrücke, ✆ 4705 od. Zentrale Zimmervermittlung ✆ 01805/583783 (0,12 €/Min.)
H Admiral, Strandpromenade 36, ✆ 66, V-VI
H Atlantic, Strandpromenade 18, ✆ 605, VI
H Baltic, Bergstr. 7, ✆ 530, V
H Bansiner Hof, Strandpromenade 27, ✆ 55, V
H Buchenpark, Seestr. 83, ✆ 22958, VI
H Forsthaus Langenberg, Ahlbecker Chaussee 12, ✆ 29447, V-VI
H Germania, Strandpromenade 25, ✆ 2390, V
H Villa Ingeborg, Bergstr. 25/26, ✆ 29247, III-V
H Kaiser Wilhelm, Strandpromenade 26, ✆ 2420, V-VI
H Möwe, Strandpromenade 29, ✆ 272, V-VI
H Parkhotel, Seestr. 56, ✆ 47000, V
H Schloonsee, Badstr. 2, ✆ 29120, IV-V
H Zur Post, Seestr. 5, ✆ 560, VII
P An der See, Strandpromenade 17, ✆ 29346, IV-V
P Blumenthal, Bergstr. 36/37, ✆ 30821,

Übernachtungsverzeichnis

Seebad Koserow
PLZ: 17459, Vorwahl: 038375
- H Pommerscher Hof, Kieferweg 4, ☏ 42643, III-V
- Pz Dreischang, Dünenstr. 23, ☏ 930233, V

Seebad Trassenheide
PLZ: 17449, Vorwahl: 038371
- H Seestern, Dünenstr. 3, ☏ 39800, V
- H Waldidyll, Kneippstr. 16, ☏ 4550, V
- Hg Knuth, Kneippstr. 36, ☏ 40604, III-IV
- Hg Komoran, Dünenstr. 14, ☏ 390, IV-VI
- P Casa Familia Dünenstr. 45, ☏ 770, V-VI
- P Admiral, Neue Strandstr. 26, ☏ 43853, III-V
- P Familotel Waldhof, Forststr. 9, ☏ 500, II-V
- P Weidenhof, Tannenkampweg 52, ☏ 234020, III-IV
- ⛺ Dünencamp am Küstenwald, ☏ 20291, IV
- ⛺ Spitzenhörnbucht, Am Fischmarkt 52-56, ☏ 21370, II-IV

Freest
PLZ: 17440, 038370
- P Zum Leuchtfeuer, Dorfstr. 1, ☏ 20710, IV-V
- P Seekluse, Bahnhofstr. 89, ☏ 2670, III-V
- Pz kieformek Freest, Dorfstr. 75, ☏ 25642, I

Rubenow
PLZ: 17438, Vorwahl: 038836
- ⛺ Waldcamp, Dorfstr. 74, ☏ 20538

Walgast
PLZ: 17438, Vorwahl: 038371
- ℹ Walgast-Information, Rathausplatz 6, ☏ 600118
- H Kirchstein, Schützenstr. 25, ☏ 27220, III
- H Zur Insel, Drosselweg, ☏ 201077, VI
- H Petris Garten, Lange Str. 1, ☏ 277735, III
- P Alte Molkerei, Wilhelmstr. 29b, ☏ 233076, III
- P Am Peenefer, Badstubenstr. 24, ☏ 202673, III-VI
- P Schilfhaus, Am Fischmarkt 7, ☏ 237100, III

Seebad Karlshagen
PLZ: 17449, Vorwahl: 038371
- ℹ Tourismusinformation, ☏ 20758
- Tourismusverein Insel Usedom Nord e. V., Strandstr. 22, ☏ 28135
- H Nordkap, Strandstr. 11, ☏ 2620, V
- H Dünenschloß, Strandstr. 11, ☏ 550, V
- H Strandhotel, Strandpromenade 1, ☏ 2690, V
- Gh Peenemünder Eck, Strandstr. 1, ☏ 21815, IV
- Gh Letzter Heller, Gartenstr. 48, ☏ 28154, III
- P Vrothy, Mojglockhenberg 19, ☏ 28415, III
- Pz Schwalbe, Hauptstr. 23, ☏ 20234, III

Seebad Zempin
PLZ: 17454, Vorwahl: 038377
- ℹ Kurverwaltung, Neue Strandstr. 30, ☏ 4920
- H Asgard, Dünenstr. 20, ☏ 467, III
- H Baltic, Dünenstraße, ☏ 70791, V-VII
- H Dünenschloß, Neue Strandstr. 27, ☏ 790, III-VI
- H Kastanienhof, Ahlbecker Str. 14, ☏ 4940, IV
- H Nordlicht, Dünenstr. 4, ☏ 4650, V-VI

Stubbenfelde:
- P Seerose, Strandstr. 1, ☏ 540, V-VI
- H Seeschlößchen, Strandstr. 15, ☏ 2610, V-VI

Kölpinsee:
- Am Sandfeld, Am Sandfeld 5, ☏ 20759, V-VI
- H Hanse-Kogge, Hauptstr. 22, ☏ 2600, IV
- P Fremdenverkehrsamt, Hauptstr. 34, ☏ 20415, V
- P Villa von Desny, Strandpromenade 4, ☏ 2430, V

Ostseebad Zinnowitz
PLZ: 17454, Vorwahl: 038377
- Elsbeth, Waldstr. 31, ☏ 29231, IV
- P Strandvilla Imperator, Bergstr. 12, ☏ 335890, III
- P Sengbusch, Dorfstr. 21 a, ☏ 31091, III
- P Villa Strandglück, Strandpromenade 3, ☏ 29475, III-IV
- P Wald am Meer, Fischerweg 6, ☏ 3510, V
- P Ganzow, Dorfstr. 2, ☏ 31081, I
- P Labahn, Seestr. 35, ☏ 30924, II
- Pz Neuenfeldt, Seestr. 24, ☏ 30921, II

Seebad Ückeritz
PLZ: 17459, Vorwahl: 038375
- Angelparadies Krebssee ☏ 31587
- P Buchfink, Am Kurpl. 10, ☏ 2290, IV-V
- Hg Nußbaumhof, Feldstr. 2, ☏ 238, V
- H Achterwasser, Hauptstr. 35, ☏ 20600, II-IV
- ⛺ Traumboot, Hauptstr. 24, ☏ 22201, II-IV
- ⛺ Naturcampingplatz, Im Küstenwald, ☏ 2520

Stagnieß:
- ⛺ Camping Hafen Stagnieß, Am Achterwasser, ☏ 20423

Seebad Lubmin
PLZ: 17509, Vorwahl: 038354
- Fw Prasewaldt, Hauptstr. 52, ☏ 36646
- H Am Park, Villenstr. 7, ☏ 22272, V
- H Seebrücke, Waldstr. 5a, ☏ 3530, III-V
- Hg Peenebrücke, Burgstr. 2, ☏ 27260, V
- P Villa Erika, Waldstr. 4, ☏ 36252, II-IV
- ℹ Kurverwaltung, Freester Str. 8, ☏ 22071

Gahlkow Siedlung
PLZ: 17509, Vorwahl: 038352
- H Boddenblick, Boddenweg 14, ☏ 60094, II

263

Neuendorf-Kemnitz
PLZ: 17509; Vorwahl: 038352
Pz Hoffmann, Dorfstr. 7, ✆ 496, I

Greifswald
PLZ: 17498; Vorwahl: 03834
🛈 Tourist-Information, Rathaus,
✆ 521380
H Galerie, Mühlenstr. 10, ✆ 77378-30, V 🛏
H Am Dom, Lange Str. 44, ✆ 79370, IV
H Mercure, Am Gorzberg, ✆ 5440, V
H Kronprinz, Lange Str. 22, ✆ 7900, V
H Parkhotel, Pappelallee 1, ✆ 8740, V
H Maria, Dorfstr. 45a, ✆ 841426, IV
H Utkiek, Am Hafen 19, ✆ 83310, V
P Schipp in, Am Hafen 2, ✆ 840026, V
Pz Belz, Neunmorgenstr. 29, ✆ 510345, II-III
Pz Schade, Am Grünland 5, ✆ 822614, II
H Best Western, Hans-Beimler-Str. 1-3, ✆ 8010, VI
P Gästehaus Vario, Mendelejewweg 16, ✆ 812146, III
P Zur Fähre, Fährweg 2, ✆ 840049, V
Pz Biedenweg, Am Bierbach 1, ✆ 841037, II
Pz Schumacher, An der Silberpappel 12, ✆ 840523, II
🏠 Jugendherberge, Pestalozzistr. 11-12,

✆ 51690, I

Neuenkirchen
PLZ: 17498; Vorwahl: 03834
H Stettiner Hof, Theodor-Körner-Str.20, ✆ 899624, IV
Pz Grawe, Theodor-Körner-Straße, ✆ 892600, I

Mesekenhagen
PLZ: 17498; Vorwahl: 038351
Pz Michaelis, Greifswalder Str. 20, ✆ 387, II

Kirchdorf
PLZ: 18519; Vorwahl: 038351
Fw Unterm Storchennest, Dorfstr. 42, ✆ 305, III 🛏

Reinberg
PLZ: 18519; Vorwahl: 038328
H Borgwarthof, Oberhinrichshagen 29, ✆ 8650, III

Stahlbrode
PLZ: 18519; Vorwahl: 038328
⛺ Campingplatz Stahlbrode, am Fähranleger, ✆ 80702

Groß Lüdershagen
PLZ: 18442; Vorwahl: 03831
H Apfelblüte, Albert-Schweitzer-Str. 34, ✆ 494894, IV 🛏

Devin
PLZ: 18439; Vorwahl: 03831
🏠 Jugendherberge Stralsund-Devin, Strandstr. 21, ✆ 490289, III

Stralsund
PLZ: 18439; Vorwahl: 03831
🛈 Tourismuszentrale, Alter Markt 9, ✆ 01805/246900
H Ferienappartments B. Rindfleisch, Sarnowstr. 28, ✆ 390309, III 🛏
H InterCity Hotel, Tribseer Damm 76, ✆ 2020, V-VI
H Schweriner Hof, Neuer Markt 1, ✆ 288480, IV-V
H Stralsund, Heinrich-Heine-Ring 105, ✆ 3670, V 🛏
H Unter den Linden, Lindenallee 41 ✆ 4420, IV
H Waldrestaurant, An d. Bleichen 45b, ✆ 390135, IV
H Am Jungfernstieg, Jungfernstieg 1b, ✆ 44380, V-VI
H Royal Hotel, Tribseer Damm 4, ✆ 28210, V-VI 🛏
H Baltic, Frankendamm 22, ✆ 2040, VI
H Norddeutscher Hof, Neuer Markt 22, ✆ 293161, IV-V 🛏
H Altstadt zur Post, Tribseer Str. 22, ✆ 200500, VI

H Klabautermann, Am Querkanal 2, ✆ 293628, IV-V
H Zum Brauhaus, Greifswalder Chaussee 54, ✆ 27730, IV-V
Hg An den Bleichen, An d. Bleichen 45, ✆ 390675, VI-VII
Hg Quast, Greifswalder Chaussee 54, ✆ 270532, IV-V
P Kemari, Friedrich-Naumann-Str. 3, ✆ 37540, V
P Am Hafen, Seestr. 5, ✆ 700750, V
P Im Grünen, Rostocker Chaussee 28a, ✆ 494868, III
P De blage Katen, Wartislawstr. 18, ✆ 499545, III
P Regenbogen, Richtenberger Chaussee 2a, ✆ 497674, II-III
P Cobi, Jacobiturmstr. 15, ✆ 278288, IV-V
P Am Ozeaneum, Am Fischmarkt 2, ✆ 666831, IV 🛏
P Hafenblick, Semlower Str. 31, ✆ 303080, III-IV
P Appartmentpension Zur Fährbrücke Greifswalder Chaussee 45, ✆ 298607V
P Gästehaus Rosenkranz, Schulstr. 2, ✆ 2789951, III-IV
P Tafelfreuden Jungfernstieg 5a ✆ 299260 III-IV
P Altstadt Mönch, Mönchstr. 5, ✆ 284545,

III-IV
P Altstadt Peiß, Tribseerstr. 15, ✆ 303580, IV-V 🛏
Pz Wagner, An den Bleichen 32, ✆ 394021, I

Parow
PLZ: 18445; Vorwahl: 03831
P Am Schloss, Dorfstr. 14, ✆ 46130 od. 491288, III

Barhöft
PLZ: 18455; Vorwahl: 038323
P Sprenger, Am Hafen 3-4, ✆ 219 III

Klausdorf-Solkendorf
PLZ: 18445; Vorwahl: 038323
Hg Schwalbenhof, Barhöfter Str. 24, ✆ 81305, III
H Zum Kranich, Prohner Str. 18, ✆ 26680, III 🛏
P Storchennest, Prohner Str. 50, ✆ 321, II

Hohendorf
PLZ: 18445; Vorwahl: 038323
H Schloss HohendorfAm Park 7 ✆ 2500, V

Duvendiek
PLZ: 18356; Vorwahl: 038231
⛺ Naturcamp Zu den zwei Birken, Dorfstr. 12c, ✆ 60128

Groß Kordshagen
PLZ: 18442; Vorwahl: 038231

Übernachtungsverzeichnis

Barth
PLZ. 18356, Vorwahl: 038231
i Barth-Information, Lange Str. 13, ☎ 2464
⌂ Speicherhotel, Am Osthafen, ☎ 63300, VI
P Stadt Barth, Lange Str. 60, ☎ 623, V
P Rothfuchs, Bodstberstr. 11, ☎ 6820, III od. 0171/4178951
P Seeblick, Hafenstr. 8, ☎ 62439, V
P Am Markt, Am Markt 10, ☎ 89064 od. 0177/7650990, III
P Am Stadtwall, Reifergang 51, ☎ 669999, III
⛺ Jugendherberge, Glebbe 14, ☎ 15465
P Campingplatz, Am Bahndamm 1, ☎ 15786
⛺ Campingplatz Düne 6, Inselweg 9, ☎ 17617

Pruchten
PLZ. 18375, Vorwahl: 038233
i Kurverwaltung, Gemeindepl. 1, ☎ 610
H Haus Linden, Gemeindeplatz, ☎ 636, IV
H Bernstein, Buchenstr. 42, ☎ 64000, V–VII
P Waldpension, Grüne Str. 53, ☎ 418
P Wohnschiff Störtebeker, Am Prerowstrom, ☎ 246
P Seeteufel, Grüne Str. 27c, ☎ 222, III–IV
⌂ Camping Robinson-Camp, Hagens Düne, ☎ 60198

Niehagen
PLZ. 18347, Vorwahl: 038220
P Nordlicht, Dorfstr. 34, ☎ 69610
H Haus am Meer, Dorfstr. 36, ☎ 80816, VI
H Möwe, Schifferberg 16/17, ☎ 6080, IV–VI
i Kurverwaltung, Kirchensgang 2, ☎ 6660

Ahrenshoop
PLZ. 18347, Vorwahl: 038220
i Kurverwaltung, Waldstr. 4, ☎ 201
H Blinkfüer, An der Schwedenschanze, ☎ 0384
H Ostseehotel Dierhagen, Wiesenweg 1, ☎ 510, IV–VI
H Strandhotel Fischland, Ernst-Moritz-Arndt-Str. 5, ☎ 520
P Schuldt, Dorfstr. 15, ☎ 80461
⌂ Ostseecamp, Ernst-Moritz-Arndt-Str. 1a, ☎ 80778
⌂ An den Stranddünen, Waldweg 5, ☎ 80492

Neuhaus
PLZ. 18347, Vorwahl: 038226
i Kurverwaltung Ahrenshoop, Kirchensgang 2, ☎ 6660

Prerow
PLZ. 18375, Vorwahl: 038234
i Kur und Tourist GmbH, Chausseestr. 75, ☎ 8180
P Haus Rheinland, Birkenstr. 3, ☎ 15250, II–III
P Meeresrauschen, Seestr. 51, ☎ 1301
P Am Strand, Birkenstr. 21, ☎ 15600
P Wallfischhaus, Chausseestr. 74, ☎ 5040
P Dorint, Strandstr. 46, ☎ 650, VI–VII
i Kurverwaltung, Sandstr. 10, ☎ 251
P Sunshine Ferienpark, An der Bäder-str. 22, ☎ 8158351
⛺ Jugendherberge Ribnitz-Dampgarten, Am Wassenwerk, ☎ 8123711

Graal-Müritz
PLZ. 18181, Vorwahl: 038206
i Tourismus- und Kur GmbH, Rostocker Str. 3, ☎ 7030
H Baltic, Fritz-Reuter-Str. 7, ☎ 1430, III–V
H Düne, Strandstr. 64, ☎ 13990, VI
H Heiderose, Kurstr. 15, ☎ 1410, III–V
H IFA Hotel, Waldstr. 11, ☎ 730, V–VI
H Kähler, Zur Seebrücke 18, ☎ 79806, IV
H Ostseewoge, An der Seebrücke 35, ☎ 710, V–VI
H Residenz, Zur Seebrücke 34, ☎ 74470, V
H Strandhotel, Zur Seebrücke 28, ☎ 88606, IV–V
H Strandhotel Deichgraf, Strandstr. 61, ☎ 138413, VII
H Strandkrabbe, August-Bebel-Str. 17, ☎ 79116, III–IV

Wustrow
PLZ. 18347, Vorwahl: 038220
P Susewind, Bauernreihe 4a, ☎ 6410
P Achtern Wieck, Nordseite 26, ☎ 70681, III–V

Born
PLZ. 18375, Vorwahl: 038234
P Boddenhus, Hafenstr. 4, ☎ 15713, V–VI
P Ferienhof Schlösschen, Sundische Wiese, ☎ 8180

Wiek
PLZ. 18375, Vorwahl: 038233
P Fischers Hus, Bahnhofstr. 7, ☎ 15634, III

An der Grabow, Schulstr. 3, ☎ 83275, III

Ribnitz-Damgarten
PLZ. 18311, Vorwahl: 038221
⌂ Camping Neuhaus, Birkenallee 10, ☎ 409
P Kai, Am See 16, ☎ 81175, IV
⛺ Jugendherberge Ribnitz-Damgarten, Am Wassenwerk, ☎ 8123711

Dierhagen
PLZ. 18347, Vorwahl: 038226
P Janz, Schmiedestr. 5, ☎ 80460, III
H Schiff Shnne, Am Kuhleger 13, ☎ 336, IV
P Bienenhaus, Rosengang 7, ☎ 205, IV–V
P Seezeichen, Im Moor 3, ☎ 559801, II–III
P Familie Schulze, Nordstr. 38b, ☎ 478
⛺ Jugendherberge Ibenhorst, Im Darßer Wald, ☎ 229
⌂ Regenbogencamp Born, Nordstraße, ☎ 244

Zingst
PLZ. 18374, Vorwahl: 038232
i Kurverwaltung, Seestr. 56/57, ☎ 81580
H Marks, Weidenstr. 17, ☎ 16140, VI
P De lütt' Gaststuv, Zur Ole 3, ☎ 3546, III
P Boddenblick, Zur Ole 9, ☎ 81758, III–V
⌂ Naturcamp, Am Brink 53a, ☎ 2045
⌂ Camping Bodstedt, Damm 1, ☎ 4226
⌂ Donnenberg, Glöwitz 1, ☎ 2843

265

H Waldperle, Parkstr. 9, ✆ 1470, IV-V
P Haus am Meer, Zur Seebrücke 36, ✆ 7390, V
P Haus Wartburg, Alexandrastr. 1, ✆ 7080, III-IV
P Harder, Zur Seebrücke 24, ✆ 77375, II-III
P Zur Ostsee, Strandstr. 42, ✆ 79098, V
P Am Tannenhof, Am Tannenhof 4, ✆ 79288, II
P Villa Edda, Fritz-Reuter-Str. 7, ✆ 1530, IV-V
P Witt, Am Tannenhof 2, ✆ 77221, II
Pz Görtler, Rostocker Str. 20, ✆ 79260, III-IV
Pz Gottschalk, Rostocker Str. 38, ✆ 79679, V
Pz Jennerjahn, Lange Str. 23, ✆ 79148, III
Pz Schulz, Ribnitzer Str. 49, ✆ 77295, II
Pz Staske, Strandstr. 58, ✆ 79732, I-II
Pz Norden, A.-Bebel-Str. 4, ✆ 77505, II
Pz Zaffke, Gartenstr. 10, ✆ 79339, I
△ Ostseecamp Ferienpark „Rostocker Heide", Wiedortschneise 1, ✆ 77580

Neu Hinrichsdorf
PLZ: 18146; Vorwahl: 0381
P Zum Anker, Haus 9, ✆ 6863355, III-IV

Rostock
PLZ: 18055; Vorwahl: 0381
🛈 Tourist-Information, Neuer Markt 3, ✆ 3812222
H An der Stadthalle, Platz d. Freundschaft 3, ✆ 4445666, IV-V
H Brinckmansdorf, Katt-un-Mus-Weg 1, ✆ 659090, IV
H Courtyard by Marriott, Schwaansche Str. 6, ✆ 49700, V-VI
H Inter City Rostock, Herweghstr. 51, ✆ 49500, IV-VI
H Trihotel, Tessiner Str. 103, ✆ 65970, IV-VI
H Steigenberger Hotel Sonne, Neuer Markt 2, ✆ 49730, VI
Hg Kleine Sonne, Steinstr. 7, ✆ 46120, IV-V
P Am Doberaner Platz, Doberaner Str. 158, ✆ 492830, IV-V
P City, Krönkenhagen 3, ✆ 252260, III-VI
P Nielsen, Lindenbergstr. 10, ✆ 4908818, IV
🛏 Bräckföst Hostel, Beginenberg 25, ✆ 4443858, II-III

Reutershagen
PLZ: 18069; Vorwahl: 0381
H Elbotel, Fritz-Triddelfitz-Weg 2, ✆ 80880, IV-VI

Evershagen
PLZ: 18106; Vorwahl: 0381
🛏 Jugendgästeschiff, Am Stadthafen 72-73, ✆ 6700320

Lütten-Klein
PLZ: 18107; Vorwahl: 0381
P Lütten-Klein, Warnowallee 23/24, ✆ 776970, II

Markgrafenheide
PLZ: 18146; Vorwahl: 0381
🛈 Tourist-Information, Am Strom 59, ✆ 548000
H Godewind, Warnemünder Str. 5, ✆ 60957, IV-V
H Markgraf, Warnemünder Str. 1, ✆ 669988, IV-V
Hg Heidehof, Warnemünder Str. 11, ✆ 609380, IV
P Strandnest, Dünenweg 4, ✆ 2060950, IV
🛈 Ostsee-Ferienzentrum Markgrafenheide, Budentannenweg 10, ✆ 669955
△ „baltic-Freizeit", Budentannenweg 2, ✆ 6610

Warnemünde
PLZ: 18119; Vorwahl: 0381
🛈 Tourist-Information, Am Strom 59, ✆ 548000
H Am Alten Strom, Am Strom 60/61

✆ 54823, V
H Bellevue, Seestr. 8, ✆ 54333, V-VI
H Best Western Hanse Hotel, Parkstr. 51, ✆ 545, V-VI
H Zum Kater, Alexandrinenstr. 115/116, ✆ 548210, V
H Am Leuchtturm, Am Leuchtturm 16, ✆ 5437, V-VI
H Sanddorn, Strandweg 12, ✆ 54399, III-VI
H Parkhotel Seeblick, Strandweg 12a-14, ✆ 519550, V
H Stoltera, Strandweg 17, ✆ 54320, V-VI
H Strand Hotel Hübner, Seestr. 12, ✆ 54340, VI
H Warnemünde, Am Kirchenplatz, ✆ 51216, IV-V
Hg Asia Palast, Poststr. 2, ✆ 519590, V
P Alabama, Alexandrinenstr. 80, ✆ 548250, V
P Antik Pension, Alexandrinenstr. 30, ✆ 548160, III-VI
P Hus Jenny, Groß-Kleiner-Weg 11, ✆ 51664, III-VI
P Katy, Kurhausstr. 9, ✆ 543940, IV-V
P Zum Strand, Luisenstr. 4, ✆ 54333, IV-V
P Zum Steuermann, Alexandrinenstr. 57, ✆ 51168, V-VI
P Zum Alten Strom, Alexandrinenstr. 128,

✆ 51263, III-IV
P Ostseepension Warnemünde, John-Brinckman-Str. 3, ✆ 5192832, IV-V
Pz Häse, Parkstr. 28, ✆ 52779, III-IV
Pz Johanns, Gartenstr. 67, ✆ 5191371, III
Pz Kieseler, Parkstr. 32a, ✆ 5191072, IV
Pz Körner, Gartenstr. 15, ✆ 52997, III
Pz Mielenz, Paschenstr. 5, ✆ 5190222, IV
Pz Panten, Gartenstr. 59, ✆ 5191757 V
Pz Scarbarth, Am Strom 28, ✆ 54217, III
Pz Schulze, Parkstr. 7, ✆ 52392, III-IV
Pz Sixdorf, Parkstr. 6, ✆ 52377, IV
Pz Swodenk, Am Strom 118, ✆ 543820, IV-V
Pz Symann, Wiesenweg 4b, ✆ 5192315, IV
Pz Wagner, Schillerstr. 2, ✆ 54094, V
Pz Winter, Heinrich-Heine-Str. 7, ✆ 52880, V
🛏 Jugendherberge, Parkstr. 47, ✆ 548170

Nienhagen
PLZ: 18211; Vorwahl: 038203
🛈 Kurverwaltung, Strandstr. 16, ✆ 81163
H Nienhäger Strand, Am Meer 1, ✆ 81177, IV
H-P Am Teich, Strandstr. 14, ✆ 81182, III
Pz Fischer, Ahornring 45, ✆ 84123, IV

Übernachtungsverzeichnis

Dierhagen (Rostock):
PLZ: 18119, Vorwahl: 0381

🛈 Tourist-Information, Severinstr. 6, ☎ 62154
H City-Hotel, Alexandrinenpl. 4, ☎ 74740, VI
P Kempka, Gartenstr. 18, ☎ 7190, V
🛈 Tourist-Information Warnemünde, Am Strom 59, ☎ 548000
H Immenhof, Groß Kleiner Weg 19, ☎ 77693, V
H Ostseetraum, Stolteraer Weg 34, ☎ 51918 48, III–IV
H Ringhotel Warnemünder Hof, Stolteraer Weg 8, ☎ 5430, V–VII
H Villa Sommer, Fr.-Franz-Str. 23, ☎ 73430, V
P Am Fuchsberg, Am Fuchsberg 7a, ☎ 63474, IV
P Martlen, Clara-Zetkin-Str. 36, ☎ 46732, IV
P Eikboom, Eikboomstr. 8, ☎ 14403, III
P Paglianini, Mollistr. 12a, ☎ 62683, IV

Börgerende-Rethwisch
PLZ: 18211, Vorwahl: 038203

H Zum Rosengarten, Seestr. 56, ☎ 81653, III–IV 🛈
P Haus Wiesenblick, Seestr. 1, ☎ 84461, III
🛈 Tourist-Information Bad Doberan, Severinstr. 6, ☎ 62154
🛈 Information, im Bahnhof, ☎ 4150
H Kempinski Grand Hotel, Prof.-Dr.-Vogel-Str. 16–18, ☎ 7400, VII
P Hildebrandt, Seedichtstr. 18, ☎ 63639, III–IV
P Gästehaus Koch, Gartenstr. 1a, ☎ 63882, III

Bad Doberan
PLZ: 18209, Vorwahl: 038203

🅿 Campingplatz Borgerende, Deichstraße, ☎ 81126
H Pleschko, Am Converter See 9, ☎ 81516, IV
Pz Henning, Seestr. 11, ☎ 81851, II
H Wilhelmshöhe, Waldweg 1, ☎ 54828, VI
P Frommke, Stolteraer Weg 3, ☎ 548320, VI
P Ferienhof Ostseeland, Stolteraer Weg 47, ☎ 519104, VI

Wittenbeck
PLZ: 18209, Vorwahl: 038293

H Friedrich-Franz-Palais, August-Bebel-Str. 2, ☎ 63036, VI
H Prinzenpalais, Alexandrinenpl. 6, ☎ 63036, VII
P Wittenbeck, Straße zur Kühlung 12, ☎ 6161, II
P Wittenbeck, Straße zur Kühlung 21a, ☎ 89230, IV–V
H Schweriner Hof, Ostseeallee 46, ☎ 790, V–VI
H Rosenhof, Poststr. 18, ☎ 786, III–VI
H Rontgen, Strandstr. 30a, ☎ 7810, V–VI

Kühlungsborn
PLZ: 18225, Vorwahl: 038293

🛈 Touristik-Info, Ostseeallee 19, ☎ 8490
H "Fiedler Hahn", Waldstr. 5, ☎ 430
H Morada Resort, Hafenstr. 2, ☎ 670, IV–V
H Sonnenburg, Ostseeallee 15, ☎ 8390, V
H am Strand, Ostseeallee 16, ☎ 800, VI
H Strandblick, Ostseeallee 6, ☎ 633, V–VI
H Zum Strandkorb, Hermannstr. 11, ☎ 8340, IV
H Aquamarin, Hermannstr. 33, ☎ 4020, V
H Vier Jahreszeiten, Ostseeallee 10, ☎ 81000
H Arendsee, Ostseeallee 30, ☎ 70300, V–VI
H Verdi, Ostseeallee 26, ☎ 8570, III–V
H von Jutzenka, Dünenstr. 1, ☎ 8560, V
H Europa, Ostseeallee 8, ☎ 880, VI
H Möwe, Dünenstr. 13, ☎ 820, IV–V
H Neptun, Strandstr. 37, ☎ 89290, V–VI
H Nordischer Hof, Ostseeallee 25, ☎ 76000, III–IV
H Nordwind, Hermannstr. 23, ☎ 7727, III
H Villa Patricia, Ostseeallee 2, ☎ 8540, V
H Polar-Stern, Ostseeallee 24, ☎ 8290, V
Hg Esplanade, Hermann-Häcker-Str. 44, ☎ 8350, IV–VI
H Westfalia, Ostseeallee 17, ☎ 43490, IV–V
H Seeblick, Ostseeallee 31, ☎ 8430, IV
H Wilhelmine, Strandstr. 53, ☎ 8090, IV–V
H Residenz Waldkrone, Tannenstr. 4, ☎ 4000, V–VI
H Hacker, Lindenstr. 16, ☎ 12038, II
H von Jutzenka, Dünenstr. 1, ☎ 8560, V
P Drake, Lindenstr. 6, ☎ 11387, I
P Duwel, Neue Reihe 23, ☎ 12281, I
P Hacker, Lindenstr. 16, ☎ 12038, II
P Hanke, Riedenweg 3, ☎ 13592, I
P Hintze, Riedenweg 6, ☎ 13050, I
Pz Jenß, H.-Häcker-Str. 25, ☎ 12408, I
P Karsten, Neue Reihe 50, ☎ 12005, II
P Keppler Hanne-Nüte-Weg 13, ☎ 1301 6, I
Pz Krause, Hermann-Löns-Weg 12, ☎ 13082, I
P Meier, Riedenweg 5, ☎ 13149, I
Pz Meyer, Hanne-Nüte-Weg 14, ☎ 7477, I
Pz Delok, Riedenweg 14, ☎ 13212, I
Pz Zur Traube, Strandstr. 49, ☎ 12628, III
P Villa Seerose, Waldstr. 7, ☎ 7290, III
P Muttis Gute Stube, Schlossstr. 42, ☎ 8590, V–VI
P Villa Ludwigsburg, Doberaner Str. 34, ☎ 17303, III
P Lotte, Friedrich-Borgwardt-Str. 12, ☎ 6440, IV–V
H Skandinavia, Friedrich-Borgwardt-Str. 12, ☎ 180, V
H Seeschloss, Ostseeallee 7, ☎ 6117, III
P Jasmin, Ostseeallee 1, ☎ 6420, III–IV
Tannenstr. 7–8, ☎ 8300, IV–V
Hg Schloss am Meer und Rheingold, Ostseestern, Ostseeallee 13, ☎ 4101 0, II
P Poseidon, Hermannstr. 6, ☎ 89280, III
Pz Kupka, Kühlungsborner Str. 13, ☎ 13369, V
P Wotan, Ostseeallee 42, ☎ 87780, V

Pz Rosenkranz, Neue Reihe 48, ✆ 12261, II
Pz Rudat, Birkenweg 7a, ✆ 6240, I
Pz Scheffler, Wiesengrund 5, II
Pz Schielke, Hermann-Löns-Weg 11 a, ✆ 16425, I
Pz Schlabbach, Poststr. 5, ✆ 12720, II
Pz Schlutow, Neue Reihe 55, ✆ 7622, I-II
Pz Schmorell, Birkenweg 2, ✆ 6229, I
Pz Weidt, Grüner Weg 4, ✆ 12803, I
Pz Wozniak, Neue Reihe 100, ✆ 12468, I
🛏 Jugendgästehaus, Dünenstr. 4, ✆ 17270, I
⛺ Campingpark Im Riedenwald, Waldstr. 1b, ✆ 7195

Kägsdorf
PLZ: 18230; Vorwahl: 038293
P Riedensee, Rieden 3, ✆ 13156, III

Bastorf
PLZ: 18230; Vorwahl: 038293
P Zur Pause, Unterbastorf 6a, ✆ 13744, II
⛺ Steini's Ferienhof, Kühlungsborner Str. 7a, ✆ 13785

Wendelstorf
PLZ: 18230; Vorwahl: 038293
H Ostseeblick, Kühlungsborner Str. 3, ✆ 7505, II

Rerik
PLZ: 18230; Vorwahl: 038296

ℹ Kurverwaltung, Dünenstr. 7, ✆ 78429
H Am Alt Garzer Eck, Kröpeliner Str. 8, ✆ 7160, III-V
P Haffidyll, Haffstr. 13, ✆ 70456, V
P Kiek in, Verbindungsstr., ✆ 78221, IV-V
P Zur Linde, Leuchtturmstr. 7, ✆ 79100, IV-VI
🛏 Jugendgästehaus Haus Regenbogen, Ernst-Schriever-Str. 2, ✆ 74790, I
⛺ Campingpark Rerik, Straße am Zeltplatz, ✆ 75720

Meschendorf:
⛺ Camping Ostseecamp Seeblick, Meschendorfer Weg, ✆ 78480

Pepelow
PLZ: 18233 Vorwahl: 038294
⛺ Camping Am Salzhaff, Strandstr. 1, ✆ 78686

Boiensdorf
PLZ: 23974; 038427
P Gäste- und Schulungshaus, Werder 6, ✆ 64056
⛺ Camping Möwe, Zeltpl. 1, ✆ 219

Stove
PLZ: 23974; Vorwahl: 038427
Pz Frömel, Mühlenstr. 10, ✆ 4700 od. 0179/1823004

Blowatz
PLZ: 23974; Vorwahl: 038427
P Ostseegästehaus, Hauptstr. 5, ✆ 269, II 🛏
Pz Will, Hauptstr. 27, ✆ 2881, II

Nantrow
PLZ: 23974; Vorwahl: 038426
P Prill, Dorfstr. 18, ✆ 20405, II-III

Robertsdorf
PLZ: 23974; Vorwahl: 038427
Bh Schomann/Rohde, Dorfstr. 37/38, ✆ 2841, I

Wodorf
PLZ: 23974; Vorwahl: 038427
Pz Ziems, Haus 22, ✆ 265

Insel Poel
PLZ: 23999; Vorwahl: 038425
ℹ Kurverwaltung Insel Poel/Kirchdorf, Wismarsche Str. 2, ✆ 20347

Kirchdorf:
H Zur Seemöwe, Möwenweg 7, ✆ 4070, IV
P Zur Kirchsee, Möwenweg 3, ✆ 20397

Gollwitz:
H Inselhotel Poel, Nr. 6, ✆ 240, V-VI
P Schwartz, Nr. 23, ✆ 20312, IV

Groß Strömkendorf
PLZ: 23974; Vorwahl: 038427

H Schäfereck, Am Schäfereck 1, ✆ 2910, V-VI

Neu Farpen
PLZ: 23974; Vorwahl: 038426
Pz Gutshaus, Haus 4, ✆ 21272, III-IV

Wismar
PLZ: 23966; 03841
ℹ Am Markt 11 ✆ 2513027 (Zimmervermittlung) oder 19433
H Seeblick, Ernst-Scheel-Str. 27, ✆ 62740, VI-V
H Bertramshof, Bertramsweg 2, ✆ 707220, IV
H Altes Brauhaus, Lübsche Str. 37, ✆ 211416, V
H Am Alten Hafen, Spiegelberg 61-65, ✆ 4260, III-V 🛏
H Alter Speicher Wismar, Bohrstr. 12, ✆ 211746, V-VI
H Schwedenhaus, Sella-Hasse-Str. 11, ✆ 32740, III
H Hansehotel, Schiffbauerdamm 18, ✆ 71610, V
H New Orleans, Runde Grube 3, ✆ 2686, V
H Reingard, Weberstr. 18, ✆ 213495, V
H Stadt Hamburg, Am Markt 24, ✆ 2390, V
H Willert, Schweriner Str. 9, ✆ 2612, V

H Alter Schwede, Am Markt 19, ✆ 283552, III o. Frühstück
P Chez Fasan, Bademutterstr. 20a, ✆ 213425, III
P Wismaria, Bohrstr. 10, ✆ 214762, II
P Am Haffeld, Poeler Str. 138, ✆ 328989, II-III
Pz Freyberg, Schatterau 19, ✆ 213396, I
Pz Jaehn, Am Papenberg 1, ✆ 284938, I
Pz Kupfer, Frische Grube 58c, ✆ 211741, III-IV
Pz Neumann, Adlerweg 20, ✆ 707356, II
Pz Droschinski, Erwin-Fischer-Str. 62b, ✆ 641788, I
Pz Posingies, Am Daumoor 29, ✆ 215503, I
🛏 Jugendherberge, Juri-Gagarin-Ring 30a, ✆ 32680

Gägelow:
PLZ: 23968; Vorwahl: 03841
P Ferienhaus Grinnus, Dorfstr. 1a, ✆ 0173/2167632 II

Rüggow:
PLZ: 23970; Vorwahl: 03841
P Landhaus Streeck, An der B105, ✆ 282200

Kritzow:
PLZ: 23970; Vorwahl: 03841
H Aridus, Rüggower Weg 17, ✆ 2320, III-

Übernachtungsverzeichnis

Krusenhagen:
VI
H Wohlenberger Wiek 7, Strandstr. 1, ☎ 60222

Hoben
PLZ. 23974, Vorwahl: 03841
Pz Dohoff, Dorfstr. 2, ☎ 215105

Wohlenberg
PLZ. 23948, 038825
H Haus Boltenhagen, Ostseeallee 48, ☎ 29820, III
H Iberotel Baltische Allee 1, ☎ 3840, VI
P Kühne, Ostseeallee 92a, ☎ 37080, V-VI
P Ferienhof an der Ostsee, An der Chaussee 5, ☎ 410, III-VI
P Gästehaus Bade, An der Chaussee 3, ☎ 22873, III-IV

Oberhof
PLZ. 23948, Vorwahl: 038825
[i] Stadtinformation Klütz, Im Thurow 14, ☎ 22795
P Wendenburg, Tarnewitzer Dorfstr. 7, ☎ 3090, III-IV
H Tarnewitzer Hof, Tarnewitzer Dorfstr. 15, ☎ 2984, II-V
H A-Rosa, Außenallee 10, ☎ 3070632, VIII
H Columbia Hotel Casino, Kaiserallee 2, ☎ 3080, VII
P Lindenhof, Tarnewitzer Dorfstr. 24, ☎ 74240 u. 74247, III-IV
P Deutscher Kaiser, Vorderreihe 52, ☎ 8420, V-VI
H Heberge Radler Cafe, Tarnewitzer Kamp 2, ☎ 21054, I ⌂

Redewisch
PLZ. 23946, Vorwahl: 038825
H Gutshaus Redewisch, Dorfstr. 46, ☎ 2667, III-IV
H Martini, Trelleborgallee 2, ☎ 890, VI
H Neptun, Vorderreihe 24, ☎ 4144, V-VI
H Old Durch, Achterdeck 9, ☎ 73336, III-V
H Seeblick, Kaiserallee 31a, ☎ 74313
P Radlerherberge Lindenhof, Dorfstr. 59, ☎ 37966 od. 04503/5449, I-III

Elmenhorst
PLZ. 23948, Vorwahl: 038825
H Seestern, Am Kurgarten 2, ☎ 73550, V-VI
H Schlossgut, Am Park 1, ☎ 8848, VII

Groß Schwansee
PLZ. 23942, Vorwahl: 038827
H Schlosshotel Groß Schwansee Chaussee 25, ☎ 38930, III-V ⌂

Meddewig, v. Meckelnburg,
H Seehotel Großherzog v. Meckelnburg, ☎ 400, II-V
H Kurverwaltung, Ostseeallee 4, ☎ 3600
H John Brinckmann, Mittelpromenade 24, ☎ —
H Radlerhotel Tarnewitzer Hof, Tarnewitzer Str. 4, ☎ 37773 od. 0172/3120494, II

Boltenhagen
PLZ. 23946, Vorwahl: 038825
Pz Haus Marianna, Boltenhagener Str. 4, ☎ 22795
[i] Stadtinformation Klütz, Im Thurow 14, ☎ 22795
P Gut Oberhof, Am Gutshof, ☎ 22204

Klütz
PLZ. 23948, Vorwahl: 038825
[i] Stadtinformation Klütz, Im Thurow 14, ☎ 22795

Zierow
PLZ. 23968, Vorwahl: 038428
Gh Strohbeker, Hauptstr. 4, ☎ 60388, II-III

Proseken
PLZ. 23968, Vorwahl: 038428
Pz Schröder, Haus 10, ☎ 642470, II
Pz Ring, Haus Nr. 1, ☎ 642453, I
H Ferienhof an der Ostsee, An der Chaussee 5, ☎ 410, II-III ⌂

Tourist Infozentrum, Im Dorfe, ☎ 63790
Ferienpark Zierow, Strandstr. 19c, ☎ 63820

Beckerwitz
Pz zur Ostsee, ☎ 60354
[⌂] Jugendherberge Beckerwitz, Haus Nr. 21, ☎ 60362, auch ▲

Gramkow
PLZ. 23968, Vorwahl: 038428
Campingplatz „Liebeslaube", Wohlenberger Wiek, ☎ 60219

Niendorf
PLZ. 23966, Vorwahl: 038428

VI
H Sonnenklause, Kaiserallee 21-25, ☎ 86130, V-VI
H Leonorenwald, Kalkhorster Str. 5, ☎ 8870, III

Hohen Schönberg:
Ostseeallee 1, ☎ 50, VI-VII

Hohen Pravsthagen:
H Stadt Hamburg, Vorderreihe 60, ☎ 2108, III-IV
P Gellinitz, Kalkhorster Str. 13-14, ☎ 270

Travemünde
PLZ. 23570, Vorwahl: 04502
[i] Touristbüro, Berlingstr. 21/ Im Strandbahnhof, ☎ 0451/8899700
H Atlantic, Kaiserallee 2a, ☎ 75057, IV-VI
H Villa Charlott, Kaiserallee 5-5a, ☎ 86110, III-IV
Hg Richter, Kaiserallee 61, ☎ 2651, III
Hg Baltic, Vogtstr. 1, ☎ 3232, V-VI
P Bastian, Kurgarten 109, ☎ 2393, V
P Brasch, Spitzbergenstr. 9, ☎ 74997, V
P Bütow, Quellenweg 4, ☎ 3815, V
P Donnitzky, Kurgartenstr. 2, ☎ 2572, II-V
P Esswarranthan, Kleiner Belt 3, ☎ 7290, II-V
Pz Fahrkrug, Quellenweg 12, ☎ 6200
Pz Ingwersen, Siebtstr. 16, ☎ 73961, II-V
Pz Jakobs, Rose 43d, ☎ 6098, II
Pz Jekstes, Moorredder 36, ☎ 71693, II
Pz Koch, Norwegenstr. 4, ☎ 71058, II-V
Pz Kohnke, Spitzbergenstr. 5b, ☎ 71237
H Urvase, Kaiserallee 17, ☎ 73874, III-VI
H Zum Landhaus, Fehlingstr. 67, ☎ 2818, IV-VI
H Strand-Schlösschen, Strandpromenade 7, ☎ 75035, V-VI
H Baumhaus, Klützer Str. 7, ☎ 264, IV
Fw Villa Aida, Steilufering 3b, ☎ 26161, IV
Regenbogen Camp, Ostseeallee 54, ☎ 42222

269

II-V
Pz Müller, Mühlenberg 3, ✆ 3560, V
Pz Haus Nehls, Scheteligstr. 13, ✆ 73423, III-V
Pz Reinbrecht, Moorredder 2d, ✆ 5767, V
Pz Rößner, Alfred-Hagelstein-Str. 7, ✆ 73943, III
Pz Schröder, Fehlingstr. 65a, ✆ 5745, II-IV
Pz Schütt, Vorderreihe 29, ✆ 5436, II

Priwall:
P Siemer, Mecklenburger Landstr. 36, ✆ 2408, III-V
Pz Beyer, Pötenitzer Weg 5a, ✆ 2430, IV
🏠 Naturfreundehaus, Mecklenburger Landstr.128, ✆ 2788
🏠 Seglerheim Priwall, Passathafen, ✆ 6396
🏠 Viermastbark Passat, Am Priwallhafen, ✆ 0451/1225202
⛺ Zeltplatz der Kurverwaltung Priwall, Haus des Kurgastes, ✆ 80459
⛺ Howold, ✆ 2234
⛺ Klatt, ✆ 2835
⛺ Beythien-Peters, Frankenkroogweg, ✆ 4865

Pötenitz
PLZ: 23942; Vorwahl: 038826
Pz Steinem, Bergstr. 24, ✆ 86356

Fw Ostseeperle, Bergstr. 34, ✆ 88888

Dassow
PLZ: 23942; Vorwahl: 038826
Gutshaus am See, Wilmstorf, Dorfstr. 15, ✆ 88843 🍴
H Schloss Lütgenhof, Ulmenweg 10, ✆ 8250
P Freitag, Lübecker Str. 38, ✆ 80680
P Jägerhof, Ausbau 1, ✆ 23942, IV-V
Pz Alte Sattlerei, Friedensstr. 24, ✆ 80607
Fw Blütenträume, Lübecker Str. 54, ✆ 80116
Fw Ostsee-Rose, Ulmenweg 7a, ✆ 86869

Schönberg
PLZ: 23948; Vorwahl: 038827
H Leonorenwald, Kalkhorster Str. 5, ✆ 71045, VI
P Göllnitz, Kalkhorster Str. 14, ✆ 270

Palingen
PLZ: 23923; Vorwahl: 038821
Fw Drau Kunze, Hauptstr. 3, ✆ 66933

Lüdersdorf
PLZ: 23923; Vorwahl: 038821
Waldhotel Schattin, Schattin, Waldstr. 1, ✆ 6880 🍴

Lübeck
PLZ: 23552; Vorwahl: 0451
ℹ️ Touristbüro, Breite Str. 62, ✆ Hotline

01805/882233.
ℹ️ Verkehrsverein e. V., Holstenstr. 20, Zimmervermittlung, ✆ 76400
Waldhotel Twiehaus, Israelsdorf, Waldstr. 41-43, ✆ 398740 🍴
H Altstadthotel, Fischergrube 52, ✆ 702980, VI
H Kaiserhof, Kronsforder Allee 11-13, ✆ 23560, 703301, VI
H Ibis, Fackenburger Allee 54, 23554, ✆ 40040, V
H Etap, Berliner Str. 1-1a, 23560, ✆ 5855820, V
H Excelsior, Hansestr. 3, 23558, ✆ 88090, VI
H Alter Speicher, Beckergrube 91-93, ✆ 71045, VI
H Lindenhof, Lindenstr. 1a, ✆ 872100, VI
H Jensen a. Holstentor, Obertrave 4-5, ✆ 702490, VI
H Stadt Lübeck, Am Bahnhof 21, ✆ 83883, V
H Zum Ratsherrn, Herrendamm 2-4, 23556, ✆ 43339, VI
H Herrenhof, Herrendamm 8, 23556, ✆ 46027, VI
H Zum goldenen Anker, Große Burgstr. 9, ✆ 71692, VI
H Zur Alten Stadtmauer, An der Mauer 57,

✆ 73702, VI
H Schüsselbuden, Schüsselbuden 4, ✆ 799410, VI
H Wakenitzblick, Augustenstr. 30, 23564, ✆ 7026300, VI
H Am Lindenplatz, Am Lindenpl. 2, 23554, ✆ 871970, VI
H Hanseatic, Hansestr. 19, 23558, ✆ 83328, VI
H Baltic, Hansestr. 11, 23558, ✆ 85575, VI
H Schwarzwaldstuben, Koberg 12-15, ✆ 77715, VI
H Rucksackhotel Backpackers, Kanalstr. 70, ✆ 706892, II
H Lübecker Burg, Kaiserstr. 2, ✆ 71665, III
H Schönböcken, Steinrader Damm 42, 23556, ✆ 893345, III
H Schweizerhaus, Travemünder Allee 51, 23568, ✆ 388730, IV
H Alte Stadtwache, Mühlenbrücke 7, ✆ 71866, VI
H B&B, Chasotstr. 25, 23566, ✆ 610581, VI
H Am Mühlenteich, Mühlenbrücke 6, ✆ 77171, VI
Hg Das Hotelchen, Schönböcker Str. 64, 23556, ✆ 41013, VI

Hg Am Dom, Dankwartsgrube 43, ✆ 799430, V
Hg Arnimsruh, Wesloer Landstr. 11, 23566, ✆ 64231, VI
Hg Stadtpark, Roeckstr. 9,23568, ✆ 34555, VI
Hg Geniner Dorfstr. 28, 23560, ✆ 807256, III-IV
P Scharnweber, Moislinger Allee 163, 23558, ✆ 891042, II
P Koglin, Kollwitzstr. 39, 23566, ✆ 622432, III
🏠 Jugendgästehaus, Mengstr. 33, ✆ 7020399
🏠 Jugendherberge, Am Gertrudenkirchhof 4, ✆ 33433

Groß Grönau
PLZ: 23617; Vorwahl: 04509
Forsthaus St. Hubertus, St. Hubertus 1, ✆ 877877, 🍴

Duvennest
PLZ: 23923; Vorwahl: 038821
Gh Landhaus Martinshof, Hauptstr. 11, ✆ 67441

Schattin
PLZ: 23923; Vorwahl: 038821
H Waldhotel Eisenherz, Waldstr. 1, ✆ 60815, VI

Übernachtungsverzeichnis

Ratzeburg
PLZ 23909, Vorwahl: 04541
H Seehof, Lüneburger Damm 1–3, ✆ 86010 1, V–VI
H Wittler, Große Kreuzstr. 11, ✆ 3204, IV–VI
H Hansa, Schrangenstr. 25–27, ✆ 84100, III–V
H Heckendorf, Gustav-Peters-Pl. 1, ✆ 88980, III–V
b. Ratzeburg, Dorfstr. 32, ✆ 87998 1, V
H Hotel am See Römnitzer Mühle, Römnitz
Ph Haß Betzinger, Demin 2a, ✆ 3430, III
P Dierendhafen, Am Mühlgraben 5, ✆ 83805, II
Ph Kolander, Mecklenburger Str. 16, ✆ 7528, III
H Mohring, Schrangenstr. 10, ✆ 3374, III
H Münstermann, Abstelder Weg 8, ✆ 83200, II
P Morgenroth, Am Jägerdenkmal 1, ✆ 3794, II
P Nath, Demin 9, ✆ 83445, II
P Scheele, Am Kaninchenberg 15, ✆ 80 1795, II
Pz Wode, Bergstr. 34 a, ✆ 2330, II

Schlagsdorf
PLZ 19217, Vorwahl: 038875
Fw Korfahl, Hauptstr. 14, ✆ 20358
Fw Großmuß, Neubauerweg 18, ✆ 20037
PLZ 23911, Vorwahl: 04546
Birkenhof, Dorfstr. 23, ✆ 326 🅿

Lassahn
PLZ 19246, Vorwahl: 038858
P Seeblick, Dorfstr. 59, ✆ 22775

Zarrentin
PLZ 19246, Vorwahl: 038851
H Landhaus am Schaalsee, Wittenburger Chausee, ✆ 80538
H Schaalseehotel, Breite Str. 1, ✆ 26250
H Jagdschlösschen Boizenburg, Boize, pl. 1, ✆ 33439, II–III

Boizenburg
PLZ 19258, Vorwahl: 003884 7
H Ratskadhotel Boizenburg, Schützen-str. 14, ✆ 299950, IV
H Steinoit, Weiderstr. 2, ✆ 50093, II
P Stadt Boizenburg, Vor dem Mühlentor 14, ✆ 52302, II

Bleckede
PLZ 21354, Vorwahl: 05852
Tourismusleitstelle Nord Elberadweg, Im Elbschloss Bleckede, Schloss-str. 10, ✆ 951495
H Zum Löwen, Lauenburger Str. 1, ✆ 9400, IV
H Waldfrieden, Dahlenburger Str. 30, 1238, V
H Landhaus An der Elbe, Elbstr. 5, ✆ 1230, IV–V

Bitter
Fw Lau, Elbstr. 5, ✆ 038855/51405 od. 0170/2409160, II–III

Neu Darchau
PLZ 21354, Vorwahl: 05853
Campingplatz Mutter Grün, Bruchdorfer-str. 30, ✆ 310

Wlamsburg
PLZ 21354, Vorwahl: 05853
Campingplatz Bleckede, Schloss-bad 23, ✆ 311
ADAC-Campingplatz, Am Wald-243000, III
Fw Haus an der Elbe, Hauptstr. 37, 22–24, ✆ 347, III–IV
Gh Bürgerstube, Marschhorst. 5, ✆ 6439, III–V

Bleckeder Moor
Pz Bleckeder Moor, Bleckeder Moor 26, 2590, II

Alt Garage
Fw Lau, Elbstr. 5, ✆ 05854
Str. 14, ✆ 299950, IV

Hitzacker
PLZ 29456, Vorwahl: 05862
Tourist-Information Hitzacker, Wein-bergsweg 2, ✆ 96970
H Parkhotel Hitzacker, Am Kurpark 3, ✆ 9770, V–VI
H Hotel-Restaurant Scholz, Prof.-Borchling-Str. 2, ✆ 959100, III–V
Pz Strathusen, Sannemannweg 1, ✆ 3322, ab IV
Pz Weinberger, Kleinburg 7, ✆ 1382, III
Pz Menke, Schlossstr. 5, ✆ 635, II
H Waldfrieden, Weinbergsweg 25–26, ✆ 96720, V–VI
H Lüneburger Hof, Lüneburger Str. 6, ✆ 1601, III
H Zur Linde, Drawehnerforst-str. 22–24, ✆ 347, III–IV
Gh Bürgerstube, Marschhorst. 5, ✆ 6439, III–V
P Panorama, Prof.-Borchling-Str. 4, ✆ 210, II–III
Pz Rädke, Von-Oeynhausen-Str. 4, ✆ 7350, II
Pz Braunschweig, Harlinger Str. 51, ✆ 7555, III
Pz Thiemann, Harlinger Str. 59, ✆ 288, III
Hitzacker/Elbe, Wolfsschlucht 2, ✆ 244, II–III

Hitzacker
P Privates Schullandheim und Pension, Landstr. 12, ✆ 058 54/1681, II
H Moller, Elbstr. 44–50, ✆ 5980, III–IV
Jugendherberge, Am Sportpl. 7, ✆ 55243
Pz Haus Gisela, Büchener Weg 67a, ✆ 3967, II
P Soetbeer, Lauenburger Str. 3, ✆ 2870 od. 951 9080, II–III
Tourist-Information Hitzacker, Von-Estorffs-Weg 25, ✆ 1221, II–III
P Haus Elbblaue, Von-Estorffs-Weg 25, ✆ 058 54/1681, II

Lauenburg
PLZ 21481, Vorwahl: 04153
Tourist-Info „DeepenDoor", Elbstr. 91, ✆ 520267
H Zum Halbmond, Halbmond 30, ✆ 2297, III–V
H Bellevue, Blumenstr. 29, ✆ 2318, II–III

Gudow
PLZ 23899, Vorwahl: 04547
Landgasthof Meincke, Kehrsen, Kastanien-allee 6–8, ✆ 1522
Campingplatz Gudower See, Seestr. 4, ✆ 768

Wehningen
PLZ: 19273; Vorwahl: 038845
Fw Ferienhaus, ☏ 40939, II
Fh Drei Eichen, ☏ 40071, II

Rüterberg
PLZ: 19303; Vorwahl: 038758
H Elbklause, ☏ Am Brink 3, ☏ 35450, III

Dömitz
PLZ: 19303; Vorwahl: 038758
🛈 Tourist-Information, Rathauspl. 1, ☏ 22112
🛈 Tourismusverband Schweriner Land - Westmecklenburg e. V., Alexandrinenpl. 5-7, ☏ 19288
H Eichenhof Heiddorf, Wilhelm-Pieck-Str. 14, 19294 Heiddorf, ☏ 3150
Gh Alte Zunft, Bahnhofstr. 6c, ☏ 26550
P Hoffmanns Scheunenhof, Elbstr. 26, ☏ 22032, II-IV
P Int. Begegnungsstätte, Ludwigsluster Str. 22/23, ☏ 35909, II-IV
P Radlerpension Zur Festung, Goethestr. 15, ☏ 24484, II-III
Pz Fuhrmann, Marienstr. 1, ☏ 24161, II
Pz Fähnrich, Marienstr. 5, ☏ 22626, II

Brandleben
PLZ: 29484; Vorwahl: 05865
P Hennings, Deichstr. 14, ☏ 261, II
Fw Hennings, Brandleben Nr. 2, ☏ 261

Langendorf
PLZ: 29848; Vorwahl: 05865
Pz Elbhof Zipoll, Dannenberger Str. 15, ☏ 439 II
Pz Gudrun Deegen-Hoppe, Elbuferstr. 109, ☏ 1232
Fw Erholung auf dem Lande, Elbuferstr. 104, ☏ 580
Fw In der Elbtalaue, Elbuferstr. 109, ☏ 1232
Fw Kahlstorf, Elbuferstr. 110, ☏ 837
Fw Haus zur Linde, Am Kuhlenberg 11, ☏ 1200

Grippel
PLZ: 29484; Vorwahl: 05882
Fw Am Grippeler See, Elbuferstr. 36, ☏ 376

Gorleben
PLZ: 29475; Vorwahl: 05882
H Das Deichhaus, Burgstr. 5, 987484, II-III
P Kaminstube, Hauptstr. 11, 987560, II-III

Vietze
Hg Hüttenhotel, Am Elbufer 9, 1707 o. 382, II-III
P Kastanienhof, Bergstr. 36, 538, II-III

Lenzen
PLZ: 19309; Vorwahl: 038792
🛈 Tourist-Information, Paul-Lincke-Platz, ☏ 402721 od. 5627033
 ☏ 7302
H Schützenhaus, Am Volkspl 2, ☏ 9200, III-IV
H am Rudower See, Mühlenweg 6, ☏ 9910, IV
P Hof Janisch am See, Leuengarten 1, ☏ 7488, I
P Haus Kinderland Elbtalaue, Birkenweg 5, ☏ 7340, III
P Haus Lenzen e.V., Leuengarten 2, ☏ 9870, II
Pz Salwiczeck, Kleine Str. 6, ☏ 1582, II
△ Campingplatz am Rudower See, Leuengarten 9, ☏ 80075

Lütkenwisch
PLZ: 19309; Vorwahl: 038780
P Café Jaap, Elbstr. 4, ☏ 7263

Cumlosen
PLZ: 19322; Vorwahl: 038794
🛈 Lenzen-Information, Berliner Str. 7, ☏ 038792/7302
Gh Schmidt, Lenzener Str. 25, ☏ 30214, II
Pz Grüning, Seeviertel 20, ☏ 30442, II
Fw Bertelt, Seeviertel 22, ☏ 30242, II
Fw Lehner, Am Elbdeich 1a, ☏ 30598, II

Wittenberge
PLZ: 19322; Vorwahl: 03877
🛈 Tourist-Information, Paul-Lincke-Platz, ☏ 402721 od. 5627033

H Am Stern, Turmstr. 14, ☏ 9890, VI
H Prignitz, Bismarckplatz 2, ☏ 92870, V
H Zur Elbaue, Bahnstr. 107, ☏ 904118, II
H Germania, Bahnstr. 53a, ☏ 95590, V
P Kuhn, Elbstr. 9, ☏ 69603, II
P Kösterke, Bentwischer Weg 68, ☏ 73681, II
P Zum Festspielhaus, Friedrich-Ebert-Str. 9, ☏ 79195, V
P Schwesig, Lenzener Chaussee 19a, ☏ 66445, III
P Zum Goldenen Anker, Elbstr. 11, ☏ 403855, IV
P Tollhaus, Perleberger Str. 155, ☏ 71491, II-III
Pz Dahnke, Bahnstr. 40, ☏ 403164, II
Pz Rumsch, OT Lindenberg, Feldstr. 33, ☏ 403201, III
Pz Frühling, Goethestr. 6, ☏ 79859, II
Pz Fuhrmann, Horning 22, ☏ 70784, II
Pz Haus am Park, Franzstr. 4, ☏ 5614887, II-III
Pz König, Tivolistr. 26, ☏ 69200, III
Pz Ponderosa, Wahrenberger Str. 85, ☏ 71742, II
Pz Tischlein deck dich, Sandfurttrift 4, ☏ 73457, II
Fw Zum Koi, Im Hagen 27-28, ☏ 0173/6003970, V-VI

Fw Ponderosa, Wahrenberger Str. 85, ☏ 71742, IV
🏠 Jugendgästehaus, Perleberger Str. 64, ☏ 79195, II
△ Camping am Friedensteich, ☏ 902068

Gartow
PLZ: 29471; Vorwahl: 05846
Pz Meyer, Elsebusch 89, ☏ 2466, III

Schnackenburg
PLZ: 29493; Vorwahl: 05840
🛈 Kurverwaltung Gartow, Nienwalder Weg 1, 29471 Gartow, ☏ 05846/333
Gh Hafencafé Felicitas, Alandstr. 9, ☏ 1259, II-III
P Deichgraf, Elbstr. 7, ☏ 0173/5812920, II

Ziemendorf
PLZ: 39619; Vorwahl: 039384
P Pferde- und Freizeitparadies, Dorfstr. 49g, ☏ 97295, II

Arendsee
PLZ: 39619; Vorwahl: 039384
H Flair, Friedensstr. 91, ☏ 250015, V
H Seeterrassen, Am See 2, ☏ 98109, IV
H Deuschle, Salzwedelerstr. 52, ☏ 271396, III
H Wellnessfarm, Lindesstr. 28, ☏ 9890, V
H Stadt Arendsee, Friedesstr. 113, ☏ 2234, IV

Übernachtungsverzeichnis

Ambienhotel, Dorfstr. 10, ☎ 9820, III
P Feriendland Arendsee, Am Lindenpark 12, ☎ 0162/75611 69, III
🅿 Campingplatz Am Arendsee, Harper Weg, ☎ 2587
🅿 Campingplatz Im Kleinen Elsebusch, Luthover Str. 6 a, ☎ 27363

Zießau
PLZ. 03 93 84, Vorwahl: 03 93 84
P Zur kleinen Martine, Dorfstr. 8, ☎ 27273, II

Salzwedel
PLZ. 29 410, Vorwahl: 03 901
H Union Salzwedel, Goethestr. 11, ☎ 22097
H Kastanienhof, An der Warthe 4, ☎ 88883
H Siebenbäcks, Kastanienweg 3, ☎ 35030
H Ferienhaus, An der Katharinenkirche 5, ☎ 47 12 62
H Kuhfelder Hof, Am Parkpl. 1, ☎ 97690
H Zum Bartelskamp, Am Bartelskamp 3, ☎ 32946
☎ Ma Tins, Breit Str. 51, ☎ 307573
H Horenburg, Große Pragenbergstr. 26, ☎ 422872
🅿 Victoria, Gr. Pagenbergstr. 26, ☎ 423457

Schafwedel
PLZ. 29 389, Vorwahl: 05824
Gh Schafwedel, Schmalauer Str. 18, ☎ 964410, III

Bodenteich
PLZ. 29 389, Vorwahl: 05824
H Braunschweiger Hof, Neustädter Str. 2, ☎ 250, II
H Landhaus Bodenteich, Neustädter Str. 70, ☎ 964 60, IV
H Bodendicker, Neustädter Str. 19, ☎ 3078, III
Gh Piepers Gasthaus, Bahnhofstr. 23, ☎ 1202, III
H Eichenhof, Ringstr. 1 a, ☎ 1655, V
P Casino, Hauptstr. 44, ☎ 1700, II
Gh Grote, Dorfpl. 2, ☎ 2348, III
🅿 Campingplatz Bad Bodenteich, Campingpl. 1, ☎ 1300

Diesdorf
PLZ. 29 413, Vorwahl: 03 902
P Schlundt, Bergstr. 10, ☎ 273

Oebisfelde
PLZ. 39 646, Vorwahl: 03 90 02
VI
H Bodendube, Im Balken 7, ☎ 43115, II
Gh Piepers Gasthaus, Bahnhofstr. 23
P Petzold, Schöninger Str. 1, ☎ 60013
H Schönitz, Schöninger Str. 4, ☎ 42015
H Parkhotel, Albertchstr. 1, ☎ 43094
Hg Frisco, Walbecker Str. 11, ☎ 55750
Hg Sonntag, Holzberg 28/29, ☎ 41027
Gh An der Aller, Schluststr. 6, ☎ 42038, V
P Im Royal, Gardelegener Str. 16, ☎ 43666
P Peters, Lindenstr. 46, ☎ 42363, V
P Hartung, Stendaler Str. 62, ☎ 43657, I
Fw. Lande Str. 19A, ☎ 8230

Breitenrode
PLZ. 39 646, Vorwahl: 03 90 02
H Hildebrandt, Bauernstr. 12, ☎ 42595, II

Buchhorst
PLZ. 03 90 02/42528
P Rauschenbach, Lindenstr. 19, ☎ 1305
P Haus Jürgens, Zu den Ohrwauen 2, ☎ 1076
H Hintz, Taubenweg 8, ☎ 1548
P Templin, Vogelweg 9, ☎ 510
H Haus Tanne, Heidweg 22, ☎ 26198
P Müller, Neuperver Tor 50, ☎ 33478
P Wagner, Dammenweg 43, ☎ 22107
P Kruse Bäumkuchen, Holzmarktstr. 4-6, ☎ 35358
P Post Saw, Breite Str. 39, ☎ 422034

Abbendorf
PLZ. 29 413, Vorwahl: 03 902
Gh M. Niemann, Vorstelder Str. 1, ☎ 381

Brome
PLZ. 38 465, Vorwahl: 05833

Beendorf
Vorwahl: 03 90 50
Gh Landhaus Beendorf, ☎ 2378

Bad Helmstedt
PLZ. 38 350, Vorwahl: 05351
H Quellenhof, Brunnenweg 19, ☎ 1240
H Harmonie, Am Walligarten 12, ☎ 2589, II-III
H Deutsches Haus, Hötensleber Str. 3, ☎ 968 40, II-IV

Schöningen
PLZ. 38 364, Vorwahl: 05352
🅿 Wohnmobilstellplatz "Waldplatz", Info: Markt 7/8, ☎ 39 99 95
H Schloss Schöningen, Burgplatz 1 a, ☎ 907590, III-V
H Haus Fricke, Buchenweg 18, ☎ 2585
P Haus Kraft, Ostendorf 5, ☎ 2503
🅿 Haus Odei, Auf dem Bruckbeige 26, ☎ 58821
P Schäferstübchen, Schäferbreite 31 a, ☎ 5882
🆑 Jugendherberge Schöningen, R.-Schirrmann-Str. 6 a, ☎ 3898, II
P Scholz, Hinter dem Kreuze 21, ☎ 2793, III
H Holiday Inn Garden Court, Charistr. 2, ☎ 2242, III
H Krügge, Leuckartstr. 54, ☎ 33066

Helmstedt
PLZ. 38 350, Vorwahl: 05351
Fw. Hpfenhorst 6, ☎ 8697
H Antik-Hotel Garabad, Brunnenweg 17, ☎ 1280
Info: Markt 7/8, ☎ 39 99 95
🅿 Wohnmobilstellplatz Bad Helmstadt, ☎ 399095

Hornburg
PLZ. 38 315, Vorwahl: 05334
H Schützenhof, Vor dem Vorwerkstor 3, ☎ 1271, III
Gh Gaststätte Ibeg, Schützenallee 1, ☎ 1239, III
Pz Haus Haas, Melbomstr. 29, ☎ 537744
Pz Haus Meerkatz, Conringstr. 5, ☎ 32670
P Haus Schulz, Carlstr. 5, ☎ 33173
Pz Haus EWA, Vorstelder Str. 27, ☎ 542792
Fw Haus Kreisel, Böttcher Str. 41, ☎ 9616
P Haus Karin, Wasserstr. 41, ☎ 1231, II
P Haus Schulz, Hopfenweg 12, ☎ 1937, II

Grasleben
PLZ. 38 368, Vorwahl: 05356
Fw Haus Körner, Friedrichstr. 18, ☎ 282

273

P Haus Brockenblick, Schladener Str. 33, ☎ 2761, II

Ilsenburg
PLZ: 38871; Vorwahl: 039452
H Stadt Stolberg, Faktoreistr. 5, ☎ 9510, V
H Zur Erholung, Mühlenstr. 19, ☎ 8143, ab IV
H Kurparkhotel „Im Ilsetal", Ilsetal 16, ☎ 9560, V
H Zu den Rothen Forellen, Marktpl. 2, ☎ 9393, ab VII
H Berghotel, Suental 5, ☎ 900, VI
H Waldhotel Am Ilsestein, Ilsetal 9, ☎ 9520, V
H Altstadthotel, Wernigeröder Str. 1, ☎ 9690, III
Gh Vogelmühle, Vogelgesang 1, ☎ 99230, IV
P Pension und Restaurant Heinrich-Heine, Marienhöfer Str. 9, ☎ 88236, IV
P Stadt Hamburg, Karl-Marx-Str. 16, ☎ 2211, II
Pz Riemenschneider, Kurze Str. 10, ☎ 8236, ab I
Pz Ruhe, Kurze Str. 5, ☎ 8209, ab I
Pz Schließer, Schickendamm 5, ☎ 99193, ab I
Pz Schneewoigt, Friedrichstr. 13, ☎ 88611, II

Pz Steffen, Kurze Str. 18, ☎ 88346, II
Pz Titze, Kurze Str. 8, ☎ 8336, II
Pz Aulich, Uferstr. 1, ☎ 86968, I
Pz Gresens, Grüne Str. 27, ☎ 86569, ab I
Pz Kuschmierz, Wilhelmstr. 2, ☎ 87827, I
Pz Hamann, Grüne Str. 29 a, ☎ 86952, I
Pz Hoppe, Marktpl. 3, ☎ 2633, I
Pz Borsch, Mühlenstr. 7, ☎ 86078, I
Pz Förster, Teichstr. 3, ☎ 88251, I
Pz Ahrend, Kurze Str. 6, ☎ 8110, II
Pz Andres, Punierstr. 21, ☎ 86544, II
Fw Metzner, Rudolf-Breitscheid-Str. 5, ☎ 89056
Fw Scarlett, Rudolf-Breitscheid-Str. 5, ☎ 9650
Fw Schirbel, Ilsetal 15, ☎ 86694

Elend
PLZ: 38875; Vorwahl: 039454
H Grüne Tanne, Mandelholz 1, ☎ 460, V
H Waldmühle, Braunlager Str. 15, ☎ 51222, ab II
P Bodetal, Hauptstr. 28, ☎ 381, II
P Harzhaus, Heinrich-Heine-Weg 1, ☎ 386, III
Pg Haus Fuellgrabe, Braunlager Str. 10, ☎ 244, ab II

Schierke
PLZ: 38879; Vorwahl: 039455
H Brockenwirt, Brockenplateau, ☎ 120

H Bodeblick, Barenberg 1, ☎ 359, IV
H Brockenscheideck, Brockenstr. 49, ☎ 268, V
P Fiedler, Brockenstr. 27 a, ☎ 51529, III
P Hebecker, Brockenstr. 24 a, ☎ 51478
Fw Wildbach, Barenberg 15 f, ☎ 589970
Fw Haus Walpurga, Alte Wenigeröder Str. 4, ☎ 51100, II

Sorge
PLZ: 38875; Vorwahl: 039457
H Zum Sonnenhof, Benneckensteiner Str. 10a, ☎ 2426
Gh und P Raststüb´l, Am Köhlerberg (Bhf.), ☎ 3273

Zorge
PLZ: 37449; Vorwahl: 05586
H Altes Forsthaus, Im Förstergarten 12, ☎ 402, III-IV
H Wolfsbach, Hohegeißerstr. 25, ☎ 80470, III
H Kunzental, Im Förstergarten 7, ☎ 1261, IV
Gh Alte Schmiede, Wilhelmspl. 4, ☎ 962740, III
P Haus Birgit, Im Förstergarten 6, ☎ 1025, II-III
P Fischer-Novak, Elsbach 9, ☎ 1525, II

Walkenried
PLZ: 37445; Vorwahl: 05525
H Klosterschänke, Harzstr. 5, ☎ 209847, III
H Jagdschloss, Schlossstr. 15, ☎ 638
P Fischer-Novak, Hoher Weg 5, ☎ 1817, II-III

Brochthausen
Gh Zur Endstation

Weißenborn
PLZ: 37299; Vorwahl: 05659
Pz Kwirandt, Untergrube 13, ☎ 813
Fw Drube, Untergrube 7, ☎ 677
Fw Dreier, Sandhöfe 26, ☎ 888

Werleshausen
PLZ: 37214; Vorwahl: 05542
P Lindenhof, Bornhager Str. 13, ☎ 93710

Lindewerra
PLZ: 37318; Vorwahl: 036087
P Alte Brücke, Straße zur Einheit 5, ☎ 98398, II

Wahlhausen
PLZ: 37318; Vorwahl: 036087
Fw Falk, Kreisstr. 35, ☎ 90160
Fw Ingo, Kreisstr. 22, ☎ 98645
P Pias Radlernest, Kreisstr. 16, ☎ 979917
ℹ Camping-Oase, Kreisstraße 32, ☎ 98671

Bad Sooden-Allendorf
PLZ: 37242; Vorwahl: 05652
ℹ Stadtmarketing/Gästedienst, Landgraf-Philipp-Platz 1-2, ☎ 958718
H Kurparkhotel, Brunnenstr. 1, ☎ 589790
H Vitra, Konrad-Adenauer-Allee 2, ☎ 589790
H Bellevue, Bertram-Schrot-Str. 2, ☎ 3500
H Schaper, Landgrafenstr. 1, ☎ 3000
H Schwalbenheim, Rosenstraße, ☎ 2441, III-IV
H Alte Post, Wendischer Markt 1, ☎ 3000, III
H Haus Breul, Rhenanusplatz 2-3, ☎ 2404, III
H Martina, Westerburgstr. 1, ☎ 95290, V
H Am Schwanenteich, Rosenstr. 4, ☎ 6000, IV
H Soodener Hof, Hardtstr. 7, ☎ 91930, V-VI
H Werratal, Kirchstr. 62, ☎ 2057, IV
H Central, Am Haintor 3, ☎ 958870, IV
Hg Zur Krone, Kirchstr. 76, ☎ 2257, III ♿
Gh Zum Stern, Klus 15, ☎ 5386, II
Gh Klosterschränke, Am Thor 3, ☎ 2388
Gh Deutsches Haus, Ackerstr. 56, ☎ 2481
Gh Krug, An der Hufe 11, ☎ 2515
P Gästehaus Reins, Wilhelm-Büchner Str. 11, ☎ 3265

Übernachtungsverzeichnis

Falken
PLZ: 99830, Vorwahl: 036923
☎ Tourist-Information Treffurt, Puschkinstr. 3, ☏ 51542
P Meißner, Gartenstr. 10, ☏ 50252, II
Pz Knappe, Goethestr. 7, ☏ 50046, I
P Mühlenpension, Kirchplatz 4, ☏ 50248, I
P Wittig, Weihestr. 4, ☏ 50747, III

Frankenroda
Gh Probstei Zella, Probstei Zella, ☏ 41976, II-III
Gh Landhotel Gemeindeschänke, An-ger 1, ☏ 92340, IV-V
Gh Wanderherberge im Kleegarten, Vor der Lücke 1, ☏ 923444, I-III (auch Heu-herberge)
H Sandgut, Auf dem Sand 3, ☏ 42501, I-II
Gf Graues Schloss, Thomas-Muntzer-Str. 4, ☏ 42272, III-V
P Buchholz, Buchholzweg 10, ☏ 30815, II
P Lämmerhit, Vorwerkg. 1, ☏ 31000, II-III
Pz Nickol, Maßholderweg 18, ☏ 30341, I
Pz Schwarz, Pfarrmünsterk. 28, ☏ 30533, II
Pz Schradek, An der Delle 16, ☏ 42218, II

Mihla
PLZ: 99826, Vorwahl: 036924
Pz Ritter, Am Bahnhof 1, ☏ 42841, II-III
Pz Balzhäuser, Lilienstr. 10, ☏ 1216, IV-V
Pz Heim-Diegel, Insel 3-5, ☏ 93177, II
△ An der Werra ☏ 460
Pz Rosengarth, Grübelstr. 2, ☏ 42049, II
Pz Marx, Flurscheide 19, ☏ 30946, II

Heldra
PLZ: 37281, Vorwahl: 05651
☎ Tourist-Information Eschwege-Meißner-Meinhard-Wanfried, Hospitalplatz 16, ☏ 331985
W Waldblick, Heidewickchen 14, ☏ 80488, IV
P Spellstorn, Kirchstr. 31, ☏ 82404, III

Treffurt
PLZ: 99830, Vorwahl: 036923
☎ Tourist-Information, Puschkinstr. 3, ☏ 51542
Pz Bockel, Feldmühle 2, ☏ 1302, II
Pz Roth, Friedenstr. 3, ☏ 50401, II

Oberdünzebach
Gh Landgasthof Bierschenk, Hauptstr. 67, ☏ 60952, IV

Niederdünzebach
Gh Alte Schule, Auerstr. 15, ☏ 338629, III
Knaus Campingpark Eschwege, Am Wartelose 2, ☏ 338883

Jestädt
Gh Ebhardt's Städl, Hauptstr. 36, ☏ 1235, II 🍴
Pz Range, Jahnstr. 6b, ☏ 60271, II
Pz Villa Velo, Hauptstr. 18, ☏ 20675, II

Wanfried
PLZ: 37281, Vorwahl: 05651
☎ Tourist-Information Eschwege-Meißner-Meinhard-Wanfried, Hospitalplatz 16, ☏ 331985
H Dölle's Nr.1, Friedrich-Wilhelm-Str. 2, ☏ 74440, V
H Zur Struth, Struthstr. 7a, ☏ 922813, V
H Schlosshotel, Forstgasse 2, ☏ 70345 od. 331985

Aue
☎ Tourist-Information Eschwege-Meißner-Meinhard-Wanfried, Hospitalplatz 16, ☏ 331985

Schwebda
H Schloss Wolfsbrunnen, ☏ 3050, VI
Pz Seidenbergers Bahnstation, Bahnhof 2, ☏ 330740, IV
Pz Muhl, Dr.-Beuermann-Str. 23, ☏ 5534, II
Pz Schamberg, Schillstr. 3, ☏ 21414, II
Pz Walter, Am Himmelreich 8, ☏ 2831, II
🛌 Jugendherberge, Fam. Werner, Fritz-Neuenroth-Weg 1, ☏ 60099
Hg Zur Krone, Stad 9, ☏ 30066, IV-V
Hg Luisenhof, Luisenstr. 2, ☏ 5107, III
Gh Schubarts Höhe, Schützenweg 4, ☏ 74810, IV
Pz Brandes, Zum Mönchtal 6, ☏ 339827, III
Pz Gimpel, Eschweger Str. 14, ☏ 32800, II
Hg Am Heuberg, Platz der Deutschen Einheit 1, ☏ 96213, IV
H Deutsches Haus, Schlossplatz 7, ☏ 1180, V
🛌 Meinhardsee, Ziegelweg, ☏ 6200 od. 22272

Grebendorf
H Europa-Akademie, Kochsberg 1, ☏ 7490, VI

Eschwege
PLZ: 37269, Vorwahl: 05651
☎ Tourist-Information Eschwege-Meißner-Meinhard-Wanfried, Hospitalplatz 16, ☏ 331985
37269 Eschwege, ☏ 2404

Meinhard
PLZ: 37276, Vorwahl: 05651
☎ Tourist-Information, Hospitalplatz 16, ☏ 2101, III
P Brunhilde, An den Soleteichen 1, ☏ 4695, I
P Haus Stettinius, Sudetenstr. 51, ☏ 1667, II
P Umbach, Hainbachwiesen 1, ☏ 1401, II
P Haus Bein, Stappenbeck-Weg 6, ☏ 95640, IV-V
P Haus am Sodewald, Westenburgstr. 4, ☏ 3290, II
P Haus Martin's Ruh, Martinistr. 10, ☏ 2900, II
P Haus Johanna, Bismarckstr. 6, ☏ 2332, III
P Haus Hilgenfeld, Freiherr-von-Stein-Str. 23, ☏ 2324, III
P Haus am Hainhof, Am Hainhor 3a, ☏ 2121 o. 6920, III
P Haus am Ahrenberg, Auf dem Ahrenberg 4, ☏ 2538
P Am Kurpark, Brunnenstr. 10, ☏ 91977
P Haus Ursula, Am Hainhor 9, ☏ 2251
P Haus Ingeborg, Berliner Str. 10, ☏ 3377
P Haus Erika, Am Hainhor 22, ☏ 2278
P Haus Renate, Hardtstr. 4, ☏ 4260
P Haus Breul, Rhenanspl. 2-3, ☏ 2404

Buchenau
P Gutshof, Werrastr. 3a, ☎ 42907, I-II

Creuzburg
PLZ: 99831, Vorwahl: 036926
ℹ Fremdenverkehrsbüro, Markt 2, ☎ 98047
H Auf der Creuzburg, Burgberg 1, ☎ 71204, ab V
H Alte Posthalterei, Am Plan 1, ☎ 6014, V-VI
Hg Altes Brauhaus, Am Plan 2, ☎ 9350, V-VI
Gh Torklause, Bahnhofstr. 8, ☎ 82286, II
P Klostergarten, Klosterstr. 54, ☎ 90300, II-III
Pz Heinemann, Bahnhofstr. 35, ☎ 82368, II
Pz Kühmstädt, Michael-Praetorius-Platz 5, ☎ 82334, II
Pz Trabert, Kasseler Str. 6, ☎ 82288, II

Hörschel
Gh Tor Zum Rennsteig, Unterstr. 2-4, ☎ 036928/90605, II-III
Pz Christl Binder, Mühlstr. 34, ☎ 036928/90276 o. 0162/8985389, II

Herleshausen
PLZ: 37293; Vorwahl: 05654
ℹ Gemeindeverwaltung, Bahnhofstr. 15, ☎ 989216

H Schneider, Am Anger 7, ☎ 6428, V-VI
H Gutsschänke, Karl-Fehr-Str. 2, ☎ 1375, V-VI
Gh Schöne Aussicht, Bahnhofstr. 19, ☎ 306
P Bornscheuer, Sackgasse 8, ☎ 6537, II
P Zur Post, Am Anger 4, ☎ 1426

Lauchröden
PLZ: 99819; Vorwahl: 036927
P Haus an der Werra, Werrastr. 36, ☎ 90624
Fw Semisch, Gerstunger Str. 31, ☎ 90891

Gerstungen
PLZ: 99834; Vorwahl: 036922
ℹ Verwaltungsgemeinschaft Gerstungen, Wilhelmstr. 53, ☎ 24528
Gh Lindenallee, Berkaer Allee 2, ☎ 20184
P Wolf, Karlstr. 9, ☎ 30062, II
P Thüringer Zipfel, Ostwaldstraße, ☎ 31657

Berka
PLZ: 99837; Vorwahl: 036992
Pz Drescher, Hauptstr. 152, ☎ 42622, I
Pz Daut, Friedhofstr. 6, ☎ 42309, II

Dankmarshausen
PLZ: 99837; Vorwahl: 036922
H Waldschlösschen, Waldstr. 31, ☎ 2300, V
Gh Zum Adler, Oberdorf 70, ☎ 30950, I-II

Bürgerhaus der Gemeinde, Kirchpl. 3, ☎ 0174/4717587, II (o. Frühstück)

Heringen
PLZ: 36266; Vorwahl: 06624
H Gunkel, Wagnerstr. 6, ☎ 390, II-III
H Thüringer Hof, Hauptstr. 46, ☎ 919226
H Alt Heringen, Fuldische Aue, ☎ 919330
P Mäder, Hersfelder Str. 13, ☎ 423
Pz Bube, Ritzengarten 8, ☎ 362
Pz Rohrbacher, Wölfershäuser Str. 8, ☎ 918841
Pz Weber4, Zum langen Berg 6, ☎ 919643
Pz Winkelhardt, Langenthaler Str. 2, ☎ 8361
Pz Fiedler, Auf der Kuppe 25, ☎ 1929
▲ Werra Camping, Am Steinberg, ☎ 919043

Philippsthal
PLZ: 36269; Vorwahl: 06620
ℹ Gemeindeverwaltung, Schloss 1, ☎ 92100
H Am Salzberg, Hattorfer Str. 60, ☎ 91800
H Rhönblick, Vachaer Str. 2a, ☎ 469, III
H Königshof, Am Zollhaus 13, ☎ 918585, II
H „Zum Hessischen Wappen", Rathausstr. 14, ☎ 209

Pz Nordheim, Lengerser Weg 4, ☎ 326, II
Fw Clute Simon, Weidenhain 5, ☎ 8979

Vacha
PLZ: 36404; Vorwahl: 036962
ℹ Verkehrsamt, Markt 4, ☎ 2610
H Adler, Markt 1, ☎ 2650

Unterbreizbach
PLZ: 36414; Vorwahl: 036962
Gh Am Ulsterberg, Alt Räsa 1a, ☎ 21913
Gh Zur Erholung, Bahnhofstr. 24, ☎ 20005
Gh Zur Sommerliete, Sommerliete, ☎ 20613

Pferdsdorf
PLZ: 36414; Vorwahl: 036962
Gh Zum Grünen Baum, Lindenstr. 1, ☎ 20194

Buttlar
PLZ: 36419; Vorwahl: 036967
H Zum Schwarzen Adler, Frankfurter Str. 11, ☎ 59090
Gh Zum Dorfkrug, Heugasse 6, ☎ 71536, V
Gh Zum schwarzen Adler, Frankfurter Str. 1, ☎ 59930, III
Gh Zimmermann, OT Bermbach, Mieswarz 1, ☎ 71522

Borsch
PLZ: 36419; Vorwahl: 036967

Geisa
PLZ: 36419; Vorwahl: 036967
H Landhotel u. Pension Zur Pferdetränke, Schleider Hauptstr. 59, ☎ 70184
Gh Geisschänke, An der Gleis 27, ☎ 70651, II
Gh Heile Schern, OT Spahl, Zum Geisaer Berg 1, ☎ 51088
Gh B. Stehling, OT Ketten, Rössbergstr. 28, ☎ 52056
Pz Heim, Röderweg 3, ☎ 75346, II
Pz Kött, Meritzer Weg 6, ☎ 51126, II
Fw Fam. Drescher, Schulstr. 8, ☎ 6479
Fw S. Heim, Röderweg 3, ☎ 75346
Fw Fam. Weidenbörner, Löthersgasse 19, ☎ 6349
Fw Fam. Kritsch, OT Bremen, Riedweg 3, ☎ 75948

Tann
PLZ: 36142; Vorwahl: 06682
Gh Zur schönen Aussicht, Rhönbergstr. 17, ☎ 216, II

Frankenheim
PLZ: 98634; Vorwahl: 036949
Gh und P Thüringer Rhönhaus, Rhönhausstr. 1, ☎ 32060
Pz Debertshäuser, Doktor-Wuttig-Str. 18,

Übernachtungsverzeichnis

Neustadt bei Coburg
PLZ. 96465, Vorwahl. 09568
 ☎ 3701
Gh Schmidt, Würzelsdorf 13, ☎ 94810
Gh Hanna, Ziegelerden 81, ☎ 3897
Hg Am Markt, Markt 3, ☎ 920220, V
Gh Coburger Tor, Coburger Str. 1, ☎ 5329, I

Meilschnitz:
Gh Monika, Edgar-Müller-Str. 35 a, ☎ 22790, III

Wellmersdorf:
Gh Heidehof, Wellmersdorfer Str. 50, ☎ 8970, III–IV

Kemmaten:
Pz Büchner, Kemmater Str. 21, ☎ 5660, I

Wellmersdorf:
Pz Eckstein, Wildparkweg 1, ☎ 3406, II

Stockheim
PLZ. 96342, Vorwahl. 09265
H Rebhan's Business and Wellness Hotel, OT Neukenroth, Ludwigstädter Str. 95–97, ☎ 9556000
H Resi, Ludwigstädter Str. 45, ☎ 347, I
H Detsch, Coburger Str. 9, ☎ 62490, III
Gh Fillweber, OT Neukenroth, Ludwigstädter Str. 25, ☎ 381, II
P Angles, OT Haig, Ziegerückstr. 26, ☎ 1312, II
Fw Kalla, Am Spitzberg 6, ☎ 5052, II

Lauenstein
PLZ. 96337, Vorwahl. 09263
H Posthotel, Orlamünder Str. 2, ☎ 99130
Gh Goldener Löwe, Markgrafenweg 1,

277

Rödental
PLZ. 94472, Vorwahl. 09563
Gh Klosterkeller, Amtsgerichtsstr. 33, ☎ 962364
Gh Söllner, OT. Fischbach, Wirtsgasse 5, ☎ 3806
H Alte Mühle, Mühlgraben 5, ☎ 72380

Rothenbach
PLZ. 07422, Vorwahl. 036739
H Kronacher Stadthotels, Amtsgerichtsstr. 12, ☎ 504590
H City-Hotel Sonne, Bahnhofstr. 2, ☎ 30007, I–II
H Bauer, Kulmbacher Str. 7, ☎ 40058, ☎ 60970
Fw Stein, Rudolstädter Str. 10, ☎ 30003, II

Kronach
PLZ. 96317, Vorwahl. 09261
H Alte Mühle, Zur Schwäge 0, ☎ 3842
Gh Zur Waldbühne, Am Schaeberg 23, ☎ 809297
i Tourismus- und Veranstaltungsbetrieb, Marktpl. 5, ☎ 97236

Heldritt
PLZ. 94476, Vorwahl. 09560
Pz Ziebe, Darnmüllerweg 39, ☎ 665, I
Pz Willinger, Lempertshäuser Weg 16, ☎ 1397
Pz Schippel, Heldburger Str. 50, ☎ 3653, I
Pz Maslek, Wallg. 10, ☎ 1372, I
Pz Liebermann, Schmuckerwiese 9, ☎ 4160, I
Pz Erdmann, Herdritter Str. 42, ☎ 1055, I
Pz Götz, Ummerstädter Str. 3, ☎ 3193, I
Pz Aschenbrenner, Heldburger Str. 50, ☎ 3860, I

Lindenau
PLZ. 98663, Vorwahl. 03687
Gh Bleyl, ☎ 21147
H Nitschke, Muhlg. 75, ☎ 21839
Pz Mausolf, Coburger Str. 157, ☎ 21802
Pz Bianca, Marktpl. 23, ☎ 2644, II
P König, Raiffeisenstr. 28, ☎ 2567, II
H Schlundhaus, Marktpl. 25, ☎ 1562, IV

Ummerstadt
PLZ. 98663, Vorwahl. 03687
Gh Seyvinsghof, Reussenstr. 20, ☎ 20620
Pz Köster, Hauptstr. 36, ☎ 21875

Bad Rodach
PLZ. 94476, Vorwahl. 09564
H Flair- und Kurhotel am Thermalbad, Kurring 2, ☎ 92300, V–VI
H Alt Rodach, Heldburger Str. 57, ☎ 92200, IV–V
H Alte Molke, Ernstlr. 6, ☎ 8380, III–IV
H Landhotel Alternbauhue, Untere Muhl-gasse 10, ☎ 809874, III–IV
Gh Wacker, Billmuthhäuser Str. 1, ☎ 92384, III
P Hirschmühle, Hirschmullersweg 1, ☎ 80155, III
P Wollinger, Veilsdorfer Weg 10, ☎ 3535, III

Hennberg
Vorwahl. 0160
Gh Altes Forsthaus, ☎ 2106859

Irmelshausen
PLZ. 97633, Vorwahl. 09764
Gh Zur Linde, ☎ 8150, II

Bad-Königshofen
PLZ. 97631, Vorwahl. 09761
H Kurpension Ebner, Schofrstr. 36, ☎ 91190, V
H Landhotel Vier Jahreszeiten, Bamberger Str. 18–20, ☎ 395660
Pz Haus Maria, Flurstr. 8, ☎ 1025, III
Pz Hückl, Weiherweg 25–27, ☎ 356, III
Pz Hedfn, Weinbergstr. 10–12, ☎ 1026, II
P Sonne, Mußmuthersstr. 1, ☎ 1484, III
P Bauer, Flurstr. 14, ☎ 589, I
P Haus Jutta, Flurstr. 6, ☎ 7141, III

Sonnberg
H Sennhütte, Sennhütte 1, ☎ 91010, IV
H Sonntau, Wurmberg 1–3, ☎ 91220, IV–V
H Goldener Adler, Ober Pforte 1, ☎ 7128, II

Fladungen
PLZ. 97650, Vorwahl. 09778
Fw Seifarth, Leubacher Str. 6, ☎ 32200
Pz Rauch, Doktor-Wuttig-Str. 9, ☎ 32133
 ☎ 32141

✆ 250

Ludwigstadt
PLZ:96337; Vorwahl: 09269
Gh Zum Torpeter, Roseng. 10, ✆ 974037, II
Gh Am Trogenbach, Kehlbacher Str. 16, ✆ 1725, II
Fw Weber, Am Sommerberg 12, ✆ 1600, III
Fw Fröba, Kronacher Str. 8, ✆ 356
Fw Conrad, Waldleite 11, ✆ 1243, III

Probstzella
PLZ: 07330; Vorwahl: 036735
H Haus des Volkes, Bahnhofstr. 25, ✆ 46057

Lehesten
PLZ: 07349; Vorwahl: 036653
🛈 Fremdenverkehrsbüro, Obere Marktstr. 1, ✆ 2600
H Schieferpark, Staatsbruch 1, ✆ 2605
Gh Glück Auf, Marktplatz 27, ✆ 22216
Gh Zum Wetzstein, Brennersgrüner Str. 1, ✆ 22214
Gh Zur Linde, Schmiedebach Nr. 41, ✆ 22252
Gh Summa, Albert.Neumeister Str. 3, ✆ 22370
Gh Birkenklausee, Bärmisg. 10, ✆ 22487
Pz Wolfram, Bärmisgasse 6, ✆ 2436
Pz Kracht, Am Bahnhof 7, ✆ 22327

Pz Wirth, Berggasse 2, ✆ 22790

Brennersgrün
PLZ: 07349; Vorwahl: 036652
Gh Zum Grünen Wald, Brennersgrün 4, ✆ 25922
Pz Müller, Brennersgrün 24, ✆ 22863
Pz Färber, Brennersgrün 38, ✆ 23859
Pz Färber, Brennersgrün 14, ✆ 22889
Pz Müller, Brennersgrün 39, ✆ 22847

Grumbach
PLZ: 07343; Vorwahl: 036652
Pz Brandt, Ortsstr. 15, ✆ 35440, I-II

Schlegel
PLZ: 07366; Vorwahl: 036642
🛈 Fremdenverkehrsbüro, Rennsteig 2, Blankenstein, ✆ 296026
Pz Brendel, Ortsstr. 77, ✆ 22572, II
Pz Korn, Ortsstr. 10, ✆ 23002, II

Kießling
Pz Schmidt, Rennsteig 4, ✆ 036642/28110, II

Blankenstein
PLZ: 07366; Vorwahl: 036642
🛈 Fremdenverkehrsbüro, Rennsteig 2, ✆ 296026
Gh Rennsteig, Lobensteiner Str. 3, ✆ 22230, III
P Am Rennsteig, Rennsteig 3, ✆ 23207, III

Pz Langheinrich, August-Bebel-Str. 3, ✆ 22595, II

Blankenberg
PLZ: 07366; Vorwahl: 036642
Gh Blankenberg, Schlossberg 9, ✆ 23913

Hirschberg
Vorwahl: 036644
H Rosenhof, Gartenstr. 1, ✆ 3000

Juchhöh
Vorwahl: 036649
Gh Juchhöh, ✆ 80007

Unterhartmannsreuth
PLZ: 95183; Vorwahl: 09281
Gh Zur blühenden Linde, Birkenweg 1, ✆ 694

Feilitzsch
PLZ: 95183; Vorwahl: 09281
Gh Berggaststätte, Schulstr. 4, ✆ 43199
Gh Grüner Baum, Brauhausgasse 1, ✆ 46218
Gh Zum Schlößla, Hauptstr. 4, ✆ 46849

Trogen
PLZ: 95183; Vorwahl: 09281
Gh Jedermann, Schulstr. 12, ✆ 5400384
Pz Kienberg, Am Kienberg 15, ✆ 43142
Pz Ebert-Bauer, Hauptstr. 46, ✆ 45215

Hof
PLZ: 95030; Vorwahl: 09281

H Hotel Cental, Kulmbacher Str. 4, ✆ 6050, V-VI
H Quality Hof, Ernst-Reuter-Str. 137, ✆ 7030, V
H Gut Haidt, Plauener Str. 123, ✆ 7310, V
H Strauß, Bismarckstr. 31, ✆ 2066, III-V
H Munzert, Eppenreuther Str. 100, ✆ 783400, III
H Am Kuhbogen, Marienstr. 88, ✆ 72030, III-IV
H Burghof, Bahnhofstr. 53, ✆ 819350, V
H Falter, Hirschberger Str. 6, ✆ 76750, V
H Bachmann, Liebigstr. 24, ✆ 2810, II-III
H Akropolis, Sedanstr. 1 ½, ✆ 87185, III
H Deutsches Haus, Marienstr. 33, ✆ 1048, IV-V
Hg Sächsischer Hof, Lorenzstr. 5, ✆ 2809, III-IV
Hg Posthorn, Sedanstr. 8, ✆ 3324, III
Hg Am Maxplatz, Maxpl. 7, ✆ 1739, V
Hg Burger, Theresienstr. 15, ✆ 2232, II-IV
Gh Grüne Linde, Alte Helmbr. Str. 30, ✆ 67466, III-IV
Gh Taverna Kostas, Pfarr 17, ✆ 87008, III
Gh Puchta, Alte Helmbr. Str. 34, ✆ 67422, II
P Nevena, Jasspostein 19, ✆ 40763, II
Pg Jägerhof, Weidmannsweg 14, ✆ 41532, III

Ortsindex

Einträge in *grüner Schrift* beziehen sich aufs Übernachtungsverzeichnis.

A

Abbendorf	*273*
Ahlbeck	*261*
Ahrenshoop	56, *265*
Alt-Garge	*271*
Altenburschla	*275*
Alt Garge	108
Arendsee	130, *272*
Arenshausen	191
Aue	*275*

B

Bad-Königshofen	*277*
Bad Colberg	228, *277*
Bad Doberan	*267*
Bad Helmstedt	*273*
Bad Königshofen	224
Bad Rodach	230, *277*
Bad Sooden-Allendorf	196, *274*
Bansin	32, *262*
Bardowiek	87
Barhöft	*264*
Barth	51, *265*
Bastorf	*268*
Beckerwitz	78, *269*

Beendorf	152, *273*
Behrungen	222
Berka	205, *276*
Berkach	222
Bitter	*271*
Blankenberg	*278*
Blankenstein	250, *278*
Bleckede	108, *271*
Bleckeder Moor	271
Bleckeder Moor:	*271*
Blowatz	*268*
Bodenteich	*273*
Boiensdorf	*268*
Boizenburg	105, *271*
Boltenhagen	79, *269*
Börgerende-Rethwisch	65, *267*
Born	54, *265*
Bornhagen	192
Bornsen	142
Borsch	*276*
Brandleben	*272*
Brandshagen	44
Breitenrode	*273*
Brennersgrün	*278*
Bresewitz	52, *265*
Brochthausen	*274*
Brome	142, *273*

Brook	82
Büchen	100
Büchen-Dorf	100
Buchenau	*276*
Buchhorst	*273*
Buttlar	*276*

C

Coburg	238
Creuzburg	202, *276*
Cumlosen	125, *272*

D

Dankmarshausen	205, *276*
Dassow	86, *270*
Devin	*264*
Diedrichshagen	*267*
Dierhagen	58, *265*
Diesdorf	141, *273*
Dömitz	116, *272*
Dreveskirchen	72
Duderstadt	*272*
Duvendiek	*264*
Duvennest	*270*

E

Eldena	40
Elend	*274*
Ellrich	176

Elmenhorst	*269*
Eschwege	198, *275*
Evershagen	*266*

F

Falken	*275*
Feilitzsch	*278*
Fladungen	217, *277*
Frankenheim	*276*
Frankenroda	*275*
Freest	38, *263*

G

Gägelow	*268*
Gahlkow	38
Gahlkow Siedlung	*263*
Gartow	*272*
Geisa	210, 211, *276*
Gerstungen	204, *276*
Gladenstedt	142
Glöwitz	51
Gollwitz	*268*
Gorleben	120, *272*
Graal-Müritz	58, *265*
Gramkow	*269*
Grasleben	*273*
Grebendorf	*275*
Greifswald	40, *264*

Grenzlandmuseum Eichsfeld	186
Grippel	*272*
Groß Grönau	*270*
Groß Kordshagen	*264*
Groß Lüdershagen	*264*
Groß Schwansee	82, *269*
Groß Strömkendorf	72, *268*
Grumbach	*278*
Gudow	*271*

H

Heiligendamm	65, *267*
Heiligenstadt	188
Heinersdorf	244
Heldra	*275*
Heldritt	*277*
Helmstedt	152, *273*
Henneberg	220, *277*
Heringen	205, *276*
Heringsdorf	31, *262*
Herleshausen	204, *276*
Hirschberg	252, *278*
Hitzacker	110, *271*
Hoben	*269*
Hof	258, *278*
Hohegeiß	176
Hohendorf	49, 50, *264*

Hohen Schönberg	*269*
Hornburg	162, *273*
Hörschel	204, *276*
Hötensleben	158

I

Ilsenburg	165, *274*
Insel Poel	*268*
Irmelshausen	224, *277*

J

Jahrstedt	144
Jestädt	*275*
Jübar	142
Juchhöh	*278*

K

Kägsdorf	68, *268*
Karlshagen	*263*
Kemmaten	*277*
Kießling	*278*
Kirchdorf	*264, 268*
Kittlitz	*271*
Klausdorf	49
Klausdorf-Solkendorf	*264*
Klein Pravtshagen	*269*
Klütz	*269*
Kölpinsee	34, *263*
Koserow	34, *263*

Ortsindex

Kowall	42	
Kritzow	268	
Kronach	242, 277	
Kröslin	38	
Krusenhagen	269	
Kühlungsborn	66, 267	

L
Langendorf	272
Lassahn	97, 271
Lauchröden	276
Lauenburg	102, 271
Lauenstein	246, 277
Lehesten	249, 278
Lenzen	124, 272
Lindenau	268
Lindewerra	274
Lübeck	88, 270
Lübeck-Schlutup	88
Lubmin	38
Lüdersdorf	87, 270
Ludwigsburg	38
Ludwigsstadt	248, 278
Lütkenwisch	125, 272
Lütten-Klein	266

M
Marienborn	157
Markgrafenheide	60, 266
Mechelsdorf	68
Meilschnitz	277
Meinhard	275
Meschendorf	268
Mesekenhagen	264
Mihla	275
Mödlareuth	256
Mölschow	36

N
Nantrow	268
Neu-Darchau	108, 271
Neu-Sallenthin	263
Neuendorf	38
Neuendorf-Kemnitz	264
Neuenkirchen	264
Neuhaus	58, 265
Neustadt bei Coburg	239, 277
Neu Bleckede	107
Neu Farpen	268
Neu Hinrichsdorf	266
Niederdünzebach	275
Niehagen	56, 265
Niendorf	269
Nienhagen	65, 266
Nisdorf	50

O
Oberdünzebach	275
Oberhof	269
Oebisfelde	149, 273

P
Palingen	270
Parow	264
Pepelow	268
Pferdsdorf	276
Philippsthal	275
Pötenitz	270
Prerow	54, 265
Priwall	270
Proseken	269
Pruchten	265

R
Rakow	70
Ratzeburg	94, 271
Redewisch	80, 269
Reinberg	42, 264
Rerik	70, 268
Reuterhagen	266
Ribnitz-Damgarten	265
Ritze	134
Robertsdorf	268
Rödental	235, 277
Roggow	70
Rostock	266
Rottenbach	277
Rubenow	263
Rüggow	268
Rüterberg	113, 272

S
Saalsdorf	151
Salzwedel	133, 273
Schadeland	98
Schafwedel	273
Schattin	70, 268
Schauberg	276
Schierke	205, 276
Schlagsdorf	270
Schlegel	278
Schnackenburg	127, 272
Schnega	137
Schönberg	86, 270
Schöningen	159, 273
Schwebda	275
Seebad Ahlbeck	30
Seebad Lubmin	263
Sommereschenburg	158
Sommersdorf	158
Sorge	274
Spahl	212
Stagnieß	263
Stahlbrode	264
Steinbeck	82
Stockheim	277
Stove	72, 268
Stralsund	44, 49, 264
Stresow	129
Stubbenfelde	263
Swinemünde	29, 261

T
Tann	212, 276
Tannenkamp	38
Tarnewitz	269
Tettenborn	180
Trassenheide	93, 270
Travemünde	245
Treffurt	274
Trogen	96, 271

U
Ückeritz	34, 263
Ummerstadt	228, 277
Unterbreizbach	276
Unterhartmannsreuth	278
Utecht	93

V
Vacha	206, 276
Valluhn	98
Vietze	123, 272
Völkershausen	275

W
Wahlhausen	274
Walbeck	152
Walkenried	178, 274
Wanfried	200
Warnemünde	60, 266
Weferlingen	151
Wehningen	272
Weimarschmieden	219
Weimersdorf	277
Weißenborn	274
Wellmersdorf	277
Wendorf	78
Werleshausen	274
Wieck	54
Wiek	265
Wismar	74, 268
Wittenbeck	267
Wittenberge	125, 272
Wlamsburg	271
Wodorf	268
Wohlenberg	78
Wolfsburg	147
Wolgast	36, 263
Wustrow	56, 265

Z
Zarrentin	97, 271
Zempin	35, 263
Zicherie	143
Ziemendorf	130, 272
Zierow	78, 265
Zießau	130, 273
Zimmerau	226
Zingst	52, 265
Zinnowitz	35, 263
Zorge	274
Zwinge	181